U0816803

中央电视台年鉴

1995

杨伟光　　主编

于广华　赵　群　　副主编

人　民　出　版　社

责任编辑：杨寿松
装帧设计：阮双庆　尹凤阁
版式设计：若　暾

图书在版编目（CIP）数据
中央电视台年鉴　1995/杨伟光主编．
—北京：人民出版社，1995．9
ISBN 7-01-002261-5
Ⅰ．中…
Ⅱ．杨…
Ⅲ．电视台，国家-中国-年鉴-1995年
Ⅳ．G229.24-54

中国版本图书馆CIP数据核字（95）第13807号

中央电视台年鉴
ZHONGYANG　DIANSHITAI　NIANJIAN
1995
中央电视台研究室编

人民出版社　出版发行
（100706　北京朝阳门内大街166号）
北京百花彩印有限公司印刷　新华书店经销
1995年9月第1版　1995年9月北京第1次印刷
开本：787×1092毫米1/16　印张18.375　插页56
字数：623千字　印数：1—2000册
ISBN 7-01-002261-512/Z·76
定价：160.00元

1995年春节前夕，中共中央总书记江泽民在人民大会堂接受中央电视台记者采访。

亲切的关怀

1994年7月1日，党和国家领导人江泽民、乔石、朱镕基、刘华清、胡锦涛等在中南海怀仁堂观看了中央电视台“庆祝‘七一’第六届全国青年歌手电视大奖赛专业组获奖歌手汇报演出”。演出结束后，江泽民等领导同志走上舞台，祝贺演出成功。

亲切的关怀

1994年1月全国宣传工作会议上，江泽民总书记和中央电视台记者亲切交谈。

亲切的关怀

1995 年 4 月，在纪念刘天华诞辰 100 周年音乐会上，江泽民总书记亲切会见广播电影电视部部长孙家正等领导同志。

亲切的关怀

1994 年 7 月 1 日，江泽民总书记在观看中央电视台“庆祝‘七一’第六届全国青年歌手电视大奖赛专业组获奖歌手汇报演出”时，亲切会见广播电影电视部领导孙家正、杨伟光等同志。

亲切的关怀

1994 年 6 月 13 日，江泽民总书记在人民大会堂东门外广场等待迎接外宾时，接过我台记者的摄像机说：“能不能再轻便一些？”

1994 年 12 月，国务院总理李鹏访问缅甸时，与我台记者在大金塔前合影。

1994年11月，全国人大委员长乔石出访澳大利亚时，同我台报道组合影。

1994年5月，全国政协主席李瑞环访问丹麦，我台记者拍摄李瑞环与中国留学生亲切交谈的场面。

中央领导来我台观看节目

中共中央政治局委员、中央书记处书记丁关根，中共中央政治局委员、国务委员李铁映等领导同志在我台观看'94春节联欢晚会汇报演出。

1994年6月，丁关根等领导同志出席精神文明建设“五个一工程”颁奖文艺晚会。

广播电影电视部领导在我台

①②③1995年3月，广播电影电视部部长孙家正，副部长田聪明、刘习良、何栋才、同向荣、杨伟光等在中央电视台同广电部系统参加全国人大和全国政协会议的代表座谈。

①

②

④孙家正部长到我台视察工作。

③

⑤1994年2月，刘习良副部长出席我台文艺中心成立大会。

中央电视台 1994 年度优秀栏目

一等奖：《新闻联播》、《焦点访谈》、《东方时空》、《军事天地》、《夕阳红》、《第二起跑线》、《曲苑杂坛》、《人与自然》、《中国中央电视台新闻》、《乡音》（粤语）。

二等奖：《晚间新闻》、《世界报道》、《神州风采》、《与你同行》、《中国音乐电视》、《综艺大观》、《环球 45′》、《动画城》、《今日中国》（英语版）、《中国风》。

卫星覆盖图

“中星5号”覆盖图

“亚洲1号”覆盖图

“ST-14号”覆盖图

中央电视台第一、二、三套节目通过“中星 5 号”卫星传送覆盖全国；第四套节目通过“亚洲 1 号”卫星和俄国“ST—14 号”卫星传送覆盖亚洲、太平洋广大地区。

副部长兼台长杨伟光

副台长于广华

副台长沈　纪

副台长赵化勇

副台长张长明

副台长刘宜勤

中央电视台领导

中央电视台分党组成员（1995年）。

技委会

我台技术委员会在研究技术发展规划。

工作例会

每周召开一次的全台工作例会，研究布置全台各项重点工作。

行政办公例会

行政办公例会，研究全台的行政管理和后勤保障工作。

总编室

中央电视台台长助理、总编室主任胡恩在'94全国省(市)级电视台总编室主任会上讲话。

总编室领导和科、组长在研究工作。

1994年12月，在苏州召开全国观众调查网工作总结会议。

新闻中心

①1994 年 5 月，沈纪副台长和新闻中心领
参加《东方时空》研讨会。

②1994 年春节期间，新闻中心组织记者到
峡工地采访，这是中心领导为大家送行。

①

②

⑤

⑥

③④1994 年 3 月，在全国人大八届二次会议和全国政协八届二次会议期间，新闻中心领导和技术人员在值班。

⑤⑥反映我国改革开放伟大成就的系列报道《辉煌 15 年》，从 1993 年年底到 1994 年春节期间连续播出。

③ ④

播音员罗京、李瑞英在主持《新闻联播》节目。

1994年12月，我台记者深入京九线采访。

新闻编辑部

新闻编辑部值班主任和值班编辑、技术员一起录制《新闻联播》节目。

《晚间新闻》的编辑在处理观众来信。

地方组的编辑在查阅地方台传送的新闻文字稿件。

对外新闻组的编辑在监视卫星传送信号。

国际新闻组的编辑在编译当天的国际新闻。

编辑与制作人员准备录制《新闻联播》节目。

1994年3月，我台成功地报道全国人大八届二次会议和全国政协八届二次会议。图为现场直播。

1994年国庆节期间，我台播出反映建国45年建设成就的系列报道《共和国的步伐》。

1994年12月，我台报道举世瞩目的三峡水利枢纽工程盛大开工仪式。

新闻采访部

我台现场直播1994年国庆焰火晚会。

1994年1月，我台播出系列报道《社会在呼唤》。图为记者采访一位见义勇为英雄的父亲。

1994年2月，我台播出系列报道《后来居上看浦东》。记者在报道浦东新区的社会经济管理运行机制。

1994年春节期间，我台记者到在加紧施工的北京西客站工地采访建设者。

《'94中国质量万里行》。我台记者在农村采访过路农民对农用柴油质量的看法。

《'94中国质量万里行》。我台记者在河北无极医药市场采访药品经销者。

1994年8月，我台播出系列报道《优胜劣汰才能促进经济繁荣》。记者在采访重庆市经贸委负责人。

1994年9月，《走入大自然——西藏行》摄制组在藏北高原羌塘自然保护区拍摄野生动物。

1994年2月，我台记者在广东拍摄烧毁走私犀牛角现场。

新闻评论部

1994 年 5 月《东方时空》开播一周年，《焦点访谈》开播一个月。新闻评论部召开联欢会。

台领导与《东方时空》的四位制片人在联欢会上合影。

《东方时空》主持人岩松、水均益在主持联欢会。

《生活空间》栏目的记者们在联欢会后合影。

新闻中心主任李东生在联欢会上。

《东方时空》记者在联欢会上庆贺同伴生日。

经济部

①

②

③

④

⑤

⑥

①②④⑤1994 年 10 月，《经济半小时》特别节目“架金架·觅知音”直播现场。

③1994 年 8 月，经济部举办“经济效益纵深行”《走向纵深》专题晚会。

⑥《经济半小时》工作人员合影。

⑦《经济半小时》春节特别节目《我向家人报平安》在拍摄中。

军事部

①1994年5月，新闻中心军事部召开全军记者站站长会议。

②《军事天地》中的《中华名将》栏目。

③1994年7月，为制作“八一晚会”节目，记者于河南某地演习场采访徐洪刚。

④1994年10月，记者在
连“郑和号”舰前录制节目。

⑤《军事天地》栏目导演与《三十六计古今谈》主讲人研究拍摄计划。

⑥1994年4月，记者在西沙群岛采访前来演出的总政歌舞团演员黄宏。

⑦1994年5月，主持人张
在扬州预备役部队拍摄系列《后备军》。

⑧1994年12月，拍摄系列节目《战争与后勤》。

⑨1994年7月，主持人唐剑等在南海舰队采访。

①1994年10月，第12届亚运会期间，中国体操队来到广岛CCTV直播室接受采访。

②第五套体育频道节目从1994年10月1日开始试播，1995年1月1日正式播出。

体育部

④

⑤

⑥

⑦

⑧

⑨

③我台转播了四年一度的“世界杯足球赛”全部52场比赛。图为我台记者在美国达拉斯电视中心规划转播项目。

④1994年4月，我台转播 “'94意大利足球甲级联赛”。

⑤1994年9月，第6届“远南”运动会在北京举行。图为我台记者采访中国残联主席邓朴方。

⑥1994年10月，我台记者在日本广岛第12届亚运会主会场转播开幕式。

⑦1994年10月，香港至北京“555”汽车拉力赛拍摄现场。

⑧1994年6月，我台记者现场转播“'94瑞士网球公开赛”。

⑨1994年10月，我台记者现场直播“'94北京国际马拉松赛”。

社教中心

①

①1994 年，《神州风采》荣获国务院授予的“全国民族团结进步模范单位”称号。

②1994 年 12 月，《神州风采》栏目举行播出第 2000 期研讨会。全国人大、全国政协有关领导参加了会议。

③1994 年 12 月 1 日，妇女节目《半边天》开播。图为开播会后的留影。

④《半边天》栏目的编导、制片人和主持人。

⑤社教中心默默无闻辛勤工作的秘书们。

②

③

④

⑤

⑦

⑧

⑩

⑪

纪录片创作室

⑥为庆祝建国45年摄制的大型系列专片《解放》受到观众评。图为《解放》的持人赵忠祥。

⑦《解放》的统筹高峰。
⑧在万吨轮前留影。
⑨在纽约唐人街上拍摄。
⑩在沙漠油田采访。

⑪在紧张的摄制中。
⑫采访养路工。
⑬在江苏常熟农家采访。
⑭《解放》片头设计者。
⑮在非洲赛拉利昂。
⑯在天山脚下。

⑰在塔克拉玛干沙漠车上。
⑱摄制组和大寨党支部书记郭凤莲合影。
⑲在江苏常熟采访市长。
⑳北京语言学院给留学生颁发毕业证书，记者采访院长。

⑬

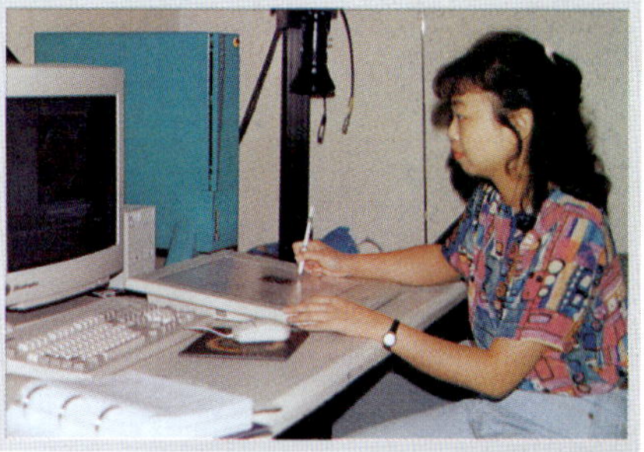

⑭

⑮

⑰

⑱

⑲

⑳

①

②

①纪录片《龙脊》在广西拍摄。
②《龙脊》编导陈晓卿在拍摄。
③《神州风采》节目《说狗》在拍摄中。

③

④

⑤

《神州风采》与地方组

④在青海果洛州拍《神州风采》节目《河源神韵》。

⑤《神州风采》节目《今日德宏》在拍摄中。

⑥《神州风采》节目《植物王国——西双版纳》在拍摄中。

⑦地方组编导在研究稿件。

⑥

⑦

教育节目部

①1994年10月，第五届全国优秀电视教育节目颁奖大会。
②12集电视系列片《中国民居趣谈》编导向美学家王朝闻请教。
③电视外贸英语主持人、对外经济贸易大学张冰姿教授在讲课。
⑤主持人沈力在《夕阳红》'94重阳节金秋游园会上采访金婚老人。

①

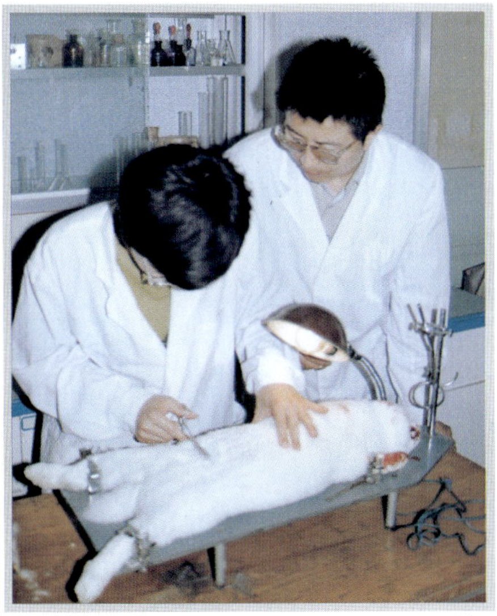
④

⑤

④3集电视片《基因》编导（右）在做拍摄前的准备。

⑥

⑦

⑧

⑨

⑥《夕阳红》电视歌曲（MTV）发布会。
⑦《中级标准日本语》在日本拍外景。
⑧《文化长廊》栏目中的《钓鱼趣谈》节目在山东威海拍外景。
⑨《夕阳红》栏目主持人陈志峰在天安门城楼采访抗战时期延安国女子大学学员。
⑩《夕阳红》栏目摄制组在采访漫画家丁聪和夫人。

⑩

专题部

①

②

③

①《与你同行》栏目召开座谈会。

②《与你同行》在天伦学校采访拍摄世界残疾人运动会夫妻冠军沈纪良夫妇。

③《与你同行》节目《共筑铜墙铁壁》。

④《与你同行》系列节目《新疆行——新疆民族巡礼》节目主持人李娟在新疆采访。

⑤《与你同行》社会文化版记者在采访拍摄电视剧《三国演义》演出现场。

⑥《与你同行》节目组采访哈尔滨市副市长。

④

⑤

⑥

青少部

①'94 "六一" 专题文艺晚会《跨世纪的公民》演播现场。

②应澳门中华民族文化促进会的邀请，沈纪副台长率银河少年艺术团赴澳门访问演出。图为钱其琛副总理和小团员们在飞机上。

③《第二起跑线》演播现场。

①

②

③

④《第二起跑线》开播座谈会。

⑤1994年4月9日，我台新开辟的中学生栏目《第二起跑线》正式播出。图为主持人和特邀嘉宾董文华在主持节目。

⑥《七巧板》编导和主持人研究节目。

⑦《七巧板》导演在拍摄节目。

①'94春节联欢晚会中的民俗歌舞《星光下的篝火》。

文艺部

②'94春节戏曲晚会中的越剧《十八相送》。

③'94春节歌舞晚会中的《春之声》。

④

⑤

⑥

④台领导与'94春节联欢晚会主创人员合影。
⑤'94春节联欢晚会中的小品《打扑克》。
⑥'94春节联欢晚会中的戏曲节目。

《团结颂》文艺晚会。

《大唐舞韵》、《中国民间歌舞》在俄罗斯获民间艺术“彩虹奖”。

《大地深情》文艺晚会。

“五个一工程”颁奖晚会上的文艺节目。

1994 年元宵晚会。

《综艺大观》第 94 期。

直播第六届“远南”运动会开幕式。

’94 第二届全国戏剧小品电视比赛颁奖。

庆祝“五一”第六届全国青年歌手电视大奖赛获奖歌手汇报演出。

长春电影节开幕式文艺晚会。

《金曲颂中华》爱国主义影片主题曲晚会。

’94 国庆焰火晚会。

’94“花城杯”中国音乐电视大赛颁奖晚会的文艺节目。

《大学生之夜》晚会。

《东西南北中》栏目在西藏拍摄。

①1994 年 4 月，中国广播电视学会电视译制节目《金桥杯奖》评委会正在审评节目。

②《正大综艺》栏目现场录像。

国际部

③《人与自然》栏目组全体工作人员。

④《正大综艺》“西藏专场”深受好评。

⑤《人与自然》栏目在摄制中。

⑥《正大综艺》编导与演员谈节目拍摄。

⑦《正大综艺》赴加拿大摄制组在白求恩故居前留影。

8 集电视连续剧《马本斋》。

8 集电视连续剧《京九情》。

影视部

集电视连续剧《农民的儿子》。

22 集电视连续剧《东方商人》。

9 集电视连续剧《大老板程长庚》。

12 集电视连续剧《雪震》。

7 集电视连续剧《士兵今年十八九》。

电影《早春一吻》。

集电视连续剧《昌晋源票号》。

12 集电视连续剧《乡里故事》。

4 集电视连续剧《沟里人》。

1994年5月,《红黄蓝》改版为《动画城》。图为改版座谈会。

动画部负责人在接受记者采访。

动画部

①《动画城》在拍摄主持人串联。

②《动画城》中的“娱乐园”正在拍摄。

③30集动画系列片《蓝皮鼠、大脸猫》在后期配音。

④动画部的工作人员在外景地拍摄节目串联。

⑤《动画城》中的“连锁店”在拍摄节目。

⑥动画系列片《蓝皮鼠、大脸猫》

中国电视剧制作中心

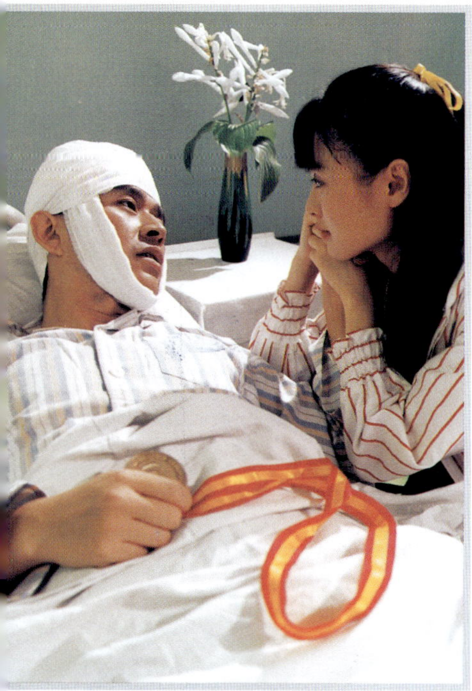

2 集电视连续剧《风铃小语》。

2 集电视连续剧《零花钱》。

14 集电视连续剧《离别广岛的日子》。

2 集电视连续剧《青春期与更年期的对话》。

2 集电视连续剧《姑娘今年 62》。

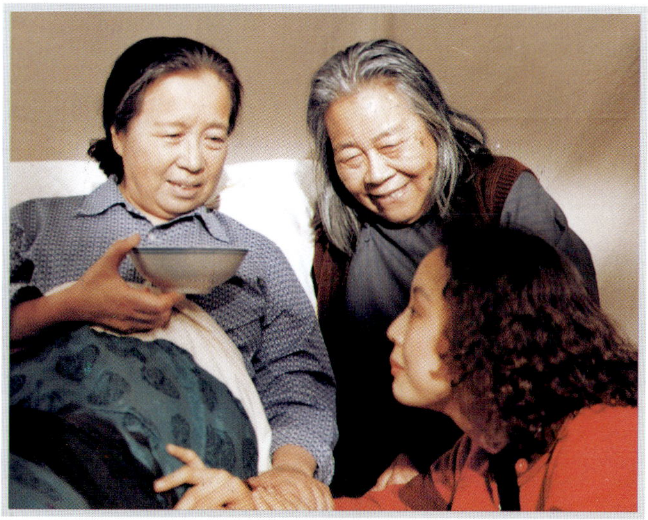

8 集电视连续剧《小墩子》。

①1994年9月，中央宣传思想工作领导小组副组长艾知生、中央对外宣传办公室主任曾建徽等审看“中国电视周”节目。

②广电部部长孙家正、副部长兼中央电视台台长杨伟光审看“中国电视周”节目。

海外中心

③中央对外宣传办公室副主任李源潮向中央电视台海外中心颁发奖匾，表彰成功举办“中国电视周”。

④海外专题部领导在编制“中国电视周”节目。

⑤外语部与节目部的编译人员在译制节目。

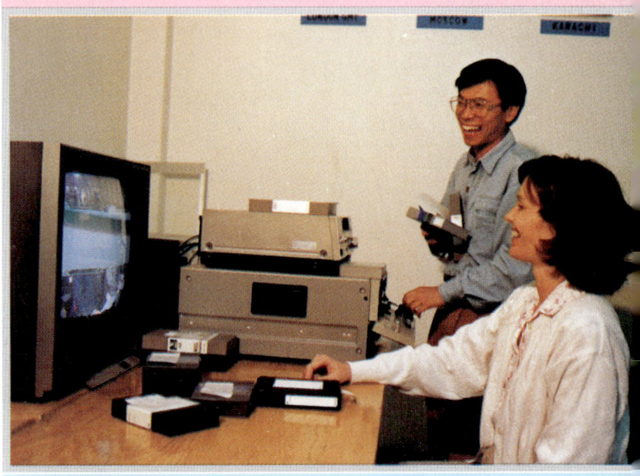

⑥海外中心的外国专家在审看翻译成外文后的“中国电视周”节目。

部主任李海明被评为首届全国百佳新闻工作者。图为1995年3月他（左一）在人民大会堂颁奖会上。

我台记者高丽萍等在黄河小浪底水利工程工地采访工人。

粤语播音组全体工作人员。

海外新闻部

1994年3月，我台记者对全国人八届二次会议和全国政协八届次会议作现场报道。

1994年8月，我台和浙江电视台在台湾联合报道“7.10海难事件”。

1994年7月，台独分子破坏海协会、海基会会谈，台湾军警维持秩序。图为我台记者在现场拍摄。

1994年12月，我台记者在台采访海基会副董事长兼秘书长焦和。

1994年4月，我台记者在采访千岛湖事件。

我台记者在青海黄河源头拍摄《介绍黄河源头》的自然风光。

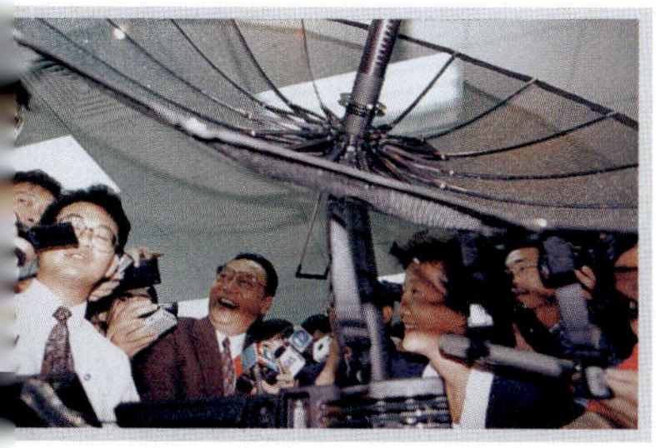

1994年7月，海峡两岸关系协常务副会长唐树备在台湾新竹高技园区利用卫星电话与北京通记者高丽萍在作报道。

’94元旦之夜，海外新闻部与台湾TVBS举行两岸卫星双向传送对台现场直播《两岸年终经济访谈》节目。图为我台主持人徐俐与台湾主持人詹怡宜。

1994年8月，我台记者在涿州基地采访香港《碧血青天杨家将》剧中包青天扮演者金超群。

海外专题部

①

③

④

①1994 年 10 月，新栏目《欢聚一堂》工
人员开播合影。
②纪录片《两位百岁老人》中的黄建
③电视片《十年巨变——京城美食录》
制组在北京国际俱乐部拍摄。
④1994 年 8 月，《西藏专集》主持人王
林、卓玛现场录像。
⑤1994 年 4 月，拍摄《中国西部——贵
印象》时，我台记者在建设中的贵州乌江大
留影。

海外节目部

《悠悠芨芨草——中国俄罗斯族》俄罗斯族人的业余生活。

《中国风》摄制组在新疆赛里木湖采访。

1994年4月，《风筝的故乡》工作人员在潍
拍摄91岁老艺人杨同科。

纪念梅兰芳诞辰一百周年节目《万古流
》部分工作人员合影。

1994年11月，《中国风》节目主持人与著名戏曲家傅雪漪谈“古诗词的吟与唱”。

《中国风》节目主持人在新疆采访少数民族朋友。

《中国风》三图为海外节目部栏目，左侧三图为海外专题部节目。

① 1994年12月，技术制作中心召开年终总结大会。

制作中心 录制部 音频部

音频部的工作人员正在三百六十平方米录音棚录音。

② 音频部工作人员在1000平方米演播室录制文艺晚会。

录制部三维动画设计师们正在工作。

③ 录制部工作人员在讨论800平方米全数字演播室设计方案。

④

①

制作部

⑤

⑥

②

① 1994 年 10 月，制作部美术
肆吴克勤荣获日本富士电视台第
届亚太地区片头设计展比赛银

② 化妆、服装科部分工作人员
。

③ 服装设计师在进行设计。

⑦ ③

⑧ ⑨

④—⑨ 美术设计师为我台各种节目和晚会设计的场景。

1994 年 8 月，在西昌卫星中心发射 B3 号澳星前，播送部负责同志向广电部副部长杨伟光介绍情况。

1995 年 2 月，广电部专家对我台“机械手自动播出系统”进行技术鉴定。

播送中心 技术管理办公室

1994 年 7 月，在西昌卫星中心发射亚太一号卫星前，我台技术人员在前沿指挥所屋顶架设遥控摄像机。

1994 年 12 月，我台实况传送三峡工程开工典礼。图为技术人员正在宜昌黄牛岩山顶校正微波方向。

1994 年 12 月，在我台新建的播出机房，第五套节目——体育频道开播。

1994 年 8 月，我台召开首次技术、制作、物资系统干部会议。

工程维护处的工作人员在检修演播室调音台。

1994 年 11 月，为筹备第四次世界妇女大会电视转播工作，我台与美国贸加国际有限公司签订引进数字转播车合同。

动力通讯处

1994 年，中直机关团委授予我台话务班“青年文明号（岗位）”荣誉称号。

动力通讯处党支部连续三年被评为先进党部。

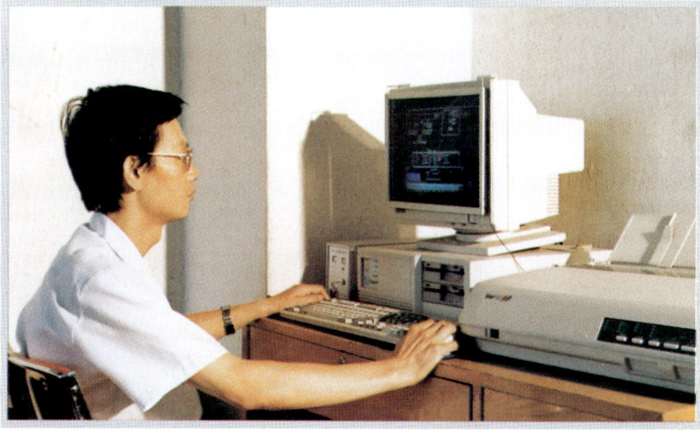

1994 年，1000 平方米演播室空调改为由计算机监控。

994 年，我台新引进程控电话机。

1994 年，我台建成专用移动通讯。

994 年，更新改造后的五号供电站。

1994 年，我台新建的城市集中供热交换站。

广告部

③ 1994 年 3 月，广告部主任谭希松在首届全国省级电视台广告部主任会议上讲话。

④ 业务科工作人员与客户签订广告播出合同。

⑤ 广告部尝试与厂家联合制作公益广告，获各界一致好评。

① 1994 年 10 月，我台主办第八届全国电视广告“印象奖”颁奖大会。

② 1994 年 11 月，广告部举办 1995 年“黄金段位”广告招标大会。

③

④

⑥ 1994 年 7 月 1 日，广告部党支部进行党课教育，组织工作人员参观残疾人福利工厂。

⑤

报社召开 1994 年度工作总结大会，报社领导出席会议，副总编辑吴继尧作总结报告。

《中国电视报》召开每周一次的工作例会。

中国电视报

在 1994 年度北京报刊宣传日活动中，读者踊跃来到《中国电视报》宣传台请节目主持人签字。

1994 年春节报社征文，报社领导与获一等奖赴京参加春节联欢晚会的作者合影。

1994 年度《中国电视报》召开广告工作座谈会。

1994 年“三益杯”有奖竞猜抽奖现场。

①
②

研究室

③
④

① 1994年11月，我台研究室在贵阳主持召开全国电视理论研究研讨会。
② 研究室全体工作人员会议。
③ 研究室编辑出版的部分书刊。
④《电视研究》编辑部部分编辑记者。
⑤ 1994年8月，在兰州召开中国广播电视学会电视学研究委员会第二届代表大会。
⑥ 1994年8月，在昆明召开第四届全国电视音乐交流会。

⑤

⑥

① 于广华副台长及有关领导，和我台新分配来的、在外地参加社会锻炼的 1994 届大学毕业生合影。

⑤ 计划财务处荣获广电部'94 财务管理工作先进集体、北京市个人所得税代扣代缴先进单位等称号。

人事　房管　计财　审计

②

⑥

③

⑦

④

② 1994 年 9 月至 1995 年 1 月，人事处组织新分配到我台的 1994 届大学毕业生在济南参加社会锻炼。

③ 房管处领导在新建的第四次世界妇女大会国际广播中心工地检查工作。

④ 1994 年房管处建造了 10000 平方米住房，使职工住宅环境明显改善。

⑥ 计划财务处荣获广电部工会女职工先进集体、巾帼建功立业先进集体称号。

⑦ 审计处工作人员深入《三国演义》剧组工作。

①

① 我台荣获广电部 1994 年度
合治理先进单位称号。

② 1994 年 1 月，北京市消防
和广电部保卫司检查我台春节联欢
会直播现场。

③ 1994 年 1 月，我台召开消
安全会议。

④⑤ 1994 年 5 月，我台参加
电部第三届消防运动会。

保卫处

② 

③ 

③

④

教育处

⑤

① 1994 年 3 月，我台承办“亚太
播发展协会电视新闻节目制作培训
”.图为培训教员约瑟夫·马歇尔在
学典礼上讲话。

② 马歇尔先生在“电视新闻节目
作培训班”上讲课。

③ 1994 年 7 月至 11 月，教育处
办了三期“电视节目制作培训班”。
为高级工程师谢贺添在讲课。

④ 我台老编辑在“电视节目制作
川班”讲课。

⑤ 在“电视节目制作培训班”上，
员在聚精会神地听课。

工　会

① 1994 年 12 月，我台工会召开第三届会员代表大会。

② 台工会第三届会员代表大会代表投票选举工会委员。

③ 1994 年 8 月，台工会组织了第六期“少儿之家”活动，小朋友在学习使用计算机。

④ 在“少儿之家”活动中，小朋友参观“老北京微缩景园”。

⑤⑥ 1994 年 12 月 30 日，台工会举办“庆新年游艺活动”。

老干部处

① 我台老干部合唱队参加广电部组织的
龄杯”歌咏比赛。

② 1994 年 3 月，我台老干部处组织《邓小
文选》学习班。

③ 我台老干部在无锡休疗。

④⑥ 1994 年 2 月，我台老干部举行春节
欢活动。

④

⑤ 我台老干部举行门球比赛。

⑥

⑦ 1994 年 10 月，我台老干部参加全国广
电系统离退休干部中国象棋友谊邀请赛。

台办室

① 台办室领导在商谈工作。

② 台办室秘书三组的同志在工作。

③ 

④ 

③ 台办室档案科的同志在整理档案。

④ 设于台内的邮电所于 1994 年 12 月开业。

⑤ 1994 年 9 月，杨伟光同志出席“’94 新铸联杯中画、油画精品展”评选会并讲话。

⑥ 1994 年 5 月，我台书画院、北京服装学院和玉泽厂共同举办“真丝书画艺术展”。作者和主办单位有关领合影。

⑦ 台办室编辑出版的挂历、画册和《工作日报》等传品。

⑤

⑥

党委　监察室

① 1994 年 7 月，我台党委隆重举行“创先
‘七一’表彰大会”。

③ 1994 年 8 月，党委举办社会主义市场经济理论学习班。

④

② 1994 年 12 月，党委组织慰问职工家属联欢会，杨
光副部长到场向职工家属表示感谢。

④ 1994 年 5 月，我台举行捐款仪式，向江西遂川革命
区捐资兴建遂川荧屏小学。

⑤ 1994 年 10 月，为庆祝中华人民共和国成立 45 周
党委举办我台爱国主义歌曲歌咏比赛。

⑥ 我台纪检组组长陈君在“贯彻中纪委五次全会精
会议上讲话。

⑦ 1994 年 11 月，我台召开特邀监察员工作会议。

⑤

⑥ ⑦

精神文明建设

① 1994 年，我台荣获“北京市献血先进单位”称号。图为义务献血者合影。

② 1994 年，我台荣获九项社会先进称号。图为各种荣誉证书。

③ 1994 年 7 月，我台组织职工子女参加石家庄少年军校军事夏令营活动。

④ 1994 年，我台荣获“中直机关计划生育先进单位”称号。图为 9 月台举办的计划生育学习班。

⑤ 1994 年，我台荣获“北京市交通安全单位”称号。图为 5 月份海淀区安委会来电视台检查交通安全工作。

⑥ 1994 年 9 月，我台职工为安徽灾区人民捐献衣物，送去爱心。

精神文明建设

⑦ 1994 年 3 月，我台精神文明协调委员
开工作会议。

⑧ 1994 年 3 月，我台党委组织摄制人员赴河北滦县采访被我台职工毕戈等四人救起的溺水女青年张金红。

⑨ 1994 年 3 月，广电部召开精神文明协
作总结表彰大会。我台荣获“首都文明单
兵”称号。

⑩ 1994 年 9 月，我台团委会同有关单位团委赴河北赞皇县革命老区进行慰问演出和实践活动。

⑪ 1994 年 5 月，我台青年足球队参加首
新电杯”足球赛，获亚军。

⑫ 1994 年，我台荣获北京市“海淀区绿化先进单位”称号。图为我台优美的环境。

台内部分活动

①1994年12月，香港迅发集团有限公司、云南昆明卷烟厂举行援建我国云南等贫困县卫星电视接收转播站仪式。

②1994年10月，中国残联主席邓朴方赠送我台铜匾“‘远南’，我们同行”。

③1994年12月，召开卫星电视网络建设座谈会。图为部分省市厅局长及有线台长合影。

①

④1994年2月，我台召开'94工作会议。

⑤1994年10月，我台举办台属企业经理“公司法”学习班。

⑥1994年12月，我台召开首届经营工作会议。

②

③

④

⑤

⑥

① 1994 年 5 月，第五届中日合资《中国电
董事会在北京召开。台领导杨伟光、于广
席会议。

② 1994 年 9 月，中国国际电视总公司召
开干部会，总经理刘瑾如讲话。

③④ 业务部引进、购买了许多国内外电视节目，向全国各有线、无线电视台供片。图为《西楚霸王》和《包青天》剧照。

⑤ 中国国际电视总公司参加工作总结会议的全体同志合影。

③
④
⑤

中国国际电视总公司

⑥ 中国国际电视总公司召开 1994 年全国
电视供片工作会议。

⑦ 1994 年 12 月，中国国际电视总公司举行成立 10 周年职工家属联谊会，台领导贾文增到会祝贺。

我们的朋友遍天下

① 1994 年 3 月，中央电视台与美国特纳广播公司签订合作协议。

② 1994 年 7 月，毛里求斯总统卡萨姆·乌蒂姆会见杨伟光副部长。

③ 1994 年 7 月，埃及新闻部长萨夫瓦特·谢立夫会见杨伟光副部长。

④

⑤

⑥

⑦

④ 1994 年 8 月，以杨伟光副部长为团长的中央电视台代表团，与香港亚视总裁林百欣先生等举行业务会谈。

⑤⑧ 1994 年 4 月，以于广华副台长为团长的中国电视节目外销联合体代表团赴欧洲访问。图⑤为在德国参观。图⑧为在英国访问。

⑥ 赵化勇副台长会见澳大利亚客人。

⑦ 1994 年 10 月，杨伟光副部长与美国映佳传播公司谢诚刚总裁签署双方合作意向书。

我们的朋友遍天下

⑨ 1994 年 5 月，澳门广播电视公司总经理冯嘉汶，会见出席庆祝该公司成立 10 周年活动的中央电视台副台长刘宜勤。

⑩ 1994 年 10 月，中央电视台与美国陆洋制片公司签订合作制作环球节目协议。

⑪ 1994 年 11 月，中央电视台和加拿大维克斯·本森广告公司签订合作制作英语教学节目协议。

⑪

⑫ 1994 年 11 月，中央电视台副总编辑章壮沂，代表中国在日本京都领取“亚广联电视剧奖”。颁奖人为亚广联主席阿明先生。

⑬ 1994 年 8 月，以杨伟光副部长为团长的中央电视台代表团参观香港无线电视台。

⑭ 1994 年 8 月，以杨伟光副部长为团长的中央电视台代表团在香港九龙有线电视有限公司参观。

我们的朋友遍天下

1993年8月，中央电视台与全国20家省（市）电视台和美国3C集团合作，创办了美洲东方卫星电视，每天播出12小时中国电视节目，通过卫星传送覆盖美国、加拿大、墨西哥和加勒比海地区。

中央电视台与130多个国家和地区的200多个电视机构有业务联系，并在世界一些大城市建立了中国电视节目销售网。

编 辑 说 明

一、《中央电视台年鉴》是反映中央电视台事业基本情况和发展变化的资料工具书，内容主要反映上一年中央电视台的重大事件和各方面工作的新情况、新资料。

二、本年鉴从1994年起，每年编印一册。1995年刊为第二卷，出版精装本。全书包括以下部分：1．特载；2．概况；3．栏目介绍；4．专辑；5．规章制度选载；6．专论；7．经验总结；8．观众调查；9．工作会议和研讨会；10．新技术开发与应用；11．电视书报刊及音像出版物；12．评奖；13．机构；14．大事记；15．人物；16．统计；17．对台、港、澳交流与合作；18．对外交流合作；19．附录；还有图片部分。

三、有关电视宣传情况的介绍是本年鉴的主体，分别在以下各专栏中反映：

"概况"——电视宣传各方面情况的综述；

"栏目介绍"——介绍1994年开办的栏目及改版栏目；

"专辑"——中国电视周、中国国际电视总公司成立10周年、中央新闻纪录电影制片厂建厂40周年及历史性转轨等活动的介绍；

"规章制度选载"——1994年中央电视台发布的宣传、事业、管理等方面的规章制度；

"专论"——在报刊上发表或在业务研讨会上宣读过的论文。这些论文是经有关单位推荐和年鉴编辑部选辑的；

"经验总结"——在电视宣传改革，包括采、编、录、播、导、制作等编播业务方面的部分经验总结。这些专文是经有关单位推荐和年鉴编辑部选辑的；

"观众调查"——选刊部分观众调查报告、活动简介、来信分析；

"工作会议和研讨会"——选介电视工作、电视理论和业务研讨会、经验交流会简况；

"新技术开发与应用"——有关新技术的开发与应用；

"电视书、报、刊及音像出版物"——有关电视理论和业务的著译以及中央电视台编辑的电视书、报、刊的目录和简介；

"评奖"——社会和广播电视系统的评奖、电影评奖、国际评奖及中央电视台获奖节目名单；

"机构"——介绍1994年中央电视台机构设置；

"人物"——在"人物志"中只介绍正处级以上职务人员和正高级专业职务人员，以及被社会有关部门授予和评选的先进模范人物；

"图片"——中央电视台重大活动、重点节目、栏目和有关业务活动的照片。

《中央电视台年鉴（1995）》编辑委员会

主　任　杨伟光
副主任　于广华　赵化勇　张长明　刘宜勤　李东生　陈汉元
陈　君　刘建中　贾文增　赵　群
编　委　杨伟光　于广华　赵化勇　张长明　刘宜勤　李东生
陈汉元　陈　君　刘建中　贾文增　李　建　章壮沂
朱继峰　胡　恩　王　录　邵昌有　刘广全　何宗就
赵　群　李旋宗　崔一鹤　许世杰

《中央电视台年鉴（1995）》编辑部

编辑部主任　赵　群
执行编辑　朱　宁　徐　敏　魏杏然（文字）
阮双庆（图片）
出版统筹　苏　英

分类目录

1 特载

2 概况

3 栏目介绍

4 专辑

三、中央新闻纪录电影制片厂 40 年

5 规章制度选载

6 专 论

7 经验总结

8 观众调查

9 工作会议和研讨会

三、中央电视台理论和业务研讨会

10 新技术开发与应用

11 电视书、报、刊及音像出版物

一、1994年中央电视台编辑新书选介

二、1994年中央电视台教育节目用书简目

三、1994年中央电视台报、刊选介

四、1994年中央电视台音像出版物(录像带)选介

12 评 奖

一、电视评奖

二、电影评奖

三、全国好新闻评奖

13 机 构

14 大事记

15 人 物

16　统　计

17　对台、港、澳交流与合作

18　对外交流合作

19　附　录

图 片

CCTV 1995 YEARBOOK

Contents

1. 特　　载

江泽民在全国宣传部长会议上强调充分发挥党的宣传思想工作政治优势努力为改革和建设提供良好的舆论环境

中共中央宣传部1995年1月16日在北京召开全国宣传部长会议。1月19日，中共中央总书记江泽民在中南海与出席全国宣传部长会议的同志座谈时指出，1995年宣传思想工作的基本要求是：全面贯彻党的十四大和十四届三中、四中全会精神，贯彻1994年全国宣传思想工作会议精神，坚持以邓小平建设有中国特色社会主义理论为根本指针，以科学的理论武装人，以正确的舆论引导人，以高尚的精神塑造人，以优秀的作品鼓舞人，巩固已有成果，加强薄弱环节，提高工作水平，充分发挥党的宣传思想工作的政治优势，努力为改革和建设提供有力的思想保证和良好的舆论环境。

江泽民说，1994年，中央召开了全国宣传思想工作会议，明确了宣传思想工作的指导方针和主要任务，产生了重要影响。一年来，宣传思想工作在各级党委领导下，是很有成绩的，有比较明显的进展：一是用邓小平建设有中国特色社会主义理论武装全党的战略任务进一步落实，出现了各级领导干部带头深入学习、运用这一理论的可喜局面；二是在宣传党和国家工作大局，促进改革开放和经济建设上做了大量工作，舆论引导是有力的；三是在弘扬爱国主义、集体主义、社会主义主旋律方面，形成了较强的声势；四是对宣传思想文化领域各方面的工作提出了明确要求，从实际出发制定了一些规章制度，使工作有了更为具体的遵循。整个宣传思想工作积极、健康、向上，中央是满意的，对这支队伍是信任的。

江泽民说，1995年是努力完成"八五"计划的最后一年，也是为进入"九五"计划时期做好必要准备的一年，改革和建设的任务十分繁重。实现1995年的各项任务，都需要宣传思想工作的密切配合。

江泽民指出，中央提出用邓小平建设有中国特色社会主义理论武装全党，这是一项根本任务，是一件大事。学习要深化，研究要深化，宣传要深化。关键是要在认真学习邓小平原著的基础上，全面正确地掌握这一理论的科学体系，领会精神实质。要坚持理论联系实际，把学习这一理论同宣传党的路线方针政策结合起来，同回答和解决改革和发展中的新问题结合起来。要努力把大家的思想和行动统一到建设有中国特色社会主义的理论上来，贯彻到行动中去。

江泽民说，中央提出的"抓住机遇、深化改革、扩大开放、促进发展、保持稳定"这个全党全国的工作大局，是我们党领导改革开放和现代化建设历史经验的科学总结，不仅当前要强调，而且是要长期坚持的指导方针。最根本的是处理好改革、发展、稳定的关系，目的是为了更好地集中力量把经济建设搞上去。宣传思想战线的同志们要不断总结这方面的成功经验，深化这方面的宣传，引导全党同志自觉关心、维护和服从大局，牢固树立全国一盘棋的思想，把全国人民凝聚到建设有中国特色社会主义的伟大事业上来。

江泽民指出，改革开放和社会主义现代化建设，是一个艰苦创业的过程。在整个现代化建设过程中，始终要发扬艰苦奋斗、自力更生的精神。宣传思想战线要把宣传这种精神作为一项长期的、重要的任务，在全社会树立艰苦创业为荣、奢侈腐败为耻的风气。

江泽民说，中央一直强调加强爱国主义、集体主义、社会主义教育。要把这种宣传教育坚持下去，搞得更好，就需要把它同正确的世界观、人生观、价值观的宣传教育有机结合起来，引导人们树立崇高的理想和信念，正确处理个人、集体、国家的利益关系，绝不能为了个人的、小团体的利益损害国家和民族的利益，绝不允许那种"人为财死、鸟为食亡"、金钱至上等拜金主义、极端个人主义泛滥起来，毒害人民。宣传思想工作要在这方面继续发挥好的作用。

在谈到促进文化繁荣和加强文化市场的管理问

题时，江泽民指出，中央认为一手抓繁荣、一手抓管理的方针，是完全正确的。要继续弘扬主旋律、提倡多样化。鼓励和支持文化界的同志深入基层，深入群众，创作更多反映我们时代精神、鼓舞人们奋发向上的优秀作品，给人们提供更好的精神食粮。文化市场的繁荣，要有管理来配合和保证。要继续抓好“扫黄”、“打非”。对于那些采取各种借口明里暗里庇护社会丑恶现象的行为，要坚决予以揭露和查处。

江泽民强调，现在各方面的大政方针已定，关键在真抓实干。宣传思想战线要配合做好工作，宣传好的经验，特别是在克服官僚主义、形式主义、虚报浮夸、搞花架子等不良风气方面发挥舆论监督的积极作用。从宣传思想工作本身来说，关键也是狠抓落实，对已确定的主要任务，要坚定不移地抓下去，切实抓出成效。

江泽民希望各级党委进一步加强对宣传思想工作的领导。各级党委要有很强的政治意识、大局意识、责任意识，要把宣传思想工作紧紧抓在手里，经常研究，提出要求，加强督促检查。要帮助宣传思想部门解决工作中的实际困难。

江泽民最后说，要切实重视宣传思想工作队伍的建设，不断提高这支队伍的政治业务水平，努力培养一批全面掌握建设有中国特色社会主义理论、学贯中西、联系实际的理论家，一批坚持正确方向、深入反映生活、受到群众喜爱的名记者、名编辑、名主持人，一批熟悉方针政策、社会责任感强、精通业务知识的出版家，一批紧跟时代步伐、热爱祖国和人民、艺术水平精湛的作家、艺术家。人才辈出，我们的事业就大有希望。

（原载1995年1月20日《人民日报》）

丁关根在全国宣传部长会议上提出围绕“四项主要任务”，团结鼓劲，狠抓落实，更好地为人民服务，为社会主义服务，为全党全国工作大局服务

全国宣传部长会议1995年1月16日至21日在北京举行。中共中央政治局委员、书记处书记、中共中央宣传部部长丁关根在讲话中指出，1995年宣传思想工作的指导思想是：在以江泽民为核心的党中央领导下，坚持以邓小平建设有中国特色社会主义理论为根本指针，坚持党的基本路线，贯彻中央总的工作精神，贯彻全国宣传思想工作会议的要求，遵循宣传思想工作的基本思路，自觉地同中央保持一致，围绕“四项主要任务”，团结鼓劲，狠抓落实，更好地为人民服务，为社会主义服务，为全党全国工作大局服务。

丁关根说，江泽民总书记在这次全国宣传部长会议上的讲话亲切深刻，语重心长，我们一定要很好领会，认真贯彻。一是务必加强学习；二是要增强政治意识、大局意识、责任意识；三是要坚持原则，以身作则；四是要对社会负责、对下一代负责。

他强调，认真学习、领会和掌握中央精神，对我们认清大局，服务大局，做好宣传思想工作特别重要。中央精神是党的一切工作的遵循和依据。宣传思想工作既要坚决贯彻中央精神，同中央保持一致，又要很好地宣传中央精神，保证中央政令畅通。这是我们最基本的工作职责，也是必须遵守的政治纪律。

丁关根说，中央对做好1995年宣传思想工作的基本要求是：巩固已有成果，加强薄弱环节，提高工作水平，充分发挥党的宣传思想工作的政治优势，努力为改革开放和现代化建设提供有力的思想保证和良好的舆论环境。在工作整体推进中，尤其要注重三个方面：一是把用邓小平建设有中国特色社会主义理论武装全党的根本任务抓紧抓好，进一步把广大干部特别是领导干部的思想统一到全党全国工作大局和中央工作的部署上来。二是密切配合1995年经济发展的安排和经济改革的部署，把握好舆论导向，做好宣传教育工作，促进改革建设，维护社会稳定。三是加大精神文明建设力度，坚持重在建设，进一步唱响时代主旋律，积极倡导艰苦奋斗、勤俭建国、励精图治、无私奉献的社会风尚。

他说，1995年工作要继续保持积极、健康、向上的态势，理论的学习、研究、宣传要向广度和深度发展；新闻舆论要坚持正确导向，团结鼓劲，基调鲜明；精神文明建设和思想道德教育要加大力度，取得新的进展，文艺和出版事业要更加繁荣健康；要继续深化改革，加快法规制度建设步伐，主要工作方面建立健全宏观管理体系；要进一步做好培训工作，建设一支政治强、作风正、业务精的宣传思想工作队伍。对当前工作中存在的突出问题和薄弱环节，要采取有效措施，认真解决。

丁关根在讲话中特别强调要狠抓落实。他指出，现在，宣传思想工作大政方针已定，关键在于狠抓落

实，善谋实干。工作目标要坚定不移，领导精力要全神贯注，措施办法要切实可行，组织实施要有力度，物质条件要有保障。

在谈到加强宣传文化事业的宏观管理问题时，丁关根指出，总的说，我们的工作方针是一手抓繁荣，一手抓管理，既促进繁荣，又健康发展；既满足需要，又加强引导。

丁关根说，培养跨世纪人才，是宣传思想战线队伍建设的一大工程。各级宣传部门和有关部门要组织专门班子进行研究，精心规划。要努力创造各种有利条件，使人才脱颖而出，青出于蓝胜于蓝。

丁关根最后要求，做宣传思想工作的领导干部一定要极端认真，极端负责，提高素质，提高水平。要刻苦学习，努力掌握邓小平建设有中国特色社会主义理论，不断充实哲学、经济、科技、历史、文学、艺术等方面的知识，增长领导才干。要带头转变作风，扎实工作，牢固树立为人民服务、为基层服务的思想，坚持从实际出发，从解决问题出发，讲真话，鼓实劲，干实事，求实效。要高标准，严要求，思想勤奋刻苦，作风严细深实，工作精益求精。要克服官僚主义、形式主义，力戒空洞无味的套话，不着边际的大话，不可操作的空话。要努力做到：真诚坦率、亲切热情，冷静理智、观察思考，谦虚谨慎、不骄不馁，有张有弛、有刚有柔，旗帜鲜明、敢于负责，淡泊名利、甘当苦力，更好地保持共产党人的本色，更好地做好我们的工作，让中央放心，让人民满意。

（原载1995年1月23日《人民日报》）

党和国家领导人对中央电视台工作的指示

江泽民肯定中央电视台报道组工作

1994年2月3日，中央电视台在《新闻联播》中播出新闻《江泽民在山西考察》、新闻特写《总书记与村支书一席谈》后，江泽民总书记说：这两条新闻主题鲜明，重点突出，报道领导下基层活动，这是一个方向。

（据《电视信息》1994年第3期）

江泽民对中央电视台工作的批示

1994年6月5日，江泽民总书记在中央电视台《工作通报》第9期刊登的《美洲东方卫星电视进入洛杉矶皇冠有线电视台》通报上批示："望再接再厉，锲而不舍。"

《工作通报》第9期，通报了5月16日"东方卫视"在美国华人聚集地通过当地皇冠有线电视网落地，引起反响。

（据《电视信息》1994年第7期）

李鹏为《东方时空》题词

1994年2月18日，李鹏总理给中央电视台《东方时空·金曲榜》的《中国民族歌曲经典》题词：

"高歌民族曲，激荡中国魂。"

"弘扬精华，除弃糟粕，继承优良传统文化道德，建设社会主义精神文明。"

（据《宣传日报》1994年第43期）

李鹏对中央电视台工作的批示

1994年6月7日，李鹏总理在中央电视台《工作通报》第9期刊登的《美洲东方卫星电视进入洛杉矶皇冠有线电视台》通报上批示："很好，继续做工作。"

（据《电视信息》1994年第7期）

李鹏对中央电视台文艺部的指示

1994年7月21日，李鹏总理会见中央电视台文艺部《大亚湾，灿烂的太阳》剧组及有关人员。他回顾了过去流行的《克拉玛依之歌》和《我为祖国献石油》等深受人们喜爱的工业题材作品，指出："工业题材，特别是表现能源题材的节目不容易创作，有了作品也不易流传。希望大家今后共同努力，多创作一些这方面的作品，从中体现国家的发展和建设者的风貌。"

（据广电部《宣传通报》1994年第39期）

朱镕基对中央电视台工作的批示

1994年6月5日，朱镕基副总理在中央电视台《工作通报》第9期刊登的《美洲东方卫星电视进入洛杉矶皇冠有线电视台》通报上批示："很好，要密切注视，认真办好。"

（据《电视信息》1994年第7期）

荣毅仁对无锡太湖影视城的指示

1994年10月16日，荣毅仁副主席视察中央电视台无锡太湖影视城的"三国城"景区。荣毅仁希望影视城进一步挖掘"三国"文化的精髓，促进影视旅游事业的繁荣发展。

（据《综合简报》1994年第48期）

丁关根肯定中国音乐电视（MTV）大赛颁奖晚会

1994年1月4日，丁关根同志说：晚会不错。董文华唱的《长城长》很好，内容好，唱得也好。《长城长》应反复播，出录像带、录音带，广播电台也应该播。

（据《宣传日报》1994年第3期）

丁关根赞扬中央电视台春节晚会

1994年春节，丁关根同志说："中央电视台'94春节联欢晚会搞得不错。我听到一些同志反映，也认为不错。请向中央电视台全体职工表示节日的慰问。"

（据《宣传日报》1994年第33期）

丁关根对进一步办好"焦点"节目的指示

1994年5月20日，丁关根、艾知生、徐惟诚等领导同志在中南海同《焦点时刻》和《焦点访谈》栏目部分制片人、记者，就如何进一步搞好"焦点"栏目进行了近4小时的座谈。

丁关根等领导认为，《焦点时刻》、《焦点访谈》栏目办得很有新意，既贯彻了中央的宣传方针，也赢得了观众的喜爱，心血没有白费。丁关根说："焦点"就是群众关心的、政府要做的、具有普遍意义的事情。关键要选好题，选题要有目的性。他勉励大家：在成绩面前不要骄傲，要继续发扬敬业精神，总结经验教训，争取让节目再上一个新的台阶。

（据《宣传日报》1994年第111期）

丁关根肯定《焦点访谈》和《新闻联播》

1994年6月4日，丁关根同志说：中央电视台6月3日晚《焦点访谈》播出的《远亲不如近邻》的节目很好，这个节目提出了有普遍性的社会问题，又坚持了正面报道。

丁关根还说：中央电视台6月4日晚《新闻联播》播出的《北师大支教扫盲志愿者服务队在山西武乡》很好。同时要求报社也可发这一消息，报纸、广播、电视应相映成辉。

（据《电视信息》1994年第7期）

丁关根赞扬《庆"七一"》文艺晚会

1994年7月1日晚，党和国家领导人江泽民、乔石、朱镕基、刘华清、胡锦涛、丁关根、布赫、铁木尔·达瓦买提、迟浩田、洪学智、杨汝岱、邓兆祥等，在中南海怀仁堂观看了中央电视台《庆祝"七一"第六届全国青年歌手电视大奖赛专业组获奖歌手汇报演出》。丁关根等认为：演出很成功。丁关根说庆祝党的生日时很需要有这样一台晚会。这台节目气氛很好，台风也好，组织工作严密，这么多演员参加，一点不乱，很紧凑。领导挺满意的。

（据《电视信息》1994年第8期）

丁关根认为《质量万里行活动不容假冒》报道很好

1994年10月28日，中共中央宣传部副部长徐惟诚转达了丁关根同志的谈话。丁关根说，10月27日《新闻联播》中播出的新闻《质量万里行活动不容假冒》报道很好，要跟踪报道，一直追下去。

（据《宣传日报》1994年第235期）

田纪云表扬《东方时空》和《焦点访谈》

1994年9月13日，田纪云副委员长在中南海接受中央电视台新闻评论部记者关于《人大制度40周年》专题报道的采访时说："你们的《东方时空·焦点时刻》和《焦点访谈》不错，我们很注意看这个节目。"

（据《电视信息》1994年第10期）

李铁映对无锡外景基地的指示

1994年2月15日，李铁映同志视察中央电视台无锡外景基地的"唐城"和"欧洲城"，详细了解了基地建设发展情况。李铁映说：要把开展拍摄服务和旅游所取得的经济收入再投入到景区建设中去，让游人时时有清新的感觉。

（据《综合简报》1994年第8期）

李铁映为专题片《居者有其屋》题写片名并发表讲话

1994年6月15日，中共中央政治局委员、国务院住房制度改革领导小组组长李铁映接见中央电视台《居者有其屋》摄制组的主创人员并接受了采访。李铁映对《居者有其屋》摄制组的工作给予充分肯定。他说："你们这次做了这么广泛的采访，接触到这么多人民群众，反映了人民群众的迫切要求，同时对住房改革给我们提供了很多信息和建议，我表示真诚的感谢。在住房新体制的建设过程中，还需要做大量的思想工作，还要进行干部的培训，你们的节目也会起到这个作用，我再一次表示感谢。"

（据《电视信息》1994年第7期）

李铁映谈亚运会电视宣传报道

1994年10月17日晚，李铁映同志在约见中央电视台体育节目主持人宋世雄时说，中央电视台的亚运会报道做得很出色，影响大，收视率高。把演播室设置在现场，是个突破，广大观众可以直接听到教练员、运动员的评论与分析，特别是一些感人的场面，如教练员、运动员同家人对话、运动员带伤参赛的感人事迹、运动员热泪盈眶时瞬间等等，都报道得相当成功。

李铁映说，我多次强调在宣传我国运动员取得成绩的同时，注意宣传各国和各地区运动员之间的友谊，宣传外国运动员的顽强精神及取得的优异成绩，电视宣传做得不错。

(据《宣传日报》1994年第226期)

李岚清对《我的祖国》大型综艺晚会的指示

1994年5月4日，中央电视台青少年部和国家教委、团中央有关部门联合举办了以《我的祖国》为题的爱国主义教育百部影视片知识竞赛大型综艺晚会。4月20日，李岚清副总理为这台晚会写信给国家教委、团中央和中央电视台，指出："运用优秀影片在全国中小学开展爱国主义教育是一次成功的、很有意义的活动，在社会上引起很大反响。我对这次活动所取得的成绩表示热烈祝贺，并希望有关部门和全社会继续采取多种生动活泼的方式，对青少年进行爱国主义的教育，为社会主义现代化建设培养更多的'四有'新人。祝知识竞赛晚会圆满成功。"

(据《电视研究》1994年第8期)

李岚清表扬中央电视台教育宣传

1994年8月26日，李岚清副总理在中共中央宣传部全国教育工作宣传通气会上对中央电视台教育宣传工作给予表扬。

李岚清说，中央电视台开辟《中华学人》专栏，宣传有成就的中青年科学家，在社会上影响很大。中央电视台开办的中学生栏目《第二起跑线》在社会上也产生很大影响。他说，大学生辩论节目也很好，表现了青年学生不仅能言善辩，而且掌握了大量的知识。还说，1994年欢送大学生改变了形式，由大学生自编自演了一台晚会，效果很好，他将这台晚会概括为三句话：一、内容健康；二、艺术水平高；三、时代感强。同时把这台节目推荐给李鹏总理和丁关根同志。他说，大家都有同感，给人很大鼓舞。

(据《电视信息》1994年第10期)

邹家华高度评价质量万里行电视报道

1994年9月，国务院副总理邹家华在全国技术监督工作会议期间，多次谈到1994年质量万里行的电视报道，并给予高度评价。

9月22日，邹家华在接受中央电视台记者采访时说，质量万里行是一项很有意义的活动，也是一个很好的推动全国质量工作、树立全民质量意识的活动。质量万里行很多都是指出质量中存在的问题，以引起大家的注意。这样能够使大家从中吸取教训，接受教育，来改进现在存在的质量问题。当然，质量万里行也可以介绍一些做得好的，一方面接受教训，另一方面也可以向好的学习。今后，希望电视台继续和有关部门配合，来开展质量万里行活动，来推动全国的质量工作。质量万里行的工作是有成绩的。我想无极这件事(指河北无极医药市场管理混乱、假药泛滥)就是从你们曝光以后引起各方面重视的，这个作用还是很大的，希望你们继续发扬下去。

(据《电视信息》1994年第10期、《中国质量万里行简报》1994年第13期)

邹家华对海外中心新闻部的批示

1994年10月6日，中央电视台海外中心新闻部在北京国际会议中心召开的《环渤海世纪行》总结表彰大会上，受到国务院新闻办公室和国家计委的联合表彰。

16集系列报道《环渤海世纪行》在海外引起反响。邹家华副总理也肯定这次环渤海行的报道工作，认为环渤海地区的宣传应加强，"除辽宁、山东外，还有河北。如果再向西延伸一点，还包括内蒙的东部和山西的东部。"

(据《宣传日报》1994年第222期)

宋健对无锡外景基地的指示

1994年2月16日，国务委员宋健视察中央电视台无锡外景基地的"唐城"和"欧洲城"。宋健对基地体现中西文化特点的电视文化景区表现出浓厚的兴趣，认为这项工作应当进一步开拓下去。

(据《综合简报》1994年第8期)

宋健称赞《人与自然》栏目

1994年10月27日主管中国环境保护与发展工作的国务委员宋健给中央电视台及《人与自然》栏目策划兼主持人赵忠祥写信，称赞中央电视台和赵忠祥在宣传环保工作中做出的不懈努力。他指出："通过电视媒介，传播知识，寓科学于消遣之中，提高人民的环境意识，对于人民群众，特别是青少年，有着重要的科学普及和教育作用。你们为人民、为科学事业做了一项极有意义的工作，我向您及《人与自然》栏目组的全体同志表示衷心的感谢和敬意。"

(据《电视信息》1994年第10期)

罗干重视《焦点时刻》曝光节目

1994年9月12日，中央电视台《焦点时刻》栏目播出《"天之骄子"上大学》节目，对用公车送子女上大学的现象进行了曝光。国务委员、国务院秘书长罗干对此事非常重视，责成国务院办公厅秘书四局处理此事。罗干批示："查处一下有好处，不然这股风一年会比一年厉害……不能允许这种不正之风蔓延。""请将处理的详细情况告中央电视台《东方时空》栏目组。"

(据《宣传日报》1994年第254期)

坚持一个根本指针，抓好四个方面的工作，争取电视节目有更大的改观

——艾知生在全国省级电视台台长会议上的讲话（摘要）

一

1993年，在以江泽民为核心的党中央领导下，在中央宣传思想工作领导小组的直接领导下，电视战线的全体同志以邓小平建设有中国特色社会主义理论为根本指针，全面贯彻党的十四大精神，在宣传工作方面取得了较大的进展。

首先是较好地完成了重要的宣传任务，坚持了正面宣传为主的方针，以团结、稳定、鼓劲为基调。在贯彻党的十四大、八届一次人大和政协会议精神，经济领域加强宏观调控，学习宣传《邓小平文选》第三卷，党的十四届三中全会，纪念毛主席诞辰100周年，申办奥运等重大宣传活动中坚持了正确的舆论导向。在一些社会热点问题的宣传中也进行了正确引导，加强了对各行各业先进人物的正面报道。

其次，为适应社会主义市场经济体制的建立，深化了广播电视的新闻改革。在电视新闻报道方面有很大的改进，加大了信息量，提高了时效。

在加强社会主义精神文明建设，弘扬主旋律方面，电视文艺、专题节目都有很大的进展，电视剧的数量和质量也有很大的提高。

另外，电视对外报道取得了突破性进展，在各地方电视台的支持下，中央电视台开辟了美洲东方卫星电视，每天在北美地区播出12小时节目，这是一个很大的突破。不少地方电视台对外报道也取得了新的进展。

二

1994年1月24日至1月29日在北京召开了全国宣传思想工作会议。全国宣传思想工作会议内容概括地讲是坚持一个根本指针，抓好四个方面的工作：(1）坚持用邓小平建设有中国特色社会主义理论武装全党；(2）坚持贯彻党的基本路线，做好正确引导舆论的工作；(3）做好思想教育工作，培养“四有”新人，促进社会主义精神文明建设；(4）坚持为人民服务、为社会主义服务的方向和百花齐放、百家争鸣的方针，弘扬主旋律，繁荣社会主义文化。这四个方面的工作就是江总书记概括的“以科学的理论武装人，以正确的舆论引导人，以高尚的精神塑造人，以优秀的作品鼓舞人”。一个根本指针是灵魂，是总纲，规定了我们行动的方向，四个方面的工作就是体现这一根本方针的重要工程。

（一）**以科学的理论武装人**

以科学的理论武装人，对电视工作来说就是要宣传好邓小平建设有中国特色的社会主义理论，报道好有关这方面的学习和活动。我认为，首要的是要用邓小平建设有中国特色的社会主义理论武装我们自己，武装电视宣传战线上的全体干部、职工。首先是武装领导干部自己，领导干部必须带头学习好《邓小平文选》第三卷。

对于电视战线的干部职工来讲，有关坚持两手抓、两手都要硬的方针和关于加强社会主义精神文明建设及其一系列论述是我们学习的重点。

1.通过学习，明确电视宣传的任务，统一认识。作为思想战线的战士、人类灵魂的工程师、党的宣传教育工作者，我们不能忘记肩负的思想教育重任。既要弘扬主旋律，又要坚持多样化，使节目丰富多采，使电视屏幕日益繁荣，最大限度地满足广大人民群众日益增长、日益多样化的需要。

2.我们要坚决抵制外来腐朽思想的侵蚀，决不允许资产阶级生活方式在我国自由泛滥。

3.为什么必须禁止个人收看境外卫星电视节目呢？首要的问题是维护国家的稳定，社会的安定。还有一些国家和地区利用和我们合拍影片、搞多种评奖等，以钱开路，重金重奖，拉拢、引诱一些人，对于西方通过广播影视进行“两化”，我们要有足够的认识，保持清醒的头脑。

4.正确处理经济效益和社会效益的关系，反对一切向钱看，不要见利忘义。处理意识形态、思想战线上的问题一定不能把经济效益放在第一位。一切向钱看是造成“一手硬、一手软”状况的重要原因。所以，我们要“以科学的理论武装人”首先要武装我们自己的头脑，这和以小平同志建设有中国特色的社会主义理论作为工作的根本指针是完全一致的。我们要用小平同志关于社会主义精神文明建设两手抓、两手都要硬的论述来指导全国电视宣传工作。

（二）**以正确的舆论引导人**

新闻舆论是电视宣传的一个重要方面。新闻宣

传必须掌握正确的舆论导向，准确地宣传党的路线、方针、政策，同党中央保持高度一致。党中央明确了1994年的工作指导方针：抓住机遇，深化改革，扩大开放，促进发展，保持稳定。其中特别重要的是要处理好改革、发展和稳定的关系。新闻宣传中，经济宣传始终是中心，经济宣传要把握全局、突出重点，要进一步宣传把握当前的有利时机，集中力量把经济搞上去。加快发展要在深化改革，优化结构，提高质量，增进效益上下功夫，不要助长攀比发展速度，不要助长追求产值，不要鼓励铺摊子、上项目，盲目扩大基建规模。强调处理好持久、快速、健康发展的关系。

电视要旗帜鲜明地支持改革，深入浅出地宣传、解释，要在电视中搞讲座，要多做安定人心的工作。

关于社会稳定的问题，民族、宗教无小事，要特别慎重。要帮忙，不要添乱。

关于社会治安综合治理、反腐败、民主法制建设的宣传报道，都要加强，这都是人民群众非常关心的问题。这是和经济建设宣传相互促进的，宣传不能单打一。

国际问题也要掌握好导向。现在各电视台很重视国际问题报道，观众也希望了解世界发生的事情。一些有线电视台也在纷纷地加大国际新闻报道的分量。希望大家注意，国际问题的报道政策性很强，导向一定要掌握好。

1994年是中华人民共和国成立45周年，我们要做好迎接国庆的各项宣传准备，利用多种形式，充分宣传社会主义建设所取得的成就，特别是近15年来，改革开放取得的巨大进步，集中突出地宣传一批重点建设项目。这一点无论什么时候都不会错，重点建设成就是电视宣传的永恒主题，而且这个主题在内容和形式上应该越办越好。

（三）以高尚的精神塑造人

近年来，新闻报道在宣传社会主义精神文明方面有很大的进展，像目前学习雷锋、学习徐洪刚、学习包起帆的报道都有进步。尤其是对徐洪刚的宣传特别好，针对人们对目前社会治安意见大的心态，宣传见义勇为的勇士，鼓舞人们不要坐而论道，要勇于和不良现象作斗争。

用高尚的精神塑造人对电视来讲，就是加大宣传社会主义精神文明的力度。精神文明重在建设。最近江总书记对徐洪刚给了很高的评价，徐洪刚这种精神非常切合时代的需要。我们要以培养“四有”新人为目标，加强爱国主义、集体主义、社会主义的思想道德教育，认真开展中华民族传统文化教育，中国近代史、现代史的教育，革命传统教育。

这几年我们宣传了很多各条战线的先进分子，各行各业的标兵，要努力使他们成为广播电视的主角，成为人们关注、敬慕的真正的“明星”。这些人是普通人中间成长起来的英雄人物，与普通人有血肉联系，我们要学习他们的思想情操，像他们那样去生活、工作。

（四）以优秀的作品鼓舞人

电视台对这一点的任务就是弘扬主旋律，多出精品。什么是主旋律呢？江总书记的报告中说：“弘扬主旋律，就是要在建设有中国特色社会主义的理论和党的基本路线指导下，大力倡导一切有利于发扬爱国主义、集体主义、社会主义的思想和精神；大力倡导一切有利于改革开放和现代化建设的思想和精神，大力倡导一切有利于民族团结、社会进步、人民幸福的思想和精神，大力倡导一切用诚实劳动争取美好生活的思想和精神。”弘扬主旋律与坚持多样化是辩证统一的关系。我们的文艺节目在题材规划、创作、播出中一定要坚持高标准。

三

中央电视台与省级电视台都代表着党和政府，宣传党和政府的声音，我们的任务是一致的，要加强协作，互相支持，既有分工，又有合作，共同完成中央交给我们的任务。现在，中央电视台的节目很大程度上依靠省市电视台的支持，依靠各地电视台提供新闻、经济信息等类节目，这是一种好体制。一些优秀人才也要靠地方电视台培养输送。中央电视台要建设成世界级大台，不能把视野局限在北京和现有的2000多人身上，而要放开眼界，吸收全国优秀节目和优秀人才。中央电视台也帮助地方电视台制作一些好节目。

关于最近颁布的各地电视台要完整转播中央电视台一套节目的规定，这件事也需双方共同努力。首先，大家思想要一致，认识转播中央电视台一套节目的必要性，因为中央电视台及时地传播中央的声音，尤其在目前敌对势力对我实行西化和分化，要加强我们政治思想上的统一，保证我们国家高度的团结统一。第二，中央电视台的节目一定要办好，真正代表国家的水平。第三，要有法规的保证。第四，中央电视台要照顾地方电视台的利益。有线电视发展很快，地方可以根据不同的情况把中央电视台的其他几套节目转入有线电视播出。外省的节目，将来上了卫星也可以互转，有利于充实有线电视台的节目，替代境外电视。中央电视台和地方电视台的关系首先是分工合作，共同完成中央交给我们的任务。当然我们也有竞争，这个竞争可以说是友谊的竞赛，也可以说是平等的竞争。在中央和各地党委的领导下，我们努力把节目的质量办得好一些，努力使我们的节目更好地贯彻中央精神，更受群众欢迎。中央电视台不靠自己特殊的地位，地方电视台也发挥自己的优势，这样的竞争对观众有好处。除此以外，不要搞门户之见。我们的电视文艺评论中有两种偏见，一是只能说好话不能说批评话，无原则吹捧。另外一种不好的倾向是文人相轻，门户之见，以关系划线。这些都不是健康、正常的、客观公正的批评。我希望中央电视台和地方电视台要通力合作，互相支持，平等竞争，而不是在政策上各行其是，或互相搞对策，挖墙角。尤其是对外报道一定要统一，西方或海外一些敌对势力企图对我们分而治之、各个击破，往往是以钱开路，目标是把节目打进来，进行文化渗透。我们是站在反对“西化”、“分化”斗争第一线的，所以我们要警惕。

关于卫星地面接收设施，有线电视管理条例。卫星条例有两条最重要，一是任何个人不得安装卫星地面接收设施收看境外电视；另一条是所有电视台、有线电视都不能直接转播境外电视。各省、直辖市、自治区电视台，如果过去有转播境外卫星电视的，要带头按规定停下来。

广电部和各地广播电视厅局在管好自己的前提下，要加强本系统和全行业的管理，丁关根要我在这个会上明确地讲一讲有线电视和教育台的问题，广播电视系统要从行业管理的角度加强管理。请今天到会的电视台长回去以后给省、直辖市、自治区厅局领导同志带个话，除了管好自己的电视台以外，涉及到本系统的问题（有线台的问题），涉及到全行业的问题（教育台的问题），我们都要加强管理，这都是我们部和厅局的职责范围。我们要一手抓繁荣，一手抓管理，使我们的电视节目越来越丰富多采、健康文明。希望1994年在全国宣传思想工作会议的精神指导下，能使我们的电视节目有更大的改观。

（摘自《电视研究》1994年第5期）

正确引导舆论，繁荣社会主义荧屏

——孙家正在中央电视台1994年年中工作会议上的讲话（摘要）

一、关于正确引导舆论的几个问题

积极宣传党的主张，在正确引导舆论方面发挥主干作用。这是江泽民在全国宣传思想工作会议上向宣传战线提出的要求。各级电台、电视台是党、政府和人民的喉舌，必须在思想上政治上同中央保持一致，坚持邓小平建设有中国特色社会主义理论，模范地、积极地宣传党的主张，在正确引导舆论方面发挥主干作用。

（一）正确地引导舆论，必须有崇高的历史责任感。

我们的民族从鸦片战争以后，饱经内忧外患，几乎所有的帝国主义国家都侵略过我们。在党的领导下，经过前仆后继、艰苦卓绝的奋斗，建立了新中国，社会主义建设在艰苦的探索中取得了伟大的成就。但是，真正进入比较快的发展时期，还是在十一届三中全会之后，改革开放和现代化建设给我们这个古老的民族带来了勃勃生机，使世界瞩目。中华民族的振兴，目前正处于一个非常重要和宝贵的时期。两极世界格局业已打破，多极化格局正在形成过程之中。每一个主权国家都不能不思考自己在未来的世界格局中将处于一种什么样的位置。我们社会主义的中国当然也要考虑这个问题。所以，现在的努力和奋斗对于中华民族未来的影响，以及中华民族对世界未来格局的影响，对人类进步事业的贡献将是极其重要和深刻的，其意义要在好多年以后回过头来才能看得更清楚。现在有很多困难，但是总体来讲，我们已经取得了伟大的成就，这一点举世公认。国家发展犹如爬坡。在这样一个特定的历史时期，每一个方面的工作都不能不在历史上写下自己的一笔。在中华民族进行艰苦卓绝奋斗以求发展自己的时候，作为党、政府和人民的喉舌的舆论工具，各级电台、电视台肩负着按照党的方针，团结、引导全体人民艰苦奋斗、奋勇向前，建设现代化国家的责任。50年、60年以后再回过头来看，我们所做的一切对当时的影响怎么样；每一部作品，包括我们现在所做的每一件事情，都在身后留下一个脚印，都要任后人来评说。我们不能回避这个问题。

（二）正确地引导舆论，必须认清形势，把握全局。

我们无论是负责一个具体的部门，或是从事一项具体的工作，只有把自己从事的具体工作放在全局当中，才能看清它的地位，看清楚应该如何从事这项工作。毛泽东曾经说过，许多同志往往记住了我党的具体的各别的工作路线和政策，忘记了我党的总路线和总政策。而如果真正忘记了我党的总路线和总政策，我们就将是一个盲目的不完全的不清醒的革命者，……因此，做具体工作的同志特别要注意认清形势，胸怀全局。中央把全党工作的大局概括成“抓住机遇，深化改革，扩大开放，促进发展，保持稳定”，这20个字不光是1994年的大局，在今后相当长一个时期内，我们都要围绕这个大局开展工作，使我们的电台、电视台真正成为推动改革发展，维护团结稳定的舆论中心。我们的一切具体工作必须放到这个大局中去考虑，要把维护大局，发展大局作为我们义不容辞的责任。我们在做一项具体工作的时候，当然有具体的考虑和要求，但只有将其放置于全局之中，才能看清其地位和作用，才清楚如何去从事这项工作。在选择节目、怎么做节目的时候，都必须考虑到这个大局，服从这个大局，服务这个大局，这样我们就赢得了主动权，就可以潇洒自如地发挥自己的创造性。离开大局就没有创作的自由，甚至会走偏方向，这是一个很简单的道理。

（三）正确地引导舆论，必须使我们的工作始终沿着党所确定的目标前进。

什么是导向？导向总是以明确的目标为前提的，如果没有明确的目标，就无所谓导向。具体的工作目标很多，首先在总体上有两个最重要的目标我们要明确。一个是社会的目标，即我们要把自己的国家建设成什么样的国家，这是个大目标。党的基本路线规定了“一个中心、两个基本点”，还明确了三个方面的目标，即富强、民主、文明。我们所有的工作都要为这个目标服务，所谓导向就是要引导到这个方向上去。要团结全体人民，鼓舞全体人民，凝聚全体人民，调动一切积极性，为一个共同的目标——富强、民主、文明的现代化社会主义国家奋斗。这个目标正是中国亿万群众内心的愿望。我们按照这个目标走，就是做到了全心全意为人民服务。我们只有深切地体察群众的意愿，才能深刻地理解党的方针。群众的愿望，归纳起来可以说是“三盼”：一盼经济发展，生活富裕；二盼政治稳定，社会安定；三盼风气良好，精神文明。党的基本路线确定的富强、民主、文明的奋斗目标正是集中反映了人民的心愿。第二个是树人的目标。江泽民提出，培养有理想、有道德、有文化、有纪律的社会主义新人，是社会主义精神文明建设的根本目标。我们从事精神文明建设的工作，是为了培养四有新人，这也是非常明确的。江泽民还明确指出如何实现这个目标，这就是“一个根本指针，四项基本任务”，以科学的理论武装人，以正确的舆论引导人，以高尚的精神塑造人，以优秀的作品鼓舞人。我们的一切工作都是教育人的，是给人民以精神食粮的，而我们教育人、培养人的目标就是有理想、有道德、有文化、有纪律。我们在忙忙碌碌的事务中务必不要忘记我们应该引导的目标。如果忘了正确的目标，导向就没有前提了，就有可能陷入盲目性，甚至产生错误的导向。总之，我们要牢牢记住党所确定的目标，多形式、多层次、多方法地引导大家往这个目标走。

（四）正确地引导舆论，必须体现在社会生活的各方面。

社会的舆论是多种多样的，人们的经历不同，所处的地位、境况、认识问题的方法不一样，在对社会各方面的问题上，有不同的意见、不同的认识，这是正常的现象。作为党和政府领导下的舆论部门，就是要实施正确的导向，并且要使这种正确的导向体现在社会生活的各个方面。我们应很好地研究一下，在政治生活、经济生活、文化生活以及社会道德、价值观方面，如何具体地进行引导。政治生活的导向，就是要用邓小平建设有中国特色社会主义理论来武装头脑，指导实践，就是要全面地贯彻党的基本路线，这个问题不能有丝毫的含糊。有几个方面的工作我们要注意加强和改进：一是坚持党的领导，加强党的建设方面的宣传要加强。二是继续处理好改革、发展、稳定的关系，坚持不懈地维护社会稳定。三是加强军民团结、军政团结、民族团结、干群团结。要始终按照党中央提出的“二十字”方针，引导人们维护大局、发展大局。关于经济生活方面的导向问题，要继续宣传以经济建设为中心，这一点不能动摇。邓小平用非常强烈的语言，反复强调这个问题。他讲，要扭住不放，要顽固一点，只要不发生大的战争，都要以经济建设为中心，即使发生战争，打完仗还要搞经济建设。我们要引导大家把精力和注意力始终放在以经济建设为中心这个问题上来。要通过舆论宣传，旗帜鲜明地支持改革。目前，关于宏观管理体制、财税体制、外贸体制方面的一系列的改革，进展顺利，比预料的要好。在改革过程当中，由于利益的矛盾，各方面认识也不尽一致，但改革的方向对头，不改没有出路，我们要旗帜鲜明地支持改革。从下半年开始到1995年，要在继续搞好宏观改革的同时，进一步搞好国有企业的改革和社会保障体制的改革。要通过改革，使国有资产保值和增值，使国有企业在改革开放中不断地发展壮大，这也是一个政治问题。经济生活当中还有一个农业的宣传问题。农业的问题我觉得有两个方面特别值得重视，一个是经济发展过程中农业产值占工农业总产值比例是越来越小了，但是农业的战略地位不能发生动摇，要高度重视农业、农村、农民问题；第二个是农业的发展存在着巨大的潜力，农村仍然是充满希望的田野，这方面的宣传要加重。现在不少农民盲目往城里跑，认为在农村没有出路。到底农业怎么搞，搞农业还有没有希望，有没有前途，要回答这个问题。其实，农业还存在着巨大的发展潜力，要在稳定家庭联产承包责任制的基础上，依靠科技、依靠政策，进一步发展农业。经济方面的宣传，要注意引导以提高效益为中心，不要单纯地宣传铺摊子，搞楼堂馆所。发展经济当中还要十分注意环境保护问题。文化生活中也存在导向问题。文艺要坚持“二为”方向、“双百”方针。弘扬主旋律，提倡多样化，本身就是导向。提倡民族的、优秀的文化，提倡健康向上的文化，提倡严肃高雅的艺术，这些方面曾一度被忽视。当然这并不是说通俗歌曲、港台歌曲不可以播，照样可以播，要百花齐放，丰富多采。问题是基调要鲜明，导向要明确。社会生活的导向，社会价值观的导向，这一点特别要注意。在社会主义市场经济的条件下，我们倡导一种什么样的人与人之间的关系，宣传一种什么样的价值观，对社会、对青少年会产生重要影响。不要认为价值观的问题、世界观的问题是空洞的东西，这是实实在在起作用的东西。人生观、价值观在实际生活当中是非常起作用的，在舆论导向上也是不可回避的问题。千万注意不要有意无意地宣扬那种醉生梦死、及时行乐的腐朽的价值观。还有在市场经济条件下，要坚持倡导社会主义的人际关系，反对那种尔虞我诈、以邻为壑的人际关系。我们社会主义市场经济的“社会主义”四个字不是外加上去的，有它的内涵。在社会主义市场经济条件下建立一种什么样的人际关系，社会主义的竞争和资本主义的竞争区别在什么地方？这些问题都要有一个正确的导向。我们电台、电视台宣传的手拉手活动、希望工程，非常有意义，在社会上引起了热烈的反响。我们要满腔热情地搞好社会道德、伦理价值观的舆论导向，这样我们的经济发展了，人与人之间还保持着非常温暖的社会主义的人际关系，我们的社会就是一个充满友爱和温情的社会。我们的目标是富强、民主、文明。社会主义市场经济有竞争，但是竞争是以共同目标为前提的，这种竞争是以互相支持、互相帮助、社会主义的协作为条件的，在这些问题上都要进行正确的舆论导向。

（五）正确地引导舆论，必须做好热点问题的引导。

在社会生活当中不管是政治生活、经济生活、文化生活，还是伦理道德方面，都有一些大家比较关心的问题，对这些问题常常有分歧意见，在这些问题上进行旗帜鲜明的，同时又是入情入理的引导是非常必要的。关于热点问题的报道，丁关根专门找负责《焦点访谈》、《东方时空》栏目的同志座谈过，讲了很好的意见，我们在具体工作中一定要认真把握好。一是题目要选好。因为社会上的热点问题很多，选择什么样的题目进行疏导，是很有讲究的。选题要明确，目的就是要解疑释惑，提高认识，增进理解，平衡心理，针砭时弊，弘扬正气，改进工作，加强团结。确定什么样的题目要从大局考虑，有的时候题目选得不准确，怎么说都别扭。选题不要猎奇，不要一味追求轰动效应、一鸣惊人。第二，报道要正确。实事求是，入情入理，要用事实说话，注意不要以偏盖全，把个别现象当作普遍现象，把局部的东西夸大为整体。报道要符合党的方针政策，要正确地反映群众的呼声，有些拿不准的，应该主动请上级有关部门帮助把关。特别是对于热点问题，我们的记者要客观、冷静。第三，引导要得体。要注意因势利导，因事制宜，既说出群众想说的话，又帮助政府做工作，既让群众看到解决问题的希望，又让有关部门感到不是在出难题，是对工作的帮助。要善于把握好“度”，恰到好处。总之要有助于缓解、平衡群众的心理，切不能人为地加温，去激化矛盾。第四，方式要多样。不同的热点问题，要采取不同的报道方式，可以依靠社会力量，可以请群众参与，可以请知名人士、专家来发表意见。方法上要注意生动活泼，采取现场采访、座谈交流等多种形式来增强感染力。第五，热点报道的结论要明确。不仅要提出问题，分析问题，还要得出明确的结论，给人以启示，以利于提高认识，增强信心，解决问题。起码是解决问题的思路要对头。不能提出一个热点问题带着许多省略号，让大家去想，甚至引导人们向另外一个方向去想，这就不好了，所以要有一个明确的结论，一个导向性的意见。

（六）正确的舆论导向，必须坚持唯物论，讲究辩证法。

全面地理解党的方针政策，全面反映客观事物，注意不要片面。大的方面要全面贯彻党的基本路线，在这个问题上，要讲两个基本点，不能单讲一个基本点，一个中心不能讲成两个中心，这些大的问题尤其要把握好。还有处理放权搞活与宏观调控的关系，处理战略方针与战术措施的关系、全局与局部的关系等等都要全面。我们的战略方针是加快发展，但在一段时期内要整顿一下，这是战术上暂时需要的，不能把战术上的整顿、紧缩同战略上的加快发展对立起来。对群众的积极性要发挥好、保护好、引导好，这些问题也要全面地、辩证地来看。另外我们宣传先进人物，也不要片面。尽管有些消极现象社会上确实存在，但见死不救的宣传太多了不行，对人们的心理、对社会的风尚不利。还是应把宣传重点放在见义勇为上。关于徐洪刚的报道，为什么比较成功，我认为它选择角度非常好，就是英雄爱人民，人民爱英雄。不光是宣传徐洪刚的见义勇为，与歹徒做斗争，更加着重地宣传了我们的人民群众对英雄人物的爱戴，千方百计地抢救，这是非常好的。不能把我们的英雄都写成孤胆英雄，不要把先进人物写得不近人情。宣传英雄人物、先进人物不要简单化、概念化，要反映他可亲可敬的一面。我认为共产党人是最有人情味的。再比如，我们提倡严肃高雅的艺术但不排斥通俗艺术，不排斥流行歌曲。我们的责任只能是引导，还是要百花齐放。宣传上不要片面、狭窄，只要健康、向上的，大多数群众喜爱的东西，就要允许。一方面提倡高雅严肃的艺术，另一方面适应群众多层次、多方面的需要。

总之，舆论导向是个十分重要而又相当复杂的问题，我们要很好地总结这几年的经验，把这方面的工作做好。

二、繁荣社会主义荧屏，把更多精美的精神产品奉献给人民

引导舆论的工作包括各个方面，领头的是新闻。对群众影响面广、起潜移默化作用的，更多的是文艺。繁荣文艺，繁荣荧屏，把更多精美的精神产品奉献给人民要作为一个很重要的工作抓好。文艺中心、电视剧中心、社教中心都有关。根据江泽民在宣传工

作会议上的讲话，这方面着重讲五点。

（一）**要坚持不懈，弘扬主旋律。**

提到弘扬主旋律，有人认为会把文艺搞得单调，我认为不会。江泽民在讲到弘扬主旋律这个问题时，讲到“四个一切”：要大力提倡一切有利于发扬爱国主义、集体主义、社会主义的思想和精神；大力提倡一切有利于改革开放和现代化建设的思想和精神；大力提倡一切有利于民族团结、社会进步、人民幸福的思想和精神；大力提倡一切用诚实劳动争取美好生活的思想和精神。应该说这“四个一切”是很宽的，为我们创作提供了广阔的天地，不是限制，而是开拓了广阔的领域。弘扬主旋律是我们社会主义文艺的本质特征。

（二）思想性和艺术性的统一，就是杨伟光讲的“精品意识”。

这是在文艺宣传方面要特别注意的，特别注意思想性和艺术性的统一，要创作精品，创名牌的栏目、名牌节目。

（三）我们的文艺创作应该适应群众多层次、多方面的需要。

这个问题江泽民用了“只要”两个字：只要能使人民得到教育和启发，得到娱乐和美的享受的精神产品都应该受到欢迎和鼓励。这个面更宽了。这一点保障了文艺是多层次的，适应了多种需要。既有贝多芬，也有《小放牛》，还有“妹妹坐船头，哥哥岸上走”，歌唱劳动人民的爱情，也很好嘛。生活是丰富多采的，文艺要百花齐放。

（四）在多层次上我们要注意民族文化的精粹和优秀的高雅艺术。

改革开放以后，更要花很大功夫重视和弘扬优秀民族文化，要满腔热情去做这个工作。高雅艺术尽管是少数人欣赏，但我们要想办法积极地去普及、提倡。最近上海在广场、在外滩搞严肃音乐会，好多人去听，反映很热烈。说明它也并不是高不可攀的，群众的欣赏趣味和能力是不断提高的。

（五）对否定党的领导和社会主义制度的散布腐朽思想、颓废情绪、充满封建迷信、渲染色情暴力的东西要旗帜鲜明地坚决反对。

现在群众意见最大的是录像，录像中色情暴力、腐朽思想、封建迷信的东西确实不少。电视台特别是一些地方台播放录像必须严格把关。

弘扬主旋律、提倡多样化是“两为”方向、“双百”方针的具体体现，对这个方针一定要正确认识和理解，坚持这一方针，文艺宣传就可以搞好。

中央电视台的节目应是第一流的，要有名牌的栏目和第一流的节目。

（本文第一部分摘自《求是》1994年第22期，第二部分摘自《广播电视信息》1994年第9期）

首要任务是提高电视文艺节目的质量

——刘习良在1994年度全国电视文艺座谈会上的讲话（摘要）

目前，电视文艺已经成为一种独立的艺术门类。这种新兴的艺术门类具有什么特点，它的发展规律是什么，如何使电视文艺扬长避短，获得健康发展，是我们应该立即着手研究的课题。研究的最终目的是要提高电视文艺节目的质量，以满足广大观众日益增长的对文化生活的需求。

一、1993年度电视文艺的走向

从第八届全国电视文艺“星光奖”参评节目来看，我们得到了两点深刻的印象。

一是，从总体上说，1993年度的电视文艺节目比上一年度有了比较明显的提高。电视文艺工作者表现出相当强烈的精品意识、创新意识和竞赛意识。

二是，从按照艺术表现形式分设的奖项来看，各类节目的发展显得极不均衡。综艺节目（特别是60分钟以上的综艺节目）、歌舞节目和戏曲节目最强；音乐节目和曲艺节目次之；文艺专题节目和戏剧节目最弱。任何一个国家的电视台，除了新闻节目以外，专题节目历来都是“拿手好戏”，文艺专题节目的数量多少，尤其是质量高低，是衡量电视水平的重要尺度。

关于单个节目、某一艺术门类的节目以及整个电视文艺节目的评价，我想突出强调以下三点。

1. 紧跟时代步伐，贴近现实生活。

以生动活泼的艺术形式记录时代前进的步伐，反映现实生活的变化，是电视文艺工作者的根本任务。1993年，我们比较圆满地完成了这项任务。

每逢重大政治节日和民间传统节日，电视工作者总要想方设法为广大观众献上多姿多彩的文艺晚会。十几年做下来，这项工作的难度越来越大，越来越不容易满足观众的要求。但是，我们高兴地看到此次获奖的文艺晚会节目不但保持了过去达到的水准，而且还有创新，有突破。这些节目的共同特点是：内容紧扣主题，形式丰富多采，格调雅俗兼顾，制作细致精良。有的精彩节目甚至令人过目难忘。地方电视台组织录制的元旦晚会、春节晚会充满节日欢乐气氛，地方色彩浓郁，乡土气息醇厚。这些晚会节目借节日的机会回顾、展示一年中各地出现的新事物、新气象，给人以昂扬向上的鼓舞力量。

2.弘扬优秀民族文化、倡导爱国主义精神。

中央一再号召全体文化工作者努力弘扬优秀民族文化，把爱国主义认定为时代的主旋律。这是具有战略眼光的重大决策。1993年，我国电视文艺工作者在这方面表现出高度的自觉性，做出了值得赞扬的贡献。

一方面，他们利用电视覆盖面大，表现力强的优势，有计划地把我国特有的艺术形式介绍给广大观众。另一方面，电视文艺工作者中的有志之士还透过民族文艺的表层形式探索中华民族文化的底蕴，深入浅出地表现中华民族的精神特征。

对青少年进行中国近代史教育是爱国主义教育的重要组成部分。为了配合中国近代史知识竞赛颁奖，中央电视台现场直播了一台题为《日、月、星、辰》的文艺晚会。节目的主创人员精心设计、反复加工，使这台晚会既充满悲壮、昂扬、激越的爱国主义精神，又使观众得到充实的审美享受。

3.勇敢探索，锐意创新，为电视文艺的进一步发展摸索新路。

经过十几年的发展，电视文艺日趋成熟。但是从另一面看，也有形成某些固定框框的弊病。艺术贵在创新，忌讳重复，观众久看一种或几种类型的节目，也会产生审美疲劳。因此，为电视文艺的进一步发展摸索新路，就成了电视文艺工作者的重要课题。

1993年出现的电视文艺节目中，有一些节目表现出勇敢探索、锐意创新的精神，为我们提供了可供研讨的实例。

首先是中央电视台将'93春节晚会一分为三，一台综合晚会，一台戏曲晚会，一台音乐歌舞晚会。这个做法显然是个创举。一是在节目创作中初步引进了竞争机制，激发了创作激情；二是适应不同层次的观众的收看要求，初步改变了“八亿人吃一餐饭”的局面；三是适当减轻往年承担单独一台晚会的主创人员的精神压力，使他们在比较宽松一些的环境中进行创作。从观众的反应来看，这个做法基本上得到肯定。

其次是文艺栏目的创新，以中央电视台为例，《综艺大观》多年来一直是观众喜爱，收视率较高的节目，目前，仍然是中央电视台的“顶梁柱”节目。但是，如何在《综艺大观》中加入更大胆的创新因素是值得认真探讨的课题。《曲苑杂坛》正以强烈的创新意识不断改变节目形式，即使像“相声电视”这样引起争议的表现形式，也使观众获得新鲜感，产生对主创人员继续创新的期待。《曲苑杂坛》能在收视率上和《综艺大观》一争高低，主要是仰仗创新的力量。《东西南北中》也是一个生机勃勃的文艺栏目。它大幅度地打破时空的限制，彻底扔掉舞台的框框，与各具优势的地方电视台联合制作节目，十分有利于发挥现代电视的长处。

第三，在节目制作方面的创新“音乐电视”走在了前面。在1993年年底举行的'93中国音乐电视(MTV)大赛的推动下，“音乐电视”已逐渐形成气候。今后，主要是在利用先进的制作设备的同时，在曲目选择、演员形象设计、变换场景的设计方面更要朝着具有中国气派，或者说民族化方向努力。

二、当前电视文艺工作存在的问题

电视文艺和社会其他领域的文艺有相同的一面，又有不同的一面。不同的一面主要有两点，一是电视的基本属性是党、政府和人民的喉舌，不能用电视的自然属性、多种功能以及第三产业性质来否定、抹煞这一基本属性。二是电视具有广大的群众性和明显的推荐性。这里指出的问题都是以这两点为前提的。

1.电视文艺节目精品偏少，一般性文艺晚会，尤其是不宜用文艺形式表现的行业性主题的文艺晚会偏多偏滥；

2.有些电视文艺节目质量太差，一些相声、小品格调不高，趣味低俗，一些歌曲情调不健康，歌词文理不通、晦涩费解，歌手盲目模仿港台“歌星”的台风以及吐字发音、习惯用语；

3.有些文艺晚会一味追求豪华奢侈，脱离中国国情；

4.一些文艺节目蒙上一层浓厚的商业色彩；

5.有的电视文艺工作者缺乏政治判断能力，审美水平偏低，香臭美丑不分，无原则地吹捧一些错误的东西；

6.有些编导缺乏编导的基本知识和业务训练，做出的节目浮浅幼稚，马虎粗糙；

7.相当多的电视文艺工作者长于实践，不善总结，理论修养偏差；

8.一些很有能力的导演工作太忙，整天疲于奔命，很难静下心来思考如何创新，如何提高；

9.有些电视台对电视文艺重视不够，人员配备、资金投放不足，管理体制上关系不顺，互相扯皮；

10.电视文艺队伍中关键岗位人才缺乏，而学校教育又赶不上实际工作的需要，上岗人员得不到再培训的机会。

这中间还有一个困扰大家的资金短缺问题和文艺队伍中的不正之风问题。

这些问题产生的原因，我认为是管理体制不顺，还没有形成符合现代电视发展规律和我国社会主义市场经济体制的规范化管理体系。

从有关管理方面存在的问题来看，我觉得可以先办以下几件事。

1.各台应该明确制定文艺节目（特别是综艺节目、文艺晚会）的制作体制。一种是委托社会上的制作单位代为制作，这样可以只保留文艺专题的制作人员；一种是本台自制，这就需要按照每年的工作量科学核定编制和调整人员结构。

2.在确立本台文艺节目的制作体制后，首先理顺节目部门和技术部门的关系。在管理制度健全，且能得到严格遵守的条件下，应该实行技术设备归口管理，集中使用，随时调配；在不具备上述条件的情况下，不如先搞“一条龙”。

3.理顺各个节目部门的关系。当代电视分工比较细致，而我国的电视各行专业人员又比较缺乏，为了保证节目质量，应该实行文艺节目制作归口文艺部，文艺部应该按照其他节目部门提出的要求积极制作文艺节目。

4.在经费上，一定要实行严格的科学的成本核算。在确定一个节目的总体构思以后，制片人要开列出所有支出项目（包括不可预见的项目），由经济师认真核定后包干使用；工作结束后，审计师严格审计。同时，配之以明确的合理的奖惩制度。

5.对主创人员，摄制人员，服装、美术、化妆、道具、灯光置景人员以及制片人进行严格考核，逐步做到持证上岗，通过艺术创作实践的考查确定每个人的职称，根据职称提出相应的要求。同时，建立定期培训(包括工作中已经有成就的人员)制度。

我认为，这几条对一个有一定管理水平的电视台来说，是可以办到的。起码可以作为各家电视台在建立现代化科学管理体制进程中的试点。

三、对电视文艺工作中几个关系问题的看法

1.导向性和群众性的关系。

对电视文艺工作，我们经常强调一定要把握正确的导向。但是，也经常听到一种说法，说是“你老讲电视文艺的导向性，节目办得不合乎群众口味，再好也没有人看，社会效益等于零。”

这的确是个十分尖锐的问题，对电视文艺节目的主创人员形成相当大的压力。

目前出现的一些节目“叫好不叫座”的现象，到底原因何在?是因为强调导向性造成的吗?还是因为对导向性理解有偏颇，对导向性和群众性的关系处理不当造成的呢?

首先，什么是导向性?就我们的的工作而言，就是按照党和政府的方针政策办电视节目。党和政府的方针政策是从人民群众的根本利益出发，按照事物发展的客观规律制定出来的。因此，从根本上说，按照党和政府的方针政策办节目，也就是按照人民群众的意愿办节目。就这一点来说，导向性和群众性是一致的。

作为党的宣传工作者，我们的责任就是在这两者之间架起一座自然沟通的桥梁。绝不能把导向性和群众性对立起来。

其次，什么是电视文艺节目的导向性?据我的理解，就是按照党和政府在新时期制定的各项文艺方针政策办好电视文艺节目。

党在新时期的文艺方针政策的一大特点是充满辩证法，兼顾到复杂的文艺现象的各个方面。理解和执行党的文艺方针政策，就要求我们学会辩证思维方式。

在一个时期内，由于客观形势的发展，需要纠正某种偏向，强调某一个方面；但是，绝不等于说要取消或偏废另一个方面。比如，大家可以回想一下一两年前的情况，当时，港台歌星在大陆泛滥成灾；内地的各种“星”、“腕儿”出场索要高价，“义演不义”的现象频频出现；某些传播工具捧星炒星，制造“追星族”；黄色音像制品屡禁不止；高雅文艺受到冷落；“包装”一词叫得山响，如此等等。这些现象在社会上造成很坏影响，特别不利于我国青少年的健康成长，引起各方面有识之士的忧虑。在这种情况下，强调对文艺工作实行宏观调控，对高雅艺术实行政策倾斜，是完全必要的。但是，据我的理解，这样做并不意味着排斥流行音乐、通俗歌曲以及其他通俗的艺术表演形式，也不意味着将港台歌星完全拒之门外。

第三，作为掌握着强大的电子传媒工具的电视文艺工作者，我们的任务就是恰如其分地、恰到好处地把导向性和群众性结合起来。这个结合应该是自然而然的，而不是生硬勉强的。或者说，要做到“寓教于乐”。

关键的问题在于我们的电视文艺工作者自身的政治素质和业务素质的高低。同时还要摆正自己的位置，既不是居高临下的自封为群众的“先生”，端起“教育者”的架子，也不是随波逐流地甘当部分群众的“尾巴”。我们只要记住一条就够了，这就是：我们肩负的任务是“以优秀的作品鼓舞人”。

2.高雅和通俗的关系。

艺术形式中哪些属于高雅，哪些属于通俗是个历史的范畴，其各自涵盖的范围不是固定不变的。有些艺术形式本来是在大范围广为传播、为许多人所喜爱所接受的，随着时间的推移、历史条件的变化，可能由俗变雅，欣赏的范围逐渐缩小；反之亦然。但是，在一定的历史阶段，在我国的目前阶段，哪些艺术形式属于高雅的，哪些又列为通俗的，还是可以大致划分清楚的。不过，正如世上万事万物一样，雅俗之间也有互相渗透、互相交融的一面，或者说，俗中有雅，雅中有俗。

高雅艺术和通俗艺术本身不能决定艺术质量的高低。属于高雅艺术的，未必个个都是精品；列入通俗艺术范畴的，未必个个都“不入流”。不论雅俗，作

品的好坏还是要看艺术质量的高下。当前着重提倡高雅艺术，主要还是提倡多播精品（包括作品本身以及表演水平和制作水平），它的对立面不是通俗艺术形式中的精品，而是那些不上档次的低俗之作。

电视面对八九亿观众，观众的文化水平、艺术修养参差不齐。受众状况本身就要求电视文艺节目必须多样化，而且要以通俗艺术为主。我们录制播出高雅艺术节目，一方面是满足一部分观众的观赏要求，另一方面是帮助更多的观众认识、熟悉这些人类文化的精品，进而提高欣赏水平。

雅俗共赏应该是电视艺术工作者追求的目标。从艺术实践来看，这一点是可以做到的，我们可以举出不少各个文化层次的观众都很欢迎的“大雅大俗”的作品，同时，通过栏目的合理设置，从栏目的“雅俗共赏”达到全台的雅俗共赏。

对于高雅艺术和通俗艺术，我们同样要下力气进行研究。比如说，如何深入浅出地介绍高雅艺术作品，如何借助形象、声音、字幕共用的电视优势，使高雅艺术作品通俗易懂。比如说，为什么一些港台制作的文艺节目能吸引众多的观众，是哪些艺术因素在起作用，我们如何吸收、利用。我想这些都可以是我们进行电视理论研究，探索电视文化规律的课题。

除了上面谈到的两个关系，还有不少关系问题值得探讨。例如，民族化和时代性的关系，节目和市场的关系，节目制作人的心理和受众心理的关系等等。

（摘自《中国电视》1994年第11期）

全面贯彻全国宣传思想工作会议精神，把中央电视台办成建设社会主义精神文明的重要阵地

——杨伟光在1994年中央电视台工作会议上的讲话（摘要）

一、1994年中央电视台宣传工作要点

1994年是我国改革开放和现代化建设非常关键的一年。抓住机遇，深化改革，扩大开放，促进发展，保持稳定是全党、全国的大局，电视宣传工作必须服从和服务于这个大局。因此，1994年中央电视台宣传工作总的指导思想是：在以江泽民为核心的党中央的关怀下，在广电部的直接领导下，以建设有中国特色社会主义理论为根本指针，坚持党的基本路线，坚持两手抓、两手都要硬的方针，深入贯彻党的十四大和全国宣传思想工作会议精神，解放思想，实事求是，以宣传为中心，以管理为重点，以丰富屏幕为目标，加大改革力度，讲究宣传艺术，以科学理论武装人，以正确舆论引导人，以高尚精神塑造人，以优秀作品鼓舞人，以爱国主义、集体主义、社会主义思想教育人，使电视宣传更好地为改革开放服务，为社会主义经济建设服务，为社会主义精神文明建设服务。

（一）以邓小平建设有中国特色社会主义理论为根本指针，统一思想，指导电视宣传和其他各项工作。

在电视宣传工作中，首先要宣传好学习《邓小平文选》，引导全台学习和掌握邓小平建设有中国特色社会主义理论，并指导新闻改革。引导干部和群众把学习邓小平的战略思想、理论观点同学习邓小平运用马克思主义的立场、观点、方法解决实际问题的科学态度和创造精神结合起来，以推动改革开放和现代化建设。

（二）坚持贯彻党的基本路线，坚持正确的舆论导向，注意掌握宣传报道的“度”。

江泽民总书记在全国宣传思想工作会议上指出：正确引导舆论是党的宣传思想战线非常重要的工作。舆论导向正确，人心凝聚，精神振奋；舆论导向错误，后果严重。正确引导舆论是做好电视宣传工作的关键所在。所以，我们应以高度的责任心抓好这项工作。

1994年，电视宣传要充分利用电视的优势，提高宣传水平，讲究宣传艺术，注重宣传效果。1994年将是新中国建立45周年，围绕国庆宣传活动，要充分发挥电视的特点和优势，在各类节目中，着重宣传邓小平建设有中国特色社会主义理论，宣传加快建立社会主义市场经济体制，促进国民经济持续、快速、健康发展，宣传改革开放取得的巨大成就。以各种形式深入进行爱国主义教育。展示歌颂新中国的伟大成就，宣传社会的文明进步，鼓舞人们积极向上。要大力宣传艰苦奋斗、勤俭办事的方针。要在屏幕上展示工人、农民、知识分子等普通劳动者的风采。要大力弘扬民族优秀文化，提倡严肃音乐、民族音乐、古今

中外一切优秀的文化作品。加强引进海外片的审查，海外影视片控制在总量的10%以下，黄金时间播出的海外影视片控制在5%以下。

（三）贯彻党的十四届三中全会精神，抓好改革开放和经济建设的宣传。

以党的十四届三中全会通过的《中共中央关于建立社会主义市场经济体制若干问题的决定》为主要依据。根据这个决定，中央1994年将对金融、财经、计划、投资、外贸、市场、工资和社会保障制度等进行一系列的改革。对这些改革，电视要积极慎重地做好宣传工作。各项改革内容的报道应注意权威性，请制定改革政策的有关部门领导直接向群众解疑释惑。改革宣传要有利于稳定、鼓劲、提高信心，创造有利于改革的舆论环境和社会心态。

经济宣传要突出重点，在提高产品质量、提高经济效益上下功夫，继续开展质量万里行和效益纵深行报道活动。经济宣传不要刮风，不要攀比速度、追求产值。要加强对农业、基础工业和大中型企业的宣传。

经济信息是经济宣传的一个重要方面，要加强新闻性、实用性、知识性、服务性和国际性。

（四）认真落实中央宣传工作会议精神，抓好重大宣传，把电视建设成为宣传社会主义精神文明建设的重要阵地。

1．抓好全年重大宣传。

搞好重大宣传是当好党、政府和人民喉舌的重要标志，全台各项工作都要围绕着重大宣传进行。1994年主要应做好：

（1）新年、春节宣传。

（2）全国人大、政协两会宣传。

（3）国庆45周年宣传。大型系列片《解放》的摄制。

（4）广岛亚运会、世界杯足球赛、世界体操锦标赛等大型国际比赛的宣传。

2．加大社会主义精神文明建设宣传的力度，弘扬中华传统优秀文化。

"两手抓，两手都要硬"，是邓小平提出的建设有中国特色社会主义理论的重要组成部分，做好社会主义精神文明建设宣传是同西方对我实行"西化"、"分化"进行斗争的需要。

新的一年里，我们要把主旋律唱得更响。把江泽民总书记提出的创业精神：解放思想、实事求是，积极探索、勇于创新，艰苦奋斗、知难而进，学习外国、自强不息，谦虚谨慎、不骄不躁，同心同德、顾全大局，勤俭节约、清正廉洁，励精图治、无私奉献贯穿到宣传工作的各个领域，引导人们学先进，不要追星；要艰苦朴素，不要高消费；要提倡见义勇为、助人为乐、无私奉献，不要拜金主义、享乐主义、极端个人主义。培养有理想、有道德、有文化、有纪律的社会主义新人。

弘扬中华文化是精神文明建设的重要内容。电视文艺应坚持"二为"方向和"双百"方针，突出主旋律，提倡多样化。江泽民要求思想文化部门要坚持原则，提倡什么、允许什么、限制什么、反对什么，必须旗帜鲜明，提倡的我们应多播，允许的应少播，限制和反对的应不播。1994年要重点抓好以下几件工作：

（1）继续播放、宣传好100部优秀影视片，并做好宣传引导工作，举办《爱国主义题材影片知识大赛》；

（2）拍摄《中华传统文化》系列讲座；

（3）制作《中国民族经典MTV》系列，《优秀电影歌曲MTV》系列、《优秀电视歌曲MTV》系列；

（4）宣传一批先进典型、先进人物，制作《东方之子》系列；

（5）中国历代爱国主义英雄人物系列；

（6）电视系列片《肝胆千秋》，介绍中国特色的党派制度；

（7）电视系列片《中国文物鉴赏》；

（8）文艺创作要提倡民族音乐、高雅艺术，提倡现代题材，多播国产精品，为保证屏幕文明健康，播出海外片控制在10%以下，黄金时间播出的海外影视片控制在5%以下。

（五）加强节目改革深度，提高节目质量，进一步丰富屏幕。

1．精心办好第一套节目，使之成为最有竞争力的精品频道。第一套节目是以新闻为主的综合频道。其重点是办好晚间黄金时间（18点至22点30分）的节目，大体形成5个时段，即18点30分至19点为少儿节目时段；19点至20点为新闻板块，加强深度报道；20点至21点为娱乐节目，播优秀电视剧和综艺节目；21点至22点为新闻性、服务性、知识性节目；22点至23点为新闻性节目，包括《晚间新闻》、《世界报道》、《体育新闻》。第二套节目是以经济节目为主的综合频道。第三套节目是文艺频道。第四套节目是以新闻为主的国际综合频道。

2．继续深化电视新闻改革，新闻中心开办新闻性述评节目，抓好深度报道。《新闻联播》之后播出的新闻述评性节目《焦点访谈》，就领导重视、群众关心、普遍存在的社会热点、难点、疑点问题，进行纪实性深度报道，加强舆论引导。

开办晚间《世界报道》，扩大国际报道，每天22点播出。

《东方时空》、《经济半小时》、《经济信息联播》、《军事天地》、《体育大世界》等栏目也将进行改型，使其再上一个新台阶。

积极开发图文电视，扩大服务领域。

3．社教中心专题部要办好新板块节目《与你同行》，在变中求新，努力使专题节目与时代大脉搏合拍，提高节目档次，满足广大观众的需求。同时要抓好纪录片和专题片的制作，每年要创作几部有轰动效应的纪录片。《12演播室》、《和爸爸妈妈一起看》、《七巧板》等栏目要继续深化改革，更上一层楼。要抓好青少年教育节目，开办中学生栏目。

教育节目要根据“市场经济就是法制经济”的思路更多地制作一些法制系列讲座，并且办好《夕阳红》栏目，制作《公务员知识讲座》和《澳门基本法知识竞赛》节目。

4. 文艺中心文艺部要继续加强栏目建设，办好《综艺大观》、《东西南北中》、《曲苑杂坛》等栏目，抓好重大节日晚会等重点节目，提倡民族文化，提倡严肃音乐，同时又要坚持多样化，保持并提高这些栏目的水平。组织好各项文艺比赛。文艺部组建电视艺术团，培养中央电视台自己的优秀演员、歌唱家。建设MTV 生产基地。

影视部要继续组织电视系统、电影系统和社会力量生产更多的优秀电视剧，抓好合拍工作。提高黄金时间播出剧目的质量，年提供量不少于1800集，并且注意均衡生产，均衡播出。

国际部要提高《环球45'》、《正大综艺》等节目的质量，并精心组织新栏目《人与自然》的出台，扩大引进影片的选材范围。

动画部要改型《红黄蓝》栏目，扩大影响，重点抓好大型动画系列片《西游记》和《智慧游侠》的生产拍摄。积极组织社会力量，有计划、有步骤地建立动画节目生产基地。

5. 电视剧制作中心要提高精品意识，质量第一，不追求数量，主要抓自己拍摄，原则上不搞合拍，为第一套节目黄金时间生产更多的优秀剧目。一年要有两三部片子能造成轰动效应。

6. 新影厂要加快向电视转轨，理顺关系，建立演播室，培养电视编导人员，加强同各部门密切合作，生产一批优秀电视节目。各部门也要采取措施支持新影厂。

7. 研究室要结合业务实践，及时汇集来自第一线的经验，写出高质量有指导意义的文章，提高《电视研究》的质量。加强理论研究，确立建设有中国特色的社会主义电视理论。继续组织好各种业务研讨会，编辑出版电视业务书籍。组织好 CCTV 杯节目评奖。

8.《中国电视报》在稳定发行量的同时，办好全国版、北京版、英语版。并注意积极配合台内栏目改型的重大举措和重点节目的推出，加强重点节目的宣传，引导观众收看。在提高社会效益条件下，提高经济效益，为电视台事业发展积累资金，并进一步改善与地方广播电视报的关系，多做一些服务工作。

9. 总编室要在编委会领导下，调整好一、二套节目格局，组织协调好各项重大宣传活动，加强节目管理，抓好选题规划，积极推进节目宣传计算机管理网络工作，逐步完善节目评价规范。根据1994年中央电视台宣传工作要点和改革要求制定和完善有关管理制度。

10. 提高广告节目质量，加强宣传口径把关，继续办好《广而告之》。

（六）立足中国，面向世界，把对外电视办成外国人了解中国的重要渠道之一，为树立社会主义中国良好形象服务。

对外宣传中要充分报道我国独立自主的和平外交政策，介绍我国改革开放情况和建设成就，传播中国优秀民族文化，反映我国政局稳定、经济发展、国泰民安、人民生活改善的情况。1994年要重点抓好以下几件事：

1. 积极拓展美洲东方卫星电视事业，加强节目的“落地”工作。

2. 同企业界合作筹办覆盖欧洲的欧洲东方卫星电视。

3. 利用俄国卫星向北美、西欧传送新闻，把第四套节目送到全球。

4. 精心办好第四套节目，实行全天24小时播出。严格实行栏目化和规范化，努力将其办成具有鲜明中国特色的国际性卫星频道。

5. 加强英语节目和广东话节目的制作，积极使中国电视节目传入西方主流社会和华人社会。

6. 国庆45周年之际，在外国电视台举办“中国电视周”，扩大中国影响。

7. 在法国巴黎、美国洛杉矶等地筹办有线电视频道。

8. 在欧洲建立中国录像市场，积极开拓销售渠道。

9. 同泰国正大集团合作，用购买播出时间方式，在泰国电视台播出中央电视台节目。

（七）积极与电影局合作，筹办电影频道，筹办体育频道，满足观众需求，提高同外国卫星电视的竞争力。

我们一定要提高节目质量，增加专业频道。

（八）积极稳步地发展驻外记者站，加强国际重大活动的报道，包括华人、华侨在国外活动的报道。

二、依靠科技进步，为宣传工作上新台阶创造良好物质基础

电视台的技术工作是电视广播的物质基础和重要保障，是电视宣传大系统中的一个重要部分。1994年，技术工作要以电视宣传为中心，努力为电视宣传服务；依靠科技进步，为宣传工作上新台阶提供良好的物质条件；培养素质好、水平高的技术制作队伍和有用人才；最大限度地调动技术制作人员的积极性；加强管理工作，完善规章制度，在提高节目技术质量和节目制作效率上狠下功夫。同时，技术部门要改革管理体制、改善运行机制，理顺各种关系，解放生产力，充分发挥设备的潜力，为中央电视台开创新局面做出更大的贡献。

(一) 技术部门要继续抓好安全播出和安全运行，千方百计杜绝责任事故、恶性事故、设备故障和差错。

(二) 在总结以往经验的基础上，认真学习、深入调查研究，充分发扬民主，采取既积极又慎重的方法，提出技术部门体制改革的方案，经过科学论证后试行。

(三) 大力加强技术队伍的建设，加强技术培训和考核工作。

(四) 继续充分发挥技术制作人员在节目制作中的作用，为提高节目制作效率和节目技术质量多做贡献。

(五) 不断引进先进的科学技术成果，进一步缩小与世界先进水平的差距。技术部门要了解和掌握21世纪电视新技术的发展趋势，研究制定中央电视台电视技术发展的新战略。逐步开展数字电视、多媒体、立体声、多伴音和高清晰度电视技术的跟踪和试用工作。

(六) 继续完善基础设施和系统改造及设备更新工作。

(七) 帮助新影厂尽快形成节目制作能力，2月底以前建成彩录和后期制作机房，上半年建成演播室和配备后期译配设备。

(八) 确保体育频道和电影频道的开播，完成新建四套自动播出系统及辅助设施。

(九) 解决第四套节目北京地区33频道发射机的有关技术问题和卫星转发器的租用问题。同时完成第四套节目24小时播出的技术准备工作。

(十) 加快电视加扰技术的研究工作，使加扰技术和收费管理系统尽快投入使用。

(十一) 进一步做好设备的维护检修工作，逐步摸索出规律，使维修工作科学化、规范化。同时，为确保节目制作需要和安全播出，对1987年以来一直使用的系统设备进行全面维修，提高设备的安全使用率。

(十二) 完成技术规章制度和操作规程的汇编工作，加强技术档案工作。注意收集和整理量化数据，为提高技术工作的管理水平提供科学依据。

三、深化管理体制改革，提高管理水平

1994年加强管理仍是中央电视台工作的重点。管理工作应以邓小平建设有中国特色社会主义理论为指导，以解放生产力为目的，改革和调整不适应生产力发展的生产关系，深化管理体制的改革，加强管理工作，探索建立具有中国特色社会主义电视管理体系，推动中央电视台电视事业更快发展。

(一) 改革人事制度，以适应事业发展的需要。

1. 实行台、中心、部处三级管理体制，明确台、中心、部处的责、权、利。

2. 处级干部全面推行聘任制，同时做好全员聘任制的试点工作，以适应社会主义市场经济和事业发展的需要，引进竞争机制，调动全体职工的工作热情和积极性、创造性。在总结党政部门试行全员聘任制经验的基础上，在技术和编播部门搞试点，然后视情况逐步推开。

3. 试行编制外聘用人员制度，以解决事业迅速发展，人才严重不足的困难，达到吸引人才、留住人才、爱护人才、发挥人才作用的目的。1994年将在1993年工作经验的基础上进行调整改进，试行编制外聘用人员管理办法。

(二) 改革财务制度，以适应社会主义市场经济的要求。

为了提高节目制作能力，提高节目质量，降低成本消耗，提高资金使用效益，既能严格财务制度，加强宏观管理，又便于工作，减少手续，1994年将实行经费包干管理制度。

(三) 进一步加强公关工作。台办室将成立公关部，成为中央电视台与广电部机关、中央、国务院机关和社会各界联系的窗口，树立中央电视台良好形象。在技术部门配合下完成台、中心、部处三级行政办公计算机联网工作，提高办公效率和质量。

(四) 外事处建立健全外事管理制度，制定各项工作规范。对外宾服务要热情周到，使外事管理工作尽快达到国际先进水平。

(五) 保卫处完成闭路电视监控工程的施工验收，充分利用闭路电视做好安全保卫消防工作。继续抓好社会治安综合治理工作。

(六) 财产物资处做好全台设备、器材、办公设备的宏观管理工作。为适应全台的三级管理体制，物资供应也需拿出一套与其相适应的管理办法。

(七) 教育处要根据需要举办各类不同层次专业培训班，其中包括出国培训。

(八) 老干部处应热情为老干部服务，继续组织好老干部的文娱体育活动，做好慰问、排忧解难及休疗工作，让老同志身心健康，安度晚年。

(九) 行政后勤部门继续为职工多做实事。

四、积极稳步地发展第三产业，为事业发展提供充足资金

(一) 抓好广告经营。广告工作要采取措施，各节目部门要大力配合，保证1994年广告收入有较大增加。

(二) 建立起有中国特色的、有利于电视事业发展的经营管理体制，理顺各经营单位的关系，经营管理处应加强对各公司的宏观管理。台属企业要围绕电视节目和电视技术、制作等主要方向进行开发经营活动，充分发挥电视台的经营优势，做大文章。所有企业都要按有关企业经营管理规范运作。对现有企业进行“清理、整顿、充实、提高”，对效益不佳、

管理不善、业务重叠的企业予以撤消或合并。经营管理处要加强宏观管理和检查监督职能，全面掌握各企业发展的情况。提出制定各企业的利润完成指标，实现过硬的管理制度。

（三）积极发展中国国际电视总公司的业务，建立全国和世界性节目销售网络；如有线台供片、无线台供片、海外电视节目销售。

（四）同美国CNN合作，在华主要宾馆、使馆、外国商社实行收费。

（五）建立电影频道、体育频道、文艺频道的全国加密电视收费系统。

（六）梅地亚中心、涿州拍摄基地、无锡外景基地、中电公司、威海办事处应加强管理，改善经营，提高经济效益。

五、继续加强党的建设和思想政治工作，提高队伍素质

我们的干部应具备：

1. 有强烈的事业心和高度的责任感。

2. 要懂得邓小平建设有中国特色社会主义理论，懂得党的方针、政策。

3. 要坚持正确舆论导向，同党中央保持一致。

4. 树立群众观念，全心全意为人民服务。

5. 要坚持唯物辩证法，防止片面性。

6. 要深入调查研究，反映社会生活的本质。

7. 要严于律已，清正廉明。

8. 要刻苦学习，勤于思考。

为建设一支富有战斗力的队伍，要抓好以下几项工作：

1. 组织好《邓小平文选》第三卷的学习，用邓小平建设有中国特色社会主义理论武装全体党员和干部的思想。学习理论要紧密联系工作实际，通过学习要统一全台干部职工的思想认识，自觉地用建设有中国特色社会主义理论指导节目改革、管理改革和事业发展，把中央电视台建设成社会主义精神文明的阵地。各部门要根据党委的学习安排，认真组织好《邓小平文选》第三卷的学习，贯彻党的十四届三中全会精神和全国宣传思想工作会议精神，正确把握宣传工作的方向。

2. 加强党的组织建设。一是健全党的组织，坚持党的组织生活制度。各级党组织要起战斗堡垒作用，共产党员要发挥先锋模范作用。二是积极做好组织发展工作。各级党组织要特别关心多年来要求入党的老同志，同时要重视在青年中发展党员，注意培养一批政治、业务、作风都好的青年骨干，树立学习榜样，这是电视事业发展的百年大计。

3. 继续贯彻中纪委二中全会精神，坚持两手抓、两手都要硬的方针，深入开展反腐倡廉教育活动。充分发挥纪委、监察、审计等部门的监督保障作用，严肃查处违法、违纪案件，狠刹违反新闻工作者职业道德的不正之风，树立中央电视台工作人员的良好形象，维护中央电视台声誉，增强群众反腐倡廉的信心。

4. 党、团、工会组织的工作要搞得更加生动活泼。一是要到宣传、技术第一线去做工作，结合业务工作积极开展党、团和工会工作，要了解和关心群众的思想和生活疾苦，让职工感到温暖、亲切，真正成为群众利益的代言人。二是党、团、工会组织活动应该搞得更加生动活泼，多组织一些文化娱乐活动，各级行政领导和台属企业应从各方面给予支持，进一步推动全台的社会主义精神文明建设。

总之，思想政治工作是一项十分重要的工作，政治工作的目的是团结一切可以团结的人，调动一切可以调动的积极因素，化消极因素为积极因素，形成全台团结紧张、严肃活泼、民主和谐、开拓创新、奋发向上、朝气蓬勃的生动活泼的局面。台里为每个成员提供发展自已聪明才智的舞台，为他们提供工作条件和家庭般的温暖；而每个成员又要以辛勤的创造性劳动和出色的成绩为这个集体争荣誉，树立中央电视台的良好形象。

六、实现1994年规划应解决好的几个问题

1994年的工作任务是繁重的，也是经过努力可以完成的。为完成1994年任务，要注意解决好几个思想认识和宣传艺术问题，简单概括为：加强“八个意识”，抓好“八个相统一”。

1. 加强八个意识，即：

（1）国家台意识。

中央电视台是国家电视台，对内代表党和政府形象，对外代表国家和民族形象，同商业电视台是根本不同的。我们的宣传应同党和国家保持一致，保证舆论导向的正确。

（2）喉舌意识。

全台都要自觉地认识到：中央电视台代表党、国家和人民利益，宣传党和国家的观点，是党、政府和人民的喉舌，不是个人的观点或所谓的自我表现。因此，要坚持一个中心、两个基本点的基本路线，在思想上、政治上同党中央保持一致，全面地正确地宣传党的路线、方针、政策，弘扬主旋律，注意多样化，把中央电视台办成社会主义精神文明建设的重要阵地。

（3）服务意识。

全心全意为人民服务是我们党的唯一宗旨，也是国家电视台的唯一宗旨。对国家电视台来讲，对党负责和对人民负责是一致的。我们的记者应扎根于人民群众之中，我们的报道题材，应来自于人民，我们的镜头应对准人民群众，反映他们生动的实践和英雄业绩。电视应同群众心心相印，息息相通，想他们之所想，播他们之所需，为他们排忧解难，提供知

识和娱乐。

(4) 精品意识。

当今电视已同10年前大不相同。10年前，地方电视台力量很小，每周只有几个晚上有节目，外国卫星电视刚刚起步，信号覆盖不了我国。现在，地方三级电视台和有线电视都有单独频道，海外卫星电视有20多个频道覆盖我国，竞争十分激烈。频道的竞争，实际上是节目质量的竞争。谁的节目好，观众就看谁的，这是铁的规律。因此，出精品是涉及中央电视台形象的最重要的问题，全台应树立强烈的精品意识。出好节目就是对中央电视台做出贡献；出好节目就应受到台里的表彰，受到大家的尊重；出好节目就可以提前评聘业务职称；出好节目就应给予奖励；出好节目应成为提拔干部的重要条件。

(5) 改革意识。

电视事业的发展带来了一系列的矛盾，如事业迅速发展和生产能力不足的矛盾；要求节目质量提高和职工素质不高的矛盾；物价提高同现有财务制度的矛盾；节目增加与人员编制不足的矛盾等。这些问题都是前进中的问题，应该靠改革来解决，所以我们不但要宣传改革，也要搞好自身的改革，这是推动电视事业发展的关键所在。

(6) 管理意识。

电视是高科技、重装备、高消耗的现代化企业。环节多、涉及面广，没有严格的管理制度，很难高效率地、安全地组织节目生产和安全播出。为把中央电视台建成世界一流水平大台，应完善各项制度，用条例方式规范各部门和职工的行动，以保证协调、和谐地运转，提高工作效率。

(7) 竞争意识。

要办好中央电视台就必须提高竞争意识。提高同海外电视竞争、同国内电视竞争、同省市台竞争的能力。我们要把竞争机制引进中央电视台各个领域。只有这样做，台里才能有朝气、有正气、有充实的活力，各种优秀人才才能脱颖而出。

(8) 忧患意识

90年代是电视频道爆炸性的年代，国内外竞争都十分激烈，必须看到你追我赶的局面。所以，我们要有忧患意识，戒骄戒躁，永不停步。只有不断攀登新的高峰，才能立于不败之地。

2. 八个相统一。

宣传工作要正确地揭示事物本身的辩证统一关系，不左也不右，切忌忽左忽右。当前我们要把握好以下八个辩证统一关系；

(1) 同党中央保持一致与全心全意为人民服务相统一。

(2) 弘扬主旋律和提倡多样化相统一。弘扬主旋律是屏幕的主体，同时也要注意节目的多样化，以满足各种层次观众的要求。

(3) 节目质量和节目数量相统一。中央电视台现有四个频道，年底将增加到六个频道。节目数量要增加，但质量是第一位的，所以要提倡精品意识。

(4) 社会效益和经济效益相统一。讲社会效益而不讲经济效益，电视事业难以发展，但讲经济效益又要以社会效益为前提。当两者有矛盾时，经济效益应服从于社会效益，否则就会犯错误。

(5) 发挥主观能动性和提供必要物质条件相统一。要完成1994年任务，要有一定的物质条件。但在一定的物质条件下，发挥人的主观能动性是十分重要的。从中央电视台情况看，设备、办公、人员条件比较好，外部环境也比较好，正可谓“万事俱备，只欠东风”。所以，中央电视台要抓住机遇，深化改革，加快中国电视进入世界的步伐。

(6) 全局利益和局部利益、个人利益相统一。台里要关心部门和个人利益，部门和职工也要关心台里的利益，为中央电视台做贡献。

(7) 发挥中央电视台优势同汇天下之精华相统一。一个世界级大台的主要标志是自己有相当的节目制作能力，特别是优秀节目的制作能力，但我们又不可能全部自办节目。因此，在发挥自己优势的同时，要汇天下精华，这样节目才能丰富多采。

(8) 高雅与通俗相统一。我们要提高文化档次，使节目的文化素质提高，但同时又要考虑广大群众，用通俗易懂的形式保持健康的内容，逐步提高观众的欣赏水平。

我们相信，只要处理好了这几个关系，中央电视台各项工作就会持续、快速、健康地向前发展，就能完成中央交给我们的宣传任务。

（摘自《业务交流》1994年第82期）

2. 概　况

1994年中央电视台宣传工作概况

一、1994年宣传工作概况

1994年，中央电视台在广播电影电视部领导下，以邓小平建设有中国特色社会主义理论为指针，坚持党的基本路线，坚持正确的舆论导向，认真贯彻“团结、稳定、鼓劲”和以正面宣传为主的方针，弘扬爱国主义、集体主义和社会主义的主旋律，宣传工作取得了显著成绩，节目面貌有了较大的改观。

1994年，中央电视台第一、二、三、四套节目的播出总量约为23389小时，比1993年增加3246小时，是近十年来增幅最大的一年。1994年，自办节目（首播）8031小时，比1993年增加3000小时，自办节目已占播出总量的20.17%。新开栏目20多个，年播出量为900多小时。

1994年，中央电视台根据中央的部署，完成了以下一些重大的宣传任务：《邓小平文选》一、二卷出版发行；中共中央十四届四中全会；全国人大、政协会议；全国宣传思想工作会议；民族团结表彰大会；江泽民等党和国家领导人出访活动和考察活动；国务院财税、金融等五项改革措施出台；人大一系列法律、法规的制定和公布实施；春节、元旦、“五一”、庆祝建国45周年的宣传；党的建设、反腐倡廉、综合治理、扫黄打非、“五个一工程”、远南运动会、广岛亚运会等。

以1994年4月开播的《焦点访谈》为代表的一批深度报道并带有评论色彩的节目的推出，使节目质量获得进一步提高。这些节目主要针对领导重视、群众关心，并且已在解决和能够解决的热点、难点问题进行较为翔实、有所分析的报道，起到了解疑释惑和舆论监督的作用。

1994年，专题类节目和对象性栏目的改革取得明显成效。专题类节目根据宣传工作的需要进行了改版。改版后的《与你同行》节目质量有所提高，播出时间走向稳定。对象性栏目中，增开了以中学生为主要对象的《第二起跑线》，从而形成针对从学龄前儿童（《七巧板》）到老年人（《夕阳红》）各个年龄层次观众的、特点鲜明的格局，并试播了妇女栏目《半边天》。1994年还成立了纪录片创作室，使纪录片创作的力量得到加强。

文艺节目和影视剧在播出总量中占50%以上。1994年，中央电视台第一次在除夕之夜同时推出《春节联欢晚会》、《春节戏曲晚会》、《春节音乐歌舞晚会》；圆满完成建国45周年国庆焰火晚会现场直播；成功地举办和转播了一大批文艺晚会；圆满完成了一系列大型文艺比赛和节目展播任务；一批文艺栏目的质量有了提高。电视剧生产和播出取得丰硕成果。中国电视剧制作中心全年生产电视剧20部273集；影视部积极组织片源，1994年一共收到各地各界提供的电视剧1667集，安排播出了1829集（包括1993年收到未及播出的节目）。

为庆祝建国45周年，中央电视台在世界127个国家和地区的150家电视台，用九种语言成功地举办了“中国电视周”活动。1994年，还开办了粤语节目，摄制了一批系列片，加大了对外报道的力度，同时积极开拓美洲东方卫星电视节目的“落地”工作。

中央电视台制作的节目在1994年的国内七项政府奖中共获一等奖211个，先后有四个节目获国际大奖。社教中心纪录片室摄制的纪录片《姊妹溪》获第二届亚洲电视节优秀纪录片奖——亚洲未来奖；文艺中心文艺部制作的文艺专题片《大唐舞韵》、《中国民族民间歌舞》在莫斯科国际民间艺术“彩虹”电视节上获国际民间艺术“彩虹奖”；文艺中心影视部与河北电影制片厂联合录制的电视剧《远山姐弟》获亚广联第31届年会优秀电视剧奖，并被授予本年度最优秀节目奖——亚广联京都奖。

二、坚持正确的舆论导向，充分发挥党和政府的喉舌作用

1. 宣传改革与发展，宣传建立社会主义市场经济体制以及反映社会生活中的重大事件，坚持以正面宣传为主，注重社会效果，利用调控手段，使电视新闻性节目形成一个时期正确的舆论中心。

《焦点访谈》等一批深度报道新闻节目的推出，走出了一条既反映社会存在的普遍问题，又坚持正面报道、进行舆论监督的路子。

系列报道以大篇幅影响观众，形成舆论热点。其中《共和国的步伐》、《辉煌十五年》、《长江走向新世纪》、《沧桑巨变》、《我的故事》、《’94质量万里行》、《中国经济效益纵深行》、《’94电视扶贫》、《中华环保世纪行》、《社会在呼唤》、《跨世纪的青年文明之路》、

《中华学人》、《边海防纪行》等，在宣传45年来共和国的成就、改革开放成果、精神文明建设和爱国主义等方面起到了良好的作用。

国际新闻以新开办的《世界报道》栏目为标志，对一些重大的国际事件进行及时、充分的报道，满足了观众渴望了解世界局势的要求。它与改版后的《晚间新闻》和《体育新闻》组合成的晚间新闻板块，在增加可视性和信息量、贴近群众方面有了新的提高。

2. 把爱国主义、集体主义和社会主义教育渗透在各类社会教育节目中。

为对儿童和青少年进行爱国主义教育，1994年推出了一批社会反响强烈的节目，如《我的祖国——百部爱国主义影视片知识竞赛》、《一百部与五千万》、《百年沉浮》、《中华五千年知识竞赛》，大型专题晚会《跨世纪的公民》、《全国七巧板新童谣竞唱颁奖晚会》、《首届全国脑力奥林匹克电视大赛》、《东方小故事》等。

为庆祝建国45周年播出的大型系列片《解放》，《神州风采》播出的《新中国第一》、《民族自治州》、《沿海开放城市》，以及《共铸铜墙铁壁——社会治安综合治理竞赛晚会》、《隐蔽的战线》和《民族团结之歌》，受到了中央有关部委、地方政府和观众的好评。

3. 用健康文明、多姿多采的电视文艺节目陶冶人们的情操，丰富人民生活，寓教于乐。

1994年春节期间，为满足不同观众的收视需求，第一次在除夕之夜同时播出三台文艺晚会，这项举措受到中央领导和舆论界的好评。并成功地举办和转播了一大批大型文艺晚会，如：《大地深情——纪念毛泽东〈在延安文艺座谈会上的讲话〉发表52周年文艺晚会》、《精神文明建设"五个一工程"颁奖晚会》、《庆祝"七一"第六届全国青年歌手电视大奖赛专业组获奖歌手汇报演出》、《走进九月——教师节文艺晚会》、《金曲颂中华——百部爱国主义影视片主题曲晚会》、《大学生之夜文艺晚会》、《国庆戏曲晚会》、《团结颂——庆祝人民政协成立45周年文艺晚会》、国庆焰火晚会等，得到中央及广播电影电视部和中央电视台领导的表扬和观众的肯定。

圆满完成了一系列大型比赛和展播任务。其中影响较大的有："通业杯"第六届全国青年歌手电视大奖赛、梅兰芳金奖大赛、'94中国音乐电视（MTV）大赛、第二届全国戏剧小品电视大赛等。完成了4至8月中宣部举办的"五个一工程"获奖电视作品展播活动，为配合远南运动会而举办的残疾人题材影视片展播；百部爱国主义影视片展播等。

电视剧生产和播出取得丰硕成果，推出了一大批深受广大观众欢迎的电视剧。如大型历史连续剧《三国演义》以其恢宏的气势达到了46.7%的收视率，创近年电视剧收视率最高水平。《"九·一八"大案纪实》首创了电视剧的纪实手法，引起观众浓烈的兴趣。《法官潘火中》、《大潮汐》、《郑大娘承包记》、《情满珠江》、《潮起潮落》、《凤凰琴》、《大雪小雪又一年》等作品在思想性和艺术性相结合方面也有新的突破。对原有的一些栏目，如《曲苑杂坛》、《东西南北中》、《旋转舞台》、《综艺大观》、《正大综艺》、《文艺广角》以及《环球45'》等进行不断调整，进一步提高了节目质量。还推出了《人与自然》、《动画城》等新栏目，受到观众好评。

4. 拓展海外报道领域，让世界人民了解和认识改革开放的中国取得的成就和新貌。

"中国电视周"的节目着力展示我国建国45年以来，特别是改革开放以来在经济建设、社会发展等方面取得的巨大成就，题材丰富，形式多样。在部分国家相继播出后，反响强烈。这是中国电视节目首次在世界范围内大规模进入主流社会，是中央电视台对外报道迈上新台阶的重要标志，受到中央对外宣传办公室领导的好评。

海外新闻报道有了较大的改观和突破。第四套节目已初步形成以《中国中央电视台新闻》、《英语新闻》和《粤语新闻》为主干的新闻报道格局，同时还及时传送到香港、北美、西欧，通过香港亚洲电视、美洲东方卫星电视和欧洲中文卫星电视及华人电视台播出。

为了加强对外报道的力度，弘扬中华传统文化，1994年中央电视台还摄制了大型系列片《中华文明之光》、《西藏的故事》等一批质量上乘的节目，并正筹拍《香港沧桑》。

对一些重大事件，对外报道反应迅速，节目内容和形式及技术质量都有很大的提高。

积极拓展美洲东方卫星电视节目的落地工作，实现了在洛杉矶皇冠区和华盛顿有线电视网的播出。其新闻节目还进入了洛杉矶1300广播电台播出。

一年来，中央电视台坚持贯彻落实江泽民"以科学的理论武装人，以正确的舆论引导人，以高尚的精神塑造人，以优秀的作品鼓舞人"的重要指示，用文明健康的电视节目丰富人民群众的精神生活，在宣传改革开放、正确引导社会舆论和建设社会主义精神文明等方面产生了越来越大的影响，日益受到领导和群众的关心和重视。

三、围绕宣传工作这个中心，各相关业务部门互相配合，形成合力

为了增强宣传效果，突出各套节目特色，根据中央电视台编委会的要求，总编室在广泛征求意见的基础上，重新编排了1994年第一、二套节目的栏目表。从4月1日起，增加了全天节目预告《收视指南》的滚动播出，加大了节目宣传的力度；从5月1日起恢复《历史上的今天》栏目播出，对于加强爱国主义教育起到积极作用，受到观众的好评；完善了节目选题、重点节目选题审批及推荐优秀节目、节目评议等宣传管理制度；实施播出磁带、文字、照片资料入库新

的管理规定，加强了影视资料管理；完成了全国观众调查网扩建站20个、新建站7个的计划，样本户已达10800个。

1994年是新影厂合并到中央电视台，大力调整结构和生产的第一年。实践证明，调整取得了明显成效。新影厂认真搞好节目制作，争取多出好节目，以节目质量在荧屏中找到位置、求生存、求发展、创效益，并取得了初步成功。全年除完成《纪录片之窗》40集，重点专题片《王震将军》、《拉萨布达拉宫》，戏曲片《玉堂春》以外，还与社教中心、海外电视中心、新闻中心等有关部门密切合作，制作播出了大量深受观众欢迎的节目，在向电视节目制作转轨方面取得积极的进展。

电视理论研究工作紧密围绕屏幕宣传开展各项工作。完成了“CCTV杯”新闻节目、社教节目、文艺节目、电视剧、对外宣传节目、少数民族节目、青少年节目七个项目的评选及“政协好新闻”、“国庆游园新闻”等四个单项奖的评选；《电视研究》由双月刊改为月刊后，稿件质量稳定，时效性强；编辑了1994年《中央电视台年鉴》；编辑出版有关理论研究及电视节目的图书、画册11种；组织了关于大型纪录片《毛泽东》、《解放》、长篇连续剧《三国演义》等节目的研讨会，还举办了一次全国戏剧小品研讨会。

《中国电视报》进一步端正宣传思想，明确报纸性质，突出重点，提高质量，一年来，坚持正确的舆论导向，圆满完成了电视宣传任务。特别是对重点栏目和重点节目进行突出宣传，为配合重大宣传任务和进一步扩大中央电视台节目的影响作出了积极贡献。坚持贴近电视、贴近家庭、贴近生活、贴近读者，强调电视特色，坚持稿件多样化，提倡大信息量，反映读者意见，强化服务意识，平均每期发行量达241万份。1994年，中央电视台对全国青少年观众进行调查，《中国电视报》被评为全国青少年最喜欢的报纸；在集报协会组织的全国文摘报纸评比中，被评为“十佳”之冠；在北京新闻史学会举办的全国百家报纸评比中，被评为第四名。与此同时，也收到了良好的经济效益。

四、宣传指导思想明确，宏观调控作用增强，宣传艺术和宣传管理水平有了新的提高

1．党的十四大以后，建设有中国特色的社会主义的指导思想更加明确，路线方针更加稳定，政策的延续性进一步增强，使整个电视宣传工作有了充分的依据。中央电视台联系电视工作实际，在按照电视工作规律办事的同时，勇于开拓，不断进取，探索新的路子，创造了新的经验。

2．强化宣传管理。近年来，中宣部、广播电影电视部对电视工作的宏观调控和微观指导都有了很大的加强，中央电视台编委会在宣传上的宏观调控作用也大大增强。

3．内部体制的调整进一步适应了生产力发展的需求。1994年文艺中心的成立标志着中央电视台编播部门推创的中心体制的改革已基本完成。在人事制度的改革方面，1994年采取招聘的方式，把大量优秀人才吸收到电视队伍中来。在保证完成宣传任务，实现社会效益第一的同时，也收到了良好的经济效益。

4．进一步改善系统内的协调，不断增加系统优势，推进中国电视事业大发展。近年来，中央电视台在与地方电视台的关系中，强调合作精神和服务意识。通过各种形式，把全国的优秀电视节目集中到中央电视台的屏幕上，这既是展示社会主义中国形象的需要，同时也为地方电视台节目在全国范围内播出提供了窗口，既丰富了屏幕又加强了与地方电视台的协作，走出了一条具有中国特色的电视事业发展的道路。

1994年，中央电视台的宣传工作在台分党组的领导和全台同志的共同努力下，取得了很大成绩，受到中央领导的肯定和广大观众的好评，已成为中央电视台历史上发展最好的时期之一。

1994年总编室概况

1994年，总编室在中央电视台领导和编委会的领导下，在全台各个部门的支持下，圆满地完成了全年的工作，基本上实现了1993年制定的工作目标，取得了较好的成绩。

一、1994年总编室完成的十件主要工作

1．重新编排了中央电视台第一、二套节目的栏目表。

2．组织协调完成1994年春节、全国人大和政协会议、世界杯足球赛、远南运动会、国庆、亚运会等重大宣传活动，保证了安全播出。

3．1994年4月1日开始实现《收视指南》全天滚动播出，加大了中央电视台节目宣传的力度。

4．1994年5月1日恢复《历史上的今天》栏目播出，受到广大观众的好评。

5．1994年全台宣传经费管理的实施，使中央电视台宣传经费的管理迈上新台阶。

6．基本完成计算机宣传管理系统预定指标的前期筹备工作。

7．对全台各个编播部门实行播出磁带、文字、照片资料入库新的管理规定，进一步提高了中央电视台影视资料管理水平。

8. 中央电视台节目评议工作逐步取得经验，纳入规范化管理的渠道。

9. 为第五套节目（体育频道）的开播积极做好准备工作。

10. 完成了全国观众调查网扩建站20个、新建站7个、样本户达到10800个的计划。

二、1994年是强化宣传管理、各个科组认真贯彻落实电视台编委会和总编室各项工作安排，各项工作取得较大成绩的一年

宣传规划组在人员没有增加而任务增加的情况下，团结一致，顺利地完成了全年的工作任务。编辑《宣传日报》360期，编辑《业务交流》18期，编辑《电视信息》12期，并完成了1994年全台宣传工作总结及重大选题的审核、报批工作，与节目组共同完成了1994年《历史上的今天》、《收视指南》两个栏目的节目串播工作。

播出科在1994年重大宣传活动增加、播出时间延长的情况下，克服各种困难，团结合作，为确保安全播出作出了积极的努力，取得了较好的成绩。尤其是在人大和政协会议、世界杯足球赛、远南运动会、建国45周年、亚运会等活动的宣传过程中，与台内有关部门密切配合，计划周密，措施得力，责任心强，圆满完成了播出工作。

节目组圆满完成了第一、二套节目栏目表的调整。在完成日常宣传工作的同时，加强了节目的安排与协调。

节目宣传组全年制作播出节目共2970分钟，为加强中央电视台节目的宣传，扩大中央电视台节目的影响作出了贡献。

磁带科在确保日常安全播出和加强磁带资料管理方面，扎扎实实工作，取得新进展。协助台里有关部门为完成全年的重点节目查阅了大量资料，并制定了新的节目入库办法。

技术审查一科进一步加强了对节目技术质量的监审工作，使节目技术审查工作上了新水平。

观众联系组在加强与观众联系、建设全国电视观众调查网方面取得显著成绩。1994年除继续加强对各调查站的技术培训外，还针对网络建设的发展实施严格的考核制度，扩建站和新建站工作圆满完成，节目评议工作积极展开，取得很好的经验。

综合管理组在电视台技术部门的协助下为宣传工作计算机管理系统做了大量工作并初步完成投标前期工作。在宣传经费管理和宣传数据统计，特别是管理方面也取得了较好的经验。

审片组在严格把关、丰富中央电视台屏幕方面做了许多工作。

引进节目小组办公室在电视台有关部门的支持下，积极开拓节目源，全年共引进各类电视节目约800部集，使中央电视台屏幕更加丰富多采。

1994年新闻中心概况

1994年新闻中心坚持深化新闻改革，以正确引导舆论为基本指导方针，以提高节目质量为基点，注重社会效果，推动电视新闻事业向深层次拓展，使新闻中心的工作在原有的基础上又上了一个台阶。

一年来，新闻中心采编和播出了876小时的电视新闻节目，播出3万多条新闻，273期《焦点访谈》节目，422期《东方时空》节目，650小时体育节目，375小时经济节目，33.5小时军事节目，向亚广联发送新闻1100多条，向海外中心提供了大量的包括《东方时空》、《焦点访谈》在内的电视专题和电视新闻。

一、继续深化改革，推进电视新闻向深层次拓展

1994年，新闻中心制定了创名牌节目，用好节目延长黄金收视时段的目标。经过积极筹备和精心组织策划，于4月1日开播了新闻述评性节目《焦点访谈》和国际新闻专栏《世界报道》；12月1日体育频道试播；4月1日和5月18日分别顺利完成《晚间新闻》、《体育新闻》和《经济信息联播》的改版工作。

《焦点访谈》的开播标志着我国电视新闻深度报道的实现，它以追踪采访、快速反映、调查分析和访谈述评等方式进行时事追踪报道，新闻背景分析，社会热点透视，大众话题评说。这一节目的推出起到了引导舆论、化解社会矛盾、解疑释惑的作用，走出了一条既反映社会存在的普遍问题，又坚持正面报道，进行舆论监督的路子，引起国内外舆论界、特别是新闻界的广泛关注。

《世界报道》集新闻性、时效性、权威性、可视性为一体，在一些重大国际事件的报道中做到了及时、充分、深刻，满足了观众了解世界局势的需求，受到国务院新闻办公室的好评和广大观众的欢迎。

体育频道试播，标志着我国电视体育报道进入了一个新的阶段。在筹备过程中，体育部在完成日常播出任务的情况下，克服困难，积极策划，使体育频道如期试播。

《晚间新闻》改版后，在保证权威性的前提下，增加信息量，提高可视性，并以其编排新颖、贴近生活、贴近观众而受到好评，在全国电视新闻界中引起较强烈的反响。

改版后的《体育新闻》信息量明显增加，时效性增强。

《经济半小时》已做好1995年元旦开始改版播出的一切准备工作，在保持原有风格的基础上，将充分发挥电视媒体的优势，以快节奏、大信息量、准确、及时、生动活泼的报道方式，通过屏幕充分展现现代经济社会的发展和我国经济建设的步伐。

军事新闻质量有明显提高，军事部为此多次研究方案，组织研讨。多集系列报道《边海防纪行》播出后，深受部队官兵及观众欢迎。

二、加强新闻宏观调控，坚持正确舆论导向，注重社会效益

一年来，新闻中心根据不同阶段的中心任务，强化大编辑部意识，加强新闻宏观调控，坚持正确的舆论导向，配合各项重大活动，适时推出了一系列重点报道。

如，为庆祝建国45周年，《新闻联播》推出了多集系列报道《共和国的步伐》，《经济半小时》、《经济信息联播》推出了《我的故事》、《国货》、《点点滴滴看变化》等系列报道，从全国各省、市、自治区、各条战线，从不同侧面、不同角度，反映了我国建国45年来，特别是改革开放15年来的巨大变化。

如，围绕经济建设这一中心，突出新闻报道主旋律，推出了《辉煌15年》、《长江——走向新世纪行》、《后来居上看浦东》、《必由之路》、《沧桑巨变》、《创业新篇》、《中国经济效益纵深行》等系列报道，反映了改革开放带来的成果，加大了经济宣传的力度和深度。

1994年，为配合《民族区域自治法》颁布十周年，新闻中心组织五路记者分赴五个少数民族自治区，采制了20集系列新闻，报道了少数民族地区改革开放以来发生的变化，此节目受到有关方面充分肯定。此外，新闻采访部记者走入西藏和西藏无人区，拍摄了系列新闻片《走入大自然——西藏行》，用生动的画面语言，展现了西藏几十年的沧桑巨变。

为加大精神文明和爱国主义宣传的比重，新闻节目大量宣传先进事迹，推出了《社会在呼唤》、《劳动者风采录》、《跨世纪的青年文明工程》、《军人风采》、《中华学人》、《边海防纪行》等系列报道；并利用最能激发人们情绪的体育比赛形式，对观众进行拼搏进取精神和爱国主义的教育，如叶乔波告别体坛主题晚会《冰之魂》、伤残人报告会、马俊仁报告会以及关于广岛亚运会的报道等。

坚持正面报道为主的方针，本着有助于解决问题、化解社会矛盾的指导思想，对领导重视、群众关心、普遍存在的社会问题进行批评性的报道，对中央及国务院重视的问题及时反映。如在《'94质量万里行》中对无极医药市场的曝光，对“山东、陕西、湖北等省棉花严重掺杂使假”、“四川注水猪肉现象严重”、“107国道沿线加油站存在严重质量问题”的报道，以及对整顿文化市场的报道等，在群众中激起极大反响，引起有关领导的高度重视并着手处理解决。

在批评性报道中，还摸索出了对反面问题从正面做文章的路子。

一年来新闻中心调动电视系统的力量，对一个内容从多角度、多侧面反映，不同类型的节目互为补充，既有时效性强的快速反映，又有深度的新闻综述，这样就对一个问题在一段时间内造成一定的声势，形成了舆论热点。如，关于“五一”天安门广场升旗的报道，关于中国科学院、中国工程院的报道，关于“'94质量万里行”的报道，关于建国45周年的报道等等。

三、抓节目带队伍，以队伍保节目

一年来，《焦点访谈》、《世界报道》上马，《晚间新闻》、《体育新闻》、《经济半小时》改版，体育频道开播，这一系列的举措，给有为者提供了施展才智的天地，也造就了一支业务精、责任心强、有敬业精神和进取意识的编辑记者队伍。新闻中心充分调动、发挥这支队伍的积极性和创造性。为多出精品、创名牌节目，新闻中心注重抓队伍的思想建设和业务建设，强调新闻工作者职业道德规范，提倡敬业、拼搏、奉献精神。要求记者改变工作作风，深入基层，深入实际，深入群众，在业务上，通过举办新闻业务培训班和召开座谈会、研讨会，提高队伍的业务素质。新闻中心所属各部门为加强队伍管理，还分别制定和完善了规章制度，并建立了业务评奖制度。队伍素质的提高，使新闻中心各类节目质量不断提高，好节目层出不穷。

四、技术制作部门增强服务意识，提高节目制作质量，积极改造、完善技术系统

新闻制作部进一步增强节目意识，积极为电视新闻的采访、编辑播出服务，把新闻节目的安全播出放在各项工作的首位，确保了全年新闻节目的正常制作和安全播出。年初为配合《焦点访谈》、《世界报道》开播和《晚间新闻》改版，他们抽调业务骨干夜以继日对两个演播室景区进行改造，保证了这些节目如期播出。他们还陆续开通全国微机传稿系统，并举办了全国微机传稿技术培训班；完成了几十台H型MⅡ录像机的更换；同时组织了东芝和松下设备的大修；结合新闻节目的特点和不同部门的工作性质，为节目部门配备了专用设备；派出录音员进行新闻前期采录，使新闻声音质量明显提高。

1994年社教中心概况

1994年社教中心经历了机构调整、人事变动、新办栏目开播、原有栏目改造等变革，为社教中心提供了改革的契机，推动了全中心宣传工作不断迈向新高度。

一、播出情况

社教中心全年首播节目总计为74443分钟，其中，专题部全年首播节目4140分钟，教育节目部全年首播节目40100分钟，青少部全年首播节目23428分钟，纪录片室全年首播节目2365分钟，地方组全年首播节目3410分钟，妇女栏目组首播节目1000分钟。

二、开办新栏目

1994年社教中心共创办三个新栏目：

青少部在人员十分紧张的条件下，开办了以中学生为主要收视对象的新栏目——《第二起跑线》，4月9日新栏目一出台就受到了社会各界及广大中学教师、学生和家长的赞赏和肯定。

专题部从5月开始，将过去分散的栏目撤消，新推出了能涵盖《为您服务》、《文化园林》、《社会经纬》、《科技时代》、《民族之林》、《卫生与健康》、《银手杖》等七个栏目内容的综合板块栏目——《与你同行》，并在此基础上不断加以改进，1994年12月1日又推出了科技生活版和社会文化版两个具有不同特色的板块，使《与你同行》栏目内容更加丰富多采，节目形式更加生动活泼，节目质量不断提高。11月份，有的节目已进入第一套节目全国收视率统计前十名。

为迎接1995年9月在北京召开的第四次世界妇女大会，结束中央电视台没有妇女栏目的状况，经电视台领导和编委会的批准，社教中心经过半年多的筹备，《半边天》专栏终于在1994年12月1日开始试播，每周首播四次，每期45分钟。第一期节目播出当日就收到了一些地区和组织打来的祝贺电话，随即又收到了不少祝贺电报，联合国世界妇女组织驻京办事处还为《半边天》的开播专门举行了座谈会。《半边天》节目受到社会各界的关注。

三、推出一批重点节目

1994年社教中心先后摄制了一批受观众欢迎的重点节目，这些重点节目紧紧抓住爱国主义教育这个主旋律，内容积极健康向上，形式新颖，收视效果好。

为配合百部爱国主义影视片的展播，对青少年进行爱国主义教育，青少部于“五四”青年节播出了特别节目——《我的祖国——百部爱国主义影视片知识竞赛》；《12演播室》栏目组录制了《一百部与五千万》、《百年沉浮》及《中华五千年知识竞赛》等节目。这些节目受到有关领导部门的表扬和广大青年观众的好评。其中《一百部与五千万》还被评为“中宣部一季度好节目”。

青少部为庆祝“六一”国际儿童节录制了一台大型专题晚会——《跨世纪的公民》，节目播出后社会各界反响强烈。

《全国七巧板新童谣竞唱颁奖晚会》、《首届全国脑力奥林匹克电视大赛》以及少儿大型歌舞晚会《雏鹰展翅》受到青少年观众的欢迎。

《七巧板》专栏录制播出了30集系列童话剧《地精和海怪》、10集童话剧《玉米人农庄》。这些节目为探索学龄前儿童节目的创作提供了有益的经验。

暑期播出的《史丰收速算法》、《东方小故事》也受到孩子们的热烈欢迎，这在历次暑假节目中是少见的。

配合建国45周年庆祝活动，社教中心纪录片室只用了半年多的时间就录制完成24集大型系列片《解放》。节目播出后受到中央有关部门和许多地方政府的表扬。

专题部录制的《共铸铜墙铁壁——社会治安综合治理知识竞赛晚会》、《隐蔽的战线》、《民族团结进步之歌》等专题节目受到观众的欢迎和有关部门的好评。

此外，妇女组与全国妇联合作录制了《大地缤纷——迎接第四次世界妇女大会知识竞赛文艺晚会》；《神州风采》专栏录制了《新中国第一》、《民族自治州》、《沿海开放城市》等多部系列短片。

由专题部摄制的纪录片《姊妹溪》，在1994年3月日本大阪举办的第二届亚洲电视节上，荣获“优秀纪录片奖——亚洲未来奖”。

四、其他工作

以沈纪副台长为团长的银河少年电视艺术团访问澳门演出，获得成功，受到澳门各界热烈欢迎。

教育节目部成功地举办了“情系夕阳红”大型游园活动，受到老年人的热烈欢迎。

为了促进全国社教电视节目的学术交流，经有关部门批准，成立了中国广播电视学会青少年电视委员会和法制节目委员会，并开展了学术交流活动。

社教中心在精神文明建设方面成绩显著：《神州风采》组被国务院评为“全国民族团结先进单位”；《12演播室》组荣获“全国青年文明岗”光荣称号；魏斌荣获“范长江新闻奖”。

为了加速宣传部门的体制改革，进一步解放生产力，经中央电视台分党组批准，社教中心妇女组和专题部先后开始实行制片人制和财务经费包干的试点，并已初见成效。

1994年海外电视中心概况

1994年海外电视中心努力贯彻落实中央电视台对外报道总体规划，克服任务重、压力大、人员少、机器设备不足等不利因素带来的困难，各项工作取得较大的成绩，圆满完成任务，使对外报道又迈上一个新的台阶。

一、为庆祝建国45周年，中央电视台在世界127个国家和地区150家电视台成功地举办了“中国电视周”活动

海外电视中心承担“中国电视周”活动的海外联络、节目制作、译制和发送等任务。在中央有关部门的密切配合及台内其他各部门的协助下，从3月份开始，经过半年的努力，精心制作了22小时的专题、动画、电视剧等节目；除中文版外，还译制了英、法、德、俄、西班牙、葡萄牙、阿拉伯、塞尔维亚、波斯等九种外语版。

“中国电视周”节目相继在海外播出，反响强烈。这是中央电视台第一次在世界范围内大规模举办这种活动，影响广泛而深远。

因“中国电视周”活动的圆满成功，海外电视中心获中央电视台嘉奖，并获中央对外宣传办公室颁发的奖牌。

二、海外新闻报道得到加强，有了较大改观和新的突破

中央电视台第四套节目初步形成了以《中国中央电视台新闻》、《英语新闻》、和《粤语新闻》为主干的新闻节目，同时及时地传送到香港、北美、西欧，通过香港亚洲电视、美洲东方卫星电视和欧洲中文卫星电视及华人电视台播出。

《中国中央电视台新闻》从1994年5月1日开始，播出时间从20分钟增加到30分钟，其中开辟了每天5分钟的《亚洲新闻》。节目内容和报道形式、编排形式也有很大改进，根据海外观众的收视要求，初步形成了海外新闻报道的风格。重点抓了《长江行》、《黄河行》等节目及关于“侨界十杰”、“千岛湖案件审理”、“唐焦会谈”、“远南运动会”、“广岛亚运会”、“国庆”等重要题材、事件和活动的报道，在海内外赢得了声誉。

《英语新闻》加强了自采量；向美国CNN提供的新闻数量和质量明显提高，成为“300条俱乐部”成员；向墨西哥特莱维萨电视公司提供的西班牙语新闻年总量已达360条。

三、专题节目在努力提高节目质量的基础上，集中力量抓了一批重点节目的摄制

海外电视中心与中央新闻纪录电影制片厂、北京大学联合摄制的150集大型系列节目《中华文明之光》，1994年已完成20集；专题片《香港沧桑》已投入前期筹备工作；系列节目《京九铁路》已经开拍。《中国报道》栏目推出了关于春节、国庆、中国西部等内容的特别节目。

为了满足海外观众的需求，10月17日在第四套节目开办了每天70分钟的粤语节目，其中包括20分钟新闻和50分钟综合节目。

开办了每天5分钟的《经济报道》节目，加强了经济宣传的力度。

开办了集信息、知识、娱乐为一体的专栏节目《欢聚一堂》，增强了对外节目的可视性，受到观众的热烈欢迎。

为加强西藏问题的对外报道，海外电视中心制作了《布达拉宫修缮纪实》专题片（60分钟中、英文版），已经送往海外；联合山西、贵州、成都、山东、潍坊等地方电视台和中央新闻纪录电影制片厂驻西藏记者站摄制了12集专题片《西藏的故事》，并准备参加1995年在欧洲举办的西藏电视节。

全面落实广播电影电视部和中央电视台领导的指示，充分利用全系统的力量搞好电视对外报道，1994年与地方台合作进一步加强，全国电视对外报道队伍气氛融洽，团结协作，凝聚力进一步加强。做的主要工作有：

1994年3月在南昌召开了全国电视对外报道选题规划会，落实了与各台合作的选题计划。

4月组织了1992年度全国对外报道获奖节目编导赴美国考察。

7月在哈尔滨举办了1993年度全国电视对外报道优秀节目评奖，并进行了外语节目评奖。

10月在太原召开了全国电视对外报道获奖节目颁奖及研讨会。

与苏州市委、苏州电视台等共同组织20家电视台进行《变化中的苏州》易地采访活动。

海外电视中心在1994年的工作中，坚决贯彻以正面宣传为主，以宣传改革开放的当代中国为主的方针，积极努力完成中央电视台领导决策、交办的重大宣传任务，节目内容、形式和技术质量有很大提高。

此外，海外电视中心积极拓展美洲东方卫星电视。节目的落地工作,实现了在美国洛杉矶皇冠区和华盛顿有线电视网的播出。同时,新闻节目进入了洛杉矶1300广播电台播出。

1994年文艺中心概况

1993年3月下旬,中央电视台文艺中心正式成立。从此,文艺部、国际部、影视部、动画部在文艺中心的统一领导下,形成了一个有机整体,为开创中央电视台电视文艺新局面奠定了基础。文艺中心成立半年多来,播出的节目量已占全台播出总量的50%以上。

一、开设新栏目,调整老栏目

文艺中心成立以后,为了繁荣电视文艺,丰富电视屏幕,活跃观众的文化生活,文艺中心所属各部门陆续推出了一些新栏目,同时调整一些老栏目。

文艺部对栏目进行了调整,提高了节目质量。《曲苑杂坛》栏目本着宁缺勿滥、追求精品的原则,对节目进行选择。既推陈又出新,栏目质量不断提高,受到好评;《中国音乐电视》栏目抓住这一很受广大电视观众欢迎的艺术形式,在突出主旋律的前提下,力求在表现手法、灯光、镜头的运用上不断进步,由于质量提高,方向对头,收视率稳步上升;《东西南北中》栏目在保持质量稳定的同时,加强了现代电视文艺的表现意识,抓住观众的欣赏心理,力求观念新、节奏快、构思新颖,使栏目在观众中产生了一定的影响;《九州戏苑》栏目经过改版,更贴近戏迷和观众,为普及京剧艺术,弘扬民族文化起到了良好的作用。此外,《音乐桥》栏目加强了欣赏性和知识性;《人间万象》栏目加强了娱乐性;《戏剧小品》栏目反映了社会现实;《文艺广角》栏目通过编录结合,使这个专题性板块节目有较大的进步;《旋转舞台》栏目质量也有明显的提高。

国际部5月11日推出新栏目《人与自然》,受到各界的欢迎和好评,《人民日报》等有关报刊专门刊登了评价文章。10月22日《名片系列》节目在《国际影院》栏目中播出,收视率较高。《国际影院》栏目还增设了小栏目介绍剧情、剧中人物及译制演职员,并开始播出了外语对白中文字幕的故事片。

动画部经中央电视台编委会批准,对原《红黄蓝》栏目进行改版,推出了新栏目《动画城》。《动画城》栏目一改原栏目播出短片及信息量小的弊端,以播出动画系列长片为主,扩大了信息量,增强了可视性,栏目面貌发生很大变化。编委会将其调整到第一套节目后,收视率稳步上升,在18点25分—18点50分的少儿节目中,其收视率在北京地区名列第二,在全国名列第三,深得小朋友喜爱。此外,还开设了《动画15分钟》栏目,每周播出三次,使动画节目的播出时间由每周25分钟增加到70分钟,节目播出量增加1.8倍,扩大了国产动画片的影响。

二、一些优秀节目在国际上获奖

影视部与河北电影制片厂合拍的《远山姐弟》,在1994年亚广联第三十一届年会上获二项大奖:“亚广联优秀电视剧奖”和“亚广联京都奖”,并受到中央电视台分党组嘉奖。

文艺部制作的《大唐舞韵》、《中国民族民间舞蹈》在莫斯科国际民间艺术“彩虹”电视节上获国际民间艺术“彩虹奖”。

影视部与有关单位合拍的一批电视剧分获1993年度全国电视剧“飞天奖”、“五个一工程奖”、“骏马奖”和“金鹰奖”。

三、成功地举办了一批大型文艺晚会、大型比赛、电视展播活动,并得到了中央及广播电影电视部和中央电视台领导的表扬和观众的肯定

1994年文艺中心自办大型晚会数量多、质量高,其中影响较大的有:《'93中国音乐电视(MTV)大赛颁奖晚会》、三台不同风格的春节晚会、《大地深情——纪念毛泽东〈在延安文艺座谈会上的讲话〉发表52周年文艺晚会》、《精神文明建设“五个一工程”颁奖晚会》、《庆祝“七一”第六届全国青年歌手电视大奖赛专业组获奖歌手汇报演出》、《走进九月——教师节文艺晚会》、《金曲颂中华—百部爱国主义影视片主题曲晚会》、《大学生之夜文艺晚会》、《'94元宵文艺晚会》、《国庆戏曲晚会》、《团结颂文艺晚会》、《'94春节联欢晚会“我最喜爱的节目”颁奖晚会》,这十多台节目都受到中央领导的表扬。

文艺中心成功地举办了一些大型比赛,影响较大的有:“通业杯”第六届全国青年歌手电视大奖赛、梅兰芳金奖大赛、中国音乐电视(MTV)大赛、第二届全国戏剧小品大赛等11项比赛,推出了人才,推出了作品,促进了声乐、戏曲、电视文艺的发展。

文艺中心成功地直播了庆祝建国45周年焰火联欢晚会和第六届远南运动会,受到中央领导的好评和广播电影电视部党组的嘉奖。

文艺中心还成功地完成了一系列展播任务:“五个一工程”电视展播的片头设计录制工作和展播剧目、远南残疾人运动会会前残疾人影片展播、百部爱国主义影片展播、电视戏曲艺术片展播,共二十多部四十多集。

四、召开和主办了一些重要会议和评奖活动

7月召开了全国电视台文艺部主任座谈会。通过座谈，各台之间交流了经验，增进了理解，加强了合作。

5月召开了全国音乐电视（MTV）创作座谈会，肯定了第一届音乐电视（MTV）展播的成功，统一了思想，明确了今后制作音乐电视（MTV）的方向。

文艺中心与中国电视艺术委员会合作，共同举办了第八届全国电视文艺"星光奖"评奖活动。

由国际部牵头的首届全国译制片评奖活动取得圆满成功。

1994年，文艺中心还注意抓党的建设，成立了党总支。

1994年中国电视剧制作中心概况

一、电视剧生产情况

电视剧制作中心全年共完成摄制任务20部273集，提交中央电视台播出的8集连续剧《法官潘火中》和《"九·一八"大案纪实》，观众反响强烈。

已经完成或正在进行后期制作的有23集连续剧《难圆情缘》、23集连续剧《礼仪小姐出租公司》、32集连续剧《都市女孩》、26集连续剧《小楼风景》、12集连续剧《走出雨季》、12集连续剧《吾土吾神吾人》、21集连续剧《新大陆》、20集连续剧《爱谁是谁》、5集连续剧《生儿子大奖赛》和单本剧《金色轨迹》、《太阳部落的女人》、《北平来的大学生》。这些剧目都有希望获得较好的收视效果。

正在摄制中的剧目有：30集连续剧《饮马流花河》、13集电视剧《大地之子》（与日本合拍）、8集连续剧《寻觅骄杨》、20集连续剧《血色童心》、10集连续剧《西厢记》、8集连续剧《黑脸汉子》。

1994年电视剧生产有如下几个特点：

1. 电视剧中心领导亲自挂帅，以确保《"九·一八"大案纪实》、《难圆情缘》、《都市女孩》等优秀剧目的产出。

2. 投入精兵强将，对得奖的导演优先安排接戏。

3. 在1993年试行摄制经费承包管理办法的基础上，1994年全面推行此项制度，并进行了补充调整，使之完善。

4. 为确保出精品，在创作方法上仍采取"走出去，请进来"的方法，使《难圆情缘》、《"九·一八"大案纪实》等作品从剧本到样片，更具有较高的艺术品位。

5. 通过《小楼风景》、《难圆情缘》等连续剧的拍摄，室内剧的摄制经验趋于成熟，趋于正规化、规范化。

二、剧本创作情况

电视剧制作中心在坚持剧本创作的思想性的同时，强调艺术魅力，强调"三贴近"和多样化原则，全年共审读剧本543部3583集；组织策划7部67集；准备1995年重点产出的剧目有：配合1995年国际反腐败年的20集连续剧《苍天在上》（九易其稿而后定夺）；纪念1995年世界反法西斯战争胜利50周年和中国抗战胜利50周年的长篇连续剧《战斗的青春》和《战争死亡线》；配合1995年世界妇女大会，反映海南特区改革开放中妇女命运的《热岛》及《双人雨伞》；从正面深层次反映国有大型企业改革的《奔流》（剧本已经被列入"五个一工程"）；反映革命历史题材的长篇连续剧《潘汉年》（由安全部、上海市委、江苏省委和中国电视剧制作中心联合录制）。

三、事业建设情况

1. 拟定了《涿州基地两摄影棚设备购置预算方案》（已报中央电视台领导批准）；

2. 修缮、扩建了五里店制景间和服装、道具库2000平方米。

3. 为迎接世界妇女大会而选型定购了一部数字分量录像车、一套数字分量的后期制作系统和一套数字音频系统。

4. 完成一个Betacam SP后期制作系统、一个动画制作机房和一个数字八轨的声音制作机房的改造和安装任务。

5. 完成"时码自动识别和传输"系统的研制工作并投入使用，使整个后期节目制作工艺得以改善并提高了效率。

6. 完成磁带库的计算机管理，完成了人员、工作量统计、考勤及生产管理等软件的设计。

7. 在内部管理上，健全各项规章制度，如《岗位津贴发放办法》、《借出人员管理办法及劳务费标准》等，奖勤罚懒，调动了绝大多数同志的工作积极性，鼓励和倡导敬业精神。

1994年中央新闻纪录电影制片厂概况

1994年，是中央新闻纪录电影制片厂调整产品结构的第一年，也是建厂40多年以来变革最大的一年。由生产电影纪录片转为制作电视节目，是以市场为导向的科学的、合理的选择，是广播电影电视部党组的正确决策，是中央新闻纪录电影制片厂自身改革的关键一步。一年来，厂领导班子统一认识，坚定信心，合力奋斗，团结和带领全厂职工，群策群力，共闯难关，改革探索获得初步成功。

一、认真搞好节目制作，努力完成预计的节目量，争取多出好节目，以节目质量在荧屏上找到位置，以求生存、求发展、创效益

自1994年初起，中央新闻纪录电影制片厂的三个编辑室在中央电视台总编室的指导和协调下，分别与中央电视台海外电视中心、社教中心和新闻中心经济部进行直接的节目接轨。完成节目量的情况是：《纪录片之窗》从4月初开播，累计投产51集；《神州风采》累计投产38个节目；《中华文化》系列片累计投产22集。完成《中国报道》、《天涯共此时》、《经济半小时》栏目中的《话今天》、《金土地》、《经济广角》等节目的录制任务，完成电视戏曲片《玉堂春》3集。此外，还完成了讴歌老一辈无产阶级革命家高尚情操和革命风范的长纪录影片《王震将军》；为有关单位代制了电影片《风景这边独好》、《拉萨布达拉宫》、《活牛取黄》、《陈嘉庚》、《国酒五洲飘香》和《跨世纪的彩虹》等。至1994年底，全厂40小时的节目量全部完成。

新闻纪录电影制片厂发挥历史影片资料丰富的优势，为制作电视节目提供了大量珍贵的素材。如制作《纪录片之窗》、《神州风采》和《中华文化》等节目时，创作人员和制作人员密切配合，就近精心选材，保证了节目质量。

协助外单位和中央电视台其他部门制作电视、电影节目。如协助中央电视台社教中心拍摄大型专题系列片《解放》。

在转轨的第一年，中央新闻纪录电影制片厂的工作人员积极学习电视技艺，节目的创作和制作正在适应荧屏的需要。

二、改建机房、调配设备、撤并机构、重组队伍、上岗人员培训、下岗人员安置等工作，紧张而有秩序

机房、设备是制作电视节目的物质基础。在制片厂技术、房管、制作部门的努力下，逐步落实（包括供电、空调和土建工程）。完成在东楼业务楼改建1:1自编系统机房十间(其中24平方米机房八间，13平方米机房两间)，3:1自编系统机房两间；调配ENG MⅡ型摄录一体机九套，其中Betacam SP型一套；安装调试好3:1自编系统一套，安装1:1自编系统两套；自购字幕机两台。并对设备进行了安装、调试和试运转，已开始用这些设备为中央电视台制作节目。

为适应电视节目技术制作工序和工艺的需要，撤并了部分原电影生产车间，成立了电视技术制作部，调配了管理干部、技术骨干和操作人员，并由中央电视台派教师进行技术培训，现已开始运转。党委会、厂务会多次召集专门会议，反复论证洗印工作间的去留问题。最后决定撤销洗印工作间，并报请中央电视台分党组批准下马。设备有偿转让，厂房可对外出租，人员将妥善安置。

从计划经济向市场经济转轨的过程中，安置下岗人员确实有难度。但从深化企业改革的趋势看，企业的下岗人员不是包袱，而是宝贵的社会财富，是开创新产业的重要人力资源。只要从实际出发，把工作做细、做实，是可以稳妥解决的。为进一步做好安置工作，中央新闻纪录电影制片厂成立了由一位厂级干部任组长的安置领导小组，制定了安置管理办法。在待命实施方案中，明确规定了待命期限、工资福利、待遇，并鼓励下岗人员到新承租单位去工作。待命期满后，厂安置领导小组及时公布安置管理办法，并引入竞争择业机制。安置时，领导小组成员与本人谈话，听取意见，交流想法，说明情况，并逐个签协议上岗，有的走上了电视技术制作岗位，有的转行搞管理工作，还有的被安置到后勤服务岗位，也有部分同志自愿到新承租单位工作。安置工作进行得比较平稳、顺利。

三、行政后勤工作努力做到保证生产、改善生活、稳定队伍

房管科完成了十间机房改建工程和业务楼房顶修缮工程。

建立了全厂各部门电话值班的考核管理办法。

有组织、有计划、有步骤、分阶段地完成了清产核资工作。

根据1993年盈利情况，按照劳动人事部的批文，在在职职工每人增加工资一级的基础上，又根据这两年厂里经营情况明显好转的情况，进行了建厂以来最大幅度的工资提升，并适量引入结合个人考核浮动晋级的激励机制。离退休人员的福利待遇也相应得到提高。

改善职工住房条件，楼房宿舍全部安装了有线电视接收设备。安排124户职工搬入新楼。职工宿舍陆续接通了天然气管道。

四、党、政、工、团形成合力，抓好理论学习、宣传教育和转轨时期的思想政治工作

1994年研究室概况

1994年研究室完成了以下几项工作。

一、组织承办中央电视台各类节目的评奖工作

为丰富电视屏幕，提高中央电视台电视节目的质量与制作水平，对评奖实行统一的规范化管理，调动广大编创人员的积极性，经中央电视台分党组同意，从1994年开始，每年举办一次“CCTV 杯”节目评奖活动。该奖评选对象共分七类(与政府奖接轨)。1994年，研究室组织承办了新闻节目、社教节目、文艺节目、电视剧、对外宣传节目、少数民族节目、青少年节目的评选，共评出特等奖10个、一等奖148个、二等奖194个、三等奖202个、优秀奖11个、优秀栏目奖11个，总计576个。

承办了四项单项奖的评选工作：多党合作和政协好新闻奖、首届中国纪录片展示赛、全国医药好新闻和国庆游园新闻报道评奖。

二、编辑理论刊物

自1994年起，《电视研究》从双月刊改为月刊，稿件质量保持稳定，增强了时效性，扩大了稿件容量。改月刊以来，工作量增加了一倍，而编辑力量不但没有增加，反而减少。在人员少、任务重的情况下，编辑部全年出刊13期(其中增刊1期)；编辑《1993年度中央电视台社教节目参评解说词》30万字，总计发稿量160万字。召开两次编委会、一次组稿会，对办刊提出了许多好的建议。

编辑《观感选辑》70期，编辑《报刊资料选》56期，《港台报刊资料选》38期。为配合全国人大和政协会议的宣传报道，编辑《人大政协剪报资料选》18期、《港台报刊资料选》4期。同中国国际广播电台合作，继续办好《世界广播电视参考》的编辑发行工作。

三、编辑有关电视的书籍

1994年研究室编辑有关电视的图书、画册11种，其中《海外珍闻录》、《美猴奖画册》已出版；《优秀解说词选》(二)、《大型电视纪录片〈毛泽东〉》、《毛泽东诗词》已发稿。

编辑《中央电视台年鉴(1994)》。经中央电视台领导决定，从1994年开始编辑《中央电视台年鉴》。1994年版《中央电视台年鉴》主要反映1993年中央电视台各项工作。编辑该书任务量大，时间紧迫，而文字、图片编辑仅各一人，但从收集资料、确定编辑体例到文字加工，仅用了半年时间，共70多万字，图片64页，共300余幅照片，由人民出版社出版。

完成了《中国广播电视年鉴(1994)》、《中国新闻年鉴(1994)》的组稿任务和《中国广播电视年鉴(1994)》部分稿件的审稿、定稿任务。

组织撰写由新华出版社出版的“八五”重点图书《中国新闻实用辞典》有关电视的条目，已全部发稿。

四、中国广播电视学会各电视专业分会的工作

1994年8月中国广播电视学会与中央电视台协商决定，今后各电视专业分会举办的一切活动统一由研究室协调，报中央电视台批准后再报总会。1994年完成以下工作：

1. 电视学研究委员会换届工作。

2. 由中央电视台和中国广播电视学会联合召开了第三届中国电视节目评奖工作研讨会。

3. 筹备并成立了青少年儿童节目研究会。

4. 电视音乐研究会召开了换届选举会和第四届全国电视音乐交流研讨会。

5. 电视美术研究会筹备1995年举行的电视美术设计大赛(文艺类、专题类)。

6. 1994年11月成立法制节目研究会。

7. 在主持人节目研究会举办的首届全国广播电视“百优双十佳”节目主持人金话筒颁奖活动中，研究室承办了新闻发布会和观摩研讨会的会务工作。

8. 中国广播电视学会中央电视台分会召开了第二次代表大会，选举产生了新的分会领导机构。

五、图书、资料工作

完成了各部门的报刊征订工作，采购图书7158册，向延安“希望工程”捐书350册，为编播部门配备业务图书4000余册；阅览室全年接待读者23203人次，为业务部门咨询2600余人次，图书编目1360册，完成计算机录入1400余条，更换全台借书证1994个；到10月底完成各类剪报资料13775件、缩微国际资料180张(合资料18000页，900万字)；接待编辑查阅67人次。

为建立中央电视台电视资料馆，赴日本进行建馆的考察工作，并写出考察报告，为台领导决策提供材料。

六、其他工作

研究室与其他部门合作，组织了关于大型电视纪录片《毛泽东》、《解放》、长篇连续剧《三国演义》等节目的研讨会，还举办了一次全国戏剧小品研讨会。

为庆祝中华人民共和国成立45周年，配合“中国

社会发展成就展览会”,研究室代广播电影电视部制作了反映广播电视系统成就的专题片两部。

为了提高编导的业务素质,研究室同教育处、技术管理中心联合举办优秀节目观摩活动四期, 观摩了八个在国际和国内获奖的优秀节目。

1994年《中国电视报》概况

1994年《中国电视报》坚持“宣传是中心,管理是关键,技术是保证,效益是目的”的办报方针,取得了创刊以来的最好成绩。1994年,平均每期发行量达到241万份,全面超额完成了中央电视台下达的发行指标和经济指标。

一、宣传工作导向正确,重点突出,质量提高

第一,树立导向意识,确保重点宣传。1994年,《中国电视报》坚持正确的舆论导向,圆满地完成了电视宣传任务,特别是对重点栏目和重点节目进行突出宣传,进一步扩大了中央电视台节目的影响。对重点节目和栏目,报纸采用新闻、介绍、评论、通讯、照片等形式,进行及时充分的宣传,而且宣传规模、文章体裁、版面安排、时效性等都有新的突破。

第二,树立竞争意识,坚持质量取胜。1994年,《中国电视报》在报价增加一倍和报业竞争加剧的不利情况下,认真抓报纸的宣传质量,坚持以质量取胜,以质量占领市场,发行量一直稳定在240万份左右,仍保持自费订阅量全国第一的纪录,质量也上了一个新台阶。1994年,中央电视台对全国青少年观众进行调查,《中国电视报》被评为全国青少年最喜欢的报纸;在集报协会组织的全国文摘报纸评比中,《中国电视报》被评为文体卫类报纸十佳之冠;在北京新闻史学会举办的全国百家报纸评比中,《中国电视报》被评为第四名。

第三,开辟新的栏目,丰富报纸内容。为了进一步丰富报纸内容,满足不同读者的需求,各版编辑积极想办法,开辟新的栏目,主要有:《导读ABC》、《百部爱国主义影视片展播》、《三四套节目介绍》、《往事悠悠》、《名人的昨天与今天》、《摄影廊》、《阿玲专访》、《一语中的》、《牛群信箱》、《赛事预告》、《采访手记》、《体育万花筒》、《足坛风云》,并设专栏介绍第三、第四套节目。这些栏目的特色比较鲜明,在读者中产生了较好的影响。与此同时,一些老栏目也越办越好,给版面增光添彩,从而提高了报纸的整体水平。

第四,增强服务意识,满足读者需要。1994年,报社把增强服务意识,提高整体水平,满足读者需要列为报社重要工作。一年来,各版根据自己版面的特点做好有针对性的服务工作。资料、信访和节目传送工作,是为读者服务的重要方面。1994年,资料人员向版面提供了200多部影视剧介绍,编辑了大量的影视剧目录。全社处理信件达53000多件,复信和寄送纪念品1800多件,向广播电影电视部和中央电视台其他部门转送信件6400多件。负责节目单传送任务的同志在工作量几乎成倍增加的情况下,改进服务态度,提高服务质量,受到各地广播电视报社的好评。

第五,重视校对工作,维护报纸信誉。1994年,《中国电视报》没有出现重大政治差错,一般技术性差错也比较少。在同行业报纸中,《中国电视报》的校对水平一直名列前茅,受到广大读者的好评。

第六,派出随团记者,跟踪报道广岛亚运会。1994年,在中央电视台领导和有关部门的大力支持下,《中国电视报》派记者前往日本广岛跟踪采访报道亚运会。在短短的十多天时间里,采写和组织了20多篇有分量、有可读性的独家稿件,拓宽了大型体育比赛的报道领域,丰富了报纸内容,也进一步提高了报纸的影响。

第七,外文版狠抓质量,发行量有所回升。《中国电视报》外文版1994年上半年发行量一度缓慢下降。外文版的同志认真分析原因,制定措施:一方面狠抓报纸内在质量,靠质量取胜;另一方面密切配合发行部门做好扩大订阅和零售的工作,效果比较显著。

二、经营工作观念更新,措施得力,效益显著

正确处理宣传与经营工作的关系,是《中国电视报》1994年面临的新课题。1994年《中国电视报》的经营指导思想十分明确,不是就发行量抓发行量、就经济效益抓经济效益,而是正确地处理社会效益和经济效益之间的关系,并且从抓规章制度入手,强化管理意识,增收节支,全面提高经营管理水平,所以取得了社会效益和经济效益的双丰收。1994年是《中国电视报》创刊以来经济效益最好的一年,也是对中央电视台贡献最大的一年。

三、技术工作巩固提高,加强管理,质量一流

1994年,是《中国电视报》完全采用自己的技术设备独立排版的第一年,也是质量稳步提高的一年。为了使技术工作成为报纸出版的强有力的保证,报社主要做了以下工作:

首先,报社领导从思想上高度重视技术工作,把它列入报社工作的议事日程,一把手亲自抓。其次,

解决了技术工人的编制和待遇问题，为稳定队伍、确保报纸出版提供了有力的保证。第三，根据技术工作特点，制定了一系列规章制度。第四，进行了彩色报纸的制版 和试印工作，为报社的今后发展提供了有益的经验。第五，对技术工人进行了考核和定级，并同工资和奖金挂钩。第六，按照财务的要求，进行了初步的成本核算。第七，抓排版质量，提高报纸整体水平。第八，二期设备逐步到位，生产能力明显提高。

四、管理工作意识加强，措施到位，效果明显

1994年，报社在管理方面主要抓了以下一些工作：

首先，加强宣传规划的管理。其次，加强宣传思想的管理。第三，加强报道计划的管理。第四，加强日常宣传的管理。第五，加强对人员的管理。第六，制定经费包干方案，加强增收节支工作的管理。第七，抓出版发行工作的全面管理。第八，加强办公室综合协调工作，努力发挥管理和服务职能。

1994年，《中国电视报》抓规章制度和目标管理，报纸质量不断提高，发行量稳步上升，经济效益十分明显，队伍凝聚力加强，团结和谐的气氛基本形成，这一切都为树立报社的良好形象打下了基础。1994年《中国电视报》创刊以来首次被评为中央电视台先进集体。

1994年广告部概况

1994年，广告部的广告收入比1993年同期增长70%，创中央电视台历史最好水平。

一、实行目标管理，调动部门积极性

1994年中央电视台分党组决定对广告部实行目标管理。广告部认为要完成指标有一定困难。为完成指标，必须在三个要点上下功夫：(1)增加广告时间；(2) 提高广告价格；(3) 招揽广告客户。三者缺一不可。这三项是广告部全年工作的重点，任何一项工作都要围绕这三项重点进行。具体做法：

1. 依靠全台力量，增加广告收入。

根据以往经验，增加栏目广告，就是增加广告时间，这是创收的一条重要途径。中央电视台有几十个栏目，每个栏目增加半分钟，就是十几分钟，这是一段非常好销的广告时间。在台领导和财务部门的大力支持下，规定凡节目部门带的广告可享受提成，这样既调动了节目部门的积极性，又体现了杨伟光台长的“开前门，堵后门”的管理原则。节目办得好，广告的价格就高，部门的收入也就随之提高；也激励着节目部门办好节目：只有节目好，才能有广告。同时广告部也时时想着节目部门的利益。由于彼此的理解和沟通，广告部与全台二十几个部组建立了良好的合作关系，仅栏目广告收入一项，就比1993年翻了几番。

2. 以收视率为依据，合理制定广告价格。

价格是衡量产品的质量和档次的依据，也是调节供求矛盾的杠杆，制定好价格是经济规律的需要。中央电视台黄金时段的广告一直是供不应求，而非黄金时段常常是供过于求。这两个现象，不完全归因于广告时段，很重要的原因是价格是否合理。将电视节目的收视率和每段的价格相对照，广告部发现《新闻联播》和《天气预报》之间的5秒钟广告每人看一次是0.06元，而22点以后的广告每人看一次是0.56元。由这种测算，可见广告价格上的不合理。为此，1994年连续三次调高了黄金时间的价格，并下降了非黄金时段的价格。各段的价格依收视率而定，基本趋于平衡。为了使这一举动得到广大企业的理解，广告部先后两次在报纸上发表文章《中央电视台广告价格谁来操纵》和《老板，你依据什么投放广告》，效果良好。

3. 开辟白天广告，捡回扔掉的时间。

中央电视台的广告主要集中在第一套节目的黄金时段，非黄金时段和白天长期处于不饱和状态，特别是白天，更无人问津。和发达国家相比，我们的广告分布非常不合理，但我国的企业长期以来已形成了这种习惯，这就需要进行宣传。广告部把白天所有的《请您欣赏》栏目填满，委托给一家广告公司独家代理，每天保证每段两分钟，共七段，按五段收费；一是给企业一些优惠，二是给广告公司一点好处，以调动其积极性。一个季度下来，广告满档，企业反映不错；两个季度下来，要上广告的企业增多；第三个季度开始调价。到目前为止白天广告已增到20分钟。

4. 重大活动采取专人负责与全部门配合相结合的办法。

1994年中央电视台的重大宣传活动较多，世界杯足球赛和广岛亚运会的报道，《三国演义》的播出，体育频道的开播，均是广告销售的好时机。在这些活动中，广告部都派专人负责，重点征订。由于这些活动时间紧，任务重，广告部便充分发挥电视传媒的作用，利用空余广告时间，大量播放征订广告。有时还采取其他时间暂停销售的办法来保重大活动的广告，这样里外配合，一紧一松，便能在较短的时间里完成广告的征订任务，体现了集体的力量。

二、招标——把广告时段推向市场

为了解决黄金时段的广告供需矛盾，给企业和广告公司一个公平、平等的竞争机会，增加广告经营上的透明度，杜绝不正之风，试着将中国电视广告推向市场，在中央电视台领导的关心和支持下，广告部大胆尝试，对黄金时段的1分30秒和《焦点访谈》的20秒广告进行了招标。为了做好这一工作，广告部很早就开始准备，召开了广告公司和企业的座谈会，征求他们对招标及具体做法的意见，并将招标的章程送到北京市公证处以求得法律上的认可，同时得到了国家工商行政管理局的支持。在激烈而公平的竞争中，22家中标，整个招标在8个小时中圆满结束，中标和未中标的企业都表现出较高的竞争素质，大家都认为受了一次深刻的广告意识教育。招标的一分多钟的广告时段价格，创下了中国电视广告历史上最高水平。实践证明广告时间完全可以推向市场。

三、公益事业社会办

1994年是广告部制作《广而告之》节目数量最多的一年。1994年广告部采取"公益事业社会办"的原则，欢迎企业出资制作公益广告。为了加强公益广告的宣传力度，除了在第一套节目播出外，还在第二套、第三套节目中开出时间，加大密度播出。1994年10月广告部牵头召开了有22个省级电视台参加的公益广告研讨会，推动了公益广告在全国省级电视台的播出。

1994年中央电视台技术工作概况

1994年，技术、制作及物资系统在节目制作任务重、变化频繁，重大宣传活动多，大型任务多，基本建设规模大，新增频道以及节目播出量大幅度增加的情况下，做了大量扎扎实实的工作，为完成多项宣传任务作出了贡献，为1995年的工作开展进行了可靠的技术准备。

一、做好节目安全播出工作，完成各类节目制作任务

1. 1994年四套节目共计播出24129.21小时，停播率为23.46秒/百小时。全年现场直播1647小时，新闻传送1739小时，新闻收录8909小时。

2. 完成多项重大任务，如：国庆45周年焰火晚会现场直播；"五一"节首次在天安门广场现场直播升旗仪式；"第四届中国艺术节"开幕式的现场直播；西昌"亚太一号"卫星和"澳大利亚三号"卫星发射的电视直播；全国人大、政协会议期间新闻报道和节目传送的技术保障；第十二届亚运会节目制作、卫星传送、实况转播和节目收录；远南运动会开幕式直播以及各项比赛的实况录像、录制、传送；全国男子甲级足球联赛132场现场直播和收录工作；第十五届世界杯足球赛全部52场比赛的实况转播和收录工作；北京国际马拉松比赛的现场直播；第六届全国青年歌手电视大奖赛的实况转播等。

3. 完成84集电视连续剧《三国演义》的前后期制作任务；充分利用脱机编辑的优越性，高效率地完成24集专题片《解放》的前后期制作任务；重点完成了大型系列节目《黄河行》、《长江行》、《孙子兵法》的前期拍摄任务；在日常节目制作任务已经饱和的情况下，全力保证了《粤语新闻》、《半边天》和《西藏的故事》等节目的制作；首次实现在除夕之夜同时播出三台不同的文艺晚会，解决了电脑灯噪声干扰问题，实现了现场演唱和伴奏。

4. 协助中国电视剧制作中心圆满完成电视剧生产任务，其中前期拍摄149集，后期制作184集，录音制作140集，配乐83集。

5. 完成"中国电视周"节目的制作、复制工作，向127个国家和地区提供录像带近万盘。

6. 确保了体育频道（北京地区33频道）试播和1995年1月1日正式开播。

7. 中央新闻纪录电影制片厂转轨中采取边建设边生产的方式，1994年共制作节目46小时10分。

二、完善基本建设，搞好技术改造和设备增添以及更新换代工作

1. 完成方楼一层传送区的改造工程，扩大了制作区域并改善了制作传送区的工作环境；新安装四套自动播出系统，与安徽现代电视技术研究所联合开发汉化自动播出控制软件，已经在体育频道自动播出中使用了该软件。

2. 新建一个250平方米演播室分量系统，已投入文艺节目的制作；更新了150平方米（原法语机房）演播室系统，已承担社教节目的制作任务；改造了50平方米演播室系统，承担了总编室、军事部专题节目的制作任务。

3. 更新了1000平方米和600平方米演播室摄像机，提高了图像质量，降低了对照明度的要求，节省了用电量；改造了录音车，完成三个配音间的建筑声学改造，改善了音响效果。

4. 新增加了一套三维动画制作系统，具备制作、编辑、合成及联网运行功能，使动画制作达到较高水平；动画科已具备既能创意又能制作的精干队伍；1994年制作了982秒的片头，比1993年增加182秒，并制作了一些高水平动画。

5. 为海外电视中心建成分量制作系统并开始运行使用；新闻中心更新高质量H型MⅡ录像机13台，改善了新闻节目技术质量。

6. 为中国电视剧制作中心新建了一个后期制作系统、一个动画制作系统、一个八轨数字声音制作系统和一套数字音频录制系统，中央新闻纪录电影制片厂转轨工作顺利进行，建立了后期制作系统，配置了一批前后期拍摄、编辑设备（ENG 编辑11套，1:1编辑3套，2:1编辑2套，3:1编辑2套），演播室的土建工程正在抓紧进行。

7. 增加摄像机50台（其中ENG10台，演播室摄像机40台）、录像机101台。在一定程度上缓解了设备的需求矛盾。

8. 在1994年用两套节目播出了图文电视，共播出了131兆字节的数据量和3942万图文页信息。

9. 5000门程控电话交换机组建成并开通投入使用，为宣传业务和办公通讯自动化提供了方便。完成了内部无线寻呼台和移动电话专用通讯网的搬迁改造工程，改善了寻呼服务质量；开办了汉显寻呼业务。

10. 完成热力交换站和管道施工任务。

11. 完成五号、六号站低压电源开关柜改造工程，改善了五号、六号站供电质量。完成一号、二号、三号、四号电站共61面低压电源开关柜更新改造的前期准备工作。

12. 为筹备1995年在北京召开的第四次世界妇女大会电视转播，结合中央电视台事业发展的需要，制定设备购置计划，从论证、选型到谈判、签约，做了大量工作。

13. 1994年完成了专业设备购置任务，90%以上的设备均已投入使用。

14. 完成数字技术研究实验室（DCT系统）的安装、调试工作，并着手实施广播电影电视部科技司下达的有关科研项目。

三、开展技术交流和业务培训工作，奠定良好的人才基础

1. 举办1994年北京数字电视技术研讨会以及数字电视技术、多媒体制作系统、图文电视技术、图像压缩技术、电视节目加扰技术、高清晰度电视技术等方面研讨会，受到各省、市广播电视厅和电视台的好评，为中央电视台培养了人才，为事业发展积累了经验。

2. 进行了新闻制作、舞台美术、灯光、音频、特技制作、动画制作、播出系统运行、摄像机操作、切换台操作的技术培训。

3. 全年共举办全国性业务学习班两次，300人左右参加学习；全台性业务学习班四次，180人次参加学习。各部门根据各自业务工作的需要，组织了多项专业培训工作，其中包括为新增频道节目开播进行技术培训和为新设备投入使用进行的专业操作培训等等。

四、做好多种设备的维护检修工作，确保设备设施安全、正常运行

1. 在保证安全播出和制作的前提下，克服困难，利用后半夜节目停播和新闻播出的间隙时间，高效率地完成播出系统和新闻制作系统的设备大修任务，提高了节目的播出质量，并且延长了设备的使用寿命。

2. 按计划完成单机设备大修任务，其中SP录像机84台；SP　ENG29套；ENG MⅡ 18套，保证现有设备充分发挥功效。各部门、各机房均按要求正常进行设备设施的维护检修工作，全台设备完好率平均在95%以上。

五、加强统一管理，逐步完善管理工作

1. 首次召开了技术、制作、物资系统干部会议，以加强技术系统自身建设，增强服务意识，提高服务质量，确保安全运行。通过交流思想和情况，加强了协调和配合，充分发挥整体优势，更好地为电视宣传服务。

2. 全面实行“使用技术设备有偿服务”以来，调动了工作人员的积极性，提高了工作效率，解决了一些长期存在的问题，收到了较好的效果。通过加强管理和挖掘内部潜力，演播室的利用率正在逐步提高，其中1000平方米演播室已经做到平均6天一台节目，全年共录制播出节目44台（55场期），600平方米演播室录制播出节目46台（111场期）。技术制作中心的八个演播室的平均利用率已达78%。1994年搭景布光时间明显减少，提高了工作效率。平均一台节目用3.5天，比1993年少用1.5天。全年节省90天，比1993年可多制作15台节目。而全年在台外制作节目仅40台，比1993年减少16台，减少了场租、灯租等费用，为台里节约了大量经费。

3. 实行工作责任制，逐步理顺各种关系，以确保工作质量和效率。1994年以来，首先重点解决了设备购置环节的责任制问题。由于明确了分工，使设备购置这项技术性很强的工作开展得比较顺利。

4. 1994年物资部门和技术部门共同努力，继续做好固定资产的清查、整理工作。

5. 重点完成了节目技术质量调查工作。

根据中央电视台年中会议的精神，技术系统对存在的质量问题进行了专门的研究，并指派专人组成质量调查小组。调查小组首先对重点、名牌栏目的节目技术质量进行了抽测抽检，对电视设备，特别是制作系统、播出传送系统进行了测试，并根据1994年新实行的制作国际声要求对新制作的节目进行检查和监督。调查和抽查的结果是，中央电视台制作、传送和播出的技术系统符合国家（部颁）标准。从制作角度看，台内制作的节目优于台外制作的节目，文艺节目优于专题节目，技术人员操作制作的节目优于非专业人员操作制作的节目。

6. 组织并参加了全国电视节目技术质量评比活动。这项活动是受广播电影电视部科技司的委托，由中央电视台与广播电视研究院共同承担的。抽调专人对参评的节目带进行技术指标测试，统计核对了各电视台安全播出的有关数据，受到广播电影电视部科技司的好评。

7. 1994年，技术及制作系统先后开展了技术质量评比、灯光评奖、技术岗位操作评奖、值班纪律评比等多项活动，促进了管理工作。

8. 深入挖掘技术及制作人员的创作潜力，使其在节目制作上发挥更多更大的作用。1994年以来，在节目制作的各个环节涌现出许多在创作上很有想法、在实践中很有办法的制作人员，他们不但掌握熟练的操作技能，而且具备良好的节目创作素质，这不仅使节目制作速度有所提高、效率更快，而且使节目的艺术水平有了提高，节目的可视性和技术水平均有改观。在特技、动画、切换、摄像等方面，很多制作人员都达到较高水平。

1994年播送中心概况

1994年播送中心在节目安全播出、实况转播、外出制作节目、节目传输、收录等各项业务以及事业建设和思想建设等方面做出了新的成绩。

一、完成任务基本情况

节目播出情况：五套节目全年播出时间为24129小时13分，其中，第一套节目播出时间6609小时39分；第二套节目播出时间5923小时43分；第三套节目播出时间5665小时02分；第四套节目播出时间5744小时49分；第五套节目播出时间 186小时。

台内节目制作情况：自编机房全年使用时间36840小时；演播室全年使用时间4614小时。

台外直播、录制情况：现场直播141场，工作时间 1124小时；实况录像212场，工作时间 1617小时；专场录像122场，工作时间 1410小时；ENG 采访录制时间5179小时。

新闻收录及传送：国际新闻收录2188台次，2226小时；国内新闻收录11094台次，6821小时；国际卫星传送3259次，1750小时。

二、圆满完成各项重大宣传任务

《春节联欢晚会》是一年一度的重点节目，播送部在完成日常播出的同时，精心检查、检修播出系统，使春节晚会的节目高质量地播送出去。春节期间播送中心通过微波电路和国际卫星电路传送直播了七场节目。并承担了12场节目的直播或录播，场场都优质安全完成任务。

圆满完成1994年北京春季公路马拉松赛的实况录播工作，受到日方的好评。

1994年全国人大和政协会议期间，播送中心共出动三套转播设备，保证了开幕式、闭幕式、大会发言、记者招待会和新闻发布会等的顺利直播和录播。

完成了“五一”、“十一”天安门广场升旗仪式的现场直播。

圆满完成了远东及南太平洋地区残疾人运动会（远南运动会）的开幕式及重要比赛项目的直播、录像和传送任务。

两次赴西昌顺利完成“亚太一号”卫星和“澳大利亚三号”卫星发射的电视直播任务，受到国防科工委和航天总公司的好评。

完成了在甘肃兰州举办的“第四届中国艺术节”开幕式晚会的直播和其他节目的录制工作。

完成了全国男子甲级足球联赛和52场世界杯足球赛的传送、录像、播出工作。

在日本广岛建立节目制作转播传送中心机房，完成第十二届亚运会节目制作、卫星传送、制式转换、播出和录制任务。

为确保国庆45周年焰火晚会电视实况转播，中央电视台投入三辆转播车、一套 EFP，共24台摄像机和18套微波系统以及一个直播中心系统等设备，在其他部门的配合下，圆满完成了现场直播任务。

保证了《金曲颂中华——百部爱国主义影视片主题曲晚会》、世界杯技巧锦标赛、《架金桥，觅知音》、《庆祝“七一”第六届全国青年歌手电视大奖赛专业组获奖歌手汇报演出》、中日歌会等重要现场直播任务。

三、事业建设和技术设施的改进

1994年播送中心在保证完成日常播出和台内、台外节目制作等各项工作的同时，做了大量的基础技术设施建设和改进工作。

在房屋建设管理处的配合下完成三楼新播出区和一楼传送区部分机房土建改造装修任务，改善了播出和传送环境。

完成第四套节目全天24小时连续播出的技术准备工作。

为保证体育频道试播和1995年1月1日正式播出，完成该频道技术系统的设备安装调试等各项准备工作。

完成新增四套机械手自动化播出系统的设计，并与安徽现代电视技术研究所合作，研制开发自动播出机械手系统以及播出磁带准备系统总体软件。

将三楼主控机房监视墙黑白监视器换成彩色监

视器。

完成索尼六讯道转播车和池上四讯道转播车改造方案的设计以及与改造厂方谈判签约和设备拆卸及交车任务。

完成第四届世界妇女大会转播车、EFP和主控新闻传送等的方案设计和设备选型工作。

为扩大电视宣传，新增三套节目上卫星做准备，初步制定了三套节目数字压缩加密、调研和传输方案。

四、进一步建立健全规章制度，加强技术管理及技术培训，提高节目技术质量

播送部、转播部根据各自承担的任务，建立健全了规章制度。在新的播出系统建立的同时，根据新系统的播出特点，详细、认真地拟出了新的播出系统的操作流程和与之配套的规章制度，保证了新系统安全地、有条不紊地按时投入运行。

播送中心除组织技术骨干参加科技处和教育处、物资处举办的数字电视技术、多媒体技术、磁带性能及使用保管常识等学习班外，还根据工作特点，专门为转播部举办了数字电视技术培训班。播送部组织在岗人员岗位练兵，举办机械手自动化播出设备操作培训，使参加培训的人员都能熟练操作，保证安全播出。

为了解决几套节目存在图像干扰声音的问题，播送部在中央电视台技术管理办公室与广播电影电视部科技司的配合下，反复测试，检查播出系统和传输通道，初步查明了问题产生的原因。转播部为了把好各场直播和录像的质量关，每次都安排技术骨干严格调整视频和音频信号的各项主要参数，使1994年直播和录播的近500场节目没有发生技术质量问题。

五、试行有偿服务，提高服务意识

1994年根据中央电视台分党组的决议，在计财处的指导下，播送中心制定了技术设备有偿服务试行办法，并开始实行。在全中心职工的努力下，完成了收入定额指标。

1994年技术制作中心概况

技术制作中心在1994年增强服务意识，提高服务质量，改革挖潜，增加生产能力，加强节目制作管理和业务培训工作，提高节目技术质量和制作效率，确保安全播出，全面完成节目制作任务，各项工作都取得了显著的成绩。

一、节目制作主要情况

大型演播室利用率明显提高。1000平方米演播室1994年完成44台（55场期），比1993年多20场（期）。增加了37％。使用时间，1994年是2450小时，比1993年多1066小时，增加了34％。600平方米演播室1994年完成46台（111场期），比1993年多58场（期），增加了109％。使用时间，1994年是2415小时，比1993年多1071小时，增加了75％。400平方米演播室使用时间，1994年是2226小时，比1993年多76小时，提高了5％。为提高演播室利用率，技术制作中心采取固定栏目，固定场景的办法，例如《综艺大观》、《正大综艺》及专题节目等；连夜搭景，尽量缩短布光时间。

制景、搭景、布光及服装化装道具工作量显著增加。1994年完成节目225台，比1993年多33台，增加了17％。其中，在台外办节目40台，比1993年减少了16台，减少了29％，仅此一项，节约场租、灯租80万元。

音频部完成直播149场，其中台内43场；录像699场，其中台内564场，其他与转播部合作完成。台内演播室工作量7988单元，台外ENG工作量3013单元。完成了美国特纳公司委托的39集动画片的译制工作，质量得到美国公司的肯定。

录制部完成的主要工作量，ENG15762单元，自编11704单元，电子编辑合成5965单元，三维动画1048秒。节目制作能力比1993年增加了25％。大演播室（第六、第九、第十演播室）和两个大录音棚，每周七天工作，每天三个单元，六楼自编机房每天24小时工作，其他机房每周由原来提供11单元增加到17单元。第四季度新增加了粤语节目每天20分钟和《半边天》栏目每天45分钟的节目制作量。1994年投入大量设备和人员完成了84集电视连续剧《三国演义》和24集专题片《解放》的前后期制作。另外，完成了大型系列节目《黄河行》、《长江行》和10集《孙子兵法》的前期拍摄。

1994年新突破项目有：1994年《春节联欢晚会》现场直播，实现了乐队现场伴奏、演员现场演唱的同期声播出，首次在1000平方米演播室现场直播中使用电脑灯（主要指电脑灯采取了降噪措施）。

1000平方米演播室和600平方米演播室同时分别在第一套和第二套节目中现场直播第六届青年歌手电视大奖赛和《综艺大观》，改变了迁入新台以来两个大演播室不能同时直播的局面。

二、节目制作条件和环境有较大改善

1994年新建了一个250平方米演播室，并完成一系列机房的改造：重新安装了150平方米演播室；1000平方米演播室和600平方米演播室同时更换了CCD摄像机；50平方米演播室系统改造；闲置多年不用的录音车，经过技术改造，重新投入使用。三维动画机房增加了一台SGI工作站和A65磁盘记录器，并实现了联网运行，既能制作又能做合成。该系统是目前国内一流的全分量数字三维动画制作系统。完成了1000平方米演播室环幕轨道安装和400平方米演播室观众席改造。三个译配机房的建筑声学改造工作已完成。

三、业务培训和评奖研讨活动

技术制作中心与有关部处合办或自办了电视节目制作、电视灯光照明、录音技术、节目技术质量管理等培训班；首次开展了灯光（人物和综艺节目）评奖研讨会和录音基础知识测验；美术、灯光、制作管理人员首次到日本NHK考察；召开了全国灯光业务交流会、第二届全国电视美术业务交流会、第三届中国影视学会声音研讨会和学会奖颁奖会议。

四、加强管理，完善了有关规章制度和数据统计工作

制定了《技术制作中心实行有偿服务管理办法》、《有偿服务收费结算程序》、《关于贯彻、执行〈有偿服务管理办法〉批复的若干规定》、《关于认真执行有偿服务收费标准的通知》。还制定了《SP录像机维护检修管理规定》，用计算机来管理、查询，使SP录像机维护检修工作规范化。

1994年动力通讯处概况

一、较好地完成了日常的值班运行和设备系统的维护工作，为电视宣传和台内其他任务的完成提供技术保障和较好的服务

1. 供配电科在节目制作和播出时间加长，用电设备、用电量不断增加，以及一些设备和系统无法停电检修等困难条件下，认真抓抢修，抓老设备改造，抓安全运行，较好地完成了全台电视节目制作、播出，重大宣传活动以及全台动力、生活、土建施工用电的保障和服务工作。

2. 通讯科较好地完成了通讯设备、通讯电缆的维护任务，以及日常宣传和重大宣传任务的通讯保障和服务工作。

3. 主楼六部客运电梯自1993年8月投入运行以来，电梯科对设备及系统定期进行维护保养，全年安全运行。

4. 1994年是中央电视台全面启用新引进的大型离心制冷机组的第一年。为保证楼内供冷的需要，高温季节三台制冷机组全部启动，24小时满负荷运行，较出色地完成了1994年夏季供冷任务，全台各部门普遍反映供冷质量明显好于往年。

5. 空调科克服了设备系统老化和北京地区四季温差大，机房、演播室可变因素多，运行时间增加等困难，保证了向全台演播室、机房、办公室夏季供冷风，冬季供热风任务。

6. 圆满地完成了由自管锅炉供暖向城市热网集中供暖过渡转换的工作。水暖科先后完成了培训考核值班运行人员、验收接管设备系统、与北京市热力公司签订供暖合同，检修和试运行老设备系统等工作，保证了办公大楼和生活区的供暖。

7. 完成了全年高温蒸汽生产和供应任务。

8. 保证了全台生产、生活、消防用水不间断安全供应。

9. 完成了全台排水设备和管道系统的维护任务，保证了生活废水的顺利排放；完成了化粪池的定期清理工作；完成了地下管井积水的抽取排放，保证了各种电缆、蒸汽管道、冷热水管道等的安全。

10. 完成了大楼防烟防火设备及系统、排烟通风设备及系统的维护任务，保证了设备及系统始终处于完好和安全运行状态。

二、较好地完成了事业建设和技术改造任务

1. 5000门程控电话交换机组安装开通并正式投入运行。

中央电视台程控电话交换机组的扩容改造工作，是在确保老设备及系统安全正常运行，不中断通讯等极其困难的条件下进行的。程控交换机组的扩容改造工程准备充分，计划周密，标准高，要求严，数据资料齐全，工程一次验收合格。这对今后充分发挥投资效益，为设备系统的维护管理工作打下了很好的基础。

2. 完成了热力交换站、热网管道工程的施工任务。

中央电视台从1993年上半年外围热力管道开始施工到1994年下半年热力交换站建成并开始由城市热网供暖，共用了一年半的时间，取得了较好的经济效益。

3. 五号电站、六号电站低压电源开关柜更新改造。

五号电站是供中央制冷机房设备用电，六号电站是供生活区用电。改造后的五、六号电站馈出路数和容量都有了较大增加，这对今后增加用电负载，保证安全运行，减少值班维护人员和维护工作量，提供了条件。

4. 完成内部无线寻呼台和移动电话专用通讯网

的接管、搬迁、开通的工作。寻呼网和移动电话网的服务距离和服务质量有了较明显的提高。

5. 汉显寻呼业务开通。

6. 完成了方楼一层D、C段传送机房空调设备及系统的重新设计和更新改造任务。新增一套空调机组，更换一套空调机组，改善了传送机房空调条件。

7. 配合有关部门完成了食堂电梯的更新改造任务。

8. 完成了三号、四号宿舍楼、热力站通讯电缆敷设和电话安装；完成了主楼5—23层、5—23层夹层，两条数量各为50对的通讯电缆的施工敷设，保证了内部专用通讯网和特讯寻呼台的开通运行。

9. 完成了蒸汽锅炉改烧煤气工程的报批、设计，两台燃气（煤气）锅炉选型定货，外围煤气管道施工等任务。

10. 完成了大楼和两栋宿舍塔楼避雷系统的施工改造，全台供电质量调查测试，大楼地阻遥测，大楼航标灯加装。

11. 完成了一、二、三、四号电站共61面低压电源开关柜更新改造的调研、选型、签订购销合同、专业培训、设备到货验收等前期准备工作。

1994年中央电视台财务、经营工作概况

1994年的经营、财务工作在深化改革、总结经验、加强管理、完善制度、创收节支、提高效益方面做了大量的工作。

一、加强管理，总结经验，促进中央电视台经营事业的发展

1. 1994年由经营管理处牵头，中国国际电视总公司、计财处、人事处和党委办公室参加，组成企业考核小组，对所属17个企业进行了考核。通过考核，一是进一步摸清了台属企业的基本状况和存在的主要问题；二是针对发现的问题，向企业提出了建议，并向中央电视台分党组写了企业考核工作报告，为台领导决策、帮助企业改进工作提供了依据；三是促进了企业的自身建设。

2. 1994年6月经广播电影电视部批准，在无锡建立了中央电视台无锡太湖影视城，按处级单位建制，由中央电视台直接领导，下设“唐城”、“三国城”和“欧洲城”。调配了影视城各级领导干部，确定了组织机构、人员编制和职责范围，制定了影视城财务管理办法，为进一步发展无锡外景基地奠定了基础。

3. 1994年12月召开了全台首届经营工作会议，台属各企业、经营单位的主要领导出席了会议。杨伟光副部长到会讲话，肯定了经营工作的成绩，明确了1995年的工作任务。于广华副台长作了《三年以来经营工作基本总结和1995年经营工作计划要点》的报告，广播电影电视部有关司局领导也参加了会议并讲话。会议审议了《经营工作发展规划初步设想》、《台属各单位新设立公司暂行办法》、《台属企业经营周转金管理办法》。通过这次会议，肯定了中央电视台贯彻执行中央《关于加快发展第三产业的决定》取得的成绩，比较系统地总结了中央电视台开展经营工作的经验，统一了思想，统一了认识，进一步明确了经营工作方向。

4. 进行了建立电影、体育、综艺卫星频道的论证工作。在广播电影电视部、中央电视台的领导下，与电影局一起经过调查研究、协商讨论，对电影卫星频道的建设宗旨、业务范围、节目来源、筹资方式、组织机构、干部配备、建网设想和收入预测等问题，进行了可行性研究和论证，并向广播电影电视部党组提出了报告。1994年11月，卫星电视中心筹备处正式成立，并加紧进行开播前的各项筹备工作。

5. 完成了涿州基地的建章立制工作，共建立规章制度四类57项，明确规定了基地和所属各部门的业务范围和职责、基地各级领导的岗位职责，以及各项工作规章和管理制度。

6. 为了适应建立现代企业制度的需要，规范台属公司的组织和经营行为，提高企业领导的政策、业务水平，1994年举办了经济法规培训班，台属各公司的经理和业务主管近40人参加。通过学习，增强了法制观念，提高了经营能力和政策水平。

7. 加强了对经营单位的管理和服务。对新设立的收视信息公司、中外合作公司等一批发展项目加强了审核、论证工作；明确了中国国际电视总公司和中视电视节目代理公司的职责分工及图文电视的归口管理；进行了中央电视塔成立有限责任公司的协调工作；对台属六个劳动服务企业进行了优化组合，充实了领导力量；创办了《经营管理工作简报》；进一步加强了经营活动的统计和分析工作。

二、积极开展经营活动，努力创收节支，为筹集中央电视台事业发展资金做出贡献

1994年，台属各经营单位、各企业，通过深化改革，加强经营管理，开辟财源，努力创收节支，取得了较好的经济效益。

1. 广告部再创新成绩，又迈新台阶。1994年电视广告收入超额完成了中央电视台下达的创收指标。

2. 中国国际电视总公司实现了利润翻一翻的目标。总公司制定和完善了一系列规章制度，坚持保本微利、服务为主的经营方针，继续发展全国销售网

络，逐步成为全国最大的电视节目集散中心。1994年通过有线、无线电视网、音像市场三个供片渠道，共发行1301小时的节目，实现了利润和上缴中央电视台节目费翻一翻的目标。

总公司还加强了对分公司的领导，明确指派一位副总经理分管分公司的工作，进一步加强了各分公司的经营管理工作，一些亏损的公司开始扭亏为盈。

3. 中视电视节目代理公司积极发展节目销售联合体，努力扩大国外销售网络，经济效益显著。1994年，节目代理公司先后在上海、四川、内蒙古召开三次理事会，进行组织协调工作，争取将全国优秀电视节目汇集起来，走向全世界。一年来，陆续在美国、西欧、澳大利亚、日本、韩国、泰国、马来西亚、新加坡和港台地区建立了电视节目代理发行业务网，先后在法国戛纳、北京、上海和香港参加四次节目展销活动，进一步扩大了在国际上的影响，拓宽了在国外和港台地区销售节目的渠道。1994年，全年共售出节目98个，共1869集；发行录像带338部，共1913集，计2065小时；收集节目158部，共1472集，计1043小时。1994年11月，经国务院领导批准，并经国家工商行政管理局注册登记，从1995年1月1日起正式以中国电视节目代理公司名义对外运作。

4. 无锡太湖影视城已发展成为全国著名的影视拍摄基地和影视文化旅游景点之一。1994年在“唐城”和“欧洲城”的基础上，又建成了“三国城”，并已对外开放。全城先后接待影视剧组29个，接待游客500万人次，营业收入比上年增长一倍。

涿州基地完成了“铜雀台”主体工程和“梅园”、“梨园”等建设项目。全年接待影视剧组10个，经营收入比上年增加34％。

5. 梅地亚中心根据自主经营、自我发展的经营战略，按照管理标准化、服务程序化、行为规范化、考核制度化的要求，建立了一整套科学的、严格的规章制度，不断挖掘潜力，增收节支，开展促销活动，经济效益不断提高。

6. 中电、未来两公司，根据中央电视台分党组总体布署，有效地配合了《东方时空》栏目经费改革试点，工作兢兢业业，积极开拓进取，取得了较高的经济效益，并为在职职工和离退休老干部办了一些实事。

7. 台属劳动服务企业在商品、劳务和车辆等方面，积极做好后勤保障工作，并为安排职工子女就业做了许多工作。1994年，劳动服务公司完成了百部爱国主义影视片的录制和发行任务；安置待业青年49人；荧屏出租汽车公司安全行驶140万公里，较好地完成了后勤保障任务，也取得了一定的经济效益。

三、深化财务改革，加强资金管理，保证各项宣传任务和事业发展的资金供应

1994年至1996年的“预算包干管理办法”，不论从考核条件，还是从经济指标，都对中央电视台提出了更高的要求。一年来，以统一思想、统一认识为先导，继续深化财务改革，加强财务管理，适当运用激励机制，采取一定的灵活措施，制定并实施了创收节支奖励制度，使责、权、利相结合，收到了明显的效果，实现了收支平衡，全面完成了各项计划指标，保障了宣传任务及事业发展的资金供应。

1. 认真贯彻执行“预算包干管理办法”，超额完成了各项业务、经济指标。

2. 较好地完成了财务收支计划，保证了宣传及各项事业发展任务的完成。

一年来，根据量入为出、保证重点、统筹兼顾和留有余地的原则，科学分配，合理调配运用资金，重点增加了对宣传和设备的资金投入，有效地保证了宣传任务和节目制作任务的完成；进一步加速了设备、机房、演播室的更新改造，保证1995年第四套节目24小时播出和体育频道开播。

为逐步改善职工住房条件，增加了对基本建设的投入，落实了职工宿舍的自筹基建计划。在完成和超额完成各项包干计划指标的基础上，1994年职工的工资奖金和福利待遇较上一年有了较大幅度的改善和提高。

3. 深化财务机制和节目经费改革，调动增收节支积极性，提高资金使用效益，取得了突破性进展。

1994年1月开始试行节目制作经费归口总编室统一管理，并由总编室逐级分配到各节目中心和部门，在保证完成核定的节目制作计划，稳定和提高节目质量的前提下，实行超支不补、节余有奖的管理办法，同时也赋予了各节目部门一定的经费管理的权力和责任。这个办法体现了责、权、利相结合的原则，明确了各级经费管理的任务，试行一年来，调动了节目部门各级领导和编导、制片等管理人员的增收节支积极性，强化了经费管理意识，增强了成本核算观念，提高了资金使用效益，保障了宣传任务的完成。

推行了《东方时空》、《夕阳红》栏目经费承包管理经验，进一步扩大试点。《东方时空》、《焦点访谈》及《夕阳红》不仅在节目制作方面成为中央电视台的名牌栏目，而且在经费管理方面也日益完善，节目越办越好，知名度不断提高，广告收入也有较大幅度增长，从而形成了节目质量与广告收益相互促进、良性循环的机制。

1994年，在总结《东方时空》、《夕阳红》栏目经费承包试点成功经验的基础上，对经济部、中国电视报社以及社教中心的《半边天》节目实行经费包干责任制，都收到了很好的效果。

1994年全面实行了技术设备设施有偿使用管理办法，增强了职工的服务和参与意识，提高了节目技术质量，调动了职工的积极性；同时也使编导有更多的时间从事节目案头工作，提高了工作效率，特别是

增强了节目部门和技术部门的成本观念和经济核算意识。1994年设备利用率进一步提高，与1993年比较，节目制作总量和在台内演播室制作节目台数均增加10%以上，节目后期工作量增加30%以上。

对职能部门实行经费包干管理，努力降低行政费用支出，特别是会议费支出。

1994年中央电视台党政工作概况

1994年，中央电视台党政部门坚持以邓小平建设有中国特色社会主义理论为指针，以宣传为中心，以管理为重点，以改革为动力，以繁荣屏幕为目标，狠抓队伍建设，加快改革步伐，增强服务意识，提高管理水平，把服务工作具体化、规范化，较好地完成了各项工作任务。

一、加强党的建设，提高队伍素质

在党委的统一安排下各基层党组织举办了多期《邓小平文选》读书班、社会主义市场经济理论学习班。党的十四届四中全会召开后，党委及时传达会议精神，组织全台党员学习，结合中央电视台情况，研究加强基层党组织建设的措施。新建三个党总支，健全了党务干部联席会议制，更新观念，注重做好组织发展工作，1994年全台共发展新党员50多名。

中央电视台分党组注重对干部队伍的培养、考核和管理工作。党政部门组成联合考核组，对150多名处级干部的思想作风、业务能力、管理水平、勤政廉政等情况进行了综合考核。党委将评选优秀党员领导干部纳入全台“创先争优”评比系列，促进了干部队伍建设。1994年调整了43名处级干部的工作，新提拔处级干部13名，一批年轻同志走上领导岗位，使干部队伍更加年轻化，更富有朝气。

纪委、监察工作认真贯彻中纪委第二次和第三次全会的精神，开展了处以上干部廉洁自律的自查工作，坚决杜绝“有偿新闻”等不正之风，并利用多种形式进行廉政教育。中央调查组对中央电视台的反腐败三项任务完成情况给予肯定，认为中央电视台对中央反腐败精神贯彻得及时、准确，廉政勤政工作完成得比较出色。根据上级部署，10月份中央电视台成立台分党组纪检组，纪检监察力量得到进一步加强。

为提高全台职工业务和文化素质，1994年的职工教育工作由单一性培训转为综合性的岗位培训，全台近千人次参加了各种类型、不同层次的培训班。研究室、教育处和技术管理办公室组织了四期获奖电视片观摩讲座。

1994年党的工作的特点，一是活，二是实。各级领导干部都能积极主动地做思想政治工作，党支部起到了战斗堡垒作用，共产党员起到了先锋模范作用。在日常工作中注意解决职工的实际问题，全台没有出现矛盾激化现象，职工队伍比较稳定。

中央电视台分党组和党委重视精神文明建设，党、政、工、团和其他部门齐抓共管。充分利用《党委简报》、《电视生活报》等内部刊物；出版了专辑《电视人的追求》。通过座谈会、报告会、闭路电视、宣传橱窗等多种形式，大力表扬先进，弘扬正气。组织向“希望工程”捐款和电视扶贫活动，并捐款出资在江西老区共建“遂川荧屏小学”。

为丰富和活跃职工文化生活，增强凝聚力，党、政、工、团部门组织了庆“三八”、“心手相连”农村社会实践慰问演出、歌咏比赛、交谊舞比赛等活动，组建合唱艺术团。

在全台共同努力下，中央电视台自身的精神文明建设卓有成效，第二次荣获“首都文明单位标兵”的光荣称号，并荣获“北京市卫生红旗单位”、“北京市交通安全单位”、“北京市献血先进单位”、“中直机关计划生育先进单位”、“北京市海淀区绿化先进单位”等称号，被授予“全国宣传控烟优秀新闻单位”鼓励奖。

二、改革管理制度，提高管理水平

近两年，中央电视台宣传改革和事业建设都迈出了较大的步伐。为适应形势发展的需要，党政职能部门对一些管理制度进行了大胆、稳妥的改革。

积极推行台外聘用人员制度。在调查研究的基础上，对原有的用工制度进行了较大的修改，逐步完善了第二种用工制度，经广播电影电视部党组批准和试点后在全台宣传、技术等29个部门进行推广。1994年举办了五次公开招聘活动，正式聘用30余人，240余人正陆续在各部门试用。这种用工制度不仅解决了中央电视台事业发展迅速和人员编制紧张的矛盾，更重要的是能够把第一流的人才吸引到中央电视台来，在人事制度上建立起竞争机制，便于人员管理。

积极推进财务管理制度改革。1994年经财政部、广播电影电视部批准，中央电视台试行经费包干管理办法和技术设备设施有偿使用管理办法，取得了初步经验，收到了较好的经济效益。

进一步理顺了管理体制。一是在分党组领导下，充分发挥编委会、党委会、技委会、行政办公会的作用，加强各系统综合协调部门建设。二是组建各中心办公室，台、中心、部（处）三级管理体制进一步完善。三是加强对台属企业和经营单位管理，逐步建立良好的企业经营机制，理顺了无锡拍摄基地的产权和领导关系。

为使中央电视台行政管理工作逐步走向规范化、科学化，各职能部门相继修改和制定了一系列新的规章制度，健全了各类会议制度，并注意学习地方电视台管理工作经验，不断提高行政管理干部的管理意识、管理能力和管理水平。

审计工作为改善内部管理和提高经济效益提出了许多建议，重点审计了几个部门经济管理情况，效果较好。在全台范围内继续核对各部门的固定资产，上级检查认为，中央电视台物资管理帐目清楚，管理规范。

全台都很重视安全保卫工作，成立了治安消防综合治理委员会。通过对全台1993年的综合治理工作考核，职工的安全保卫和消防意识、消防知识大大增强。保卫处加强了消防监控和闭路监控工作。

中央电视台制定了保密教育和保密工作检查的计划，重新调整了保密委员会成员，编发了《中央电视台保密工作手册》，并组织了保密知识测验，普及了保密知识，增强了保密意识。

三、增强服务意识，提高服务质量

办公室、总编室、技术管理办公室、党委办公室等部门注意加强调研工作、信息工作、公关工作和协调工作，为领导当好参谋助手。

外事处把外事管理和对外联络工作有机结合，并全力协助海外电视中心在127个国家和地区成功举办了“中国电视周”活动，为拓展对外宣传事业发挥了重要作用。美国CNN总裁、法国戛纳电视节组委会主席、澳大利亚广播公司总经理和韩国广播委员会主席等外国传媒机构高层人士先后来访，标志着中央电视台已经在世界传媒界占有举足轻重的地位。

物资部门精心组织人力落实订货工作，保证了重大宣传活动和事业发展的物资供应。

房屋建设管理处积极组织职工宿舍楼的建设，并完成了大楼一层和广告部办公楼全面改造以及机房改造工作，改善了一线职工的工作环境。

老干部处树立全心全意为老干部服务的观念，使他们老有所养、老有所乐、老有所为。

行政处挑选思想好、责任心强的服务员从事会议室、贵宾间、记者招待间的服务接待工作，服务水平有所提高。同时加强大楼内的卫生死角和楼道垃圾、通风道清扫工作。在全台共同努力下，上级机关多次检查卫生，都给予好评，中央电视台被评为北京市卫生红旗单位。为全台职工购买副食75万公斤，职工对供应的数量和品种都比较满意。1994年共为300名职工分配或调整了住房。

服务中心在探索实行企业化管理和社会化服务，搞好后勤服务和集体福利事业方面迈出了可喜的步伐。食堂增加服务项目，伙食品种较多，价格较低，受到全台职工欢迎。食堂三楼营业厅开张以来承接了很大一部分对外接待服务工作，为台里节省了招待费用。医务室也积极增加服务项目，为保证全台职工健康作出了努力。

3. 栏目介绍

一、1994年中央电视台栏目目录

总编室：

《电视你我他》
《历史上的今天》
《收视指南》
《请您欣赏》

新闻中心：

《新闻联播》
《今日世界》
《观察思考》
《东方时空》
《焦点访谈》
《世界报道》
《晚间新闻》
《人民子弟兵》
《军事天地》
《经济半小时》
《经济信息联播》
图文电视
《体育新闻》
《体育大世界》
《赛场纵横》
《体育现场直播》
《天气预报》
新闻滚动播出
体育频道（第五套节目试播）

社教中心：

《神州风采》
《为您服务》
《文化园林》
《社会经纬》
《科技时代》
《民族之林》
《卫生与健康》
《银手杖》
《与你同行》
《半边天》（试播）
《地方台30分钟》
《祖国各地》
《电视讲座》
《文化长廊》
《十分钟》
《夕阳红》
《外语教学》
《星期日日语》
《12演播室》
《第二起跑线》
《七巧板》
《天地之间》
《和爸爸妈妈一起看》
《同一片蓝天》
《蒲公英剧场》
《聪明屋》

海外电视中心：

《中国中央电视台新闻》
《粤语新闻》
《纪实15分钟》
《天涯共此时》
《旅行家》
《中国报道》
《中国报道》（英文）
《中国报道》（法文）
《中华大地》
《荧屏荟萃》
《回荡的旋律》
《大戏台》
《神州戏坛》
《华夏掠影》
《英语新闻》（英文）
《今日中国》（英文）
《今日中国》（法文）
《中国投资指南》
《中国投资指南》（英文）
《话说中国》（英文）
《华夏风情》（英文）
《文化长廊》（英文）
《龙之乡》

《东方彩虹》
《你好，北京》
《乡音》（粤语）
《经济报道》
《欢聚一堂》
《开心一刻》
《中华体育》
《下周荧屏》
《变化中的中国》

文艺中心：
《综艺大观》
《旋转舞台》
《曲苑杂坛》
《电视剧场》
《艺苑风景线》
《九州戏苑》
《人间万象》
《文艺广角》
《音乐桥》
《每周一歌》
《戏曲直播》
《星期音乐会》
《广播艺苑》
《电视书场》
《地方文艺》
《东西南北中》
《中国音乐电视》
《正大综艺》
《动物世界》
《环球45′》
《'94环球》
《人与自然》
《国际影院》
《电视剧》
《红黄蓝》
《动画城》
《动画15分钟》

中央新闻纪录电影制片厂：
《纪录片之窗》

广告部：
《广而告之》
商业广告

二、新栏目及改版栏目介绍

《焦点访谈》

《焦点访谈》是中央电视台1994年4月1日开播的新闻评论性栏目。该栏目所关注的，是领导重视、群众关心、普遍存在的问题，包括热点话题和人物、社会事件和问题、重大政策的出台及背景分析、改革开放中遇到的新现象与新问题，以及国际问题等。作为新闻的深度报道，《焦点访谈》一方面具有强烈的新闻性，另一方面在主题采访、画面编辑、后期合成等各个环节具有突出的电视特点。其节目分为调查分析、追踪采访、快速反应、访谈述评四种类型，与《新闻联播》成一整体，并与《东方时空》中的《焦点时刻》相呼应，从而体现节目的新闻性及立体纵深效果。每日在第一套节目的《新闻联播》之后播出，每期13分钟。

《世界报道》

《世界报道》是中央电视台1994年4月1日开播的新闻性栏目。该栏目以报道国际新闻为主，是中央电视台《新闻联播》国际新闻报道的拓展和延伸，是在突出新闻性、时效性、权威性和可视性的前提下，区别于其他新闻节目的国际新闻报道。它增加了重要新闻的背景资料介绍、新闻综述、分析述评，以求最大限度地加大新闻容量。它已逐渐形成“聚焦今天，突出重点，内容翔实，可视性强”的风格。每晚在第一套节目22点播出，每期10分钟。

《晚间新闻》

《晚间新闻》是中央电视台1985年3月1日开办的栏目，是一个包括国内、国际新闻的综合性新闻节目。其方针是：提高时效性，把当天《新闻联播》未能播出的新闻和当天晚上的一些重要新闻及时在晚间播出；增强可视性，减少一般性经济报道，增加一些人们关心的社会性新闻和文化、教育、体育等方面的新闻；突出重要性，与新华社、中新社及有关报纸建立联系，广开稿源；编排合理化，采取国内、国际新闻混编，倒金字塔结构，重要新闻放在前面，采用新闻导语方式，由播音员串播。1993年3月1日，中央电视台的新闻节目实行了重大改革，每天播出次数增至12次（含《体育新闻》），重要新闻实行了及时播出和滚动播出，《晚间新闻》与《新闻联播》及其他整点新闻共同构成了新闻滚动播出。1994年4月1日，《晚间新闻》改版，在栏目的定位上尤其重视舆论导向，突出新闻性，力求接近观众，除设置《简讯》，对当日新闻作动态性报道外，增设了《今日要闻》、《热点新闻报道》、《观众之声》等内容。在充分报道国内重要新闻的同时，及时捕捉经济、社会生活中的热点问题，以求在观众中引起共鸣。在形式上改变画面布局，加快播音速度，缩小观众与屏幕的距离。每期10分钟。改版后的《晚间新闻》与《世界报道》、《体育新闻》三大板块构成的新闻节目，在每晚第一套节目22点至22点30分播出，成为中央电视台继《新闻联播》之后出现的第二个黄金新闻段。

《经济半小时》

《经济半小时》是中央电视台进行经济报道的栏目，1989年12月18日开播，每天30分钟。改版后该栏目由《每日财经》、《今日视点》、《天天12分》三个小栏目组成。以宣传党和政府的经济政策，报道改革新经验，探讨分析经济领域热点问题为宗旨，强化为改革开放服务，为经济建设服务，为建立社会主义市场经济服务，为企业和消费者服务的意识，追求自然、清新、朴实的风格。播出时间为第二套节目21点30分（首播）、第二套节目24点（重播）、次日第一套节目10点06分（重播）、第二套节目13点（重播）。

《经济信息联播》

《经济信息联播》是中央电视台于1992年8月31日开播的专门传播经济信息的栏目，旨在形成全国电视经济信息传播网络，沟通产销渠道，为繁荣社会主义商品经济牵线搭桥，促使电视经济宣传介入经济领域，直接参与经济活动，并为广大电视观众排优解难，使之真正成为信息产业的重要组成部分。改版后主要栏目有《经济要闻》、《产品大世界》、《企业之星》、《股市行情》、《期货行情》、《外汇牌价》、《房地产信息》、《经济动态》、《国际信息》等。每晚18点30分在第二套节目首播，次日在第二套节目中重播三次，每次30分钟。该节目曾受到邓小平同志的赞扬。

图文电视

1993年12月18日中央电视台图文电视搭载在第一套节目中正式播出，初期以图文页的形式播发，每周一期，每期100页。栏目设置和内容编排的主导思想是：突出服务性、实用性，力求全面性和普及性。主要栏目有《经济政策摘编》、《标题新闻》、《供求信息》、《经贸走廊》、《招商招标》、《金色田园》等。1994年年中图文页的节目增至每周三期，并同时搭载在第一套、第二套节目中播出。为充分挖掘和发挥图文电视的优势，1994年中央电视台图文电视又相继与国家几大部（委）合作，以数据文件广播形式播出了《物资供求快讯》、《技术市场信息》、《房地产信息》、《农业信息》、《综合经济信息》等栏目。每日播发中文信息近100万字，并利用中央电视台图文电视广播为总参气象局提供全天候动态气象信息传输服务。

《体育新闻》

《体育新闻》是中央电视台1989年1月1日开播的栏目，每周播出六次，每次五分钟。该栏目的开办，提高和扩大了电视在体育宣传界的影响。体育记者和编辑努力用最快速度把国内外各类体育信息及时准确地向观众报道，广大观众也把收看电视作为获得重要体育新闻的主要渠道。1994年4月1日，《体育新闻》改版，以报道当日体育新闻为主，给爱好体育的观众提供了一个了解体坛纵横、赛场竞技，及时获取赛事信息的窗口。改版后的《体育新闻》、《晚间新闻》和新推出的《世界报道》三大板块构成的新闻节目，在每晚第一套节目22点至22点30分播出，成为中央电视台继《新闻联播》之后出现的第二个黄金新闻段。

体育频道（第五套节目试播）

中央电视台体育频道于1994年12月1日开始试播。这套体育节目专用频道列入中央电视台第五套节目，在北京地区33频道播出。体育频道突出两个特点，一是尽可能安排更多的体育比赛现场直播，二是尽可能多地提供专业性服务，满足各界人士的需要。试播期间的播出内容主要是各类体育比赛的实况录像和重播节目。每晚19点至23点在第五套节目中播出。

《与你同行》

《与你同行》是中央电视台于1994年5月2日开播的栏目，是社教专题节目改革的一次尝试。该栏目以宣传精神文明建设为宗旨，以社会文化题材的节目为主要内容，以与时代同行为己任；设有《社会纵横》、《文化广场》、《生活之路》等小栏目，还有用于栏目包装的知识性、服务性、欣赏性的短小节目；它力图涵盖原有的《为您服务》、《文化园林》、《社会经纬》、《科技时代》、《民族之林》、《卫生与健康》、《银手杖》等七个栏目的内容，成为一个大型综合性的板块栏目。12月1日，在听取广大观众意见的基础上，《与你同行》栏目进行了较大幅度的调整，分为社会文化版（每周一第一套节目21点10分播出）和生活科技版（每周四第一套节目21点10分播出），每次45分钟。

《半边天》（试播）

《半边天》是中央电视台于1994年12月1日起试播的服务于全国妇女的电视板块栏目，旨在向国内外展示中国妇女的风采，维护妇女、儿童合法权益，传播有关妇女的科学、生活知识，促进社会的和谐与家庭的和睦。设有《’95话题》、《我是女人》、《休闲时光》、《女性·社会》等小栏目，以及充满温馨情趣的“星期版”。该栏目每周播出七次，每周一、三、五上午在第一套节目中首播，每周二、四、六下午在第二套节目中重播，《半边天（星期版）》在周日下午第二套节目首播，每期45分钟。

《第二起跑线》

《第二起跑线》是中央电视台1994年4月9日推出的一个面向五千万中学生的专栏节目。该栏目以贴近中学生、引导中学生、娱乐中学生、塑造中学生为宗旨；栏目内容是，着意展示中学生的智力、能力、体力和毅力，培养中学生的健康人格和高尚的审美情趣。该栏目每期50分钟，每周在第一、二、三、四套节目中各播出一次。开播以来，受到中央有关领导和广大观众的充分肯定和好评。

《中国中央电视台新闻》

《中国中央电视台新闻》栏目创办于1992年10月1日，当时节目长度为10分钟，主要对象为台港澳同胞及东南亚华侨。报道范围以有关台、港、澳的事件为主，同时也反映大陆政治、经济、文化等方面的要闻以及大陆建设成就和变化。1993年5月17日由10分钟增至15分钟，同年12月1日从15分钟增至20分钟；1994年5月1日增至30分钟，增加了《亚洲新闻》和《世界主要城市天气预报》两个小栏目。节目经过三次改版，以其鲜明的特色得到了海内外人士的一致肯定和欢迎。改版后的新闻不仅增加了播出时间和内容，扩大了信息量，而且在质量上有所提高，报道面由原来以与台、港、澳有关的内容为主拓宽到以中国政治、经济、社会等各方面要闻为主，包括世界主要华人地区的综合性新闻。报道对象扩大为全世界的华人。《中国中央电视台新闻》努力以同期声采访为主，增强了可视性、可信性，按新闻价值、规律编发新闻，对重要问题做充分、深度、系列报道，在节目形式上不断摸索、创新，努力与国际惯例接轨。

该节目通过“亚洲一号”卫星、“ST-14号”卫星在第四套节目中播出，覆盖面达80多个国家和地区，从1993年8月28日起对北美观众播出，每天22点30分在第二套节目中对国内播出。

《粤语新闻》

《粤语新闻》是中央电视台于1994年10月17日开播的栏目，是《中国中央电视台新闻》的粤语版，其对象为港、澳和海内外讲粤语的几千万观众。该栏目是综合性要闻节目，包括中国政治、经济、文化、体育、人民生活、突发性事件等方面的重要新闻。初开播时自采新闻较少，随着编采力量的增强，逐渐增加了粤语同期声采访，使节目形式更活，更接近观众。每天第四套节目22点播出，次日2点10分和11点重播，每次20分钟。

《经济报道》

《经济报道》是中央电视台1994年10月17日开播的栏目。该栏目以客观报道中国经济现状为己任，重点介绍中国政府部门的各项经济政策、宏观经济形势、区域经济概况、各地投资环境、产业进展趋势等，旨在架起一座促进中外相互了解与合作的桥梁。播出对象为全世界海外华人、华侨。以话题方式播出，设有《一周综述》、《中国物产》、《大市场》、《股市行情》等小栏目。每晚20点05分在第四套节目中播出。

《乡音》（粤语）

《乡音》是中央电视台于1994年10月17日开播的融新闻性、知识性、趣味性、服务性及信息为一体的板块式栏目，整个节目全部配粤语解说，打出中文字幕（包括同期声和话外音），播出对象为港、澳和海内外讲粤语的几千万观众，为港、澳同胞和海外华人、华侨与大陆人民之间相互了解和沟通提供了一个窗口；设有《八面来风》、《炎黄子孙》、《情系万家》、《上下五千年》、《百味纵横》、《九州综艺》等小栏目；主要内容包括全国各地政治、经济、文化新闻及投资环境，介绍海内外知名人士和侨胞，寻医问药，寻亲访友，弘扬中华民族优秀文化，展示中国饮食文化，地方文艺类综艺节目等。每周在第四套节目中播出七次，每次30分钟。

《欢聚一堂》

《欢聚一堂》是中央电视台1994年9月开播的综艺类节目，内容以娱乐为主，兼顾新闻、历史及文化艺术，融民族性、趣味性、知识性于一体，节目轻松活泼，雅俗共赏，寓教于乐。设有《中国功夫》、《中状元》、《超级明星》、《个人档案》、《值得看》、《流行风》、《幸运观众》等七个小栏目，分别由13位主持人轮番出台，联袂主持。该栏目的主要对象是台、港、澳同胞及海外侨胞。每月一期，在第四套节目中播出，每期50分钟。

《开心一刻》

《开心一刻》是中央电视台1992年10月开播的一个娱乐性栏目，以相声、小品、杂技、绝活等节目为主要内容，精选优秀栏目《综艺大观》、《曲苑杂坛》和一些文艺晚会中的娱乐性节目汇编而成。该栏目具有思想性、教育性、欣赏性、娱乐性，观众喜闻乐见。主要对象为台、港、澳同胞和海外侨胞。每周在第二套、第四套节目中各播出一次，每期15分钟。

《中华体育》

《中华体育》是中央电视台1993年8月开播的栏目。该栏目的宗旨是向台、港、澳同胞及海外侨胞介绍有中国特色的中华民族体育，以及在国内外举办的有中国体育代表队参加的重大国际体育比赛赛况，弘扬中华健儿为中国努力拼搏的精神。每周在第四套节目中播出一次，每次30分钟。

《变化中的中国》

《变化中的中国》是一个反映改革开放以来，中国工业、农业、科学技术、文化教育等方方面面发展变化的综合性专题栏目。节目长度25分钟，不设固定小栏目。每一集报道一个地区，从一个或几个有代表性的方面，表现该地区的发展变化近况、文化历史变迁及风土人情等。

《下周荧屏》

《下周荧屏》是中央电视台1992年10月开播的栏目，每周播出一次，每次10分钟。该栏目的主要对象是台、港、澳同胞和海外侨胞；主要内容是介绍下周将要在第四套节目中播出的重要节目：影视剧、综艺节目、专题节目等。1994年在该栏目中设立了一个服务类的小栏目《观众信箱》，对观众提出的问题进行答复。

《星期音乐会》

《星期音乐会》是中央电视台1994年1月22日开播的栏目。该栏目的宗旨是加强对严肃音乐的宣传力度；节目内容包括管弦乐、协奏曲、中外世界名曲、歌剧选段、芭蕾舞剧音乐、艺术歌曲等。每周六以直播和录播相结合的方式在第三套节目中播出，第二套节目白天时间重播。每期50分钟。

《中国音乐电视》

《中国音乐电视》是中央电视台于1994年4月1日开播的栏目，其宗旨是借用音乐电视（MTV）这种外来形式，倡导中国音乐电视走向民族化、多样化，为观众推出一批又一批新人和新作，推动中国民族音乐电视的发展，丰富屏幕，满足广大观众文化生活的需要，同时培养音乐电视的拍摄制作人才。开播初期每两周在第二套节目中播出一次，1994年12月根据观众要求，每周分别在第一、二、三、四套节目中各播出一次，每期30分钟。改版后的《中国音乐电视》继续保持积极向上、清新活泼和观众喜闻乐见的栏目特色，每期以国内最新的音乐电视（MTV）创作精品为主，兼顾热心观众点播和海外MTV创作动态，并在每月最后一周的节目中公布中国音乐电视（MTV）系列当月曲目的排行榜候选曲目，下月第一周的节目中公布排行榜的上榜曲目。

《旋转舞台》

《旋转舞台》是中央电视台1988年5月创办的文艺栏目，开播以来已播出近300期。1994年3月6日开始，在节目的内容和品种上作了一些调整和修改。栏目的宗旨是：格调品位高雅，拍摄制作精良，借鉴多种手法，加强观众交流。栏目的特色：以音乐舞蹈为主要内容，以舞台表演为主，有主题有构思，在歌、舞、乐的范畴内加强综合性，强化电视特点。设置了约10个小栏目，以满足不同层次观众的需要。隔周日晚在第一套节目中播出，每期45分钟。

《人与自然》

《人与自然》是中央电视台1994年5月11日播出的新栏目，是以宣传保护人类生存环境为宗旨的大型板块节目，让观众通过内容丰富且彼此关联的各个系列节目，从动物了解到植物，从植物关心到环境，从植物注视到人类自身，从而达到提高人类环境意识，保护生态平衡的目的。该栏目设有《生物圈》、《我和我的朋友》、《奥秘百科》、《绿色视野》四个小栏目，每周播出一次，每次30分钟。

《'94环球》

《'94环球》原名《环球45'》，是中央电视台1993年5月5日创办的栏目，1994年11月18日改为《'94环球》。这是一个板块式的杂志型栏目。主要内容有：各国概况、神奇世界、异国风情、音乐舞蹈、科技新知、影视欣赏等。设置了《越过大洋看世界》、《科技之光》、《金唱盘》、《我怎么没想到》、《影视快讯》、《信不信由你》、《家庭滑稽录像》等小栏目，涉及世界各地的政治、经济、文化等方方面面，更由于它的编辑手法新，知识性、科学性、娱乐性较强，给人以耳目一新的感觉。该栏目首次播出是在中央电视台第一套节目每星期五21点10分，每期45分钟。

《动画城》

《动画城》是中央电视台1994年7月24日开播的国产动画片栏目。该栏目本着以发展国产动画系列片为主，创作高水平动画短片为辅的原则，开设《放映厅》、《回音阁》、《足迹台》、《信息屋》、《娱乐园》、《连锁店》等小栏目。这些小栏目构思新颖，匠心独具，融知识性、趣味性、娱乐性于一体。栏目首播是30集动画系列片《蓝皮鼠·大脸猫》，它是截止目前国内制作播出的集数最多、时间最长的动画系列片。每周在第一套节目中播出一次，每次25分钟。

《动画15分钟》

《动画15分钟》是中央电视台1994年5月7日开播的国产动画片栏目，面向广大少年儿童。该栏目是对国产动画栏目《动画城》的补充，以播出动画片、木偶片为主，在节目构成上更注重国内各动画节目制作单位制作的节目，是推动国产动画节目制作、联系国内同行的重要窗口，也是扩大国产动画片播出的一个重要步骤。每周一、四、六在第二套节目中播出，每期15分钟。

《纪录片之窗》

《纪录片之窗》是中央新闻纪录电影制片厂负责创作和制作，在中央电视台播出的栏目，始播于1987年7月5日，当时栏目名称为《纪录电影之窗》。从始播到中央新闻纪录电影制片厂划归中央电视台以前，节目时播时停。1994年4月2日，栏目名称正式定为《纪录片之窗》，开始正常播出。该栏目着力记录社会真人真事，每周六16点06分在第一套节目中播出，每期15分钟。

《历史上的今天》

《历史上的今天》是中央电视台1994年5月1日开播的栏目。该栏目结合自身的特点并充分发挥黄金时间的优越性，做到既有教育功能又有服务功能。节目分为两部分。《历史上的今天》把在历史上当天发生的有意义的、值得纪念的事展示给观众。真实的图像资料和详尽准确的解说使人们对历史事件有更为深切的体会，从而使人们更多地了解历史上发生的有意义的大事，增强人们的历史感，发挥电视应有的教育功能。另一部分是当晚的节目预告，以精选的节目画面和准确详尽的内容解说、出色的包装介绍各个节目，以快节奏、大信息量、新颖的特技手段强化收视引导，吸引观众，使观众对当晚的节目一目了然。每天18点55分在第一套节目中播出，每次4分钟。

《收视指南》

《收视指南》是中央电视台1993年1月1日开播的栏目，每天与观众见面。开播初期每天播出一二次，1994年4月1日改为每天在第一套节目8点、14点、20点、21点、22点30分滚动播出，每次1分钟。该栏目对当天晚上的电视节目予以精选，并进行出色的包装，做到既有节目画面，又有内容解说，以快节奏、大信息量和新颖的特技手段强化收视引导，吸引观众。编辑们使每个节目的精髓在短短的一分钟内得到充分的展视。准确的节目内容介绍和节目播出时间预告使观众对当天晚上要播出的节目一目了然，从而可以从容安排自己的时间，选择自已喜爱的电视节目。因此，有人也把它称为声画并茂的“立体广播电视报”。

《请您欣赏》

《请您欣赏》是中央电视台1985年开播的栏目。其任务是在两个栏目之间垫播一些以风光、花鸟鱼虫、歌舞为主要内容的节目，以保证下一个栏目准时播出。根据电视宣传报道的需要，节目内容也随之变换，如：为配合重大节目或重大活动的宣传，该栏目播放一些欢快的歌曲、舞蹈以及反映我国建设成就的画面；重大国际体育比赛期间则播放一些体育场馆介绍等等。因为是垫播节目，该栏目播出时间、次数均不固定。

《广而告之》

《广而告之》是中央电视台于1987年10月26日创办的社会公益广告栏目，其宗旨是提高全民族的文化素养和道德观念，通过提醒、批评、规劝，向广大群众传播各种有益于社会进步的思想、行为方式和道德准则，达到培育良好社会风气、促进社会文明与进步的目的。1994年4月1日，该栏目从每晚第一套节目19点41分调整到20点59分播出，除晚上固定时间播出外，还在其他时间及第二、三套节目播放。

4. 专 辑

一、中国电视周

"中国电视周"简介

1994年，为庆祝中华人民共和国建国45周年，中央电视台在世界127个国家和地区的150家电视台成功地举办了"中国电视周"；这是让中国电视走向世界，进入各个国家和地区主流社会，让世界更加全面、真实、准确地了解中国的重大举措。这项活动被列入中央电视台1994年十件大事之一，荣获中央电视台分党组的嘉奖和国务院新闻办公室颁发的奖牌。

中国是个有五千年文明史、在当代世界具有巨大影响的国家。建国45年来，特别是改革开放十几年来，中国各方面取得了很大的发展，综合国力增强，国际地位进一步提高，令世界瞩目。世界人民需要了解中国，中国也要走向世界，这成为我国对外宣传的重要战略任务。

时代的发展，科技的进步，把电视推到了众多传播媒介的最前列。电视可以充分发挥本身的优势，以它的视听兼备、形象直观、迅速及时的特点，把中国的一切介绍给世界。1993年国庆期间，中央电视台在我国驻越南使馆的配合下，在越南举办了"中国电视周"活动，产生了轰动效应，这是1994年在世界举办"中国电视周"的先导。

1994年1月，中央电视台在研究国庆45周年的宣传时，杨伟光同志提出：利用国庆45周年的契机，制作一批介绍中国的电视节目，向世界展示新中国的风貌，展示东方文明古国在20世纪末改革、开放、繁荣、稳定、奋进的形象。经中央对外宣传领导小组和广播电影电视部批准，"中国电视周"的计划就此出台。在电视周方案的投标中，海外电视中心专题部和外语部一举中标。

中央电视台能在世界范围举办如此大规模的"中国电视周"活动，一靠国家的强大，国际影响的日益提高，二靠中央有关部门、我国驻外机构的大力支持、密切配合，三靠中央电视台与世界各个国家和地区电视机构、电视台之间的良好关系。事实证明，在世界各个国家和地区举办"中国电视周"，是中国电视走向世界、进入国外主流社会的好形式之一，达到了让世界更好地了解中国，增进中国人民和世界人民的友谊，凝聚普天下中华儿女的亲情，加强中央电视台与世界各个国家和地区电视台之间的沟通及合作的预期目的。

"中国电视周"节目情况

"中国电视周"节目共40集，约23小时40分钟。其中：

专题、综艺节目共12集，约7小时20分钟。

《中国》(30分钟)；《中国老人》(30分钟)；

《中国儿童》(30分钟)；《外国人在中国》(30分钟)；

《中国西藏》(30分钟)；《中国功夫》(50分钟)；

《中国珍稀动物》(50分钟)；《中国科技》(30分钟)；

《中国杂技》(30分钟)；《中国饮食》(30分钟)；

《综合文艺》(第一、二集)(100分钟)。

动画片节目共12集，约3小时。

《熊猫小胖——侦探案》(9分56秒)；

《两兄弟》(15分49秒)；

《金瓜儿，银豆儿》(9分40秒)；

《十二生肖》(6集)；(96分10秒)

《小公鸡下水》(9分46秒)；

《太阳之子》(12分31秒);
《鹿铃》(21分)。

电视剧节目共8部16集，约13小时20分钟。

《凡人神曲》(上、下)(96分29秒);
《神算子》(上、下)(95分16秒);
《超越生命》(上、下)(98分13秒);
《金色轮船》(上、下)(92分55秒);
《姑娘今年62》(上、下)(97分25秒);
《TAXI 518》(上、下)(98分36秒);
《边寨人家的历史》(上、下)(92分02秒);
《巴桑和她的弟妹们》(上、下)(103分29秒)。

上述节目，除中文版外，还有英、法、俄、德、西班牙、葡萄牙、阿拉伯、塞尔维亚、波斯等九个语种版本。

二、中国国际电视总公司10年

中国国际电视总公司召开成立10周年座谈会

1994年12月22日，中国国际电视总公司召开成立10周年座谈会。公司总经理刘瑾如在会上致欢迎词。杨伟光副部长、于广华副台长到会并讲话。他们对总公司成立10年来所取得的成绩给予了充分的肯定，希望今后向大的集团公司发展，为电视事业多做贡献。座谈会上，总公司各部门负责人与台内其他部门的有关同志一起，就发展公司业务的一些具体问题进行了讨论。

(中国国际电视总公司)

杨伟光在中国国际电视总公司工作会议上的讲话(摘要)

(一)

中国国际电视总公司的成立是中央电视台整个事业发展的一个里程碑。

根据国务院发展第三产业的精神，我们积极而稳步地建了一批公司，这样就使总公司有了一定规模。在广播电影电视部音像处领导的支持下，我们争取到全国有线电视节目的发行权，这就为总公司的建设创造了一个很好的条件。希望总公司建成一流的、实力雄厚的音像公司。

为了加强对总公司的领导，中央电视台成立了董事会，这个董事会是在台分党组的领导下工作，台长和副台长直接参加，总公司和经营部门领导也参加，这样就使总公司的领导更有权威性。

中央电视台下一步的发展，特别需要经济上的支持。我们现在不仅要解决自己的资金问题，而且要解决广播电影电视部的资金短缺问题，这是我们的义务。除了要继续搞好广告经营外，要把总公司建设成为中央电视台一个重要的经济支柱。

为了实现把中央电视台建成同我们国家地位相称的世界一流电视台这个总目标，对内要建系列频道；在国际上，中国的电视也要打出去，让全世界都能够及时看到中国改革开放的新面貌。要汇集全国、全世界的精华，把最优秀的节目吸收过来，在中央电视台播出，这样才能在全国和全世界站住脚；完全靠自己的节目则不可能。

总公司要变成中央电视台重要的经济支柱。希望大家兢兢业业，有很强的事业心，使总公司走向新的繁荣，为把中央电视台建成世界性的、一流水平的电视台起到推动作用。

(二)

这次总公司工作会议在中央电视台经营事业的发展史上是一个里程碑，是一个非常重要的会议。下面就加强总公司的工作提几点要求。

1. 提高集团公司做大生意的意识，尽快完善总公司的体制，建立全国性的销售网络。

总公司要考虑每个职工是怎么做生意的，要指挥整个公司。总公司的策划要和分公司结合起来，各分公司是总公司的一个棋子，它的计划要和总公司协调起来，这样就能形成一个整体。总公司的体制确立后，要逐步完善管理机构。总公司的职责重要的不是自己经营，而是要管理好。要协助分公司打开局面，尽快形成全国性网络。现在全国的电视台很多，但节目不多，我们建议建立二级节目库。一是中央电视台的节目库，内容可分三部分：(1)中央电视台播出的节目；(2)省级电视台播出的节目；(3)引进的节目。二是省广播电视厅一级的节目库。主要是把县级电视台制作的好的节目送到省级电视台，省级电视台播出后，再给其他市级电视台、县级电视台用。电视台的节目主要是靠以上两级节目库来供应。建立节目库的工作就应由总公司来承担。我们要从赚微利出发为大家服务，逐步促成建立销售录像带的网络和全国的供片网络。

2. 按市场经济规律办事，加强宏观策划，不断开拓新的经营项目。

搞经营如不按经济规律办事，是搞不好的。要不断围绕电视这个中心来开拓新的项目。现在我们制作的节目质量是比较高的，将来还会有新的节目出台。四套节目加上电影频道、体育频道共六个频道的广告代理，公司都可以去做。另外，还可承包一些栏目。

3. 健全、完善各种制度，加强管理。

总公司是总的领导，要支持分公司的工作；分公司要接受总公司的领导，重要的业务项目要向总公司报告，经营情况也要汇报。

台里为了发展第三产业，使第三产业成为台里的重要的经济支柱，成立了经营管理处，成立了总公司。这些都是加强领导的重要的组织措施。希望经营管理处、总公司要尽快建立各种制度。总公司和分公司的关系要更加密切，业务上要互相支持。

4. 加强服务观念，要薄利多销，特别是节目的供应方面。

我们对地方有线台的供片工作，决定实行薄利多销，以服务为主的方针。有线电视台的网很大，面很广，目前我们只提供了一小部分，市场还没有完全打开，如果打开了，我们的社会效益和经济效益会更好。

5. 加强经济核算，提高经济效益。

总公司、分公司都要注意经济核算，哪些应开销，哪些不应开销要搞清楚，要严格按国家有关规定办事。

6. 遵纪守法，树立良好的作风。

中央电视台作为国家电视台，要在国家政策、法令许可的范围内活动，不能违法。公司更要注意这一点。在与合作单位、顾客的联系中，我们还要注意谦虚谨慎，尊重别人，不能骄傲自大。

7. 加强团结协作，同广播电影电视部、本台和地方电视台搞好关系，注意做好公关工作。

8. 树立企业良好的形象，要讲信用，讲效率，讲质量。

9. 加强党的领导，健全支部建设。

（1994年12月）

中国国际电视总公司国际合作概况（1985—1994）

中国国际电视总公司成立以来，国际合作部的业务一直在有条不紊地进行。与国外合作的较大的项目有，与日本合作转播了第一至十届的北京国际马拉松邀请赛，1990、1991年两届北京国际铁人三项赛；与美国国际管理集团合作转播中国足球甲级A组联赛；与法国合作在世界七个国家实况播出“世界青年聚会”研讨会。

在合拍的电视节目中，有与日本合作的《黄河》、《望长城》、《长江》等大型系列电视片。这些拍摄活动都涉及八个以上的省、市，并在大部分省市进行航空拍摄。三部电视片都在日本获奖。还有与美国合作的《大鸟在中国》、《大卫·科波菲尔》，与印度合作拍摄的专题片《唐玄奘》、《达摩》等。在舞台文艺电视片领域中，有与德国合作的《北京-波恩之夜》，与日本合作的《南天群星》歌星演唱会。

国际合作部作为对外宣传的一个窗口，每年接待许多国外电视摄制、转播、卫星传送团组。1987年经党中央国务院批准与美国全国广播公司（NBC）合作，在中国境内十多个省市进行三个多月的采访拍摄，在“十一”国庆节期间，通过卫星向美国全国播送了大型综合性的电视实况节目《变化中的中国》。此节目用了一周时间向美国人民系统地介绍了中国改革开放后的巨大变化，使美国人民对中国的改革有所了解。美国全国广播公司此项活动在世界上也引起了广泛反响。此后每年要求来华拍片采访的外国电视摄制组不断，他们不时地向国外介绍我国社会主义建设的各项成就及变化，使世界人民不断了解中国，真正感觉到中国是在开放，是在变化。这对增进中国人民与世界人民的相互了解和交往起到了积极的作用。十年来，国际合作部接待了来自美国、日本、英国、德国、前苏联、俄罗斯、法国、加拿大、澳大利亚、奥地利、墨西哥、新西兰、意大利、瑞典、印度、泰国、新加坡、古巴、加蓬、马耳他等二十多个国家和地区的数百个电视摄制、转播团组。

（王　宁）

中国国际电视总公司与海外及台、港合作大事记

(1985—1994)

1985年—1986年

与日本合作拍摄大型系列电视专题片《黄河》。此片在中国和日本放映，在日本获奖。

接待英国女皇访华电视记者团。

与美国合作拍摄《大鸟在中国》电视片。

与美国合作拍摄《大卫·科波菲尔》。

1987年

西德电视一台来华与公司合作摄制《北京一波恩之夜》大型电视文艺片，在北京和德国波恩同时播放。

美国全国广播公司(NBC)来华拍摄《变化中的中国》电视片。我国国庆节期间通过卫星向美国全国电视观众用一周的时间播送了这部电视片。

1988年

英国广播公司(BBC)来华拍摄《重返北京》电视片，采访中顾委常委萧克，内容是“文革”后中国的变化。

与法国电视一台合作制作在七个国家同时实况播出的“世界青年聚会”研讨会。

法国影星阿兰·德隆来华，合作转播《中国之行》专题节目。

1989年

接待美国总统布什访华电视记者采访团。

接待美、日、苏、英、法、德等国广播电视机构来华报道苏共中央总书记戈尔巴乔夫访华及中苏首脑会谈。

1990年

与日本东京广播公司(TBS)合作拍摄大型专题系列片《望长城》，前后历时三年。该片在日本获奖。在我国播出后获得广大电视观众好评。

日本每日放送株式会社(MBC)来华实况转播《北京国际铁人三项赛》。

台湾百是公司来华拍摄《亚运前夜文艺晚会》。

1991年

与台湾合作拍摄电视剧《雪山飞狐》。

日本每日放送株式会社(MBC)来华转播北京国际铁人三项赛。

1992年

日本全国朝日广播公司(ANB)来华拍摄大型专题片《长江》。由长江源头青海省到上海市入海口，日方派出数个摄制组途经八个省、市，历时七个月完成拍摄，并在四个省市上空进行航拍。此片在日本获奖。

接待日本天皇访华电视记者团。

与日本合作在北京举办《南天群星》歌星演唱会。

日本广播协会(NHK)来华拍摄《今日中国》，就中日关系、中日合作等问题在人民大会堂采访国家主席杨尚昆。

1993年

香港电视广播有限公司(TVB)与民政部、中央电视台联合在人民大会堂举办大型文艺晚会《减灾扶贫义演》。

以知识分子为播出对象的美国公共电视网(PBS)来华拍摄《货币世界》。李岚清副总理借此次采访机会，向美国观众介绍我国对申办2000年奥运会和知识产权等一系列问题的态度。

与日本共同转播第十届北京国际马拉松邀请赛。

1994年

2月—3月

日本广播协会(NHK)来华，在北京、四川、上海、江苏等地拍摄电视片《变化着的中国农村》。

日本广播协会来华，在上海、北京、南京、武汉、重庆等地拍摄电视专题片《宋氏三姐妹》。

4月

英国第七艺术制片公司来华，在北京、河南拍摄电视专题片《少林寺》。

5月

在北京召开中日合资在日本注册的中国电视公司董事会。会后日方客人由刘瑾如总经理陪同前往甘肃敦煌、陕西西安参观访问。

5月—11月

美国国际管理集团来华，联合在北京、上海、广州、沈阳、成都向境外转播中国甲级A组足球联赛实况。

7月

英国四频道电视摄制组来华，在北京、少林寺等地拍摄电视专题片《保健气功》。

8月

以美国中小学生为播出对象的美国一频道电视台来华，在北京、上海等地拍摄电视专题片《今日中

国》。

9月

新加坡电视台来华，到北京、广州、深圳等地拍摄电视片《中国的经济投资》。

10月—11月

日本广播协会来华，到北京、四川、湖北、安徽、江苏、上海等地拍摄电视片《长江地区经济改革》。

（以上所记只是国际合作业务中规模较大的一部分。据不完全统计，10年中，公司与海外合拍的业务有100多项，接待摄制、转播团组有数百个之多。）

中国国际电视总公司向全国有线电视供片工作概况

向全国有线电视供片，是广播电影电视部交给中国国际电视总公司的一项新任务。1992年5月，经广播电影电视部批准，中国国际电视总公司正式成立全国有线电视供片中心（由销售部承担），成为向全国有线电视集中统一供片的主渠道。公司全体工作人员齐心协力，认真探索，不断总结经验，几年来取得了较好的成绩，受到广大有线电视客户的欢迎。

三年来，供片中心本着“积极组织，做好服务，保本微利”的原则，积极组织片源，听取供片对象的意见，交流节目编排、管理、制作等方面的经验，探讨合作的意向，保证提供可视性较强，技术质量较好，价格比较公道合理的节目，在一定程度上缓解了片源紧张的状况。

鉴于各省、市有线电视发展不平衡，为了更好地做好供片工作，1994年度，对供片价格进行了调整，将供片的价格分为三类，对老、少、边、穷地区仍然实行优惠，并予积极扶持。

供片中心还采取了把节目直接发到各有线电视台的办法，这样既减少了中间环节，又保证了各台的节目及时播出。

为了减轻有线电视台购买节目经费不足的困难，1994年下半年，经广播电影电视部社会管理司的批准，供片中心采取了节目带广告的形式，免收节目费供有线电视台播出，收到了较好的效果。

（王峻岭）

中国国际电视总公司供片统计（1992年5月—1994年底）

1992年5月至1994年底，中国国际电视总公司向全国无线电视台发行电视片共57部，向全国有线电视台（站）提供电视片共245部，1655集，约1357.5小时。

从电视片的产地来看，其中中国片118部567集，合420小时；

港台片16部541集，合454小时；

欧美片111部547集，合483.5小时。

从电视片的种类来看，其中文艺、专题片83部359集，合231小时（包括国产79部330集，合218小时；自海外引进4部29集，合13小时）；国产故事片33部208集，合181小时；进口故事片100部1018集，合892.5小时；儿童动画片29部70集，合53小时（包括国产6部29集，合21小时；自海外引进23部41集，合32小时）。

三、中央新闻纪录电影制片厂40年

中央新闻纪录电影制片厂召开庆祝建厂40周年大会

1993年7月7日，庆祝中央新闻纪录电影制片厂建厂40周年大会在新影礼堂举行。

人们步入礼堂前厅，首先映入眼帘的是《光辉的历程》图片展览。最引人注目的是毛泽东主席为新影厂亲笔题写的厂名“中央新闻纪录电影制片厂”真迹和周恩来总理亲笔修改纪录片解说词的真迹。摄影师、记者们极有兴趣地抢拍了这几幅珍贵的历史资料。

大会在隆重、热烈、俭朴的气氛中开始。新影厂副厂长王盟盟主持大会。出席大会的领导有广播电影电视部艾知生部长、王枫副部长、田聪明副部长以及前副部长丁峤，电影局腾进贤局长、陆兆亨副局长，新影厂第一任厂长高戈，中央电视台杨伟光台长以及中央国家机关、北京市机关和兄弟单位的领导共46人。首都新闻界的朋友以及部分已调离新影厂的同志也特邀参加了庆祝大会。

艾知生部长在庆祝大会上讲话，他首先代表广播电影电视部向新影厂表示热烈祝贺和节日的问候！他指出，新影厂是我国生产新闻纪录电影的专业大厂。他赞扬新影有光荣的历史、辉煌的业绩和优良的革命传统，为新闻纪录电影和电视事业的发展开辟了道路。他强调深化电影改革，应走影视合作的道路。

电影局陆兆亨副局长代表电影局向大会致贺词。他指出，新影厂在我国电影事业发展过程中有着光辉的历史和辉煌的成就。祝新影厂在新的历史条件下再现繁荣昌盛，祝新影厂全体职工节日愉快。

新影厂厂长刘建中发表了充满激情的讲话。他首先谈到，接过延安电影团革命火炬的中央新闻纪录电影制片厂，已在新闻电影战线上奋力驰骋了40年。40年来，新影厂以坚韧不拔的精神，谱写了光辉灿烂的篇章，为党的新闻电影事业做出了杰出的贡献。接着，他分析了新闻纪录电影面临困境的现实，希望全厂职工用智慧去把握机遇，克服短暂的阵痛，争取喜人的前景。最后，他号召全厂职工团结奋进，再造辉煌。

团委书记王丽代表青年职工发言，她说："一批批创业者、开拓者纷纷离开了战斗岗位，历史的重担落在我们肩上，事业的接力棒已传到我们手中，我们要团结起来，勇往直前，冲向新的目标。"

大会期间，还有新影厂两位职工向厂庆献礼。一位是美工间的美工师徐楚德，向全厂职工奉献《徐楚德草书毛泽东诗词选》1500册；一位是新影厂摄影师马驷骥，奉献他本人创作的根雕精品《飞天》。厂长刘建中代表新影厂接受了他们的礼品，同时向他们颁发了荣誉证书，以表彰他们热爱厂、热爱事业的奉献精神。

大会主持人向大会宣布，在厂庆大会前夕，有中央电视台等31个单位发来贺信、贺电，有北京电影洗印录像技术厂等九个单位赠送了礼品，有北京电影制片厂等四个单位赠送了花篮，还有李铁映办公室打来电话，万嗣全的秘书打来电话，向新影厂建厂40周年表示祝贺。

大会在《团结就是力量》的乐曲声中圆满结束。会后放映了新影厂建厂后拍摄的第一部节日庆典影片《五三年国庆》和反映新影厂成长历程的影片《大地作证》。

（摘自《新影通讯》1993年第112期）

丁关根关于中央新闻纪录电影制片厂划归中央电视台的批示

1993年10月28日，丁关根同志对中央新闻纪录电影制片厂划归中央电视台、实现历史性转轨这一重大改革举措作了重要批示："这是一件好事。对新影厂来说，得以重展所长；对中央电视台来说，增添了新的力量。衷心希望同志们团结一心，为中国电视事业做出新的贡献。"

中央新闻纪录电影制片厂召开划归中央电视台实现历史性转轨大会

1993年10月29日，新影礼堂的主席台前摆放的鲜花格外艳丽，主席台两侧"深入改革加强影视合作，团结一致繁荣影视事业"20个红底白字格外引人注目。

上午9点15分，新影厂厂长、党委书记刘建中以东道主身份介绍了到会来宾。在主席台就座的有广播电影电视部艾知生部长、王枫副部长、田聪明副部长、同向荣副部长、办公厅副主任李志荣、总编辑室主任张振东、人事司司长雷元亮、计财司总工程师张开兴、电影局副局长窦守芳，中央电视台台长杨伟光、副台长于广华、副台长马瑞流、副台长赵化勇、党委专职副书记宋培福，中国电视剧制作中心副主任陈汉元，新影厂厂长刘建中、副厂长张建华、副厂长王盟盟、副厂长徐式训。

出席大会的还有北京电影制片厂、中国儿童电影制片厂、青年电影制片厂、北京科教电影制片厂、北京电影洗印录像技术厂、八一电影制片厂、中国电影乐团、北京电影学院、中国电影器材公司、中国电影发行放映公司、电影资料馆、中国电影家协会、中国电影基金会、中国农业电影电视制作中心、电影局各处，中央电视台各中心、部、处等单位的领导。

到会的新闻单位有新华社、人民日报、中央人民广播电台、中央电视台、中国电影周报等。

大会由王枫副部长主持。田聪明副部长宣布了1993年10月8日广播电影电视部党组的批复：

电影局、中央电视台、新影厂：

你们《关于新影厂划归中央电视台的报告》收悉。为发挥影视合并的整体优势，发展影视生产力，部同意新影厂整建制由电影局划归中央电视台领导，并原则同意《报告》的内容。现批复如下：

一、新影厂整建制划归中央电视台领导后，其名称和企业性质不变。电影局原对新影厂的管理权限相应移交中央电视台。

二、新影厂划归中央电视台后，仍实行独立经营，自负盈亏。其自身应不断深化内部改革，加强管理。要顾全大局，克服困难，按时保质保量完成电视节目制作任务。

三、在新影厂三年转轨时期，中央电视台应在各方面给以支持，在国家政策允许的范围内，对新影厂实行特别优惠经济政策和相应的扶持。

窦守芳副局长代表腾进贤局长和电影局讲话。他说电影局实心实意地欢送新影厂。今后有什么需要帮助的，电影局一定全力以赴，责无旁贷，共同努力推动事业的发展。

杨伟光台长首先表示，完全拥护广播电影电视部党组决定，热烈欢迎新影厂加入电视队伍，一起为繁荣和发展中国的电视事业，同心同德，共同奋斗！杨台长说，新影厂是影视界的老前辈，他们用电影胶片记录了我国民主革命时期、社会主义建设时期许多十分珍贵的历史资料，这些资料是中国人民经过艰苦卓绝的斗争，取得伟大胜利的见证，是无价之宝，是新闻媒介，特别是电视宣传极为重要的资料。他们的功绩是不可磨灭的。在我国电视发展的过程中，新影厂曾给予电视台无私的帮助，电视台与新影厂确确实实有着内在的血缘关系。首先第一批电视工作者中有相当多的人是从新影厂调过来的。多年来新影厂一直为电视台输送干部。新影厂为电视台提供了大型纪录片和新闻片，还为中央电视台制作了很多电视节目。他代表电视台对新影厂长期以来给予的无私支持和帮助，再一次表示衷心的感谢！

杨台长说，新影厂划归中央电视台后，中央电视台人员可达到3200多人，每天播放时间增加到67小时，这不是一件容易事。中央电视台要成为同我国地位相称的世界一流水平的电视台，实现在本世纪中国电视覆盖全球的宏伟目标，因此，新影厂所有的同志还是都有用武之地的，都可以为中国电视事业的发展贡献自己的力量。为了使新影的转轨工作顺利进行，中央电视台分党组做了认真的研究，将按照丁关根的批示和广播电影电视部党组的批示和要求，认真搞好各项工作。

新影厂厂长、党委书记刘建中发言，他代表新影厂党委、厂领导及全体职工对部党组批复的这一重大举措表示衷心的拥护。在新的情况下，历史的沉积，经济体制的不同，制作节目的差异，管理运行的区别都会带来很多不适应。面对困难，在广播电影电视部和中央电视台的正确领导和支持下，全厂振奋精神，团结奋斗，进一步搞好厂内的深化改革，练好内功，迎接更加美好的明天。

艾知生部长最后作重要讲话。艾部长说，电影、电视都是我们部里大家庭成员，在广播电影电视部统一领导下，在电影局、电视台、新影厂反复磋商下，实现了影视合作。艾部长特别强调指出，中央领导对这一项重大改革举措非常重视关心，完全支持。丁关根同志委托工作人员打电话祝贺新影厂整建制划归中央电视台，并作了重要批示，“这是一件好事。对新影厂来说，得以重展所长；对中央电视台来说，增添了新的力量。衷心希望同志们团结一心，为中国电视事业做出新的贡献。”艾部长再次指出，新影厂是我国生产新闻纪录片的专业大厂，新影厂有光荣的历史、辉煌的业绩和优良的革命传统，积累了无数的宝贵资料。在谈到影视合作时，艾部长指出，新影对中国电视做出了开创性的贡献，支援是互补的，是新影首先支援了电视台，而后才是电视台支援了新影。目前，电影市场日趋衰退，而电视市场却越来越广阔。中国电视机已达到二亿多台，现已超过了世界平均水平，达到了中等国家水平，而且观众对电视要求越来越高。中央电视台目前拥有世界最多的观众，因此新影厂与电视台合作，不仅可以发挥各自的优势，而且可以帮助对方克服困难，克服存在的不足。我们要解放思想，实事求是，认真联系实际学习运用邓小平建设有中国特色的社会主义理论，扎扎实实地深化改革，在改革中一定能够找到解决问题的办法，开创一个新的天地，重振雄风，在社会主义建设新时期对社会主义精神文明建设做出新的贡献，走出一条繁荣中国电视的有中国特色的社会主义道路。

最后，主持会议的王枫副部长强调了广播电影电视部领导对影视合作一贯支持的态度。他说：“这次我与田聪明副部长从头到尾参与了新影厂整建制划归中央电视台问题的研究。今后还有什么问题和困难，可随时找我们解决，我们将义不容辞地承担起这一责任。”

（摘自《新影通讯》1993年第118期增刊）

5. 规章制度选载

中央电视台关于从台外聘用人员暂行规定

一、聘用原则

1. 部门因业务需要某方面的专业人才，应优先在本中心、本部门、台内调剂解决。台内解决不了的，经批准可从台外聘用。

2. 外聘人员的岗位应是专业技术岗位和管理岗位；服务性、辅助性的岗位不外聘，可由临时工担任。

3. 从台外聘用人员要在广播电影电视部人事司下达的计划外用工指标内，贯彻少而精的原则，通过公开招聘、平等竞争、严格考核的办法，择优聘用，把一流的专业或管理人才吸收进中央电视台；

4. 聘用台外人员必须和本人签订《聘用协议书》。

二、被聘人员的基本条件

1. 政治上与党中央保持一致，拥护四项基本原则和改革开放的方针。

2. 具有从事本岗位工作两年以上实际经验，初聘者年龄在35岁以下并具有本专业或相关专业的大学本科以上学历，或具有相应岗位的中级以上专业技术职务，经考试考核后，能胜任拟聘岗位工作。

3. 有良好的职业道德，遵纪守法，无违法违纪情况和其他不良行为。

4. 身体健康。

5. 未同时和其他单位签有工作合同或协议。

6. 被聘用人员的人事关系在人才交流中心。

7. 被聘用人员符合中央电视台有关近亲回避的规定。

三、聘用审批程序及对被聘人员的考核

1. 凡增加工作量的用人部门，根据工作需要提出拟聘岗位及所需何种业务人员的书面申请，由人事处商同有关业务主管部门，经主管台领导审核后，报主管人事的副台长审批，然后下达聘用人员指标。

2. 用人部门与人事部门在社会上进行公开招聘；推荐人填写推荐意见，本人填写履历表。

3. 用人部门与人事部门对拟聘人员进行政治、业务、品德、能力等方面的考核审查，用人部门对拟聘人进行考试，并填写《招聘人员业务考核表》，写出业务考核意见；将拟聘人员与有关部门填写的《招聘人员审批表》连同考试考核成绩单等，报人事处审核。

4. 经人事处审核同意后，被聘人员到台内试用，试用期为三个月。试用期内由人事处、教育处、总编室、技术管理办公室等部门对其进行岗前培训，经考试合格，上岗试用。

5. 试用期满，经考核合格的人员，报主管人事的副台长审批后，正式聘用，双方签订《聘用协议书》。协议书一式三份，一份本人留存，一份交用人部门，一份存人事处备案，并办理有关证件和手续。

6. 聘期内，每半年对被聘用人员进行一次考核；不能胜任工作的，由部门提出书面意见，办理解聘手续。被聘人员不得自行转换工作部门和岗位，如转换部门须先办理解聘手续，经台里审批后，再由新部门重新聘用。

四、聘用

一般聘期为两年，聘前应有三个月的试用期。聘用期满，双方可视情况续聘。聘用两年以上，在电视台有空额编制的情况下，经考核特别优秀者，可以优先转为台内正式职工。

五、解聘

1. 在聘期内，被聘人员有下述情况之一的，应予以解聘：

(1) 连续半年考核不能完成工作任务的；

(2) 无正当理由连续旷工15天，或一年内累计旷工30天以上的；

(3) 损害单位经济权益，造成严重后果，或违背职业道德，为个人谋取私利，造成很坏影响的；

(4) 贪污、盗窃、赌博、营私舞弊的；

(5) 发生责任事故，造成严重损失的；

(6) 犯有其他严重错误的；

(7) 违反《聘用协议书》的。

被解聘人员持人事处开具的出台签字单，到有关部门交回领用物品和器材后，由人事处开具解聘证明书。

对未交回领用器材、物品而擅自离岗的，将追究其法律责任。

被解聘的人员（不辞而别和未交器材物品者除外）可发给一定数额的待业生活费，每满一年，发给半个月的本人工资，退回人才交流中心。

2. 在下列情况下，聘用单位不得解除或终止聘用协议：

（1）聘期未满，又不符合本规定第五条第1款所列情况的；

（2）妇女在孕期、产期和哺乳期的。

六、辞聘

1. 在下列情况下，被聘用人员可以在合同期内提出辞聘：

（1）聘用单位不履行聘用协议，侵害被聘人员合法权益的；

（2）按国家规定应征入伍的；

（3）经过必要程序，被录用为国家公务员的。

2. 聘期内，被聘者按本规定第六条第1款规定提出辞聘，应提前15天提出书面申请，经批准，半个月后才能离开岗位；如有擅自离岗者，在用人部门向推荐人和人才交流中心提出质询后仍不归台，用人单位将按有关规定予以解聘，并要求其缴纳一定数额的违约金。

七、被聘用人员的待遇

1. 被聘人员与本台职工享有同等的工作、学习、参加民主管理、获得政治荣誉等权利。

2. 被聘人员的工作证、出入证与台内职工一样编号发放。

3. 被聘记者外出采访，凭工作证、采访介绍信。

4. 享受劳保用品及职工副食供应待遇。

5. 被聘用一年以上者，根据国家规定享受探亲假、年休假、婚假、产假等法定假期。

6. 连续聘用10年以上者，可以提出分房申请。

7. 被聘人员实行医疗费包干，每月发给每位聘用人员医疗费30元。

8. 根据本台财务规定，因工作需要，可凭工作证办理借款、报销事宜。

9. 因工作需要，可以借用资料、磁带和有关器材设备。

10. 被聘用满一年后，因工作需要可以公派出国。

11. 专业技术职务按本台正式职工同类人员的标准、比例、条件评定。如果聘用，所需工资、经费从台内自有资金中解决；以后如转为正式职工，被聘用期间的工龄可以连续计算。

12. 可以被聘为处级（含处级）以下领导职务。

13. 被聘人员请病、事假，工资福利待遇参照本台职工的标准执行。

14. 试用期内只发临时工资；正式聘用后，工资待遇与本台正式职工相当。

八、本规定自1994年3月1日起实行。

九、如果国家人事政策有变化，本规定将随之作相应调整。

（1994年3月1日发文）

中央电视台关于试行三级人事管理体制的办法

一、在人事管理体制上，实行台、中心、部（处、室）三级管理，尤其是加强中心一级的管理职能。人事处根据国家的人事政策法规，以及上级下达的机构、编制、工资总量进行宏观管理。人事处主要负责全台处级干部的考核、任免，中心负责所属部门科组（含科组）以下干部的考核，部（处、室）负责一般工作人员的日常管理。

二、增设中心办公室机构。为了加强各中心的管理职能，拟每个中心设立一个办公室（科级建制），暂定编制三人，人员由各中心所属部门自行配置。办公室财会人员由计财处派出，受中心和计财处双重领导。

中心办公室的主要职责范围是：负责中心人事、财务、行政、文秘等工作，业务上受各对口职能部门的指导。

三、人事处对各中心编制实行宏观管理，各中心的编制数以其现有在编人员数量为准。各中心增加节目时，由人事处会同有关部门确定从台外聘用人员数量，报主管台长和主管人事副台长审批。

四、各中心试行工资总额包干，其包干的工资以各中心现有的工资总额为准。增人不增工资，减人不减工资；增任务增工资总额，减任务减工资总额。

五、各中心在控制的编制总数内，根据实际工作需要，可以自行调剂人员。从台外考察、选拔调入人员，需报台领导审批，由人事处办理调入、调出手续。

六、离退休工作，按新拟干部管理权限办理，即，科组及中级专业职务（含中级）以下人员由各中心审批，报人事处办理手续。副处及副高以上专业职务人员由人事处报上级审批并办理离退休手续。

（1994年3月12日发文）

附件1 人事处职责范围
附件2 中心人事工作职责范围

附件1

人事处职责范围

人事处是在中央电视台分党组和台长的领导

下，对全台人事工作进行宏观管理，重点负责全台中心、部（处、室）机构和处级干部人事工作的职能办事机构。

1. 在台分党组领导下贯彻执行党中央、国务院和广播电影电视部等有关干部、人事、劳动管理的政策规定，结合中央电视台实际情况制订干部、人事、劳动管理办法和实施意见，对各部门贯彻执行情况进行检查和指导。

2. 负责对台内中心、部（处、室）机构设置的合理性进行调查、论证，并向台分党组提出调整意见。

3. 考察中心、部（处、室）领导班子的政治思想水平、业务能力、工作作风以及团结、协作精神等状况，促进中心、部（处、室）领导班子成为最佳工作集体。

4. 深入基层调查研究，总结各部门管理经验，重点抓好领导班子建设，树立典型，向全台推广交流。

5. 负责对全台中心、部（处、室）级干部和中心人事干部进行政治、业务、作风考核，为台领导对干部进行晋升、奖惩、调整提供依据。

6. 负责全台处级干部的培养、考察、选拔、调整、交流、任免和奖惩工作。

7. 负责审核报批中央电视台工作人员的吸收、录用、调配手续。

8. 负责全台台外聘用、借用、临时工等人员的审批工作，并检查其在各部门的使用情况。

9. 负责全台人事调配工作的宏观管理，制订职工调配、吸收录用的管理办法和规定，检查各中心年度职工调配、录用，接收院校毕业生和转业军人计划的执行情况。

10. 对专业干部根据政策实施考核管理，制订专业技术干部聘后管理规定，组织对专业技术干部的专业技术职务的评聘工作。

11. 负责管理各部门职工的台级奖惩工作。

12. 负责处级干部及具有副高级以上专业职务人员退休的审批及办理手续，并对全台职工离退休工作实施政策管理。

13. 负责劳动计划管理工作，编制年度劳动计划和招工用工计划，并组织实施。

14. 负责全台工资宏观管理工作，制订、审核、报批工资基金计划及管理办法，经常检查各中心工资包干执行情况。

15. 组织全台的工资调整和实施。

16. 指导工人等级和工人技师职务的考核和评聘工作。

17. 负责本台主要津贴补助及劳保福利标准的制订，并检查执行情况。

18. 负责职工因公务或因私出国及出国定居、探亲的政审工作。

19. 负责人事档案的收集、整理、借阅等工作。

20. 负责制订各部门领导干部、新选拔处级干部、处级后备干部、各中心人事干部、调换工作岗位的人员、各类专业技术人员、行政管理干部等的培训计划，并会同有关部门组织实施。

21. 负责办理大、中专毕业生的转正定级手续。

22. 负责审批职工的困难补助工作。

23. 负责组织未聘人员的培训和交流工作。

24. 完成广播电影电视部及台领导交办的其他工作。

附件2

中心人事工作职责范围

中心人事干部在中心领导下，其业务工作受中央电视台人事处指导。主要职责是：

1. 负责科组机构的调查、论证、组建、撤并、调整，报台审批。

2. 负责中心科组级班子的考察调整事宜，报台审批。

3. 负责中心职工的奖惩工作，办理科组级以下职工的奖惩手续，台级奖惩报人事处审批。

4. 负责中心职工的调入、调出和考察，提出中心职工岗位变动的意见，报人事处办理审批手续。

5. 负责制订中心接收大学生、转业军人的年度计划，报人事处汇总、审批。

6. 负责中心未聘人员的管理工作。

7. 负责中心职工工资管理，并组织实施。

8. 负责中心劳动计划管理工作。编制中心年度劳动计划和招工用工计划，报人事处汇总、审批。

9. 负责职工病假、婚丧假、事假、产假、探亲假的管理；负责科组级以下、中级专业职务以下人员休疗、休假等事宜。

10. 负责办理科组级和中级专业职务以下职工的离退休手续，报人事处备案。

11. 负责大中专毕业生见习期考察和转正定级工作，报人事处办理手续。

12. 负责职工困难补助材料的申报工作。

13. 负责中心年终干部统计报表工作。

14. 负责合理配备中心干部年龄、学历结构等工作。

15. 制订各部门新录用、晋升科组长职务、调换工作岗位的各类人员的培训计划，报人事处审核后实施。

16. 负责核查职工因公务或因私出国材料，报人事处政审。

17. 负责中心职工结婚、离婚事宜，报人事处办手续。

18. 负责核准科组以下工作人员、中级专业职务以下专业干部的年龄、参加工作时间以及子女上学证明，报人事处办理手续。

19. 负责科组级和中级专业职务以下人员的其他事宜。

中央电视台预算管理规定

一、预算的编制程序

中央电视台根据年度事业计划和广播电影电视部正式下达的任务，由各项经费预算的归口管理部门负责进行预算，提出本年度预算建议；再由计财处根据当年财力情况汇总平衡，报总会计师审核并经台分党组批准，然后报广播电影电视部计财司。广电部计财司下达经费指标后，再由计财处调整编制正式预算并掌握执行。

年度预算的编报日期：归口管理部门应于上年度末(12月底)之前将所负责归口的经费预算编制并报送计财处，计财处于当年年初1月底之前汇总编制全台总预算并按规定程序履行有关手续。

二、预算的归口管理

中央电视台事业费预算实行归口管理，具体分工如下：

1. 总编室作为节目经费主管部门，根据台分党组批准的节目制作总预算和台编委会批准的全台节目播出计划，按照不同类别节目、节目小时费用标准向各节目制作中心分配下达节目制作经费预算，并负责监督、检查预算的执行情况。向各节目制作中心分配的经费预算要报计财处备案，计财处按此核拨经费和结算报销。

2. 财产物资处作为全台设备、物资预算的综合管理部门，依据全台各类设备资产使用情况及设备资产分项购置预算，负责汇总编制全台的年度设备物资购置经费预算，并按照批准的预算负责安排使用。其中各分项预算由各分项主管部门编报：电视技术设备的购置预算由技术管理中心负责编报；办公设备、家具等行政办公用品的购置预算由行政处负责编报；服装、道具、景具的购置预算由制作部负责编报；磁带、音像、图书资料的购置由总编室、研究室和技术处分别编报预算；交通车辆的购置预算由服务中心负责编报；中国电视剧制作中心、中国电视艺术委员会的设备资产购置预算由各自的财务部门负责编报。

上述分项预算都要经财产物资处汇总平衡后再报给计财处。

3. 人员及行政经费的预算编报

行政办公经费预算由计财处根据全台上一年度的实际开支及本年度工作任务情况安排（其中办公费用实行按人数限额报销的办法分配预算）；

职工工资（包括临时工工资）、补助工资、岗位津贴的预算由人事部门依据全台职工人数及工资、津贴政策编报；

会议费预算由台办公室根据经台领导审定的各中心、部处的年度会议计划安排编报（其中超过100人的大型会议要报广播电影电视部办公厅批准），汇总平衡后报计财处统一安排。

4. 消耗材料及修缮、维修预算的编报

行政办公、设备维修及水、风、电、暖等消耗材料及修缮、维护和维修等项目的预算分别由各自归口的行政处、房管处、维修处及动力通讯处等部门根据年度材料消耗定额及维修计划测算编报。

5. 职工教育经费的编报

职工教育经费由教育处根据年度职工培训任务及规定的标准编报。

6. 离退休人员经费的编报

离退休人员经费预算由老干部处根据人数、定额及当年安排活动的计划编报。

7. 卫星传送费、卫星租费的年度开支预算由播送中心根据国家专项拨款数额及与卫星公司、邮电部等单位订的合同数额，结合当年的任务编报。

8. 外事接待、出国等所需费用预算由外事处根据年度外事接待计划及全台出国任务计划、开支定额测算平衡后编报。

9. 奖金预算的编报

全年度奖金开支预算由计财处根据当年奖励基金节余情况及台分党组确定的奖金发放政策，按照核定的项目及指标测算编报并负责分配下达。

10. 其他费用的编报

其他费用是指不能列入上述九个项目的费用，由计财处根据历年实际支出情况及当年经费支出的可能性测算编制。

11. 三级单位及其他归口单位收支预算的编报

中国电视剧制作中心、中国电视艺术委员会、广告部、中国电视报、涿州影视拍摄基地、无锡外景基地等单位的年度收入支出预算分别由各自的财务部门组织编报。

上述11个方面的分项预算经归口管理部门编制后报计财处，计财处负责汇总并编制全台年度事业费支出预算(其中凡涉及外汇收支的，要按预算年度的预计汇率折算成人民币编制，并同时列入外汇收支计划)。

三、预算的审批权限

中央电视台年度事业费预算，经台分党组认定后要认真贯彻执行。任何部门、单位、个人未经批准不得自行调整，不得随便增支减收。各中心、部处在制定改革措施或增开新栏目、增加新项目涉及预算开支时，要事先征得总编室、计财处同意，落实经费来源后方可办理；凡属计划外的设备购置等项开支，也要先征得各项目的归口管理部门同意后才能办理。不经请示报批，没有履行预算审批权限的计划外项目开支，经费一律不予保证。

1．节目预算的审批权限

在分配的预算内：

（1）节目经费中凡属固定栏目的预算开支，在核定的每期定额指标内由各节目制作中心指派一名主任审批。

（2）大型综艺晚会、重点节目、配合宣传节目以及计划外的节目用款，年度中间新增栏目所需要的预算开支，由总编室在全年分配的节目经费指标内调剂安排并指定一名主任专门行使审批权。

（3）超过100万元的大型综艺节目预算应由分管节目中心的台领导审批。

2．设备物资的预算审批权限

（1）纳入年度计划内的设备物资购置，属于国内购买单机的，由各项目的归口管理部门主任或中心主任批准即可；属于批量购买与厂家签有合同的，合同要报本台法律顾问、财产物资处、计财处会签后方可办理。

（2）凡属在国外购置设备的合同，一律要经本台法律顾问、财产物资处、计财处会签后方可办理。

（1994年5月4日发文）

中央电视台关于重申自制节目中推行国际声制作的通知

一、国际声是在专用的声道上记录或传输的节目自然声（现场的背景声）、音乐声、效果声等，这种声音信号称为国际声。根据本台审定批准执行的《电视节目声音、录制和传输的通用技术规范》，现将有关声道划分的部分重申如下：

3/4英寸（19毫米）磁带：1声道为国际声

2声道为混合声

1/2英寸（12.65毫米）磁带：

（SP格式）：

1声道混合声

2声道国际声

（MⅡ格式）：

1声道混合声

2声道国际声

1英寸（25.4毫米）磁带（C格式）：

1声道混合声

2声道国际声

二、从1994年8月10日起，在本台自制节目中全面推行国际声制作。

三、对编辑、导演、节目负责人进行有关国际声的业务培训和考核。

四、技术部门负责制定国际技术规范与标准，并做好1994年8月10日全台执行国际声制作（技术设备）的准备。

五、关于国际声制作的技术审查。

是否按照要求录制国际声以及国际声录制的质量，是节目技术质量检验的重要项目。根据台内技术审查工作的分工，本台自制节目由承担节目录制完成版的技术制作人员负责检验审查并签字确认；台外制作的节目由总编室技术审查科审查并签字。未按要求录制国际声或录制不符合要求，视为技审不合格节目带，将追究有关人员的责任。

（1994年8月2日发文）

中央电视台关于重申录像节目规范化基本要求的通知

一、磁带使用

1．节目所用磁带，必须符合中央电视台规定的技术标准。节目磁带应无机械带伤，不允许卷边、褶皱、受潮、霉变。

2．每盘节目播出带必须附有一张《中央电视台录像节目登记表》（或卡）。节目负责人、录制人员、内容审查负责人、技审检验员应按规定认真填写并签字。

3．每盘磁带只允许录制一个节目或多集节目中的一集。

4．节目需要分盘时，应以便于节目衔接的原则分盘，接本点不允许有重迭画面。

5．必须在外盒、磁带和登记表三者上同时注明节目标记（磁带编号或节目名称以及分集号、分盘号）。

二、录制规则

1．每盘节目磁带应按下表内容依次进行录制。

2．正式节目的第一幅画面背景色不能与开始黑底（或彩底）相近，以便准确计时。

3．固定专栏节目必须在开始黑底中的识别引带部分注明期数或播出日期，以备播出核对。

4．当遇到正式节目前需要增删广告或避开带伤时，带头起始时间可以后移，但不能有空白带部分，也不能有除彩条、黑底外其他画面，后移的开始时间必须准确填写。

5．节目播出带制作版数应控制在四版以内。

三、视频记录

1．重放图像画面（特别在编辑点）稳定，无跳动、闪烁和变色，画面清晰、层次分明、色彩自然。在用波形示波器监测时，重放图像信号的峰值电平为0.7V，最大值不允许超过110%。视频全电视信号幅度为1V，最大值不允许超过110%。

磁带段		持续时间（秒）	图像	声音		控制磁迹	时间码
				磁迹1	磁迹2		
引带	校准引带	60	100/0/75/0 彩条信号	基准磁平 1000／HZ 信号		连	连
	提示引带	30	黑底＊	无声	无声		
正式节目		节目实际运行时间	节	目		续	续
带尾		30	黑底＊	无声	无声		

＊1/2英寸（12.65毫米）以外的其他规格磁带，黑底部分允许沿用过去规定，即可使用彩底，且持续时间为10秒。

2．正式节目记录段落内禁止出现彩条或其他杂乱信号。

四、音频记录

1．节目混合声记录的声道正确，音量符合要求，不失真，无明显过大、过小、时大、时小，无明显背景噪声，无明显解说声同现场声的比例失调。在用单位音量表监测时，重放节目声音信号电平应当在

－10VU至0VU之间摆动，瞬间电平允许达到＋3VU。

对于1英寸（25.4毫米）、1/2英寸（12.65毫米）磁带，节目混合声在1声道。对于3/4英寸（19毫米）磁带，节目混合声在2声道。

2．在本台自制节目中全面推行国际声制作，必须按照各类节目的具体要求在指定的声道上录制国际声（3/4英寸磁带：1声道为国际声，2声道为混合声；1/2英寸和1英寸磁带：1声道为混合声，2声道为国际声）。

五、节目长度

1．播出的各类节目，必须符合该栏目、节目的规定时间长度。节目的长度误差，不允许超过＋1秒或－60秒。

2．在一盘磁带上，从正式节目的第一帧画面开始，运行到正式节目的最后一帧画面为止的时间，定为该节目的实际时间长度，简称实长。编导在填写节目实长时，要求精确到秒。

3．正式节目开始时间与安全播出有密切关系，必须准确填写。

六、其他项目

对于播出节目带的控制磁迹记录、时间码记录、记录张力、电子编辑等项目的规范化要求，由于专业性较强，节目负责人应当要求技术制作人员严格按照相应的录制规范，将录制设备调整至标准状态，然后进行录制。编导在进行节目自编合成时，上述项目应由机房值班技术员负责保证。

七、合格认定

播出的电视节目磁带必须按照有关录制规范进行技术质量检验和合格认定，加盖台内统一制发的认定标志。节目的技术审查工作分工是：本台自制节目由承担节目录制完成版的技术制作人员签字确认；台外制作的节目由总编室技术审查科审查签字。

本通知自1994年10月30日起实施。

（1994年10月26日发文）

中央电视台磁带管理暂行规定

一、白磁带借用办法

1．中央电视台正式编辑、记者（包括正式聘任的编辑、记者）凭借带证可到白磁带库建立帐目。

2．节目经批准纳入本台选题计划后，编导持节目代码借白磁带（各类节目按规定的片比借磁带）。在节目播出后十天内办理入库清帐手续，否则下一

个节目不予借用白磁带。

（1）入库后，节目带和资料带由库房工作人员通知白磁带库清帐；

（2）编导认为无保留价值的素材带退回白磁带库消帐。

二、节目带、资料带入库办法

1. 制作完成的节目带，必须提前三天入播出库备播。特殊情况必须由节目部门主任和总编室主任共同签字才能推迟入库。现场直播的节目应在转播后一周内把录像带入库保存。凡中央电视台制作的节目都必须办理入库手续。

2. 本台播出过的地方电视台节目原则上也应入库。购买了版权的各类节目均应入库。

3. 入播出库的节目带，必须按中央电视台录像资料入库工作单（1994年版）一式四联逐项认真填写。

4. 入节目带时，文字材料需同时入库（文字材料包括演职员表、剧本、解说词等），文字材料不全，工作人员有权拒收磁带，由此耽误播出，由节目负责人负责。

5. 必须随磁带同时入库的文字材料的具体说明：

（1）剧本：电影、电视剧的剧本要求全部入库。

（2）剧照：5—10分钟的节目要求交三张以内的剧照（新闻除外）；15—30分钟的节目不应少于三张；50分钟的节目不应少于五张；50—100分钟的节目（重大晚会）不少于十张。剧照尺寸一律为5英寸（彩色照片大小），底片一并入库。

（3）解说词：一般节目都要求入解说词。电视剧、故事片要求写出内容提要，新闻节目要求入新闻稿。

（4）分镜头记录：

文艺类节目，按节目顺序（节目单）写出节目名称、表演者及时间段（几分几秒到几分几秒）；

专题类节目，按段落写清时间、地点、内容、人物（标明身份）；

重点镜头，如有主持人采访也要写清以上内容及时间段。

6. 编导和记者所拍摄的素材资料和转录的台外的资料都应入资料库。办理入库的具体要求是：

（1）本台播出的完整节目，凡技术审查不合格但可留作资料使用的节目磁带，填写节目名称或内容提要后，方可入库。

（2）从台外转录的完整节目应注明节目名称或内容提要、版权说明以及原节目制作单位和制作时间，方可入库。

（3）拍摄的素材资料带入库，必须注明摄制日期、地点、内容或镜头记录，经库房工作人员审定后，方可入库。

（4）拍摄的新闻时政资料带入库，必须注明摄制日期、地点、人物、会议名称或谈话提要、是否保密，方可入库。

（5）外国资料或交流节目必须注明节目名称、内容提要、时长、来源、语种、版权、制式等，方可入库。

三、白磁带、节目带、资料带借用规定

1. 库存播出带和节目资料带在保证安全播出的前提下，对台内正式编导（包括正式聘任的编辑、记者）提供借用服务，用以满足编导们丰富屏幕再创作的需要。

2. 凡借节目带的同志，必须是人事处在册的本台编辑和记者（包括正式聘任的编辑、记者）。

3. 凡借节目资料，需按格式填好借单并由本部门主任和节目制作部门主任签字后，方能办理借出手续，否则不予办理。

4. 为保证安全播出，强化磁带管理，借用播出节目带必须由本部门主任和总编室主任签字方可借出。同时每次每人不得超过五盘，限期十天。如需要继续使用可办理一次续借手续。

5. 未播出的和本周待播的节目带一律不外借。如节目制作者确需修改节目，需经本部门主任和总编室主任签字。修改后须重新技审，再次办理入库手续。

6. 借用磁带要爱护，不得丢失和损坏。如丢失磁带，按有关的赔偿规定执行。任何人不得私自对外转借、复制。如有违犯者，由人事部门根据情节轻重予以适当处分，并从工资中扣除赔偿磁带损失费。

7. 没按规定期限归还磁带，超过一天，从借带者当月工资中每盘扣除一元。由总编室审核报人事处、计财处核批。

8. 按规定借带超期不还者，除给予一定经济处罚外，还要扣除部门奖金基分。对情节严重者，停止借带。对借用节目带、资料带一贯遵守规定的部门，奖金基分加分。

（1994年8月17日发文）

6. 专　论

关于电视剧创作的三个问题

一、关于创作思想

创作思想方面的问题，既是一个老生常谈的问题，又是一个需要紧随时代的前进不断更新和丰富其内涵的常谈常新的重要课题。当前，有两点需要特别提出来加以强调——

一是正确理解“弘扬主旋律，提倡多样化”，坚持以优秀的作品鼓舞人。鼓励艺术家努力表现反映社会进步主潮的时代精神。主旋律不是凭空提出的一个抽象空洞的概念，而是从当今我国改革开放伟大时代的实践，概括出的具有丰富内涵的“思想和精神”。江泽民在全国宣传思想工作会议上的讲话中，对此作了深刻阐明，他认为在当代中国需要“大力倡导”四种“思想和精神”：一切有利于发扬爱国主义、集体主义、社会主义的思想和精神；一切有利于改革开放和现代化建设的思想和精神；一切有利于民族团结、社会进步、人民幸福的思想和精神；一切用诚实劳动争取美好生活的思想和精神。应当说，这四种“思想和精神”，正是我们所处的伟大变革时代的时代精神。

这四种“思想和精神”一旦被作家艺术家自觉接受和真正把握，就必然会顺理成章地成为他们从事文艺创作的指导思想和内在的强大驱动力。有了这种指导思想和内在动力，他们就能游刃有余地驾驭各种题材，就能从各种题材中开掘出具有一定认识价值和审美价值的文艺主题。

弘扬主旋律的问题，究其本质是指作家艺术家在创作的全过程中，坚持正确的指导思想，运用正确的历史观和美学观去反映历史和现实。强调弘扬主旋律，完全符合文艺创作自身的规律，符合唯物论的反映论和文艺的现实主义精神。强调弘扬主旋律，就是鼓励作家艺术家从丰富多样的题材选择中，施展审美创造的天才。弘扬主旋律，不是限制了题材，而是开拓了题材，并赋予题材以作家艺术家的思想之光；不是限制了创作自由，而是为作家艺术家提供了在先进的历史观、美学观导引下创作自由的更广阔的天空；不是削弱了作品的艺术性，而是给作品的艺术性提供了更坚实的现实的土壤和基础。

这样说，并不意味着倡导弘扬主旋律完全与作家艺术家选择题材无关。恰恰相反，在反映时代精神的广度和深度上，题材的选择在电视剧创作中占有重要的地位。高明的作者总是注重并善于从纷繁复杂的社会生活中，去发现和选择最有典型意义、最适合自己创作风格和表现能力的题材。而且，毋庸讳言，倡导弘扬主旋律，确实是针对文艺创作在一个时期里题材选择上的某种倾斜现象提出来的。为什么要重视表现现实生活的重大题材和先进人物？正是因为在这些事件和人物身上较集中体现着时代精神，真实反映了我们社会前进的主潮。为了更有力地推动历史前进，为了更有效地振奋民族精神，我们需要突出重点地扶持和倡导作家艺术家创作“反映改革开放和现代化建设的有艺术魅力的精神产品”。这是无疑的。但我们同时又决非题材决定论者。中外文艺史的无数事实反复证明：即使是重大的题材，在平庸的作家艺术家那里，可能写得概念化、公式化，缺乏艺术魅力，结果是如茅盾先生所言的“作家糟踏了题材”；反过来，即使是很小的题材，在高明的作家艺术家那里，却完全可能开掘出具有深远意义的大主题来。题材并不能决定一切；起着决定意义的，是作家艺术家创作的指导思想和精神，及其深厚的生活积累和独特的艺术功力。

弘扬主旋律，提倡多样化。在总体把握上，我认为应注意以下几点：一是要在创作的指导思想上坚定不移地坚持“两为”方向和“双百”方针，以此来指导整个电视剧的创作，促进全面繁荣；二是在整个创作的题材规划上，应进行必要的宏观调控，以便在总量上、结构上和比例上突出一批更富于鲜明时代精神的重点题材；同时要力戒题材的单一化、雷同化，坚持题材选择的丰富性和多样化；三是既要防止对主旋律作狭隘的理解，即仅仅把直接表现改革开放和现代化建设生活某些重大题材当成主旋律而排斥其他一切题材，从而限制了创作思维和视野的开拓，又要防止对主旋律进行泛化的解释，从而导致抹杀了主旋律对题材选择的要求；四是愈重大的现实的题材，就愈应讲究艺术魅力；五是要十分重视多样化问题。没有多样化就没有文艺的全面繁荣。即便是主旋律创作自身，也应当并完全可以做到不仅在题材，而且在风格、样式上都多样化，以实现真正的百花齐放。

正确理解了主旋律问题，也就比较容易理解和领会江泽民“以优秀的作品鼓舞人”的号召了。

首先，这是时代的需要、人民的期望。我们所处的时代，是充满希望的朝气蓬勃的伟大变革时代。十一届三中全会以后，中国进入了改革开放的新时期。在邓小平建设有中国特色社会主义理论的指导下，全国人民在党领导下为改变中国落后面貌，展开了建设社会主义现代化强国的伟大进军。这是一场关系中国前途和命运的中华民族的复兴运动。我们已经取得了举世瞩目的成就，但是前进过程中遇到的复杂情况和问题也可谓前所未有。全国人民在党中央的领导下，正满怀信心地负重前进。文艺的时代使命，理所当然地应当鼓舞人心，成为照耀人们前进的灯火。作家们经常爱说“人心”这个词，那么，什么是当代中国的人心所向呢?也就是说当今人民群众在想什么?盼什么?我们的人民热切盼望着并正努力创造着一种新的生活，我把这些概括为“三盼”：一盼过富裕的生活，二盼过安定的生活，三盼过文明的生活。这“三盼”便是“民心”。我们应当顺应“民心”。共产党人的政治就是与“民心”一致。党的基本路线确定的富强、民主、文明的社会主义现代化强国的目标就是顺应历史潮流，符合中国民心的选择。“以优秀的作品鼓舞人”，这实质上是作家艺术家自觉顺应“民心”的必然结果。

其次，这也是正确处理好审美创造与文化消费之间辩证发展的关系的需要。众所周知，人民群众的文化消费中，从来存在着文明与愚昧、进步与落后的斗争；观众的鉴赏心理结构中，从来就划分为积极因素与消极因素两大部分。任何审美创造无视文化消费即接受者的鉴赏需求，是不足取的贵族老爷式态度。我们主张审美创造应适应接受者的鉴赏需求；但这种适应，是积极的而非消极的，是为了提高去适应，适应的目的在于提高。这种适应，就是要“以优秀的作品鼓舞人”。

当然，必须指出，我们指的“优秀的作品”，是广义的而非狭义的。无论是当代的还是历史的，是现实的还是科幻的，各种题材，各种风格，各种艺术样式，只要能够体现出江泽民倡导的那“四种思想和精神”，只要能给人以教育和启发，给人以积极的乐观的人生态度，给人以健康向上的审美愉悦享受，都应在“优秀的作品”中占一席位置，都会受到人民群众的欢迎。

二是关于深入生活。电视剧作为文艺的一个门类，它不是思想和观念的产物，而是社会生活的产物。社会生活是文艺唯一的源泉。统观电视剧创作的现状，成功与失败、精彩与平庸，很大程度上与创作者深入生活的状况有关。邓小平告诫我们，人民是文艺工作者的母亲。作家艺术家只有深入生活，深入实际，深入群众，深入人心，才能感受到汹涌澎湃的社会主潮，才能感受到生动具体而不是抽象概念的时代精神，才能触摸到许许多多活生生的心灵，才能捕捉到许许多多欲弃不能的创作素材，才有可能创作出洋溢时代精神、震撼人心的艺术佳作。

二、关于艺术追求

中国的电视剧艺术虽然还很年轻，但在其不长的发展历史中，已经形成一门独立的艺术，有着自身的美学体系。可惜的是，迄今为止，我们尚无一部完整意义上的《中国电视剧发展史》和真正意义上的《中国电视剧美学》。这种创作繁荣与理论研究的滞后形成的畸形，应当引起我们的高度重视。这是不利于我国电视剧艺术不断攀登新的美学高峰的。但任何一门艺术，都贵在创新。我们必须把电视剧创作的艺术追求，提到重要的议事日程上来加以认真研究。

第一，要善于学习和吸收人类古今中外优秀文化的精华，注入到电视剧审美创造的全过程中去，逐步形成鲜明的“中国特色”。中国是电视大国，电视剧的产量在世界上也处于前列。中国文化传统的悠久，民族特色之鲜明也是举世公认的。我们应该在电视剧领域努力形成自己独特的风格和气派。真正做到从内容到形式都是中国味，这在世界电视剧领域才能占据我们应有的地位。这里所说的“中国特色”是优秀的民族文化传统和时代精神相结合的产物，它非但不排斥外来文化，而且要吸收古今中外一切优秀文化精华。真正做到“古为今用、洋为中用”，努力创造具有民族风格和时代特色的完美的中国电视剧艺术。强调民族特色时，当然不能抱残守缺，食古不化。但是，从目前情况来看，特别要警惕和防止食洋不化的盲目性和生搬硬套，因为那样实质上也是另一种表现形式的思想僵化——被“洋镣铐”所禁锢而失去自我。

第二，要善于学习和吸收各种艺术形式营养，注入到电视剧审美创造的全过程中去，逐步形成鲜明的“电视剧特色”。电视剧是一门独立的艺术，它已经形成了自身区别于其他姊妹艺术的独特的美学体系。中国电视剧在其发展历程中，曾吸收过话剧美学的营养、戏曲美学的营养、文学的营养和电影的营养。所有这些，在促进中国电视剧语言表现形态的多样化和审美力度的强化上，都产生过积极的作用。但是，电视剧毕竟不是话剧、不是戏曲、不是文学、不是电影。它既非舞台演出的简单复制，也非银幕的简单缩小。它在视听语言、造型构图、表演规范、审美环境等诸方面，都有自身特殊的规律。

第三，要善于认清和充分发挥地方优势，逐步形成各地电视剧创作鲜明的“地方特色”。艺术忌雷同，忌重复。电视创作的每一群体与个体，其艺术生命都是有限的，而艺术创新之海无涯。因此，任何创作群体或个体，都应认清自身的优势，扬长避短，使自己成为自身最擅长进行审美把握的具有地方特色的题材和风格样式的行家里手，而不要“打一枪换一个地方”，浅尝辄止。从全国看，我们有30个省市自治区，50多个民族，如果各地都能从艺术上显示自身鲜明的“地方特色”，那么，电视荧屏就会呈现多姿多彩的景象。

第四，鼓励艺术家发挥自己的优势，培养自己的风格，努力形成创作者自己独具魅力的“个性特色”。

文艺创作是复杂的精神劳动，非常需要发挥文艺家个人的创造精神。写什么和怎样写，只能由文艺家在艺术实践中去探索和逐步解决。至于文艺家的艺术风格，我们非但不应干预，还应该积极鼓励和提倡。

三、关于科学管理

管理是一门科学。电视剧创作作为一种精神产品，涉及创作、制作、播出等各个环节，其社会影响也非其他艺术门类可以相比，必须加强科学管理。

中国已经成为世界上名副其实的电视剧生产和消费大国。电视剧的年产量已达6000集，电视剧观众的日常拥有量当以亿计。对于这样一门产量大、影响大的精神生产，放任自流是不堪设想的。更何况，我国电视剧的生产单位和从业人员也在不断增加。除了电视台系统外，还有电影厂系统、中央和国务院各部、委（局）系统、军队系统，组成了“四方面军”。无论哪一方面军，目标都一致，都是为了繁荣电视艺术事业，更好地为人民服务、为社会主义服务，因此都应加强管理，协调配合，取长补短，形成综合优势，推动电视剧事业更加健康地向前发展。

实行科学管理是一件复杂的系统工程。在这里只能简要提出几点意见。

一是要强化宏观调控意识。要从每年的题材规划这一“龙头”抓起，从总量上、各种题材的比例上、各种风格样式的比例上，进行有效的宏观调控，以防止“题材撞车”，同时有效地扶持和加强长期以来成为弱项的少年儿童题材、少数民族题材的电视剧创作。在强化宏观调控中，一个重要的任务是要组织好重点题材的创作。

二是要促进电视剧生产力诸因素的“优化组合”。电视剧是一种集体创作，其生产力的诸因素除了资金、设备、题材之外，编、导、演、摄录、美、化、服、道等，都有一个如何实现优化组合、如何形成审美合力的课题。这就需要靠科学管理来加以协调，以实现真正意义上的资源的最佳配置。

三是要强调树立精品意识。管理成效是要靠创作实绩来检验的，管理的根本目的就在于出人才、出精品。艺术当然也需要一定的数量，但艺术归根结底不是以数量取胜而是以质量取胜的。特别是有鉴于大量平庸的电视剧冲淡乃至淹没了电视剧佳作的教训，电视剧创作尤其应当强化精品意识。

四是运用经济、文化、行政。以及法律的手段，强化文化市场的管理。打击文化市场上走私和贩黄活动，压缩电视台境外低劣电视剧片的播出量，特别是黄金时间要保证优秀国产电视剧的播出。各地要加强供片和播出管理，包括对海外片和有线电视台的管理。

（本文是作者在第十四届“飞天奖”研讨会上的讲话，本报发表时有删节。）

（孙家正）

（摘自《人民日报》1994年12月1日）

坚持以正确舆论引导人是办好“焦点”节目的关键

一、坚持以正确的舆论引导人是办好“焦点”节目的关键。把握好《东方时空》、《焦点访谈》的导向是新闻评论部、新闻中心也是中央电视台的一项重要工作

二、抓好舆论导向最积极的办法是每一个制片人、编辑、记者都能了解中央的宣传精神，准确把关，记者与中心领导、台领导在宣传指导思想和宣传口径上取得共识

三、“焦点”节目应注意的一些问题

1．一切选题和节目都要符合中央有关宣传精神和方针政策，能正确地引导舆论，做好党和人民的喉舌。

2．应该符合共和国的宪法、法律和社会道德标准。

3．要坚持以正面报道为主，节目要有利于解疑释惑，化解矛盾，有利于团结、稳定、鼓劲。播出的节目要给人以鼓舞，给人以信心，给人以前进的力量。

4．批评报道应该能产生积极效果。政府关注、正在抓的问题可以讲，群众关心带有普遍性的社会问题可以讲。根本无法解决的问题不要采访，肯定没有结果的问题不要采访。

四、选好题目是做好“焦点”节目的重要环节

“焦点”的题材很多，关键在于我们如何报道和评论它。“焦点”题材有几个问题应该特别慎重。

1．有争议的人和事要慎重。

2．采访对象要选择好，如何解决报道中提出的问题，找哪些人评论、谈看法很重要。应该重点找主管部门发表意见，表明政府的态度，这种权威的意见就是导向，能够使是非清楚，导向鲜明，只是群众讲不够。电视台作为国家电视台应更多地采访司局长、副部长、部长,甚至更高的领导,反映国家电视台的权威,我们要加强国家台的意识。

五、要讲究提问艺术,提高提问技巧,把握好节目导向

要采访一个人应该先有所准备,了解采访对象。要有深入的调查研究,对问题的各个方面都要了解透彻。记者最可贵的品质就是能够认真听取不同方面的意见,听不同意见是为了使报道更加辩证,更加符合实际。提问中,有关这一事件的最基本的问题要交待清楚。提问不要太空洞,要站在群众的角度提问,这样的节目才有吸引力。

要尊重采访对象,要热情诚恳。这个问题要十分注意,不要有"无冕之王"的思想。

《东方之子》是国家电视台的节目,作为国家电视台就要搞高层次的东西,不要搞花边新闻。全国人大代表、政协委员、常委,国家级科学家,有特殊贡献的人、院士、英模等,很多人都可以介绍。华人华侨里,海外著名企业家、艺术家、科学家,像李政道等,都是炎黄子孙中的英才,都可以成为《东方之子》栏目的采访对象。

六、镜头的选择要有利于表现主题,有利于产生积极的宣传效果

电视的优势是有字幕、声音、图像。镜头是电视报道的重要手段。镜头选择要注意几个问题:首先要反映事物的本质,选择最有代表性的镜头;第二要抓新闻事件主要的人物;第三要反映人的精神风貌,要非常传神。特别要抓某个事件中积极向上,有新闻价值的镜头。这样,节目就能产生很好的效果。我们的电视要从积极方面去表现生活。现在有些提法我不赞成,就是"淡化政府意识"。中央电视台没有党的观念、政府意识怎么做好工作呢?我不是说要用说教的方式去宣传,但是政府意识是不能淡化的。还有一种倾向要注意,就是"自然主义"。不能把生活里的东西记录下来,没有选择地搬上屏幕。拍摄这样的东西有什么效果?艺术家去体验生活可以,但报道要有筛选,从选题到镜头运用都要有选择。《生活空间》做了很多很好的节目,但在指导思想上要注意,不要追求"自然主义"。

七、正面选题要精心制作,让大家爱看。把握好批评性报道

正面选题其实不大容易做,重要的是问题抓住后要分析透彻,给人以引导。采访报道应该客观公正,不带感情色彩。主持人不要太严肃,节目主持人应有一点对象感,亲切一些。

八、做好焦点节目的关键是把握好"度"

要一分为二,不要肯定一切,也不要否定一切,提倡对事物进行客观辩证的分析。看了以后使人信服,要以理服人,以情动人。我们积累了很多经验,实践证明"度"是可以把握好的。

(杨伟光)

(摘自《电视研究》1994年第10期)

谈电视宣传管理工作

一、认真学习、贯彻全国宣传思想工作会议精神,进一步发挥电视的喉舌作用

电视是当今世界上最先进的传播手段,它覆盖面广、受众面宽。在世界范围内,不论是哪个政党、哪个政府,都在利用电视这个媒体来宣传自己的观点和思想。目前,电视大战的局面愈演愈烈,特别是一些西方国家非常重视利用电视来宣传他们的意识形态,一些敌对势力对我国实行"西化"和"分化",以达到演变我国的目的。

中央领导在1994年全国宣传思想工作会议上着重分析了宣传工作面临的严峻形势,认为西方及港、台敌对势力企图从意识形态入手,对我国实行"西化"和"分化",进而逐步改变中国的颜色。我们要全面贯彻全国宣传思想工作会议精神,以科学的理论武装人,以正确的舆论引导人,以高尚的精神塑造人,以优秀的作品鼓舞人,完成中央交给我们的宣传任务。

二、搞好电视宣传,内部管理是关键

要搞好电视宣传,必须搞好内部管理。强调管理,不是因为管理工作做得不好,而是根据宣传工作的需要和形势的发展,不断更新管理工作的观念,调整管理工作的方式和方法。管理是手段,是生产关系,生产力能否得到解放,需要随着情况的不断变化而进行调整,使生产关系适应生产力的发展,并且促进生产力的发展。这种管理是优质管理,否则管理效果就不会好。

中央电视台从1993年开始逐步进行管理方面的调整工作,探索改革新的管理办法,为发挥电视宣传的最大潜力创造条件。比如实行台、中心、部(处)三级管理体制,明确各级的责、权、利,加强中心一级的管理职能,加强中心一级的整体合力。同时实行处级干部的全员聘任制和行政管理部门的全员聘任制。这样做,大大调动了职工的积极性和创造性,收到了良好效果。试行编制外聘用人员制度，这件事做起来难度较大，要部里批准，台内要有足够的经费才能对被聘人员给予较优厚的待遇，解决医疗和养老等问题，但它缓解了中央电视台人才严重不足的困难。1991年，中央电视台日播出时数为29小时，1993年8月增加到73小时（包括北美卫星电视的播出时间）。这么短的时间内大幅度增加节目播出量，不单是靠增加正式编制解决的，而是以编外聘用办法来解决人力不足。《东方时空》栏目由60多人承担，其中只有7人是在编人员，其他全是编外聘用，而且节目质量不错，得到观众的好评。

财务管理很重要，没有钱办不成节目。过去有一种论调，认为钱越多节目办得越好。实际情况并不是这样。1994年我们办了三台春节晚会，对三台晚会进行了节目质量和剧组管理经费使用评比，第三套节目的音乐晚会管理方法得当，资金运用合理，才花了几十万，晚会规模也不小，节目质量不错。

1991至1993年中央电视台实行经费预算包干的管理办法，效果很好。1994年，在原管理办法的基础上又增加了一些新的内容，如计财处实行宏观管理，减化手续，节目经费由总编室统管，按各中心的节目量和开支情况进行分割，把财权交中心一级管理。这样做，既调动了中心一级的积极性，又方便了节目制作部门，同时也提高了资金的使用效益。

谈一下电视台办公室的工作。台办室是个综合协调管理部门。台办室工作在管理工作中起龙头作用，直接关系到如何为宣传第一线服务，为办好电视服务。台办室的担子是很重的，对台办室的工作，一定要给予充分的理解。

三、增进系统团结，发挥系统优势

电视系统是个整体，在党中央、国务院领导下，共同完成中央交给我们的宣传任务，我们的目的是一致的。中央电视台是面向全国的，对外代表国家和民族的形象，对内代表党和政府的形象。省级电视台对本省市区来说也是如此。中央电视台和省市电视台是主干和支干的关系，都是兄弟台，不是领导与被领导关系，而是业务指导关系。合作是多方面的，没有这种合作就没有系统的势力。要发挥整体优势和系统优势，首先要在电视系统中树立全局观念，整体观念，减少内耗，增强合力，同时要增加台与台之间纵向与横向的多方位的合作，以提高全系统的凝聚力。

由于合作加强了，栏目和节目的质量大大提高，民族风格和地方色彩更浓，特点更加突出。现在中央电视台第四套节目通过卫星传送，可以覆盖80多个国家。中央电视台的成绩是在各兄弟电视台和全社会的支持与合作下取得的。实践证明，聚则强，散则弱；合则兴，分则衰。只有加强系统的团结与合作，全国电视事业才能健康发展，才能出现健康的竞争局面。

（于广华）

（摘自《1994年全国省级电视台行政管理工作经验交流会材料汇编》）

适应电视事业发展，深入电视学理论研究

电视学理论研究要适应电视事业发展和深化改革的态势，要服从和服务于“以宣传为中心”这个大局，要思考和探讨电视事业及电视宣传发展和改革中存在的带有普遍性和规律性的问题，要根据邓小平建设有中国特色社会主义理论来构筑中国电视学理论体系的框架。

一、目前电视学理论研究存在的问题

1. 研究工作相对滞后。

中国的电视事业已走过36年的历程，在电视业务实践上已经形成一套被实践证明行之有效的经验，但是没有经过认真的积累和沉淀；一些新的工作思路的产生，也缺乏理论阐述，因而，当日益增多的新情况、新问题扑面而来时，难免带有教条主义和经验主义色彩。因此，只有把马克思主义、毛泽东思想、邓小平建设有中国特色社会主义理论与当前的电视宣传工作实践结合起来，找出事物发展的内在联系和规律，才能摆脱困惑，开拓前进。

2. 研究工作与业务实践相脱节。

在电视第一线的领导者和管理者苦于业务在身、事务缠身，难以深入进行理论研究和探讨；在研究机关的人员脱离第一线的实际，从理论到理论，从书本到书本，其研究成果与实践有相当距离，甚至引导进入误区；教学单位由于缺乏实践经验，所形成的教学大纲和教材与实际运作也存在差异。因此，理论研究工作的三者结合，已经成为当务之急。

3. 研究范围偏狭。

见诸报刊的各种电视理论文章的研究范围局限，路子狭窄，微观多，宏观少；涉及具体节目多，探索总体走向少。

二、明确认识

1. 电视学研究要有一个明确的界定。它不是单纯的学术研究，不应是学院式的，更不仅仅是条目的解释、采访方法的阐述、制作方式的介绍、手段运用的推广，而应是电视系统高层次的理论探讨，即所谓“学”的层次。要明确什么叫电视学，什么叫电视学研

究。电视台、研究机关、教学单位这三方面对电视学理论研究看法要一致。

2. 理论研究要提倡百家争鸣，各抒己见，形成一种良好的讨论和研究问题的舆论环境，从而取得共识，影响舆论，指导实践，推动电视事业的发展。

3. 理论研究既要注意应用理论的研究，更要注意基础理论的研究。研究工作不能纸上谈兵，只是空泛地谈论理论；而是要研究电视事业的发展变化，研究电视事业如何适应大环境的变化，应从理论和实践中去探索，并找到答案。基础理论研究涵盖范围广泛，应用理论也包括广阔的领域。从事理论研究，两方面不应偏废，要很好地结合。

三、电视研究工作今后一段时间的走向

1. 电视学理论研究首先要注意电视是党和政府的喉舌，是党和政府联系人民群众的桥梁和纽带的根本性质，这一点不可动摇。在这个前提下，绝不会妨碍我们对电视的多功能和电视事业发展中出现的问题的研究和讨论。电视学研究必须在这些问题上加以阐述和正确引导。

2. 理论研究要注意电视事业如何适应社会主义市场经济体制的发展，要有一定的前瞻性与预见性。比如，大家都在研究的两个问题：一是电视事业的产业属性。电视事业属于第三产业，体制、结构应有自己的模式。电视台是事业单位，有它固定的特性和自身的工作规律，与政府职能机关的管理方式协调，这些问题都有待思考和研究。二是电视节目的商品属性。电视节目是精神产品，作为产品就要进入市场，当然不是一般概念的市场。但随着社会主义市场经济体制建立，电视节目能否成为商品？电视节目的市场能否发育和形成？都可作为课题来研究。

3. 理论研究领域要拓宽。

全国各个电视台在改革和发展的过程中所面临的具体问题很多，不仅需要在实践中加以调整，更需要理论的指导。如：舆论导向和舆论监督的问题；主旋律与多功能的关系问题；宏观调控与具体实践的矛盾问题；“禁区”与“误区”的问题；安定团结与报道人民群众关心的热点、难点问题之间的关系；正、负面宣传与正、负效应的问题。事业发展、体制改革、机制转轨问题；如何与国际接轨问题；版权保护问题；电视台的社会效益与经济效益的关系……以上问题要进行理论研究，并在实践中付诸实施。

（沈　纪）

（摘自《电视研究》1994年第9期）

中国电视事业的发展

1958年5月1日，中国第一座电视台开播，至今已经走过了36年的历程。

50年代，我国电视节目开播时，全国只有几座电视台，仅有一套黑白电视节目，每天只有三四小时向当地城市播出，全国只有50多台电视机，电视工作者也只有50多人。

60年代，由于三年自然灾害以及文化大革命等原因，电视事业的发展很缓慢。1973年10月1日黑白电视改为彩色电视正式播出。十一届三中全会之前，中央电视台只有两套节目播出，每天播出时间8小时左右。

十一届三中全会以后，是我国电视事业发展的黄金时期，电视台的增加、播出套数的增加、播出时间的增加，节目品种、数量的增加，不是几倍、十几倍而是几十倍的增长，使中国短瞬间变成了世界电视大国，电视观众达8亿多人。中国电视事业的发展令国人注目，也令世界感到震惊。电视台数量、电视节目制作能力、电视机数量、电视观众人数，都居世界首位。电视已成为推动我国政治、经济、文化、社会生活变革的巨大力量，电视把外面的世界活生生地展现在观众面前，极大地开拓了长期封闭的中国人的眼界，影响着人们的观念，丰富着人们的文化生活。

新闻节目已成为从领导到百姓了解国内外大事的主要媒介。电视纪录片以及各种专栏节目、服务节目，将各类知识，通过视听语言，不断地展示在观众面前，使观众受益。娱乐性节目，丰富着人们文化生活的内容，中央电视台已举办的12届春节晚会成为全国电视观众每年必看的节目；各种类型的电视剧，题材丰富，风格多样，每天吸引着大量观众。教育类节目给人们以知识，不断提高人们的文化素质。外语教学节目，吸引了几十万、上百万的观众，成为“家庭外语教师”，使大批外语人才成长起来。传播技术的发展，使全国城镇都能收看至少三套以上的节目，多者达七八套，甚至十几套。

近两年多，中央电视台的节目面貌、栏目形象、对外宣传、屏幕效果，可以说是一个蓬勃发展的时期，中央电视台提出的“以宣传为中心、以管理为重点、以丰富屏幕为目标”的方针已取得了明显的效果。

1993年3月1日中央电视台第一套节目的新闻增

加播出次数，全天12次新闻播出，实现了整点播出、新闻直播和重要新闻滚动播出，提高了新闻的质量和时效，扩大了新闻报道面。

1993年5月1日开办的《东方时空》栏目，对领导关注、观众关心的社会问题进行深度报道，深受观众欢迎。

1993年8月8日中央电视台第三套节目实行全天播出，使中央电视台节目的每天播出的总时间达到65小时。

一批改革的新栏目受到观众的欢迎。如对老年观众播出的《夕阳红》，对青少年播出的《12演播室》、《和爸爸妈妈一起看》、《同一片蓝天》，文艺栏目《东西南北中》、《文艺广角》，知识性栏目《环球45′》、《人与自然》等。中央电视台周末的《综艺大观》、《正大综艺》这几年也成为观众喜爱的栏目之一，节目的知识性、可视性、娱乐性、观众的参与性都得到了加强。

1992年10月1日开播的第四套节目在海外的影响越来越大，这套节目的信号已送到亚洲、澳洲、东欧和非洲大部分地区，80多个国家可以接收。尤其第四套节目的新闻，时效提高，内容扩展，纪实采访加强，逐步形成对海外播出的特点，受到海外观众的称赞。

中央电视台在对外宣传工作中，1993年取得的成绩也特别明显：

1993年1月1日每天通过国际卫星把1小时的中、英文对外新闻送到美国，受到北美地区华语电视观众的欢迎。

1993年1月5日起，每周两次通过卫星和特快专递用西班牙语向墨西哥特莱维萨电视公司传送新闻，可覆盖3亿多讲西班牙语的电视观众。

1993年8月28日，中央电视台联合全国20多家省、市电视台，与美国3C集团合作创建的美洲东方卫星电视在美国芝加哥正式开播，每天播出新闻、文艺、体育、经济、电视剧等共12小时，覆盖了美国、加拿大、墨西哥和加勒比海沿岸国家。

英语版《今日中国》在华盛顿、纽约、洛杉矶播出；法国电视二台定期播出法语版《今日中国》；向欧洲中国卫星电视提供新闻和新闻性节目；向美国CNN《世界报道》提供新闻，已成为世界上供片200条以上的俱乐部五个成员之一；在越南举办的“中国电视周”引起轰动；一些国际电视节分别在中国上海和四川举办，电视节目也在走向世界。中央电视台制作的电视纪录片《最后的山神》、《姊妹溪》获亚广联电视大奖和亚洲电视节优秀纪录片奖——亚洲未来奖。许多地方电视台制作的节目如《沙与海》、《朱鹮》、《远离的愿望》、《两个孤儿》、《南行记》等一批节目获国际奖。日本广播协会（NHK）和韩国KBS每天播出中国《新闻联播》的国内新闻。

在党中央、国务院的关怀下，在广播电影电视部和各级党委领导下，我国电视事业发展迅速。全国电视工作者，不管是无线台和有线台，互相支持，互为补充，形成合力。以邓小平建设有中国特色的社会主义理论为指导，深化宣传改革，提高节目质量，丰富电视屏幕，真正做到“以科学的理论武装人，以正确的舆论引导人，以高尚的精神塑造人，以优秀的作品鼓舞人”，努力把电视办成建设社会主义精神文明的重要阵地。

（赵　群）

（摘自《电视研究》1994年第10期）

强化电视宣传效果之我见

一、“强效果模式”和“强效力观”

“强效果模式”和“强效力观”是70年代美国、德国传播学者对大众传播效果的一种描述和假说。这种假说认为，如果大众传媒能遵循传播理论中的某些重要原则，如累积性的传播原则、普遍性的传播原则以及和谐性的传播原则等，审慎地编排节目或版面，巧妙地组织宣传，就会对社会舆论、受众的心理和行为产生重大的影响。在累积性、普遍性与和谐性的原则中，他们强调了以下3点：(1)在某个时期，反复传播同一种信息会比只传播一次效果更好；(2)传播的目标要十分明确，信息制作必须广泛地与这些目标相联系；(3)各种媒介形式都要为同一目标进行鼓动，使受众对某事件或某问题形成统一的印象。

我们国家的社会主义制度和共产党的领导，为实现大众传媒的“强效果模式”理论提供了良好的传播环境。我们党的宣传工作的历史和现实都证明了这一点。比如，我们党在延安建立的新华广播电台在配合我党领导的抗日战争、解放战争及夺取全国革命胜利的伟大历史进程中，经常采取突出重点、反复宣传、强化宣传效果的做法，充分发挥了我党领导下的大众传媒的强大宣传作用。1994年1月党中央召开全国宣传思想工作会议之后，全国电视、广播、报刊等多种传媒，利用各自的传播优势，在一个相当长的时期内集中兵力，联合作战，反复强化宣传会议的精神和中央的有关指示，收到了很好的效果，使中央提出的“抓住机遇，深化改革，扩大开放，促进发展，保持稳定”的20字方针日益深入人心。各种传媒为了弘扬主旋律，为了贯彻江泽民总书记提出的“以科学的理论武装人，以正确的舆论引导人，以高尚的精神塑造人，以优秀的作品鼓舞人”的指示精神，团结协作共同奋斗。

强化宣传效果不仅体现在宣传工作的宏观调控上，同时也表现在我们的电视新闻及各类栏目的改革上。1993年3月1日，中央电视台每天电视新闻的播出次数由4次猛增至11次，重要的新闻实现了尽快播出和滚动播出。新闻报道的力度和深度也得到了加强。新闻改革的这一重大举措，不仅强化了公众关心的和感兴趣的重要新闻的播出效果，同时也强化了中央电视台第一套节目以新闻为主体的地位。与此同时，创办了一批新的大型板块节目，如《东方时空》、《东西南北中》、《环球45'》、《12演播室》、《夕阳红》等。这些新栏目的出台，很快被广大观众认同，收到了强化宣传效果的积极作用。

至于"强效果模式"中所包含的大众传媒和谐统一，对强化宣传效果所起的作用更为明显。这种和谐统一既表现在一种传媒内在的和谐统一，也表现为几种传媒间的外在的和谐统一。到目前为止，中央电视台已经开办了4套节目。4套节目既有分工，又有合作，达到相映成辉的宣传效果。在注重电视台内部和谐统一的同时，我们也十分需要不同传媒之间的外在的和谐统一。近一时期，人民日报社、新华社、中央电视台、中央人民广播电台在党中央统一领导下，围绕一些重大宣传任务采取统一安排、相互协调、相互补充、各自发挥其传播优势的做法，同样收到了强化宣传效果的作用。

二、"潜在效果"论

前面所论及的是在一个短时期内反复宣传，增加宣传的深度、力度，加强传媒之间的和谐统一，从而达到增强宣传效果的目的。再说大众传播的另一个方面，即大众传媒可以通过自己长期、持久地向受众传播信息，从而对受众产生潜移默化的作用。这就是"潜在效果"论。大众传媒对受众的这种"潜在效果"的影响虽然是缓慢的、长期的、潜移默化的，但它却是一个长期积累循序渐进的过程，是大众传播对受众产生效果的主要形式，也是我们强化宣传效果的基本功。俗话说积水成渊，积土成山。大众传媒对受众的影响力正是在这种长期的、反复的、大量的、系统的宣传中才能逐渐显现的，它并非是一日之功。"潜在效果"虽然不如"强效果模式"来得快，短期效果也不如"强效果论"明显，但由于它是一点一滴进行的，所以它给受众的影响是扎扎实实的。这种潜在的影响力可以使受众在不知不觉中接受，并有可能透过这潜在的影响力悄悄地改变人们的思维方式、生活方式、交际方式，甚至改变人的价值观。"潜在效果"之所以成为大众传媒对受众产生宣传效果的主要形式还有以下原因：(1)各种传媒所传播的信息本身就有一个从简单到复杂的循序渐进的发展过程；(2)受众接受信息的能力也是一个循序渐进的过程；(3)作为信息的传播方式也有一个循序渐进的过程。当然，我们的电视节目、广播节目、报刊书籍如果在注重发挥"潜在效果"的过程中，能注意使我们所传播的信息向系统化、节目向系列化方向发展，大众传播"潜在效果"的作用将会愈加明显。

强化宣传的手段尽管多种多样，但是从理论上来说"强效果模式"和"潜在效果"论仍是强化宣传效果的主要方式。我们不妨结合电视宣传工作的实际自己去试一试。

（王　录）

（摘自《电视研究》1994年第5期）

论电视新闻的现场感

电视新闻的现场感，可以归结为报道的直播感和引发的场效应。

一、报道的直播感

电视是依时间流程延伸的线性传播，其时空要素具有特定的内涵。就时间要素而言，它应当是"现在进行时"，也就是说，记者的报道应当与新闻事件的进展同步，就如同传播共时的现场直播。这种"直播"状态，能给观众亲身参加与事件平行前进的参与感、立体感和信任感。也是电视新闻所追求的共时空效应。

电视新闻的直播感有赖于报道的"现在进行时态"的运用，而运用现在进行时，并不排斥对过去事件的报道，并不打算为报道范围设置樊篱。关键在于找到一种时态转换法，使"过去的"变成"现在的"，使"完成的"变成"正在进行的"，同样能产生一种共时空的直播感。

"现在进行时"并非是对电视新闻的束缚，一个有能力的报道者，同样能从正在面对的情境中找到唤醒过去的钥匙和伸向未来的触角。

二、引发的场效应

电视新闻强调对现场形象、声音、氛围以及心理活动的全面记录，这些声、形、光、色等多元素并不是孤立地起作用，而是相互组合、碰撞，形成了一个活跃的信息场，这一信息场相对独立，包孕丰富，能产生多义引发的艺术效果，使观众获取信息时有较大的思考余地。

电视新闻的信息场引发出的强效应，主要分布在三个层面上：声形元素的一体，典型情境的再现，完整氛围的保留。

1. 声形元素的一体

一体化自然缺不了形象元素，也缺不了声音元素。在电视新闻的现状中，不是缺乏形象元素，而更多的是缺少声音元素，主要是同期声元素，使得二者的组合、碰撞无法实现。当然，解说对画面形象具有扼要概括的功效，但讲起同期声对生活原态的再现，解说却要逊色得多。

声音元素和画面元素只有结为一体，才能真实地再现现场氛围，反映新闻事件的本来面目，两者缺一不可。而同期声的完整运用，有助于增强电视新闻的现场感，增强报道的可信性和感染力。因此有的学者认为“声音是画面不可分割的组成部分，是电视纪实画面的重要内容”，而把它作为电视取材的现代观念确立下来。

声音元素包括记者播报、采访的声音，现场的环境声和背景声。只有画面没有声音的新闻节目是很难给人以完整的现场感的，同样，只有记者播报、采访的声音而没有新闻现场其他声源的声音，这条新闻在同期声的运用上仍然是不成功的。

2.典型情境的再现

所谓典型情境指的是体现事物本质特点或结果的场面，也是观众最为关注的新闻场面。如美国“挑战者”号飞船失事的新闻，其典型情境就是飞船爆炸的瞬间，如果没有拍摄到这一场面，电视新闻的现场感和可视性就将大为削弱。而且，新闻现场传达出的物质特有氛围和情景，是吸引观众注意力和情绪卷入的关键。体育新闻中运动员夺魁的狂欢气氛，救灾抢险中英雄奋不顾身的情景，无不形成强大的冲击力，诱发观众进入角色，产生情感上的共鸣。

典型情境中的细节凸现是诱发场效应的一个活跃因子，生动的细节对于突出新闻现场的特点、气氛以及人物的个性无疑具有积极作用。因为细节是看得见摸得着的形象化元素，在电视屏幕上见到展示细节的大特写时，形象直扑眼帘，真真切切，超出了观众日常看这些形象的感受。所以，屏幕细节所造成的体验，往往也就超越了画面和视听本身而作用于观众的心理了。电视新闻如果能有现场细节的描绘，将使现场感大大增强。

3.完整气氛的保留

电视新闻的忌讳之一，就是对现场完整氛围的切割和破坏。电视记者应该克制自己因事件而产生的感染和冲动，尽量客观完整地记录下事件的流程，用一定的“距离感”尽可能地保留下一个完整的情感氛围。

现场氛围的完整保留是需要一定的镜头长度的，因而，在电视新闻中，可适当地运用一些长镜头。长镜头虽然使电视新闻在“短”上要冒点风险，但它不仅起着时空连续统一的作用，而且长镜头的时间累积和空间流动，是产生气氛和展开人物的气质风度、心理反应的必要条件。

一条电视新闻要获得场式信息的丰富性，以引发较强的场效应，有赖于场内声、形、光、色等多元素的结合、碰撞。独立地强调一个元素而忽略其他元素，都会造成电视新闻场信息的损耗。正如一位科学家所指出的：今日科学的全部目标是发现有序的时间结构与空间结构。要发挥电视新闻声音、画面多元信息的综合优势，重要的方法是提高多元信息有序性的程度，也就是说，电视新闻的主体信息，应该通过加强视听双通道的有序性程度使其达到优化。

（张文华）

（摘自《电视研究》1994年第2期）

谱写寻常百姓的华彩乐章

——浅议人物电视纪录片

讴歌凡人：人物片的时代主潮

在当今纷纭复杂的现代社会，人的道德品质、精神风貌呈现出五彩缤纷的多元倾向。如何把握时代主潮，将我们的摄像机伸向普通人的平凡生活中去，观照他们的生活情态、反映他们的喜怒哀乐，并从中锻铸出新的思考，这是对电视记者的新挑战。现代纪录片讲求真实自然地记录原生态的生活流程。但这并不是照像式的自然主义的反映生活，而是要经过精心提炼和筛选，将偶发性的、随意性的但富有个性特征和反映生活本质的情态和细节，如实地展现在观众面前。

中央电视台的《班长刘森林》以纪实镜头对准憨厚质朴、真实可信的刘森林。他严以律己、身先士卒、以情带兵、科学练兵的事迹，是记者通过多侧面现场采访获取的。

该片通过编导的精心处理，从看似偶发随意的细节镜头，观照出人物的情感和内心世界。编导深入生活又超越生活，将拍摄焦点聚集在凡人身上，从班长刘森林平凡、真实又普通的日常生活中，映照出寻常百姓的真善美，具有浓郁的可视性和亲近感。他们没有惊天动地的业绩，却有着巨大的吸引力、感染力和震撼力。

真情实感：人物片的共鸣支点

电视观众和纪录片中所再现的人物息息相通、悲喜与共，是现代纪录片美学特征的一个重要方面。纪录片要和人物自身的生活同步记录，使观众对片中的主人公的生存命运处在期待了解之中。

山东电视台的《杜瑶瑶》向人们讲述了一个动人心弦、感人肺腑的故事：青岛小学生杜瑶瑶，父亲英年早逝，经不起晴天霹雳打击、患有心脏病的母亲瘫痪在床。生活的重担过早地压在了年仅8岁的瑶瑶身上。记者饱含深情地抓拍、抢拍她天天承受着的超重负荷，从真实可信的纪实画面，从平常自然的生活流程中，渗透出一种冲击力和震撼力，激起观众的情绪共鸣。电视编导以自己的情感去构筑人物片的大厦，去塑造感人至深的人物形象；以情感为琴弦，拨动观众的心弦，共同弹奏出一曲曲震撼人心的华彩乐章。

真实是电视纪录片的本质属性。真实就有生命力和感染力。纪录片中要渗入作者的真情实感，将人物个性中最真实的东西呈现给观众，才能沟通观众，引发共鸣。上海电视台的《我师从周》以幽默风趣的笔致，淡雅清新的格调为我们介绍了一位中国古典园林大师陈郁文的真实故事。园林专家陈老夫子几件令人忍俊不禁的小事，让当今现实社会的人们看起来不免摇头兴叹，然而这些就是"真我"的自然流露。真实可信的细节，为观众勾勒出一位真真实实的、造诣颇深的园林大家，又是近乎迂腐的谦谦君子的双重形象。

注重情节：人物片的审美趋向

人物纪录片的故事化和情节化，是纪录片美学的高层次追求。记者在拍摄真人真事的同时，也赋予真人真事以运动发展的意义。人物的悲欢离合、喜怒哀乐和事件的发展变化牵动着观众的心。在纪录生活情态时，平实而完整的纪实风格，恰如其分的氛围渲染，将生活本身蕴含的巨大信息量准确逼真地传递给观众，都具有一定的理智和情感色彩。编导者让观众看到了真实生动的人物形象，为他们提供了不同层次的审美需求，从而使电视纪录片走向更高境界。

湖北电视台、黄石电视台的《一个人与一支歌》把一首脍炙人口的《小燕子》的词作者王路鲜为人知又感人至深的故事讲述给观众听。作品以小歌手获奖曲目《小燕子》为切入点，展开了真实完整的纪实追踪："寻找王路"的纪实段落，始终处在发展变化的过程中，有一种未知性紧紧吸引观众，其间情绪的铺张和积累，采访的艰难和曲折，视听的引力和冲击，现实生活中富有引力的情节展现，使观众有极大的收视兴趣，同时也领略到既朴素又深刻、既简单又丰厚的思想内涵和哲理意味。

人物纪录片水平不俗，佳作迭出，给人们带来了希望，但也难免有不尽人意之处。如何打破单一的表现形式的局限性，使纪实、写意、思辨、抒情各种报道形式融会贯通，杂取百家之长为我所用，创作出好看又有意义的真正高水平的精品，是我们广大电视工作者的重任。

（朱继峰　吴　煜）

（摘自《中国电视》1994年第12期）

我国电视纪录片风格与创作方法之演变

一

在80年代以前的30多年中，我国的电视纪录片创作，主要沿袭着主题表现的传统风格。其理论基础是社会主义现实主义文艺理论；要求真实地反映生活主流，为人民服务，为无产阶级政治服务，主题突出，旗帜鲜明，发挥社会主义事业"机器的齿轮和螺丝钉"（列宁语）的作用。

在我国，电视纪录片脱胎于新闻纪录电影。基于共同的理论、思想，以及人员队伍的相承关系，中国新闻纪录电影的历史，实为电视纪录片的"史前史"。社会主义现实主义文艺理论指导下的纪录片创作，一条重要原则是坚持真实性，强调尊重事实、忠于生活，强调把握生活主流，强调对人民的鼓舞、激励作用。一部作品的诞生，一般是先定内容和主题，而后采访、写脚本和拍摄、编辑、综合加工，一切为表现主题服务。因而作品呈现出旗帜鲜明的主题表现风格。我国的纪实性影视艺术，长期由主题表现风格一派独尊。

二

这期间，国际纪实影视艺术领域，久已存在的自然纪录风格，一直在发展着它的个性，适应电视发展的需要，打破了电影电视界限，形成了比较成熟并有良好社会影响的影视纪实艺术流派。

这些自然纪录风格的作品的创作方法、艺术风格和屏幕效果与主题表现式纪录片迥然不同。其突出的效果是自然真实，可信度高，富有质朴美的艺术魅力。其基本特点可以归纳为如下几点：1.观点含蓄，回避结论；2.重过程，淡化结果；3.作者（包括编导、记者和节目主持人等）直接出面，强调即兴采访、捕捉第一感觉；4.声画并重，视同期声（包括现场声和人物谈话）为艺术生命；5.注重一定章节以至整个节目的情节化、故事化；6.最大限度地压缩解说词和音乐，甚至不要解说词和音乐，即使有解说词也总是以提供背景材料为主，尽力隐藏自己的观点，以保持客观姿态，让人们自己作结论，等等。为了保持节目的真实自然效果，一些摄制措施是极端严格的。

三

在错误路线控制宣传报道时期，"艺术为无产阶级政治服务”被强制成“为帮政治服务”。于是，形式主义泛滥，公式化概念化的文风盛行，以至颠倒是非的假报道司空见惯。60年代初在“新闻真实性”大讨论中受到批评和否定的摄影中的“现场摆布”、“组织加工”，不仅成为合法，简直就是不可避免。形式主义、假大空，题材面狭窄、风格样式单调，是10年文革期间“帮文艺”、“帮宣传”的时代特征，纪录片创作自然不能例外。尽管这期间也产生了一批优秀纪录片。

四

简单化的结果，首先是对海外存在的不同艺术风格、流派的谈虎色变，不交流，不吸收，只能因循传统，导致艺术创作方法的单一化，导致作品风格样式相当严重的模式化；不管颂扬还是批评，都是直奔主题，强化主题，外露主题；为避免自然主义、客观主义之嫌，不得不容忍一定程度的粉饰生活。其具体表现是：摄影、解说词、音乐创作中的唯美主义倾向。真实感不强，说教味过浓，等等。

五

80年代，在改革开放、文艺空前繁荣的大环境下，我国出现了一批电视纪录片，在探讨改变创作方法和作品风格方面作了努力，并取得了可喜的成果，陆续出现了一批风格样式一新的好作品，在探讨自然纪录手法方面，有长足进步。这批优秀之作与主题表现式作品比较，呈现出全新的面孔。大型纪录片《望长城》的成功，标志着自然纪录式创作方法在我国实践的全面成功。

这期间，主题表现式的优秀之作也不断出现。

六

主观意图和主观干预问题。生硬地干预现场（生活），使主观意图过分外露，是影视纪实艺术的忌讳，这是大家公认的。有人强调反对主观意图，叫作“只管纪录，不管意图”，显然也是一种片面，或者说不诚实。其实，每一部作品都是既有意图又有结论，只是高手善于巧妙地把主观意图隐藏起来，把结论留给观众。“自然纪录”手法并非不要主张，单纯客观纪实并不等于纪实艺术的真实。

主观干预，对于纪录片创作，同样不可绝对避免。广而言之，采访本身就是干预。问题在于如何干预。长于“自然纪录”的作者们，都善于现场抢拍或偷拍。同时，又往往巧妙地把必要的干预和“组织”、“加工”放在拍摄之前，或推给被拍摄方面。在拍摄现场则绝对不直接出现摆布，而是充分发挥抢拍功夫，发挥准确选择的功夫。

任何一种艺术方法和艺术风格之能够存在，必有它的生命之灵。艺术多样化是客观需要。不同风格并存、竞争，对繁荣艺术有利。方法和风格无所谓对和错，也不存在绝对好与不好。作品缺陷和不足的原因，固然与方法和风格有关，但又不完全是直接关系。更应该从主观找原因。

一个人的创作方法和他的作品风格，并不是一成不变的，也没有必要一成不变。任何题材内容，都可以用多种方法，创作风格不同的作品。这一点，已经为我国和国外的许多事实所证明。一个人能掌握多种方法，创作多种风格，自然会有更强的适应性，也会有更多的成功机会。因而不同方法之间，不同风格之间，互相排斥，互相否定，是有百害而无一利的。相反，倒是应该提倡用多种方法创作多种风格的作品，反映丰富多采迅速变化的生活。纪录时代和历史演进的轨迹，让艺术方法和风格的百花在履行社会使命的过程中齐放。

（朱景和）

（摘自《中国广播电视学刊》1994年第6期）

纪录片要拍得好看

对如何理解对外宣传针对性问题，我曾提出：应当强调“用世界性语言讲中国故事”。

“世界性语言”主要是一个观念转变的问题。运用在我国纪录片的创作上，就是不要局限于简单的直露的宣传，而是调动一切电视符号，用世界性通用的语言，各国人民都能接受的方式报道中国，让世界了解中国。

讲中国故事对电视纪录片来说就是要拍得好看，可视性强的问题。

一、大信息量

纪录片在许多方面与新闻类似，观众要求从中得到大容量的信息。

纪录片可分为三种类型：一是表现性纪录片，刻意表现作者的主观意图，突出解说词的文学性；二是纪实性纪录片，强调客观真实地报道人物与事件，大量运用同期声采访，展示纪实艺术的魅力；三是表现性与纪实性相结合的纪录片，将以上两种方式结合起来，并找到结合点。而纪实性纪录片应具有大信息量，这是它的特点和要求。但不少的纪录片在信息量处理方面仍然存在着一些明显的问题：

一是滥用同期声，采访一个接一个，采访的人很多，但大同小异。尽管换了一个采访对象，但问的是同样的问题，回答内容也相似，结果使片子成为仅是同期声的堆砌，采访的人不少，信息量却不大。

二是单调枯燥，没有立体感。一部纪录片在总体结构上应该层次分明，对某个人物，一个事件的报道，应从多种角度进行采访。不应只局限在表面报道，而要挖掘事件及人物形象的深度，用多层面、多手段的表现方式，使形象具有立体感及可视性。

二、有人物，有情节，有动情点

纪录片要表现的一个重要方面是纪录生活中的人以及人与人之间的关系。人的活动与人物关系的发展必然产生故事，有情节发展。为了避免平铺直叙，众多的人物中要有主要人物，情节的发展在高潮处，要有动情点。

但这并不是说要采用电视剧的手法。电视剧、故事片用的是虚构、典型化的手法，而纪录片是记录生活真实，真人真事，是选择的艺术，是生活的真实与艺术真实的高度统一，这也是它在某些方面比电视剧更感人、更有吸引力的重要原因。这种统一是通过编导的选择来实现的。选择什么?如何选择?这是一个纪录片编导水平高低的标志。选择，既表现在前期拍摄，也表现在后期制作上。

三、选材角度新颖，形式刻意求新

电视纪录片要有新鲜感。这就要求编导在题材选择上寻找新的角度和观众乐于接受的切入点。

四、如何处理历史题材、自然风光

现实题材比历史题材更重要，人们不仅希望看到已经干了什么，更关注现在正在干什么，我们对本国与世界的认识也同样如此。历史要富有现实意义，自然景物与人的活动密切相关。这就要求纪录片着重抓现在进行时的报道。

80年代，中央电视台拍过不少名山风光片，这是时代的要求，也是让世界了解中国的重要内容。随着改革开放的层层深化，中国观众和外国人都不满足于一般介绍风光的纪录片，他们更希望了解中国普通人的生活。人们的关注点转向人的活动。而自然景物的展示要与现实生活中的真实的人和物联系起来。

中央电视台《庐山》系列片的成功，为风光片、文化片的拍摄闯出一条新路。风光片观众看得太多了，尽管你拍的这部他没有看过，也会认为是老一套，这就要求我们选取新的角度和表现方法。《庐山》将山水风光与历史人物，以及现实中的人结合起来，甚至政治风云中的重要人物，也与这座山上的景物紧密相联。在纪实与抒情，历史与现实之间，观众于一片轻松的氛围中全面而有深度地了解了这座历史的山、文化的山，识了“庐山真面目”。

中国的纪录片已涌现出一批优秀作品，并已开始走向世界，这是由于近年来许多编导注重改变外国人看不懂、不接受的状况。中国的纪录片当然要有中国特色，但这种特色也要与世界接轨，使我们的宣传目的不断向外渗透，而观众对象又乐于接受。

（黄望南）

（摘自《电视研究》1994年第12期）

构思、想象及其他

——电视专题节目创作谈

一、构思的主要内容

从创作角度看，构思是创作过程的中心环节，是一种艰苦复杂的精神劳动。创作一部专题节目，通常是把采访、拍摄到的素材，经过艺术构思，将没有顺序的东西，整理成有条有理、使人们能够理解的一部作品，所以，构思的过程，实质上是审美主体对审美对象的认识和发现过程，也是典型化和创作的过程。一般来说，一个专题节目的总体构思，主要包括三个方面：

1.从思维活动来说，搞专题节目创作主要依靠形象思维，这是基础，但也不排除抽象思维的作用。从采访、选材、联想、提炼等创作过程，到节目想告诉人们一种什么思想，都是创作人员认识客观能力的一种表现，而这种能力恰恰是在思维活动与创作实践中，通过对客观审美的完善过程来实现的。

2.从节目的内容和结构来说，它包括主题的提炼，事件的发展，节目的开头、结尾、高潮和总体布局，以及事件和人物之间的关系。作者既要“全局在胸”，又要不枝不蔓。当然，对不同的题材，构思的重点各有侧重。

3.从表现形式来说，任何艺术构思的意图都要经过一定的艺术表现形式，才能完成艺术形象的塑造。因此，构思应慎重考虑内容与形式相结合，尽心竭力调动一切艺术表现手段，使作品的艺术价值得到证实。电视的表现特点首先落在画面、声音和解说词上。

构思的主要任务是确立主题思想，创造一个完整的艺术形象，在创作中，所有的艺术处理都要在构思的统帅下完成，艺术表现是受内容的决定和制约的，离开了内容，再好的形式也没有审美价值。

二、形象思维的特点

1.依靠生活中的具体形象来塑造艺术形象。

在整个思维活动中，形象思维始终不脱离具体形象，而是充分运用现实生活中的具体形象，经过综合、分析和概括，来塑造完整而富有审美意义的艺术形象。

2.形象思维要充分运用艺术想象

想象是作者在审美活动、艺术形象创作中的一种特殊的心理能力,在审美活动中,自始至终起枢纽作用。搞电视专题节目运用想象不同于其他的艺术创作。它首先受真实性原则的限制,在依靠知觉材料的基础上,想象的最终结果要符合事实,要真实想象最少有两个阶段:一是感性阶段。就是作者对客观事物的初步感受,这是认识的基础。二是创作阶段。进入创作阶段以后,感性阶段得到的材料,经过综合、分析、联想、概括和提炼,审美感情不断向纵横方向延伸和扩展,认识就得到了升华。

3.思维活动要充满情感,要能触景生情。

电视节目里报道的任何事物,都离不开美的表现,情感的表现。表现人物的电视专题节目,更应注重感情的运用。将人物内心感情形象化、艺术化,讴歌生命的崇高和人生的价值,表现人物心灵的独特美。

4.形象思维要借助各种艺术语言的运用和表现。

电视专题节目的创作,主要运用画面、声音(音乐、音响)、解说词、蒙太奇和节奏等来叙述事物和深化主题。

电视综合手段一旦和内容有机结合,并发挥各自的功能,它所产生的艺术效果不可低估。

三、想象是审美活动的枢纽

1.想象是思维活动中最艰苦的劳动。

标题是一门学问,很复杂,有叙述性的,也有抒情性的。纪实型的电视专题。主要告诉人们一件事,标题最好是简单、明白。

如果把标题比作一个节目的"眼睛",那么,创作人员就应该尽一切能力,让"眼睛"传神,让"眼睛"更明亮。

2.假使是想象的起点。

在创作活动中运用假使,不是凭空捏造,而是依据经验,打开思路,把生活中积累的经验和知识开发出来,按照构思的意图,重新组合加工,初步构思出一个框架,然后再到实践中去验证和补充。

3.想象与瞬间的捕捉。

电视专题的创作分前期采访拍摄和后期再创作两个阶段,想象与瞬间的捕捉,在创作的两个阶段始终纠结在一起。在许多场合,或观察某一事物,或遇到某一事件,思想上常常闪出"火花"。如果在创作时出现了这种现象,能不能使"火花"发展到"燎原",关键是我们对主题的领悟能力和对审美对象的把握。

创意型的节目,想象与瞬间的捕捉以及如何运用捕捉到的形象,都离不开总体构思,也不能偏离主题。

4.想象要注意情感的把握。

如何把握感情,需要在观察中积累审美的经验。中国传统的情景说,认为情受到物的影响。感情对审美把握的准确性,要在认识客观和表现生活之中来实现。感情把握得越好,越准,艺术就越有生命力;如果脱离了实际生活,想象中的感情就成了一种纯主观的表现。

5.想象要攻其一点。

"攻其一点",是指在每个环节都要下功夫。

6.想象要善于运用空镜头画面。

充分运用空镜头画面(声画对列的一种)来表现主题和事件的发展,是专题节目创作的一大特点。几乎所有的景物,只要它们与表现的主体密切相关,那么我们就可以赋予它情感和思想,使主体得到升华,人物性格更为丰满。

7.想象要敢于否定自己。

这里讲的否定是修改、提炼、提高和升华。创作就是在不断否定之中发现和认识新的东西。

(臧树清)

(摘自《电视研究》1994年第7、8、9期)

提高节目质量三题

清醒的编导们认识到这样一个真理:电视节目一定要做得好看,有意思。要用90年代的视点,表现90年代的风采。可以说,这是一场前所未有的电视大战。谁赢得了观众,谁就是这场战争中的胜者。

一、走进个性世界

在这场电视大战中,谁的电视节目拥有了个性,谁就赢得了观众。如《夕阳红》,它担负着为全国一亿老年朋友服务的重任。服务对象找到了,节目的定位也就找到了。

漫长的人生之路,坎坷的人生经历,堆集了人类的巨大财富。老年群体是人生之精华。他们热情,有知识,有较强的辨别事物的能力。作为社会人,老人们不仅需要新鲜的知识,美好的享受,人生价值的体现,更重要的是全社会对他们的关注。老人们的这些需求,恰恰我们的电视功能都可以达到。

新闻节目追求时效性,真实性。文艺节目追求艺术性,娱乐性。专题节目追求思想性、服务性。而老年节目呢?除了以上所列节目的特点外,还要加上温馨、从容。这就意味着老年节目除吸取其他类节目的长处外,一定要发展自己的个性。因此,我们就应该从选题、拍摄方式、主持人的言谈、采访技巧等诸方面去探索一种符合老年人心理的节目制作方式。要在节目的编排、构思角度、传达信息等各方面突出其个性。只有突出节目的个性，办出特色，才能在激烈的电视屏幕大战中占有一席之地。

二、学会讲述故事

一个教师在课堂上绘声绘色，会把学生带进知识的海洋。一个说书人书场上妙语横生，会把听众带进迷离的情节之中。一个电视节目的跌宕起伏，会把观众紧紧地吸引在屏幕之前。这一切除了内容所起的作用外，表述方法，也就是结构是个不可忽视的重要因素之一。

在电视节目中，同一题材，不同的结构，不同的表现手法，会收到不同的收视效果。一个好的题材，平铺直叙，会给人以平淡无味之感。一段人生经历，精心结构会催人泪下。可以说结构在电视节目制作中占很重要的地位。在这里，我们暂且把电视节目的这种结构方式用讲故事来比喻。

杂志性栏目，信息量大，内容繁多，每个小栏目的时间长度多则十分、八分，少则三分、五分。要想在一个有限的时间里表现一种思想，讲述一段故事，确实需要编导们调动电视的所有手段，去浓缩生活的精华。大专题比小专题好作，大故事比小故事好讲。但是不管怎样，一个电视编导应该对你的选题进行深入的采访，认真的构思，也就是说拍摄前期要根据素材构成出一个有趣的故事来，然后再用电视的语言讲给人们听。如何开篇？怎样发展？结局是什么？故事讲得动人了，电视节目也就作得有趣了。这里要强调的是，精细的案头工作，会给电视节目注入神奇的力量。

三、纪实呼唤艺术

自从新闻的纪实风格被迁移到电视纪录片后，人们很快被那贴近生活的参与性情节深深打动。殊不知人们的模仿思维大于创造思维，一时间电视节目的纪实风格似乎成为独一无二的表现手法。记者的随意提问，被采访人的调侃，摄像机的晃晃悠悠，构图的无规则，使得许多内容极好的电视节目一下子降低了一个档次。可以说，此时的电视节目只完成了拷贝生活的功能。电视除了要表达生活的真实外，还需要传达生活的美感。因此，电视节目的艺术性是一个不可忽视的问题。

我认为，纪实性只是一种风格，纪实风格只能解决观众的身临其境感。一个好的电视节目还要靠结构，靠光效、画面的美感编织而成。纪录片如此，杂志性栏目也如此。在这方面，《望长城》、《广东行》等片子都做出了很好的榜样。实践证明，只有纪实性与艺术性相结合的电视节目，才能使观众从节目的外延与内涵中享受到所要表达的情感。提高节目的水平是摆在我们面前的头等大事。节目做好了，做精彩了，就赢得了观众，否则，人家一换频道，我们所做的一切都将变成了泡影。

（尹　力）

（摘自《电视研究》1994年第8期）

从社教部的几次易名谈专题节目的界定

笔者从事社教节目20多年来，经历了从社教部到专题部，又从专题部到社教部，最后成了社教中心的专题部的几度变迁。从一个部门名称的变化中折射出我国电视事业从理论上和管理上逐步成熟和日益完善的过程。

中央电视台从诞生之日起，就有专人负责社教节目。1963年正式设立了社教节目部，直到十年动乱结束之前，中央电视台除了技术制作和行政部门外，只有新闻部、文艺播出部和社教部三个编辑部门。由于条件的限制，特别是受技术和设备的制约，新闻、文艺和社教三个部的任务基本上还是按照节目制作的手段来划分的。

那时还没有小型电子采访设备，新闻记者采制节目，主要是靠摄影机，文艺部主要靠转播车，社教部除时政转播和体育转播外，大多数节目都是在室内完成的（而且以直播为主）。这样就给人们一个错觉，似乎新闻部就是拿机器拍片的，文艺部就是搞剧场转播的，社教部就是搞演播室节目的。

这样的机构设置和分工还容易给人们造成一个错觉，以为搞专门性栏目就是社教部的事，或者进而以为专题节目就是社教节目。

十年动乱结束以后，中央电视台的机构进行了一系列较大的调整。原来的社教部变动相当大，先是国际知识、政治转播、体育节目、政治性讲话被划了出去，然后是两个专题部的成立。社教部剩余的部分为专题一部，新闻部的纪录片部分从新闻部分离出来，为专题二部。从客观上来看，似乎已经在强调新闻性专题和社教性专题的区分。从原社教部分离出去的节目除《国际知识》（即后来的《世界各地》）理所当然地划归国际部以外，时政转播、体育转播和政治性讲话节目与其他节目相比，都有着更为鲜明的新闻属性。后来专题一部改名为文教部。文教部下设《文化生活》组、科技卫生组、少儿组。科技卫生组设《科技与生活》、《卫生与健康》和《为您服务》三个栏目。这次部门名称的改变和栏目的设置比较明确地把社教性专题节目限定在知识性和服务性的范围。

从1983年以后，中央电视台编辑部门的机构调整更加频繁，一些栏目分了合，合了分，后来两个专题部合二为一，对象性比较强的少年儿童节目、体育节目先后从专题部分离出去，分别升格为青少部和体育部。到1987年大型综合性板块栏目《九州方圆》出台前，专题部剩下了《为您服务》、《卫生与健康》、《规矩与方圆》、《兄弟民族》、《人物述林》、《祖国各地》等几个栏目。

1987年底，《九州方圆》停办，它的原班人马和电教部合并，又改称社教部，以上几个栏目先后恢复，并增办了以爱国主义为宗旨的《神州风采》和以残疾人、老年人为对象的《银手杖》。这些栏目的设置也还是集中体现了社教性专题节目的知识性、服务性功能。

1990年3月，社教中心成立。社教中心下设社教部、教育节目部、青少部和地方组。中心的成立标志着社教节目的发展进入了一个新的阶段，从社教中心所属机构的设置，比较明显地体现出了社教节目的知识性和服务性特征。1993年，社教部更名为专题部，但它的知识性、服务性功能并没有因此而改变。随着新闻中心、社教中心、文艺中心和海外节目中心的相继成立，各类专题节目的属性从机构设置上应该已经明确了。至于一些对象性比较强的栏目，虽然也属于社教性专题节目的范畴，如《军事天地》、《经济半小时》、《体育之窗》等，依据它们自身的一些特殊性，划归与自己相对应的专业性比较强的节目部分，便于节目的整体考虑和安排。

当然，一个部门名称的变化不能说明一切。即使现在我们也不能说中央电视台的机构设置是完全合理的，更不能说各个节目部门的名称是准确无误尽善尽美的。现实的问题是要进一步从理论上搞清楚什么是新闻性专题，什么是社教性专题，什么是文艺性专题，它们的个性是什么?相互之间有什么内在的联系?是新闻专题，就应该突出它的新闻特色，围绕新近发生的事实，集中火力作深度报道和评述(《焦点访谈》就体现了这一特色)；是文艺专题，就应该突出自己的艺术优势，根据各个时期艺术界的情况，组织有分量的高艺术品位的专题节目，向观众奉献出有艺术特色的精品；是社教专题节目，就应发挥服务性和知识性节目的特长，在教、科、文、卫、法制、民族等社会领域中纵横驰骋，编导出独具个性、有声有色的，融知识性、服务性、欣赏性、娱乐性为一体的，受观众欢迎的节目，为提高中华民族的科学文化水平，为倡导科学文明的生活方式，为建设社会主义精神文明作正确的舆论导向和服务。

电视作为一门综合性的艺术，不可能把新闻性、文艺性和社教性专题的界限划分得像楚河汉界那么一清二楚、泾渭分明。各种属性的专题节目不可避免地要互相渗透、互相交叉，部门和部门之间，栏目和栏目之间不时地有些交叉，是不可避免的。这样有竞争有合作，可以促进电视专题节目的繁荣和发展。任何纯新闻性的专题，或纯文艺性、纯社教性的专题节目都是不可想象的，不过在选题范围、表现方式上要突出各自的特色罢了。

（段忠应）

（摘自《电视研究》1994年第10期）

栏目化、正点播出及其思考

能不能对电视节目实行栏目化管理，能不能保证电视节目的正点播出，是检验一个电视台节目管理水平的重要标志。众所周知，节目的安排与播出，是节目从制作到完成的最后归宿，是电视节目制作者全部劳动的最终体现，也是电视台把电视节目奉献给电视观众前的最后组合。组合的好坏直接影响着电视节目的收视率，影响着观众的收视习惯，影响着观众的饮食起居。

中央电视台之所以能够在1993年3月以来坚持节目的栏目化安排和正点播出，有以下几个方面是可以进行认真的总结并做出理论思考的：

一、科学规划，合理安排

中国电视事业已走过的35年的光辉历程，为电视节目的科学管理特别是电视节目的安排与播出，提供了丰厚的实践经验，探索了极有价值的规律。随着电视节目制作能力和电视节目质量的提高，广大电视观众对电视节目的要求也不断提高，不同年龄层次，不同文化层次，不同地域层次的观众对节目的播出时间有不同的要求，电视节目的安排不同于报纸和刊物，可以在同一天、同一期登出各种各样的文章供不同的读者对象选择。电视节目的安排，同一频道的同一时间只能是播一种节目，一个节目。播完一个节目才能播另一个节目。一个节目播完后，除重播不可能再看。而对一个电视观众来说，时间是流动的，一去不返，稍纵即逝。这些特点都要求电视节目的安排比报纸排版面更科学、更复杂，更有针对性，否则你排出的节目，想看的人看不到，不想看的人又不能有别的选择(除非是换频道，而换频道也有一个能不能适合其口味和要求的问题)，观众自然会有意见。当然，一种节目的安排要满足所有人的要求是不可能的，但是通过科学的总结和分析，制订出符合大多数观众收视习惯的栏目表还是可行的。

二、领导坚决，贯彻得力

一个新的措施出台，没有领导的坚强决心和坚决支持是很难贯彻的。新栏目表出台前，总编室反复研究，广泛征求台内外各种意见，反复修改十几稿，提出初步方案；编委会多次讨论并反复征求各部门意见，在充分吸收各种意见、充分发扬民主的基础上，栏目表才拍板定案。栏目表确定后，台长在大会小会上强调：新栏目表各部门都要坚决贯彻，任何人无权更改，如遇特殊情况需要临时调整节目，必须要通过总编室报告台长，别人无权作主。凡冲击栏目的节目，特别是冲击黄金时间栏目的节目，都是台领导亲自过问、亲自决策、亲自顶住来自各方面的压力，使做具体工作的同志感到有靠山，工作得以顺利进行，保证了栏目表的贯彻。

三、严格要求，严格管理

实行节目栏目化，正点播出，一个重要的前提是节目长度的规范化。在新的栏目表中，对各种栏目、节目的长度都做了非常具体的规定，要求以秒为单位，可以负5秒，但是必须是正0秒。现场直播节目可以负5分，但不能超时。一集电视剧为47分钟到49分钟，加上剧本身带的广告不能超过50分钟。总编室在台领导支持下，坚持严格要求，严格管理，毫不动摇。超过时间长度，不管是谁的节目，坚持卡尾巴。要做到零秒播出，难度最大的是新闻节目。新闻中心提出全天11次新闻包括《新闻联播》一秒不超。一年来，除"两会"期间极特殊情况下经台领导批准有几次例外之外，新闻中心的新闻全部做到了正点播出，一秒不超，这确实是中央电视台新闻节目制作和播出的一个奇迹，也为全台栏目化、正点播出做了榜样。

四、灵活处置，正确指挥

一般情况下，坚持栏目化、正点播出问题不算很大，但遇特殊情况如何既保证特别节目的播出，又保住其他节目不受冲击呢？在栏目表设计时，对这个问题就有较周密的考虑，其基本思路就是"积木法"。从整体上看，整个栏目表所分割的一块块长长短短、大大小小的节目的长度就像一块块积木，大小积木拼装起来，就构筑成了一个完整建筑。假如其中一块积木受到冲击，那么我们可以把这块积木拿下来或作调整，换上一块新的填到受冲击的那个位置上。就既能保证积木建筑的稳定，又保证新换上的积木处在适当的位置上。当然，摆好调整后的积木，需要的是灵活的处置，正确的指挥。

五、全台上下一盘棋

实现栏目化、保证节目的正点播出是一个大的系统工程，任何一个环节的出色工作都是对这个系统工程正常运作的有力保证，反之则会威胁到这个系统的运行。在一年多的工作实践中，全台各部门特别是节目编辑、制作部门克服了很多困难，付出了艰巨的劳动，为保证中央电视台栏目化的实施作出了贡献。

（周 经）

（摘自《电视研究》1994年第5期）

大型电视专题片制片工作浅识

一、制片管理的重要性

大型电视专题片的制作管理，首先就是制片管理。制定和安排一部电视片的摄制计划，预算与进度，如同运筹一场战役一样复杂。应该肯定，制片管理是一门现代化的管理艺术，是制片管理者面对摄制群体实施艺术管理的总和。只有通过制片管理者对总体流程的宏观控制和微观指挥，编导才可能专心致志地去保证专题片创作的艺术质量。

二、制片人员的自身文化素质和修养

在英语中把"制片"（Producer）这个词解释为：(1) 经营影、视片生产的企业家；(2) 被委派管理一部影视片生产的管理者。而在中国的影视生产中，制片、制片主任的职务被释为剧组的行政领导，负责组织和利用全剧组的人力、物力、财力等资源去完成制作任务的组织者、指挥者。实质上制片应是集艺术、经济、政治、文化、技术、行政管理于一身，其职责就是保证、监督和组织电视片艺术生产的顺利进行，以确保艺术质量的提高。

制片管理者应具备如下素质：

1. 较高的政治素养和业务素质。

制片主任的职责是统揽整个摄制组，把握摄制全过程；不但要对全剧组起着凝聚、粘合作用，而且还要和编导一起制定实施计划，实行财务管理，筹备摄制器材，衔接各部门工作，协调相互关系，安排全组生活等。要完成如此全面、繁杂和艰苦的工作，制片主任就必须具有较高的政治素养，具备坚定的组织原则，机动灵活的工作方法和艰苦扎实的工作作风；严于律己、以身作则；通过自己的工作，使摄制、生产的各个部门有机地衔接起来，把全组人员的积极性和聪明才智最大限度地调动和发挥出来，使瞬息多变、头绪纷繁的摄制工作，始终保持最佳运行状态。

制片、制片主任还要具有一定的艺术修养，熟悉各工种的业务。懂得电视制作中的每一个过程，就能在计划安排上为编导创造一个良好的摄制条件，并使全组同志都明确编导的意图，为导演创作提供方

便。

2. 较高的组织能力和指挥能力。

一部大型专题片的拍摄，其摄制群体往往是由主摄单位组织，有其他部门参加或外借一批演职员参加的临时机构。制片管理者要统揽整个摄制组，把握摄制全过程，就必须具有较高的组织能力和指挥能力。特别是在拍摄重大活动场面时，往往是人最多、最乱的时候，人与人之间，各部门之间的协调配合非常重要。

3. 懂得经济管理。

大型专题片的投资巨大，作为剧组的主要组织者之一的制片主任，就必须具备清醒的经济头脑、良好的经济意识和严格遵守经济规律和法规的观念，做好计划管理。同时，制片人员还应懂得，经济管理是为艺术服务的，是保证专题片摄制的，所以还要具有把经济效益同艺术创作规律很好地结合起来的能力。

做好经济管理的一项任务就是制定预算和计划管理，它是同经费发生最直接关系的部分，没有计划，实现目标的任何行为都将成为杂乱无章的活动。一个摄制组由几个甚至十几个不同部门和工种组成，如何使之协调起来，共同创作和生产，制定拍摄计划就是制定预算后的首要任务。一个科学的计划常常可以带来较高的效益，确保拍摄任务如期完成。

三、制片、制片主任与编导的关系

中国电视剧制作中心录制组工作守则明文规定："录制组组建后，即建立以制片主任、导演为核心的领导小组，实行集体领导、分工负责。在管理上，制片主任负责全面工作；在艺术创作上以导演为中心。"如上所述，导演、制片主任既然同是摄制组的领导者和组织者，那么二者在工作中就必须密切配合，尽力寻找一个最佳凝聚点——艺术创作的目标和经济承受能力的最佳契合点，在相互理解和相互支持中完成既定目标。

有人说，编导和制片主任之间的矛盾是绝对不可避免的。其实这种矛盾主要是艺术创作与经济管理的矛盾，往往是编导只管创作，制片只管财务，彼此相互分离所造成的。解决矛盾的最佳办法就是制片主任不但要精通经济管理，而且还要不断学习电视创作艺术，要理解并支持编导的艺术创作，力求提高艺术质量。而编导也必须有经济意识，学会理财。导演、制片主任只有相互熟悉对方的业务，才能不断改进工作，提高效率。当然要做到这一点也是很不容易的。但是，一旦矛盾发生；作为制片主任，不仅要坚持原则，更重要的是善于解决矛盾。

（曹广来）

（摘自《电视研究》1994年第5期）

青少年节目力争有新的开拓

少儿的成长，没有哪一天不受电视的影响，因为电视的魔力是非常大的。国家要好好发展，关键是培养好下一代，认真塑造好孩子的未来形象，这是最大的国家大事。所以，从事少儿工作是非常光荣的一个职业，是功德无量的事情。

"精品"这个概念，我认为它应包涵这么几个内容：(1) 有一定的震撼力；(2) 有相当的观众群；(3)有一定的思想文化内涵；(4)节目有鲜明的个性；(5) 形式有一定的新的创意，新的思路。

现在，少儿节目还没有达到完全的精品，虽然很多作品的设计已经脱离了哄孩子的阶段。节目普遍开始把孩子作为主人，调动孩子自身积极性，让他们能主动地参与。爱国主义、集体主义、革命英雄主义，远不是一般的抽象概念，而是非常重要的品德培养。另外，我们一定不要把过去不好的思想方法传给孩子，譬如：说话办事不实事求是，习惯于说空话大话，满口的标语话、保证话。这会把孩子个性束缚住。

少儿电视节目怎样选题，怎样影响造就下一代，这是非常重要的。我们应该提倡孩子们(不管是男孩子女孩子)具有阳刚之气。要反对塑造孩子们的脂粉气、奶油气、豪华气、低俗气，提倡孩子们的阳刚气、书卷气、生活气和时代气。

其次要给孩子们更丰富的视野。动、植物世界都有广阔的天地，我们可以把这些知识介绍给孩子们。

电视里的形象很有权威性，鞠萍姐姐对孩子们来说可敬可信，所以我们要注意把孩子真正需要的形象给他们。要有新的思维视角，不能束缚住孩子的思路，办节目首先要适合孩子的口味。

搞游戏节目同样要有新的构思、新的开拓，应该有创造性。全国各地都可以把地方特色的游戏搬上屏幕，可以出电视游戏大全。我们应该多给他们提供一些自己动手的节目，使他们成为节目的真正主人。把孩子的智力、兴趣全面调动起来，培养他们勇敢地面对困难和解决困难的能力，这是办节目的思路。

少儿电视工作者成功的经验有以下几点：

1. 队伍水平有所提高，在电视特性的掌握上有了新的认识。在电视特性方面，充分运用电视空间把更大的知识量、信息量给孩子们。下一步的构想是用电视来书写电视节目。譬如电视散文的形式，用散文作笔、屏幕作墨，融为一体。应该用电视手段把内容和形式结合起来。

2. 有好的创意和策划。

3. 敢于创作一些有分量的节目。

4. 很多节目精心制作,加强了孩子的针对性和参与感,如请孩子作节目评委等。

少儿节目的不足之处,具体分析有以下几点:

第一,有的节目缺少章法,没有抓住中心,节目显得零乱。

第二,节目办得太"文",文诌诌的,显得大人气,缺少必要的童趣。

第三,太局限于就事论事,缺乏神趣,没有创新感。

第四,缺乏参与感,把孩子放在屏幕外面,成不了主体,自然引不起孩子的兴趣。

第五,摆布过分,显得过于做作。

第六,有的节目没有做艺术处理,比较简单、原始。

第七,幼儿节目普遍感到童趣不足。

第八,缺乏好的主持人,好的队伍结构。

第九,在构思上老一套,老办法,缺少新意。

第十,缺少少儿节目特定的节奏感。儿童思维是跳跃的,节目制作上需要有跳动感。

提几点希望:首先,要引起各级领导重视,要精心办节目。少儿节目是不可忽视的一大类,需要技法高超的电视工作者,就像需要有好的医生才能胜任小儿科。

第二,少儿工作者要深入了解对象。成人与孩子毕竟不同,儿童有着好奇、好动、好新、好模仿、好参与、好幻想的天性,我们要做的就是设法抓住他们的特点,引导他们走上"真、善、美",健康成长。

第三,努力把少儿节目办成全国名牌节目。

第四,打开思路,开拓新的领域,新的样式。

第五,应该强调形成节目整体感的栏目,要推出特定的形象。

第六,要提高责任感。希望各级领导重视少儿节目的人员配备,提高整体素质。

(洪民生)

(摘自《中国电视》1994年第9期)

儿童电视节目的审美取向

儿童节目在电视节目中是单独的一个类别,研究儿童节目美从何来,无疑要研究儿童观众的收视心理,这样才能把握儿童节目的审美层次。

一、儿童感知的特殊性

1. 儿童感知的强度。

观众接受节目有两大层次:外部的和内部的。前者是感性认识,后者是理性思考。感知属外部层次,也是审美活动的第一个过程。儿童节目编导把精力更多地放在第一个过程上。因为一般认为调动儿童的理性思考要比成人复杂得多,且不易做到。也就是说,我们重视儿童的外部感知是基于儿童的审美是低层次的这种认识,这实在是一种"误会"。为什么我们还会大量制作这类节目呢?因为我们没有认真研究儿童的感知,误以为他们喜欢。儿童的感知是模糊的,一般不会对某件事物作出否定的回答,但儿童的感知又是精确的,只要让他们比较。我们应该寻找最适合儿童观看的外部形态。

2. 儿童感知的形态。

研究者发现,教孩子们认知一件事,过程必须短暂,但提供给他们的信息必须要多,丝毫不必担心孩子们会接受不了。同时,要想让孩子们盯住屏幕,画面中的人就必须总是在动,包括字幕。能够让孩子们在看节目的时候边看边跳,这样的节目是最成功的,以这样的方式让孩子们认知事物也是最可取的。儿童的感知具有这样的特点:较少逻辑性,却能同时接受更多的信息。了解这一点对于我们制作节目是非常重要的:儿童节目要以复杂的形式表现简单的内容。

二、儿童注意力的把握

在通达儿童审美深层次的道路上,还有一个中介——注意力。注意力,是接受美学中的一个概念,研究观众的审美心理,没有不研究观众注意力的,我们谈儿童节目的审美取向,更不能不谈儿童观众的注意力。我们研究儿童观众的注意力,只着重一点:怎样使儿童的审美活动主动一点。

从理论界的研究成果来看,一般把注意力分为两种:无意注意和有意注意。我们在谈儿童的时候,称为被动注意和主动注意更为恰当。一般来说,我们的儿童节目往往更注重儿童的被动注意,因为这种"瞬间的吃惊"获得的收视效果看起来更令人满意。这有它的合理性,这同儿童好动、好奇的天性是吻合的。问题是我们在大量的节目中放弃了对儿童主动注意的开掘,这从节目的美学价值来看是极大的损失。实际上主动注意就是我们所说的参与感。单纯靠"瞬间的吃惊"来保持儿童的审美兴趣是可以做到的,但它却永远会使儿童的审美处于被动状态。我们的儿童节目制作者应该明确,让儿童费点力气、动点脑筋获得的审美快感是最有意义的。

注重把握儿童的主动注意是帮助儿童顺利实现审美全过程的一种有效的手段。这一点在国际儿童节目领域已得到普遍的认同,应该引起我们的高度重视。怎样吸引孩子的主动注意,触动他们深层次的心理活动，使节目真正做到寓教于乐，应是我们儿童节目编导的美学追求。

三、两种不同的方式

一般来说，儿童节目的拍摄，包括娱乐、专题、甚至串连词，大都可以归结为两种方式：营造式和启发式。

1. 营造式带来的审美快感是浅层次的。

营造式的着眼点是高于儿童生活常态的事物。它的最大特点是把成人的感受交给孩子来体验。可是，儿童对待强加给他们的东西，即节目中一切成人的感受，孩子们都不会真正接受。在我们拍摄一个节目的时候，孩子们可以按照要求出色地完成，但这是一种在机械模仿基础上产生的形式美，带有很强的技巧性。这类节目能够给观众一定的审美愉悦，但不是高层次的。它们与其说是拍给孩子看的，还不如说是拍给成人看的，因为欣赏形式美需要知觉的缜密和素养。孩子们在心理上与节目的内涵不能接通，则审美活动只能停在浅层，从审美活动的全过程看，也只完成了一半。

不注意同儿童的心灵对话，偏重于对形式的迷恋，这是营造式的特点，它不是面对生活的，这种形式美最终也只能使儿童的心理活动停在低级阶段。

2. 启发式带来的审美快感是深层次的。

如果说营造式的视角是基于成人的认知，那么启发式的视角则基于儿童的认知。它有这样两个特点：首先，它以对儿童情感的控制取得儿童情感的共鸣，它注意准确地把握最能触动儿童内心世界的外部形态，它始终追随着生活的常态，其审美价值格外厚重。其次，它以对儿童思维的领悟，寻获无所不在的童趣。儿童与成人的不同之处就在于：儿童做事无意要达到什么目的，而成人做事总是要有一定的目的。前者的情绪是流散的，后者的情绪是有意控制的，而启发式节目深知这种流散状态恰是童趣的精华，也是儿童节目魅力之所在。如果说营造式是将个别升华为一般，那么启发式便是在一般中发掘个别，各自的审美定位，泾渭分明。

我们现在可以对儿童节目的审美取向作些归纳。它有这样一些层次：感性的和理性的，被动的和主动的，宏观的和微观的。从接受美学来看，一个节目的美学力度在观众的接受阶段，儿童节目尤为如此。我们没有替儿童抽象的权利，也没有借童心随意敷衍的自由，而必须要在特定的情境中展现幼小的心灵，体味稚拙的情感，我们应该凭借儿童特有的心理机制来发挥创作自由，化童稚为神趣，使它类节目望尘莫及。

（张小军）

（摘自《电视研究》1994年第9期）

从《七巧板》看儿童电视节目改革

一

《七巧板》栏目创立于1985年，是中央电视台唯一的儿童节目，相对全国各省、市电视台的儿童节目来说，它资格老、覆盖面大、制作力量强。它的面貌直接影响到整个儿童电视节目的面貌。目前电视对儿童的影响越来越大，在电视机旁成长已成为现代大多数儿童的一个重要特点。这就要求我们的儿童电视必须形成规模，必须将它视为一项培养造就祖国未来公民形象的系统工程。每一个有责任感、有事业心的儿童电视工作者都应该明确地感悟到：现在，我们正处于一个历史性的紧迫关头，那就是——建立中国自己的、富于民族特色的儿童节目体系；树立中国自己的、富于中华民族传统美德与现代精神、为中国儿童所喜爱的儿童形象；将我们民族文化的精华与世界先进的教育思想相融合，协助幼儿园、学校、社会培养一代有理想、有敬业精神、有个性、富于现代意识、身心健康的未来公民。

二

我认为，儿童电视节目应包括三方面内容，即：知识；道德；能力（体能和心智）。

儿童电视节目是独立于幼儿园（小学校）之外的、帮助儿童身心发展的另一个天地。它以幼儿园（小学校）的教育内容为自己工作的参考之一，它利用自己特有的声画合一、超越时空的丰富的艺术表现手段，向儿童展示一个比课堂更广阔、更深入、更多样、更直观的世界。它不仅向孩子讲结果、更能向孩子展示形成结果的过程。它不是单一的叙述、而是多角度、多形式的表现。我们必须充分地利用电视的无可比拟的优越性，寻找出电视独有的表现视角，兢兢业业地去编、导儿童电视节目。

儿童电视节目作为儿童认识世界的一个窗口，对社会生活的表现必须是有选择的。因为它的观众判断能力有限，对电视所提供的信息很难做正确的取舍。同样，他们也分不清现实与虚构，且儿童的心理承受力也十分孱弱。但随着高科技时代的到来，人类社会的足迹已能轻易地跨越地球到达外层空间，高速发展的现代社会对人的要求越来越“苛刻”。作为培养教育人才基础之基础的儿童电视则与幼儿园、家庭一道共同担负着最初的启蒙任务。儿童电视节目应根据社会发展适时调整自己的表现内容和表现形式。我认为，目前的儿童电视节目应及时扩大表现范围：除保持过去提倡真、善、美的传统外，还要表现形形色色的矛盾、形形色色的人物以及儿童可以理解的有关世界的各种知识。让孩子认识各种各样的、有血有肉有性格的人物，认识自己身边正在发生或将会发生的各种事物，以增强儿童的辨识和适应能力。只有这样，才能把前面提到的儿童节目三个方面的内容表现得更具体、更有力、更有效。

三

儿童节目宏观上分为三大内容：知识、道德、能力；微观上说，儿童节目应根据儿童的成长需要，有意识地带领儿童去认识社会生活的各个侧面：生活中的小矛盾、各种各样的人。那么，怎么去表现这些内容呢？

儿童电视节目无论是内容或是形式都离不开想象。儿童电视节目应该遵循这一规律去构思制作。要根据儿童节目的三个主要内容，儿童发育成长阶段的生理、心理特点，以及现阶段儿童的普遍状况制定栏目的年度宣传、播出计划。确定哪些知识性节目是适合观看的；哪些道德行为规范是应该马上告诉儿童的；在动手动脑能力方面设定哪些倡导性的、有影响的活动（当然，在很多时候这几方面的内容不可能单独割裂开来）；另外，在年度宣传计划中，每一季度的宣传重点是什么，必须有所体现。

内容设定之后，就要为内容寻找一个最佳的传播形式。对儿童来说，最佳的接受方式就是娱乐性地去表现。所谓娱乐性，就是喜剧的、浅显的；而表现就是要求直观地扮演。他们有着与儿童相似的性格、习惯（这些不同的性格和习惯都是儿童节目制作者为达到更好的教育目的、根据当今儿童中具有代表性的问题有意识地设定的）。在节目中，这些人物担负的任务有所侧重。当他们在导演精心设计的小情节中碰到一起时，就会产生矛盾、就会有冲突。而电视机前的小观众无疑会被这幕与自己有关的“戏”所吸引，并本能地参与进去。

在这种新的节目形式中，以往人们对节目主持人的概念发生了变化。他（她）不再只为承上启下、活跃气氛而出现。不再正襟危坐、滔滔不绝，摆出一副阿姨或老师的样子。这时的儿童电视节目主持人很难分清自己和角色的界线，他（她）要以导演规定的夸张的性格表演、去完成节目的意图。主持人越是进入角色、自我意识越是淡漠，与孩子的距离就越近。自然，孩子也就认可了你、认可了你的节目、认可了节目中所宣扬的东西。

我认为，虽然目前从整体上看，栏目的风格还不统一，但是只要坚持这一条路走下去，加强整体规划，加强每一期节目的戏剧性，突出每一个人物的性格特点，使情与理、知识与道德、娱乐与教益更好地结合，《七巧板》栏目才能更上一个台阶，紧紧地吸引住全国的小朋友，成为他们亲密无间的好朋友。

（李　蕾）

（摘自《电视研究》1994年第3期，标题作了改动）

青少年观众收看电视行为与心理分析

为了对国内青少年观众的收视行为和心理做一全面考察，我们对1992年全国电视观众抽样调查的数据做了进一步的分析。

一、青少年观众拥有媒介工具和接触媒介的情况分析

1．青少年观众家中拥有的媒介工具情况。

青少年观众家中听觉媒介平均拥有率最高，其次是视听媒介，印刷媒介排在最后。

2．青少年观众接触媒介的情况分析。

60.1%的青少年几乎每天都接触电视，极少或从不接触电视的比例仅占1.5%。青少年接触电视的频率显著高于接触广播和报纸的频率。

二、青少年收看电视的行为特点

1．收看特点。

在自己家看电视是目前青少年收看电视的一大特点。

2．收看同伴。

在家与家人一起看电视是当前青少年观众的另一个收视特点。

3．同时的伴随活动。

在观看电视的同时，也从事其他活动是青少年观看电视的另一收视特点。

三、青少年观众的收视动机和收视兴趣

1．青少年观众的收视动机。

青少年收看电视的动机依次为：增长见闻、娱乐消遣、了解国内外时事、学习各种知识、了解各种方针政策、休息休息、了解商品信息、了解本行业动态、消磨时间、寻求精神寄托和寻求刺激。其中增长见闻、娱乐消遣、了解国内外时事、学习各种知识以及了解各种方针政策是主要动机。

2．青少年观众的收视兴趣。

青少年观众对娱乐性节目感兴趣的程度最高，其余依次为：知识性节目、实用性节目、艺术欣赏性

节目，思考性节目竞技性节目和信息性节目。

四、青少年观众收看电视的心理反应

1. 青少年观众收看电视时的心理定势。

定势是指进行某项活动时的心理准备状态。定势在影响青少年决定收看某一节目过程中起着非常重要的作用，这提醒节目部门，树立栏目良好形象并事先进行宣传是提高节目收视率的一种良好途径。

2. 青少年收看电视后的心理反应。

主动的与别人交流对节目的看法是青少年观众收看电视后心理反映的一大特点。在一般情况下，青少年观众与同学朋友对节目的看法的一致性程度最高，其次是家里人，与社会主流的一致性程度最低。

五、青少年观众对电视的态度

1. 观众对电视功能的总体评价。

青少年观众对"电视使不同国家、民族、地域的人们相互了解，促进了彼此之间的交流和沟通"、"电视对家庭和社会有凝聚作用，使人们之间有了共同的谈论话题"、"电视节目可以丰富人们的业余文化生活，满足人们的精神需要"、"电视渗入千家万户，对人们的生活方式起着指导作用"、"电视开阔了人们的视野，并给人们提供了大量信息"、"电视传播迅速、逼真、生动，能及时影响社会"这几种看法均给予积极评价。

对"电视助长人们的消费心理"这种看法，青少年观众持赞成的态度。对"电视助长了少年儿童的早恋意识"和"电视使儿童模仿学会了各种不良行为"这两种看法，青少年观众基本上持不太赞成态度。对"看电视占去了大量时间，影响了亲朋邻里间的正常交往"、"电视形象化，使人们满足于事物的表面现象，失去动脑筋、勤思考的主动精神"以及"电视限制了儿童的想象力创造力"这些看法，青少年观众持不赞成的态度。我们对电视的六种消极评论经过逆向处理后，与对电视的六种积极评论一起进行了统计分析。结果发现，68.0%的青少年对电视的态度"比较积极"和"积极"。这说明，电视深受大部分观众的喜爱，他们对电视的态度是比较积极的。

2. 青少年观众对电视内容真实程度的评价。

青少年观众对电视报道内容真实性程度的评价依次均为：新闻消息、专题报道和商品信息。在三类节目中，青少年观众对商品信息的真实性评价最低。

（张令振）

（摘自《北京广播学院学报·人文社会科学版》1994年第2期）

走出国门的中国电视

——关于对外节目几个问题的认识

一、电视对外节目的观众对象

电视对外节目以外国人为主要对象还是以海外华人为主要对象，可按不同的国家和地区作不同的对待。从对外的总体来讲，应以外国人为主。因为中国电视走向世界，决不仅仅是走向海外的华人世界，而是要让世界各民族都来了解中国，认识中国。在有些地区，首先满足当地华人的需要也是必要的。例如北美地区，那里的华人有相当可观的数量，总人口将近三百万。在有些城市，华人有独立的社会体系和经济体系，许多人进入政府和议会工作。经过他们的努力，在某种程度上会影响所在国人民对中国的了解和认识。

中国的电视在北美华人社会中已经有了很大的影响，而且还在逐步扩大。但要进入当地主流社会，仍需要做艰苦的努力。就美国而言，社会发达，文化艺术也极为丰富。美国人有自豪感，也或多或少有排他性。所以美国的电视台，特别是大电视网，很少采用外国节目。中国的电视节目除了新闻被美国有线新闻电视网采用，其他节目则只被地方台少量采用。

二、电视对外节目的种类和内容

在电视对外节目的内容上，我们曾经强调多采用文化、艺术、风光等政治性不太强的节目。这一做法有一定的片面性，会给观众造成对中国认识上的误解，认为中国依然停留在历史上，津津乐道于祖先的功绩。今天的对外节目责无旁贷地要把改革开放的中国呈现给世界，因此，新闻节目和新闻性专题节目就应占据首要位置。

现在中央电视台每天通过卫星向外播出的新闻节目有国内重要政治、经济新闻，有专题连续报道，有社会新闻，这些内容对海外及时了解中国起到很好的作用。特别是一些专题连续报道如三峡工程、北京城市建设等都表现得及时有力。在对外新闻节目中，如果能再增加体育、文化方面的重要新闻，效果会更好，因为外国人和海外华人对文体新闻都有浓厚的兴趣。

新闻性专题节目，在海外也很受欢迎。如《东方时空》、《中国报道》和经济信息方面的节目。这些节目篇幅稍长，较之新闻可以更深入、更具体地阐述某些问题。

各类专题节目，可以满足有不同兴趣和爱好的观众的需要，像体育、儿童、保健、烹饪、书法、绘画等。这些节目表现了中国特有的文化，是对外节目的重要组成部分。

对于海外华人来说，娱乐性节目应占有较大的比重。娱乐性节目包括电视剧、综艺、戏曲、电影等。在海外华人中，有相当数量的人语言仍然有障碍，就是语言完全没有障碍的人，也仍旧偏爱中国文化和中国娱乐节目。提供好的娱乐节目，使之在娱乐中受到潜移默化的影响和教育，是我们电视对外报道的责任。

三、电视对外节目的形式

以外国人为对象的电视节目，宜精不宜多。我们曾有过追求数量的年代，其实费了大量钱财，寄出的节目利用率都很低。对外国观众，应以新闻和专题节目为主。这些节目最好是介绍性的，能够深入浅出，能够宏观、微观结合。因为外国人对中国的了解，一般来说是非常有限的，深奥的道理和过多的议论，往往难以被接受；把一件事情原原本本地介绍出来，则容易被理解。在介绍中，应该有具体的地点和数据，尽量避免笼统的说法。在节目制作上，如有条件，不妨运用一些示意图、表格来表达。

（俞世瑾）

（摘自《电视研究》1994年第5期）

外语频道在电视大外宣中的战略地位

一、电视大外宣的形成与外语频道的崛起

1．大外宣形成的历程。

1992年白洋淀对外宣传会议提出“一个天上，一个地下”的对外宣传战略构想，即通过卫星向世界覆盖中国的电视节目，在世界各地建立录像带发行网络，将节目的馈赠变为市场经营。白洋淀会议标志着电视大外宣雏形的形成。

2．大外宣缘何称“大”。

一般意义上讲，外宣之大首先是指我国当前大规模的经济发展须佐之以强大的对外舆论。细论之，原因有四：

（1）目标使然。外宣之“大”乃与综合国力的提高相表里，力图树立新的国际形象，以便在各种政治力量中联合纵横，服务于国内建设和对外交流。

（2）形势所迫。在中央电视台建台35周年之际，决心成为一流的世界级大台。其节目不仅对内要占领自己的领空，对外还要辐射全球。

（3）对象壮观。全球200多个国家和地区（除中国）的36.5亿人口都可以成为大外宣的最终受众。中国的11亿人口亦将成为内中之“外”的巨大市场。

（4）手段非凡。电视制作与卫星传送既先进又投资巨大。处理得好，可以声、文、图并茂，传播效果极佳。

3．“大”字须小写的辩证思考。

大外宣的“大”是相对的，它的政治意图与投资行为的双重角色都离不开大市场的现实制约。

大外宣的手段决定了它是打入他国市场的经济行为，是一种投资。既然投资就得见效益，即投资者必须重视节目的落地程度和收视率的高低。

目前，中央电视台的海外市场主要在周边国家和地区，以及美国、拉美和法国。从反馈回的情况看是喜中有忧。根本原因在于中国的经济实力仍然落后于对象国。从业务本身讲，外语节目因种种原因没有作为一支单独的力量走上舞台，其制作水平就自然会逊色于人。正是在这个意义上，中央电视台需“小写”外宣之“大”，以利于冷静稳妥有序地实施大外宣战略。

“小写”的关键在于中外文节目在战略部署上的轻重缓急和节目由量到质的辩证把握。

4．外语频道与“体用之说”。

清末洋务派人士极力主张学习西方的科学和技艺而摈弃西方文化中有价值的内核，遂形成最初的“中学为体，西学为用”的“体用之说”。新的“体用之说”是否可以理解为“西体中用”，即以来自西方的马克思主义为体，以具有中国特色的社会主义理论为用？借鉴西洋语言及其合理的文化内核为我所用，把中国生机勃勃的社会主义市场建设介绍到西方去，把中国古老的文化与现代文明介绍到西方去。

二、电视大外宣的对象选择

1．大外宣辽阔的海外市场与潜在的国内资源。

电视大外宣的受众主要应指世界几个主要语种的主流社会和散布于世界各地的华人华侨。但在今天，大外宣实际面临着国内与海外两大市场。

按海外几个主要语种使用者的众寡划分，大外宣的海外市场可依次定为：

（1）英语对象国。

（2）西班牙语对象国。

（3）独联体中的俄语对象国。

（4）其他：阿拉伯语、葡萄牙语、日语、日尔曼语、法语。

（5）世界各地的华人华侨。

国内市场：

就英语而言，国内受众大致包括三类：说英语的、用英语的和懂英语的三种人。

2．先内后外，攸关胜负。

(1)初期阶段论。就国内对外宣传的体制和观念而言,外语依然从属于中文的对外宣传,宣传形式上依然以翻译介绍中文节目的后期工作为主。

(2)外宣的"外"不能排除境内的"外"。随着现代化进程,都市中渐渐形成一支走在改革开放最前面的庞大的知识分子队伍。他们将最终成为外语频道的巨大市场。

(3)开发对外电视的国内市场是大外宣的初级阶段和初级层次。

(4)从管理角度看,眼前境内的"外"可以为外语电视干部提供非常直观的市场反馈,及时调整他们的选题或提高节目的制作水平。

三、对外电视的现状与展望

跨世纪的对外传播及其外语电视节目的发展分为三个阶段。

第一阶段:开天辟地(1992—1993)

1992年中央电视台提出"一个天上,一个地下"的对外电视传播的战略构想,不啻于对外宣传史上开天辟地的历史事件。1993年初实行了通过卫星向北美每天传送一小时中、英文节目;CCTV与国际广播电台合作,通过卫星向墨西哥特莱维萨电视台成功地转播中国电视新闻,覆盖拉美全部;法语电视节目在国内和法国三台播出,以及对外中心成立专事向外销售录像带的国内对外电视公司。这一系列重大事件,标志着电视大外宣已活生生地变成了现实:它开辟了天上、地下两大战场。

第二阶段:铺天盖地(1993—2000)

这一阶段中央电视台的对外电视节目将做重大调整。外语频道的成立将使我对外电视节目从量到质上都彻底占领国内市场。对外逐步完成天上卫星对亚洲、拉美、北美、欧洲和大洋洲的量上的覆盖;同时地上的录像带发行网络遍布世界各大地区。节目也基本上由免费赠送纳入市场轨道。

第三阶段:天地合一(2000—2050)

此时卫星节目成功落地,天上地下彼此呼应。这一阶段,我国的综合国力也将大大提高,从而为大外宣的天地合一提供强大的物质保障。

这个阶段的大外宣还具有另一层深远的政治意义:国家间的冲突将不完全是由经济利益引起,文化方面的冲突也将成为重要的内容。我们海外节目在某种意义上将成为两种文明之间由自发到自觉的大较量的前沿阵地。这是中央电视台对外电视所肩负的历史使命的真正内涵。

(杨 锐)

(摘自《中国广播电视学刊》
1994年第5期)

《春节联欢晚会》的走向

《春节联欢晚会》经过12年的发展,已形成气度非凡的文化景观,围炉守岁的民俗传统文化和现代电视文化相撞击、相结合,使《春节联欢晚会》以无以置疑的身姿成为电视文化的骄子。它的产生和发展对年俗文化是一个伟大的创造。

一、《春节联欢晚会》的三大规律

1. 民族化

在《春节联欢晚会》中对民族化可以有广义的和具象的两种体现。从广义上,那就是12亿中国人民和1600万海外华人此时此刻民族愿望的集中体现。在亿万华人辞旧迎新,欢庆新春的除夕之夜,应充分考虑到如何展现中华民族的民风民俗,应自始至终贯穿着生生不息的民族精神。从具象上,那就是每一个节目都应染上浓重的民族喜庆色彩,踏踏实实地植根于民族的沃土之中,使之开放出绚丽的节日花朵。

2. 综合化

12年的《春节联欢晚会》证明,歌舞、小品、相声是晚会三大支柱的原理依然有效,其他品类如戏曲、曲艺、魔术杂技、器乐、武术、绝活、气功、谜语、游戏等也依然是春节晚会的节目构成。然而有一种节目形式,我们叫它"嫁接"节目(也称"杂交"),正大踏步地走上电视屏幕,占据越来越重的席位。嫁接节目分为两种,一种是合并同类项式的组合,是由不同戏曲品种组合而成的节目;另一种是嫁接式组合,就是把本不属于同一类别的节目,用精巧的构思搭配组合在一起,交映成辉。这类节目往往以它独特的艺术构思在电视晚会中给人留下较深的印象。除此之外,《春节联欢晚会》在综合性上还体现出,它能容纳许多非文艺性的活动形式使之演变成春节晚会的节目。《春节联欢晚会》正是以它博大的包容量涵盖着中华民族的传统文化和现代文化。

3. 喜剧化

春节民俗千古流传,在传统的形式中,积淀了丰富的民族美德和传统文化而欢乐地过春节,正是这种美德和文化最好的承上启下的形式。春节民俗的娱乐功能在与人民的审美意识结合在一起之后,常常体现出积极、健康、向上的精神和情趣。

历届《春节联欢晚会》,正是在这种境界的感召下才确立了以欢乐为情绪基调的指导方针。

欢乐——最好的体现手段就是喜剧节目,其中当以小品、相声、幽默歌舞、曲艺、游戏、杂耍、主持人幽默的语言等为主。12年的春节晚会所产生的上百个喜剧节目，无不以它精彩的、智慧的、幽默的特性传遍祖国的大江南北，每每想起忍俊不禁。因此我们说，喜剧化了的各类节目在《春节联欢晚会》中都将起到栋梁的作用。

二、《春节联欢晚会》的八个走向

1. 走向庆典

1987年以来，《春节联欢晚会》的庆典化倾向愈来愈鲜明，它表现在编导集体营造欢乐喜庆的节日气氛时，着意突出一个或几个鲜明的主题。它把海内外炎黄子孙期待除旧岁、迎新春的喜悦、兴奋之情，强化到相当的地步。庆典化的《春节联欢晚会》在节目的开场、演员阵容、音乐音响、服装道具、整体的气氛的营造方面均以壮观、红火、热烈为最终目的。凝重中见庄严、热烈中见气氛。

2. 走向时代

《春节联欢晚会》自1983年以来，历时12年无一例外地都映衬出强烈的时代特征。

每届《春节联欢晚会》的编导集体，都会在研究时代特征上下许多功夫，我们叫它提前预测。由于春节晚会的制作周期近半年，因此提前预测就更加重要，否则下大气力结构起来的总体设计方案将经不住时间的考验。

3. 走向生活

越是在扎实的生活基础上产生的作品，就越具有旺盛的生命力。以生活为依据所划过的创作表演轨迹在1989年之后逐年加深。创作者们喊出了“贴近生活、直面生活、挖掘生活、干预生活”的创作口号。这样的作品带着浓烈的生活气息，引起观众的共鸣与心理参与，成为人们津津乐道的优秀作品。

4. 走向民间

在历届《春节联欢晚会》的工作实践中，我坚定了一个信念，那就是大踏步地走向民间，采风问俗，撒网挖宝。这也是我们博大的民族性的延续与中华民族古老文化的蔓延。正是这些原汁原味的朴素的、清新的、真诚的节目冲散了不少城市舞台的陈腐之气。

5. 走向纵深

随着时代的发展，春节晚会这门新兴的艺术形式也正一步步地走向成熟。虽然观众对它已没了最初的惊喜，取而代之的是更高规格的要求。观众已不能满足于一般化的方言加滑稽，他们要求作品不仅要具有较强的可视性，同时又要具有较深的思想性和较高的文化品味。同时，观众还要求编导们用简洁的手法、多变的时空、快速的节奏来表现最广泛的社会层面。

6. 走向纪实

纪实，本不是《春节联欢晚会》的特长，然而自1984年以来，几乎历届晚会都有一到二个引人注目的节目。它们以纪实的手法将社会热点现象、热点人物、热点事件搬上屏幕，往往能够合上时代的脉搏，极大地满足观众的猎奇心理，成为历届《春节联欢晚会》的主题。同时，也极大地满足了社会公众对明星人物的关注心理，也就是我们所说的名人效应。

7. 走向世界

1994年2月9日(除夕)美洲东方卫星电视在黄金时间和大陆同步完整播出了1994《春节联欢晚会》实况，这在历年来还是首次。据不完全统计，目前散居在世界各地的海外华人近1600万。因此，每年的春节晚会都要考虑到这部分观众，他们是中华民族大家庭中的成员，他们更迫切地渴望看到《春节联欢晚会》，通过春节晚会来抒发佳节思亲、思乡的情怀。此外还有许多驻外机构及援外人员、留学生，也只有通过《春节联欢晚会》来寄托他们的思念之情。它体现了祖国的宽阔胸怀和中国文化走向世界的一种开放性的姿态。

8. 走向高技术

《春节联欢晚会》历时12年，无不伴随着电视技术的发展、变化和提高。电视技术的发展日新月异，发达国家电视文艺中那清晰透明的图像、奇妙无穷的灯光变幻、辉煌壮观的舞美机械化运动、准确自如的摄像机运动等无不深深打动着每一届《春节联欢晚会》编导的心。

（郎　昆）

（摘自《中国电视》1994年第11期）

塑造伟人形象，再现历史辉煌

据统计，从1992年全国重大革命历史题材影视创作会议，到1994年5月中共中央宣传部“五个一工程”评奖的两年时间内，全国共拍摄重大革命历史题材电视剧40部254集。1994年中宣部“五个一工程”评奖，在18部获奖电视剧中，重大革命历史题材电视剧占3部，即《大进攻序曲》、《豫东之战》和《解放云南》。还有些电视剧的质量也是相当不错的。如《中国出了个毛泽东》、《西行漫记》、《喋血四平》等。

一

为什么在短短的时间内重大革命历史题材的电视剧，取得了如此令人欣喜的成就呢？

首先要归功于党中央非常重视重大革命历史题材影视剧的创作。1987年，中央指示成立了重大革命历史题材影视创作领导小组，并亲自过问剧目创作与审查。各级领导都极为重视重大革命历史题材电视剧的拍摄，他们亲自选材、审本、筹资、帮助解决各种困难，大大促进了电视剧创作的繁荣与发展。

二是广大人民群众缅怀这一段重大革命历史，怀念以毛泽东为首的一代伟人，并以此激励自己投身于伟大的社会主义建设事业。十余年来的改革开放大潮，人们越来越意识到以毛泽东为首的先辈共产党人，他们的革命意志、牺牲精神，他们的坚韧乐观、无私忘我，对于今天和明天都是重要的宝贵财富。艺术再现历史，这是时代的呼唤，人民的需要。

第三，我们拥有一批既有社会责任感又能吃大苦耐大劳的编、导、演、摄制队伍。拍重大革命历史题材确非易事，从史料的搜集鉴别到结构写作，就有一番艰苦历程。可以这样说，每一部重大革命历史题材都是在当年艰苦斗争的真实环境中拍摄的。有人说，拍革命历史题材是“吃力不讨好”，但是我们就有这样一支甘愿吃苦的队伍。正因为有了他们，才有了重大革命历史题材电视剧的繁荣。

二

我党领导革命斗争的历史，是对人民进行爱国主义、集体主义和社会主义教育的好教材。但是，要把它变成艺术形象，再现于屏幕，却要进行艺术化处理。可喜的是，这一阶段的重大革命历史题材电视剧，在艺术化方面也取得了比较突出的成就。艺术方面的主要成就，我觉得可以这样概括，即：视角多元化、人物性格化、历史故事化。

视角多元化。

以前我们拍摄的重大革命历史题材电视剧视角单一，手法相近。这一阶段的电视剧呈现出视角的多元化。比如《中国出了个毛泽东》、《西行漫记》、《诗人毛泽东》、《韶山情》、《解放云南》视角选择的多元化，构成了风格、样式的多样化，使得这一阶段重大革命历史题材电视剧初步形成了色彩纷呈的局面。

人物性格化。

以前，我们很多重大革命历史题材电视剧不注重人物性格的刻画，只着眼于事件罗列，结果是人物淹没在事件之中，见事不见人，完全违背了艺术创作规律。这一阶段的电视剧在这方面有了很大的改进。其主要表现就是把历史事件化为展现人物性格的情节；捕捉生动的生活细节，深刻揭示人物的性格特征。比如《大进攻序曲》、《狂飚》、《豫东之战》等。着眼于历史事实的描写，那是历史教科书的任务；着眼于人物性格刻画，这才是艺术的本质属性。可喜的是许多作者注意到捕捉生动的细节来刻画人物性格。

电视剧中的人物性格化，最终是通过演员体现出来的。许多演员在塑造领袖人物上付出了大量心血，取得了可喜的成果。塑造领袖人物形象，是一个艰巨的探索过程，先天的形似固然难得，但只有这点是远远不够的。从某种意义上讲，神似更为主要。这就要求我们的特型演员一方面要提高自己的演技，另一方面还要努力探索并把握领袖人物深邃的思想、崇高的品格、伟大的情怀。千万不要满足于举手投足的模拟和语言声调的仿效。

历史故事化。

一部电视剧的故事性，决定着它的可视性。对我国观众来说尤其如此。但怎样才能使重大革命历史事件叙述得起伏跌宕，生动感人呢？有些电视剧编导在这方面作了可贵的尝试。如《喋血四平》、《上海大风暴》等。

三

1. 端正创作指导思想，抓好一剧之本。
2. 以严肃郑重的态度搜集史料和深入生活。
3. 严格剧本的审批制度。
4. 注意选择与培养特型演员。
5. 要加强重大革命历史题材的规划。

（阮若琳）

（摘自《电视研究》1994年第12期）

向纵深掘进

——评几部改革题材的电视剧

在1993年的中国荧屏上，出现了几部以改革为题材的电视剧，其中比较突出的是吉林电视台的《大雪小雪又一年》，武汉电视台的《儒商》和上海总工会电视制作中心的《大潮汐》。从这三部电视剧中，我们可以看出改革开放以来我国城市经济变迁的轨迹和发展的走向，同时也可以看出我国的电视剧艺术如何伴随着历史的步伐不断地向现实生活的纵深掘进。

我国的社会主义改革事业由农村的联产承包打头，接着，城市的大街小巷出现了熙熙攘攘的集贸市场，形形色色的小商贩活跃起来，几年的工夫，他们发迹了，成了万元户，过上了小康生活。《大雪小雪又一年》（下称《雪》剧）所反映的就是这种情景。

《雪》剧的高明之处，在于它并未将这一切涂上理想的油彩，更未将它视为理想的境界。它清醒地向我们揭示：物质生活的丰裕并未自动带来精神生活的充盈，反而更加显露出精神家园的荒芜。物质的富足与精神的贫困呈现出巨大的反差。

屏幕上这种又富足又贫困的“街”并不始于吉林的七彩街，早在1989年武汉电视台就拍摄了中篇电视剧《汉正街》。这部电视剧展示了汉正街上的市井细民抓住改革开放的机遇，在商品经济的大潮中“蹴踏冲浪舞”的情景，揭示了他们对金钱的膜拜，对权力的追求，同时也显示了他们对知识的倾慕，对真正爱情的渴求。1992年，武汉台又拍了《又是汉正街》。我们发现，事情还在原地打转。个体商贩，作为大规模商业网的一种补充，的确可以发挥其拾遗补阙、沟通有无、方便居民的作用，对于经营者自身也不失为一种发财致富实现小康的手段，因此，应当容许其存在，鼓励其发展。但是，如果认为仅仅依靠这些肩挑负贩的个体户就能实现四个现代化，那却是一种天真的幻想。汉正街、七彩街之外，还有什么“杀人街”、“咸菜街”……都可以作为这一论断的佐证。

那么，出路安在?马克思主义认为，社会的进步取决于生产力的发展。邓小平进一步指出:科学技术是第一生产力。只有科技的进步，才能带动整个社会的进步，才能使我们的民族跻身于现代国家之林。武汉电视台正确地认识到这一点，抓住了现代化的关键问题，继《汉正街》、《又是汉正街》之后，创作了长篇电视剧《儒商》。该剧描写以宁安为首的一群科学家，响应时代的召唤，丢掉手中的铁饭碗，走出远离市廛的科学殿堂，迎着商品经济的大潮，投入社会主义市场的大海。他们冲破了计划经济体制的羁绊，战胜了官僚主义分子的束缚，凭借知识的优势，依托乡镇集体企业，完成了先进的数字控制系统的研制，促进了工农业生产，推动了国家经济的发展，并且最终兼并了陷于困境的国营红卫机床厂。整个过程，体现了科学技术的胜利，文化知识的胜利，令人信服地证明了“知识就是力量”这一至理名言的正确。

《儒商》结束的时候，红卫机床厂这个国营的大企业陷入了走投无路的困境，只好被集体所有的三A公司兼并掉。那么，是不是说，全民所有制已经不可救药，只有死路一条了?当然不是。无可讳言，由于计划经济框框的束缚，也由于其他种种历史条件的限制，许多公有制的特别是国有的大中型企业存在着活力不足、经营不善，甚至连年亏损、濒临倒闭等沉疴痼疾，亟需加以疗救。如不进行改革，的确是没有出路的，但是，改革是为了巩固公有制，而不是削弱它。国家的经济命脉必须掌握在全体人民和人民的国家手中。因此，国脉所系的大中型国有企业的巩固和发展就是至关重要的了。如果没有强大的国有经济为依托，单靠政府的行政干预，是无法完成对社会主义市场进行宏观调控的任务的。

那么，国有大企业如何在改革中获得新生呢?上海总工会的《大潮汐》向我们展示了这一激动人心的历程。

电视剧一开始，国营的上海远东电器厂就因盲目引进设备造成严重经济损失而被起诉，厂长秦世坤被推上法庭的被告席。同时又因为产销脱节财务亏损而发不出工资，引起职工们的愤懑与骚乱。形势十分严峻。在这多事之秋，早先因违纪怠工被厂里除名的杨天雄却以深圳天霸音响集团总经理的身份，以凯旋的姿态回到上海，倚仗雄厚的财力租赁了远东厂。在这种情况下，工人出身的秦世坤忍辱负重，以退为进，从失败中找到教训，在竞争中学习经营，为战胜对手而向对手学习，团结全厂职工，支持科学发明，最后终于战胜了称霸一时的杨天雄，由被租赁转而实现了对天霸厂的反租赁，使国有的远东厂在困境中重新崛起，再度辉煌。

《大潮汐》是迄今为止反映城市经济改革开掘最深的一部，它不仅触及国有大企业的改革和价值观的取向这些核心问题，而且创造了一系列新近出现的鲜活的人物，所以特别引人注目。

（陈志昂）

（摘自《中国电视》1994年第3期）

来自儿童电视剧创作的呼声

相对于成人的世界而言，孩童的世界充满了新奇、梦幻、纯真和浪漫。如何真实、生动地反映孩子们的世界，展现孩子们的心灵，一直是儿童电视剧的编导们在创作中孜孜以求的艺术追寻。

从总体上分析，我国的儿童电视剧创作，在80年代末、90年代初有了长足的发展，并取得了丰硕的成果，形成了相对稳定的儿童电视剧创作的编剧、导演群。与此同时，我们又不能不看到这样一个事实——在改革开放日益深化，市场机制在宏观调控中的作用日益增强，物质生活更加富足，三亿五千万少年儿童更加需要丰厚的精神产品满足他们的文化生活时，我们的儿童电视剧创作似乎日渐陷入某种困境。

据有关部门的资料统计，1993年上半年，各地录制送中央电视台审看的电视剧共260部(1240集)，其中儿童电视剧19部（110集），所占比例为8.87%；1993年下半年，送中央电视台审看的电视剧计233部(1176集)，其中儿童电视剧的比例为4.08%(12部48集)；1993年儿童电视剧平均送审比例为6.54%。1994年上半年，电视剧送审量为213部(1016集)，儿童电视剧只占4.23%（14部43集），比1993年同期儿童电视剧送审量下降了50%多。

另据播出资料统计表明，1993年中央电视台共播出23部（129集）儿童电视剧，其中在一二档黄金时间(即第一套晚8点，第二套晚7点30分)播出的儿童剧13部（86集），占全年儿童剧播出量的66.6%。1994年上半年播出儿童电视剧10部（28集），黄金段播出5部（18集），占播出量的64.2%。

阶段性的统计数字由于受到各种因素的影响，只能表明某种局部现象，既不能一概而论说中国儿童电视剧创作的巅峰已过，也不能说它的创作实力已无潜力可挖。但我们的确能从中发现一个不容忽视的问题——在儿童电视剧整体质量稳步提高的基础上，数量明显呈递减趋势。这与当前整个电视剧创作的现状形成了极大的反差。

“钱，关键是钱的问题。”不止一位儿童剧导演如是说。

“总可以想些办法拉点儿赞助嘛。”无论是领导还是编辑，或是其他什么人都会照常理不假思索地补上这么一句，殊不知导演、制片人自有他们的苦衷——

几乎所有的电视剧都可以和各行各业挂上边儿，播出去还可以或多或少、直接间接地为本行业做些电视宣传，人家钱也掏得舒心点儿，毕竟就当是交了广告费；弄好了或许还能有个经济效益。儿童剧可说是和谁也靠不上，一无名二无利，谁愿意给儿童剧投资？

仔细想想，话说得虽有些绝对，却也有几分道理。从每年投拍的儿童剧分析，除了中央电视台影视部、中国电视剧制作中心是投资大户，制作经费和拍摄质量都有相应的保证：1993年由中央电视台影视部与地方制作单位合拍的有5部（68集），中国电视剧制作中心投拍的有2部（4集），占全年儿童剧播出量的55.8%，且全部达到了黄金段播出的水准，为同期黄金档儿童剧播出量的83.7%；1994年上半年中国电视剧制作中心投拍儿童剧2部（12集），是同期儿童剧产量的42.9%，占黄金档儿童剧播出量的66.6%；社会团体如宋庆龄儿童基金会、中国社会福利基金会等每年有一定的儿童剧拍摄指标和经费；此外，30%多的儿童剧生产基本处于制作少计划，经费无保证的闲散游击状态。

在市场效应、快餐艺术的观念下，儿童题材电视剧的创作群体开始分化，即使有不少保持自我本真，潜心于儿童剧艺术探索和追求的导演，也由于种种原因而他寻出路。儿童电视剧的编导人员屈指可数，儿童电视剧的发展有可能出现暂时的、阶段性的停滞。对此，我们应予以充分的认识，并采取积极有效的措施，防止和打破这种不正常的停滞。

目前，儿童剧的编导、制片人仍十分关心这样一个问题：国家有关部门是否可以对儿童电视剧的创作采取诸如按成本收购或补贴等形式的倾斜政策呢？为几亿少年儿童制作出更多具有艺术品位的电视剧，是编导们义不容辞的社会职责，也是社会、家长和孩子们的强烈心声。

（刘　敌）

（摘自《电视研究》1994年第9期）

何谓“有戏”？

——《只要你过得比我好》的回答

中国电视剧制作中心拍摄的电视连续剧《只要你过得比我好》有一个明显的叙事特征——编导者无心人为经营故事，也不刻意编织一波三折的情节，片子却同样很好看，显得很有戏，戏在哪里呢？

《只》剧选择了有戏好看的题材——在屏幕上营造了一个为广大观众既熟悉又陌生的艺术环境——SOS儿童村的一个特殊家庭。这样的家庭对于广大观众来说则是陌生的，新奇的。对于编导者来说，这样的题材是有戏可挖的。

《只》剧之所以有戏好看，是因为生活在这普通寻常、为观众所熟悉的生活场景中的人是特殊的，他们构成的人物关系是特殊的，他们与社会方方面面交流时所采取的行为方式是特殊的。这些“特殊”恰恰是观众感到陌生和好奇的。

如何生动地刻画剧中八个心灵受过创伤的特殊人物的特殊性格，特别是展示这些自幼父母双亡的孤儿，在成长过程中怎样克服个人命运的不幸造成的心灵扭曲与人格障碍，逐步由病态心理向健康与成熟发展的心路历程，正是《只》剧编导艺术功力之表现，也是唤起观众“陌生感”与观赏兴趣之所在。

编导对“戏”的艺术开掘，决定了《只》剧不再是我们常见的通俗剧、情节剧，而是一部注重揭人的心理方式、情感方式与行为方式的“人戏”，从而使作品蕴蓄了浓厚的人文内涵。

以场面结构日常生活场景，反映社会方方面面，又要有戏好看，这是《只》剧编导为自己出的一道艺术难题。解题的诀窍是写活剧中人物。

编导在人物性格的设计与选择上别具匠心。

《只》剧在这个特殊家庭的生活里搞得满堂是戏，别具匠心地塑造了两个性格外向、心理扭曲的孩子。一个是爱说爱笑，单纯幼稚，外表美丽，内心却虚荣浅薄，处处想拔尖，事事想占小便宜的女孩玻璃美人；一个是刚刚结束流浪生活的野孩子孔臭蛋。从编剧技巧来说，孔臭蛋是编导切入题材的一把刀子。他作为一个初到儿童村的流浪儿，这个特殊家庭里的一切人和事对他来说都是陌生的、新奇的。观众对SOS儿童村的了解，从陌生到亲切的心理过程，也是通过孔臭蛋的视点，通过他与新环境的冲撞与契合的过程实现的。而且，真正在自己行动线的高潮处触动了主人公梦迪的情感世界，使梦迪出走儿童村，从而形成全剧总高潮的也是孔臭蛋这个人物。

梦迪这一人物是全剧结构的中心，是剧情发展的主要推动力。她的动作线连接了七个孩子不同的命运，她付出的爱是七个孩子内心世界得以转变的主要催化剂。这一人物形象在剧中的美学价值，首先在于她为全剧带来了一个鲜亮而又深刻的主题。

由于梦迪这一形象在剧中处于结构中心位置，这就使《只》剧的主题思想呈现出美的亮的基调，使人看到人类自古就有的伟大母爱，在现代社会中被赋予了崭新的内涵，焕发出了神奇的力量。

《只》剧之所以有戏好看，还有一个重要因素——编导者善于运用镜头语汇，娴熟地驾驭荧屏艺术的诸多造型手段。

编导者在叙事传情、刻画人物的同时，还在剧中营造了一个“家外之家”的艺术氛围，这就是晶莹寒冷的雪的世界。与室外自然景观相协调的，是SOS儿童村室内陈设的淡雅及运用高调摄影形成的童话般纯净而明亮的画面影调。这晶亮纯洁的皑皑白雪，象征着主人公梦迪的精神世界；那宁静温馨的画面影调，传达出这些孤儿在SOS儿童村特殊家庭的内心感受；而那飘飘旋转、冷意袭人的雪花，则更多飘洒在孩子们个人命运不幸与内心凄冷惆怅的时刻。贯穿全剧的这晶莹寒冷的雪的意境，使我们进一步领略到《只》剧编导运用电视画面的造型手段抒情达意，揭示人物内心世界的艺术功力。

《只》剧在表现这几个孤儿以往身世时，也很有独到之处。剧中没有回忆的镜头，人物的身世都是在符合人物性格与规定情境的现实时空中，通过人物对话自然而然带出来的。而过去时空表现人物身世的镜头，都不是为交待情节，而是在渲染情绪，揭示人物的心理活动与情感世界，甚至是为了外化人物的潜意识。

道具的选择设计很见编导的能力，为人物平添了许多个性特色，增强了外部动作性与内心 穿透力。

（**张群力**）

（摘自《电视艺术》1994年第2期）

电视节目主持人浅淡

主持人这个称谓，在我国最早出现于80年代，当时并不清楚它与原来的播音员有什么区别。沈力主持的《为您服务》，可以说是最早的主持人栏目。从此，主持人形式和屏幕形象开始固定下来，并逐渐被广泛接受。

1980—1989年，可以说是主持人形式的初级阶段。在此之后获得蓬勃发展，主持人队伍也迅速扩大，出现了各种门类。

主持人和播音员的不同，在于播音员是照本宣科，不代表个人，带有强烈的工具化色彩；而主持人以第一人称出现，可以有自我，有自己的感受，它标志着从工具化向个人化色彩的转化。我国的主持人主要出现在专题性和文艺性节目中，新闻节目还在尝试中，逐渐向评论员的方式过渡，这是新闻制作的一个突破。

50年代初，主持人的形式最早在美国哥伦比亚广播公司出现。它的设置是从新闻开始，其原因就在于看到照本宣科的宣读与观众之间的距离很大，影响收视率。从50年代到80年代是主持人发展的黄金时期，在一些重大政治事件中起到左右美国舆论的作用，但这种个人起的作用也服从于社会舆论和整个国家的利益。像沃尔夫·克兰凯特在越战、水门事件中就起到了举足轻重的作用，他本人则被美国同行称为“在最谨慎的岗位上工作的最谨慎的人”在他如日中天的时候，哥伦比亚广播公司（CBS）董事会曾经请他在每天的晚间新闻节目中自由发挥两三分钟，但他一口回绝，说“我是搞客观报道的，不善于评论”。

如果向克兰凯特学习，我首先学习他的爱国主义。克兰凯特被誉为“美国的保护神”，他不允许任何人在任何场合在他面前诋毁美国。我们需要培养的主持人队伍，也应该热爱我们伟大的祖国，在党的领导下，努力为广大人民服务，弘扬自己民族的文化。

中央电视台有100多名主持人。对于这样一支队伍，各级领导对他们培养、教导，规范他们应该做什么，不应该做什么是很重要的。在由工具化色彩向个性化魅力转化的过程中，应该注意这种个性化的内涵。但在强调主持人个人魅力的同时，更不能忘掉我们是在党的宣传机关工作的宣传员，这是我们工作的属性。

有几位年轻主持人曾经问我：文艺节目的主持人难道也要体现这样一点吗？我觉得在思想认识上，应该使这支队伍明确，尽管在屏幕上是以第一人称形式出现，但并不完全代表个人、代表自己的思想感情。

另外，我们强调主持人要有中国人的气派，中国人民喜闻乐见的形式，这就有民族化和大众化的问题。作为节目主持人，要对民族文化有深入了解，至少在感情上应该对自己的民族文化爱得如醉如痴，才能成为中国屏幕上为广大群众欢迎的主持人。节目主持人工作的竞争，实际就是文化品位的一种竞争。

主持人的公众形象和演艺人员的公众形象有什么不同？我们知道，有些歌星是个体的，凭着一支话筒、一盘伴奏带可以走遍大江南北；但主持人离开党和人民提供的宣传工具，离开群体，就什么都不是。主持人还要学会做人，谦虚谨慎地与大家合作，在工作中是很好的伙伴，在生活中是推心置腹的朋友，切忌什么时候都只想到自己。这些，对于我们这支年轻而个人修养不足的队伍，尤其值得注意。电视这种传播媒介可以使主持人在一夜之间家喻户晓，一旦这种喜悦和荣誉感冲击到毫无准备、涉世未深的年轻人时，他们心灵如何承受呢？我希望导演应该向兄长一样谆谆教诲他们。另一方面也应该注意到，我们的主持人人数不少，称职的不多，优秀的就更凤毛麟角了。每一位导演，每一位创作人员都有责任去发现、培养他们。主持人的成功离不开导演的培养和帮助，不能让他们自生自灭。

我们的晚会应该体现欢乐、健康、向上的格调，也要有一种轻松感、温馨感，特别是对电视这种家庭化的收视工具来说，更要创造一种温馨亲切的感觉。不要有太多的标语口号式的东西，文艺应该以抒情为主。另外，导演也应该给主持人一点说话的余地，晚会中应该体现出节奏松和紧的起伏变化，就像书法上说的，“疏处可以跑马，密处不容插针”。现在我们的晚会都是不容插针的节奏，让人喘不过气来，有一种负重感，这可以说是一种时弊。我特别希望导演能给综艺节目的主持人一种宽松的形式，给主持人一个提纲，能让他去发挥他的个性，也给他一个实践、锻炼的机会。

（赵忠祥）

（摘自《中国电视》1994年第11期）

采访艺术和提问技巧

采访是作者必须掌握的基本功。采访又是一门艺术。心理学的研究表明：“支持性”和“吸引性”是对话语言的特点之一。对话人的发言要吸引听者，没有这种吸引和支持，对话就无法进行。记者在采访中，总是希望在最短或较短的时间内，让采访对象谈出尽量多的内容，以掌握大量的丰富素材；而被采访者，由于对记者的生疏，不了解甚至不信任，而不愿意谈出心里话。如何解决这一组矛盾，矛盾主要方面是采访者。要打消对方的顾虑，让对方能克服心理障碍，讲出心里话，使矛盾得到转化。因此，了解被采访者的心理活动，分析采访对象的情况和特点，提问技巧就显得非常重要。

采访艺术和提问技巧的把握，是建立在对采访对象特点与情况了解的基础之上的。采访之前充分地掌握采访对象的情况非常重要。

采访前还要熟悉采访对象的工作特点及相关的知识，找到相互交流的契合点。反之，采访对象介绍情况时，你就会茫然不知，接不上话茬，使采访卡壳。

采访前还要把握采访对象生活的时代背景及相关的材料，有利于准确地把握采访对象的成就与特点。

采访之前还应该熟悉报刊登载过的有关采访对象的材料。这种准备，一是为了从中掌握采访对象的一些情况，诸如身世、成就、生活趣事、爱好、追求、忌讳等等；还有更重要的一点是，为了避免重复别人的文章能独辟蹊径，写出与众不同的稿件来。这一点非常重要。特别是当采访对象知名度高，报刊报道已经不少，而自己又因工作需要必须采访不可的时候，更要仔细看看别人写的文章，从中选好自己的“突破口”。

采访之前还要了解采访对象特殊的日程安排、活动内容以及可能遇到的障碍。

间接采访也是重要的采访方式之一，运用得当，特别是不能直接接触采访对象的情况下，同样可以写出内容扎实的文章。

做好了采访前的准备，如何与采访对象交谈，这就是采访的艺术和提问的技巧了。记者采访的提问要从采访对象的心理特点出发，找到谈话的契合点，这就是提问的技巧，要根据不同的心理需要确定不同的谈话契合点：

1.对于知名人士要以他的成就和事迹作为谈话的契合点。

2.对于与记者同龄的采访对象，要通过自己与采访对象相似的经历，让对方把你引为知音，无话不谈。

3.对于与记者性别相同的采访对象，要以同性别的特点先谈自己的感受。

对于不同年龄，不同性别的采访对象，要注意抓住他们的心理特点和特殊的爱好，并以此为谈话的契合点。

总之，提问的技巧虽然因采访对象的各自不同而变幻无穷，但有一点是不变的，就是它要成为一把万能的钥匙打开采访对象的心锁，让他向你敞开心灵的大门，使采访获得丰富充实的材料，使你足以铺陈出一篇精彩文章来！

（周金华）

（摘自《电视研究》1994年第11期）

电视节目的包装效应

一、电视节目的包装效应

电视节目的“包装效应”,是指在电视节目的制作过程中,综合运用电视独特的技术与技巧,如片头、片尾的设计,字幕图表、动画、解说词、配音、音响效果、特技转接的运作等,在录制合成完毕之后所产生的艺术效果。

二、电视节目的主要包装方法

1.头尾呼应式

片头、片尾的设计是电视节目的窗口,也是节目的重要组成部分。它如同书籍封面、封底和装帧设计一样,将内容与主题高度概括与浓缩。电视片头与片尾的设计由图像和音乐两部分组成,而这两部分内容又是相辅相成的。

一般片头、尾的设计主要依节目的内容来选择特定的图像符号,或从节目中选取精彩镜头,或从头至尾选二维、三维动画特技,或虚、实结合,将真实感的镜头与动画特技结合等等。

片头、片尾的设计讲究个性,这样才能使节目主题突出,给人留下深刻的印象。

其次,电视节目片头、片尾的音乐是图像设计的灵魂。电视图像设计给人以视像直观的效果,而电视片头、尾音乐的选用会给人以听觉上的刺激。如果图像是形,那么音乐则是神,形、神结合,才能视听兼备,声像传神。电视片头音乐的选用可以是开放式的,音乐渐起渐弱,使人回味无穷;也可以是闭合式的,音乐起止利落,给人以强烈的节奏感。同时,特殊的音响效果声可成为片头、尾设计的主要音乐素材。

一般节目片头、片尾不宜太长,如五六十分钟的综合性栏目的大片头在三四十秒钟左右较为合适。再长就显得有点拖沓了。而节目中的小片头以五至十秒钟为最佳效果,这样既简单明了,又加快了节目的串接节奏。较为讲究的片尾基本的风格是与片头呼应的。片尾可比片头略为长些,音乐最好是开放式的,这样可以照顾到演职员表的长度,同时也可以利用片尾做为填补节目实长的主要内容。片尾长度也要控制在一分钟左右。

2.珠联璧合式

电视节目包装方式所采用的电视制作手段,如电视特技、图表字幕、色彩与造型、配音与解说、音响效果等,其诸要素都是寓于同一个主体之中,换句话说,都是为一个主题服务的,是内容与形式的完美统一。

电视特技是电视节目包装的重要形式之一,由于其造型与方式变换多样,多在节目的片头设计与节目与节目之间的衔接处使用。电视特技具备多种电子运动功能,所显现出的花样也是千变万化。所以,在使用时一定要考虑设计的图形在速度、色彩、形状、比例与节目的内容和主题是否协调。

图表和字幕是电视节目中不可缺少的内容。图表具有强烈的说服力,在解释一些事物的变化程度,确定某地的方位等等,图表往往会起到一目了然的作用。电视节目中的字幕包括电视片名、电视标题、电视演职员表、电视字幕旁白、歌词等等。常用的有电子字幕,包括行书、楷体、黑体、斜体等,此外还有手写体和美术字幕。电视字幕的使用要根据图像的造型与色彩,来确定字幕的位置、字体、色彩与字幕的大小。特别值得注意的是,电视字幕与书籍、报刊杂志的字幕有着本质的区别,它是运动的、可变的。因此,电视字幕的设计可遵循静与动相结合的原则,充分体现其特性。

色彩与造型是电视节目包装的关键。根据节目的内容与主题,可设计出不同风格的色彩与造型效果。如怀旧型、浪漫型、油画与版画型、幻想型等等。色彩与造型在电视节目的包装上具有特定的意义,使用时必须慎用,否则就会给人以华而不实、画蛇添足的感觉。

配音与解说是完善电视专题节目外包装的核心内容。解说从客观的角度,用有声的语言来交待、解释一种或几种画面,充分加强电视节目的艺术表现力。解说词的创作要口语化,做到朴实、自然,一些生僻、拗口的词语要尽量不用;解说词要有凝聚力,要善于从电视画面中捕捉闪光点加以描写与陈述,解说词与电视画面是一个不可分割的整体。如果电视图像效果平平时,电视解说词的分量就显得重要了。此外,配音演员的选择也很重要。他们是电视节目视听语言设计的关键人物,对节目的内容、风格、节奏等方面起着重要的作用。

电视音响效果的运用也是节目包装的重要组成部分。它能增加节目的真实感,缩短电视人物、事件与观众的距离。在一些大型文艺晚会、颁奖仪式或体育运动开幕式的直播节目中,现场效果声与音乐的起伏与混合,使观众如临其境,如闻其声,电视专题片音响效果是后期制作时特别值得考虑的事。电视节目的包装应尊崇美学原理,既美观又要实用,要视节目的内容与主题选用适当的形式来完善和充实节目。电视节目的包装要根据内容来选择最佳手段与技巧,着眼点在节目的包装效应上。而电视各工种之间的协调与配合,是保证节目包装质量的关键。

（聂小华）

（摘自《电视研究》1994年第11期）

电视与新闻资料

一、电视新闻资料

电视新闻资料的范畴，广义上是指那些具有新闻价值、使用价值，能为电视宣传和编播业务服务的图书、报纸、期刊、索引、工具书、新闻剪报资料、图片等印刷型文字资料，以及录音带、录像带、缩微制品、光盘、电子计算机数据系统、电子出版物等非图书资料。这些诸种载体资料的总和，皆为电视新闻资料。随着科学技术的不断进步与发展，还将会有新的资料载体与新的资料形式出现。狭义上的新闻资料，仅指以文字为载体的传统的新闻剪报资料（本文将重点论述新闻剪报资料）。

那么，什么是新闻剪报资料呢?在电视台系统中，是指那些根据电视宣传需要，在制定专业图书资料室办馆方针后，从大量订阅、收集的特定报刊中，经过科学的圈选、剪贴、分类直至合辑等一系列手工加工工序后，形成的文字资料。新闻剪报资料的最大特点，是其提供的信息源迅速、及时、准确，并按照社会生活的各个方面进行科学的分类。新闻剪报资料的管理是科学化、标准化、规范化的，因而决定了从事电视新闻资料的工作人员必须具备大学图书馆学、情报学专业水平，或是经过严格的专业进修，训练有素并在多年的工作中积累了较为丰富的实践经验的专门家。

二、新闻资料在电视宣传中的作用

长期以来，许多电视从业者不知道图书馆员是整理和查找情报资料的专家；不知道图书资料室能够解答问题，没有把它看成是新闻信息的基本来源；没有意识到查阅资料本身也是一种特定意义的采访。下面，笔者根据多年的资料工作实践，简要阐述一下新闻资料在电视宣传与电视节目制作中的重要作用。

1.为电视台领导科学决策服务

中央电视台图书资料室是学术性服务机构，有着丰富的书报刊资料和情报信息，既有公开发行的报刊，也有内部交流的国内外重要理论刊物和港台报刊，这些是领导科学决策的重要信息来源。同时，资料室具有专门圈选新闻剪报资料的行家，当天出版发行的报刊在两三天之内甚至当天便能圈选使用，有极强的时效性。因此，密切围绕电视宣传这一中心，向电视台领导及时提供宏观决策参考信息是必要的，也是可能的。

利用新闻资料 为领导提供决策服务的主要方式包括：(1)编辑定期或不定期的剪报资料。(2)编辑专题剪报资料。

为领导提供决策服务是在工作实践中逐步摸索出来的主动服务方式，它冲破了图书资料室原有的、封闭的、被动的服务方式，在实际工作中日益显示出活力。

2.为电视宣传开展定题服务

新闻资料定题服务，是在了解电视宣传需求的基础上，主动地、有选择地提供信息资料的专题跟踪服务。这种服务形式具有主动性、针对性、及时性、连续性和服务范围广泛性等特点，能够充分发挥 新闻资料的社会功能和效益。新闻资料定题服务的主动性体现在图书馆员必须了解电视宣传的实际需要，主动进行电视宣传“热点”预测，挖掘编辑记者的潜在需求，实现专题工作的超前性。在此基础上设立专题，进行新闻资料的搜集、加工浓缩、提炼，并进行分析，提供给电视编导。

上述两项用图书馆学的术语叫“二次文献”，这是图书资料室为编播人员服务的重要手段。

3.参与电视节目编辑制作

新闻资料在电视节目编辑制作过程中最普遍、最基本的作用和功能，是能为编辑记者提供大量的信息，提高电视节目的新闻价值和宣传价值；能从资料中寻找报道的线索，开拓新闻资源；能够提供背景资料，补充电视节目资料的不足，增强可视性和提高收视率。因此从某种意义上讲，新闻资料可直接参与电视节目的编辑制作。例如，中央电视台《新闻联播》、《观察思考》、《经济半小时》、《正大综艺》等一些名牌栏目的编辑记者常常到资料室检索与查阅新闻剪报资料，寻找资料源，以丰富其节目素材。

综上所述，电视工作者了解电视与新闻资料的关系，充分发挥新闻资料在电视宣传中的作用，不仅是必要的，也是必需的。

（朱　宁）

（摘自《电视研究》1994年第12期）

关于电视技术业务若干问题的思考

一、推动技术发展的基本因素

如果回过头来看一看电视技术发展的历程，可以看到电视技术的发展，是由于节目生产中的各种需求的发展而引起的。因此不断地研究节目制作中的各种需求，探索满足这些需求的方法和技术可能，并且逐步予以实现，是推动技术发展的根本原因。从这一点出发，可以说，技术的发展必定是落后于需求，新技术的出现主要的因素在于能否随时总结和研究新的需求及其解决办法。

二、需求的增长和节目质量之间的关系

电视节目的需求量愈来愈高。卫星技术的发展，使得电视节目的受众，有了更多的根据自己的愿望选看节目的可能性。中央电视台应当以高数量和高质量的节目来吸引观众，始终保持高收视率，这样才能起到国家台的作用。

电视是以高技术装备为基础的。在一定程度上来讲，技术装备的数量愈多，节目制作的能力也就愈大。但是，装备的数量有了以后，重要的是使用这些装备的人是否能够充分地和高效率地使用这些设备，也就是一个如何提高设备的使用效率和发挥设备的技术性能的问题。换句话说，节目制作的数量和节目的技术质量，不仅取决于技术设备的水平，更重要的是取决于使用这些设备的操作人员，以及有关管理人员在制作过程中，对整个流程的管理水平和组织能力。

在节目的质量问题上，常常能听到一些关于节目内容很好而技术质量不高的意见。从技术的角度来看，影响节目技术质量的原因大致有几个方面，即节目制作和播出、节目传送、接收环境等方面存在某些缺陷。对于我们来讲，最主要的方面是在节目制作和播出过程中的问题。

从目前普遍的节目制作方式来看，由于录像机的普遍应用，节目的后期制作主要是通过各种编辑手段来进行的。无论是自编、电编、合成等等工艺，其主要的记录手段是录像带。由于节目的重复录制必然引起质量的下降。当然，从整体来看，还和所用的其他制作设备相关。有时为了某些局部的利益，采用了一些技术质量不符合系统整体要求的设备。例如近年来经常发生的由编导自行选择的字幕机直接进入节目的制作，从而造成了一些节目的图像干扰声音等问题。因此要保证技术质量不仅是选用高质量的摄像机或录像机的问题，还必须考虑整个制作流程中各个环节的设备的使用状态以及它们的技术性能。

因此，从根本上来讲，在目前以磁带为主要载体的条件下，提高技术质量的最有效的办法是减少版数。为此必须提高和改进节目的制作方法，提高节目制作人的素质。但是也不能忽视其他各个环节的影响，从灯光、化妆、道具、室内环境、甚至空调系统、供电系统等等都在不同程度上影响着我们节目制作的质量。总之，电视节目的质量问题要从节目制作的整体流程来看，是多工种努力的结果

电子技术的发展为我们创造了新的技术环境，特别是计算机技术的发展，为电视节目的制作和播出提供了新的载体技术，有了在不增加版数的条件下，进行重复和多次编辑的可能性。新的以计算机技术为基础的各种电视设备发展很快，从理论上来讲，可以认为系统的容量是没有限制的，关键是用户能否提出所需要的是什么样的系统和用途。中央电视台应当而且也有可能提出自己对于设备的要求，令生产厂家按照需要来进行生产（世界上一些大的有影响的电视台都是这么做的），也就是从卖方市场转向买方市场的时候了。

三、如何适应新的形势

新的技术的出现，必定带来新的要求。节目制作的工艺流程也将有局部的变化。如何适应技术的发展更新知识、提高技术人员的素质，已经是摆在我们面前的一项最迫切的问题。具体讲，这些方面是：

1. 如何将电视技术的基本原理和电视信号的组成的基本知识应用于指导节目的制作。

2. 电视信号的数字化对“传统”的电视技术概念的影响，特别是对于设备应用方面的影响。

3. 数字测量技术和传统模拟测量技术的区别。数字化以后，传统设备的性能指标概念和数字化设备的指标概念将会有些差异。区别是什么，如何和传统的概念相对应，需要重新认识和建立新的概念。

4. 电视节目质量评价和电视设备技术质量之间的关系将需要重新认识。尤其是那些建立在以计算机技术为基础的新的设备中，由于媒体的不同，不可避免地引起制作工艺的变更，从而对设备的技术质量的要求也将会有相应的调整和变化。此外，还有在数字设备系统中质量评价的方法和传统的方法之间的差异。

5. 可以认为，今后电视技术的发展，将更多地在载体的变化中来体现。为了提高和研究新的技术的应用，还应当注意学习一些有关的知识：计算机硬件平台、网络技术、一些新的标准（例如压缩技术标准）、数字电路和数字电视等等。

面对如此众多的新的知识领域，要注重在业务需要的性能角度去学习，从需求角度出发，知道现在能够做到什么，哪些是现阶段能做的，哪些有待于技术的进一步发展。

（**方庆浩**）

（摘自《电视研究》1994年第9期）

电视技术发展与电视传播观念的变革

一、关于电视传播几个观念的确立

1. 技术是艺术创作的基础。

电视技术是电视艺术产生和发展的物质基础，电视技术的发展为电视工作者的艺术创作提供了有力的丰富的表达手段。在这里，有必要引入“技术滤器”的概念。事实上，电视在表达再现事物过程中，技术的因素始终是在同摄像机前的事物的知觉统一中起作用的。这种“技术滤器”作用几乎包括与器械设备性能直接有关的一切：镜头特性、聚焦、摄像机运动形式、景别、角度、光线变化、色彩还原、还音性质、镜头连接方式、节目编辑、字幕元素、快慢动作、电视抠像、图像特技等等。因此可以说，电视技术表达事物时，不可避免地或多或少地产生了变形；或者从另一个意义上讲，对于电视视听传媒来说，所有由于改善和提高技术设备性能，从而延伸到扩展其内在语言表现力的方式，都遵循“技术滤器”的规律。

电视从业人作为工具的操纵者，自然无法忽视电视“技术滤器”在创作中的重要作用，原因在于电视艺术的表现力从根本上很大程度地包含在对电视技术和工艺的掌握之中。可以说，任何一次电视艺术外在形式的创新和内在语言结构的演进，都是通过这种技术语言来表现的，并通过技术上和工艺上的革新来实现。所以，技术应该成为艺术创作的重要方面。这是对电视从业人素质的高层次要求。从这个角度上说，电视的技术工作者与艺术工作者合一势在必行。

2. 电视是一种综合多媒传播体。

目前，电视传播媒介已发展成为一种综合多媒传播体，它由地面无线电波覆盖网、电缆或光缆网、直接卫星、通讯卫星、微波多路分点分配系统等多种形式传送节目信号；以录像磁带、激光视盘等为载体并用计算机自动控制播出及管理；与电话、传真电报、可视电话、电子图书馆等多种媒体相结合，最终以高清晰度电视、高保真音响形式显现。它不仅可用于向公众传播新闻、教育和生活服务性信息，还可普遍地应用于各个精神产品和物质产品的生产部门，以及文化、教育、科研、军事、政府机构等社会生活的各个方面。在这个综合体中，许多电视新媒介，如卫星电视、电缆电视等具有的新特质，大大改变了以往电视传播的实质，为电视传播创造全新的品质。

3. 电视节目要有对全球的透视。

电视的世界传播，使亿万普通人第一次看到一个共同生活的世界，第一次相互观察和交流。电视信息传播的全球性质，使它成为全球交流的途径、国家之间和民族之间互相了解的手段。可以说，电视取得了通向一切观众的直接途径。

作为国际传播业中时效最强、效果最明显，也是最基本部分的电视新闻，是赢得观众的最有潜力的手段。在电视传播国际化的今天，电视新闻首当其冲地站在改革的前沿。

虽然技术的发展使新闻的采集和传播比以往更迅捷有效，新闻在内容上的竞争致使新闻业本身迅速变化，但是最关键的还在于新闻报道风格的转变。电视节目要有对全球的透视！目前世界各地电视台都在力争达到一个目标，即站在高层次上处理和报道国际新闻，要使新闻具有世界性意义而不仅仅是国家意义。

二、电视技术及其发展带来了电视特有的表现形式和自身工作方式

1. 电视新闻节目。

电视新闻是电视传播的主要节目形态。各大电视台均以重装备对待自己的拳头节目。一般说来，新闻报道节目的制作设备与普通节目制作设备独立分开设置。

新闻报道的信息源和报道地点、时间是难以预测的，它的影响范围不仅涉及到国内，而且遍布全世界。因此实现新闻采访的设备，最重要的一点就是要能应付任何突发性事件，并能从众多、复杂的信息情报中准确地整理和编辑即时新闻，并迅速播送出去。

目前电视新闻工作的方式，常见的以电子新闻采集ENG方式为主（ENG：ELECTRONIC NEWS GATHERING）。这是多数电视新闻、电视纪录片采用的传统工作方式。除此之外，新颖的卫星新闻采集系统（SNG：SATELLITE NEWS GATHERING）正在世界各地得到应用。这种系统是在可移动运载转播车上安装了小型地面卫星发射站装置。卫星新闻采集车能够在它到达15分钟内播出现场的新闻图像。新闻车的装备包括摄像和编辑设施。它的工作效率很高，只需接通线路，调整天线，就能直接与卫星接通，实现即时播出。

电视新闻无论是在采集上还是在播出串联形式上，利用卫星提高节目的权威性已成为世界新闻发展的趋势。

2. 电视纪录片。

(1)电视新闻拍摄手法的运用。建立在纪实审美基础之上的纪录片的拍摄已趋向最能体现电视现场性和参与性的新闻拍摄手法。如用“挑、等、抢”的拍摄方法去捕捉现实的艺术亮点，用跟随拍摄方法更客观地表达生活等等。因而，摄取的素材具有高度的真实感和说服力。

（2）现场同期声的大量运用。

电视纪录片中对人物同期采访声的大量运用可以说是突破传统电影纪录片的巨大技术跃进。

目前，各类型的现场声效和人物同期声逐渐取代不必要的冗长解说，已成为电视纪录片的新时尚。而穿插在现场纪实画面之间的同期访问谈话，直接向观众叙述，不仅提供了背景材料，发表了议论，又避免了编导的主观介入，使作品更加客观、公正和可信。

（杨　君）

（摘自《电视研究》1994年第2期）

短、频、快

——谈公益广告的优势

中央电视台的公益广告今年已经七岁了。七年来，《广而告之》本着"提醒、规劝、批评"的精神，发出了近千条朴实无华的信息。它以其短小精悍，形象生动的特点，提出了对社会不良现象的批评，发出了对人间真情的呼唤。无论你是欣赏"阳春白雪"，还是钟情"下里巴人"，都曾被它的"博爱、仁慈和无微不至"所征服。

俗话说："知己知彼，百战百胜。"经过几年来的摸索，我们感到，《广而告之》的优势是"短、频、快"。"短"就是短小精悍，"频"就是频繁播出，"快"就是讲究时效。

我们说的"短"，其实也是相对的。一个艺术性强、信息量大、节奏明快的作品，就不短。反之，一个艺术性差、信息模糊、节奏拖沓的作品，就一定是冗长的。一开始编辑《广而告之》时，总觉得56秒太短，而经过一段时间摸索后，就感到这56秒的节目非同小可了。当我们觉得56秒太短的时候，正是我们还没有认识到它的"特定界限"，而当我们觉着56秒非同小可时，就面临了一个如何把握"短"的问题。

这当然首先要求我们不断地提高编导队伍自身的基本素质，包括文学素养、艺术感觉等。随着公益广告的发展，人们不难发现它和电视商业广告越来越相像的外表，即相对的"短"、准确的信息和强烈的感染力。例如：电视商业广告有这样一条规律，你必须在5秒钟内引起观者的注意，使其由无意注意变成有意注意；同样道理，公益广告也需要开门见山和一针见血，否则，就谈不上在简洁明了中引人入胜了。

其次，要想充分地利用《广而告之》这块有限的阵地，还要勇于借鉴其他各种艺术形式。近年来，我们正在尝试把文学的精微手法引入创作，以至出现了像微型专题片、报告文学等样式的作品。但是，也不是所有的艺术形式都是可以滥用的。例如：在早期的《广而告之》中，我们的编导偏爱于一种情节化的短剧形式。有时它像袖珍电视剧，有时又如同小品。在相当一个时期内，这种单调的艺术手法一度成为《广而告之》的模式。但是近年来，我们发现这种形式有很多局限，比如节奏拖沓，不够真实等，特别是当演员蹩脚、结构又松散的时候，短短56秒的节目却常常使人感到乏味。可见，能否有效地把握"短"，还取决于我们能否辩证地使用多种艺术形式。

对《广而告之》而言，"频"是必不可少的。众所周知，广告的优势之一就是它的高重复率。当然，毫无商业色彩的公益广告，对观众而言不具有强迫性，所以，"频"还离不开高质量。这一方面如同好菜能使人百吃不厌，而另一方面我们还要有寻根问祖的精神，把"菜"好的原因也告诉"品尝者"。只有这样，才能产生应有的社会影响，才能触及时代的神经末梢。

"短、频、快"是相辅相成的，没有"快"，就没有时效性。如何以鲜活丰富、贴近大众的内容，迅速地传达出方方面面的社会信息，勾勒出我们社会和人生瞬间，从而配合大气候的宣传，取决于我们编导者心中能否有"快"的意识。能否具有特殊的新闻敏感、掌握时代的脉搏，并以勤奋的敬业精神迅速地制作出好节目。

（贯建京）

（摘自《电视研究》1994年第11期）

图文电视刍议

一、图文电视是什么？

图文电视，就是把图形和文字信息利用数据形式附加在正常播出的电视信号剩余容量上传送出去。这是一项和计算机技术、电视技术关系十分密切的高新技术，是一种现代化、多功能、高效的信息传播手段。

可以说，图文电视是一种无声的广播，又是一种不用纸张的报刊。它的终端通过荧屏显示，具有电视、广播和报纸的多重性。图文电视是信息传输的重要媒体之一，也是交流信息的重要手段，根据图文电视传输技术的特殊性和节目形式的局限性，在栏目设置、内容选择、服务对象、收视范围及社会效益等方面，都宜立足于图文所能表达的最大极限来考虑。

二、国内外应用图文电视情况

70年代，英国人开发了图文电视，目前，图文电视正在世界各地的发达国家内广泛应用。80年代的中国，随着计算机技术的日新月异以及电子技术的高速发展，图文电视也正在兴起和发展。1990年亚运会期间，庞大的、高速的信息传输，采用的就是图文电视技术。

图文电视作为一种新兴的信息产业，在活跃和发展国民经济中，对推动商品流通，促进商品竞争，引导商品消费及沟通产销关系方面，都将起到不容忽视的作用。

三、"秀才不出门，能知天下事"

图文电视是利用电视信号逆扫描前几行的空闲时间搭载数据，传送信息的一种广播方式，这部分经压缩后的数字信息隐含在电视图像之内，丝毫不影响电视节目的正常收视效果。它与电视信号同步传输，利用已有的发射装置，在空中架起一座座无形的桥梁，为不同地方的用户及时高效率地传送信息。只要在普通电视上安装一个图文电视解码器，就可以自由地选择收看。同时，也可以利用装有PC卡的微型计算机接收图文信息，加上附加器，利用图文电视信息，还可以复印成文件，便于随身携带。总之，凡是能接收到中央电视台节目的地方，都可以享受图文电视提供的信息服务，展现在面前的好比是一本超大容量的"电子杂志"。内容广、时效快，随时随地可以为各行业用户提供最新信息，可以说，拥有一台图文电视，就能走在世界信息的最前端。

四、中央电视台图文电视开播情况

中央电视台的图文电视节目，于1993年12月18日正式开播，节目内容有：经济政策摘编、标题新闻、信息总汇、股市行情、外汇牌价、黄金市场价格、市场指南、新医药和天气预报等。

中央电视台的图文电视以实效性强、高速度、大容量为公众传播各种经济信息，为经济领域的各行各业服务，为广大电视观众服务。我们开播时间虽然不长，但是引起了各界的重视和好评。国务院各部委下属的许多信息中心，主动要求和中央电视台合作，有的已经签订了合作协议，各地观众对我们的反映也很好，他们认为中央电视台图文电视图像清晰。

五、三种不同类别的服务

第一类是为广大观众提供免费服务。观众可以不履行任何手续，只需在电视上加一台图文电视解码器，就可以随时收视图文电视。这部分信息包括全国报刊内容选摘、短期天气预报、电视商场、购物信息、火车航班航运时间表、寻医问药、疑难解析等等。由于图文电视通过微机具有存贮功能，除了可以了解今天的信息，还可以查阅昨天或前天的信息；我们平时看电视节目很多内容不能一下子记得很清楚，但是看了图文电视的信息便能帮助查找。

第二类是有偿信息服务。针对行业特点，建立若干网络，入网用户缴入网费后，才可收看。服务内容有科技成果、专利技术、闲置设备、人才交流、口岸贸易、股票行情、国内大宗商品供求和价格、期货贸易、招商招标、市场指南、企业服务、企业动态、微观信息等。

第三类是对特殊用户给予特殊的服务。由于工作性质的关系，用户需在各行各业内，社区内，或一些协作伙伴内，建立紧密联系，对外保密。对于此类用户可以提供特殊有偿服务，用户除交纳入网费外，还需交纳特殊服务费。

应该指出，中央电视台图文电视节目和其他节目宗旨一样，既要注重社会效益，又要重视经济效益，当社会效益和经济效益发生矛盾时，社会效益应放在首位。

六、应用图文电视更好地为经济建设服务

随着经济形势发展的需要，每一个企业都离不开图文电视提供的方便而迅速的各种信息。在图文电视上如果投资一小笔钱，就可以呆在办公室里，得到很多及时的信息。及时掌握信息，会使一个企业兴旺发达，费用少、省时、省人、效率高，为国家、为企业自身带来很大的经济效益。

（宋朝彦）

（摘自《电视研究》1994年第11期）

关于推行台外聘用人员制度的若干思考

近几年来，中央电视台从实际出发，在人事管理改革方面进行了一些大胆探索，特别是自1993年试行的台外聘用人员制度，标志着人事管理在一定范围内由计划经济体制向市场经济体制模式的转轨。

一、实行台外聘用人员制度，是中央电视台人事管理体制改革的必然结果

在人事制度改革中，变革对专业人员的管理制度，造成一种人员能上能下、能进能出的良好环境，摸索专业人员社会化管理办法，一直是摆在人事部门面前的一个艰巨任务。近几年来，中央电视台相继进行了用人制度与分配制度的改革，引入了竞争机制和激励机制，调动了全体工作人员的积极性，较好地促进了宣传事业的发展。

中央电视台推出的"第二种用工制度"，即台外

聘用人员制度。这就改变了单位统包统揽的管理模式，聘用人员和单位的关系用签定合同的办法予以确定；人员能进能出，努力与现有的社会保障系统接轨；在可能的条件下，创造一种良好的内、外部条件，把目前由单位承担的某些社会保险转向社会。可以说，台外聘用人员制度，作为一种崭新的用工制度，是近几年人事制度改革的结晶，也是社会主义市场经济发展的必然选择。

二、实行台外聘用人员制度，是中央电视台事业发展和人事管理规范化的客观要求

90年代以来，我国电视行业总体格局发生了重大变化，频道迭起，地方台相继上星，有线电视大面积普及，各家电视台都在激烈的竞争中寻求自身的位置和发展，电视大战愈演愈烈。作为国家电视台，要想在国内外的竞争中处于领先地位，要想走向世界，成为世界第一流的大台，必须拥有上乘的节目，更需要优秀的人才。因此，电视竞争，归根结底是人才的竞争。人作为生产力中最能动、最有活力的要素，是推动电视事业发展最重要的力量。台外聘用人员制度的实施，适应了电视宣传改革的需要，有效地解决了部门用人急需，保证了各项事业的健康发展。

社会上不乏各类人才，而一次分配定终身以及单位统包统揽的人事管理模式，很难做到“人尽其才，才尽其用”。台外聘用人员制度，为热爱电视事业、具有相当才能和电视天赋的人提供了再次选择职业的机会，这样既可以使他们的才干得以最大限度的发挥，同时也为飞速发展的电视行业在更大范围内选贤任能创造了条件，大大提高了社会人才的总体效能。

三、台外聘用人员制度第一次在一定范围内确立了中央电视台用人主体的地位

台外聘用人员制度至少在一个相对的范围内，在劳动、人事、分配制度上完全确立了中央电视台的自主权（聘用人员经费由台内自筹），克服了现行人事制度与市场经济体制下中央电视台事业大发展的内在矛盾。台里可以根据各中心或部门的栏目设置、节目量以及播出时数来确定各个岗位增加人员的数量和素质要求，在一定程度上改变了过去缺乏人才，更缺优秀人才的状况。

四、台外聘用人员制度标志着中央电视台干部人事管理和人员构成主体双轨制的确立

台外聘用人员制度作为中央电视台干部人事制度乃至管理体制改革的重要组成部分，它的定位和推广，不仅标志着中央电视台已经对计划经济体制下所形成的干部人事管理模式有了关键性的突破，同时还标志着中央电视台干部人事管理和人员构成双轨制的确立和运作。不管是哪种用工制度的职工，只要努力工作，不断进取，创造出优异成绩，就会受到尊重，得到重用，获得应有的荣誉。因此，台外聘用人员制度对固定职工来说，无疑也是一种增效剂。这一制度的实施为未来的人事管理注入了生机和活力，为管理体制改革的科学化、规范化提供了成功的模式。

五、台外聘用人员制度的核心内容是合同化管理，从而确立了单位与个人两个主体真正的平等地位，体现了权利和义务相统一的新时代精神

从某种意义上说，聘用制的本质特征即是合同制，并且是一种彻底的合同制。台外聘用人员制度充分考虑了现代人事管理制度具有的公开性、开放性、竞争性和规范性的特点，通过用人单位和个人在平等自愿的基础上双向选择，然后用合同（契约）的形式明确双方的权利和义务——这种权利和义务相统一的思想，有效地克服了过去那种只强调义务而忽视权利，或权利、义务相分离的管理观念；改变了以往用行政手段确定个人对单位依附关系的做法，从而构成了二者之间平等的、具有法律效力的人事关系。

（王晞建　杨晓民）

（摘自《电视研究》1994年第12期）

7、经验总结

中央电视台近几年工作的主要经验

一、坚持新闻工作党性原则，不断强化国家电视台的意识

丁关根说，中央电视台是国家电视台，对内代表党和政府的形象，对外代表国家和民族的形象。这句话高度概括了中央电视台的性质和任务。这就要求我们坚持以邓小平建设有中国特色社会主义理论和党的基本路线为指导，强调在政治上、思想上同党中央保持高度一致，准确及时地宣传中央的路线、方针、政策，以爱国主义、集体主义和社会主义的思想教育人民，用文明健康的文艺节目来丰富群众的文化生活。由于中央电视台不断地强化国家电视台意识，在宣传工作中，坚持正面宣传为主，坚持团结、稳定、鼓劲的方针，始终坚持了正确的舆论导向。对于中央的部署，始终是迅速、及时、全面、准确地完成，受到中央领导和广大观众好评。

二、分党组提出把中央电视台建设成为同我国大国地位相称的世界一流水平的电视台的奋斗目标，描绘了中央电视台的宏伟蓝图

1992年7月，台分党组根据世界电视发展的趋势和中央电视台的实际，提出了把中央电视台建设成为同我国大国地位相称的世界一流水平的电视台的目标，并且提出了实施这一目标的具体步骤。其基本内容是：

国内建立系列频道：新闻频道、经济频道、文艺频道、体育频道、电影频道、农业频道、科技频道、公用频道等。

对外建立系列东方卫星电视：创办亚洲东方卫星电视、美洲东方卫星电视、欧洲东方卫星电视、非洲东方卫星电视，播出汉语、英语和其他语种节目。

这个构想较符合中央电视台实际，得到广播电影电视部党组和中央领导的肯定，大大推动了中央电视台事业的发展。1992年10月，第四套节目上了卫星，成为中央电视台第一个国际频道，覆盖80多个国家和地区；1993年1月起，每天向美国传送一小时卫星节目；1993年8月同美籍华人合作创办美洲东方卫星电视，覆盖美国、加拿大和墨西哥；1993年支持徐展堂在欧洲创办欧洲东方中文卫星电视，播出中央电视台新闻；1993年8月，第三套节目送上卫星，覆盖全国。1994年，筹办电影频道（同电影局合作）、体育频道。由此可以看出，在短短两年时间，中央电视台的确有了很大的发展，在全国和世界的影响已明显扩大。

三、台分党组根据中央电视台实际，提出了以宣传为中心、以管理为重点、以改革为动力、以繁荣屏幕为目标的工作方针

实践证明，这个工作方针符合中央电视台的实际，全台干部职工统一思想认识，认真地落实了这一方针，保证以宣传为中心的各项任务圆满完成。

四、从电视台实际出发，深化体制、宣传、财务、人事、技术设备和经营管理制度的改革，解放了生产力，推动了事业的发展

（一）根据中央要求和观众需求，不断深化宣传改革，使电视屏幕有了较大的改观。

1. 1992年，开办了《经济信息联播》、《天涯共此时》、《投资指南》等，同时改进了新闻节目，在快、新、短、深上下功夫。

1993年，实现了新闻滚动播出，扩大了国内外要闻的覆盖率；开办了新栏目《东方时空》、《夕阳红》、《文艺广角》；改革了一些老栏目，如《东西南北中》、《环球45》、《同爸爸妈妈一起看》等，受到观众欢迎。

1994年上半年，创办《焦点访谈》、《世界报道》、《第二起跑线》、《人与自然》、《与你同行》；对外新闻，从15分钟增加到30分钟；一些老名牌也有进步，如《综艺大观》、《正大综艺》、《曲苑杂坛》等，取得了较好的社会效益。

栏目改革，主要表现在两方面：一是内容改革，抓了领导重视，群众关心，普遍存在的问题，使内容更贴近实际，贴近群众；二是抓了形式改革，各栏目实行主持人化，选拔和培养了一批观众喜爱的节目主持人。有的栏目逐渐形成特点，收视率稳定，观众群形成。尤其是《焦点访谈》，使评论节目有新的突破。除栏目改革外，近几年还出现了一批有轰动效应的节目，一些重点报道引起社会广泛反响。过去我们跟着报纸走，现在是真正走自己的路，根据中央精神自己定选题。

2. 实行“扬中央电视台优势，汇全系统全社会精华”的方针，使节目源大大增加，屏幕有所改观。

3. 建立竞争机制，重奖优秀节目。

(1) 优秀节目安排在黄金时间播出。

(2) 对优秀栏目和优秀节目实行重奖。

(3) 招聘人员表现突出可以转为正式职工。

(4) 重大节目实行招标制。

4. 立足中国，面向世界，提出了对外电视报道事业发展的正确思路。

1992年，对外中心提出发展对外电视的思路：从“天空”和“地面”两个渠道把中国电视节目推向世界。“天空”指发展卫星电视，逐步覆盖全球；“地面”指在世界各国和地区建立中国录像带销售网络。这个思路很快得到广播电影电视部领导的批准。这两年，我们开办了第四套节目，覆盖80多个国家和地区，同美籍华人合作开办了美洲东方卫星电视；为欧洲东方卫视提供节目；成了亚广联、CNN《世界报道》的重要新闻供应者。在美国、加拿大、日本、韩国、泰国、马来西亚、澳大利亚、欧洲等国家和地区及香港建立了自己的录像销售市场，向各地电视台销售节目的工作也有很大进展。

(二) 改革行政管理制度，实行三级管理体制。在台分党组领导下，充分发挥编委会、技委会和行政办公会的作用；成立了新闻中心、社教中心、文艺中心、海外中心、播送中心、制作中心、中国电视剧制作中心，接管了中央新闻纪录电影制片厂，理顺了行政体制。

(三) 改革财务制度，开辟财源，促进创收。

《东方时空》、《夕阳红》试行承包制；中国电视剧制作中心、中国电视报、广告部、经济部实行经济承包；各编辑部门实行经费包干使用；技术设备实行有偿服务，让每个部门的领导和职工都关心经济问题。这样做的结果是开辟了财源，节约了开支，减少了矛盾，调动了积极性，提高了生产力。

(四) 改革人事制度，调动干部积极性，提高工作效率。

中央电视台在人事制度上做了较大的改革：(1) 建立领导干部聘任制度；(2) 促进领导干部交流；(3) 实行台外干部聘任制度，吸收了一批政治上好、事业心强、业务精、作风好的优秀人材。采用招聘制度，对中央电视台事业发展起到推动作用。

(五) 树立集团经营的思想，建立了全国和全球销售网络，推动了中央电视台经营事业的发展。

1993年成立经营管理处，加强了经营部门的管理。成立了中国国际电视总公司，本着热情服务、薄利多销的原则，使业务工作全面展开，逐步形成全国有线电视供片系统、无线电视供片系统、录像带发行系统，并开展了合作制作和加工节目的业务。1993年还成立了中视电视节目代理公司，代理中央电视台、地方电视台和社会上制作的精品节目的发行销售，在世界重要国家建立销售网，为海外卫星电视台、无线电视台、有线电视台提供节目，初步打开了局面。

五、坚持科学技术是第一生产力的观点，以先进的技术武装全台，提高了技术水平，缩小了同世界先进水平的差距

建设世界一流的电视台，制作高质量的节目，除人的因素外，还依靠“装备”。台分党组决定挤出资金，购买先进设备，改造技术系统。

1. 更新设备，购进了大批先进设备。

2. 加强了技术改造。

3. 制定技术标准。

4. 节目制作能力明显提高，演播室利用率也明显提高。

六、加强和改善党的工作，提高全台职工的凝聚力

这几年，中央电视台党的思想政治工作有很大改进，根据电视台的实际，把工作做活、做实。特点之一是深入实际，同群众打成一片，表扬和批评结合，以表扬为主，评选优秀党员、优秀干部、优秀节目等。

特点之二是，关心群众疾苦，在可能条件下，改善群众生活，解除职工后顾之忧。

（杨伟光）

（此文是《中央电视台1994年年中工作会议讲话提纲》的第一部分。摘自《业务交流》1994年第92期）

总结经验，搞好对外报道

一、中央电视台对外报道工作的成绩

近两年来，中央电视台对外报道工作步子迈得较大，事业发展较快，有三点原因：

首先是党中央、国务院和广播电影电视部、中央电视台等各级领导对对外报道工作关心、重视、支持。

李鹏在1994年1月召开的全国宣传思想工作会议上特别强调了对外报道问题，李鹏说：“我们要扩大对外开放，首先需要让世界了解中国，这就需要充分发挥对外宣传的特殊作用。”

丁关根也多次强调，中央电视台对内代表党和政府的形象，对外代表着国家和民族的形象。在世界舆论中要有中国的一席之地。

中央对外宣传办公室和广播电影电视部领导对中央电视台对外报道工作也非常重视，对中央电视台对外报道机构的调整、对外报道战略部署、对外报道节目结构，以及具体对外报道节目质量的提高等等，都给予精心指导。

原因之二，改革开放的大环境，为电视对外报道带来了难得的机遇。

原因之三，台分党组决策正确，抓住了发展电视对外报道工作的机遇，推动了电视对外报道事业的发展。

目前，中央电视台对外报道工作正处于中央电视台历史上前所未有的好时期。

二、关于"忧患"意识

1. 对外报道工作面临好形势，同时也面临严峻、复杂的一面。以电视为主的空间争夺战十分激烈，而且会越来越激烈。

2. 对外报道工作基础还比较薄弱，电视节目虽然已经送上卫星，但具体播出还需要付出艰苦的努力。

3. 海外卫星频道特色不够鲜明，缺乏针对性，节目还不能满足、适应海外观众的收视要求和收视习惯。

4. 对外报道受到语言的障碍，我们的节目还没能有效地进入西方主流社会。

当我们清醒地认识到电视对外报道工作"喜中之忧"的时候，我们也就更加清醒地看到"忧中之喜"。

现在国际注意的中心移到亚太地区，中国改革开放的模式开始被世界公认，中国的政局稳定，经济稳步迅速发展，现在的形势对对外报道工作来说是难得的机遇。因此，我们一定要进一步抓住有利时机，大力开拓电视对外报道事业。

三、今后打算

1. 精心办好第四套节目，努力将第四套节目办成具有鲜明中国特色的国际性的频道。

2. 根据对外报道以我为主，以正面宣传为主，以新闻和新闻性节目为主的原则，增加新闻播出次数和新闻播出时间。

3. 与中国国际广播电台合作加强外语节目制作。

4. 继续做好海外卫星节目的"落地入网"工作，目前美洲东方卫星电视已进入洛杉矶。1994年要重点做好纽约、旧金山的"落地入网"工作。

5. 加强对外节目的针对性，提高节目质量。

6. 下半年重点抓好"中国电视周"展播工作。

（**张长明**）

（摘自《业务交流》1994年第92期）

发挥荧屏优势，搞好爱国主义教育

多年来，中央电视台一直非常重视爱国主义的宣传和教育，把做好、播好有关爱国主义的节目作为全台最重要的宣传内容之一。特别是1993年9月13日中宣部、国家教委、广播电影电视部、文化部发出《关于运用优秀影视片在全国中小学开展爱国主义教育的通知》后，通过全台上下共同努力，中央电视台在爱国主义宣传教育上迈上一个新台阶。

一、做好百部爱国主义影视片的播出工作

运用优秀影视片对中小学生进行爱国主义教育，首要任务是播好四部委规定的百部影视片。接到文件后，电视台立即召开各种会议研究落实。总编室在栏目表已经确定的情况下调整出适合中小学生收看的时间段做好节目的安排。

二、全方位、立体化，把爱国主义宣传教育炒热

围绕百部爱国主义影视片的开播，中央电视台很多部门都做了大量的宣传工作。《新闻联播》、《东方时空》的《焦点时刻》栏目、《电视你我他》栏目、《中国电视报》对爱国主义影片展播进行了全方位、立体化的宣传，收到了非常好的效果。很多中小学教师、学生家长纷纷来信，指出这次展播是做了一件对青少年思想教育功德无量的好事。

三、把爱国主义作为青少年节目的主旋律

中央电视台青少部担负着为全国青少年制作电视节目的重任。

5月4日，青少部和国家教委、团中央有关部门一起成功地举办了以《我的祖国》为题的百部爱国主义影视片知识竞赛大型综艺晚会。

继《我的祖国》晚会之后，青少部又与国务院有关部门、妇女儿童工作协调委员会、国家教委、团中央一起在"六一"推出《跨世纪的公民——'94国际儿童专题晚会》。

另外，青少部的《12演播室》栏目拍摄了一部《一百部与五千万》的专题片。专题片以百部爱国主义影片的播出为线索，在北京和上海两座城市，组织了一批中学生小记者以问卷的方式对中学生的思想状况进行调查采访。

青少部正在制作中的突出爱国主义教育的节目还有专题系列片《忘年交》、系列录音带《中华五千年》和少儿电视系列短剧《昨天的故事》。

四、全台一盘棋，高唱爱国主义同心曲

总编室在安排协调全台节目时，对爱国主义内容的影视、文艺、专题类节目都力争安排在最有利于中小学生收看的时间，特别是每年寒暑假，都是以爱国主义教育为主线安排节目。

专题部在1993年制作了系列片《历史的见证》，播出了系列片《在中国的版图上》，在《神州风采》中将播出《中华一条街》系列、《中国历史名人》系列、《新中国第一》系列等节目；地方组将与威海电视台联合拍摄《回顾中日甲午海战100周年》的专题片；在建国45周年时，专题部将推出大型纪录片《解放》。这些节目，无疑都是对广大青少年进行爱国主义教育的好教材。

文艺部在近年推出的一些重大的文艺晚会中，都把爱国主义教育、革命传统教育、弘扬民族优秀文化作为重要的主题。在隔周一次的《综艺大观》栏目中，为中华民族腾飞做出贡献的科技工作者、留学归国人员、优秀历史人物、革命先辈都是宣传和歌颂的对象。

据新闻中心不完全统计，从1993年9月以来共播发有关爱国主义教育的新闻140余条；《东方时空》在《东方之子》、《焦点时刻》等栏目中都大量报道了具有爱国主义精神的各条战线的英雄人物和事件。军事部在1993年拍出了产生轰动效应的大型纪录片《毛泽东》和《中华之门》。《中华之剑》和纪念中国工农红军长征60周年的节目正在拍摄或筹划之中。《军事天地》栏目中将陆续播出《中华名将》系列。为纪念奥林匹克运动会100周年，体育部正录制播出100集的专题片《中国冠军录》，全面反映体育战线的健儿为国争光的风采。

值得一提的是，5月1日清晨，中央电视台在天安门广场完整地现场直播了升国旗仪式。

（周　经）

（摘自《电视研究》1994年第8期）

中央电视台1994年全国人大、政协会议报道总结

中央电视台1994年的全国人大、政协会议报道工作从3月6日开始，至3月22日结束，为期17天。总体看，这些报道舆论导向鲜明，主题突出，新闻性强，时效快，从各方面的反馈看，效果良好，各级领导、人民群众和海外观众都比较满意。

一、报道内容统计

中央电视台1994年全国人大、政协会议报道工作量统计结果：

1．第一套节目播出新闻共347条，累计11小时13分57秒。

2．第四套节目总计宣传报道时间449分钟。

3．海外电视中心全国人大、政协会议报道情况：

《英语新闻》播出38条新闻，累计55分钟。

全国人大、政协会议期间，中央电视台向世界九个国家和地区的25家电视机构提供卫星传送270次，总计传送时间85小时25分钟。除传送“两会”新闻外，还传送了日本首相、美国国务卿及厄瓜多尔总统访华的新闻。

上海、西藏、吉林等国内电视台从中央电视台传送新闻及专题15次，计10小时。

《东方时空》、《经济半小时》、《今日中国》等栏目对“两会”也做了配合性宣传。

二、全国人大、政协会议报道综述

1994年的全国人大、政协会议较往年提前，但中央电视台各相关部门对“两会”报道给予了高度的重视与热情的支持。春节晚会工作刚刚结束，就成立了“两会”报道领导小组，多次召开会议落实“两会”报道的各项准备工作，明确了“两会”报道的指导思想：以邓小平建设有中国特色社会主义理论和党的“一个中心、两个基本点”的基本路线为指导，坚持民主、求实、团结、稳定、鼓劲的方针，以正面宣传为主，积极、全面、准确地宣传党的十四大和十四届三中全会精神，激励和动员全国各族人民更加紧密地团结在以江泽民为核心的党中央周围，抓住机遇，深化改革，扩大开放，促进发展，保持稳定，把社会主义市场经济、社会主义民主政治和社会主义精神文明不断推向前进。

“两会”开幕以来，各项报道工作紧张而有序。对内报道主题突出，有层次，有深度，就人们普遍关心的一些热点问题如农业、教育、国有大中型企业的发展等进行了较为充分的报道。

对外宣传除全面报道“两会”外，还注意加强针对性，就海外及台港澳关心的热点问题进行重点报道。

“两会”期间突发事件多，节目变化大，对已实行栏目化播出的第一套节目影响很大。为了保证完整地播出“两会”新闻及专题节目，又不影响其他节目的准点播出，总编室节目组、播出科随时与“两会”报道办公室保持联系，遇紧急情况，果断采取措施，确保“两会”新闻、专题及其他主要节目安全播出。

中央电视台1994年再次邀请了全国27家电视台记者与本台记者共同参与全国人大会议报道任务，地方电视台记者提供了60多条新闻，充分发挥了电视系统的整体优势。32个代表团审议政府工作报告的内容在《新闻联播》中都有所反映。

全国政协会议报道较往年有所突破，就每天小组讨论的一个主题进行报道，内容深刻、充实，34个界别委员的讲话在联播中都有所反映，大会发言中37个委员的发言也在新闻中发了摘要，真正体现了政治协商。中央电视台政协会议报道组受到政协会议新闻办公室领导的好评。

总编室观众联系组对"两会"电视宣传效果作了问卷调查，其中56.2%的人最先从电视上了解"两会"的召开，71.2%的人对中央电视台的"两会"宣传报道表示满意。

三、1994年全国人大和政协会议报道的特点

1. 报道重点突出，有深度。

这次大会集中讨论的问题较多，中央电视台电视宣传报道抓住人民群众普遍关心的热点问题进行较详细的报道。

2. 发挥新闻滚动播出的优势，时效快。

"两会"期间，许多重要的新闻都是由前方记者赶拍后送回台里，在最临近的新闻中首播简要消息，以后陆续播报详细内容，每一次滚动播出都有新的内容补充进去。

3. 较多地运用同期声，可信度高。

党和国家领导人深入各省、市小组会，以普通代表身份和代表们一起审议政府工作报告，与代表亲切交谈，听取代表的意见，都用了大量的同期声，使人感到亲切、自然。

4. 前期采访和后期编排都注意新闻性。

四、中央电视台全国人大和政协会议对外报道引起强烈反响

1. 第四套节目《中国中央电视台新闻》节目中播发的关于"两会"的新闻受到国务院港澳办、"两会"新闻中心及港台记者的好评。他们普遍反映：中央电视台海外电视中心新闻部关于"两会"的报道内容实在，信息量大，形式活泼新颖，有看头。

2. 中央电视台驻外记者反映，"两会"开幕以来，北美各地的中文电视台都非常重视。由于利用卫星传送，北美各地的华人观众能及时收看到"两会"的当天新闻。他们说，了解"两会"的情况主要靠看电视。

五、各部门通力合作，确保"两会"电视宣传获得成功

（程　伟）

（摘自《业务交流》1994年第86期）

中央电视台庆祝建国45周年宣传总结

一、国庆期间节目安排丰富多采，安全播出

1994年是中华人民共和国成立45周年。中央电视台确立国庆宣传以激发爱国热情，振奋民族精神，宣传改革成就，展示时代风貌为指导思想。在台领导和编委会的指挥下，新闻中心、社教中心、文艺中心、海外电视中心精心选题，抽调精兵强将制作出丰富多采的国庆节目，烘托出庆祝建国45周年热烈隆重的气氛，形成一个时期的舆论热点，收到了良好的社会效果。

总编室与全台各有关部门通力合作，精心安排好国庆节目。

二、成功转播首都国庆群众联欢晚会

庆祝中华人民共和国成立45周年群众联欢晚会，通过10月1日晚中央电视台和北京电视台的现场直播展现在亿万观众面前。

为了使这次大规模的群众联欢晚会在电视上得到充分的表现，中央电视台抽调精兵强将和优良设备，同北京电视台一起，共投入四辆转播车、一套EFP、三套ENG共30个讯道和22套微波设备，全台有近450多人在各个不同的岗位上参加直播工作。联欢晚会的电视转播鲜明地突出了爱国主义的主题，画面丰富多采，技术质量良好，转播获得圆满成功，受到中央领导和广大观众的好评。

三、国庆游园活动报道丰富多采

10月1日，北京四大公园举行盛大的游园活动。为报道好这次游园活动，新闻中心和海外电视中心事前做了周密策划，多角度、多侧面充分反映了党和国家领导人与各界群众欢度国庆的喜庆气氛和隆重场面，突出表现了国家安定团结、兴旺繁荣的大好形势。

10月1日上午，新闻采访部八个小组分赴中山公园、劳动人民文化宫、天坛公园、北海公园，采访报道党和国家领导人同首都各界群众一同联欢的盛况。

新闻评论部在10月1日晚上《焦点访谈》中以《万民同庆》为题，报道了"十一"游园活动。

经济部于国庆当天在《经济信息联播》中播出了《国庆特别节目》。

四、对外报道独具特色

中央电视台1994年国庆期间对外报道工作的特点是：既要负责播出，又要自采自制新闻和专题节目，还要向国外卫星传送新闻，寄送发行节目录像带。

1. 保证国庆重点节目的安全播出。

2. 10月1日、2日，向中国173个驻外使、领馆和洛杉矶电视网寄送了国庆招待会、国庆联欢晚会、亚运会开幕式节目录像带约500套；向美国美洲东方卫星电视寄送了国庆招待会、国庆联欢晚会和升旗仪式节目录像带。

3. 国庆期间，对外中、英文新闻除报道国庆招待会、国庆联欢晚会以及亚运会开幕式等外，还采访了北京八大公园、学校、书店、监狱等，自采自制了反映普通老百姓节日生活情况的节目。在采访八大公园中突出现场同期声，重点采访了台港澳同胞、海外华人华侨和外国人在北京过国庆的感受，使第四套新闻节目更具特点。

外语节目每天向美国CNN《世界报道》和墨西哥特莱维萨卫星传送国庆新闻节目。

10月1日海外电视中心专题部派出七个摄制组分赴八大公园拍摄采访国庆当天活动和焰火晚会，连夜制作了一个30分钟国庆特别节目《'94国庆在北京》，10月2日至4日分别在第一、二、四套节目中多次播出。

五、国庆宣传取得成功的原因

1. 领导重视，组织得力，计划周密，措施具体。

2. 全台职工统一认识，同心同德，团结协作，发扬艰苦奋斗和连续作战精神。

六、国庆宣传引起强烈反响

10月1日晚，国庆联欢晚会现场转播结束时，李鹏和李瑞环握着中央电视台文艺中心导演袁德旺和新闻中心时政记者王连生的手说："大家辛苦了。谢谢电视台，谢谢同志们！"丁关根在电话中说："向电视台职工表示慰问，谢谢大家。"

国庆宣传结束后，通过各种渠道传来信息，中央领导及中央宣传思想工作领导小组、中宣部、广播电影电视部领导，都对中央电视台国庆宣传给予较好的评价。

总编室观众联系组收到许多观众来信，热情赞扬中央电视台国庆宣传的成功，尤其对现场直播联欢晚会反响强烈。

观众的来信还赞扬了《祖国万岁——庆祝建国45周年大型文艺晚会》、新闻报道《共和国步伐》及专题片《解放》等国庆节目。

（罗　琴）

（摘自《业务交流》1994年第93期）

滚动播出头一年

1993年3月1日，中央电视台的新闻节目一改延续十几年的《早间新闻》、《午间新闻》、《新闻联播》《晚间新闻》四大板块的栏目式格局，由每天播出4次增加到11次（不包括《体育新闻》）。

滚动播出是指当天的各次新闻节目既有重要新闻的重复播出，又有不同题材的多侧面报道，更有动态新闻的及时跟踪，并随着时间段的推移，不断把国内外最新动态和重要信息展示给观众，使信息传播呈滚动态势。这种播出方式具有短周期、高密度、多信息、快节奏的优势，不仅能有效地提高新闻的时效性，也便于不同层次观众收看，是电视挖掘自身潜力，与其他新闻媒介竞争的有力手段之一。

实行滚动式播出，已成为当今世界新闻报道形式发展的基本走向，被许多发达国家普遍采用，可以说是世界级电视台的必要标准。

这次新闻改革，是为了克服原来的局限性，进一步优化电视新闻节目，通过增加新闻播出次数，强化公众关心和感兴趣的新闻，使中央电视台的节目再上一个台阶。一年来的事实证明，滚动播出和不滚动播出大不一样。实行滚动播出以后，新闻播出量由每天的60分钟左右增加到130分钟左右，新闻播出时间长度在第一套节目中的比例也由原来的6%上升到13%，强化了中央电视台新闻的主体地位。11次新闻节目每次都成为首发新闻的窗口，从而大大增强了时效性。

1993年3月1日是实行新闻滚动播出的第一天。新的播出方式刚一出台，便显示出其特有的优越性。据统计，在早晨7点的新闻中，有13条是首发（包括口播和报摘），有5条是前一天要闻，初步体现出"扬独家之优势，汇天下之精华"的特色。

3月初国际奥委会考察团来北京考察，对考察团活动的报道使刚刚开始几天的滚动播出经受了第一次考验。考察团6日11点35分抵京，中央电视台在12点的新闻节目中就口播了这条消息。在14点的新闻节目中又编发了配以本台记者拍摄的画面的较详细的新闻。在以后的历次新闻节目中，又进行了新内容的滚动播出。第二天上午，考察团成员观看北京举行的春季万人长跑。10点钟比赛开始，12点就播出了他们观看长跑的新闻。随后，基本上在每次新闻节目中，都及时地播出了奥委会考察团最新的活动。在22点新闻节目中，又以3分17秒的篇幅报道了他们全天活动的综合情况。

由于实行了滚动播出，加上记者、编辑的共同努力，1993年全国人大、政协会议期间，中央电视台的发稿量大大超过了往届“两会”报道，大部分重要新闻都能在事件发生最临近的时间首播出去，以后逐步展开报道，做到了既讲时效又有深度，许多新闻还作为独家报道为国外新闻机构所采用。这段时间的滚动播出也改变了以往电视新闻节目的分散状态，产生了“整体大于部分之和”的宏观效应。更为难能可贵的是，“两会”期间，记者还在现场用电话同步报道了人大代表提交议案的数量和特点，并采访了议案组负责人，这在中央电视台历史上是第一次。

此后，在我国民航飞机被劫持事件、隆福大厦火灾、深圳危险品仓库爆炸、东亚运动会、第七届全运会以及“9·23”国际奥委会表决日等报道中，都能随事件的发展进行跟踪报道，从而产生了一种悬念效果，提高了电视新闻的可视性和吸引力，受到广大电视观众的普遍好评。

滚动播出使得国际新闻报道上了一个新台阶。新闻的首发时间由19点《新闻联播》变为7点《早间新闻》，时效整整提前了12个小时，发稿量也明显增加。早晨7点基本上是抢发国际要闻，在以后的几次滚动播出中再精编出更有特色的画面，同时根据新闻事件的发展不断调整内容，增加新的信息。1993年5月发生的普雷马达萨总统遇刺事件和8月俄罗斯政府和议会间发生冲突以及洛杉矶地震等重大国际事件，本台第一套的新闻节目都作了详实而生动的连续报道，并且普遍先于国内其他新闻媒介。

一年的滚动播出，锻炼了中央电视台的新闻采编队伍，提高了记者、编辑的业务水平。他们对滚动播出由不适应到基本适应，新闻时效意识得到强化，变被动地等新闻为主动地找新闻、抢新闻，快速反应能力明显提高。

当然，由于这项改革开始时间不长，不可避免地存在着这样或那样的问题。从新闻内容看，缺乏时间联系的横向、综合性新闻多，而时间性较强的纵向、动态性的报道少，还没有实现从形式到内容的全方位滚动。就采制人员来说，对滚动播出既需要逐步适应，自身素质也有个不断提高的过程。同时，在技术设备、通讯手段、后勤保障等方面也有待于进一步充实和完善。

新闻中心提出，从1994年开始，各次新闻节目既要体现滚动特点，又要各具特色。11次播出将分为要闻、重点新闻、一般新闻几个档次。《新闻联播》要突出重点，增加重头报道，同时多发15秒钟左右的简讯；《早间新闻》突出“信息总汇”，特别是国际新闻总汇的特点；21点新闻以要闻为主；22点计划开办国际新闻。调整后的新闻节目将力求适合于不同层次的观众。

随着新闻改革的不断深入，在新的一年里滚动播出的优势一定会更进一步地得到发挥。

（辛　闻）

（摘自《电视研究》1994年第3期）

《焦点访谈》选题透视

1994年4月1日开播的《焦点访谈》，是中央电视台1994年第一套节目改革的龙头。其目的很明确：提高新闻报道的深度和力度，强化电视评论的影响，使电视新闻对社会生活的导向作用得到更充分的发挥。现对《焦点访谈》的选题情况做一分析和简略总结。

一、“三句话”原则

“社会热点”是有层次、有区域、有时限的。站在国家电视台的视点上，《焦点访谈》栏目的选题标准是：领导重视、群众关心、普遍存在。

这三句话有其特定内涵，具体到某一节目的时候，它们构成的标准是复合的而不是孤立的。这样，在定选题的时候，制片人和编导要同时考虑这三个方面。

当把这一标准结合起来审视热点的时候，实际上，《焦点访谈》就成了上下沟通的桥梁、纽带和窗口。《焦点访谈》的编辑记者们也正是这样有意识地来营造这一工程的。《焦点访谈》节目已经逐渐形成了一个有效的“破题”套路，就是“大题小人物，小题大人物，难题找专家，热点请权威”。如果某个节目的选题事关重大，节目里便多出现一些普遍群众的镜头，由他们来发表自己的意见。如果是一些看似鸡毛蒜皮的小事，记者则常请有相当级别的领导来解疑释惑。如果有些题目比较复杂，有较强的专业性，节目里则常有很具权威性的专家学者进行阐释，一些讨论国际形势、科技进展的节目常常采用这种形式，从而加强了节目的社会性和普遍性。这样，群众和领导在节目里达到了观点和情感的交流，每次节目都是一次观众之间的对话，他们又都从中得到了自己需要的东西，“三句话”原则也就因此实现初衷。

二、准确把握导向，选题冷热兼顾

“三句话”标准毕竟是原则性的，在具体操作中还需要操作者扣准事物发展脉络，把握好内在规律，把原则性与灵活性结合起来，选准热点，用好焦点，引导社会舆论向正确的方向发展。

随着市场经济的发展，人们的人生观、价值观会有这样那样的变化。一个时期以来，金钱至上、极端个人主义等腐朽思想侵蚀着社会的整体道德。鞭挞丑恶腐败现象，建设社会主义精神文明，提高全民族的道德水平就成为普遍关心的焦点。为此,《焦点访谈》歌颂真善美、揭露假恶丑的同时,在其他舆论部门、宣传媒介已经对一些事件和人物报道之后,又用电视独有的视角、独具的效应再做报道,使之热上加热,使相关的舆论氛围迅速升温,使人们对这些事件的关心程度最大可能地得到提高。同行们经常把这一类的选题行为称作"爆炒"。反之,为避开特定时期的敏感话题,则采用冷处理的办法。"冷"与"热"的选择与处理,显示了编导们成熟的应变经验、较强的控制能力和职业责任感,"热"和"冷"在转换中投射出的焦点选择的难度、技巧性和影响力,值得总结和借鉴。

三、扬电视评论之长,使明理与煽情互补

《焦点访谈》在选题时,以事实、实效为先导,迈开理和情两条腿,既敢碰很有理论深度的复杂问题,也能拍极具情感震撼力的人物事件,走出了一条电视评论的新路子。

四、保持正反平衡,弘扬主旋律

《焦点访谈》注意保持反面揭露和正面颂扬的平衡,使节目始终激荡着积极向上的蓬勃朝气,给人以信心和力量。

首先,当选择一些需要抨击的现象时,他们一方面真实地报道事件真相,不夸大不缩小,另一方面总要介绍对这一事件的处理过程或即将采取的措施,这就不是简单地罗列,而是积极地解决。

其次,注意选择一些正面的话题保持平衡。基本做法是"大题小做"、"旧题新做"。"大题小做",就是以事件、人物为依托,注意细节的表现,以小见大,让观众由这些小人小事领悟其重大意义;"旧题新做",就是对一些"永恒的主题"施以新形式,调动电视的各种手段表现它,使之好看、吸引人。

再次,选择一些知识性的中性话题丰富节目色彩。

这些做法有效地保障了选题的高质量,高质量的选题,又促进了《焦点访谈》不断向高水平迈进。

(王旭东)

(摘自《电视研究》1994年第9期)

怎样讲述老百姓自己的故事

一、关于选题

绝大多数纪录片创作者把拍纪录片当作创作作品,而我们是在用纪录片办天天播出的栏目。我们要把老百姓身边最平凡的生活,真实地再现在屏幕上。有些专家说:《生活空间》解决了所谓身边无主题的问题。我们明确了这样一种意识,就是,我们不是在报道有趣的事情,而是在拍人。行为只是情感的载体,心理的外化。报道事件本身是浅层次的,重要的是表现人。这就是一些专家、观众从《生活空间》节目中看到了所谓"人本精神"的原因之一。

指导我们把握选题的原则是:像朋友、家人一样去关注你的拍摄对象。让作品自然流露编导、记者的一种最真切的责任感。

二、关于拍摄

《生活空间》在创作上,追求的是"电视化",希望找到属于电视本身的表现手法,力求做到结论情节化,而不是结论语言化。

"结论情节化"是《生活空间》编导自觉遵守的创作原则。纪录片的魅力在于其结果的不可预知,如果带着某种主题去拍纪录片,其结果往往表现的不是被拍摄对象,而是自己,即不可避免地把被拍摄对象当成自己的思想的符号。在开机前我们没有所谓主题。又如何确认开机的时机,如何明确选择的标准呢?为此我们总结出所谓三段式的说法,即:明确关注对象、主题的发现和结论的产生。这三种不同状态,分别发生在编导摄影开拍之前、剪接的过程中和观众收视时。

"结论情节化"带来的第二个问题是,记者手持话筒在情节中出现时如何定位。"结论情节化"是不是不需要提问呢?是要提的,但我们把记者现场提问的作用定位在:为了完成情节中人物心理活动的外化。

"结论情节化"带来的第三个问题是在记录"现在进行时"时,摄影的状态如何定位。当我们开始"讲述老百姓自己的故事"时,我们把摄影的定位比作"幽灵"。其含义有两层:一是无形,二是积极关注。在强调把摄影机藏住的同时,也强调了摄影机的运动,像有灵魂的人一样运动,像有灵魂的人的眼睛一样观察。这种方法拍摄的结果带给观众的是参与感。

三、关于意识

《生活空间》这个节目中没有指导观众生活、提高其生活质量的知识信息,而是集中地唤起了观众的同情心、正义感,换句话说,这类节目满足的是观众的某种渲泄欲望。

但渲泄并不是目的,也不是终点。人们还是希望能从电视中寻找到对生活直接有用的有启示性的东西。

这种分析,似乎是我们找准自己节目位置的原因,更是对节目有人看好的原因的总结。

《生活空间》节目所要表达的是对每一个人的尊

重，是那种需要以平等和真切才能够体现的尊重。我们用尊重的概念表达了《生活空间》平视生活的创作原则，这种平视的原则，能与观众的渴望沟通、渴望表达的心态对接，同时平视生活的原则要浸透到节目中，必须从选题、采记、拍摄，剪接、写稿，以至于打电话、接待来访的观众、制片人和各位主持人记者的相处等一切可能出现的关系中开始，必须成为我们每一位创作者做人的品格。

（陈 虻）

（摘自《中国广播电视学刊》1994年第5期）

爱心、热心、关心
——谈《经济半小时》1994年春节特别节目《我向家人报平安》创作

从1994年2月9日至14日，中央电视台连续六天播出了《经济半小时》'94春节特别节目《我向家人报平安》，引起了强烈反响，观众赞扬这个节目充满了人间真情、亲情和温情，参与感强，催人泪下。

这个节目之所以能收到这样好的社会效果，我认为主要是以下几点：

一、选题好

春节，历来是中华民族传统的节日。无论是海外的炎黄子孙还是祖国大陆的父老兄弟姐妹，每一个中华民族的子孙，在春节都是“每逢佳节倍思亲”。然而，有报道表明，随着市场经济的活跃，越来越多的人在春节因为事务繁忙不能与家人团聚。《我向家人报平安》节目抓住老百姓内心深处的这一感情焦点，提供给普通人运用电视这种最为现代化的媒介诉说情感的机会，切入点选得准确。安排在春节期间播出，对于密切人民群众之间的感情，促进安定团结的大好形势，展现社会主义市场经济的时代特点都是很有意义的。

二、品位高，参与感强

贴近观众，让广大电视观众共同参与制作的电视节目，是《我向家人报平安》的最大特点，也是其创新所在，成功所在。

《我向家人报平安》较有特点的大致有这样几类节目：一类是向国家重点工程职工拜年。这类节目的用意在于体现《经济半小时》是一个以宣传经济为宗旨的栏目，没有它，节目就缺少大背景和力度，也无以说明在春节这样一个中华民族团聚的日子，中华儿女小家连着大家和国家这一总的思路和主题。这一部分内容可以说是整个节目的骨干和主体。主人公作为工人阶级，是国家的主人，理当去歌颂和报道。

第二类是以普通个人为对象的感情群体，通过对他们的报道，更能牵动千百万观众的心。国家电视台，播出时间一刻千金，但为普通人服务正是本节目的一个宗旨和出发点。

有了爱心，节目就会让人动情。这种情在节目中来自几个方面：一是电视台这样真挚无私为观众服务的举动令人动情；二是百姓之间能通过现代化的电视媒介来拜年，通过报平安流露父母情、赤子情；三是通过人与人之间感情的表达与交流，客观上也加强了民族大团结，体现了人民对祖国这个大家的赤子心爱国情。

总之，我们这个节目，不仅是简单的报平安和拜年，对其他观众也有一个教育作用。这正是本节目选题立意的思想基调之所在。在创意阶段，我们就十分强调这一点，我们的目的不仅在于拜年，更在于通过拜年展示90年代改革开放时代中国人的新观念、新面貌、新变化。报平安这种形式正是为这样一个特定的主题思想服务的。它宣传了一种奉献精神，突出了时代主旋律，报出了我们伟大祖国取得的建设成就，报出以诚实劳动争取美好生活的普通人的精神风貌和信念。

第三类是海内外亲人间的拜年，这是为体现对外开放时代的社会特点。

三、形式多样

为了更好地突出本节目贴近观众、为观众服务、寓教于服务的特点，节目的编导们在各类节目中主要运用了三种手段和形式，以活跃节目节氛。

一种是“对接”的形式，即从采访人中挑出有代表性的人物，在播出他们向家人拜年的片子后，紧接着派另一路记者到他们的家中采访，把他们家人的情况和问候拍出来，在电视中播放。还例如，我们在播放来自美国的报道后，紧接着又安排了祖国大陆留学生的亲人向海外学子拜年的片子，让人看了有一种交流感，这就更贴近观众的心灵和感情，通过双方“对接”的手段让“报平安”者和“家人”在电视屏幕上进行感情交流，通过碰撞闪出火花。

另一种形式是最有效的，包括“普通百姓字幕配乐报平安”和“图像特技报平安”。这种形式新颖、节奏明快、信息量大，东西南北，各行各业，南腔北调，五花八门，情趣横生。

再一种形式是主持人口播观众来信报平安。

为了活跃屏幕，我们在节目开播前还制作了两个预告片，告之天下。在正式节目中，还穿播了带“福”字、民族气息浓郁的特技小片头，预告节目播出时间。通过精心的编排，使所有片子有主有次，有张有弛，浑然一体，生动活泼，多方位多层次地调动、开发了电视节目各项制作功能，收到了吸引人、感染人、教育人的效果。

四、"兵在谋"

本片在整个采制过程中，凝聚了大家共同的心血和劳动。尤其是深入京九铁路工地和三峡工地的主持人和编导们更为此片付出了许多许多的辛苦。与此同时，经济部领导和编导们精心的策划也是贯穿本片创作始终的。

总的讲，这种策划成功地体现在：经济部领导及时抓住选题予以升华、扩大，调派骨干投入重点采访；美国中文台高时效的组织和策划；六集节目大处着眼、细处把握和整体样式的创意等等，都体现了策划的功力和作用。

（**柳成伟**）

（摘自《电视研究》1994年第5期）

潮起潮落

——关于抗洪抢险报道的思考

1994年6月，广东、广西、湖南等地发生特大水灾。人民解放军陆海空军和武警部队奉命火速赶赴各灾区，抗洪抢险。各地记者也闻风而动，连夜奔赴抗洪救灾第一线采访，采录了一些值得称道的新闻，记录了许多很有历史价值的场面。

作为军事部的新闻值班主任，我在处理大量来稿过程中和新闻播出之后，思考了一些问题，总的感觉是来稿中存在的"遗憾"多了一点。

一、争取战场上的主动权

在和平时期，抢险救灾是人民解放军一项义不容辞的重大任务。唯有抢险救灾可以使广大官兵最大限度地接触人民群众，用实际行动表达对人民群众的真情实感；唯有抢险救灾时，人民群众才能最广泛地目睹、感受到人民子弟兵那种严密的组织纪律、雷厉风行的战斗作风以及英勇奋战、不怕吃苦、舍生忘死、无私奉献的精神和行为。抢险救灾，部队面对的敌人是自然灾害，"敌"我双方的战斗表现是面对面的"肆虐"和"抗衡"。这种场面极易如实地记录下来，并迅速或同步地展现给观众，从而产生无法估量的感召力，使远离灾区的亿万观众既能目睹到灾区实况，又能亲身感受到人民军队存在的价值和作用。搞好抢险救灾的报道，对鼓舞人民群众战胜灾害，密切干群关系、军政关系、军民关系，对稳定社会，发展经济是极为重要的。

记者的最大特点是嗅觉比一般人要灵敏。这种灵敏既是知识和经验的积累，更是职业习惯造成的。当阴雨连绵，大雨滂沱和台风登陆时，记者应该预见到可能要发生灾害，应该主动了解部队的动向，并做好随部队行动的准备。如果什么事情都靠上级通知，没有通知就没有新闻采录，总是处于被动地位，那就不成为记者了。

二、新闻在哪里

简单地说，新闻就在记者的眼皮下，就看你能否发现，能否抓住。对电视记者来说，眼皮下瞬间发生的事情，抓住了，可能就是好新闻。头脑一走神儿，或反映迟钝，或表现犹豫，"活鱼"就会漏掉。1991年，湖南电视台和常德电视台共同采录的新闻《撤离提前了半小时》，可以说是一条极易溜掉的"活鱼"。这条新闻从全新的角度反映了抗洪抢险中军民结下的鱼水深情。

电视工作者遗憾总是难免的。我们应该通过努力，尽可能减少这种遗憾。这就要勤奋学习，刻苦钻研。如果记者、通讯员平时不看书、不看报、不听广播，甚至连电视新闻都很少看，仅满足于拍几个画面，新闻质量何以提高？

三、要预防报道中的负效应

"战士×××驾驶冲锋舟奋战五天五夜，从洪水中救出群众1000多人。"某舟桥团官兵"从洪水中救出人民币现金3800多万元，贵重物资130多吨，值价近亿元……"这是一篇新闻稿中仅有的两个例子。这两个例子均经不起推敲。一个单位奋战五天五夜尚可信，因为它是一个群体，人多，可以轮班吃饭、休息。一个战士奋战五天五夜就不可信了。

真理超过一步就是谬误。一个细节的失真将影响整个抗洪抢险报道的可信性，影响党和军队的声誉。这种负效应要坚决预防和杜绝。

新闻工作者自觉将自己置于观众的监督之下，也是预防和杜绝宣传中负效应的重要方法。我们的报道要充分考虑观众的接收心态和逆反心理。真实反映生活、反映现实的节目，观众不仅爱看，而且能从语言文字、编辑技巧、表现手法等艺术上讲出一二三来，对一些违背生活、违背现实、违背人民心愿的作品，也会毫不留情地提出严厉批评，甚至抗议。这种赞扬和批评，对新闻工作者都是一种监督。若我们能对观众不同时期的心态作点研究，从观众的批评中吸取营养，各种负效应就会及时被发现，我们的失误就会减少。

（**韩金度**）

（摘自《电视研究》1994年第10期）

第十二届广岛亚运会报道总结

第十二届亚运会于1994年10月2日至10月16日在日本广岛举行。中央电视台派出54人组成的庞大记者团，首次在海外建立演播室，在国外制作包装各类体育节目，在国内直接播出。这在中国电视史上开创了新的局面，为中国电视在海外大兵团作战积累了丰富经验。

一、历史性的突破

近十年来，中央电视台在历届国内、国际体育赛事的报道上都是全力以赴的。但是，由于受财力、物力、人力条件的制约，派往海外报道的人数一直是非常有限的。1988年汉城奥运会，中央电视台派出18人实地报道。1992年巴塞罗那奥运会也只有28人。对1994年的广岛亚运会，如果还像以前那样，继续与香港电视广播有限公司（TVB）合作，共同租用卫星线路和演播室，就会给我们独立制作和传送播出节目带来诸多不便，也与我们国家的国际地位极不相称。台领导果断决定：中央电视台独立制作、独立传送、独立播出广岛亚运会。

为报道本届赛事，中央电视台大胆尝试，租用两条卫星通道；在日本广播协会（NHK）广岛支局大楼八层租用200多平方米的房间，把它分割成演播区、编播区、收录区和办公区等；工程设备在日本直接租用。

中央电视台派出以副台长沈纪为团长的54人报道团，从编播、制片、技术、制作到传送，播出一条龙，整个队伍人员安排合理，职责分明，人人斗志昂扬，信心百倍，在广岛亚运会上演出了一首威武雄壮的交响曲。

二、勇夺新闻报道的金牌

中央电视台亚运报道中心，用第三套节目全天直播亚运会比赛的节目，开始、结束及中间转场均利用演播室进行包装，这套节目定为《广岛赛场》；用第一套节目每天直播《亚运会专题报道》和《广岛竞技场》两个分别为50分钟的专题节目；用第二套节目每天晚上直播一场到两场重要赛事；另外还有每天三次新闻直播，重要新闻随时插播，以此构成了全方位的亚运报道形式。总计平均每天播出18个小时节目，这在整个国际广播电视中心（IBC）中是当之无愧的冠军，即使是东道主日本广播协会（NHK）和东京广播公司（TBS）也是望尘莫及的。TBS在IBC的演播室最大，设备最多，最齐全，每天也只不过有四个小时的直播节目。

为了使新闻报道及时，编辑、记者和技术人员想方设法弥补场馆无信号的不足，利用大哥大电话传消息、飞字幕或把电话声音直接插入电视画面中播出，使观众在同一时间获得更多的新闻信息。

为了充分利用演播室，我们还在《广岛赛场》中设立了《广岛直播室》的栏目，并力图把它办成一个特别的节目——来自中国体育代表团的声音。在这个栏目中，前后有中国体育代表团的六名官员，以及中国十名金牌得主和他们的教练接受了直播采访，并在编导构思上力争每次采访都要出一点“彩”，给观众以新鲜感，增加可视性。

三、摸索新的思路、开创新的道路

中央电视台赴广岛报道团自9月25日开始发稿和传输节目，到10月16日亚运会闭幕，一共提供节目270小时。向国内传送新闻320条；字幕新闻110条，其中有9条是记者在现场通过“大哥大”直接播报的；现场直播各项比赛98场；接受采访的中国体育代表团负责人、教练员、运动员共72人。

《广岛直播室》成为广岛比赛场外的又一个热点，中国体育代表团的领导都以能在这个栏目中与观众见面为荣，改变了以前电视到处拉人采访的被动局面。

《亚运会专题报道》和《广岛竞技场》两个专栏各播出15集，做到了及时、充分、全面、准确。实现了杨伟光提出的“力争亚洲第一”的宏伟目标。

另外，共收录503小时的节目，制作播出《焦点访谈》和《正大综艺》节目各两期，为北京电视台、辽宁电视台传送节目各15次。

香港电视广播有限公司（TVB）体育节目总监说：“中央电视台在广岛的出色工作令人信服地证明：中央电视台不愧是世界第一流的国家级电视台。”

中央电视台广岛亚运会报道的实践证明：中央电视台在广岛设置报道中心充分展示了电视媒介的优越性，向世界证明了中国电视事业的迅猛发展。这次报道活动证明：中央电视台的人员素质、设备力量都是可以打硬仗的，这些都为把中央电视台办成世界一流电视台积累了宝贵经验。这次实践还证明：科学分析、全面掌握亚运会的背景资料，正确判断各类事件，适度把握，妥善组织，都是成功报道的必不可少的保证。

（岑传理）

心灵的真实记录

——《最后的山神》创作谈

一、倾心的劳动

《最后的山神》完成之后，我最深的感受就是：纪录片创作是一种劳动，是一种倾注了心力的劳动；真实是纪录片的生命，那就只有付出真实劳动才能收获真实。

二、选题——遵从心灵

《最后的山神》是以鄂伦春人生活为题材的。说出来也许让人不相信，我最初报这个选题的时候，没见过一个鄂伦春人，仅仅知道这是中国东北部的一个少数民族，骑马狩猎，粗犷剽悍……

现在回想起来，报这一选题也不是没有根据，根据就是心中的感情。我是在东北出生长大的，看惯了冰天雪地，茫茫草原，审美感情更多地倾向于雄伟、粗犷的阳刚之美。我选择这一题材可能是要通过它来表达自己那北方情结吧！

我承认艺术创作有很多的偶然性，但取得成功总有它的合理成分。我由此体会到的是创作要遵从自己的心灵，去表达你倾心所爱的东西。纪录片的生命是真实，那么创作者心中的真实不应该排在第一位吗！

三、采访——寻找心灵的具象

1992年夏季，我去了鄂伦春族的一个定居地——黑龙江省塔河县十八站鄂伦春族乡采访，这里已在准备1993年的定居40年大庆了。我看到40年的定居，从根本上改变了鄂伦春人的传统生活方式。我要探索和表现这新旧更替之际，民族文化面临的冲击和民族心灵的颤动。

说到一个民族的心灵世界，既博大而又抽象，得找到一个具体可视的形象，作为象征，成为意象……当我看鄂伦春人雕刻在树上的山神像时，眼前一亮，几天来纷乱的感受、想法……一下子变得条理清晰起来，山神像和这个民族在我心中叠印在了一起——山神就是鄂伦春人精神世界的象征。山神就是鄂伦春人，鄂伦春就是山神。

四、拍摄——记录心灵的真实

鄂伦春族是山林民族，要真实地表现他们的生活和心灵，只能跟随他们走进兴安岭的林海雪原、高山河谷，观察他们的生活，体味他们的感情，选取典型的细节把它们真实地拍摄记录下来。我们成了真诚的朋友。在我们面前，他们无拘无束地劳作，直率地坦露心怀，几乎忘记了摄像镜头的存在。这是纪录片拍摄需要的最佳工作状态。

拍摄中我们面对生活，生活之河每天在身边流淌，无限丰富又平淡无奇。要紧的是保持住一种新鲜感，这样才能发现和拍摄到生活中有特征的情节和细节。另外，还得小心别陷进琐碎之中，忘记了把握到的总体感觉，丢掉了已经找到的生活意象。我曾不厌其烦地拍摄砍山神和敬山神的情节，使它不但在纪录片中，同时在我心中，始终是贯穿着的意念。

既然已经确定要展现鄂伦春民族的心灵，那么生活中哪些情节和场面最能反映其心灵世界，哪些不能甚至相反呢？我想，选择具有表现价值的人物活动情节和细节，该是纪录片拍摄中最难也是最重要的课题。

五、剪辑——从故事中展开心灵

这部片子创作之初就立足要展示人物的心灵。在编辑上，要完成这个任务，光是用过去报道式的纪录片的手法就无法实现，应该使情节具有故事性，以吸引观众关心片子中人物的命运。他们的命运折射着这个民族正处在新旧交替的过渡时期。让观众随着情节的发展而与片中人物共命运，分享他们的喜怒哀乐。当然，这一切的前提必须是真实——真实的生活和真实的感情。

六、合成——三股合一地表现心灵

合成，在纪录片制作上是最后一道工序，而在创作者心中，应是贯穿创作的全过程。画面、声音、解说如同提在创作者手中的三条线，你需从头到尾把它们合成一股绳，使它们齐头并进。画面、声音、解说的合成，不是1＋1＋1＝3，而是1＋1＋1＞3。《最后的山神》剪辑的过程，是在剪辑画面，也是在剪辑同期声，同时考虑哪里出音乐。剪完之后，解说词的写作只用了两天，因为整个创作过程都算是打腹稿，这时只需落在纸上，推敲一下文字了。

《最后的山神》全片解说词很少，其中大部分是对白的叙述，有几句是意味深长的点题。

我在音乐处理上也很小心。当片中的感情已积累到让人要发出感叹时，才用音乐。

我以为纪录片的最高境界应该是：当人们看完全片之后，留在心中的只是事实和感动，不再想到镜头、音乐、解说；纪录片没有导演，没有摄像，没有作曲……纪录片没有艺术——这就是纪录片的艺术！

（孙增田）

（摘自《北京广播学院学报》1994年第1期）

我拍《姊妹溪》

《姊妹溪》拍摄于1992年10月，它是中央电视台摄制的大型系列纪录片《大三峡》中的一集。《大三峡》共12集，1994年1月上旬在中央电视台第一套节目晚上9点连续播出。这是一部介绍三峡工程和三峡库区的节目，而“姊妹溪”位于库区之中。《姊妹溪》所展现的两条溪的风貌，在三峡工程年建成蓄水以后，将会淹没在水里或受到影响。

从拍摄前的采访开始，神农溪上土家族船工现在的生活，大宁河上谜一样的古人遗迹，以它们独具风采的魅力吸引着我们，震撼着我们，使我们为之倾倒；当我们把这两者联系在一起的时候，我们更为其中一脉相传的精神所感动，这种精神就是：面对严峻的挑战而越发自信，越发坚韧，从而创造奇迹。

在这幽深偏僻的峡谷中存在着的精神，不应随着三峡工程的蓄水而被淹没，不会随时代变迁而贬值；正相反，在我们创造明天的时候，正需要保持这种精神。尤其对于面临着巨大变革和种种挑战的中国，更是这样。

实际上，当我们随土家族船工在神农溪涉水而上的时候，当我们攀上大宁河绝壁上悬棺的时候，当我们重搭栈道的时候，我们感觉到这种精神正在激励着我们拍摄，甚至，我们觉得正在接受古人的考试和挑战。

以拍摄对象所蕴含的精神、哲理、情感来指导创作，是我们摄制这部纪录片的追求。它可以使纪录片准确真实地传达精神实质，并使之具备朴素自然的品格。同时，我们喜欢将自己投身其中，而不仅是冷眼旁观；希望自己是被记录者真诚的朋友，而不是忽来猎奇的匆匆过客。

近年来，中国的纪录片创作尤其是中央电视台的纪录片创作，发生了比较显著的变化——纪实手法被广泛应用。过去，中国的纪录片更注重考究的画面、大段的音乐，和政论性或文学化的解说词组合在一起，而比较漠视被纪录对象本身的生活逻辑和真实状态。最近几年的纪录片创作则开始强调按生活的本来面貌和逻辑记录生活，纪录片本身的特性受到重视，现场记录和同期声受到重视，普通的人、真实的事件过程成为主要内容。这一变化的标志是中央电视台与日本东京广播公司（TBS）联合摄制的大型系列纪录片《望长城》。它被中国评论界称为“里程碑”。《姊妹溪》的主要创作人员：导演、撰稿人、摄像、编辑、录音师等，都参加了《望长城》的创作。

这种变化的原因，首先是“实事求是”的思想得以恢复，二是包括纪录片创作在内的各种创作自身的规律得到应有的尊重，三是对外开放使中国的纪录片创作者能看到和学习全世界的优秀作品和创作手法。

（魏　斌）

《庐山》创作谈

名山大川步入荧屏，大多归于风光片类。选题庐山，最初也想去循这一类电视专题作品的思路与风格；但最终确定的创作方向却是以风光为题材，走出风光片的模式，力图创出一些新意来。

与其他名山相比，庐山是严肃的。固然，它有神奇的自然景观，但，神圣的人文景观与神秘的政治色彩，使庐山显得更为深沉，更有底蕴。这座山本身的厚重感决定了电视表现手段不应当是一般性地拍摄风光和挖掘内涵，而要寻求一种方式，让这座“死”山“活”起来。为此，《庐山》尝试了几种表现方法：

一、观赏性与纪实性相结合

庐山，作为千古名山，对于许多人来讲，最直观的首先是自然景观有名。因此，拍庐山不可不拍风景。于是，就有了让美的大山构成美的镜头，让广大观众去观赏大山之美的最基本想法。

所谓纪实性，纪的是山上的人和上山的人。让人们的活动使“死”的景观“活”起来，使老的风光“新”起来。

《庐山》将自然风光的观赏性与对观赏风光的人的心理与行为的纪实结合起来，实际上是把专题片中两种不同的表现手法，在表现风光这一点上巧妙地对接起来，使风光片已不是原有观赏性意义上的风光片。这就是我们在拍庐山这个观赏性很强的题材时所力求创新、出新的一点努力。

二、知识性与趣味性相结合

千百年来，庐山积淀着丰富的文化蕴涵。拍庐山不单要观赏自然风光，还要认识它的人文景观。如何把相对枯燥的知识传递给广大观众，也要寻找一种方式。

“死”山要拍成“活”山。那么，“死”的知识也应该转化为“活”的信息。因此，“寓庄于谐”这四个字就成了构思的核心。将知识性与趣味性结合起来，便成为《庐山》创作中寻求的又一表现方式。

细节固然有趣味，诗化的意境也是一种趣味，它可以淡化浓重的话题，使观众从中获得历史的或今日的种种知识。庐山是一座弥漫着政治风云的名山。但是，无论是国共两党的史实，还是庐山会议的话题都是沉重的。拍摄中，我们将历史的风云纳入到庐山别墅的小小房间中去讲，并去挖掘诗化的趣味。在《庐山》创作中，化厚重为轻盈、寓深沉于愉悦，才使大山在盎然的趣味中显现出知识的丰厚与深邃。

三、景物与人物相结合

我们看过许多很美的风光片，却往往是见物不见人。即使是人，也是人贴在景物上，缺乏一种震动心灵的"天人合一"的投入感。

拍《庐山》专题片，我们在充分展示大山的美貌的同时，更细微地观察了山景之中的游人百态，记录下许多被我们称之为"山趣"的场面。

《庐山》专题片由赵忠祥、黄玲主持，是借鉴已有的风光加人的模式。但拍庐山，我们追求的是让主持人与山景有机地融合在一起。主持人到庐山，我们强调的不是作为"导游"只讲知识，而是要激发主持人身置大自然中所流露出来的真实的感情。当赵忠祥在晨光微熹之刻登上含鄱口观湖光山色，看旭日朝晖，脱口而出一段散文诗式的感慨。这时的词，不是编导写的，也不是编导授意的，而是他在自己与大自然相融之刻所感触到的真情实感。这种词语发自内心，且又有个性，达到了景物与人物相融的艺术效果。

拍庐山，见物也见人。已逝去的登临大山的圣人、名人，我们面对山中遗迹，要设法把他们讲"活"，拍"活"，达到人物与景物的结合。对那些就在摄像机前的千百万普普通通的游人或是常居山中的山民，我们要捕捉他们与大自然拥抱时所迸发出来的火花，让大山更有光彩，更有"人味"。总之，拍山也拍人，山与人相融，才能真正拍出庐山之灵魂，使庐山"活"在人们心中。

四、拍摄者与被拍摄对象相结合

在《庐山》中，创造轻松的氛围是为了贴近生活，靠近观众；而让拍摄者与被拍对象融合一起，实质上是在作品中增强参与意识，让荧屏内外产生交流，使庐山更具亲切动人的魅力。因此庐山中有两位主持人的投入，也有摄制组成员的参与。这种参与不是自我表现，而是从内容需要出发，与内容融成有机体，以增强内容的表现力。

被拍对象不单单是景物、事物和山中的人物，我们还将观众也拍入画面。观众的参与使电视片离观众更近，也使庐山离观众更近，这样就能使《庐山》更有电视特点。参与的重要性在于能够更生动地表达内容。同时，也让观众从荧屏上了解到拍电视专题片鲜为人知的"后台"风光，从而增强了作品的可视性。

《庐山》拍的是风光，编导的意图是走出风光拍风光，使静观的景物"动"起来，使深沉的话题"轻"起来，使丰厚的知识"活"起来，一句话，使司空见惯的风光片"新"起来。

（李近朱）

（摘自《电视研究》1994年第6期）

《埃及之旅》的思索

一

在七集《埃及之旅》的片子中，我们在探寻古埃及文明的斯芬克斯之谜；如何搞好片子，同样是一个不断缠绕着我们的斯芬克斯之谜。

我们首先遇到的就是思维定式的问题。在制作这类专题片时，我们常常会陷入一种常规的模式，而我们面对的恰恰是一个没有定式的瞬息万变的大千世界，那种僵化的模式常常不能给人以新鲜感，不能把握住片子的活的灵魂。我感觉，拍好一部片子最大的困难就是逾越我们自己。可以说：制作专题片最忌讳的正是现代电视的八股文。

二

在前期拍摄中，我们尽量独辟蹊径。那些宏伟辉煌的古代奇迹固然要反映，但我们也注意从那些貌似平常的景物中去寻找灵感。拍摄金字塔时，我们特意选拍了世界上最古老的梯型金字塔。尽管它不宏伟，但与人们常见的那种金字塔是截然不同的。这样的介绍使观众开阔了视野，并引起他们浓厚的兴趣。我们拍出最古老、最荒凉的金字塔，还想带给观众一种静穆的沉思；当我们用惊异的目光在4000年前古埃及的宫殿中发现了古罗马和伊斯兰的建筑时，一下子意识到这是非常重要的内容，我们不仅把它拍了下来，同时还引发了一个深刻的道理：在古埃及大地上，一个个民族不断想征服这片土地，而最终又不断地被这片土地所征服了。

三

在制作本片的过程中，我深刻认识到后期编辑其实是一次重要的再创作过程，它的好坏直接关系着影片的优劣。在后期编辑中，用新的思路重新组织已拍定的素材，有时就会达到意想不到和画龙点睛的艺术效果,往往可以使素材显得更生动、更富有哲理,给观众留下的印象也会更深刻。我从众多的素材中发现了这样一个现象:有两个宫殿,一个是没有了屋顶的漂亮而高大的中央大厅，另一个则是古朴矮小但却依然完好的内殿。根据这些素材,我突然有了一种灵感,产生了一个新的思路,通过对历史沧桑的思索,引导观众想得更深:那些看似非常雄伟、高大的东西，其实往往更容易倒塌，那些比较平凡厚重、比较实际的东西,或许更能经受历史的考验。这种新思路用一种强烈的对比，给观众以思考。

四

在本片的编辑中，我力图做到把新鲜而活泼的情感投射到外在世界，尽量把自己的感觉融入被拍摄的景物中去。

我感到一旦心灵与自然接通，世界就不再是单调、平淡的物理与化学，而是像心灵一样丰富多采，从根本上增加了影片的活力。

五

现代人的感觉是多元的，它不再是简单地把自然景物描述出来，或把自己的感情与客观景物作一番简单的类比，而是重视客观事物中“人”与“物”的关系,注重揭示事物内部的本质冲突,让心灵的波动随着形形色色的意象而闪现。比如我们在展现巴列夫防线时，由于那里是军事禁区，不能随意摄像，只能用一些不能活动的照片来作为基本素材。我们利用生动活泼的解说充分调动观众的感觉和想象，利用观众灵动的思维，把那些并不相接的照片有机地组接起来，而贯穿的主线正是人对战争的感觉以及人对战争的思考。

六

我们往往有一种概念：好像纪实片不应该发挥想象,这样容易歪曲现实。实际上恰到好处的想象不会歪曲历史和现实，反而会促使观众跟我们一同去认识所表现的现实。比如在古罗马剧场前,我这样写道：“这里曾回响着贵族们激烈的辩论声，也许还有艺人们的歌声与乐声，也许我们现在听到的只是历史兴衰后的叹息吧!”这样充分地利用我们的想象，同时也调动观众的想象，让观众同我们一起去感受那种强烈的历史氛围。

七

用诙谐、特殊、生动的语言来感染观众也是很重要的。在介绍亚历山大航海博物馆时,我们曾为如何介绍互不相关的展品而大伤脑筋。那种说明式的介绍方法很难引起观众的兴趣。因此，我换了一种方式,力争让镜头与众不同,让语言生动鲜活，采用反问、设问和对比的形式。调动这一切手段的目的就是为了让观众更好地参与到节目中去，参与到对主题的思考中去。

八

在这次的拍摄与制作过程中，我们也得到一些较深刻的教训。在前期拍摄中对镜头的设计是很重要的，稍一疏忽就会铸成某种遗憾。在前期拍摄时,特别是在生疏的异国异地进行拍摄时，不能满足于浮光掠影,拍一些单纯追求视觉效果的素材,而应该深入到事物内部，去表现那些能揭示事物本质的东西。在后期制作上如何掌握好节奏,也是一个很重要的问题。从接受美学的角度来看,我们的片子存在一个突出的问题,那就是由于我们把内容塞得太满,致使解说的频率过快，这样很难给观众留下回味和想象的时间。而虚实相接、快慢相谐才是艺术的更高层次。

（辛少英）

（摘自《电视研究》1994年第8期）

《人与自然》栏目特点

《人与自然》栏目的宗旨是给观众以美的艺术享受,同时也潜移默化地影响观众,增强环保意识,热爱大自然，保护大自然，合理地利用大自然。

一、《人与自然》的内容特点

人与自然是一种和谐的相互发展的关系。人类既要合理地利用和开发自然,又要保护好自然,小栏目《绿色视野》的内容正是涉及环境保护和发展问题。

人与自然环境有着千丝万缕的联系。在人与自然、人与动植物的相处中,会产生许多特定的感情和许多感人的故事,这正是小栏目《我和我的朋友》的内容。

大自然有许多奇观等待我们去发现和观赏。大自然有许多谜需要我们去探索。小栏目《奥秘百科》就是一个探索大自然、认识大自然的窗口。

我们这个星球因为有了绿色,有了生命,才能充满活力和勃勃生机的景象。小栏目《生物圈》将展现丰富多采、千姿百态的动物、植物以及微生物。

主持人与嘉宾所涉及的是人与自然的种种话题,这部分主要是演播室内的节目。其特点是信息量大,与观众的交流感强,主持人和嘉宾的个性突出。

如果说《人与自然》中的各个小栏目是含蓄地阐明编导意图的话,那么,主持人和嘉宾的谈话就是直接阐述主题思想和观点,以情感人,以理服人。

此外,《人与自然》中的小栏目都具有集趣味性、知识性和欣赏性于一体的鲜明特色。

二、《人与自然》的主持人和嘉宾的特点

1. 选择观众喜欢和信任的主持人。这个栏目请赵忠祥来主持,是因为他是广大观众熟悉并且喜欢的著名主持人,他在观众心目中已有了很高的威信。因此,观众容易接受主持人的观点。这是名人效应所起的作用。

2. 每期节目选择一位能使观众开阔眼界的嘉宾。这个栏目请的嘉宾有动植物、生物和环保专家学者,也邀请各行业的名人;还请普通人当嘉宾,让节目讲述老百姓的事。

《人与自然》安排一位固定的主持人和一位不固定的嘉宾,能真正起到串联的作用,增加节目的整体感。主持人和嘉宾看了每一个小节目后有感而发,注重运用充满感情和富有哲理的议论说理,主持人和嘉宾在谈自己亲身经历或观点时,不知不觉把观众带入下一个节目中。主持人和嘉宾谈论的是与前后小节目有关联的话题,但决不是节目本身已有的信息的重复,而是载有很大信息量,知识性和趣味性强的谈论。另外,主持人和嘉宾还起到使节目气氛轻松起来的作用。这才是成功的串联和主持节目。

三、《人与自然》的艺术形式和结构编排特点

《人与自然》栏目结构严谨,整体感强,安排整个节目结构时,在首先选择好题材和精彩内容的前提下,既注重节目的节奏感。又注重节目的表现形式,在节目的外包装上狠下功夫,使形式与内容比较完美的统一。在安排节目结构时主要考虑了以下四个方面。

1. 小栏目的长与短相结合。

30分钟的节目中有三到四个小栏目。这几个小栏目有长有短,完全根据节目内容和可视性强弱来决定。

2. 节目的动与静相结合。

《人与自然》是在《动物世界》的基础上发展而来的新栏目,关于动物的内容比例相对大一些。但大自然除了人与动物以外,有植物、微生物,还有地球、大气,甚至整个宇宙等等,所以节目中也要注意动与静的结构安排,以动为主,动静结合,全面地、多层次地反映人与自然的关系。

3. 抒情的优美节目与即兴采访节目相结合。

《人与自然》充分运用电视艺术的各种表现形式,使栏目在相对稳定的基础上,显得生气勃勃,丰富多采。这个栏目现在主要以正面题材为主,所以在安排各个小节目时,采用了以抒情优美的艺术表现手法为主的方式。如果说抒情优美的专题纪录片与其它形式例如即兴采访有一个比例的话,大约是三比一。《人与自然》努力做到雅俗共赏,给观众以更多的生气、知识、美感和愉悦。

4. 轻松与沉重相结合。

有些节目的主题是比较轻松的,但有关环境的有些话题是比较沉重的。但沉重的话题不要让观众感觉累。在编排节目时注意以下三点:第一,不把几个话题沉重的小节目连放在一起,要在中间穿插话题轻松的节目;第二,有些严肃的话题有时候不妨可以用轻松的语言或画面表达出来;第三,有时候可以靠主持人和嘉宾来调节一下节目的气氛,使整个节目有张有弛。另外男解说员和女解说员的声音分别在不同的小节目中交替出现,也能调节一下气氛和节奏。

一个栏目的生命力在于内容和形式的不断创新。所以,尽管《人与自然》栏目有许多鲜明特点和优点,播出后受到广大观众的认可和喜爱。但还须从许多方面进一步探讨,使它在相对稳定中有些变化,在稳定的基础上逐渐提高质量,使这个栏目更加完善和成熟。

(姚桂松)

(摘自《电视研究》1994年第10期)

色彩纷呈的舞台

——中学生节目《第二起跑线》的创意与制作

中央电视台1994年推出了大型中学生栏目《第二起跑线》,办中学生固定栏目难度是很大的,中学生是一个很特殊的观众群。他们思维特别活跃,参与意识非常强烈。同时,由于年龄、心理和生理都处于发展和动荡中,他们是不会满足于他人为自己安排好的框框的。他们的创新意识和求异心理使他们醉于自我表现。所以编导的高明之处是通过节目内容的安排,形式的展现,让中学生自己表现自己,给中学生提供一个展示才华的舞台。这种表现不是盲目的、自发的、任意的,它是编导们能动地控制的,编导们是引导者、驾驭者,但他们又巧妙地将自己隐形。

进一步的策划是建立一种符合中学生观众群特点的节目风格。它包括内容和形式两个方面。

首先,编导人员为中学生的参与提供了一个交互式的"场"。这主要是指栏目采用的形式。两个学校进行对抗赛,这是中学生最喜闻乐见、最能发挥主体意识和协作精神、最具有参与性和挑战性的方式。双方学生的交锋是一种交互作用，主持人与参赛学生的交互作用也是与众不同的。这个栏目所有参与性的小品、热点辩论、竞猜、模拟职业招聘、机智问答、即兴创作、舞蹈、唱歌、人体造型、游戏等等都是即时发生的，随机的，是中学生们智慧和才华的真实体现，没有人做现场导演。这样，主持人的机智灵活、应变能力就更加重要，她要正确地贯彻导演意图并与学生沟通。还有一个交互，是在上场学生和坐场学生之间。两个学校各自有自己的啦啦队，他们为上场的同学加油鼓劲，摇旗呐喊，气氛特别热烈。有了这样一个"场"，才有了真正意义上的参与。

第二，编导们精心设计了参与的"载体"。这主要是指节目的内容。它要多角度、全方位地展现中学生的形象。展示中学生智慧的锋芒，体格与意志的成长，人格与自我的完善，审美与创造的发展，即中学生的所学、所思、所感、所悟，而且要有应有的力度。同时，节目的内容还要比中学生目前的生活有超前性。《第二起跑线》的编导们突出表现了他们的超前意识和未来意识。他们的模拟职业招聘和中学生2000年自我形象设计，对中学生的现实是一种超前，更重要的是，生存能力和竞争意识的培养对我们社会现实是一种超前。另外，中学生对内容有一定的选择性，所以一定要选择他们感兴趣的内容，大而无当的话题要避免。

第三，激活参与的主体——参加节目录制的学校的师生和千千万万的中学生观众。这也是《第二起跑线》非常有光彩的地方。所谓激活，就是让学生能动地参与，在参与中提高，对他们的知识、能力、口才、应变等各方面的能力有提拔、上升的作用。这在一般的节目是无法实现的。在参与节目的师生被激活之后，电视观众——参加者的同龄人，也在一定程度上被激活。除了电视节目本身的内容能激发他们参与的热情之外，场上同学的精彩表现也使他们感到一种升华，萌生了完善自我的强烈愿望。

第四，充分发挥编导的主导作用。作为最受欢迎的大众传播媒介，人们对电视文化的娱乐性、通俗性、趣味性、时效性都是比较注重的。但是，对青年文化的独特性，还没有专门的研究。所谓青年文化，是指在13—19岁之间的青年，有着自己的文化圈和交际圈；青年文化是家庭和社会之间、儿童期和成人之间的桥梁；青年文化为他们准备了价值和时间的展望，同时它对青年的冒险性和兴趣有着引导作用。导演的"导"就具有了导演与引导的双重意义。13—19岁这个年龄段是人格完善、个性形成的关键时期，对思想还不成熟的青少年来说，他们的模仿能力强，辨别能力和心理承受力差，成人节目经常会产生误导作用，而成人节目的内容与形式，则经常被成人的趣味、要求牵着鼻子走。《第二起跑线》的编导们敏感地意识到他们担负着营建青年电视文化的责任，在其中起着主导作用。因此，节目的内容形式的选择把着眼点放在青年身上，特点鲜明。

青年文化有着自己的特点，由此而衍生的青年电视文化就必须有别于成人节目。它不仅要有趣味性、娱乐性，还要有教育性、导向性。它的教育性不是空泛的说教，而是寓教于乐；不是由编导硬性灌注，而是通过学生不同角度的思考自己教育自己，自己说服自己。青年节目对青年的思想、行为乃至价值观、人生观有很强的导向性，特别是同龄人的同一化作用，即向同龄榜样学习模仿的作用，也会对青年产生深刻的影响。所以，青年节目要给青年最富营养、最有启发性的东西。《第二起跑线》节目的创意，就是从青年节目的特点出发，通过生动的对抗赛形式——群体的、同龄人的参与，为青年人提供了一份色香味俱佳的营养配餐。许多教师和家长认为：《第二起跑线》清新的风格、精彩的内容丰富了中学生的业余生活，开阔了他们的视野，增加了他们的知识，也为中学生德育开辟了一个新的途径。电视上同龄人的朝气蓬勃、多才多艺、奋发向上、团结协作的形象，为中学生塑造自我、立志成才提供了生动的素材。

（巴 丹）

（摘自《中国电视》1994年第6期）

我们怎样做《地方台30分钟》的编辑

一

《地方台30分钟》的前身为《地方台50分钟》，筹办于1988年初。自筹备开始，我们便把栏目确定在播出"一个台制作的，自始至终一个主题内容的50分钟长度的优秀专题节目"这样一个位置。为什么要这样做呢？我们考虑，中、短集电视专题已经做得很好了，应该向长度发展，把容量更大的节目搞好。那时我国尚无长纪录片的窗口，我们为什么不顺应创作发展的需要而设立这样一个栏目呢？

把栏目的长度定为50分钟，还因为50分钟是当时国际上纪录片的一个通行长度。中国纪录片的创作在当时还没有走向世界，如果这个栏目的创办能架起一座中国纪录片通向世界的桥梁，它的意义和作用将足以令人欣慰了。

从这些意义上看，我们确定的目标，不仅是工作的目的，也是理想、希望和追求所在。我们必须面对这个较高目标带来的一系列挑战。

经过八个月的准备时间，1989年1月9日，《地方台50分钟》栏目正式向全国播出。

二

栏目推出后,电视界同仁很快发现,除了符合宣传要求这个条件外,栏目唯一强调的便是质量。只要作品属于电视专题节目这个门类,并具有较高的创作水平,《地方台50分钟》便采用。

由于栏目对节目质量的要求高,很快吸引了全国各地创作队伍的目光,高标准的要求吸引的是高质量的创作。

《地方台50分钟》栏目推出之后,很快引起理论界的重视。电视理论工作者在《人民日报》、《光明日报》、《文艺报》以及有关的报刊上写评论文章,从理论上评价并指导创作。一部分片子也及时成为电视界高等学府——北京广播学院的教材,形成了理论和实际比较紧密的结合。栏目播出产生的影响,已超出了事先的估计。

三

1990年5月,《地方台50分钟》改为《地方台30分钟》栏目。

在工作中我们意识到,要长期保持栏目的高质量,就是要保证源源不断的高质量的纪录片创作,也就是要发现并掌握有创作能力的作者群。通过大量的工作接触,我们逐渐地发现一批散落于全国各地的创作能力强的人。我们同他们建立了密切的联系,在工作上多方支持并帮助他们,约请他们单独创作或与我们合作创作,形成稳定的供求关系,保证了片子的质量。

在与地方电视台合作过程中,也培养锻炼出一批优秀的电视纪录片创作者,从而促进了全国整体创作水平的提高和发展。

四

从创作样式上说,《地方台30分钟》是由以电视专题艺术片为主体向以电视纪录片为主体过渡的。

《地方台50分钟》播出的纪录片样式的作品并不多,专题艺术片实在难以摆脱"沉闷"的问题,所以后来改为30分钟的长度。

栏目改为30分钟之后,纪录片创作虽仍不能算主流,但有了发展。

《望长城》的问世,对人们创作观念形成很大冲击,产生了纪录片创作的高潮。

五

不论是《地方台50分钟》,还是以后的《地方台30分钟》,都保证了高品位和高质量,在全国形成比较大的影响,播出的节目半数以上具有全国创作水平,这些节目常常囊括国内各类大奖。在三年多的时间里,《地方台30分钟》连续三次有多部节目代表中国参加中日艺术交流,并参加了部分国际电视评奖活动,显示了全国电视专题创作的总体水平。

在这些年里,《地方台30分钟》不仅仅是擂台,有时也像一所学校。它记录了许多人的创作历程,他们从幼稚走向成熟,从勃勃生机的小树长成参天大树。他们通过这个栏目了解全国创作的动态、水平和发展方向,他们也通过这个栏目充实和提高了自己。

作为一名身历其间的编辑,我深深感到编辑本身也要具有多方面的知识,有较好的鉴赏和领悟能力,同时还要拥有天下为公的胸怀和默默无闻自甘寂寞的奉献精神,严把质量关。从而既不疏漏任何一部在思想上、艺术上有个性、独创性的片子,亦不轻易放掉创作上的瑕疵,帮助作者修改和完善节目,提高创作水平。另一方面,在接触各种不同风格片子的时候,注意创作上的发展变化以及手法的多样性,从而在创作上担负起指导和交流的作用。

(李　虹)

(摘自《电视研究》1994年第9期)

舞乐蹁跹话"唐风"

——写在《大唐舞韵》获奖之后

我国唐代是政治、经济、文化等全面发展的一个历史时期。尤其是在文化艺术上融汇中外,兼收并蓄,百家争鸣,创造了不仅烛照当时世界艺坛,而且对后世影响深远的辉煌成就。

电视艺术片《大唐舞韵》,以弘扬民族文化艺术为主旨,囊括了国内迄今为止挖掘整理及重新创作的唐代乐舞之精粹,再现了大唐盛世文化艺术的辉煌,同时在一定程度上反映了当时的士风民情。

《大唐舞韵》收录了具有传奇色彩、被誉为唐代乐舞之桂冠的《霓裳羽衣舞》,又收录了当时有代表性的各种民间、宫廷及外域舞蹈,如《婆罗门舞》、《龟兹舞曲》等;还有展示盛唐服饰绚丽多采的舞剧《金舞银饰》等。

这是一部以舞台晚会为骨架的电视艺术片。要把它搞成一部具有历史感、文化感、娱乐性并重的作品,就必须有一套不同于其他晚会节目的思路。

带着这种想法,剧组的导演、编辑、创作人员力求在保证艺术效果的同时,利用电视声、像、色彩相结合的特点,注重内外景结合。在舞乐声中有机地加进反映当时盛况的外景画面,在组接和切割上,有意造成改变画面节奏的幻觉,给人以身临其境的氛围,在欣赏乐舞的同时,领略大唐时期的人文景观,既加大了信息量又丰富了人们的想象。

在后期的编辑制作中,既注重舞台的现场感,用特技把画面编成舞台 MTV，又根据舞蹈内容及情绪，加上唐传来注释舞蹈出处或当时所处地位及世人评价。这与大唐时期老百姓普遍有一定文化，不乏懂诗文音律之人的国情是相一致的；另一方面也调动了现代人对唐乐舞的了解和欣赏兴趣。

力求知识性与娱乐性并重。在节目与节目之间，采用男女声韵味地道的画外音解说，把与节目紧紧相关的当时的传说、典故、故事串联起来，让解说员妙语连珠地讲给观众，让观众在较短的时间内对大唐舞乐有一个较完整的了解，为人们在唐代与现代之间架起了一座桥梁。

《大唐舞韵》是1993年10月，在中央电视台无锡外景基地举行的首届中国唐文化艺术节上录制的。得到了广播电影电视部、中央电视台领导的关怀和指导。可以说，大家是怀着强烈的历史责任感和社会责任感来完成这一工程的。

《大唐舞韵》能在1994年莫斯科国际民间艺术“彩虹”电视节上获得“彩虹奖”，在1994年获“星光杯”二等奖，是领导关怀的结果，也是对我国民族民间艺术家挖掘整理大唐乐舞功绩的一个肯定。

我国民族民间艺术源远流长，作为一个电视艺术工作者应更好地去挖掘，去继承，去再创作，把更多更好的民族民间艺术瑰宝奉献给人民，奉献给时代。

（董长武　云　剑）

从大型文艺晚会《人间正道是沧桑》谈《综艺大观》的导演工作

1993年是毛泽东诞辰100周年，台里把办一台纪念性的大型文艺晚会的编导任务交给了我。

如何在文艺晚会中，既体现全国亿万人民对毛泽东深厚的怀念之情，又展现今天全国人民为完成宏伟大业而将改革开放的步伐迈得更大一些呢？我着重从两个方面入手。

首先，反复锤炼，精益求精选主题。没有一个明确的主题贯穿，没有一个得体的艺术串联，这样一个既有政治意义，又有艺术价值的晚会，就会失去其应有的作用。为此，我们在建剧组后的相当一段时间里反反复复、寻寻觅觅，就是寻找这台晚会的“魂”。

最后我们采用了“人间正道是沧桑”作为这次晚会的题目。这个题目立意宽阔，大气磅礴，而且寄希望于未来，大家都比较能接受。

其次，精心编排，多角度表现主题。找到了好的主题，我们在节目编排上抓住几个基本要点和排练的标准：一是老节目要有特色；二是新节目要有深度；三是整台晚会要以情为主，抒国情，抒民情，还要抒走向未来的全国人民豪迈之情。不能仅仅只停留在“怀念”和“继承”上。

关于老节目要有新特色。毛泽东在世的时候，就有许多优秀的歌颂他的文艺作品，而且，大多数已经被广大老百姓所喜爱和熟悉了。可是一台晚会不能完全由这些老节目唱主角，用这些老歌老曲构成本次晚会的主旋律难免坠入“怀旧”的俗套。那么，如何来选择一个老曲翻新的突破口呢？在文艺部领导的直接帮助下，我们编排了一组由各少数民族歌唱家表演的名曲名家联唱。这个节目充分表达了毛泽东是全国各族人民领袖这一举世公认的历史事实，而且，载歌载舞气氛也很好。

在新节目编排和创作上，我们要求有深度，就是要有继往开来的特点，特别是要与当前改革开放的时代背景挂起钩来。

我们还在总体编排上做了一些尝试。

这台晚会是在露天举办的，舞台的直接背景就是毛泽东故居。可是光有好的背景，没有灯光和烘托气氛的必要舞美设计，难免会有些遗憾。为此我们做了以下尝试：

一是在原故居基础上我们增加了鲜花和大红灯笼，同时，挂了许多灯片，强调视觉色彩。

二是在整台节目主持串联中，我们选用了全国人民都熟悉的著名主持人赵忠祥和倪萍。他们在解说词创作中，根据总体要求扬长避短，突出一个“情”字和“新”字。

三是我们选用了广州军区战士歌舞团和湖南湘西艺校的学员，采用台上伴舞和台下起舞两种方式，把整个观众席当做第二舞台来处理，并推到高潮。

四是在剪辑完成片时，考虑到文艺节目表现伟人一生难免有做戏的遗憾，我们又精选了几组不同时期的毛泽东的珍贵资料插入其中，扩大了晚会非艺术性信息量。这样一来，整个舞台与现场、文艺节目与历史资料虚实结合，历史感与现代感交叉使用，使人既感受到毛泽东作为一代伟人叱咤风云值得讴歌的一生，同时，又让观众感到继承毛泽东遗志最好的办法就是继续改革开放，把四化建设到底。

从《人间正道是沧桑》文艺晚会的创作，联想到《综艺大观》节目的导演工作。《综艺大观》是一台娱乐性较强的节目。如何做到既能够让老百姓喜闻乐见，又能体现雅俗共赏的娱乐性呢？我觉得，一台好的综艺晚会必须具备三个基本条件：

第一，可视性。可视性是构成电视文艺节目的先决条件。不好看的文艺节目就不能抓住观众。近年来有几种艺术形式是深受老百姓欢迎的，小品就是其中一种。《综艺大观》经常组织小品演员及时迅速地通过小品反映社会现实和老百姓家常话题。

第二，娱乐性。娱乐性是综艺类节目一大优势。随着改革开放，人们的审美情趣有了很大的变化，寓教于乐，用欢乐的笑声把观众引入一个严肃的主题，是我们《综艺大观》的宗旨。应该说，人们看这个节目，是在工作、学习、劳动之余，守在电视机前与家人乐一乐，这是千百万普通观众的普遍心理。这个观众心理一定要抓住。

第三，节目内涵问题。《综艺大观》每年有大量的节目是与各有关部委和省市合办的，如何既满足合办单位的要求，又把文艺的服务功能不露痕迹地表现出来，是我们经常研究的问题。既突出行业特色，又不影响娱乐性晚会的功能，才能做到合办单位满意，观众满意，我们自己满意。

（张晓海）

（摘自《中国电视》1994年第10期）

以改革为动力 提高栏目质量

——创办《东西南北中》栏目的体会

一、《东西南北中》栏目概况

《东西南北中》栏目是地方电视台文艺节目的一个窗口，前身叫《百花园》。我们本着不断提高栏目（节目）质量这一基本目的，进行了栏目改革，力求通过改革把《东西南北中》栏目办成荟萃地方精华、展示八方特色的窗口。从栏目首播到现在，由于我们顺应了观众日益提高的审美情趣，在提高节目质量上下功夫，使栏目的可视性不断增强，收视率明显提高。目前，《东西南北中》栏目已成为中央电视台和文艺部重点栏目之一。

二、做法和体会

1. 实行制片人制是办好《东西南北中》栏目的重要保证。

每期节目都有一个规划组，制片人（组长）综合分析上期节目的反馈情况，集中编撰人员选材列队，筛选入围，确立视角，集体策划。然后，由一位导演总体负责，其他人员辅助工作，分工合作共同创作。这样做的效果是既集中了大家的智慧，又保证了总体构思。博采众人之长，发扬个人热情，把每个人的精华集中到一台机器上。

2. 严守宣传纪律，是办好《东西南北中》栏目的首要原则。

《东西南北中》设有很多小栏目，为把好政治和艺术关，我们坚持要求每个小栏目的编导在制作节目时，严格遵守宣传口径，在每期小栏目制作出来还没进行整体合成前，由制片人按照台里的宣传纪律和栏目应达到的艺术标准，对每个小栏目进行严格的审查，最后送部主任复审，发现问题及时纠正。这样既保证了栏目的政治质量，又保证了栏目的艺术水准。

3. 强调民族特色、地方特色和时代气息，是开办《东西南北中》栏目的指导思想。

《东西南北中》栏目是各地方电视台精彩节目的荟萃，节目内容具有浓郁的民族特色和地方特色是这个栏目在内容上区别于其他栏目之所在。在强调民族特色和地方特色的同时，我们还力求把节目的时代性、思想性和可视性统一起来。

4. 协调好与地方电视台的关系，是《东西南北中》栏目能有充足节目源的重要保证。

为此我们采取了以下措施：一是不断扩大栏目的播出范围和播出量，尽量多吸收一些地方电视台的节目，力求把栏目办成全国电视文艺的大擂台，激励各地方电视台多送节目，送好节目。二是在对栏目进行整体构思时，把地方风采立为栏目主干，在省份搭配上尽量把地域反差大的结合在一起，既满足观众的探奇心理，又反映祖国丰富多姿的文艺天地。三是在与地方电视台合作拍摄时，尊重地方电视台编导对当地风土人情的深入感受，尊重他们的创作，并为其提供最佳的技术服务，做好参谋。这样展示在观众面前的地方作品既不失地方特色，也保证了作品的制作水平。也正因为如此，愿意和我们合作的电视台不断增多，栏目的节目源相继不断。

5. 树立新观念，采用新手法，是办好《东西南北中》栏目的基本措施。

在这方面我们的具体做法是：首先，小栏目不固定。包括三个方面，一是设小栏目，但没有固定的小栏目；二是小栏目不固定，但栏目的总体风格不变；三是总体风格不变，但在形式和手法上努力求新、求精、求变、求活。其次，节目大胆地采用外景录制。

6. 强调快节奏和大信息量，是《东西南北中》栏目新的追求。

为加大节目的信息量，加快其节奏，《东西南北中》设置的小栏目都很短。不管是自己录制的节目，还是地方电视台送来的节目，我们都精选、精编，取其精华。有的节目用特技字幕向观众介绍知识，深化主题；有的节目用画外音衔接过渡，协调节目的节奏和气氛 。

7. 加强观众参与意识，使《东西南北中》更加贴近观众。

8. 加强节目的后期编辑和制作，是《东西南北中》栏目的重要特点之一。

新观念、新手法、快节奏和大信息量都要通过后期制作才能充分体现出来。为此，我们在后期制作上下功夫，尽量突出电视特点，有新意，受到观众的欢迎。

在一年多的开拓实践中，我们主要有以下体会：

第一，要搞好栏目，制片人（组长）必须具有较好的业务和思想素质。

第二，办好栏目，既要有创新意识和超前意识，又要体现中央的宣传精神，随着社会的变化不断更新自我。

第三，办好栏目，要有强烈的事业心、责任感和自我牺牲精神。

第四，要想办好栏目，团结是重要的保障。

第五，要想办好栏目，离不开台领导的支持。

第六，要想办好栏目，也离不开各部门的配合与协作。

（孟 欣）

（摘自《中国电视》1994年第11期）

《曲苑杂坛》与“当家菜”

在电视节目中，栏目如同老百姓过日子的“当家菜”，晚会好比是“改善伙食”。《曲苑杂坛》作为中央电视台的一个栏目，自然要把满足广大观众看好节目的愿望当成自己的宗旨。

《曲苑杂坛》开播近三年，每期50分钟，内容以曲艺和杂技节目为主。这两个艺术门类是我国的国粹，因而该栏目可以说是弘扬民族文化的一个窗口。

要办好一个常年性的栏目，还要保持在一定的水平线上，并不是一件轻而易举的事。就节目而言，本来它应该是建立在社会文艺基础上再度加工创作的，但目前社会文艺整体不理想。换句话说，办好节目的“原材料”不足，数量和质量都不尽如人意。创作跟不上，可能是目前困扰办好文艺节目的突出问题。在计划经济向社会主义市场经济过渡时期，政策不配套，脑体倒挂等现象客观存在，比方说，作者绞尽脑汁废寝忘食创作一个相声段子，结果是所得无几。名演员用这个段子得到的报酬往往是作者的几十倍，甚至几百倍。作者数量本来就少，加上心理不平衡，于是大多数不再努力下功夫去想新点子，不再精雕细刻每一个作品。社会上拿来就能用的好作品越来越少。同时，观众的欣赏水平随着改革开放和见多识广在不断提高。这就产生了供需矛盾。而我们的电视文艺工作者，正好夹在二者之间，工作难度可想而知。

如何调整文艺作品供需不平衡，电视文艺工作者的社会责任感、功力和才智，在这个时候就应当发挥作用了。我们《曲苑杂坛》的具体作法是，坚持作品至上。一方面把有限的经费投入创作，另一方面，主创人员用大量的精力参与创作，力争创作出符合宣传精神，适合观众胃口的节目。相声电视（相声TV），就是在既考虑抢救民族文化遗产，又照顾大多数（尤其是青年）观众好奇心的情况下产生的。

第二个困扰办好节目的问题是演员。一个节目成功与否，较大程度上取决于演员的二度创作和表现。但是目前演员队伍确实存在青黄不接的状况。有名的演员常常是应接不暇，疲于奔命“走穴”演出，很难有时间把功夫下在具体节目上。没有名气的演员，往往是混日子，或改行干别的。这种非良性循环给电视文艺又出了一道难题。

我们的一些比较成功的办法，实际上很多都是逼出来的。用名演员推出作品，曲艺的行话叫做“人保活”；用作品来推出演员，行话叫做“活保人”。我们十分重视后者。举例说，藏族同胞洛桑，有一定的天赋，但不具备创作能力。我们就为他设计形象，逐字逐句推敲适合他表现的、能充分发挥他特长的系列节目《洛桑学艺》。一下子就推出了一位少数民族演员，观众十分喜爱。

时代和电视节目需要不断地推出新人，同时也不应排斥带有好作品的老演员。《曲苑杂坛》虽然不时出现名演员，但并不十分依靠他们，仍然能不断提高节目质量，这在观众已有公论。

第三个困扰办好节目的是体制问题。办栏目尤其如此。办栏目不像行业性晚会经费相对充足，人力物力也相对集中。办栏目，一是没完没了，这一期刚刚完，下一期又逼上来；二是缩手缩脚，常常受经济条件限制，错过许多好节目“出彩”的机会；三是实力不够，个别的相关部门不愿意“伺候”。所以被圈内的不少人看作是“吃力不讨好”的差事。

这个问题议论很多，但我们不妨换个角度设想一下：假如政策向栏目倾斜，行业性晚会采取收费的办法，用于补贴栏目的不足；假如栏目完全实行制片人制，给制片人一定的人、财、物自主权，使得适合当制片人的同志的管理才能充分发挥；假如鼓励办好栏目的编导像鼓励办好大晚会的编导一样，可能会促使大家朝提高栏目质量的方向去努力。

应该指出的是，中央电视台在重视栏目建设上是卓有成效的；制片人制已经出台，正在逐步完善；经费基本上有保障，干栏目的同志不必为经费奔波；尽量理顺编播与技术部门之间的关系等等。可以说，正是因为这些政策的出台和不断完善，我们《曲苑杂坛》才有可能在海内外有了一定的影响。除了国内观众评价较高以外，海外电视台也纷纷订货，要每一期的《曲苑杂坛》栏目。这使我们民族文化的电视节目在海外不少地方有了一席之地。

（王 晓）

（摘自《中国电视》1994年第11期）

百花齐放 春色满园

——《'94春节戏曲晚会》的几点尝试

一、晚会主持人

可以说，好的主持人就是这台晚会的灵魂。这台戏曲晚会，我作为一种尝试，全部采用男士主持。是从以下几点来考虑的：

1. 考虑到晚会的场景。这台戏曲晚会置身于一个大茶馆的场景，早年，唱戏在茶园里，而当时茶园主要是男士们聚集的社交场地。在茶园里，茶房、戏提调也都是男士。晚会在茶园这个场景里，主持人的身份我有意规定为双重的，一是晚会节目主持人；二是这个茶园的东道主，兼任茶房和戏提调。

2. 考虑到晚会的串联主持形式。民族戏曲晚会专业特色甚浓，主持人置身于这样一种特定的环境里，只有年岁大些、社会阅历丰富些的男士，才有切身生活体验。

3. 考虑到电视观众。偏爱戏曲节目的观众，除戏迷、专业戏曲工作者之外，大多数是中、老年观众。因此，要根据戏曲艺术的特色，根据中、老年观众的欣赏习惯选择晚会主持人。我认为请中年以上年龄的男士主持晚会比较切合实际。

二、晚会串联形式

1. 现场观众与主持人相结合串联的方式。

通常春节晚会的现场观众，都是坐在观众席上观看节目。而这台晚会我要求现场观众既是欣赏节目者，又是茶客，又是戏迷、票友，又是自娱自乐的表演者。让现场观众变被动为主动，与主持人相结合。二者之间的无形隔墙一旦拆除，晚会顿时生动活泼，情趣盎然。大家的掌声、笑声、话语都自然了，由衷了。电视屏幕上展现的场面轻松了、自然了，就易产生现场观众带动电视机前的亿万电视观众同观赏、同开心、同鼓掌的荧屏效应。

2. 主持人即兴发挥的串联方式。

像春节晚会这样的大型电视节目，主持人在演播的前几天就要拿到主持串联文字稿。而这次，考虑到晚会的风格特色，考虑到主持人的水平和经验，在开拍前，把三位主持人聚到一块儿，导演与撰稿人向主持人阐述晚会的总体构思、宗旨、主题、风格、特色、节目内容、串联形式、场景环境……然后，大家七嘴八舌补充完善，就可以进行了。实践证明，使用这种串联方式，能收到妙趣横生的现场效果。当然，采用这种主持串联方式，必须抓住两个要点：一是主持人的自身素质要高，要有丰富的主持经验，要能控制全场观众的情绪；二是主持人不论如何施展才华，都始终围绕着主线，而不偏离晚会的宗旨。

3. 演员、现场观众、主持人三位一体的格局。我尝试着让现场演员演完节目，被主持人直接引到观众中去进行现场采访，以充分发挥电视的特长。现场采访过去都搞过，但大多是二者见面，一问一答。这一次，采用主持人、演员、观众三者见面的方式，当众采访、回答与晚会节目内容、表演形式等方面有关的问题，并且力求当众剖析采访内容，不仅使现场观众而且使电视机前的广大观众，能够一目了然。

三、观众情绪的调动

这台春节戏曲晚会在观众安排上，除按以往的做法，安排各界代表之外，还安排了演艺界和电视界的朋友。他们既当客人，又当主人。客人，就是来看节目，来喝茶，来捧场；主人，就是来代表电视界的戏曲爱好者，表演一点节目为晚会助兴，就是来当中央电视台《'94春节戏曲晚会》大茶园的主人，在现场笑迎八方来客，为他们服务，倒茶续水，以尽电视台东道主的情谊。这样做，显得亲切而又纯朴，可以造成一种温馨、宽松、和谐、愉快的气氛。其主要目的，就是要尽一切手段来调动观众情绪，让观众相互之间的自我情绪调动能更好地配合现场导演的观众情绪调动。

（江则理）

（摘自《中国电视》1994年第4期）

我创作《神净钟馗》

戏曲是中华民族古老文化的组成部分，她和谐完善、系统全面地体现了中华民族的文化心态和审美格局。分析戏曲中的文化现象，在欣赏中恰当地运用文化色彩，不仅能使人物形象更生动丰满，还能带给观众更多的人文历史、风俗习惯等各种有趣的知识和新鲜的见解，陶冶情操，开阔观众的视野，节目的文化品位也得到提高。

带着这些观点，我有意识地和有关方面的专家学者深入探讨、论证和磋商戏曲欣赏的文化性、趣味性、知识性、可视性等各种问题，得出了令人欣慰的结论：可行而且有必要。

我们遍寻剖析众多的戏曲人物——生、旦、净、丑，选取表演上富于变化，人物性格鲜明，带有传奇色彩的“净”行人物，设想拍摄《神净钟馗》、《红净关羽》、《黑净李逵》、《白净曹操》几个戏曲人物欣赏专集，通过巧妙的构思、新颖的立意、新鲜的见解、丰富的史料，以及演员出色的表演，呈现给观众一个个生动形象，丰富多采的戏曲人物，使其一睹中国戏曲精华中美的所在。

神净钟馗存在于我国悠久的历史文化里和各种形式的艺术作品中，他是人们生活中津津乐道的人物。为了准确把握这一艺术形象，多方面观察了解他的艺术特征，严谨细致地剪辑排列丰富的素材，我们采用了板块式的叙述结构形式，把《舞钟馗》、《说钟馗》、《画钟馗》、《百岁"活钟馗"》、《新钟馗》、《钟馗嫁妹赏析》等六大块相对独立的内容，有机地组织在一起，每块沿着自己的线索发展，阐述观点，说明问题，所有板块又都是从一个基点——钟馗——向外发展延伸，呈放射状，最后综合全面地表现了节目主题——钟馗的艺术形象。

第一块《舞钟馗》，首先表现戏曲舞台上的钟馗形象的形成、发展。钟馗具有的两种对立的性格和情操，通过丰富的舞蹈语言完美地统一在一起，体现着阴阳和谐、浑然天成的艺术哲理和鲜明的民族风格。

《说钟馗》是我们精心选择，注入浓郁文化色彩的部分。力求用巧妙的联想、独特的见解、尽量多的信息量，帮助观众从大量的出土文物、文化建筑古迹的展示中，认识钟馗从原始社会的"力"的崇拜物神兽，到奴隶社会的神仆；从封建社会的神灵，到今天的门神的发展演变过程。了解他和世界上古老文明和文化中的北美印第安人的图腾柱、墨西哥的神虎、古埃及的金字塔旁的狮身人面像之间存在的千丝万缕的联系。这些共生的图腾神兽的文化现象存在于世界多民族的古老文明之中。在艺术欣赏、知识趣味上较好地融为一体。

第三块《画钟馗》。为避免简单地罗列和描述，我们安排设计了当代著名画家董辰生现场挥毫作画，并向观众说明他的看法。中间插入上至皇帝、下至平民，从历代的文人墨客，到今天的著名画家所留下的绘画、碑刻作品中各种各样的钟馗形象，使观众得到美的享受，加深了对钟馗的认识。

第四块《百岁活钟馗》。我们通过采访，结识了昆曲界的著名老艺术家侯玉山，他在戏曲舞台上表演80年，塑造了众多的戏曲人物，而钟馗则是他的代表作。他曾于99大寿时登台表演，号称"昆坛钟馗再世"，"百岁活钟馗"。他在百岁之际，精神还很健康，嗓音洪亮，兴奋之时为我们演唱了一段。编辑时我们特意将费尽心血找到的"文革"后拍摄的唯一一次录像片段和他的即兴演唱巧妙衔接，通过鲜明的对比和流畅的时空转换，展示给观众一位老当益壮的百岁老人以他多年的高超艺术造诣所创作的生动形象，把节目推向高潮，产生了很强的艺术感染力。

在《新钟馗》里，反映了戏曲其他剧种中钟馗的形象。著名的河北梆子演员裴艳玲一边向我们讲述她塑造钟馗的感受，一边穿插她在电视《人鬼情》中扮演钟馗的镜头，交替的时空转换，节奏明快，鲜明生动地刻划了演员和人物。

节目的最后一个板块，我们又回到了戏曲舞台，用现代化的电视技术，表现了新中国成立后培养出来的中青年演员表演的《钟馗嫁妹》的精彩片段。快节奏的镜头组接，人物特技的升格处理，向人们再现了戏曲艺术集民族传统艺术美之大成，含蕴着人物性格的美、音乐的美、舞蹈的美、绘画的美、文学的美、戏剧意境的美以及深邃哲理的美。

总之，我们以新的立意，独特的视点，丰富多采的素材，从各个方面综合刻画表现了戏曲中的传奇人物钟馗的艺术形象，使观众一方面欣赏到"一切艺术都要有美，美作为一种整体性动力结构，即作为一种生气贯注的活的形象是一切艺术共同的要素。另一方面看到美与美是不同的，变化、差异和多样性是美的生命"。赋予戏曲欣赏以新的内容，注入新的血液。

（郭睿君）

（摘自《中国电视》1994年第11期）

庆祝建国45周年群众联欢晚会现场直播工作总结

1994年10月1日晚19点25分至21点25分，中央电视台联合北京电视台向全国并通过卫星向海外成功地现场直播了在北京天安门广场举行的庆祝中华人民共和国成立45周年群众联欢晚会。这次直播是继庆祝建国35周年、40周年之后的第三次，也是规模最大的一次，创建台以来的历史纪录。

一、指导思想明确

1.直播的指导思想：以邓小平建设有中国特色社会主义理论为指针，以坚持党的基本路线，贯彻党的十四大和十四届三中全会精神为主旨，充分反映建国45周年来特别是改革开放16年以来我国社会主义现代化建设的巨大成就，充分反映我国政治、经济和社会等各方面的大好形势，充分反映全国各族人民迎接和欢度国庆佳节的欢乐气氛，充分反映在以江泽民为核心的党中央领导下，全国人民实现四化、共创美好明天的坚定信心和远大理想。

2.直播主题：激发爱国热情，振奋民族精神，宣传改革成就，展示时代风貌。总体风格：团结、热烈、欢庆、隆重、壮观。

二、艺术性和可视性强

1.天安门广场各演区设计。

作为本次晚会的中心，在天安门广场的金水桥畔，搭设了主演区，在广场上分设了其他几个演区；在节目演出的时间和内容上，力求与电视转播同步，精彩节目务必安排在电视转播的时间段表演。

2.邀请部分省市电视台传送节目，参与转播。

在直播中，以插播录像的方法，分多组插入了十个省市自治区各族人民欢度国庆之夜的盛况，达到了举国共庆、九州欢腾的主题要求。

3.突出焰火施放在电视播出中的效果。

在大量播出宏观体现天安门广场焰火施放盛况的同时，加入解说和字幕介绍了80余个礼花品种，插入直播中，以加强焰火转播的可视性。

4.组织演员进入天安门广场表演区，以五彩缤纷的焰火为背景，进行现场表演，以丰富焰火施放期间的电视转播效果。

5.充分发挥主持人的作用。

基于焰火晚会场面大，参加人数多，多时空表演等特点，为保证电视播出充分体现每一个精彩场面，每一个感人细节，采用了多位主持人现场报道的手法，再加上十个地方电视台也由各台主持人出面介绍各地的节目，使会场内外、全国各地的国庆盛况在电视屏幕上形成了一个密不可分、气势恢宏的整体，创下了国庆晚会现场直播中使用主持人最多的新纪录。

6.晚会直播中的高潮设计。

我们设计了在直播最后五分钟内组织现场演员参加歌唱、表演，各省市先期录像经编辑后与现场同步插入《歌唱祖国》这首脍炙人口的歌曲的方案，使整个电视直播得以在高潮中结束，并有力地突出了举国共庆九州欢腾的主题要求和加强爱国主义精神宣传的主导思想。

三、台领导统一指挥，各部门协同作战，全系统组织严密

广播电影电视部和中央电视台的有关领导对这次现场转播十分重视，成立了由副部长杨伟光任组长及所有台领导参加的专门领导小组，由文艺中心和总编室的负责人牵头组成了联欢晚会转播办公室负责具体工作。

剧组总导演张晓海以文字形式明确了各部门必须达到的条件，经各部门精诚合作逐一实现。

1.电视转播的技术条件。

本次晚会采用了二级切换与插播录像相结合的综合转播手法。

2.电视转播的声音条件。

为保证电视转播的声音质量，特设总音响导演一名，录音师多人，音乐编辑一名。既要保证现场同期声的充分体现，又要保证主持人的现场报导，还需保证现场还音效果，以及插播录像带上的诸多音源的混合播出。

3.电视转播的灯光条件。

本次电视转播特设灯光设计多人，以保证各演区的灯光照度和灯光艺术水平；电视直播的演区旁，特别留出灯光的场地，加设自己配备的灯具。

4.电视转播的通讯条件。

电视转播自始至终，总导演与各转播车、EFP、各ENG导演之间，各转播车、EFP导演与其摄像和现场导演之间，灯光师之间、录音师之间的通话畅通无阻。

5.图文字幕的条件。

本次电视转播使用图文字幕机两台，字幕技术员两名，并提前做好字幕输入和图形制作，保证了转播中大标题、唱词字幕、各类图形准确无误的播出。

6.安全保卫的条件。

中央电视台保卫处安排保卫总负责人一名，保卫人员多人，拟定了安全保卫措施，确保转播车和摄像机机位安全。

7.剧务制片的条件。

由于本次转播内容和程序的复杂性，需要剧务制片部门分工明确、责任到人。

8.全体参加电视转播工作人员的条件。要保持高度的组织纪律性，充分领会本次转播的总体要求，团结合作，相互补台，保证播出安全。

四、主要经验

主要经验是：剧组加强与晚会组织部门的密切联系，及时协调，争取转播工作的主动权。

（胡迎节）

记《大地深情》文艺晚会的创作

1994年5月23日，《大地深情》文艺晚会播出之后，受到了有关领导的充分肯定，并得到了各界观众的普遍赞扬。大家认为，这台晚会的主体立意清晰明确，节目质量上乘，演员水平高超，内容多采丰满。既有历史的回顾，又有对改革现状的热情讴歌。

我们从4月初接受任务，建组时已到月中。面对历史跨度52年的这样一个重大题材，如此短的时间，深感难度之大。导演组全体人员从认真学习延安精神当中提炼主题做起。5月23日是毛泽东《在延安文艺座谈会上的讲话》发表52周年纪念日，但晚会的主题，绝不单纯局限在文艺这个范围内。在晚会中弘扬实事求是、批评和自我批评、自力更生、艰苦奋斗的延安精神和今天的改革开放，应当成为晚会的主题。

主题确立之后，便是如何艺术地去体现主题的问题。依照艺术规律，只有把主题概括成一句形象化的语言，这句话是晚会的醒目标题，也将丰富的内容蕴含其内。分析延安精神，主要是讲党群、干群之间的亲密无间的骨肉关系，军民之间的鱼水关系。在人民群众这块土地上，共产党才能蓬勃兴旺地发展壮大。由此，我们确立了《大地深情》这一总标题。

接下去是内容的设计。电视晚会无疑要从电视特点考虑，节目本身要精彩，演员的知名度要高，信息量要大，要设计动情点，要出现高潮迭起的场面，观众要能参与，节奏要快，同时，内容应紧扣主题。

首先是骨架节目的设计。如何形象地体现延安精神呢?对李鼎铭“精兵简政”意见的采纳，是最能体现我党团结党外人士，实事求是精神的一个范例。它既为群众所熟知，又很少搬上舞台，故而，创作这样一个短剧《毛泽东和李鼎铭》成为晚会的骨架之一。

对干群关系的体现，我们设计了《枣园中秋夜》干群共度中秋的场面。采用歌舞剧的艺术形式，既对一些群众喜闻乐见的节目，采用戏中戏进行了新的艺术处理，又将首长和群众融洽和谐的关系，置于这一场面中。

我们设计了两组联唱，一组是以《白毛女》、《王贵与李香香》等著名歌剧选段组成的联唱。《璀灿的花朵》意在表现《在延安文艺座谈会上的讲话》发表之后，文艺的兴旺繁荣。另一组联唱是由以军民关系为主题的歌曲组成的，它反映了52年来，军民鱼水关系的延续。

此外，我们还有一个设计，即对延安保育院回忆的歌舞。表现原在延安保育院生活过的孩子，如今的领导人与原保育院保育员相逢献花的场面，并做戏剧性的处理。使演唱者超越时间的跨度，使晚会出现动情点，这一节目命名为《妈妈》。

晚会应有主题歌，为此我们创作了歌曲《大地深情》。

为了丰富晚会的艺术品种，我们选择了反映延安变化的陕西快板——《夸延安》。这种曲艺形式本身很有地方特色，再加上生动的语言，会使这一节目备受青睐。

我们按照上述设想进行着节目的排定和实施。

当距离晚会播出只有12天的时候，我们接到将此台晚会作为一台重要的文艺晚会，并精心制作的指示。我们面临着一场紧张的将晚会节目调整、充实和提高的考验。

这台节目成为全台的一件大事。中央电视台、文艺中心、文艺部的各级领导以及《旋转舞台》组的全体成员，都伸出支持和援助的手，希望晚会在原有基础上，经过短期的调整，能将水平提高一大截。

距晚会直播只剩下12天时，晚会还只停留在纸上谈兵阶段，已设定的节目还尚未真正立起来。经过多次酝酿，我们将原来设定的节目内容重新进行了调整。

在节目调整的同时，我们两条腿走路，一方面抓已有节目的创作排练，另一方面增加新的创作队伍。

距晚会直播只有三天的时候，节目本身还有待于完善和提高，节目与节目之间的衔接，主持人与节目之间的衔接，灯光、音响、道具之间的配合都还很生疏。舞台背景也还需要适当调整。晚会总长度必须从130分钟压缩到90分钟。

距晚会播出只有两天的时候，开场节目仍需修改；有的好节目因时间限制，只好忍痛割爱。

距晚会播出只有一天的时候，个别节目仍在进行修改。

距晚会播出只有30分钟的时候，我们进行了最后一点调整，以保证节目万无一失。最后，晚会终于获得圆满成功。

各级领导和剧组人员共同商讨、修改、调整，是本晚会成功的重要保证。导演组尊重领导意见并积极落实，是完成最后修改的关键。《旋转舞台》组齐心协力，是晚会成功的基础。

实践证明，要搞出一台精彩、新奇、高水平的晚会，必须首先依靠领导，依靠群众，因为它是集体创作、集体智慧的结晶。

（刘万捷）

（摘自《电视研究》1994年第7期）

电视转播第七届全国运动会开幕式的摄像工作

可以说，第七届全国运动会开幕式是一场超大型的文艺晚会。首先它的内容多。整个开幕式除了有文艺节目外，还包括运动员入场、领导讲话、运动员宣誓、升旗、点燃火炬等内容。多内容又决定了多演区，这些演区之间都很分散，虽然我们有12个讯道，但仍然不够用。其次是参加这次开幕式表演的演员多，场面宏大。有的节目中同时出场的演员上千人，并且充满了整个表演场地。因此要想转播好开幕式，首先就要设置好机位。我们的原则是尽可能多地设置不同角度的机位来拍摄。现场观众只能在一个位置上以一个景别观看，而电视观众则可通过电视从多个角度以不同的景别来欣赏。我们有的机位在正面，有的在侧面，有的则在背面提供反打镜头；机位高度也不相同，有在场地内的，有在看台中的，也有在房檐上俯视整个体育场的。在定机位时还充分考虑到了一机多用。立交桥式的舞台是一个很重要的演区，许多独唱、独奏和领舞都在这里，可以说是一个主舞台，但这个舞台很高且与主席台之间相隔一个足球场地，因此它对于设在主席台附近的机位来说就显得可望而不可及了。为了解决这个问题，我们在这个舞台周围又安排了四个机位，其中两个是可流动的。设置流动机位的原因之一是它可以自由移动，可以丰富镜头画面。另一原因是它们可分别向两侧运动，一台可到达火炬台下，拍摄火炬接力运动员交接火炬，以及点燃主火炬的镜头；另一台可移动到旗杆附近，负责升旗仪式。机位的设置是以电视所要表现的内容以及节目的调度为依据的，因此机位是否合理是要经过实际的检验才能确定的，而且有时要反复多次才能找到合适的位置。第一次彩排后，我们发现主舞台侧面的一个固定机位距演员太近，既不能充分发挥作用又影响演员的表演，后经重新研究决定将其移到场地内一侧的一个十米多高的灯架上。经这样调整之后，这个机位不仅仍能照顾到主舞台，而且还可以拍摄场地内的团体操和周围看台的观众席，达到一机（位）多用的目的。合理地安排机位是保证大型节目圆满完成的关键之一。

机位确定好之后，就要想办法充分发挥每个机位的作用。这就需要导演与摄像的密切配合。众所周知，在文艺晚会中，导演与摄像之间的配合是至关重要的，导演的意图要通过摄像的拍摄体现出来。直播时这种关系就显得尤为突出，因为这要求摄像和导演的瞬间反应要快，否则一个好的场面摄像可能就提供不出来，或摄像给出了而导演切不出去。彩排给摄像和导演提供了一个熟悉节目和相互熟悉的机会。第七届全国运动会开幕式的转播中，我们抛弃了以往那种摄像自由发挥、导演临时调机的工作方法，因为这种方法随意性很大，不仅不能及时把最好的镜头拍下来，而且容易出错。因此每次彩排完后，我们摄像都要看录像，与导演一起研究，仔细分镜头，确定好每一场面最佳的角度和景别并落实到每个机位上，不断修改，并要求严格按照分镜头提供画面。如果达不到整场都这样，也要在一些精彩场面和关键时刻保证做到。第一次彩排后我们发现在景别上表现大场面的全景少，不能很好地再现团体操的宏伟气势，且配合得不是很协调。第二次彩排后，镜头的处理和相互配合方面就有了很大的提高。经过多次改进，以追求尽善尽美。

（林　远）

（摘自《中国电视》1994年第11期）

第四届中国艺术节电视转播总结

第四届中国艺术节在甘肃省兰州市隆重开幕。为了使全国电视观众和海外观众能及时收看到开幕式的盛况，中央电视台组成36人的转播组，在副台长赵化勇的带领下，携带40多箱转播设备来到了兰州。

到兰州的当天晚上，各部门立即开始直播前的各项准备工作。早在5月初，参加直播的主创人员就来到了兰州，具体考察了演出场地，察看了馆内外设施，听取了有关舞美、灯光、设计等的情况介绍，并对舞台装置、灯光设计及音响方面提出了具体的参考意见和要求。但经此次实地考察，舞美设计、装置、音响、灯光等方面都不符合电视转播的要求。经再三协调，基本达到了电视转播的要求，取得了应有的效果。

转播组针对对直播影响很大的关键性问题进行反复磋商，制定了几条措施和弥补方案，增加了总片头和每场间隙字幕的设计播出，增加了各节目之间的文字介绍，不仅有机地衔接了节目，增加了节目的可视效果和信息量，也使整台节目更加丰满和谐。

副台长赵化勇观看第二次彩排后，针对整台晚会节目存在的不足，以及舞美、灯光、音响等方面的问题，指出：一定要和甘肃电视台齐心合作，互相补台，尽可能利用电视手段，弥补整台晚会的不足。

虽然第四届中国艺术节开幕式转播小组遇到了很多困难，又由于兰州地区昼夜温差大，不少编导和技术人员都相继患了感冒，有些还高烧不退，但他们对工作认真负责，不讲代价，带病上阵，与甘肃电视台密切合作，终于圆满完成了第四届中国艺术节开幕式的现场直播任务，受到了李瑞环、李铁映等中央领导的高度称赞。

开幕式直播后，全体直播人员又再接再励，积极配合，克服舞美、灯光等诸多不利因素，先后抢拍录制了六台中外参加艺术节演出比较优秀的参演节目，圆满地完成了第四届中国艺术节电视转播任务。

（张淑芬）

（摘自《业务交流》1994年第93期）

按电视剧的艺术要求剪辑

1994年7月，为参加亚广联的评选活动，中央电视台领导从若干部电影和电视剧中，挑选出由中央电视台影视部特别资助，河北电影制片厂和长春电影制片厂联合拍摄的电影《远山姐弟》，认为它内容好、艺术精、有情趣。根据参赛要求，必须把90分钟的电影剪辑为60分钟的电视剧。领导把这一任务交给了我。

电影和电视有许多相通之处，也有许多不同之点。电影一般是在封闭的环境里欣赏，电视则不同，它的欣赏环境很随意。因欣赏环境不同，艺术准则的要求也就不同。

电视剧要看故事，要看人物命运；没有故事，没有人物命运，观众就坐不住了。电影则不一样，它的叙事方式、摄影、灯光、画面要求都比较高，否则观众绝不会买票把自己关在一个黑屋子里看电影了。把握了这两种艺术特性和欣赏习惯上的差别，再去下剪子，就有谱了。

我要剪的片子是一部前后获过六项国家奖的电影《远山姐弟》。把这样一部片子按电视剧的审美特性剪成一个60分钟的电视剧，剪掉近30分钟戏却还要保持原剧的风貌，这不能不说是个难题。

这部片子的叙事，镜头的配置，人物的铺垫、刻画都很流畅，就像一首淡淡流淌的歌，故事紧紧地围绕着姐弟情、母子情、师生情往前推进，从哪儿下手举棋难定。我看了一遍又一遍，反复揣摸，发现这部戏的后半部拍得“紧”而且“燥”。特别是农家妇女打架那几场戏，打得乱而没有章法，“老师”和“解放爷”的戏有些松。戏的核心人物是秀秀、旦旦、母亲，这三个人物的矛盾纠葛是戏的“魂”，所有的人物、事件，都必须为这个核心服务。把不必要的枝蔓和过场戏尽量拿掉，压缩老师的戏，最大限度地剪去解放爷这条线，把农村妇女的群架戏先稳住、尽量剪短，不要让它“燥”。经过六个小时的奋战，终于剪完了。但发现解放爷的戏太“秃”，戏接不起来了，于是我又改台词，重新录对白，这样一个按电视审美要求剪下来的戏就诞生了。长度是60分零秒、零帧。

这部戏剪得这么好，司徒和粟惠珍在剪接过程中，帮了很多忙。这部片子能得这么多奖，不能忘了他们的功劳。

（于振铎）

“国家队”的新尝试
——中国电视剧制作中心的管理新思路

一、剧本决策人要具有超前意识，在可视性上下功夫

负责剧本创作与组稿的文学部经常观摩国内外获奖作品，并阶段性地分析国内观众的观赏心理与欣赏品味，对东南亚地区尤其是台港地区的摄制动态及时了解与掌握，对其作品的走向进行分析，找出自己的不足，不断吸取兄弟单位及海外同行的创作经验，在剧本阶段狠下功夫，以增强作品的可视性，提高收视率。

他们在认真抓好选题规划的同时，对社会上的好选题、好剧本抓住不放，即使有些作品停留在原小说创作阶段，只要题材新、故事吸引人或可能引起轰动效应，他们便买下改编权，或预订剧本。

编剧、编辑们经常深入生活采访，坚持风格样式的多样化，抓出了一些有影响的好本子。

对于已经认定的每部作品，文学部召开编剧、编辑、专家研讨会，进一步提高剧作的档次。这样做，使许多作品，尤其是重点剧在剧本阶段就得到了完善与提高。

为了提高剧作的可视性，提高作品的艺术质量，“一剧之本”这个剧作之龙头在电视剧制作中心引起了高度重视，他们常年奔波于山南海北，特邀了一支作家队伍创作出了不少好作品。

二、选导演途径上的新尝试

要出精品，出雅俗共赏的优秀作品，摄制班子的确立与组成至关重要。

电视剧制作中心生产处经过不断地总结工作经验与数月的筹划努力，于1993年9月初第一次成功地举办了根据美籍华人作家萧逸的同名小说改编的30集古装片《饮马流花河》的导演阐述答辩会。会上，电视剧制作中心领导及编剧等有关人员认真听取导演对原作品及作品改编后的意见和建议，对其艺术风格、摄制周期、组织结构、技术手段、经费开支及自身优势与不足等方面的阐述，并逐一进行答辩。几位年轻导演的阐述、答辩均具有较高的水平和独到的见解。事实证明，这种实质为招标的阐述答辩活动，对于一部作品的二度创作成功与否关系非常大。

除了选导演，在选择剧组主创人员上，单位也给予了制片人或导演以充分的自由度。许多摄制组导演、制片等合作愉快，从而保证了艺术质量更上一层楼。

三、实行摄制组经费包干管理办法

鉴于摄制组经费不足，面临着重重困难，拍摄周期、艺术质量很难得到保障等问题，财务部门逐步实行了摄制组预算经费包干管理办法。

六集电视剧《Hi，中学生》，首先采取了这种管理办法。他们的案头工作很充分，周密地作出了拍摄计划。演员心理准备充分，表演的时间安排得当，运作呈最佳状态。许多场景使用率达到了比较饱和状态。既省费用，又推动了演职员的创作积极性。事实证明，承包人要有精密的经济头脑和高度的工作责任感，即使是导演承包（制片人承包者居多）也一定要全局把握，经济线贯穿始终。这样，演员的使用率、稿酬和周期等许多矛盾相对得到缓解。

四、向规模化生产跨了一步

几年来，在拍摄《唐明皇》、《三国演义》等大型历史剧时，中国电视剧制作中心实行了"以拍戏带动外景基地建设"的方针，建成了永久性的涿州外景地拍摄景区与无锡园林式拍摄基地，为今后的摄制活动节省了必要的开支，又为海内外其他摄制活动提供了方便，还可将其部分收入还原于摄制经费中，以戏养戏，取得了明显的社会效益与经济效益，可谓一举多得。事实证明，这条路选得有远见有战略眼光，是使电视剧生产走向规模化生产的基础之路。

中国电视剧制作中心自六集电视剧《家教》开始，积累了一些室内多机拍摄、现场切换、同期录音等制式化生产的经验。近年来，他们又拍摄了《情同初恋》、《小墩子》、《只要你过得比我好》、《针眼警官》、《情伤》等室内戏。

尤其是26集电视剧《小楼风景》，在如何拍出室内剧艺术精品上下了大功夫。在制作方式上，他们打破常规，先期完成片头、片尾、音乐录音、字幕背景动效等片子的框架，待内景设计与制作完成，进入实拍阶段，演员走一遍戏，再带音乐拍戏，演职员在音乐的感染下，更加富有外在与内在的创作激情，入镜快，同期录音一次合成，剪辑完成，按每集限定的时间分别套到26集的不同框架之中。这种全新的工作程序，充分利用了前期工作人员与机器设备，缩短了周期，使室内剧多机拍摄、现场切换、同期录音（包括对白、音乐、背景动效）的生产方式更加完善。当然，这也对导演提出了更高的要求：即对全剧艺术的总体把握，对演员在人物角色塑造上的把握，这在全剧整体的制作方面，在剧作的艺术质量上都是崭新的课题。

（炜　现）

（摘自《电视研究》1994年第4期）

《中国电视报》兴衰三部曲的启示

一、率先扩版，发行量创历史最高纪录

80年代初的广播电视报基本上是节目表加节目介绍。1984年4月，《中国电视报》提出了一个大胆设想：告别节目表加节目介绍时代，向报纸杂志化目标迈进。

1985年1月，四开八版的《中国电视报》诞生了，全新的它由单一地刊登节目表和节目介绍，向全方位、多视角地宣传节目转变。这种转变和过渡，是电视宣传的需要，是满足读者欣赏趣味的需要，也是报纸自身发展的需要和报纸发展的必然趋势。

我们对报纸内容和形式的这种调整和改革是否成功，读者反应是检验的唯一标准。扩版后的报纸出版那天起，反映买报难和要求增加报纸投放量的电话和来信源源不断。首期报纸的发行量是210多万份，比1984年末净增60多万份，增长幅度为40%。事实足以说明，领先一步的扩版举措是十分成功的。

二、小报大办，报纸发行量连年下降

然而，好景不长。由于有关方面极个别人不顾办报客观规律，强令《中国电视报》从1986年第五期起，由四开八版改为对开四版；与此同时，办报方针也作了调整。这一年，报纸的平均发行量由上一年的232万份锐减为157万份，下降幅度为33%。

《中国电视报》之所以从备受读者欢迎走到被读者疏远的地步，最大的失误是没有把千百万读者放在眼里。毫无疑问，这种严重违背办报客观规律的惨痛教训，我们要永远记取。

三、接受教训，重振《中国电视报》雄风

决策者们认真总结了《中国电视报》正反两方面的经验与教训，重新认识报纸的性质、宗旨、任务、对象及其位置，从办报规律方面找出路，最后确立了"围绕电视，面向读者，尊重规律，为千千万万的读者服务"的办报方针，并把一系列的改革措施推向了前台。

《中国电视报》真心实意为读者服务的精神终于感动了"上帝"。

仅三年时间，《中国电视报》的发行量就从低谷的104万份激增到238万份，增长幅度为129%。它说明，尽管竞争对手越来越多，但只要坚持正确的办报方针，按报纸的客观规律办事，真正把读者放在心上，报纸的发行量就能稳步上升。

四、再度扩版，发行量再创辉煌

正当《中国电视报》发行量连年增长，人们都刮目相看的时候，严峻的挑战摆在了《中国电视报》面前：报界的“扩版热”、“增版热”、“星期刊热”席卷全国，纵观这些报纸的扩版和增版部分，绝大多数都少不了有关电视的内容，有些报纸甚至还开辟了电视专版，这给《中国电视报》的生存和发展造成了严重的威胁。

经过深思熟虑和集思广益，一个事关《中国电视报》发展与命运的重大举措提出来了：扩版不提价，让利于广大读者！即1993年由八版扩为十六版，报价一分不涨，亏损部分用报纸广告补。这样做，经济上的风险是相当大的，它逼着我们要提高报纸质量，否则，报纸发行量就得不到保证，靠广告收入贴补报纸亏损也就成了一句空话。

请看扩版后的几组数字：1993年第一季度，平均发行量为292万份；第二季度，平均发行量为330万份。以后几个季度的发行量基本上与前两个季度相同，最高时达到350万份，比1992年增加112万份，增长幅度为47%。

全年广告收入2500多万元，贴补报价亏损2200多万元，净盈利300多万元。

1993年《中国电视报》扩版不提价是非常成功的：第一，国外报纸能办几十甚至上百个版，靠广告支撑报纸的所有费用，我们中国人也能办到。第二，扩版不提价不但要有勇气、胆略和开拓精神，还要靠对国内外报纸、广告市场和读者市场的科学分析，否则，胆子越大，造成的损失也越大。第三，要有适合读者心理要求的具体措施和办法。第四，长期以来，国内办报的经济来源主要依靠报价本身，在如今已经实行市场经济的情况下，对这种陈旧的观念必须来一个彻底的转变。否则，在来势汹涌的市场经济大潮中就很难站稳脚跟，更谈不上如何发展自己了。第五，经济来源改为主要依靠广告，这有利于提高报纸的质量，当然也就有利于扩大报纸的发行量。有了发行量，广告也不用发愁了。这种良性循环一旦形成，在报界的激烈竞争中就能稳操胜券。

《中国电视报》发行量所经历的创历史最高纪录——跌入低谷——再创历史最高纪录三部曲，说明报纸的竞争随时存在，但决定报纸发行量和命运的还是在人。不管竞争多么激烈。只要抓住机遇，决策正确，措施到位，尊重读者，勇于开拓，就能掌握报纸发展的主动权。

（吴继尧）

（摘自《中国广播电视学刊》1994年第6期）

引入竞争机制，广揽电视人才

——台外聘用人员制度的新尝试

一、电视事业的迅速发展，呼唤新的用工制度

近年来，我国电视事业发展迅猛，需要中央电视台加大电视宣传的改革力度。台领导从1993年起，对节目进行了大幅度改革，每天的节目总播出量已增至67小时。而这几年，上级下达给中央电视台的事业人员编制一直没有增加，新上的栏目没有编制，已有的部分栏目严重缺员。人员数量的匮乏，人员知识结构、工种结构的不尽合理，与电视宣传事业大发展的形势极不配套，显得底气不足，缺乏活力和后劲。

鉴于上述情况，我们经过反复考虑，下决心从本台实际出发，既要解决用人的燃眉之急，更要解放思想，打破传统的用人观念和就业形式，使人事管理由静态走向动态，由封闭走向开放，由行业走向社会。一句话，从计划走向市场，以赢得事业竞争的主动权。

从1993年初开始，我们在进行大量调查的基础上，经过充分论证，征求各方面的意见，草拟了《台外聘用人员暂行规定》，开辟了第二种用人制度。总的指导思想是：通过公开、平等、自由的竞争方式广揽人才，这些人员不占中央电视台事业编制，其中的外地人员户口不进京，聘用人员人事关系存档人才交流中心，实行合同化管理。根据部门急需程度，首先在国际新闻部、新闻评论部、体育部、《中国电视报》等部门试点。1994年，我们和全台七大中心、总编室、《中国电视报》等部门再次联合招聘200余人。

二、台外聘用人员的原则和做法

在制定和试行台外聘用人员这一办法时，我们坚持了以下原则：台外聘用人员要在广播电影电视部人事司下达的计划外用工指标内，通过公开招聘、平等竞争、严格考核的办法，择优聘用，把一流的专业或管理人才吸收进台；外聘人员的岗位应是专业技术岗位和管理岗位；外聘人员的人事关系必须存入人才交流中心，必须和中央电视台签订《聘用协议书》。

外聘人员的基本条件：必须具有两年以上本岗位工作经验，具有本专业或相关专业的大学本科以上学历（或具有相应岗位的中级以上专业技术职务），初聘年龄不得超过35岁，符合近亲回避的规定。

在审批部门的招聘数量时，严格核定该部门的现有人数、现有工作量及节目（播出）增加情况，再与有关部门协商，经台领导批准后，正式下达聘用指标数。同时遵循市场供求规律，忙时多聘，闲时少聘或不聘。

从报名到聘用的整个过程，始终坚持严格的考核制度。为了增加考核的科学性和公正性，我们规定了初聘人员的试用期制度。试用期内，采取岗位培训与考试相穿插的办法，对应聘者进行试用考核，合格者签订《聘用协议书》，方能上岗。正式聘用后，每半年对被聘用人员进行一次考核，凡不能胜任工作的，给予解聘。

为使台外聘用人员有一个和谐、公正的心态环境和良好的工作条件，我们给予聘用人员与本台职工同等的工作学习、参加民主管理、获得政治荣誉等权利；聘用两年以上，在有空额编制的情况下，经考核优秀者，可优先转为正式职工；可以聘为处级（含处级）以下领导职务；被聘人员一切工资福利待遇与正式职工相当。连续聘用十年以上者，可提出分房申请；聘用人员的专业技术职务资格评定、因公出国，也大致和台内正式职工相当。另外，我们还对解聘、辞聘的条件都作了较为详尽的规定，保障了聘用双方的合法权益。

三、试行台外聘用人员的初步效果和体会

1.通过公开、平等、自由的竞争方式，把优秀人才吸收到国家电视台来。这种用工制度排除了托人情、拉关系、批条子等不正之风的干扰，给一大批热爱电视事业的青年知识分子提供了参与竞争的机遇和展示自身才华的舞台。

2.风险意识增强，也使正式职工感受到了工作的动力和压力。

3.实行合同化管理，运用法律手段确认双方的责任、权利和义务，有利于提高管理水平和工作效率。

（田威华　杨晓民）

（摘自《电视研究》1994年第11期）

建立择优、竞争评聘机制，培养一支优秀青年电视专业人才队伍

一、做好实地考核工作，为择优评聘提供可靠依据

1.建立健全专业技术人员的考核档案。

在首次专业职务评聘过程中，我们对每个专业技术人员的基本情况，如学历、所学专业、从事本专业年限等情况进行了全面的调查核实，输入微机，形成了一套全台专业技术人员基本情况的硬件材料，并于1992年完成了对全台专业技术人员考核档案的立卷工作。考核档案的建立为择优评聘提供了基础资料。

2.逐步建立规范化的考核制度。

为了将考核制度纳入科学化、规范化的轨道，我们注重抓好考核工作中定性考核与定量考核相结合，任期届满考核与日常考核相结合，重点考核与一般考核相结合，领导考核与群众考核相结合等几个环节，取得了一定成效。

加强日常考核可以随时掌握专业技术人员的工作进展和动态，及时采取各种激励措施，促进其不断进取。日常考核的主要内容是专业人员在日常工作中取得的较大进展和突出业绩、专业学习和进修情况、节目及项目获奖情况及工作出现重大失误等情况，人事部门及时予以考核记载，并采取必要的奖惩措施。

任期届满考核是聘任考核工作的关键。通过考核将专业人员分为优秀、称职、基本称职和不称职四个等级，作为晋升、续聘、低聘、解聘的依据。专业职务任期届满考核体现了领导考核与群众评议相结合，增强了考核工作的透明度，提高了考核工作的准确性和真实性，为择优评聘提供了较系统的具有说服力的实绩材料。

3.对青年专业技术人员的考核从入台抓起，从基础抓起，促进青年专业人才健康成长。

为了加速青年专业技术人员的成长，我们把对青年大学生的考核培养作为考核工作的重点，促进了青年专业人员的成长，创造了优秀专业人才脱颖而出的环境。

（1）坚持基层锻炼制度，加强锻炼期间的考核工作。考核结果除归入本人考核档案外，还反应到专业职务评聘工作中去。

（2）给青年专业人员压担子，搞好传帮带，为造就优秀人才创造良好环境。

二、引入竞争机制、择优评聘专业技术职务

由于建立了考核制作为专业职务聘任制的基础和前提，因而保证了专业技术职务评聘工作的科学性和公正性。

1.增强评聘工作的透明度，使青年专业人员同样具有相应的评聘机会。

2.择优聘任、竞争聘任，破格选拔青年人才。

3.开好评委会，请专家对破格晋升青年专业人才进行认真评审，使评聘结果公正、科学，具有权威性。

三、竞争机制的建立，带来了青年专业人才的兴旺发达

择优评聘、竞争评聘专业职务调动了全台专业人员特别是青年专业人员的积极性，一批青年专业人员为中央电视台的宣传任务顺利完成做出重要贡献。

1.一批青年专业技术人才走上领导岗位。

2.青年专业人员成为各个专业的骨干力量，为电视宣传做出重要贡献。

实践证明，高质量的人才，是推出高质量节目的前提条件。要达到提高节目质量，丰富和繁荣电视屏幕的目的，就必须十分注意培养和选拔优秀的青年专业人才。在今后的工作实践中，我们要进一步解放思想，完善配套措施，不断总结经验，进一步探索培养青年专业技术人员队伍的路子，为把中央电视台早日建成世界一流水平的电视台而奋斗！

（罗秀兰　刘春光　徐少兵）

（摘自《电视研究》1994年第8期）

职工岗位培训经验总结

1994年中央电视台职工教育重点由以往的单一性培训转为综合性的岗位培训，即业务知识的培训、技能的训练以及法律法规、职业道德的教育。1994年，全台有982人次参加了各种类型、不同层次的培训班，占全台职工总人数的39%。我们的主要体会是：

一、领导重视、部门支持是做好岗位培训的关键

我们根据部颁岗位规范要求，结合中央电视台实际情况，于1993年底制订了中央电视台“八五在职人员岗位培训规划”。“规划”中要求：争取1997年对全台80%左右的职工进行法律法规、职业道德、业务知识和实际能力等方面的培训，促进职工队伍整体素质的提高。台领导及时作了批示，一致赞同。我们还制订了《关于聘请外语教师授课酬金的规定》、《关于兼课教师讲课酬金问题的请示》等，均得到计财处领导的支持和批准，做到了用制度管人的办法。

我们在实施“八五规划”时，得到了各中心领导的支持，保证了在岗人员及时参加培训。

二、抓好教师队伍是做好岗位培训工作的基础

岗位培训的目的在于直接有效地提高从业人员本岗位所需要的实际工作能力和技能，使其胜任本岗位工作。因此，在组织教师队伍时，要求既有一定的理论知识，又有丰富的实践经验，还要具有口头表达能力。我们在编辑记者岗位培训试点工作中，聘请了19位兼课教师，其中教授级教师占兼职教师总数的47%，讲师级教师占兼职教师总数的42%，辅导教师占兼职教师总数的10%。这个队伍在结构上基本合理，但是，这支兼职教师队伍绝大部分没有经过正规教师训练，缺乏讲课经验。我们请顾问做示范教学，组织兼课教师观摩教学，以提高教师的教学能力，受到学员的好评。

三、组织好教材，是做好岗位培训的依据

我们在搞编辑记者岗位培训试点工作时，没有现成的岗位培训教材，但是，有许多尚未形成书本知识的具体经验，这些经验往往可以直接应用于现时的工作。我们组织兼课教师编写具有行业特点的教材，如《法律知识》、《职业道德》、《电视节目制作流程》、《电视新闻写作》、《纪实性节目的即兴采访》、《ENG 录音的基本概念及常识》、《ENG 的原理及使用》、《编辑机的原理及使用》等，这些教材在讲课的实践中，不断地充实、完善。例如《职业道德》教材，学员反映理论性不太强，我们就请教育顾问写出理论性较强的《职业道德》教材，提供给讲课教师参考。在第三期编辑记者培训班上讲后，学员反映很好。

四、按需施教、学用一致、严格管理是岗位培训的核心

办好电视节目首先在于编辑记者的素质，因此，我们首先举办了编辑记者岗位培训试点。为了提高从业人员本岗位需要的工作能力和生产技能，我们强调实行“三突出”原则，即突出现场实习教学，突出技能训练，突出教师指导；并提出了突出和强化能力与技能培训的指导思想。在岗位培训中，实行“三考”制度，即考勤、考查、考试。不符合要求者，不发岗位合格证书，待补考合格后，才能补发。我们认为只有在岗位培训中严格要求，才能提高编辑记者本岗位实际工作能力，才能提高节目质量。

在编辑记者岗位培训试点工作中，我们做到了培训有教材、管理有班主任，把职工培训工作初步纳入了正轨。

（教育处）

8. 观众调查

一、观众调研工作综述

在1994年全国电视观众调查网工作会议上的发言(摘要)

全国电视观众调查网工作会议已圆满结束。这次会议，总结了1994年收视调查工作取得的成绩，交流了工作经验，进行了业务技术培训，部署了1995年的工作。

1994年收视调查工作取得了很大成绩，这是观众调查网全体同志共同辛勤努力的结果。

一、收视调查工作取得丰硕成果，奠定了坚实的基础，并逐步向规范化、社会化的方向发展

收视调查工作越来越受到电视台各级领导的重视，对指导电视宣传工作，制定宣传规划，调整节目编排，适应社会主义市场经济，更好地为两个文明服务，为亿万电视观众服务，起着越来越重要的作用。

中央电视台根据节目收视情况，在节目编排中采取了一些具体措施。

1. 安排好黄金时间电视剧，并制定适当的广告收费标准。

2. 引入竞争机制，将收视率高、观众反响大的节目调整到中央电视台第一套节目黄金时间，将观众面窄、收视率差的节目安排到第二套、第三套或第五套节目中。

3. 延长黄金时间。将原来中央电视台第一套的黄金时间（晚7—9点），延长到10点半，在晚上9点以后安排一个好的专题，10点安排《世界报道》，很受观众欢迎。

4. 开辟早间综合性板块节目。

5. 1995年计划“巩固两头（早间和晚间时段）、突破中间（午间时段）”。

6. 根据特定对象，在特定时间办特定内容的节目。

7. 增加节目套数，开办有线电视。

二、进一步加强观众调查网的建设，努力做到管理规范化，研究学术化，服务社会化

1. 希望各级领导更加重视收视调查工作。

(1) 对调查成果进行深层次研究。目前所利用的调查成果还是初步的、表面的，应进行深层次的专项研究。例如，为什么有的节目质量很高，但收视率并不理想？

为什么非黄金时间安排的一些节目收视效果比预想的要好？为什么同一节目在不同地区播出后收视效果大不相同？等等。收视调查应成为领导的参谋，帮助领导制定决策。

(2) 利用台长会议，宣传收视调查工作的重要性。

(3) 各调查站应将兄弟台好的经验以书面或口头形式向台领导汇报。

(4) 提高自身素质。

2. 加强自身宣传，提高调查网的知名度，树立自己形象，扩大社会影响。

(1) 抓住机遇，宣传自己。各台要根据自己的情况，利用自身优势，宣传自己。在宣传上，中央电视台要带好头。

(2) 开展一些有影响的社会调查。适时开展一些有影响的社会调查，树立调查网的形象。一些社会调查可以邀请其他宣传单位一起做，调查结果可以宣传报道。

(3) 进行理论研究。把工作中的一些感性经验上升到理论高度。应积极撰写调查报告、学术论文。可以将调查成果编成刊物或书出版，扩大调查网的影响。

3. 调查网应逐步走向社会，服务社会。

三、需要说明的几个问题

1. 调查成果的保护。

收视调查报告是全国观众调查网辛勤劳动的成果，不能随意散发，不要随意转让，这涉及知识产权问题。

2. 关于横向联合。

目前不提倡调查网内部各站之间的横向联系，这是因为调查网是一个整体，若实行无管理的横向联系，把一些数据拿出去，同样涉及到知识产权的问题，个别或少数调查站用全国的资料是不允许的。

（章壮沂）

（摘自《调查通讯》1994 年第 12 期）

全国电视观众调查网现状和设想

一、全国电视观众调查网的现状

全国电视观众调查网，是中央电视台在 1991 年联合 20 个地方电视台建成并在当年开始运行使用的、我国目前唯一的全国性媒介调查机构。在 1991 年以前，中央电视台与地方电视台在收视调查工作上有一些合作，但没有组织可靠的系统和规模。发展至今，调查网已覆盖我国除台港澳和海南省以外的所有地区，有 42 个调查站，4500 个样本户分布在城市、乡村、少数民族地区。每个站都有专职工作人员管理，配备了计算机、打印机、光标阅读器、调制调解器及专用长途直拨电话。各站都聘用了调查员每周上门到样本户家中取样收集调查数据。这些数据记录了根据随机抽样方法抽出的样本户家庭中四岁以上的成员收看电视的情况。这些样本户家庭成员的基本情况包括年龄、性别、职业等都输入了计算机，可以随时调出查询。每周末各站将收集的样本户收看数据经计算机处理后电传到北京中央站，由中央电视台观众联系组负责用专门的软件进行分析处理。

为了保证回收数据的质量，提高收视数据的可靠性，全国电视观众调查网采取了四项措施。首先，参与调查站管理的工作人员和调查员要经过专门培训才能上机操作或上岗入户送取样本。总站发给这些人员人手一册《调查站工作手册》作为工作程序指南。在建站时这些人员除必须进行专门培训外，每年调查总站都要集中专门培训一次，解决运转过程中的一些技术性问题。第二个措施是每年第四季度都要召开一次工作年会，交流工作经验，对有共性的问题探讨改进和解决的方法，总结一年工作，布置下一年的工作安排。第三是每年对调查站的规模和样本户进行调整和扩充。1991 年刚建站时只有 20 个分站，1993 年已扩为 42 个站。这个规模可以满足覆盖全国的要求。1994 年要扩到 50 个分站。主要为保证对某些地区的个性数据的需求。有的老站要增加样本户，同样也是出于这个原因。第四个措施是每月出一期《调查通讯》刊物，保证全国电视观众调查网工作情况及时准确交流。

由于有统一集中有效的管理，有各台领导的支持和各站管理人员的努力，有先进的设备和畅通的通讯设施，全国观众调查网运行健康，充满活力。调查网的管理、抽样、数据采集及处理分析一系列做法均按目前国际上通行的方法实施，得出的数据客观可靠。可以说，全国电视观众调查网是我国规模最大、设备最先进、投资最多、管理严谨、数据可靠的媒介调查网。

二、全国电视观众调查网面临的挑战和机遇

长期以来我国收视率调查在评价节目和调整节目编排播出上起着主要作用，在计划经济体制下，调查收视率的唯一目的就是为宣传服务。人们对此也处之泰然，毫无异议。我国经济繁荣稳定，有 12 亿人口的大市场，在世界经济中的位置是显而易见的。一些外国企业将产品打入中国时，首先是了解电视收视率，在电视广告上宣传产品。有的外国公司还不惜花巨资要在中国独立使用收视率数据的经营权。电视收视率对广告商、对企业、对外国产品在中国营销有着重要的作用。

在国际上，广播电视作为信息行业列入第三产业。我国也鼓励广播电视业拓展信息咨询服务功能。社会主义市场经济的形成，需要电视信息服务的参与。收视调查事业受到市场经济的挑战，市场经济也为收视调查事业带来前所未有的发展机遇。那种单纯为宣传服务的调查已不适应社会的发展。电视收视调查并非仅是服务于社会的公益事业，只投入，没有经济效益，难于长期生存，更不要说发展了。收视率是社会经济中一种新的、潜在的软资源。这些观念不仅为电视界的领导人重视，也被从事收视调查工作的人所接受。他们在探寻收视调查工作发展的新路，要求收视调查网体制进行改革的呼声很高。广东电视台在用调查数据为社会经济服务方面有了些成功的经验。全国电视观众调查网如何适应新形势，要求我们尽快作出决策。

三、全国电视观众调查网今后工作的安排及设想

1. 全国电视观众调查网 1994 年将扩站扩户，使所有的省会城市都有全国网的分站。一些老站也将扩充样本户，由 100 户扩到 300—500 户。

2. 筹备推广使用收视人员测量仪，逐步代替过去的日记办法。

3. 提高全国电视观众调查网的整体素质，抓管

理，抓人员培训，健全各种考核制度。中央电视台要争取创造和提供机会，组织学习交流，包括一些国际性的交流，了解国际收视率调查水平。

4. 开展一些有影响的专项调查，适应新形势的需要。

5. 扩大宣传，树立全国电视观众调查网的知名度。全国观众调查网不仅有全国规模最大、设备最先进的优势，其管理人员75.6%以上都具有大专以上的学历。这支精干的队伍和用国际通行的方法运行的现代观众调查网，与一些外国的、港台的调查机构相比，规模和数据的可靠性一点也不差。我们应当有自信心，加强对调查网的宣传，使社会了解、外界认识我们的调查网。

6. 争取更新全国观众调查网的体制，开发利用调查网的潜能。如果按原来的模式运转，靠行政手段拨经费，不搞经营服务，这个网只能是一张无生气、没前途的网。作为受众调查机构，如果仍依赖于电视台，会影响其客观性。观众调查网要走向世界，必须走经营实体的道路，才能开拓数据信息的利用范围。可以把一些条件成熟、有经营条件的调查站先搞成分公司或代理公司，开发本站的数据服务项目，代理总站销售信息资料，收入按协议商定的比例分成。一些开展数据信息服务有困难的站仍可采取现在的运作办法。总之，观众调查网的机制改革，要有利于事业发展，互助互利，不损害各站的利益。

（胡运芳）

（摘自《业务交流》1994年6月10日）

二、1994年调查活动及调查报告选登

1994年全国电视观众调查网工作会议纪要

1994年12月2日至6日，全国电视观众调查网工作会议在苏州市和常熟市召开。中央电视台副总编辑章壮沂、总编室副主任胡运芳、全国电视观众调查网各站管理人员、苏州和常熟市党政负责人及广播电视局领导和新华社、《中国电视报》记者出席了会议。

会议总结了1994年收视调查工作，交流了各站工作经验，进行了技术培训，部署了1995年工作。

胡运芳对1994年收视调查工作作总结。她说，通过1994年紧张的扩建站工作，除台港澳地区和海南省外，全国省会城市都建立了全国电视观众调查网的分站，形成了一个覆盖全国各类地区、管理严密、包括49个站、80余名管理人员、594名调查员、10800户样本户的调查网络。调查网除完成常规收视调查外，还完成了春节晚会和“3.15”消费者权益日调查等七次专项调查，收视调查工作日益受到有关领导、各级电视台的重视和社会的关注。1994年，全调查网按照等级标准进行规范管理，除7个新站外，有23个站达到甲级站标准，16个站达到乙级站标准。由于在调查工作中，大家认真求实、勤勉敬业、积极创新，使全国观众调查的规模、设备的先进性、方法的科学性、数据的准确性等方面均在国内处于领先地位。胡运芳分析了有的调查站管理薄弱，没有按照规定程序运作调查，还不能适应市场经济的要求等问题，部署了1995年进行等级考核，尽快使收视调查网走向社会，为社会主义市场经济服务，加强国内外交流与合作，探讨建立有中国特色的收视调查网络等基本任务，并强调指出，1995年的工作重点是：完善调查站的管理，进一步提高调查工作的质量，加强调查网的宣传，把调查数据推向市场等。

章壮沂在会上发言。他高度评价收视调查工作取得的丰硕成果。他说，经过几年的努力，收视调查工作正在向规范化、社会化的方向发展，调查网已经成为具有全国规模的网络，拥有一支良好的队伍、一套科学的管理制度、一批较好的机器设备，调查网的规模和水平在我国名列前茅，在世界发达国家也是不多见的。调查网为各级电视台领导了解观众收视情况，调整和改进电视节目编排，提高社会效益和经济效益发挥了重要作用。今后调查工作要向管理规范化，研究学术化，服务社会化的方向努力。

会上，各调查站在工作交流和讨论中一致认为，1. 收视调查工作要争取各台领导更加重视、支持；2. 要加强宣传全国电视观众调查网；3. 要提高队伍自身素质和业务水平，今后要对调查成果进行分析研究，推出一批有质量的论文；4. 收视调查报告是调查网辛勤工作的成果，它涉及知识产权，要有适应市场经济的管理办法，不能随意散发、转让；5. 各站之间横向联系必须通过总站允许方能运作。代表们还提出一些改进工作的积极建议。

（观众联系组）

（原载《调查通讯》1994年第12期）

1994年全国电视观众调查网工作总结

一、收视调查工作取得显著成绩，日益受到各方面的重视

全国电视观众调查网的收视调查工作从1992年初开展至今已整整三年。经三年努力，我们用现代调查方法建立起一个相对独立、管理严密的调查网络，它覆盖全国各类地区，共49个调查站，包括80余名业务素质较好、文化水平较高的调查站管理人员，594名经过系统培训、负责任、讲效率的调查员，10800户按照抽样方法选择、定时更换并不断受到调查员指导的样本户。1994年，经过全体调查人员的共同努力，主要取得三方面成绩。

1. 收视调查工作取得显著成果。

截止1994年11月，除进行常规性收视调查外，还进行专项调查七次，包括春节晚会收视情况电话调查、"3.15"消费者权益日调查、家庭拥有电子设备调查、我国城市居民国际意识调查、"全国人大和政协会议"电视宣传效果调查、青少年影视文化兴趣调查、广东今日集团企业与产品评价调查。

1994年，总站主要抓了以下几项工作：

(1) 技术培训。1994年6月，在江西井冈山组织技术培训，进一步统一了运行软件，明确了技术操作规范与要求，取得了明显效果。

(2) 20个站的扩户工作和7个新站的建站工作。绝大部分扩户站克服了暑热期长，时间要求紧等困难，于8月份按计划投入运行。同时，青岛、江苏、合肥、辽宁、重庆、厦门、石家庄7个新站顺利完成建站工作。多数站只用了两个月便建成运行。

(3) 人员测量仪在北京进一步扩大使用。第二代收视人员测量仪有更强的实用性和可靠性，具有调试方便、稳定性能好等特点。该仪器在进一步改进之后，将进一步扩大使用范围。

2. 收视调查工作日益受到各级电视台和有关领导的重视。

经过各调查站的努力，节目收视率已经受到电视台系统各方面乃至广播电视领导部门普遍的关注。

在中央电视台，收视调查结果成为各级领导评价栏目的重要参考依据，编导也从收视率中了解自己节目，尤其是重点节目为观众认可的程度。收视调查结果已经成为各电视台每周台务会分析收视情况、评价节目水平乃至调整节目栏目、进行科学决策的重要依据。

上述情况表明，收视调查对各台宣传决策、栏目调整等方面所起的作用越来越大。

3. 收视调查开始为市场经济服务并受到社会的关注。

收视调查成果不仅受到了广播电视系统领导和同行的重视，而且开始引起社会的注意。

首先给予收视报告高度重视的是广告公司。随着收视调查逐渐为社会所了解，已经有越来越多的国内外广告公司主动与我们联系购买收视报告。

党和政府有关部门对收视率给予关注是1994年收视调查工作的一个新特点。如中宣部、广播电影电视部、各省市党委的宣传部以及主要行政领导常常通过多种渠道了解收视调查结果。

广大的企业，首先是大的企业集团开始借助网络调查企业声誉。

二、进行规范化的管理，使收视工作达到等级标准

1994年下发《全国电视观众调查网考核制度》以后，多数调查站能够认真研究考核项目，检查和规范自己的工作，使收视调查达到了一个新水平。

1. 制定切实可行的计划，使收视调查井然有序。

制定工作计划是一条重要的达标细则，是使工作任务有条不紊地得到落实的重要措施。

1994年，长春站在计划中把加强管理和培训调查员及调查户，力争调查表的回收率和有效率都达到100%，准确及时地向总站回传数据等作为工作重点，使得工作既有具体目的，又有实现这一目的的量化指标，从而有力地促进了工作的开展。苏州、上海、西宁、双流等站工作计划具体细致、切实可行。

2. 建立完备的规章制度和管理台帐，使收视调查建立在严格管理的基础之上。

建立严格的规章制度和完备的管理台帐，是现代企业制度最重要的基础管理工作之一。收视调查工作要适应社会主义市场经济的需要，就必须自觉地把这些管理手段引入收视调查工作的全过程。对这一环节，多数调查站比较重视。

目前各地建立的规章制度主要包括收视调查站工作制度或管理制度、调查员管理制度、样本户联系制度、财务管理制度、资料管理制度、机房管理制度和操作规则、会议制度等，这些制度有力地促进了各站工作的进行。

各站的管理台帐主要包括每周工作记录（或数据传送登记表、每周收视记录卡、情况登记卡）、调查员基本情况表、调查员情况考核表、样本户管理和更换记录、样本户分布表、调查员培训记录、发放物品和劳务费总帐和分帐等。这些台帐是收视调查工作最重要的原始记录。建立并严格管理好台帐，是一

项长期的基础工作。在这方面,保定站的样本户分布图和郑州站的样本户分布与更换表,上海站和西宁站的每周收视记录卡情况登记表、检查调查户登记记录卡、调查员工作记录,双流站的换户户主姓名记录等和其他许多站的台帐都做得比较细致,比较清楚地反映了他们的工作过程。

3. 严格管理调查员,使调查工作的基本要求得到准确落实。

在收视调查工作中,调查员是联结样本户的纽带。对调查员,各站主要抓了招收、培训、检查等环节,把严格管理和热情相待结合起来,收到了较好效果。

在遴选调查员这一环节,各站除采用介绍推选等办法外,西安和长沙等站还公开招聘,提高了调查员的素质。

重视调查员的培训,是1994年各站工作的一个特点。为了做好培训工作,宝坻站采用了按计划集中培训的办法,济南站、长春站采用了集中培训和个别指导相结合的办法。为了达到培训目的,苏州站准备了培训样本户的专门教材,西宁、南昌等站培训后进行了考试。

调查员经过培训上岗之后,各站继续抓了监督检查这一环节。如在收卡的时候,多数调查站对每个调查员收来的调查卡都做了认真检查。

在严格管理的同时,各站也注意做到了对调查员热情关怀、平等相待,赢得了调查员的大力支持与合作。

4. 精心维护样本户,切实保证收视调查工作的基础质量。

样本户是收视调查工作的主体。对样本户,各站严格按照程序抽户、访户、换户,耐心宣传、认真指导,既完成了调查任务,又扩大了收视工作的影响。

目前,多数调查站能够积极指导并直接与调查员共同抽户,做好抽样的第一步工作。南昌等站在抽取调查户工作中始终坚持随机抽样的原则;宝坻站由于参与调查员抽户,及时地在工作中发现了极个别违反抽样原则的情况并立即给予纠正;一些站在抽户过程中针对少数居委会"向钱看"的思想反复宣传收视调查的意义,取得了理解。

在正确地抽户之后,一些地区比较注重访问和指导样本户这一环节。上海站年初制订了计划,每季度都抽查访问部分样本户,了解样本户按时记录的情况以及调查员的工作情况,实现了对调查员和样本户更严密的管理和监督。达县调查站在收表过程中不断了解样本户的思想情况并作记录,针对他们的问题给予具体指导和帮助。

5. 遵守财务制度,合理使用经费,使收视调查经费实现应有的效益。

为了做好收视调查工作,中央电视台每年要向各调查站拨去数万元资金,管好用好这部分资金,使之实现其应有的效益,是各调查站的基本职责。

长春、苏州等站有经费使用的具体材料;大连站则采用正式的财务明细报表记账,在向总站报材料时加盖了大连电视台的财务专用章;莆田站在年初做了预算,在总结中报告了1至9月的支出情况,并附有发钱发物时领取人的签名记录。

收视调查的基础管理是一个整体工作。从全面情况看,不少地区各方面都做得比较有条理。

三、创建调查工作的职业文明,建设一支讲科学、负责任、效率高的收视调查队伍

经过几年的努力,我们已经逐步形成收视调查工作的职业文明,它主要包括以下三个方面:

1. 坚持认真求实的科学态度。

收视调查工作是一件涉及面广、要求极其严格的工作。为了达到预期效果,必须在调查工作的全过程坚持严肃老实的科学态度。经过几年实践,这已经成为全体调查人员的共识。

如何在调查工作中自始至终地坚持这一原则,贵阳站进行了初步总结,他们提出了"抓住根本,把握关键,牢记前提,寻求保证",即样本户维护是搞好收视调查的根本,调查员管理是搞好收视调查的关键,设备保养是搞好收视调查的前提,自身素质是搞好收视调查的保证。这十六个字,集中地反映了要用科学的态度管理收视调查,实施收视调查的原则思想。

永济站把"科学与真实"作为工作中奋斗的口号。每次调查员送调查表之前,他们要求调查员自检;送来之后,由调查员互检;然后由调查站做最后检查。郑州站规定,收视卡从收集到转为数据,一定要经过调查员、调查站和机器三次检查,有效地保证了调查质量,体现了坚持用科学态度做好工作的思想。

2. 提倡执着勤勉的敬业精神。

收视调查工作是一件艰苦细致的工作,需要全体工作人员兢兢业业、勤勤恳恳、认认真真、恭恭敬敬地去工作,即树立勤勉的敬业精神。

1994年5月,常德站调制调解器因雷击而损坏,不能进行数据传送。但是,调查站没有消极等待,在联系设备修理事宜的同时把表格处理好,从常德乘长途车送到省电视台,通过省台传送到中央台,连续三个星期没有间断过,直到机器恢复正常。在除夕之夜,为了完成春节晚会的专项调查,上海、成都、西安、武汉、北京、福州等六个调查站工作人员放弃与亲人团聚的机会,紧张工作五个小时,终于在除夕的23点40分按时完成了电话调查的任务。

不仅调查站的工作人员如此,全调查网594名调查员也同样具有这种敬业精神。1994年冬天,北京的山区大雪封山,道路中断,调查员徒步走了十几里山路冒雪进城,按时送收视卡;夏天,连日暴雨,大连、永济等站调查员们冒雨送收视卡；9月1日，太原站一位调查员失去老伴，出于高度的责任感，她强压痛苦，于9月5日及时地把25户收视记录卡送交电视台。

3. 树立自觉积极的创新意识。

在我国，收视调查工作仅开展8年，这是一项新事物，需要全体调查人员在实践中发挥能动性，不断开创新局面、闯出新路子。在这方面一些调查站1994年有一些新的探索。

西安站和长沙站把传统的推荐熟人任调查员的办法改为平等竞争、公开招聘，选择热爱收视调查工作、责任心强、有文化、有组织才能、身体好的人员。这个成功表明：并不是一讲市场经济就是钱。实际上，市场经济的一个中心点就是资源的合理配置，其中包括人力资源的合理配置；只要我们转变思想，更新观念，勇于实践，大胆创新，就能够开创新局面，取得工作的主动权。

全国人大八届二次会议和全国政协八届二次会议电视宣传效果调查报告

全国人民代表大会第八届第二次会议和全国政协第八届委员会第二次会议已于1994年3月胜利闭幕。中央电视台总编室在“两会”期间，利用北京电视观众调查网对北京地区的观众进行了一次问卷调查。这次共调查了500人，样本来源于北京的八个城区和五个郊区县。被调查者的基本情况如下：

1. 性别：①男52.8%；②女47.2%；

2. 年龄：①12岁以下1.6%；②13—18岁2.2%
③19—25岁7.4%；④26—40岁40.4%；
⑤41—50岁17.0%；⑥51—60岁17.0%；
⑦61岁以上14.4%；

3. 文化程度：①不识字1.2%；②小学12.4%；
③初中36.2%；④高中（中专）36.2%；
⑤大专以上14.0%；

4. 居住地：①城镇67.6%；②农村32.4%；

5. 职业：①干部24.4%；②工人19.8%；
③科教文卫人员7.2%；④经商2.8%；
⑤农民19.2%；⑥学生4.4%；
⑦离退人员16.8%；⑧家务2.4%；
⑨其他3.0%。

调查结果如下：

一、电视成为“两会”宣传报道的主渠道，大多数观众收看了李鹏总理的《政府工作报告》

调查结果表明，56.5%的观众最先通过电视获得“两会”召开信息，24.8%的观众最先通过报纸获得，10.4%的观众最先通过广播获得，另有5.9%的观众通过别人或其他渠道获得。电视已成为本次“两会”宣传报道的主渠道。

对于李鹏总理的《政府工作报告》，25.2%的观众“全部收看”，63.8%的观众“部分收看”，另有11%的观众“没有收看”。这表明，观众对李鹏总理的《政府工作报告》表现出极大的关注。

二、大部分观众对中央电视台“两会”宣传报道表示满意，对中央电视台“两会”期间的节目安排表示赞赏

调查结果表明，对于中央电视台关于“两会”的新闻和专题节目，34.6%的观众“几乎每次必看”，61.0%的观众“有时看”，4.4%的观众则“没有收看”。对中央电视台“两会”期间的宣传报道，71.2%的观众表示“满意”，27.6%的观众表示“说不好”，另有1.2%的观众表示“不满意”。对于中央电视台在“两会”宣传期间安排的节目，74.0%的观众表示“满意”，24.4%的观众表示“说不好”，另有1.6%的观众表示“不满意”。

三、观众对“两会”的内容极为关注，对“两会”后中国改革开放的前景表示乐观

对于“两会”的内容，观众比较关心的十个问题是：①物价的稳定（53.0%）；②反腐倡廉（31.1%）；③农业问题（20.2%）；④教育问题（17.4%）；⑤社会治安（16.8%）；⑥深化改革（15.4%）；⑦社会稳定（12.4%）；⑧香港问题（11.0%）；⑨经济发展（10.8%）⑩工资和工资改革（10.4%）。

通过“两会”的召开，72.4%的观众对中国改革开放的前景表示“有信心”。

（张令振）

（原载1994年4月21日《业务交流》）

1994年中央电视台《春节联欢晚会》电话调查结果

中央电视台全国电视观众调查网于1994年2

月9日（农历腊月二十九日）晚20点—23点在北京、上海、哈尔滨、西安、武汉、成都六大城市就当晚电视观众收看情况进行了电话调查。该电话调查的抽样范围是根据当地私人住宅电话号码随机抽取的。

调查中共拨通752户住宅电话，回答率是100%。752户家中共有人口3686人，其中，收看电视节目的人数有3322人，占总计人口的90%。在收看电视节目的人中，看中央电视台《春节联欢晚会》的观众占总人数的82.6%，看中央电视台《春节歌舞晚会》的观众占总人数的1.3%。

在收看中央电视台第一套节目晚会的观众中，有74%的人认为晚会办得不错，有19.4%的观众认为一般。

在各频道节目中，中央电视台第一套节目之所以独领风骚，这与当晚有不少地方电视台转播中央电视台节目有关。在有多个频道竞争的城市中，观众一般是穿插收看，以看中央电视台节目为主，插空收看地方电视台节目。另外，因本次调查抽取的是有电话家庭，所以被访者中，普通市民很少，一般是干部、知识分子、公司职员等。中央电视台节目在这类家庭中较其他电视台更受欢迎。

（观众联系组）

（原载1994年2月14日《宣传日报》）

青少年影视文化兴趣问卷调查报告

青少年是参与影视文化最活跃的一个群体。影视文化的丰富多采不仅给青少年的生活增添了乐趣，而且对青少年世界观的形成和生活方式产生一定的影响。由于青少年正处于人生的求知阶段，对影视文化中一些问题的认识还存在一定的偏差，如不加以正确引导，对青少年的成长可能产生不利影响。

基于这种认识，中央电视台总编室、青少部和《中国电视报》社等单位联合在全国范围内开展了一次有关青少年影视文化兴趣的问卷调查。这次调查的目的是为了对当前我国青少年的影视文化兴趣作一了解，为教育界、思想界和新闻界以后的研究和宣传提供可靠的依据。

这次调查的问卷刊登在《中国电视报》上，问卷采用开放式，一共提出了12个问题，每个问题限选三个答案，青少年自由回答。在调查时间（1994年1月10日—2月15日）内，共回收到来自全国29个省市（西藏、台湾除外）的问卷一万余份。

样本的基本情况如下：

1. 性别：①男54.4%；②女45.6%；
2. 民族：①汉族92.6%；②少数民族7.4%；
3. 文化程度：①小学以下4.4%；②初中31.8%；③高中51.1%；④大专以上12.7%；
4. 年龄：①12岁以下3.9%；②13—18岁47.4%；③19—25岁35.5%；④25岁以上13.2%；
5. 居住地：①城镇84.6%；②农村15.4%。

这次调查的特色在于，问卷采用开放式，青少年按照自己的真实想法回答，这在广播电视领域是首次，在其他领域也不多见。其包容的信息大体上相当于封闭式问卷的25—30倍。也就是说，这次调查回收的问卷数量相当于25至30万份封闭式调查问卷。

一、电影与青少年的爱国主义教育

中宣部、国家教委、广电部和文化部于1993年9月联合发出通知，要求运用一百部优秀影视片在全国中小学开展爱国主义教育。

调查表明，百部爱国主义影视片中青少年最喜欢观看的十部依次为：《地道战》、《英雄儿女》、《开国大典》、《小兵张嘎》、《铁道游击队》、《党的女儿》、《闪闪的红星》、《周恩来》、《大决战》和《林则徐》。

调查结果表明，百部爱国主义影片深受青少年的喜欢。运用影视片对青少年进行爱国主义教育是非常必要的，也是卓有成效的。

二、电视与青少年的文化生活

电视的普及和发展，使得它已成为现代社会中不可缺少的宠儿，电视文化已渗透到人们生活中的每一个领域，并且越来越多地影响人们的生活。

这次调查发现，青少年平均每天观看电视的时间高达2.72小时※。

调查中，我们结合目前国内电视节目的特点，将电视节目分成六种类型。青少年观众喜欢的节目类型依次为：新闻、晚会、电视剧、体育、专题片和动画片。进一步分析发现，不同性别、文化程度和年龄的青少年喜欢的节目类型有一定差别，但不同民族和居住地的青少年喜欢的节目类型差别不大。除了共同喜欢的新闻和晚会外，男性对体育独有偏爱，而

※（1）由于这次调查是让青少年自由估计自己每周的观看时间，这次调查得出的观看时间高于青少年实际上的观看时间。

（2）由于调查是寒假期间进行的，又适逢春节，青少年看电视的时间要高于平时收看的时间。

女性对电视剧情有独钟，12岁以下的少年儿童则对动画片备加厚爱。

从青少年喜欢的节目类型中可以看出，青少年的收视兴趣是多方面的，同时也表现出一定的个体差异。这一结果在另外一项对青少年的收视行为和心理所做的分析研究中得到证实。这项研究发现，12—25岁的青少年收看电视有多重目的。按收视动机强度大小排序，青少年收看电视的主要目的有：增长见闻，娱乐消遣、了解国内外时事、学习各种知识以及了解各种方针政策；次要目的依次为：休息、了解商品信息、了解本行业动态、消磨时间、寻求精神寄托和寻求刺激。概括起来分析。青少年收看电视的目的主要有三个方面，即求知需要、精神依托需要和娱乐消遣需要。

青少年收看电视的多重目的同样在他们喜欢的中央电视台栏目中得到体现。中央电视台播出有130多个栏目，调查结果表明，青少年喜欢的栏目有：《综艺大观》、《东方时空》、《正大综艺》、《12演播室》、《新闻联播》、《环球45′》、《体育大世界》、《东西南北中》、《军事天地》和《动物世界》。从中不难看出，这十个栏目主要侧重知识性和娱乐性。这和青少年收看电视主要是为了获取知识和娱乐消遣的目的不谋而合。

栏目板块化和主持人化是中央电视台节目改革的重要举措。在中央电视台的众多主持人中，青少年最喜欢的节目主持人是：赵忠祥、杨澜、倪萍、程前、鞠萍、孙小梅、宋世雄、许戈辉、罗京和鲁玉。他们当中综艺类节目主持人占多数。

电视剧是最能满足观众娱乐消遣需求的一种节目形式。在这次调查中，我们让青少年列举出三部他们喜欢的国内电视剧。结果发现，有266部国内电视剧为青少年观众所喜爱。其中最受青少年观众喜欢的电视剧是：《北京人在纽约》、《渴望》、《西游记》、《红楼梦》、《编辑部的故事》、《围城》、《唐明皇》、《中国出了个毛泽东》、《十六岁花季》和《情满珠江》。从这些电视剧中，青少年不仅丰富了知识，开阔了视野，而且提高了审美情趣和鉴赏水平。

三、印刷媒介与青少年的阅读爱好

尽管电视以其独特的优势成为向人们传递信息的一个主渠道，但它并不排斥人类通过其他途径获取信息。事实上，电视的出现，也迫使印刷媒介在市场和竞争中不断调整自己，而在这当中，印刷媒体的阵地不但没有萎缩，而且还在逐步扩大。据不完全统计，到1993年底，我国正式出版的报纸达2000种，刊物7000多种。其中一些内容健康、版式清新、脱俗的报纸和刊物同样赢得了市场和读者。这次问卷调查的结果可以作为一个证明。

我们要求青少年列举出三种他们最喜欢阅读的报纸和杂志。结果发现，青少年喜欢阅读的十种报纸是：《中国电视报》、《中国青年报》、《人民日报》、《参考消息》、《法制日报》、《北京青年报》、《文摘报》、《中国体育报》、《文汇报》和《新民晚报》。青少年喜欢阅读的十种刊物是：《读者》、《女友》、《大众电影》、《青年文摘》、《少男少女》、《半月谈》、《故事会》、《家庭》、《辽宁青年》和《海外文摘》。

这次问卷同时还评出了青少年最喜爱阅读的中外文学名著。如下表：

	国内文学名著（N＝173部）	国外文学名著（N＝253部）		国内文学名著（N＝173部）	国外文学名著（N＝253部）
1	《红楼梦》	《钢铁是怎样炼成的》	6	《聊斋志异》	《悲惨世界》
2	《三国演义》	《简爱》	7	《家》	《复活》
3	《水浒》	《飘》	8	《儒林外史》	《巴黎圣母院》
4	《西游记》	《战争与和平》	9	《呐喊》	《羊脂球》
5	《围城》	《红与黑》	10	《青春之歌》	《双城记》

（N表示供选择的名著总数）

从入选的中外名著来看，其中绝大部分改编成了电影和电视剧，并在国内播出过。在对青少年的调查中还发现，现在的青少年读书热情大不如前，许多人最初是从电视中了解到这些文学名著，然后再回过头来读原著。电视连续剧《围城》的播出，使得许多青少年开始阅读《围城》这本书，造成该书在市场上脱销，出版社一版再版的现象也证明了这一点。从积极的方面讲，电视促使更多的人去读书、读名著，这是可喜的。但从另一方面讲，电视的出现在某种程度上使青少年懒于用脑、懒于阅读，长期下去不利于青少年的全面发展，同样应引起社会的广泛重视。

四、青少年的“偶像崇拜”

青少年正处于从不成熟向成熟过渡的时期，其思维方式也正逐步从具体形式运算向抽象逻辑运算过渡。这个时期青少年表现出来的一个重要特征是自我中心主义，即不能区分自己所想与他人所想问题之不同，他们比较多地关心自己，并自以为别人比较关注他的外表和行为。在外表上，比较追逐时尚，讲究穿着；在情感上则耽于幻想，寻求浪漫；在行为上则以某些特定人物自居，并对这些人物含有某种英雄般的崇拜。前一段时间社会上普遍关注的“追星”现象正是青少年心态的一种反映。

在这次调查中，我们对青少年的这种心态作了专门探讨。调查结果表明，毛泽东、周恩来、邓小平、宋庆龄等老一辈无产阶级革命家，雷锋、焦裕禄、张海迪等现代杰出人物和时代楷模，鲁迅等文豪以及自己的父母被青少年列为最受他们崇敬的人中的前十位。具体排序为：毛泽东、周恩来、邓小平、雷锋、鲁迅、张海迪、父亲、母亲、焦裕禄和宋庆龄。

这次调查中，青少年共列出了他们崇敬的人物390位，对这些人物进行归类后发现，青少年崇敬的人物依次为：影视明星（22.6%）、政治家（18.2%）、文学家（10.4%）、科学家和思想家（10.3%）、自己身边的普遍人（10.3%）、体育明星（7.9%）、歌星（6.7%）、英雄人物和时代楷模（6.2%）、音乐家（2.8%）、企业家（2.8%）和画家（1.8%）。

这一结果和前一段时期宣传舆论界对影视明星、歌星过分的宣传有一定的关系。相反，对科学界、思想界以及企业界的杰出人物宣传得不够，使得青少年对这些杰出人物的光辉业绩缺乏了解。这就提醒宣传舆论界，应加强对古今中外优秀的政治家、思想家、科学家和企业家的宣传，让青少年了解他们、学习他们、崇敬他们。

在这次调查中，许多青少年将他们身边的普通人列为他们最崇敬的人，这也是当代青少年追求真、善、美心态的一种反映。这些普通人当中，既有自己的父母亲、他们的亲属、教师和同学，也有他们认为“会发自内心微笑的人”和“脚踏实地认真做工作的人”。这也提醒宣传界，在以后的宣传中，应重视对这些普通人的宣传和报道，让他们身上表现出来的中华民族的优良品德在青少年中发扬光大。

这次调查引起了社会各方面的关注，有关专家就此次问卷调查结果评价说，这次调查的结果反映了当今青少年对影视文化的某种价值取向，很有研究、参考价值。事实表明，我国多数青少年的欣赏品位还是比较高的，只有那些内容贴近生活，富有时代气息，形式推陈出新，具有独自特色的影视文化作品才能吸引他们、打动他们，同时也有专家为科普性报刊和栏目在这次问卷调查中落选感到忧虑。

需要说明的是，这次调查只是对当今青少年的影视文化心态所作的一次尝试性探讨，它提供的只是一个关于当代青少年影视文化心态的雏型。它留下了许多需要我们进一步深思的问题：怎样引导青少年尤其是儿童合理收看电视并利用电视进行爱国主义教育；怎样帮助青少年处理好收看电视和阅读的关系，如何利用影视文化引导青少年朝着积极、健康的方向发展……

（张令振　胡运芳）

（摘自《中国广播电视学刊》1994年第5期）

消费者权益问卷调查报告

为了解消费者对自身权益的认识，配合我国新颁布的《中华人民共和国消费者权益保护法》（下面简称《消费者权益保护法》）的宣传，同时也为了给中央电视台《“3.15”消费者之友晚会》提供有关消费者行为和心理方面的科学的理论依据。在1994年“3.15”国际消费者权益日到来之际，中央电视台总编室利用全国电视观众调查网在全国范围内进行了一次有关消费者权益方面的问卷调查。3690个家庭接受了调查，回收有效问卷3579份，回收率为97.0%；填答问卷者的基本情况如下：

1. 性别：①男57.3%；②女42.7%；
2. 民族：①汉族93.3%；②少数民族6.7%；
3. 年龄：①14岁以下3.0%；②15—22岁6.8%；
   ③23—30岁17.3%；④31—40岁25.9%；
   ⑤41—50岁17.9%；⑥51—60岁15.3%；
   ⑦60岁以上13.8%；
4. 文化程度：①小学以下11.5%；②初中31.4%；
   ③高中（中专）35.9%；④大专以上21.2%；
5. 居住地：①城镇79.7%；②农村20.3%；
6. 经济状况（月收入）：①100元以下9.9%；
   ②100—200元38.0%；
   ③200—400元39.7%；
   ④400—600元8.7%；
   ⑤600—1000元2.8%；
   ⑥1000元以上0.9%。

一、消费者与《消费者权益保护法》

1993年10月31日《中华人民共和国消费者权益保护法》由中华人民共和国第八届全国人民代表大会常务委员会第四次会议审议通过，自1994年1月1日起施行。《消费者权益保护法》的公布施行，充分体现了国家对消费者权益保护的高度重视，也标志着我国消费者权益保护法律制度的进一步健全和完善。调查结果表明，在电视覆盖的地区，90.6%的消费者“知道”我国颁布了《消费者权益保护法》，其中“了解”该法内容的消费者占17.7%，“部分了解”的占70.7%，“知道”但“不了解”的占11.6%。通过电视知道新颁布《消费者权益保护法》的占59.9%，通过广播知道的占12.8%，通过报纸知道的占22.4%，通过别人或其他渠道知道的占4.9%。进一步分析发现，城镇消费者知道新颁布的《消费者权益保护法》的比例(91.2%)显著高于农村消费者(87.1%)。城镇消费者通过电视知道新颁布的《消费者权益保护法》的比例(60.4%)低于农村消费者(63.2%)，而通过报纸和广播知道的比例(分别为22.0%和13.2%)要高于农村消费者(分别为19.2%和11.4%)。这一结果表明，不论是城镇的消费者还是农村的消费者都对国家新颁布的《消费者权益保护法》给予了极大关注，同时也表明，电视在消费者尤其是农村消费者中的影响越来越大，已成为宣传国家政策法规的主渠道。

二、消费者的消费行为

消费者是市场的主人，是工商企业开展市场营销活动的最终对象。对消费者来说，影响其购买行为的因素是多方面的。调查结果表明，当消费者决定购买从未使用过的消费品时，主要根据“他人推荐”(34.9%)，其次是广告(25.1%)，第三是“随感觉”(17.1%)，第四是“价格”(13.4%)，最后是“售货员介绍”(9.5%)。进一步分析后发现，在决定购买未使用过的消费品时，不同性别、年龄、文化程度和居住地的消费者都遵循着相同的模式，即他人推荐、广告、随感觉、价格和售货员介绍。这同时也提醒生产厂家和商品促销人员，采取人员直销和广告来推销产品对其产品的潜在消费者来说是极为重要的两种方式。

三、消费者的权益保护意识

《消费者权益保护法》第七条规定：消费者在购买、使用商品和接受服务时享有人身、财产不受损害的权利。消费者有权需要经营者提供的商品和服务，符合保障人身、财产安全的要求。但目前的实际情况又是怎样的呢？

调查结果发现，消费者在购物或接受服务时受到过伤害的占76.9%，没有受到过伤害的仅占23.1%。这表明，在目前的销售或服务行业普遍存在着消费者受到伤害的情况。在受到伤害时，消费者采取“当面说理”的最多(54.2%)，其次是“向有关部门申诉”(19.0%)，第三是“默不作声”(18.6%)，采取“当面争吵”(3.6%)和其他方式(4.6%)的比较少。这表明，当自身权益受到伤害时，大多数消费者开始采取积极主动的方式来保护自己，也有一部分消费者则采取了被动的方式来承受伤害。

当消费者的权益受到伤害并向有关部门申诉时，问题是否得到圆满解决呢？调查结果表明，44.1%的消费者认为问题解决了，55.9%的消费者认为问题并没有解决。这表明，有关部门在调解消费者与经营者之间发生的争执时，消费者满意程度不是太高。

四、消费者对广告的认识与评价

广告作为一种重要的促销手段，它在现代社会中起着越来越重要的作用。正如前文所提到的，当消费者购买从未使用过的消费品时，四分之一的人是以广告作为主要依据的。但对于目前各种传播媒体上出现的广告，60.2%的消费者认为数量“太多”，19.9%的消费者认为数量“适当”，另有2.7%的消费者认为数量“还应增加”。对于广告的重要性，99.7%的消费者认为“广告只是想对消费者产生诱导，可信性差”，36.6%的消费者认为“广告对于介绍商品、指导消费很重要，值得鼓励发展”，18.0%的消费者认为“我国多数广告具有权威性，比较可信”，另有6.7%的消费者认为“做广告完全是一种浪费，不起什么作用”。从中可以看出，消费者对广告在介绍商品、引导消费方面的重要性给予认可。

调查还发现，在收看电视广告时，92.8%的消费者注意的是“广告内容、产品功能”，43.4%的消费者“欣赏画面、音乐”，37.9%的消费者注意的是“地址和联系办法”，另有25.9%的消费者注意的是电视广告中的“人物和情节”。这就提醒广告部门在制作广告时不仅要突出广告的内容和产品功能，而且要配以精美的画面和优美的音乐。

(张令振)

(原载《业务交流》1994年7月30日)

三、1994年观众来信分析

1994年中央电视台观众来信综述

1994年，中央电视台收到观众来信36万件。观众来信反映的主要内容归纳综述如下：

一、新闻节目

新闻是广大观众收看的重要节目，收视率较高。观众来信对中央电视台在新闻报道方面所取得的成绩给予较高评价，认为新闻报道在深度和广度方面有较大发展。《新闻联播》是国内国际综合性新闻报道节目，是亿万观众收看的重要栏目。来信认为《新闻联播》加强了新闻报道的深度和广度，注重报道国内、国际上的大事、要事，形式也灵活多样，具体体现在现场采访增多，报道面加宽，水准较高。另外，采用系列报道的形式较好，给观众印象深刻。其次，整点新闻、《晚间新闻》，都体现了信息量大、涉及面宽的特点。特别是全国人大和政协会议召开期间，中央电视台进行了大量集中的报道，观众来信认为中央电视台通过《新闻联播》、整点新闻及各专题节目，对"两会"既作了充分的报道，又做到重点突出，整个报道突出了"抓住机遇，深化改革，扩大开放，促进发展，保持稳定"这个大局。观众说：中央电视台对"两会"的报道全面及时，有针对性，既鼓舞斗志，又振奋人心。在肯定成绩的同时，观众也提出改进意见，要求进一步增加信息量，增大国际新闻的播出量，内容要更加广泛、真实。

新推出的新闻评论性栏目《焦点访谈》、《东方时空》已是家喻户晓，深入人心。观众来信对其评价颇高，认为它们的主要特点是配合了党的方针政策的宣传。如爱国主义宣传、社会主义精神文明教育、建国45周年、升国旗仪式、希望工程等方面的宣传报道及时，配合较好。其次国内、国际热点报道时效性强，信息量大。如关贸问题、中美关系问题、香港问题的报道迅速及时，使人们尽早了解事件发展动态，给观众留下深刻印象。此外，社会性问题的报道题材抓得好，针对性强，评论分析有深度，有力度，对人们提高认识起到较大帮助作用。

对不足之处，观众也提出了意见，来信认为有些问题的报道只注重"暴露"。观众说：不仅要揭露问题，重要的是解决问题。暴露的问题是否得到解决？如何解决？观众希望知道处理的结果。建议在这方面再下功夫，从而达到更好的宣传效果。

此外，体育新闻、体育专题方面的报道取得的成绩也是显著的。第六届远南运动会、广岛亚运会及国际大赛的报道及时、迅速，形式灵活多样，观众来信反映良好，表示满意。

二、专栏节目

观众来信认为，中央电视台专栏节目无论在内容还是形式方面有较大改观。改版后的《与你同行》、《人与自然》开播以来面貌焕然一新，在观众中引起较大反响。来信说，《与你同行》内容健康，形式灵活，富有可视性，反映了生活、科技、社会文化等方方面面，贴近生活，贴近群众。《人与自然》栏目总体结构较合理，内容比较充实，其最大特点是融知识性、欣赏性和趣味性于一体，有较高的文化品位。

新开办的青少年栏目《第二起跑线》受到中学生的欢迎，是青年学生的知心朋友。开播以来，收到大量中学生的来信，他们在来信中说："我们最喜欢收看这个节目了。""我们感到兴奋！因为我们可以从电视屏幕上一睹新时代中学生的风采。""这个栏目一开播就进入我们中学生的生活。""终于有了一块属于我们中学生的天地！"等等，表达了广大中学生对这一栏目的喜爱之情。

《神州风采》也是观众欢迎的栏目之一，反映较好，评价较高，保持了一定的收视率。

年底出台的新栏目《半边天》刚刚开播便受到观众欢迎，来信表示祝贺与支持。并对办好这一栏目寄予热切期望。

此外，其他专题栏目也有较大起色，创作出不少好节目。如《地方台30分钟》栏目播出的《杜瑶瑶》，《人间万象》中的《川妹子奇遇记》，都在社会上引起较大反响，受到观众好评。

三、文艺节目

各种文艺晚会是群众喜闻乐见的节目，倍受欢迎。观众来信认为1994年中央电视台举办了多种形式的文艺晚会，每一台晚会都以弘扬主旋律为宗旨，主题鲜明、内容丰富、节目精彩，使观众在轻松愉快的氛围中既欣赏了节目，又陶冶了情操。

1994年《春节联欢晚会》受到亿万观众的普遍叫好，一致赞扬是一台高水平、高质量的综艺晚会。

为纪念梅兰芳周信芳诞辰100周年举办的《万

古流芳》京剧晚会受到观众较高评价，来信说，这台晚会不仅使观众欣赏到优秀的民族传统艺术，而且使人们了解了京剧艺术的源远流长。同时，还对京剧大师梅兰芳的高尚品德及其对发展京剧艺术所做出的杰出贡献有了进一步的了解，晚会既弘扬了民族文化，又促进了海峡两岸的艺术交流。欣赏了《东西南北中》特别节目——1994年教师节文艺晚会的观众说，晚会主题鲜明，热情讴歌了在教育岗位上辛勤耕耘的教师们，他们默默无闻，为培育国家人才，为教育事业奉献毕生精力。他们的工作平凡而伟大，应受到社会的尊敬和爱戴，举办这样的晚会意义深远。收看了纪念建党73周年文艺晚会的观众来信说，这台晚会体现了团结奋进的主旋律，它带给人们的是一种巨大的精神力量！总之，这些来信都表达了观众发自内心的感受。

在综艺节目中，《综艺大观》、《正大综艺》、《曲苑杂坛》、《九州戏苑》、《旋转舞台》是观众喜爱的栏目。其中《曲苑杂坛》颇受观众赞赏。认为节目精粹、新颖，独具风格，有较高的艺术品位和可视性。主持人亲切自然，给周末之夜的观众平添一份乐趣。这些栏目始终保持了较高的收视率。观众来信对《九州戏苑》评价不错，认为节目质量稳定，艺术水平较高，满足了部分观众欣赏情趣。

观众对《综艺大观》、《正大综艺》寄予较高的期望。许多观众来信说，《综艺大观》不如从前那么吸引人，越来越感到内容贫乏，格调欠高，品位下降。《正大综艺》内容形式陈旧、呆板，缺乏新鲜感。观众希望努力提高这些栏目的艺术品位，不断充实、更新内容。观众建议集中优势，每周播出一台高质量的周末综艺节目，丰富周末文化生活。

对电视剧的创作和播出反映良好。

在"五个一工程"展播活动中，中央电视台播出的《一个医生的故事》、《神禾塬》、《豫东之战》等多部电视剧，受到好评。播出的电视纪录片《毛泽东》和电视剧《情满珠江》、《潮起潮落》、《法官潘火中》、《远山姐弟》及大型连续剧《三国演义》等，观众反映强烈。来信一致认为这些优秀作品是文艺创作中的精华，题材广泛，思想内涵丰厚深刻，艺术品位高。每一部作品反映了一个主题，塑造了一批生动的人物形象，使观众从这些艺术精品中吸取营养，受到教益和鼓舞。许多观众说，中央电视台播出的电视剧品位高，富有教育意义，为地方电视台树立了榜样。

四、意见与建议

概括起来有以下几点：

1. 广告节目过多过滥，内容虚假，品位低下，乱用广告词语，应加强广告的管理工作。

2. 希望加强民族传统文化的宣传，如京剧、地方戏的宣传。

3. 希望进一步加强文艺创作的思想性和艺术性的统一。

4. 应进一步提高主持人的素质，提高编导、记者的采访水平。

5. 应加强群众性体育活动的报道。

（观众联系组）

1994年经济部观众来信分析

1994年经济部共收到观众来信38807封，其中《经济半小时》16122封，《经济信息联播》22685封。

从地区看，黑龙江省的观众来信居首位，共有4023封，北京、河北、江苏、山东、河南等省市的观众来信也比较踊跃，这些省市的来信都在2000封以上，广东、广西、上海、福建、海南的观众来信相对少一些，西藏的来信最少，只有61封。

从内容看，1994年的来信中，感谢信和观感、建议等方面的信件379封，各种信息反馈信件10118封，搭"桥"与反馈信件2871封，有关消费问题的信件4325封，有关农业题材和农民节目的来信一共有931封。另外，经济部推出的几台特别节目也收到了不少观众来信，比如《经济信息联播》节目组开展的征求"当家理财春联"活动得到了全国及台北、菲律宾等地观众的热烈响应，收到来信达8031封之多。《经济半小时》在春节期间推出的《我向家人报平安》节目，也受到了全国观众的热烈欢迎，共收到来信1599封，《我为提高效益献计策》、《"3.15"消费者之友晚会》等都先后收到了不少观众来信。

可以说，观众来信是沟通经济部全体工作者与观众之间的桥梁，通过观众来信，可随时了解观众对节目的反应、想法、意见、建议等；同时根据观众来信的要求，可以及时修正节目内容和节目制作方式，使节目质量不断提高，更受观众的喜爱。也正是通过信件这一渠道，电视和观众之间一直保持着密切的联系，日常播出的节目、特别节目、大型的系列节目都随时能收到观众的反馈。

观众普遍认为，《经济半小时》、《经济信息联播》对他们有很大的启发和帮助，使他们对国家的形势和政策、对社会的发展和变化，有了很多了解和深刻认识。

1994年4月，《经济半小时》栏目改版以后，受到了观众的好评，一封题为《〈经济半小时〉含金量高》的来信，概括了众多观众对《经济半小时》的赞誉。来信说，《经济半小时》节目作了改进，增加了新栏目，节目内容更加充实，视野更加开阔，知识更加丰富，难点、热点更加及时，紧跟改革节拍，反应时代心声。《经济信息联播》改版后，观众来信也有明显的增加，不少观众在来信中表达了对栏目的喜爱和建议。也有不少观众对《经济信息联播》组提供的信息真实、准确、可靠，表达了谢意。

1994 年 12 月，《经济半小时》栏目迎来了开播五周年的纪念日，观众纷纷来信表示祝贺，一位观众在祝贺信中写道："五年来，你们成功地举办了四届以经济专题为主要内容的大型专题晚会《"3.15"消费者之友晚会》，联合各省、市电视台，与《经济日报》合作，共同举办了《'94 经济效益纵深行》和《架金桥觅知音》，以及各种经济类知识竞赛等，这些节目都受到了社会各界的关注和赞赏。"

此外，一部分热心观众还在来信中坦诚地对节目中的不足之处提出了批评，如节目中出现的错字、语误、音误等；还对节目的样式、内容提出了很好的建设性意见，比如，农民朋友来信希望多一些反映他们生活的节目等，对改进节目有很大的帮助。

（经济部）

9. 工作会议和研讨会

一、全国性电视工作会议

全国省级电视台台长会议

1994年3月4日至6日，全国省级电视台台长会议在北京召开。此次会议旨在贯彻全国宣传思想工作会议精神，联系电视工作实际，交流经验，共同探讨加强合作办好电视的途径和办法。

中央电视台台长杨伟光在全国电视台台长会议上转达了丁关根对出席会议全体代表的亲切问候，传达了丁关根对电视宣传工作的意见。丁关根说，"全国宣传思想工作会议已经开过，下一步就要贯彻落实好会议精神，希望各台要认真学习、认真贯彻江泽民、李鹏和朱镕基在这次会议上的重要讲话精神，坚持以邓小平建设有中国特色社会主义理论为根本指针，以科学理论武装人，以正确舆论引导人，以高尚精神塑造人，以优秀作品鼓舞人。我们的电视要大力弘扬主旋律，丰富人民的文化生活。我们的电视工作者要有很强的事业心，有为全国亿万电视观众办好社会主义电视的社会责任感。希望各电视台都能够多下点功夫办好晚上3小时黄金时间节目，把最好的节目送给人民群众，其中大多数应当是我们自己的精品。"

广播电影电视部部长艾知生就电视系统如何贯彻落实全国宣传思想工作会议精神和电视系统怎样一手抓繁荣、一手抓管理两个问题讲了话。艾知生说，"全国宣传思想工作会议对电视宣传提出了明确具体的要求，中央电视台要充分发挥受众面广的优势，将电视台办成世界水平的大台；全国各地方电视台在黄金时间必须转播中央电视台第一套节目，共同努力做好舆论引导工作；中央电视台与地方电视台的宣传任务是一致的，双方应加强协作，互相支持，既有分工又有合作，共同完成党中央交给我们的任务。"

杨伟光在会上作了题为《认真贯彻全国宣传思想工作会议精神　把电视办成建设社会主义精神文明的重要阵地》的讲话。杨伟光说："贯彻中央宣传工作会议精神，首先要提高认识，明确方针，言行一致，狠抓落实。面对目前西方、港、台卫星电视覆盖大陆的态势，我们必须加强行业管理，按国务院和广电部的规定禁止收看海外卫星电视，提高国产节目质量，丰富电视屏幕。"杨伟光还通报了1994年中央电视台宣传工作要点，并强调要加强中央电视台与地方电视台的合作，互相配合，形成合力，发挥系统优势，提高宣传效益。

来自全国各省、市、自治区、计划单列市的37家电视台台长参加了会议。代表们一致认为，发挥系统优势，加强中央电视台与地方电视台的合作非常重要，决定认真落实全国宣传思想工作会议精神，唱响主旋律，提高节目质量，丰富电视屏幕，严禁乱播乱放格调低的海外影视片，把电视办成建设社会主义精神文明的重要阵地。

（摘自《电视研究》1994年第4期）

1994年全国省级电视台行政管理工作经验交流会纪要

1994年5月5日至9日，经广电部办公厅批准，由中央电视台牵头组织、江苏电视台承办的第二次全国省级电视台行政管理工作经验交流会在南京召开。来自全国38家省级、计划单列市电视台和中央电视台的58位代表参加了会议。江苏省政府副秘书长兼办公厅主任施绍祥、省委宣传部副部长钱协寅、江苏省广播电视厅副厅长李向阳等领导应邀出席开幕式并讲话。

这次会议的主要目的是贯彻全国宣传思想工作会议精神，交流、学习电视台行政管理工作的经验，进一步加强电视系统的联系与合作。中央电视台副台长于广华首先发言。他根据1994年全国宣传思想工作会议精神，分析了当前国内电视宣传面临的严重任务，强调了加强电视宣传工作的重要性。电视台行政管理工作要不断适应宣传工作的需要进行调整，逐步建立起保证电视宣传的管理运行机制，促进生产力的发展，从而达到优质管理的目的。他表示中央电视台希望加强与各兄弟台的联系与合作，充分发挥电视系统的整体优势，在管理工作上相互促进，顺利完成中央交给我们的宣传任务。

会上，22家电视台提供了24份书面经验交流材料。会议安排了一天的分组交流，半天的大会交流。与会代表畅谈了本台在管理工作中的新鲜经验和体会，使这次会议达到了“开阔眼界，联络感情，交流情况，学习经验”的预期目的。在交流中与会代表普遍认识到：电视系统内行政管理工作薄弱，适应不了形势发展的需要，如何加强和完善管理工作是当前亟需解决的问题。

与会代表一致认为，中央电视台牵头召开全国省级电视台行政管理工作经验交流会很有必要，希望一年召开一次，还希望办个内部刊物，以便及时总结经验，交流情况，相互学习。同时还要求今后搞些专题研究，探讨电视行政管理工作所面临的新问题和解决的办法。

会议商定，报请广电部申请批准全国省级电视台行政管理工作经验交流会形成年会制度，由中央电视台牵头，各省级台轮流承办。暂定1995年的会议由云南电视台承办，会议将根据具体情况进行专题研讨，以提高会议质量。

1994年全国省级和计划单列市电视台总编室主任会议纪要

1994年全国省级和计划单列市电视台总编室主任会议4月10日至12日在海口举行。全国省、计划单列市及中央电视台39名正式代表出席了这次会议。广播电影电视部和中央电视台有关领导对开好这次会议非常关心和重视。广电部总编室主任张振东和中央电视台台长杨伟光出席会议并在开幕式上作了重要讲话。

张振东的讲话结合中央宣传思想工作会议精神，就电视宣传必须牢牢把握邓小平建设有中国特色社会主义理论这一根本指针，以科学的理论武装人，以正确的舆论引导人，以高尚的精神塑造人，以优秀的作品鼓舞人四项工程的实施提出了重要的意见。

杨伟光在发言中指出：无论是中央，还是省、市电视台总编室工作都具有共性。它是全台宣传工作的枢纽，宣传管理的重要部门，对办好电视节目起着关键的作用。总编室必须做好节目规划、节目审查、节目编排、节目播出、节目宣传、信息反馈以及全台节目部门之间的协调工作。搞好总编室工作的基本条件是：总编室领导要全面、深刻地学习和领会中央的宣传思想、方针、政策，明确宣传口径；正确地把握舆论导向；要善于化解矛盾，做好各部门之间的协调工作；要有高度的责任感。

中央电视台台长助理兼总编室主任胡恩介绍了1993年全国总编室系统工作情况。在过去的一年中，全系统总编室工作有了较大发展。在加强总编室内部的协调与合作上取得了新的成绩。中央电视台和地方电视台节目的合作从数量到质量都有提高，有的合作节目还获得了国际大奖。中央电视台总编室加强了宣传政策和资料汇集方面的工作，扩大了《业务交流》、《电视信息》两个刊物的发行面和信息量。同时，在总编室系统的通信网络、扩建全国观众调查网方面也取得了显著成绩。他还通报了中央电视台总编室在宣传规划、节目编排、生产协调、节目播出、信息反馈、经费管理等方面的工作情况。

中央电视台总编室副主任胡运芳在会上介绍了全国电视观众调查网的规模、现状和工作方式，提出了调查工作所面临的挑战和机会，并对今后调查网的工作设想和决策提出了方案。

会议就1994年中央电视台各节目部门与各省、市电视台合作办节目的项目进行了逐一研究落实；就电视事业面临的竞争，如何加强和完善宣传管理，根据总编室工作的特点和规律摸索出一条适应社会主义市场经济体制的健康发展的路子展开了热烈讨论。一些代表提交了书面发言。上海、陕西、湖南电视台代表还在大会上作了发言。中国国际电视总公司经理助理崔屹平也在大会上介绍了有关情况。

会议提出：全国各电视台总编室系统要认真总结经验，进一步加强合作，贯彻落实全国宣传思想工作会议精神，为提高节目质量，丰富屏幕，办好中国电视而共同努力。

（摘自《业务交流》1994年6月6日）

1994年全国省级电视台新闻部主任会议

1994年7月4日至11日，’94全国省级电视台新闻部主任会议在浙江召开。中央电视台副台长沈纪、浙江广播电视厅副厅长、浙江电视台台长梁雄等领导和全国各省级电视台新闻部主任出席了会议。

与会代表就如何提高全国电视系统大编辑部意识，增强组织报道力度，形成系统合力及怎样搞好下半年宣传任务进行了讨论，并取得共识。

会上，中央电视台副台长沈纪指出：1994年上半年是全国电视新闻系统思考、探索、改革、发展的半年。中央电视台推出的《焦点访谈》、《世界报道》、改版后的《晚间新闻》得到社会各界的普遍好评，进一步证明了新闻是电视的主体。这是社会发展、改革深入、电视事业成熟的客观体现。并强调说：全国电视系统形成合力是提高电视新闻影响力、竞争力的必要保证。而影响力是双向的，既要有中央电视台的宏观调控，又要发挥地方电视台的主动性、能动性，这样才能做到优势互补。

中央电视台新闻中心主任李东生在会上就中央电视台下半年新闻走向和改革重点进行了发言。

全军记者站站长会议

1994年5月11日至14日，中央电视台驻全军各大单位（各大军区、军、兵种、三总部以及武警等17个大单位）记者站站长会议在北京举行。会议重点研究进一步加强军事宣传特别是如何提高新闻质量问题。

沈纪副台长向与会者介绍了中央电视台近两年来新闻改革的情况，并就如何处理好既要立足军队，又要面向全国；既要考虑部队的中心工作，又要服从服务于经济建设大局；既要壮军威（军事训练报道），又要颂军魂（精神文明建设）；既要注意到军事宣传的特殊性，又要考虑新闻报道的共同规律；既要坚持正面报道的原则，又要实事求是等几个问题的关系发表了充满哲理的讲话。新闻中心副主任罗明结合工作实际谈了很好的意见。解放军总政治部宣传部赵可铭部长对近年来军事报道特别是电视新闻报道工作所取得的成绩给予充分肯定，并代表总政领导向中央电视台表示深切的谢意。

与会代表还在全军理论宣传座谈会上听取了于永波、徐才厚等领导的重要讲话。

这次会议从分析形势入手，认真总结了近两年来军事报道所取得的成绩和存在的问题。站长们经过四天的认真讨论研究，提出了关于“加强编辑部计划性指导性的意见”，“进一步深入生活、深入基层、深入边海防第一线抓取鲜活新闻”以及“有计划性地培养队伍”等一系列提高新闻质量的措施和意见。大家普遍认为，中央电视台新闻改革的步子很大，军事记者队伍要有新的姿态，努力适应新的情况。这次会议把提高新闻质量作为中心议题，抓住了当前迫切需要解决的重大问题，抓得准，而且决心大，措施细，可操作性强。会议进一步明确了杨伟光提出的军事新闻要做到三个“确保”，确保中央军委领导的重大活动；确保部队的重大典型报道；确保突发事件的报道。

为了提高新闻质量，会议打算每月形成一个主题性报道重点。7月15日至8月5日推出《边海防纪行》系列报道。根据江泽民主席“精神文明重在建设”，“军队要走在全社会的前列”等指示，考虑到军队典型报道较多，在《新闻联播》中开辟不定期小栏目《军人风采》。军事部领导要求全军电视记者要有敬业精神，进取精神，拼搏精神。要有竞争意识，精品意识，忧患意识。加强学习、努力工作、不辱使命。

（军事部）

全国省市电视台社教部主任座谈会

1994年6月，在武汉举行的1993年度中国电视奖社教节目评奖会期间，中央电视台社教中心组织参加会议的各省、市电视台社教部主任，就各电视台社教部及社教节目的现状和未来进行了座谈。在这次座谈会上，中央电视台社教中心副主任拉白，首先向各兄弟电视台通报了中央电视台社教中心的情况和工作设想，各电视台社教部主任纷纷发言，各抒己见，归纳起来主要有以下几点内容：

1. 各省、市电视台社教部主任一致赞同，应当理顺节目交叉问题，明确节目类型界定，使各类节目合理归口。

2. 各省市电视台社教部主任一致认为社教节目是电视节目的三大支柱之一，并再次呼吁各电视台应当予以重视，除稳定和办好栏目外，还要开办纪录片的窗口。

3. 在这次座谈会上，各电视台的社教部主任还表示了积极合作的愿望，希望加强包括中央电视台在内的各台之间的相互联系与合作，希望中央电视台社教中心建立健全与各地电视台社教部之间的联系网，并希望召开全国或地区性的社教部工作会议。

（社教中心）

1994年中央电视台全国观众调查网工作会议

1994年度全国电视观众调查网工作会议于12月2日至6日在江苏省苏州市举行。

自1991年起由中央电视台建立的全国范围的收视调查网目前共有49个调查站，1.08万户按照抽样方法选择、定时更换的样本户。收视调查结果已成为中央电视台各级领导评价栏目的重要参考依据，并成为一些地方电视台分析收视情况、调整节目栏目、进行科学决策的重要依据。调查网除进行常规性收视调查外，还进行了“3.15”消费者权益日调查、广东今日集团企业与产品评价调查等七次专项调查。调查工作已开始引起社会的注意，越来越多的广告公司要求购买收视报告，一些大的企业集团开始借用网络调查企业声誉。

中央电视台副总编辑章壮沂出席会议并讲了话，总编室副主任胡运芳在会上作了年度工作总结。会上还进行了调查业务技术培训。

（总编室）

中国电视节目外销联合体会议

1994年6月至9月，中国电视节目外销联合体（下称“联合体”）会议分别在上海、四川和内蒙古举行。全国41个“联合体”成员台的代表参加了会议。会议听取了“联合体”秘书长徐雄雄作的工作报告，中央电视台律师作了有关版权知识的报告。与会代表充分肯定了“联合体”一年多来的工作，一致认为，只有全国各电视台联合起来，形成一个拳头，才能打进国际市场，争得中国电视的国际地位。会议认为，节目进入市场是改革开放发展的必然趋势，要求各电视台切实重视节目外销工作，落实专人和专门机构来经办节目外销工作。会议赞赏中央电视台采取的节目外销奖励办法，希望各电视台也能效法落实。“联合体”常务理事台决定1994年不开全会，这三次分片会（上海、四川、内蒙古）上提出的意见和看法是一致的，要求代表们回去后向各台领导汇报，并结合本部门的问题进行研究落实。

（外销办）

全国有线电视供片工作会议

1994年1月11日至13日，中国国际电视总公司在北京召开全国有线电视供片工作会议。来自全国43家省、市有线电视台（站）的50多位负责人参加了会议。广电部王枫副部长和社会管理司郭宝新、音像管理处严俊熙及中央电视台杨伟光、于广华出席会议并讲了话。会议总结了1993年加强有线电视台（站）的管理、实行统一供片的经验，共同研究了搞好有线电视供片工作的具体方法。王枫副部长在讲话中指出，搞好供片工作的关键是要继续提高对统一供片工作的认识，不能把它当成一项临时性工作。杨伟光、于广华在讲话中要求中国国际电视总公司按照服务为主、保本微利的原则加强力量，搞好统一供片工作。

1994年8月20日至24日，中国国际电视总公司在山西省太原市召开全国有线电视供片工作会议。全国各省、市50多家有线电视台的代表参加了会议。广播电影电视部社会管理司司长郭宝新到会并讲话。太原市广播电视局和太原有线电视台对这次会议给予了全力支持。

近年来，全国有线电视台发展迅速，目前经广电部批准的有线电视台已有900多家。众多的有线电视台成立后节目来源十分紧张。这次会议是以直接对有线电视台的方式，供需双方直接见面，有利于理顺供片关系，促进有线电视健康发展的初次尝试。众多有线电视台反映，大家对这种做法是满意的。许多有限电视台都表示愿意与中国国际电视总公司建立固定的联系，使这一供片系统不断完善。

中央卫星电视网络建设座谈会

为了发挥电视媒体的优势，最大限度地满足广大电视观众的文化需要，推动我国电视事业的繁荣发展，广播电影电视部决定，通过卫星向全国电视观众传递电影、体育、文艺电视频道节目。

为使这项新举措能够尽快实施，1994年12月8日广电部社会管理司在中央电视台组织召开了由全国11家省、市广播电视厅和有线电视台领导参加的中央卫星电视网络建设座谈会。与会代表就如何加强各省、市电视台的收视合作，共同办好卫星电视频道作了认真探讨和协商。广电部副部长杨伟光到会并讲话。

在座谈会上，杨伟光副部长从三个方面阐述了开办卫星电视频道的意义。他说，开办卫星电视频道，实行有偿服务，是中国电视事业发展的必然趋势，也是中国电视事业不断演化改革的一项重要举措。开办卫星电视频道，可以利用电视手段，有效地提高全民族的科学文化水平，推动我国社会主义物质文明和精神文明建设的发展。当前，世界广播电视迅猛发展，各国力求争夺更多的电视观众。在此形势下，开办我国的卫星电视频道势在必行，刻不容缓。中央和地方必须认识到，共同参与开办卫星电视频道的重要性及对这一新事物要有统一认识的必要性。

另外，开办收费卫星电视频道也有利于解决广播电视事业发展需要的资金问题。同时，也为未来信息高速公路的发展打下坚实的基础。希望全国的电视工作者们共同努力，让电影、体育、文艺卫星电视频道在亿万观众的期盼中尽快诞生！

（摘自《中国电视报》1994年第51期）

二、全国性理论和业务研讨会

中国广播电视学会电视学研究委员会第二届代表大会纪要

中国广播电视学会全国电视学研究委员会第二届代表大会于1994年7月29日至31日在甘肃省兰州市召开。参加这届代表大会的有中国广播电视学会常务副会长徐崇华、电视学研究委员会委员、中央电视台、全国29个省（市）、自治区电视台及中央计划单列市电视台的领导和负责电视理论研究的同志，共计60位代表。

会议开幕式由会议领导小组成员、中央电视台副台长沈纪主持；中国广播电视学会常务副会长徐崇华、中共甘肃省委常委、宣传部部长石宗源、甘肃省广播电视厅厅长杨德儒出席并致辞；中共甘肃省委宣传部副部长罗祖孝、甘肃广播电视厅副厅长程凤年、李光尧、魏成贵出席了开幕式。会议期间，中共甘肃省委书记闫海旺、副书记孙英到会看望了与会代表。

徐崇华在致辞中代表中国广播电视学会对这次大会的召开表示祝贺。他说，电视学是一门大学问，其内容广泛，系统严谨。上一届电视学研究会围绕电视事业的发展做了大量的工作和探索，出版了理论刊物，发表了许多论文，在全国影响很大。随着改革开放的深化和扩大，广大人民群众对电视的要求更高，因此要求电视界建立电视学理论体系，用以指导电视实践。希望本届会议能做更多的工作。

沈纪布置了本次会议的主要任务：第一，总结、回顾全国电视学研究会成立以后六年来的工作情况；第二，进行换届选举；第三，讨论制定下一届研究会的工作。

全国电视学研究会上届副秘书长、中央电视台研究室副主任黄望南作了题为《中国广播电视学会电视学研究委员会六年来工作情况汇报》的工作报告。

代表们分组进行了充分讨论，肯定了全国电视学研究会成立六年来所做的工作和取得的成绩。大家一致认为，电视事业发展很快，有许多问题值得研究。事实证明，全国电视学研究会的成立是适时的、必要的，在电视理论研究方面也做了许多实事。

与会代表在发言中普遍认为，尽管电视理论研究取得了一些成绩，但与整个电视事业的发展相比较，还是比较落后的，还处在初创阶段。电视理论研究不能只研究纯理论，或仅仅满足于电视学某个方面的研究，要研究中国电视的特点，建立中国电视理论体系。电视学研究会要把电视教育部门、研究机关和电视工作第一线这三方面的理论和实践结合起来研究，总结出电视带规律性的东西来。不仅仅限于电视宣传范畴的理论研究，还应开阔思路，将电视研究的领域与范畴拓宽，研究电视管理、事业改革、队伍建设、电视节目的内容结构变化、体制模式、人事制度、财务制度等，以推动电视事业的发展。

代表们普遍认为，电视学研究会的研究范围应该涵盖电视系统的方方面面，一些专业研究委员会应该隶属于电视学研究会。为此，委托中央电视台协调此事。

本次会议经过充分酝酿和民主协商，选举产生了以杨伟光为会长的全国电视学研究委员会第二届委员会的领导机构。

新一届研究会讨论制定了今后的工作：

1. 每年召开一次工作会议，由会长、副会长、正副理事长、正副秘书长参加，总结前一年工作，研究下一年工作；

2. 研究会要加强与全国各地方电视台理论机构的联系，形成理论研究网络；

3. 每年召开一、二次理论研讨会，讨论电视发展中的新问题，活跃学术研究，指导工作实践；

4. 每年评选一次电视研究论文，出版一本获奖电视论文集。

会议结束时，沈纪作了总结讲话。

他强调，电视学理论研究要适应电视事业发展和深化改革的态势，要服从和服务于“以宣传为中心”这个大局，要思考和探讨电视事业、电视宣传发展与改革中存在的带有普遍性和规律性的问题，要根据邓小平建设有中国特色社会主义理论来构筑中国电视学理论体系的框架。

会议在全体代表的共同努力下，达到了预期目的，取得圆满成功。

（朱　宁）

（摘自《电视研究》1994 年第 9 期）

首届全国广播电视节目主持人“百优双十佳”金话筒奖颁奖观摩研讨会

1994 年 6 月 17 日至 19 日，首届全国广播电视节目主持人“百优双十佳”金话筒奖颁奖观摩大会在北京隆重举行。到会的获奖节目主持人、部分电台、电视台领导，还有专家，评委共 100 多人汇聚一堂，共同就节目主持人发展的现状、问题和趋势作了深入的研讨。

6 月 17 日上午，广播电影电视部部长孙家正在开幕式上讲话。他向全国获奖的节目主持人表示祝贺，并鼓励大家更加勤奋努力地工作，把更多更好的精神产品奉献给广大听众观众。

孙家正指出，节目主持人是党的宣传员，是国家和人民利益的代言人。节目主持人的成果是集体劳动的结晶。节目造就主持人，主持人为节目添光彩。节目主持人要利用自己的魅力和优势，承担应承担的神圣责任。节目主持人要深刻认识到自己肩负的社会责任，努力提高政治素质和业务素质，做一名受党信赖、受人民欢迎的节目主持人。

孙家正对节目主持人研究会的成立予以肯定。

6 月 17 日下午，广播电影电视部副部长刘习良作大会发言，他以《90 年代广播电视的新发展向节目主持人提出的新要求》为题进行了阐述。

6 月 18 日下午，广播电影电视部副部长杨伟光在同与会各专家、节目主持人交流过程中，谈了他的看法。他说，培养优秀的节目主持人是中国电视节目改革的中心之一，这个问题不解决，中国电视与世界接轨就很难谈得上。他还提出了优秀节目主持人应具备的条件。

会议代表们赞同孙家正、刘习良、杨伟光的观点，并认识到要正确看待主持人与节目的关系。

讨论中谈到，主持人还要在提高新闻素质、增强理论修养、锻炼采访和主持技能上下功夫。

（摘自《电视研究》1994 年第 8 期）

1994 年全国电视对外报道选题规划会

1994 年度全国电视对外报道选题规划会于 1994 年 3 月 6 日至 11 日在江西省南昌市召开。参加这次会议的有国务院新闻办公室、全国侨联、广电部、中央电视台、中国国际广播电台和 28 家省级电视台、23 家城市电视台的代表 109 人，美国 3C 集团北京办事处及 4 家音像公司等单位也应邀出席了会议。

会议的主要任务是根据当前国际形势和国内经济改革对电视对外宣传工作提出了新的要求，研究制订 1994 年全国电视对外宣传选题的总体规划。

会议期间，广电部副部长刘习良、广电部总编室副主任郑集强、中央电视台台长杨伟光作了重要讲话。他们分析了国际国内形势，对当前电视对外宣传工作提出了具体的意见和要求，使与会代表对今后的对外宣传工作面临的形势和任务有了明确的认识。中央电视台副台长兼海外中心主任张长明向代表们通报了 1993 年中央电视台与地方电视台合作的情况和 1994 年的打算，海外中心各部负责人介绍了各自栏目设置情况。地方电视台代表也通报了 1994 年的一些打算。在分组讨论中，代表们围绕如何进一步搞好电视对外宣传工作提出了许多非常具体的意见和建议。对地方电视台的意见和建议，中央电视台海外中心当场作出了一部分明确的答复。通过坦诚的交流，中央电视台与地方电视台的关系更加密切，为今后的合作打下了良好的基础。中央电视台还就 1994 年与地方电视台合作的 12 件实事以及各栏目的节目征订与各电视台进行了具体的磋商。

通过几天的会议，大家都感到认清了形势，振奋了精神，加强了规划。今后要联合起来，利用高科技成果，克服各种困难，使我国的广播电视节目为树立我国的形象、促进现代化建设服务。

会议期间，还举行了《庐山》系列片首播式。

（总编室）

1994年全国电视剧题材规划会议

1994年全国电视剧题材规划会议2月27日在杭州举行。为期4天的会议，以邓小平建设有中国特色社会主义理论和党的基本路线为指导，密切联系我国电视剧创作、制作、播出和管理的实际，扎扎实实地贯彻落实全国宣传思想工作会议精神，进一步加强对电视剧艺术生产的宏观调控，弘扬主旋律，提倡多样化，为创作出更多更好的电视剧而努力奋斗为主题。讨论了主旋律与多样化的关系，协调了1994年全国电视剧的生产。

广播电影电视部部长艾知生传达了全国宣传思想工作会议精神和江泽民总书记、丁关根同志报告的有关内容，向全国从事电视剧艺术生产的同志们提出了：认真学习《邓小平文选》第三卷，坚持“两手抓，两手都要硬”的方针，弘扬主旋律，提倡多样化，繁荣电视剧创作，完成“以优秀的作品鼓舞人”的重要而艰巨的任务。艾知生在讲话中反复强调了什么是主旋律及其与多样化的关系。他说：主旋律就是江泽民总书记提出的四个大力倡导的思想和精神，即“大力倡导一切有利于发扬爱国主义、集体主义、社会主义的思想和精神；大力倡导一切有利于改革开放和现代化建设的思想和精神；大力倡导一切有利于民族团结、社会进步、人民幸福的思想和精神；大力倡导一切用诚实劳动争取美好生活的思想和精神。”

广播电影电视部副部长刘习良作了题为《弘扬主旋律，提倡多样化，为创作出更多更好的电视剧而努力奋斗》的讲话。他对1993年全国电视剧生产形势作了回顾和估价，部署了1994年电视剧的生产。刘习良将1993年全国电视剧创作、制作和播出方面采取的一些行之有效的宏观调控措施归纳为：强化题材规划管理；严格实行电视剧创作许可证的管理制度；切实执行“优质优播”原则；认真进行评奖工作；加强对进口电视剧的审查和播出管理。同时，他还对1994年度电视剧工作提出了“加强学习、加强创作、加强管理”三个要求。

来自全国各地电视剧生产单位的代表近250人出席了会议。

第八届全国电视文艺“星光奖”颁奖、研讨会暨1994年全国电视文艺座谈会

1994年9月15日至18日，第八届全国电视文艺“星光奖”颁奖、研讨会暨1994年全国电视文艺座谈会在北京京西宾馆举行。来自全国各省、市、自治区的电视文艺工作者150余人出席了会议。

9月15日上午，颁奖大会开幕式由中国电视艺术委员会副主任、秘书长仲呈祥主持。广播电影电视部部长孙家正、副部长刘习良、杨伟光、中国文联党组副书记梁光弟、广电部社会管理司司长郭宝新、中宣部文艺局副局长刘玉山、中央电视台副台长赵化勇、中央电视台副总编辑章壮沂、中国电视艺委会副主任洪民生，以及广播电影电视部一些司局的领导出席了开幕式。

受第八届全国电视文艺“星光奖”评委会委托，仲呈祥宣布了第八届“星光奖”评选结果。全国44家电视台选送的100多个节目参加评选。52部作品在按照艺术表现形式分设的八个奖项中分获一、二、三等奖。同时还评出十个单项奖。

广播电影电视部部长孙家正向大会致辞。他代表广播电影电视部向来自全国各地的获奖代表和各地电视台主管电视文艺工作的领导，并通过与会者向辛勤耕耘在第一线的广大电视艺术工作者致以热烈的祝贺和真挚的谢意。他强调：“广大电视艺术工作者要自觉地用邓小平关于建设有中国特色的社会主义理论武装自己，深入实践，深入群众，以强烈的社会责任感和敬业精神，创作出思想文化品位高、为广大人民群众喜闻乐见的电视文艺节目，为弘扬时代主旋律和向人民群众提供健康向上的精神产品，乃至提高全民族的科学文化水平，为社会主义精神文明建设作出新的更大的贡献。”

9月15日下午至16日进行获奖作品研讨。16日，广播电影电视部副部长刘习良出席会议并作了题为《首要任务是提高电视文艺节目质量》的讲话。

在研讨会上，本届评委洪民生、田本相、王纪言、王曼力、曾文济分别对“星光奖”评选情况，就电视文艺的某一领域作了深入的理论阐述。获奖代表湖北电视台尹建平，陕西电视台解冰、云南电视台赵虹、辽宁电视台副台长姜丽彬，以及中央电视台邓在军、张晓海、王晓、赵忠祥、孟欣、郭睿君、林远等分别作了发言。

9月17日、18日大会进行第二阶段即电视文艺座谈会，会议由中央电视台副总编辑章壮沂主持。17日，广播电影电视部副部长兼中央电视台台长杨伟光作了题为《加强系统合作，进一步繁荣中国电视文艺》的讲话。他的讲话共分三个部分。一、电视文艺是电视百花园中最绚丽的一朵。二、坚持用优秀的作品鼓舞人，要正确处理好几个辩证统一的关系。他指出：这其中包括坚持“二为”方针与“双百”方针的统一，主旋律与多样化的统一，弘扬民族文化与吸收外国优秀文化的统一，为中国与世界人民服务的统一，政治标准与艺术标准的统一，提高节目质量与增加节目数量的统一，扬独家优势与汇天下精华的统一，理论与实践的统一。三、加强系统合作，进一步把电视文艺推向繁荣。他希望大家联合起来，互相支持，共同提高，为电视文艺新的繁荣作出贡献。

座谈会上，中央电视台文艺中心副主任兼文艺部主任邹友开作了中心发言，回顾了近几年电视文艺的发展与现状，指出了电视文艺今后要注意的问题，并希望地方台根据本地区的特点，办好有本地特色的节目。

代表们分组进行了充分的讨论，普遍认为广电部领导对电视文艺高度重视，从中受到鼓舞，明确了今后的方向。听了专家、获奖编导的发言，深受启发。代表们通过分组讨论和对口交流，互相交流各台情况，取长补短，提高了一些今后合作的具体方案。代表们一致认为，这样的座谈会很有必要。

在全体代表的共同努力下，会议取得圆满成功。

（朱　宁）

（摘自《电视研究》1994年第11期）

1993年度全国海外电视获奖节目颁奖暨研讨会

1993年度全国海外电视获奖节目颁奖暨研讨会于1994年10月18日至20日在山西省太原市举行。广播电影电视部副部长刘习良、中央对外宣传办公室三局副局长任一农、广电部总编室副主任郑集强等有关领导，山西省委常委、宣传部长崔光祖等山西省有关领导出席会议，并为来自全国各地的获奖代表颁奖。刘习良副部长在会上发表重要讲话，阐述了我国目前对外报道面临的形势和任务，并对发展我国电视对外报道工作提出设想和要求，指出我国电视对外报道必须有一个大的发展。

本届海外节目于1994年8月在哈尔滨评选，组成了以国务院新闻办公室副局长任一农为主任、中央电视台研究室副主任黄望南为副主任的七人评委会，对中央电视台海外中心和全国各省、自治区、直辖市、计划单列市和市级电视台共44个单位选送的175个节目，进行了认真的观摩和严格评选，经过多轮投票表决，评选出各类奖96个。此前，全国外语对外报道节目也进行了评选，全国有14家电视台及电视节目制作单位选送了近90个外语节目参加评选，评选小组由有关专家和部分外籍专家组成，评出各类奖18个，并提交评委会得到确认。

太原颁奖研讨会上，有三位评委对获奖节目作了讲评，并对当前对外报道工作中存在的问题和提高对外报道电视节目的质量提出了许多有益的看法。研讨会期间观摩了一批有代表性的优秀节目，几位获奖编导介绍了自己的创作经验与体会。通过研讨，许多编导表示，明确了对外报道节目的发展趋势，学到有益的经验。

（南　方）

第五届全国优秀电视教育节目颁奖会暨中国广播电视学会电视教育节目研究会第二届委员会会议纪要

1994年11月1日，第五届全国优秀电视教育节目颁奖大会在北京召开。中央电视台副台长沈纪、第一届电视教育节目研究会会长洪民生、中央电视台副总编辑朱继峰、中国广播电视学会代秘书长、专职常务理事李振水、中央电视台台长助理兼总编室主任胡恩、中央电视台社教中心主任王录、中央电视台教育节目部主任丁俐丽、中国广播电视学会副秘书长贡吉玖等出席了会议。会议由丁俐丽主持。王录代表第五届全国优秀电视教育节目评委会汇报了本次评奖情况：自10月28日至31日，评委经过四天紧张、严肃、民主、认真的工作，从29家电视台选送的91个节目中，遴选出77个获奖节目。其中一等奖10名、二等奖19名、三等奖48名。颁奖会对获得一、二、三等奖的电视台颁发了证书和奖牌，并对12家理事台颁发了纪念奖牌。

李振水、沈纪、洪民生先后在大会上发言。他们对获奖单位和个人表示祝贺，并指出，中国电视最终要走向世界，靠的是品质优良、制作精细的精品节目，电视的发展目标要瞄准世界。教育节目评奖不仅要提高节目的质量，还要更好地服务于“教育为本”的大政方针。中国的发展前途靠的是科学和教育，发展电视教育节目应作为电视台的希望工程看待。

11月1日下午，又召开了中国广播电视学会电视教育节目研究会第二届委员会，会议由电视教育节目研究会秘书长程仁沛主持，第一届委员会理事长丁俐丽汇报了研究会四年来的工作。

第一届电视教育节目研究会会长洪民生在讲话中说，电视教育节目研究会在全国要发扬敬业精神、钻研精神、互帮互学的精神，认真钻研自身业务，既有扎实的内容，又使节目具有社会效益和经济效益，再创电视教育节目的新辉煌。

会议选举了名誉会长、会长、副会长、理事长、常务理事台和理事台、秘书长、副秘书长。大会代表鼓掌通过了这一决议。新任会长朱继峰在讲话中指出：第一届电视教育节目研究会取得了很大的成绩，应吸取好的经验。在中国广播电视学会和各兄弟电视台的支持协助下，共同办好教育节目。要加强中央电视台和各兄弟电视台的合作和联系。

李振水代表中国广播电视学会肯定了第一届电视教育节目研究会的工作，对新当选的第二届电视教育节目研究会领导机构表示祝贺。第二届电视教育节目研究会各理事台召开了会议，初步研究落实了下一年度的几项主要工作。

中国广播电视学会电视法制节目委员会

1994年11月，由中央电视台、山东电视台、江苏电视台和河南电视台等共同筹建的中国广播电视学会电视法制节目委员会，在江苏省南京市正式成立。会上通过了电视法制节目委员会的章程，选举了学会领导机构。中央电视台专题部选送的节目《面对挑战》、论文《电视法制节目与热点节目异同浅论》分获1994年全国优秀电视法制节目评选一等奖和全国电视法制节目论文评选优秀奖。

中国广播电视学会青少年儿童电视节目委员会

1994年12月23日，中国广播电视学会青少年儿童电视节目委员会成立大会在杭州市举行。全国各省、自治区、市50个电视台的近百名代表参加了会议。全国政协常委、中国广播电视学会常务副会长徐崇华、中央电视台副台长于广华、副总编辑朱继峰出席了大会。

大会一致通过了《中国广播电视学会青少年儿童电视节目委员会章程》，产生了委员会第一届理事会，选举出中央电视台、广东电视台等18个常务理事台，并推选于广华、王录、余培侠分别担任委员会第一任会长、理事长和秘书长。

常务理事会还研究制定了1995年工作计划，并将积极开展对外合作与交流活动，为建设有中国特色的青少年儿童电视理论，繁荣和发展青少年儿童电视事业做出积极贡献。

（青少部）

中国电视纪录片学术研讨会

由中国电视纪录片学会和宁夏电视台共同举办的'94中国电视纪录片学术研讨会于1994年10月10日在宁夏银川市举行，会议共五天。中国电视纪录片学会会长陈汉元、副会长朱景和、臧树清等参加了研讨会。参加这次研讨会的代表分别来自21家省、市电视台及北京广播学院等有关单位，共计50余人。研讨会汇聚了全国各地电视纪录片创作的高手和理论权威。

在开幕式上，宁夏回族自治区党委副书记马启智、党委宣传部副部长张怀武、广播电视厅厅长萨本冀、宁夏电视台台长徐志健到会祝贺并讲了话。

会议期间，代表们认真观摩了部分省、市电视台近年来拍摄的优秀电视纪录片16部，并且进行了热烈的讨论。代表们对上海电视台拍摄的《半个世纪的乡恋》、山东电视台拍摄的《壁画后面的故事》、宁夏电视台拍摄的《楚成旦巴和托林寺》、中央电视台拍摄的《龙脊》等四部电视纪录片给予高度的评价，认为这些作品代表了当前我国电视纪录片的发展水平，不论是从选题还是内容都表现出作者深厚的创作功力、严谨的创作态度和高档的审美意识，是近年来不可多得的好作品。会上还对由河北电视台和北京电视台合拍的《大红枣》一片进行了热烈的讨论，在对该片选题和内容给予肯定的同时，对导演手法进行了认真的研讨和争论。该片是本届学术研讨会上议论得最热烈的一部电视纪录片。

与会代表普遍认为，经过多年努力，当前我国电视纪录片已逐渐为广大观众所喜爱，并成为电视屏幕上的一个新热点。电视纪录片的创作队伍明显提高,通过强化精品意识,一批群众喜闻乐见的电视纪录片不仅在国内产生了巨大的反响,而且还走出国门,为世界所接受。在创作方法、表现形式及艺术风格上不断推陈出新,在突破原有传统模式的基础上各流派和创作个性呈现出百花齐放、百家争鸣的可喜局面。大家认为,为繁荣我国电视纪录片事业,应该把握时机,不懈努力,使我国电视纪录片上一个新台阶。代表们还对当前我国电视纪录片发展的现状、电视纪录片电视剧化、通俗化、选材角度、主持人的隐形采访、如何培养和提高观众对电视纪录片的鉴赏力,以及电视纪录片文学性和审美意识、如何培养创作群体等方面的问题进行了广泛的交流与探讨。

在闭幕式上,中国电视纪录片学会会长陈汉元作了总结性的发言。他认为,这是一次学术气氛较浓厚,比较扎实的研讨会,会议开得很成功,收获很大。

(摘自《电视研究》1994 年第 12 期)

第四届全国电视音乐交流会

由中央电视台、中国广播电视学会电视音乐研究委员会及昆明电视台筹备并举办的第四届全国电视音乐交流会于 1994 年 8 月 19 日至 26 日在昆明市举行。中央电视台与 54 家省、市电视台以及有关业务单位参加了资料交换。99 名代表出席了会议。

中国电视艺术委员会副主任、中国电视音乐研究会会长洪民生,中央电视台专职党委副书记宋培福出席会议并作了发言。云南省、昆明市有关领导出席了开幕式。

自首届全国电视音乐交流会以来,音乐资料的交流对各电视台的业务建设和节目制作起了重要的作用。它丰富了屏幕,充实了资料来源,体现了电视音乐的时代特征,扩展了电视艺术的创作天地,对电视节目创作和谐的声画组合起了良好的促进作用。

本届交流会有 26 个单位提供了 54 小时的有效使用资料,形式多样,风格各异,具有鲜明的时代感,技术质量也高于往届。交流会为各电视台提供了一批低价格、高质量具有实用价值的音乐资料,为大家办了一件实事。

交流会的举行,受到广电部及中央电视台有关领导的关注和支持。宋培福转达了广电部副部长兼中央电视台台长杨伟光对会议的祝贺。

洪民生作了题为《充分调动声音的屏幕效应》的讲话,对电视音乐、电视声音的现状和发展作了深刻的分析。

会议对电视业务进行了交流与探讨。

代表们对电视声音的发展作了认真的分析,认为电视声音发展到和画面并重的局面,是电视事业和现代科技发展的结果,必须更新观念,因势利导。屏幕离不开声音,屏幕呼唤高质量的声音,有关领导和音乐编辑对此要有清醒的认识。

会议期间,特别邀请了北京电影学院周传基教授讲课。

会议还邀请了澳大利亚松巴音乐制作公司到会展示,介绍了影视音乐制品。

会议期间,中国电视音乐研究会进行了换届活动和工作总结。

中国电视音乐研究会副会长奚明钰对研究会四年来的工作做了总结。

会员们认为:研究会成立以来,在丰富屏幕、交流经验、探讨理论、培养人才方面做了大量的业务性组织工作和研究工作。会议还确定了今后的业务发展目标。

(曾文济)

(摘自《电视研究》1994 年第 11 期)

第三届全国影视声音研讨会暨声音学会奖颁奖大会会议纪要

第三届全国影视声音研讨会暨声音学会奖颁奖大会于 1994 年 10 月 24 日至 28 日在北京召开。出席本次会议的有来自全国 16 个电影制片厂、37 家电视台以及其他 4 个从事广播影视声音工作的单位共 84 位代表。

广播电影电视部副部长、中央电视台台长杨伟光出席会议开幕式并作了重要讲话。他首先向获奖的单位和个人表示祝贺。他在讲话中指出:"电影、电视都是综合艺术,提高声音质量是影视界的大课题。目前,中国影视作品已在世界范围传播,声音和图像都是影响节目质量的重要因素,加强对声音的研讨,提高声音质量,是当今影视发展的重要前提。希望通过这次研讨会的召开,使我们的声音质量有较大的提高,以一流水平参与世界竞争。召开这个研讨会是非常必要的,可以交流经验,学习新技术。"

中国电影电视技术学会秘书长、北京电影学院院长刘国典致开幕词,广播电影电视部原总工程师、中国录音师协会理事长何大中代表录音师协会向大会表示祝贺,并就影视声音工作的重要性作了阐述。

中央电视台副台长刘宜勤在讲话中指出:"随着电影电视的日益普及,广大观众对影视声音的质量要求越来越高。为了提高影视节目的声音质量，要认真总结影视声音制作的经验和重视当前银屏幕声音质量上存在的问题。影视声音工作者应从提高人员素质和开发新工艺、新技术两个方面去努力。”

会议宣读了来自各地代表的28篇论文，就影视声音艺术和技术制作等课题进行了重点研讨和交流，邀请了国内外影视声音专家到会举办了技术讲座，参观了中央电视台涿州外景基地，进行了两次立体声电影观摩，并专门就如何进一步开展学会活动展开了热烈的讨论。

会议颁发了56个奖牌和证书，肯定了获奖单位和个人多年来在影视声音工作岗位上的辛勤劳动和成果。

全体与会代表要求声音学会为下一届研讨会及学会声音奖的评选作好充分的准备，要提高效率，既要注意质量，又要增加研讨会及评选节目的品种，并考虑到地区的代表性和广泛性。会议决定及时印发第三期影视声音文集，为全体会员多办实事，继续进行两年一次的研讨会及三年一届的学会声音奖评比活动，团结全国影视界声音工作者，为提高我国影视节目的声音质量而共同努力。

会议对声音委员会的组织机构作了适当调整和补充，并对声音委员会会员的发展工作作了具体的布置。

会议感谢中国影视技术学会总部、中央电视台以及各地电影厂、电视台领导对本次会议和声音学会的工作所给予的支持和帮助。会议企盼影视业的各级领导今后继续对影视声音工作给予必要的重视和支持。

中国电视美术研究委员会
第一届理事会会议纪要

中国电视美术研究委员会第一届理事会于1994年5月19日至22日在河南省郑州市召开。出席本次会议的有中央电视台及上海、广东、河南、山东、四川、湖北、北京、贵州、陕西、河北等11个理事台的正式代表16人，河南濮阳电视台派1名代表列席了会议。

5月20日上午，河南省广播电视厅副厅长王南方、河南电视台台长王明堂、副台长杨望金、姚嘉、冯富松等出席了会议。王南方副厅长、王明堂台长在会上作了讲话。会议期间，河南省委宣传部副部长马心浩看望了与会代表。

中央电视台制作部副主任李玉文就中央电视台电视美术专业的工作状况和发展前景作了发言，并就电视美术设计的规范化、制作的标准化及一景多用和制景的系列化作了重点阐述。

中央电视台制作部高级美术编辑徐世荣介绍了本次会议的中心任务并主持了会议。

这次会议调整和补充了美术研究会领导机构，讨论了第二届全国电视美术交流会的会址、会期和内容。会议内容主要有三项：

1. 就本专业的有关学术专题进行研讨；
2. 研究和制定有关场景设计和制作的规范化标准；
3. 布置本专业评奖工作的实施办法。

代表们还认真地讨论了全国电视美术专业评奖方案，对方案的具体内容提出了许多建设性意见。

第二届全国电视美术
交流会会议纪要

第二届全国电视美术交流会于1994年8月22日至25日在浙江省余姚市召开。出席本次会议的有中央电视台和上海、广东、河南、河北、山东、广西、江苏、安徽、湖南、湖北、云南、海南、天津、福建、浙江、江西、内蒙古、南京、广州、银川、重庆、哈尔滨以及上海东方、湖北经济电视台等25家电视台的代表80余人参加了会议。少数代表由于受台风影响未能如期赶到。

8月22日上午举行开幕式，余姚市市委书记俞良培、副市长蒋赣平、余姚市人大常委会主任顾祖旗、余姚市广播局局长魏筱梅出席会议，蒋赣平副市长作了讲话。

中央电视台制作部主任李玉文就中央电视台电视美术专业的工作状况和发展前景作了发言。在发言中，他特别强调这次会议得到中央电视台各级领导大力支持，并就电视美术设计的规范化和制作标准问题作了重点阐述。

电视美术研究会秘书长徐世荣简要汇报了美术研究会三年来的工作，并介绍了即将开展的全国电视美术专业的评奖工作。

电视美术研究会副秘书长张旭主持会议。

在本届交流会上，有九位代表就电视美术设计的规范化、综艺节目的设计构思、专栏节目和专题节目的设计构想、制作经验和本专业的经费管理等问题进行了专题发言。与会代表特别对中央电视台有关标准化问题及合理的经费运营管理的专题论述非常关注，纷纷索要有关资料，并且表示要结合本台的实际逐步实行。

会议期间，展出了各电视台近年来重点节目的场景设计图片120余幅。代表们边观摩，边研讨，相互学习，彼此借鉴，并拟出版全国电视舞台美术画册。

本届交流会得到余姚市各级领导和该市影视设备公司的大力协助，与会代表对他们周到的服务和精心的安排表示衷心的感谢。

第二届全国电视美术交流会在与会同志共同努力下，于8月25日圆满结束。

第二届全国舞台影视照明专业委员会会议

第二届全国舞台影视照明专业委员会于1994年11月24至25日在北京召开，来自全国各地戏剧界、电影界和电视台的27名委员参加了会议。中国照明学会常务副理事长甘子光、中央电视台副总工程师刘广全、中国照明学会副理事长胡德霞、张绍刚和部分专业生产厂家领导参加开幕式并讲了话。

这届舞台影视照明专业委员会是中国照明学会的团体会员。以戏剧部门、电影厂、电视台的照明工作者为主，还吸收了有关照明科研机构、学术研究单位、设计单位、生产单位的专家、学者参加，该委员会集中了各方面照明理论与实践的专门研究人员，它有照明界的老前辈，也有目前活跃在第一线的中坚力量。它在中国照明界有较大影响和权威性。

会议认为，这个会开得好，各行业的新老照明人员有机会在一起互相进行业务交流，是对照明事业的极大推动。委员们表示，决不辜负领导的期望，要热爱自己的工作，提倡敬业精神，为照明事业的发展作出更大的贡献。

委员们还对本专业委员会的工作条例进行了认真的修改。

会议期间，举办了调光、灯具新产品、新技术交流活动。委员们对专业生产厂家勇于创新的精神给予了充分的肯定，认为这些产品对于搞好舞台影视照明工作起到了积极作用。

全国省级广播电视报1994年年会

全国省级广播电视报1994年年会于1994年10月14日至20日在南京市召开。来自全国33家省级广播电视报社的代表出席了会议。代表们听取了全国省级广播电视报专业委员会1993年工作报告；总结交流了过去一年的工作，并认真学习党中央一系列关于宣传工作的指示精神；对在新形势下如何弘扬主旋律，进一步提高报纸的宣传质量进行了较为深入的研讨。

江苏省委、省政府、省委宣传部、省新闻出版局、省广播电视厅的负责同志出席了10月14日举行的开幕式。开幕式上，江苏省广播电视厅厅长周顺生对与会的各报代表表示热烈欢迎，省委常委、宣传部长王霞林发表了讲话。他首先预祝会议圆满成功。他说，广播电视报依托着广播电视这个现代化的、飞速发展的事业，又深深扎根于人民群众之中。它是党的宣传工作的一个十分壮观的宣传阵地，也是一支十分强大的宣传力量。他认为，这次年会的主题很好。办好广播电视报，就是要把握好导向，唱响主旋律；要用积极、健康向上的思想和精神引导人们，扩大积极面，减少消极面；要以提高办报质量为中心，在新形势下充分发挥广播电视报对广播电视节目的介绍、补充、延伸、深化、导向的作用；要下功夫把广播电视报办得生动活泼、丰富多采，引人入胜；要加大信息量，拓宽报道面，增强服务性；要协调好各方面的关系，提高报纸的品位，办出省级广播电视报的层次和特色来。

会议于10月20日在上海圆满结束。

全国新闻资料协会广播电影电视系统分会第一届会员代表大会纪要

全国新闻资料协会广播影视系统分会成立大会于1994年10月15日至16日在杭州举行。

这次大会是建国以来广播影视系统新闻资料专业人员的一次具有代表性的盛会。参加大会的有来自中央电视台、中央人民广播电台、中国国际广播电台以及各省、市、自治区和市广播电视厅（局）、电台、电视台、电影厂代表61人。

大会认为，广播影视资料工作是广播影视事业的重要组成部分，是做好广播电视宣传工作、提高节目质量的重要基础。据不完全统计，我国现有省、市、自治区、市广播电视厅（局）、电台、电视台新闻资料机构（包括音像资料馆）200多家，从业人员众多，拥有大量文字与音像资料。长期以来，他们在广播电视事业发展中为广播影视宣传做出了重要贡献。会议还就如何为广播电视宣传提供可靠的资料保障，使新闻资料得到有效利用和开发，提高新闻资料和资料工作人员的整体水平等问题形成了一致的看法，即：只有通过一定的组织形式，把大家组织起来，根据本系统的实际情况，组织专业人员进行经验交流、学术探讨，才能协同有关部门制订专业技术标准、培训干部，使工作规范化、标准化，加速信息开发和现代化建设步伐，更好地为广播电视宣传服务，为社会服务。这也是广播影视系统广大资料工作人员多年的愿望。

中国记协全国新闻资料协会向大会发来贺信，对分会的成立表示热烈祝贺。浙江省广播电视厅、浙江电视台、杭州电视台、杭州人民广播电台 等单位领导也到会祝贺。大会听取了分会筹备组关于成立广播影视系统新闻资料分会的筹备工作报告和章程草案说明，通过了工作报告和分会章程。

大会经民主协商，成立了中国记协全国新闻资料协会广播影视系统新闻资料分会第一届理事会，选举常务理事27人，组成常务理事会，选举了分会领导机构。

大会对当前和今后一个时期工作作了安排。

全国戏剧小品研讨会

由中央电视台举办的第二届全国戏剧小品电视比赛已经揭晓。1994年11月24日，中央电视台召开了全国戏剧小品研讨会。

会上，参加评委工作的专家学者与获奖小品的主创人员，就这次小品比赛中体现出的创作倾向和艺术规律进行了深入的研讨。与会者一致认为，这次参加比赛的八部小品在中央电视台播出，对全国戏剧小品的创作与欣赏起了一个积极的审美导向作用。这些高档次、高品位、高格调的戏剧小品的出现，标志着我国戏剧小品创作逐步走向成熟。此次获奖小品在创作技巧上也有很大突破，动用了倒叙、时空跳跃等多种叙事性结构方式，在处理情节“突转”方面也很具艺术功力。不足之处：一是题材不够开阔、丰富，反映部队生活的作品偏多。二是存在着把复杂生活简单化、概念化的倾向及用小品形式承担独幕剧容量的选材偏大倾向。

总之，这次全国戏剧小品比赛为丰富电视屏幕，推动小品创作，发现一批新人，将全国戏剧小品推向一个更高层次做出了积极贡献。

1994年中国音乐电视创作座谈会

中央电视台于1994年5月16日至17日在北京召开1994年中国音乐电视创作座谈会。会议就中央电视台与全国各地方电视台、影视制作单位之间的合作进行了讨论，制定了一系列措施。中央电视台副台长赵化勇、中国电视艺术委员会副主任洪民生都在讲话中强调了音乐电视创作的民族特色、地方特色，并希望大家携手合作，共创中国音乐电视的新局面。中央电视台台长杨伟光指出，音乐电视是电视文艺的重要组成部分，各地电视工作者应有长期作战的战略意识，要努力克服困难，尽快取得突破性进步。

全国海外电视节目《中华大地》、《荧屏荟萃》研讨会

1994年11月27日，全国海外电视节目《中华大地》、《荧屏荟萃》两个栏目的研讨会在广东省汕头市召开。全国近40家省、市电视台的代表出席了会议。

研讨会就世界经济一体化进程的加速，中国要大步走向世界的形势下，《中华大地》、《荧屏荟萃》节目如何发挥电视媒体的作用，在对外宣传报道中突破对内的报道模式，抓住对外宣传的特点，扩大对外宣传力度，让世界了解中国，树立起中国在世界的形象等问题，进行了深入探讨。

与会代表在充分肯定了《中华大地》、《荧屏荟萃》节目成绩的同时，指出目前存在的问题是：节目

内容面窄、信息量有限，解说词提供背景材料不够等。

代表们认为，作为电视杂志型专题节目，要在今后的节目制作中，办求内容丰富多采，形式活泼多样，准确、及时地向海外受众传递中国的改革开放政策，介绍中国的发展成就，人们的生活情趣和精神面貌，以及风光名胜，民风、民俗等方面的情况。让中国电视走向世界是对外宣传的主旨，也是电视工作者为之奋斗的目标。

1994年全国足球比赛电视报道协调会

1994 年 12 月 7 日，四川省成都市举行了为期一周的全国足球比赛电视报道协调会。会议是由中央电视台本着"电视帮中国足球一把"的愿望，联合北京、上海、广东、广州、江苏、四川、大连、吉林、辽宁、山东、山西、延边、沈阳、天津、青岛 15 家省市电视台召开的。

为推动中国足球运动的发展，1994 年中国足协创办了首届中国职业足球联赛——'94 中国足球甲级队（A 组）联赛。中央电视台与全国 13 家省市电视台联合对'94 全国足球甲 A 联赛进行了大规模报道，共对全国现场直播了 22 场比赛，综合 13 场实况编辑了 25 集专题报道，受到社会各界和广大电视观众的好评。12 月 2 日，中国足协与中央电视台在北京签定了 1995 年全国足球赛事电视报道合作书。根据协议，中央电视台拥有 132 场全国足球甲 A 联赛、29 场全国足球锦标赛、南北明星对抗赛及中国足球超级杯赛各 1 场，共计 163 场比赛的独家境内报道权。中央电视台有权向有关省、市电视台颁发转播委托书，拥有委托书的省、市电视台有当地比赛的电视报道权。中国电视界将同心协力，为推动中国足球事业发展做出贡献。

协调会上，参加'94 全国足球甲 A 联赛电视报道的 13 家省市电视台及中央电视台代表还对'94 全国足球甲 A 联赛电视直播评选进行了最后投票。四川台获一等奖，辽宁台和北京台获二等奖，大连台、上海台和广东台获得三等奖。

全国电视研究理论研讨会

由中央电视台主办的全国电视研究理论研讨会 1994 年 11 月 28 日在贵州举行。中央电视台和部分地方电视台的理论工作者，以及电视界的专家学者参加了理论研讨会。

在研讨会上与会者谈道：随着电视屏幕的丰富多采，节目形式的不断更新，专家队伍的日趋壮大，电视事业的发展迫切地需要在理论上加以指导，同时，电视理论也急待在实践中不断地完善丰富。因此，加强电视理论的研讨，建立有中国特色的社会主义电视理论体系便是当前深化电视改革、繁荣荧屏艺术的重大问题。

研讨中，代表们充分肯定了中央电视台在电视理论研究方面所做的工作，一致认为《电视研究》刊物多年来所从事的电视理论研究成果是显著的。同时，与会者还联系各自的实际畅谈了加强电视理论工作的重要性，并且针对当前电视理论方面所存在的问题提出了不少建设性的意见和建议。

全国电视广告研讨会

1994 年 3 月 2 日，由中央电视台主办、北京电视台协办的全国电视广告研讨会在中央电视台召开。此次研讨会邀请了 28 个省、市电视台的台长和广告部主任参加，主要就如何更有效地进行电视广告经营和管理，完善广告代理制，加强行业间的联系与合作问题进行了讨论。会议传达了王枫副部长对这次会议的几点意见，即加强联合，公平竞争，强调行业联系的重要性，反对以不正当手段经营广告。

中央电视台台长杨伟光到会并讲话。他首先肯定了电视广告在社会主义市场经济中的重要地位，并指出：中国电视事业的发展离不开电视广告媒体的作用，电视广告发展潜力很大。1993 年全国各类广告收入 134 亿元，电视广告收入 29.3 亿元，占全部广告收入的 25%。电视广告制作水平也提高很快。希望通过这次各台之间的相互交流，取长补短，促进电视广告的发展，为中国电视事业的发展奠定坚实的经济基础。国家工商管理局广告司司长刘保孚在会上就中国广告业的发展情况和未来趋势做了全面系统的介绍。与会的各省、市电视台台长和广告部负责人也分别交流了各自的经验。中央电视台广告部主任谭希松介绍了中央电视台一年来广告经营管理情况及1994年电视广告业务的改革实施方案，供与会者参考借鉴。代表们反映，此次研讨会为全国电视广告工作者提供了交流的机会，为今后各省、市电视台之间的合作打下了基础。

首届全国电视公益广告研讨会

由中央电视台广告部主办，山东曲阜家酒集团协办的首届全国公益广告研讨会于1994年10月12日至14日在山东曲阜召开。

与会的全国近20家省、市电视台广告部领导及广告业同仁60余人参加会议，并就当前新形势下如何办好公益广告作了认真、严肃的讨论和发言。中央电视台广告部主任谭希松谈到：公益广告是社会发展的需要，它是代表一个国家文明的象征，是一种有社会价值的传播形式。中央电视台1987年10月26日开办公益广告栏目《广而告之》以来，始终坚持“提醒、规劝、批评”的原则，办好公益广告。七年来，共制作《广而告之》节目662条，在中央电视台固定节目第一套黄金段20：59播出。虽仅一分钟的节目，却受到社会各界的欢迎。在《广而告之》节目日臻成熟的今天，为了更好地推动社会公益事业的发展，加强社会主义精神文明建设，《广而告之》在节目制作上，又增强了宣传力度，并向系列化发展，与企业联手，让公益广告走向社会。

在研讨会上，中央电视台、湖南电视台、新疆电视台和河南电视台分别介绍如何做好公益广告宣传的经验。与会代表一致认为：在现代人们的思想、观念形态和商品经济迅速发展的新形势下，作为电视工作者义不容辞地要肩负起社会公益广告宣传的重任，为提高全民族的文化素质和社会风尚做贡献。

三、中央电视台理论和业务研讨会

大型电视纪录片《毛泽东》研讨会

由中央电视台、中共中央文献研究室和《人民日报》社联合举办的大型电视纪录片《毛泽东》研讨会于1994年1月7日在中央电视台召开。电视界著名编导和理论界专家学者以及新闻界记者近80人参加了研讨会。

与会者充分肯定了12集电视纪录片《毛泽东》的成就，并对该片创作者的敬业精神给予了高度赞扬。《毛泽东》是继《望长城》之后又一成功的电视纪录片精品，为电视表现历史人物尤其是领袖人物开辟了成功之路。她以上下古今、纵横交错的大视野向我们展示了一个有血有肉、性格丰满的伟人形象；她将历史与现实的真实感和艺术美感有机地融合在一起，向人们再次显示出了电视专题节目的魅力所在，并创造了电视专题节目的收视率；同时，她也为中国电视走向世界提供了极好的契机……

《毛泽东》一片的成就是喜人的，虽然她也存在不少粗糙之处，但为今后的电视创作提供了宝贵的可借鉴的经验。尤其值得一提的是，该片为中央电视台同社会各界联合创作走出了一条成功之路，值得推广。

中央电视台台长杨伟光、中共中央文献研究室主任逄先知和《人民日报》社副总编辑周瑞金到会并作了重要讲话。

（朱元亮）

《军事天地》开播三周年研讨会

中央电视台《军事天地》栏目到1994年12月26日开播三周年。三年来，该栏目共播出约2100分钟，包括近300个专题的75期节目，先后获得1992年中央电视台社教类专题节目评比一等奖、全国电视社教类节目评比二等奖、1993年中央电视台社教类专题节目评比一等奖，并被评为全国青少年最喜爱的十大电视栏目之一。电视观众给予该栏目热情鼓励，观众来信近3万封。

为此，《军事天地》节目组召开了开播三周年研讨会。会议有两个突出特点：一是不摆成绩，只讲不足；二是与会者不是各新闻单位的记者，而是部队各研究单位的专家和军事刊物的同行。会议分两部分内容：一是《军事天地》栏目编导介绍编创思想和手法；二是专家学者对已播节目评头论足，为将来节目出谋划策。

解放军空军司令部编研室主任朱荣昌发言说："办知识类节目要做到权威性、系统性、准确性，途径只有一个，就是要和各军事门类专家保持经常、广泛的联系。"

《兵器知识》杂志社主编李鸿提出建议说："新信息是知识类节目生命力的源泉，建议节目组在拓宽节目内容、加深知识力度上下功夫。"

北京国际战略研究基金会副秘书长彭宏伟认为："《军事天地》应定位在富有知识性和趣味性，又讲究科学性上，面向基本观众、青少年，不应太学究气。"

中国国防科普协会秘书长林仁华说："中共中央、国务院发布了《关于加强科学技术普及工作的若干意见》，这是提高全民素质，促进社会主义物质文明和精神文明建设的重大举措。现在迷信、愚昧活动，反科学、伪科学活动频频发生，宣传领域的科普阵地必须要加强力量。《军事天地》应借中央精神的东风，在播出时间、节目长度上再改进。"

中央电视台军事部主任刘效礼对《军事天地》栏目提出要求："小栏目要下大力气，用大手笔，博采众家之长才能做出电视精品。要坚持党的'喉舌'意识，坚持贴近生活、贴近基层、为人民服务的方向，以贡献为标准，使《军事天地》不负众望，更上一层楼。"

（军事部）

《神州风采》民族系列节目座谈会

为纪念《中华人民共和国民族区域自治法》颁布实施十周年，同时迎接第二次全国民族团结进步表彰大会的召开，中央电视台和国家民委于1994年8月8日起在《神州风采》栏目中联合推出了旨在反映民族区域自治成就的电视专题节目《民族自治区》（6集）和《民族自治州》（30集）。节目开播以来，引起了社会各界的普遍关注，为此，中央电视台和国家民委于9月16日联合召开中央电视"民族自治区、自治州"系列专题节目座谈会，邀请广电部、中央电视台内的有关领导、北京广播学院、中央民族学院的专家学者及部分新闻单位的记者就节目的内容、形式等问题进行了探讨。

民族宣传历来是中央电视台宣传工作的重要组成部分，《神州风采》栏目以往在这方面也做了不少工作，但节目都比较分散。改版以后，《神州风采》栏目逐渐改变了过去零打碎敲的单一主题性节目的状况，有计划地制作了一批单元性系列节目，民族系列节目就是其中之一。事实证明，这种相对集中的宣传方式收到了较好的宣传效果。

参加座谈会的同志们普遍认为，以往的民族节目多是展示少数民族地区奇异的风土人情，而这次摄制的民族系列节目则将少数民族的传统文化与时代特色有机地结合在一起，着力表现了当今改革开放的年代，各民族在改变环境、振兴民族经济、弘扬民族文化、促进地区繁荣进步方面所取得的可喜成就。为防止面面俱到、千篇一律，每集节目都选取了当地有代表性且富有特色的一个侧面进行开掘，突出了地区性和民族性，使人感到亲切与振奋。民族自治地区地处偏远，拍摄难度很大。与会同志一致认为系列节目能达到目前的水平实属不易，在配合《中华人民共和国民族区域自治法》的普及宣传方面也发挥了积极的作用。同时，大家也对部分节目提出了改进意见。

（总编室）

《神州风采》开播2000期研讨会

1994年12月7日，中央电视台社教中心主持召开了《神州风采》栏目开播2000期研讨会。

全国人大常委会副委员长程思远、李沛瑶、吴阶平、全国政协副主席阿沛·阿旺晋美、万国权、国务院副秘书长徐志坚、国家民委常务副主任陈虹、广电部副部长刘习良、中国科协书记处书记王治国、全国政协华侨委员会副主任委员马庆雄等领导及各界人士出席了研讨会，并向《神州风采》栏目表示祝贺。邹家华、李铁映、王光英、陈慕华等许多国家领导、社会名流也发来了贺信及题辞。

《神州风采》是1989年3月18日中央电视台在全国人大代表、政协委员的建议下，经过认真研究和策划，在第一套节目的黄金时间开辟的栏目。五年多来，这个每天仅有5分钟时间的节目，受到全国乃至世界上许多国家和地区广大观众的普遍欢迎。

会上，当年递交提案的73位政协委员的代表金日光先生向与会者回顾了当年递交提案的初衷及情况。

作为这个栏目的主要策划人之一原中央电视台副台长洪民生在会上讲话，他说："《神州风采》的筹备到播出是许多电视工作者智慧和心血的凝聚。它长度虽短，但难度很大，大家坚持高质量、高品位，使神州大地的风采有景有情有理地充分展示在观众面前。"

广电部副部长刘习良代表广电部向《神州风采》栏目表示祝贺，他说："这个节目坚持到2000期，还在继续办，同时收视率这么高，说明这里有许多经验值得总结，它可以像大海纳百川那样把各种各样的题材容纳到节目中去；其次它采取了生动活泼的形式避免了生硬的说教，同时它的画面非常讲究。"

电视专家田本相教授对中央电视台的魄力表示赞赏，他说："台湾、香港的朋友认为在黄金时间播出这样的'文艺小品'，在港、台是做不到的，恐怕欧美国家也做不到。因为这个黄金时间意味着金钱。他们说'肯办这样的节目，是把钱花在刀刃上了'。"

国务院副秘书长徐志坚说："《神州风采》是受观众欢迎的栏目，长期宣传爱国主义很不容易。这个节目篇幅短，但内容丰富，反映面广，从这个角度说，真像一部百科全书，我很爱看。"

（社教中心）

《半边天》开播座谈会

1994年12月14日，中央电视台社教中心举行《半边天》栏目开播及《大地缤纷——第四次世界妇女大会知识竞赛晚会》看片座谈会。

杨伟光副部长、全国妇联书记处书记华福周、全总女工部部长唐克碧、中国社会主义女企业家协会会长贾文娟、世界妇女大会组委会有关领导、联合国驻京机构负责人到会并讲了话。杨伟光对《半边天》栏目的开播给予极高的评价，其他发言者在讲话中也都谈到《半边天》的开播是中国妇女界的一件大事，它将会不断吸引和教育更多的观众。

《半边天》栏目从1995年1月1日起开播，每周播出七次，星期一、三、五上午在第一套节目中首播，星期二、四、六下午在第二套节目中重播。《半边天·星期版》在第二套节目首播，每次播出45分钟。《半边天》栏目将由《'95话题》、《我是女人》、《休闲时光》、《女性·社会》四个小栏目组成。《半边天·星期版》将向观众回送平日栏目播出的精彩节目并邀社会各界人士就有关女性问题展开讨论。

为配合第四次世界妇女大会的召开，全国妇联和中央电视台联合举办有关这次大会的知识竞赛并举办知识竞赛文艺晚会《大地缤纷》。晚会已于12月23日晚在第一套节目中播出。

（总编室）

《第二起跑线》座谈会

1994年3月31日，中央电视台青少部召开大型中学生栏目《第二起跑线》开播座谈会。教育界的专家学者、北京部分中学的校长、教师及学生代表新闻界的记者及关心教育事业的各界人士出席会议，并与中央电视台有关部门的领导及《第二起跑线》栏目的主创人员进行了座谈。

青少部在1993年下半年成立了中学生栏目组，于1994年推出了大型中学生栏目《第二起跑线》。节目播出后，立即受到广大中学生、教师和家长的好评。

座谈会上，与会代表肯定了新栏目取得的成功。大家一致认为，中央电视台推出《第二起跑线》这一新栏目，是为全国5000万中学生做的一件"功在当代，利在千秋"的大好事。从现有节目看，选题及表现形式都比较好，抓住了一些热点问题，生动地反映了当代中学生的精神风貌。大家表示，今后将全力支持中央电视台办好这一栏目，希望新栏目今后选题更加广泛、更贴近中学生生活，使更多的中学生参与进来，全面反映中学生应有的风采。要利用电视这块阵地，配合学校、家庭对中学生进行教育，在强调节目娱乐性的同时，注重理想道德、意志品质方面的培养。在节目形式上，大家希望能在不久的将来有所突破，走出演播室，不断创新，使《第二起跑线》成为广大中学生真正的朋友。

沈纪副台长在会上感谢大家对《第二起跑线》的关注与支持。他谈到今后中央电视台将在全国范围内与关心青少年成长的社会各界人士建立长期固定的联系，大家合力共同办好这一栏目。

5月5日，社教中心与中国电视报联合召开又一次座谈会，邀请北京20多所中学的教师、同学进行探讨。中央电视台副总编辑章壮沂、朱继峰，台长助理兼总编室主任胡恩、社教中心主任王录、中国电视报社社长吴继尧及青少部领导、《第二起跑线》栏目组的有关同志出席会议。

与会的教师、同学们一致认为,《第二起跑线》为中学生提供了展示才华的机会,是为全国5000万中学生办了一件大好事。参加节目拍摄的同学更是由衷地感到:通过参与节目,学到了许多课堂上学不到的东西,社交能力、生存能力、吃苦精神、竞争意识等多方面都得到了锻炼。《第二起跑线》的开播为中学生提供了了解社会、认识社会的机会,在帮助中学生塑造美好的精神世界方面做出了很大的努力,同时也为社会了解中学生提供了窗口。中学时代是世界观形成的时期,因此,运用电视手段对中学生进行潜移默化的德育教育将有助于为中学生提供一个健康的成长氛围。大家希望《第二起跑线》格调再高一些,不仅仅展示中学生的才华,而且要紧紧抓住中学生中的热点问题,进行正确的引导,帮助中学生认识并发现自己的价值。大家还希望《第二起跑线》不要办成一个封闭的栏目,要争取包括普通中学在内的更多的中学生朋友参与进来,形式上要不断出新,同时在爱国主义宣传方面还有待加强。

章壮沂、朱继峰、王录等表示座谈会开得很成功,反映了大家对《第二起跑线》的热情关怀与真挚的帮助,同时也体现了大家积极参与、共同耕耘的精神。台里将一如既往地对《第二起跑线》给予支持,努力办好这一栏目。同时,中国电视报也将大力加强宣传,近期将登载有关于专访及这次座谈会发言摘要。吴继尧还表示,争取在不久之后举办《第二起跑线》征文活动。

(总编室)

大型文艺晚会《长治久安之路》座谈会

如何运用电视这一现代化传播媒介,利用电视文艺这一艺术手段宣传党和政府的重要法规、决定是参加在北京举行的大型文艺晚会《长治久安之路》座谈会的有关人士所关注的问题。此次座谈会由中央社会治安综合治理委员会、中央电视台、法制日报等单位联合举办。有关方面负责同志及首都新闻界数十人参加了座谈会。

1994年3月2日,即全国人大常委会《关于加强社会治安综合治理的决定》发布三周年之际,由中央12个部、委参与举办的大型文艺晚会《长治久安之路》于3月2日向全国现场直播,在社会各界引起强烈反响。此后连续三次予以重播,且收视率很高,从一个侧面说明广大群众对社会治安状况的普遍关注。

对社会治安实行综合治理,是党和国家维护社会稳定、保障改革开放和现代化建设顺利进行的一项十分重要的措施,是解决我国社会治安的根本途径。1992年初,邓小平在视察南方的重要谈话中强调指出:“要坚持两手抓,一手抓改革开放,一手抓打击各种犯罪活动。这两只手都要硬”。1993年7月,中共中央政治局常委会对加强社会治安综合治理工作作了重要指示,强调在建立社会主义市场经济的新形势下,社会治安综合治理工作只能加强,不能削弱。

在以往的电视节目中,对社会治安综合治理的宣传多以新闻、专题性节目出现,用文艺晚会的形式加以表现尚属首次。社会治安综合治理理论政策性强、概念性东西多、题材重大,用晚会形式加以表现难度相当大,晚会总导演白志群介绍了晚会创作过程及总体构想。她认为,如何充分运用、强化电视手段、特点值得研究。与会有关方面人士普遍对晚会予以充分肯定,并对如何运用电视这一现代化的传播媒介,利用电视文艺这一艺术手段宣传党和政府的重要法规、决定给予了关注。《长治久安之路》在这方面作了成功的探索与尝试。

电视剧《一个医生的故事》座谈会

1994年5月18日,中宣部和卫生部联合在中央电视台举行电视剧《一个医生的故事》座谈会。该剧是中宣部“五个一工程”推荐展播作品之一,展示了新时期一个白求恩式的医生赵雪芳的动人事迹和高尚情操,播出后激起了社会各界的广泛反响和赞誉。

中宣部副部长翟泰丰、卫生部部长陈敏章、中央电视台台长杨伟光、中宣部文艺局局长李准、中国电视艺术委员会副主任仲呈祥等领导出席座谈会并发言。大家高度评价这部电视剧是弘扬时代主旋律的优秀作品。翟泰丰发言说:“我们的文学艺术家,要高扬时代的主旋律,以高格调的精神产品陶冶人们的高尚情操,歌颂有志于中华民族振兴的创业者,以健康向上、格调清新、生动活泼、丰富多采的优秀的文学艺术作品,满足人民群众的要求。这也是我们组织精神产品生产‘五个一工程’的目的所在。”杨伟光说:“这部片子源于生活,却高于生活,思想性和艺术性结合得非常好，虽然只有两集，但吸引人，有感染力。中央电视台是为大家播出精神产品的，我们愿意为观众拍摄更好的优秀作品，保护把最好的作品放在最好的时间播出，给大家丰富的精神食粮。电视工作者要学习赵雪芳这种为人民服务的精神，把电视台办得更好，更好地为大家服务。”

中国广播电视学会中央电视台分会第二届代表大会

中国广播电视学会中央电视台分会第二届代表大会于1994年12月28日在中央电视台召开。中央电视台47个部门的80余位代表参加了大会。中国广播电视学会常务副会长徐崇华、专职常务理事长李振水、台领导于广华、陈汉元、张长明、章壮沂、宋培福、顾问代表徐国盛、刘建中、张君实、黄惠群、洪民生、王传玉等出席了会议。

大会由上届副秘书长张大勤做关于分会成立七年来的工作报告，赵群做关于换届筹备工作报告。

大会选举产生了第二届中央电视台分会领导机构，会长于广华；副会长陈汉元、赵化勇、张长明、刘建中、刘宜勤；秘书长赵群。选举产生了由于广华、陈汉元、沈纪等39人组成的第二届常务理事会；选举杨伟光、王枫等17人担任顾问。

会长于广华在发言中指出，中央电视台分会自1987年成立以来，在老会长戴临风、杨伟光等领导下，做了大量的、开创性的电视理论研究工作。目前，分会会员已发展到580余人。分会要努力培养和造就一批过得硬的电视理论队伍。目前，与飞速发展的电视事业相比较，电视理论研究工作相对落后。1995年分会工作的重点要放在理论研究上，特别要加强宏观理论的研究，要善于开辟新的研究领域，解决新问题。他还就挂靠在中央电视台的12个全国性专业委员会的规范化管理等问题，提出了具体意见。

徐崇华代表中国广播电视学会向新产生的第二届领导班子表示祝贺，并衷心地感谢中央电视台几年来对中国广播电视学会工作所给予的大力支持。他在发言中指出，电视分会成立七年来做了几件重要的工作，一是办《电视研究》刊物，它团结了全国的电视理论工作者，发表了许多很有见地的理论文章，总结了实践经验。二是搞节目评奖。他在讲话中传达了孙家正部长的讲话：分会的工作要向决策靠拢，理论研究工作要产生决策效应。我们要搞好基础理论研究和应用理论研究，没有理论的指导，事业就不能发展，节目就上不了档次。他希望中央电视台分会下大力气抓好理论研究工作，使节目不断创新，繁荣电视屏幕。

顾问代表洪民生、王传玉分别就分会工作提出了具体意见和要求。

代表大会结束后，即召开了第二届常务理事会。常务理事于广华、陈汉元、张长明、章壮沂、宋培福、何宗就等19人参加了会议。

会议认为，1995年分会要重点抓好以下几项工作：

1. 组织CCTV杯节目评奖工作，目的在于创一流节目、一流栏目，表彰优秀编导。该项奖的设置要与政府奖接轨，推荐参加1994年举行的各类政府奖节目评选。

2. 开展业务交流、节目研讨、观摩等活动，总结节目经验，提高创作水平。

3. 办好分会刊物《电视研究》。要在选题上、文章质量上、理论研究深度、广度上不断提高，力争办成全国电视系统最优秀的理论刊物。

4. 举办第二届学术著作、论文评选以及征文活动。论著、论文评选范围：1988年1月至1994年12月发表的论文和出版的论著。希望会员们踊跃参加。

5. 开展电视征文活动。征文范围可多样化，如重点节目、栏目的评论，人才开发，事业管理等。

会议还通过了关于成立编播、技术、行政管理、事业管理、经营管理等五个专题组的决议，并就各专题组的工作任务、学术研讨课题、机构设置等问题进行了讨论研究。

（研究室）

10. 新技术开发与应用

中央电视台节目播出实现全自动化

1994年12月1日，中央电视台第五套节目——体育频道开播。这套节目播出系统采用当今国际上一流电视台均采用的机械手自动播出方式。也就是说，在节目播出前，给磁带贴上包含节目信息（节目名称、长度、开始时间）的条形码，并将磁带放入机械手播出磁带仓中。播出时，机械手按照播出数据，根据磁带上的条形码找到待播的磁带，自动将磁带放入录像机内，根据时间码找到节目开头，自动控制录像机启动、切换器切换播出。节目播完后，机械手自动将磁带取出，放回到带仓中，实现了电视节目的全自动化播出，从而使得播出质量大大提高，人为差错大大减少，有效地保障了安全播出。

1984年，中央电视台开始引进日本电气公司（NEC）的电视节目自动播出系统用于节目播出。1988年3月15日，中央电视台与日本东芝公司联合设计的自动节目播出控制系统在中央电视台新址开播之际投入运行。中央电视台的四套节目都实现了自动控制播出。但从严格意义上讲，节目播出只是实现了半自动化，值班操作员事先根据播出节目单将磁带放入录像机里，手动找到节目开始时间，将录像机准备在遥控状态，计算机按照播出顺序自动控制录像机和切换器播出，节目播完后，手动取下磁带，重新装上新的节目。由于有人工操作的因素，容易出现人为差错，从而不能保障节目的安全播出。

随着电视技术的飞速发展，目前世界上许多电视台都使用了先进的机械手自动播出技术。这种播出系统实现了从磁带上带到播出后处理的全自动化，并且影响到整个节目管理环节，促进电视台节目管理向高层次发展。由于我国电视事业的迅猛发展，中央电视台将陆续开办新的频道，并且节目播出时间也相应延长，有的频道甚至24小时连续播出。因此，在筹办体育频道开播时，台领导做出了播出技术手段再上新台阶的决策，新增频道使用机械手自动播出。1994年上半年，电视台技术委员会论证了新增播出系统的方案，整个系统安装工作由播送部承担，设备选型定为索尼（SONY）公司的Flexicart机械手自动装带系统和GVG公司的M-21自动播控切换台。由于索尼（SONY）公司的机械手播出系统的控制软件是英文版本，并且不能满足中央电视台节目播出的实际需要，因此，台领导决定这套系统的总体控制软件由中央电视台与安徽现代电视技术研究所合作开发。任务下达后，播送部在物资、房管、动力部门的大力支持下，于1994年9月底完成了新增播出系统的系统安装工作，同时仅用了两个月的时间完成了播出控制系统和磁带准备系统的软件设计和调试工作，保证了12月1日体育频道的试播成功，并且建立了具有世界大台先进水平的、具备播出四套节目能力的播出机房。1995年2月13日第四套节目（通过卫星对海外全天24小时播出）也使用了机械手播出系统全自动化播出。至此，中央电视台的第四、第五两套节目实现了节目播出全自动化。播送部由于此项工程获得中央电视台1994年度优秀工程奖。

在控制软件的开发工作中，中央电视台与安徽现代电视技术研究所的工程技术人员密切合作，分析、比较、掌握了国内外自动节目播出系统的大量资料，总结了中央电视台多年使用的节目播出系统的经验，结合目前国内电视台向多套节目、多栏目、定时序、滚动播出、微机管理等方向发展的需要，考虑今后数字化设备的发展，创造性地研制出了APF-94M自动节目播出控制系统，实现了从磁带准备、播出节目单编辑、播出数据调整、修改、管理、磁带装填、找头、按时序指令切换播出、播出过程记录打印，以及应急控制等播送全过程的多功能全自动化系统。1995年3月2日至3日，广电部的各方面专家对该系统组织了测试和鉴定。鉴定结果表明，这套系统设计在先进性、可靠性、实用性等方面考虑周密，整个系统运行稳定、操作简便、界面友好，系统便于扩展。该系统分析、借鉴了国内外自动播控系统的优点，满足了国内电视节目播出系统的现状和需求，具有多种智能化的功能，具有可靠性高、实用性强、配置灵活等特点，适用于不同规模的需求。该系统的研制，成功地填补了国内电视台全自动播控系统的空白，达到目前国际同类系统的水平。此项目是中央电视台在播出系统控制软件国产化方面取得的突破性成就。由于该系统是在典型的播出环境中开发的，也为地方电视台的自动化播出向高水平发展提供了软件基础。

目前，中央电视台第一、二套节目还在使用与东芝公司联合设计的自动节目播出系统，第三套节目还在使用NEC的自动节目播出系统。由于使用年限将到，计划近年内陆续变更到新的机械手自动播出系统。为了适应电视宣传的需要，1995年中央电视台将陆续开播电影、农业、少儿等新的频道，播送部已着手建立新的播出系统，在全自动化播出的基础上引进数字电视技术，使得播出质量再上新台阶。

（王效杰）

一种全新的机械灯具控制系统

机械灯具是一种安装在演播室内通过机电控制可以自由升降、调整光斑聚散、投光方向的灯具。这种灯具的出现，解除了灯光工作者布光时肩扛、手拉的老式手工作业方式，大大降低了灯光工作者的劳动强度，提高了工作效率和灯光设计的准确性，缩短了节目制作周期。很显然，70年代后期出现的机械化灯具系统，是影视灯光史上的一场革命。

但是，随着计算机等科学技术的高度发展，70年代后期研制的这种系统在设计思想、元器件的使用上已显落后，导致了系统的可靠性差，实际使用过程中经常发生这样或那样的故障，影响着节目的制作水平及效率。尤其是其控制系统，由于结构上的缺陷，每年不得不请厂方集中人力进行数次大修，这不仅提高了系统使用成本，也影响了演播室的利用率。

目前使用的机械灯具控制系统的工作原理是通过控制台上的选码逻辑电路，选取灯光师需要调整的灯具灯号，同时将这一信号送至中继灯具控制柜，中继控制柜收到信号后，经矩阵电路选通下端与灯号相对应的中继控制箱，这时候控制箱内的若干个继电器将受控制台面板上灯具各种动作按钮的控制。

上面叙述的机械灯具控制系统存在以下几个方面的问题：

第一，这种控制系统选用了多种分立电路及元器件，每一电路只能实现总体控制的部分内容，这种设计思路其结果是产生了控制台、中继控制柜、中继控制箱等诸多环节。由此可见其控制模式分散，控制能力远远落后于计算机CPU所提供的控制能力。

第二，在控制台、中继控制柜、中继控制箱内分布着大量的继电器及控制接线端子，大量的继电器触点及转接端点降低了系统的可靠性。

第三，系统的环节多、结构复杂，给系统使用人员在系统日常维护、故障排除等方面带来极大的困难。

以中央电视台1000平方米演播室为例。该演播室内的机械灯具控制系统，使用了十多公里的控制电缆，数百块各类型电路板，数千个继电器接线端子。这么庞杂的控制系统怎么可能让有限的几个技术人员开展日常维护工作，查找故障亦十分困难。因此每逢重大节目电视台均得花钱请厂方集中人力对系统进行中修、大修。这种局面自1986年以来每年如此。

针对旧的机械化灯具控制系统存在的问题，经作者在多年的工作实践中不断研究总结，终于在1993年10月研制出一种全新的机械灯具电脑控制系统。它借助本系统的支持功能，灯光设计人员可以方便有效地操作灯具的各种动作，系统技术人员也可利用本系统新设置的功能方便地排除可能出现的故障。

本系统舍弃了分立电路，采用了最先进的设计思想和体系结构，通过当今已极为成熟的计算机技术及机电模式化控制技术实现灯具的自动化控制。由于设计思想先进，硬件高度集成化且技术成熟，从而大大简化了原先系统的结构。使得安装维修、维护简单可行，操作方便可靠，并且可随着各种技术的发展不断升级扩展。

本系统由操作控制台、信号传输电缆、灯具操作控制模块三大部分构成。

1．操作控制台。操作控制台包括两个部分：(1)计算机主控部分。其功能是给操作者提供操作界面，发布操作指令，监测命令发布传输过程中的正确性，实现动态跟踪，对可能出现的错误和硬件故障实现智能诊断等。(2)系统中心测控部分。其功能是控制信号逻辑电平转换转接，交、直流电机驱动电源（正反向）的调控以及各种电源的测定，模拟量信号的采集，动态回收信息逻辑电平的转换、传递。

2．灯具控制模块。灯具控制模块包括两种控制模式：灯车移动、灯杆升降动作控制模式；灯体动作（光斑聚散、投光方向等）控制模式。

每一控制模块可控制多到8个灯具或灯车灯杆。根据演播室的大小、灯的多少，最多可增至128个模块，可同时控制1024台灯具。以中央电视台1000平方米演播室为例，只需64块控制模块即可实现全场灯具的自动化控制。

本系统具有以下功能：

1．故障自动诊断功能。每次开机时，本系统可以自动进入故障诊断状态，运行诊断程序，对每个灯的控制电路进行巡回检测。如果系统无故障，则提示操作人员"系统正常"，并准备接收新的操作命令。如果发现系统异常或故障，立即显示故障原因、部位，并报警通知操作人员及时检修。

在动态状态下，即灯光人员在调试中，微机对每次操作都动态地随机检测，本系统的偶然错误通过自动重发数次予以校正，对于本系统无法自纠错误

(故障)，本系统立刻报警显示，并指示故障部位。

2. 灯光调试功能。在本系统指示一切正常的情况下，操作人员可选择进入灯光调试状态。灯光调试可分为静态和动态两种。

静态调试指经调试的各个灯具，在演播过程中处以静止不动的状态。

动态调试指某些灯具在正式演播中其光线照射的位置按预先设计好的指定轨迹运动。动态调试是控制系统可以实现的功能，但目前的机械灯具的构造也已落伍，只有当机械灯具变革为电脑灯具，这个功能方具实际意义。

3. 操作控制功能。通过本系统的程序设置可以实现任何动作的连续、单步、继续、停止、故障显示报警，系统运行正常显示，预选等多种控制功能。本系统的操作功能已包括旧的控制系统所具备的操作功能。

本系统除设计思想较为先进以外，具备以下特点：

1. 采用计算机控制，模块化结构设计，可扩充性好，可通过组态控制任意大小的演播室、歌舞厅。

2. 实现了故障自动诊断，可维护性高。

3. 在设计上采用操作自动校验技术，确保系统运行正确性和工作效率。

4. 采用无触点开关技术，可靠性高。

5. 操作界面清晰、简单、方便。

6. 可扩展语言命令操作。

7. 较旧的控制系统，在性能价格比上拥有更大的优越性。

这项发明 1994 年 6 月被国家专利局正式公布，取得了专利保护权。

（司海清　胡增炎）

转播卫星发射的关键设备
——遥控摄像机及云台

1992 年 3 月在“澳星一号”的发射过程中，因两个助推火箭未能点火，导致发射紧急终止，因而国防科工委要求在以后的卫星发射直播或转播中，所有工作人员在发射时不得进入危险区（长征二号捆绑式火箭的危险半径约为 5.6 公里)。但西昌卫星发射基地的发射点位于一个山坳里，在安全区域只能在火箭升空后约 10 秒钟才能看到火箭。为了能够近距离拍摄到火箭点火升空这一主要镜头，必须采用遥控摄像机进行转播。

目前国外遥控摄像机产品均采用多芯电缆以直流电平传输控制信号，转播时需敷设约八公里的电缆，这段距离内的电平衰减很难解决，并且电缆要从非警戒区内通过，安全没有保障，不能满足转播要求。因此中央电视台播送中心和转播部决定研制开发自己的遥控摄像机及云台。

遥控摄像机的研制开发任务由中央电视台转播部与公安部第一研究所和北京邮电大学共同承担。由于当时距下一次商业发射卫星仅剩两个多月，因此开发任务分两个阶段进行。第一阶段，自 1992 年 5 月起，利用两个月的时间，开发出具有基本遥控功能的装置；第二阶段自 1993 年 5 月至 8 月，在第一阶段的基础上进行完善。

该装置由自行研制的发机、收机和经改装的 BTS LDK-90 摄像机及云台组成，仅需一条电话线（普通话路或专线均可）即可同时对摄像机和云台实行俯仰、遥、变焦、聚焦和光圈的遥控，并具有遥控加电、遥控断电、遥控复位和自我诊断功能。所有遥控参量均在发端进行采样量化和编码，在收端进行反变换，并驱动摄像机和云台。鉴于卫星发射基地在发射前禁止无线通讯，因此遥控装置用调制解调方式传输控制数据，并采用了以下技术：

一、自适应码速率调整

自适应码速率调整技术使系统在加电初始状态下，以最大码速率（2400bps）传输，当检测到单位时间内的误码超过门限时，将自动降低码速率，最低可达 300bps。这使遥控摄像机及云台系统（下称系统）能够在话路质量很差时仍能正常工作。

二、循环冗余纠错

系统还采用了面向位的 (bit-oriented)、可变数据包长度的循环冗余纠错技术。由于取消了面向字节系统中必不可少的开始位和停止位，可使系统等效传输速率提高约 8%并符合 Microcom 网络协议级别 3、4 和 CCITT V.42 标准。

此项技术使系统抗干扰能力大大提高。

三、无损伤数据压缩

常见的面向数据流的无损伤数据压缩算法有两类，即熵编码算法和表驱动的 LZ77、LZ78、LZW 算法等。其中基于表驱动的算法有较好的压缩率，一般情况下其压缩率可达 4：1。但表驱动算法有较大的产生负压缩率的几率，这将导致较长的操作延迟。因此选择熵编码算法类中的自适应霍夫曼编码，一般情况下压缩率为 2：1，并符合 Microcom 网络协议级别 5。上述技术使系统在因话路质量很差而自适应地将码速率降至极限的情况下，仍有十分迅速的操作反应。

四、步进电机的细分步

选用恒定速度的云台改装成变速云台，并改由步进电机驱动。由于在云台的控制电路中采用了细分步技术，通过计算可知，步进电机所造成的图像抖动幅度小于摄像机 CCD 的像素直径，因而是不可能被察觉的。为了避免干扰，以光电耦合器将电机驱动电路与其他电路隔离开来。

摄像机和镜头均为通常的广播级产品。为了使之能够被遥控，对其进行了改动。改动后，于摄像机镜头的变焦盒上外露两个小型多芯电缆插头，将遥控装置与该插头连接即可实现对摄像机的遥控，将此二插头直接短接则恢复摄像机的原有功能。为了抗干扰，与摄像机接口有关的采样值均经过了数字滤波处理。

遥控摄像机及云台研制成功后，参加了所有的西昌卫星发射的现场直播，均圆满完成任务，成为此类任务中不可缺少的关键设备。据了解，目前国内外尚无同类型产品。

（叶秋实）

TB-1 脱机编辑辅助器开发成功

近年来，很多电视剧生产单位在后期制作中采用了脱机编辑的生产工艺。这种生产工艺可以极大地减少高档制作设备的工作时间和原素材带的磨损，提高高档次设备的有效使用率和成品剧目的技术质量。但其加工过程需要用人工把脱编带上编辑点的时间地址码抄写成时码单，然后再手动键入联机编辑控制台，既费时间又费精力，而且难免出错。为此，1994 年，中国电视剧制作中心利用现代微机技术开发了 TB-1 脱机编辑辅助器。

TB-1 脱机编辑辅助器由一台微机（286、386 等均可）、一台显示器和输入、输出接口板（安装在微机的扩展槽里）组成。它能自动读取、存储脱编带上编辑点时码，联编时再自动送入联编控制台。该辅助器自成系统，使用它无需改变原来的脱编生产程序。读码时，只需重放一遍已脱编好的脱编磁带即可自动完成。读码完毕，有声响和字幕提示，并可随时查看和修改。向联编控制台发送时码只需连接一根预先设计好的专用电缆。一集电视剧 5—6 分钟即可送完。

TB-1 脱机编辑辅助器读码、发码准确无误，使用、操作均很方便，尤其适应性强，各种机型与编辑控制器组成的联编、脱编系统都可采用。应用它，可以解脱人工抄写时码单和敲打键盘的繁琐劳动，并能相应地缩短电视剧的后期制作时间。如用具有 Hi-Fi Audio 高保真音频的 S-VHS 录像机组成脱编系统（具有时码编辑的更好）更能充分发挥其功能。

（刘贡生）

11、电视书、报、刊及音像出版物

一、1994年中央电视台编辑新书选介

《电视新闻分类与界定》

主编　杨伟光，副主编　周经，20.4万字。

本书是一部电视新闻理论书籍。它根据我国电视新闻的实践，对狭义的电视新闻、新闻性节目、电视评论、电视新闻的从业人员以及新闻性节目外延的界定进行了深入的研究和探讨。本书是电视基础理论研究的开端，对我国电视学理论体系的建立起到一定的推动作用；同时，对电视新闻工作的实践、教学以及新闻节目评奖，也具有一定指导意义和参考价值。全书分为上、下两篇。上篇为“电视新闻分类条目”，体现了电视新闻理论发展的新观点、新成果。下篇为“论文”选辑，收选了有关专家、学者对电视新闻分类与界定问题的论著，也有近年来发表的有关电视新闻理论的文章。这些论文总结了一些电视新闻的规律，对电视新闻改革有较强的指导性。本书由杨伟光作序，1994年7月中国广播电视出版社出版。

《电视经济宣传文集》

主编　杨伟光，副主编　周经，20.3万字。

本书是目前国内第一本关于电视经济宣传的文集。中央电视台电视学会于1991年9月召开了全国电视经济宣传报道理论研讨会，这本文集集中了这次研讨会研究成果的精华，共收全国26家电视台的36篇论文。其内容涉及新时期电视经济宣传的方针、政策、时代特征，电视经济宣传应遵循的规律，电视经济宣传的把握要素，电视经济宣传与政治、哲学、文化的相互关系等诸多方面。本书融入了全国电视经济宣传的领导、编辑、记者从事经济报道的深刻体会和理性思考。1994年7月中国广播电视出版社出版。

《电视符号与电视文化》

张讴著，15.4万字。

本书分十章，从符号学的角度分析了电视文化；阐述了符号学的来源、基本概念与范围；介绍了一些西方著名符号学家的观点和他们对电视文化的探讨。作为西方最流行的四大文化分析流派之一——符号学提供了认识电视文化的一种独特视角。运用这一理论，可以分析电视信息所隐含的社会神话和文化意义，并且回答一系列问题。本书还比较了经验主义研究方法和符号学在电视文化分析中的特点，并附参考书目。1994年11月北京广播学院出版社出版。

《中国电视艺术发展史》

主编　钟艺兵，副主编　黄望南，48万字。

这是一部叙述中国电视艺术发展轨迹的著作。它以丰富、翔实的材料，描述了自1958年至1993年

中国电视艺术的发展。全书分为两大部分:第一部分为“中国电视剧发展史”,分别涉及了短篇电视剧、电视连续剧、儿童电视剧、戏曲电视剧及少数民族题材电视剧的发展状况，并概述了中国电视剧的发展轮廓。第二部分为“中国电视文艺发展史”，分别就电视艺术片、专题片等进行了论述,并总括了中国电视文艺的发展轮廓。陈荒煤为本书作序。1994 年 12 月浙江人民出版社出版。

《屏前点评录》(第二集)

中央电视台电视学会、中央电视台研究室编,陈炳衡　主编，21 万字。

本书中的文稿选自中央电视台的内部业务刊物《观感选辑》。文章对 1989 年、1990 年中央电视台播出的节目进行点评。作者均为中央电视台的电视工作者。本书分为八个部分：1. 新闻节目，2. 专题节目，3. 体育节目，4. 文艺节目，5. 电视剧、译制片，6. 广告、广而告之，7. 节目编排及其他，8. 语言、文字。文章的内容都从播出节目的实际出发，提出问题、分析问题,对电视业务研究的开展起到积极作用。本书由洪民生作序。1994 年 5 月中国广播电视出版社出版。

《海外见闻录——中央电视台记者海外采访实录》

主编　臧树清，副主编　周金华，26.5 **万字。**

本书共收录 41 篇文章,作者绝大多数是具有几十年采访报道经验的高级记者、高级编辑,也有一些是活跃在电视采访第一线的中青年记者。书中所收的采访纪实、见闻散记等，内容遍及世界各地，反映了中央电视台记者在亚洲、欧洲、非洲、大洋洲、南极洲采访的鲜为人知的珍闻、趣闻;表现了这些地方的异国风光、民俗民情;反映了电视记者在采访中遇到的艰难险阻、酸甜苦辣。本书融知识性、趣味性、欣赏性为一体。它既为电视同行提供了可供借鉴与参考的珍贵史料和采访经验,又可使读者了解世界,增加国际知识。1994 年 2 月中国广播电视出版社出版。

《电视解说词选》(二)

主编　杨伟光，副主编　臧树清，45 **万字。**

本书主要收集了从 1985 年以来中央电视台播出的优秀电视节目解说词，包括中外风光、人物特写、古今奇观、社会纪实、自然趣闻等，共 49 篇。电视解说词是电视专题节目的重要组成部分，它与画面相映生辉,起到了交代背景、叙述情节、点化主题、烘托意境、渲染气氛、引导欣赏和升华全片的作用。电视解说词本身又有独特的文学欣赏价值和审美作用。因此，中央电视台继 1989 年编辑出版《电视解说词选》（一）之后，又编写了《电视解说词选》(二),以满足观众的欣赏需求。同时,对电视专业工作者来说，也有汲取创作经验、启发灵感的裨益。1994 年 12 月中国广播电视出版社出版。

《肝胆千秋——中国特色的政党制度》

中共中央统战部、中央电视台合编，17.6 **万字。**

本书是由中央统战部和中央电视台联合摄制的七集电视系列专题片《肝胆千秋——中国特色的政党制度》的解说词集。专题片《肝胆千秋——中国特色的政党制度》，第一次以电视形式系统地介绍、宣传中国共产党领导的多党合作和政治协商制度，概括地叙述了共产党领导的多党合作和政治协商制度产生、发展的过程,阐明中国实行多党合作、多党合作必须由共产党领导的必然性。同时，以大量的事实,反映了各民主党派、工商联和无党派人士在建设有中国特色社会主义的伟大事业中所发挥的不可替代的作用。这部专题片对中国共产党领导的爱国统一战线和多党合作进行了比较系统、生动的介绍。本书将专题片《肝胆千秋——中国特色的政党制度》的解说词及有关资料汇集编印,共七集并随附录一篇：《各民主党派和全国工商联简介、章程、历届领导人名单》。1994 年 4 月群言出版社出版。

《电视专题系列报道——中国百强县》

主编 朱继峰，副主编 拉白、王新建、张广义、刘民朝，17.6万字。

1991年，国务院农村发展中心、国家统计局采用科学的标准和统计方法，在全国2000多个县（市）中评选出100个综合实力最强县（市），名曰“中国百强县”。为生动、直观、系统地展示以百强县为代表的中国农村发展的现状与前景，中央电视台社教中心地方组于1993年10月开始播映电视专题系列报道《中国百强县》，对部分有代表性的百强县逐一报道，播出近30集。每集均综合反映了各县的政治、经济、文化、历史、风貌，尤其是改革开放的成就和经验，在国内引起了普遍的关注和反响，台、港、澳和东南亚地区亦有较强反应。为弥补电视屏幕一瞬即逝的缺憾，本书将30集专题报道《中国百强县》所有解说词和各县的概况介绍汇集起来，并将首次百强县名单和这次报道活动的评奖结果附于书后，以满足各方的需要，同时也有利于总结经验，改进工作，为今后的电视专题报道提供借鉴。1994年4月改革出版社出版。

《电视连续剧〈三国演义〉》

电视剧《三国演义》编剧组著，115万字。

本书是中国电视剧制作中心拍摄的84集电视连续剧《三国演义》的电视文学剧本。剧本共80集，分为五大部分：（一）逐鹿群雄；（二）赤壁之战；（三）三足鼎立；（四）南征北战；（五）三分归晋。《三国演义》电视文学剧本由杜家福、朱晓平、叶式生、李一波、刘树生、周锴等六位中青年作家分集承担，共同完成。本书的《前言》简介了电视剧《三国演义》的拍摄情况及本书的出版情况。电视连续剧《三国演义》总导演王扶林在《序》中，回顾了筹拍《三国演义》的过程，阐述了电视剧《三国演义》的思想内容及艺术特色，对全剧本作了概括介绍。四川省社会科学院副院长、中国《三国演义》学会常务副会长谭洛非著《论三国文化与三国热》一文代跋。1994年8月四川人民出版社出版。

《再塑群雄——〈三国演义〉从原著到屏幕》

主编 王健，28.5万字。

本书是应电视连续剧《三国演义》总导演王扶林之约，由《三国演义》片尾主题歌及插曲的词作者王健采写和编辑的。它由《序言》（李希凡）、《前言》（王扶林）及84集《三国演义》电视剧分集故事梗概组成。本书文章全部为人物采访记。所采访人物有导演、制片人、编剧、制片主任、美术设计师、服装设计师、灯光设计师、道具监制、总剪辑、主要演员、词曲作者、音乐作者、舞蹈编导、摄像等。本集所收文章，内容囊括了电视剧《三国演义》创作的各个方面，生动地记录着创作者们“情系‘三国’，早生华发”，既表现了编创人员为之呕心沥血进行再创作的努力，也展示了《三国演义》这部不朽的杰作在社会主义文艺工作者中间的深远影响。1994年10月国际文化出版公司出版。

《中央电视台建台35周年纪念活动文献资料汇编》

主编 王传玉，副主编 李建、刘俊改、臧树清，18万字。

本书分为两大部分。第一部分“重要文献”包括八项内容：①党和国家领导人的题词；②中央电视台建台35周年纪念大会；③全国省级电视台台长座谈会；④全球华语电视台交流会；⑤中央电视台35周年回顾；⑥中央新闻单位的贺信；⑦为纪念中央电视台建台35周年出版和制作的图书和画册内容简介；⑧台歌选登。第二部分“实施情况”包括四项内容：①中央电视台建台35周年纪念活动方案；②台庆领导和办事机构人员名单；③实施计划；④实施方案。书中收有江泽民总书记、李鹏总理、乔石委员长等党和国家领导人祝贺中央电视台建台35周年的题词，并附台庆活动的彩色照片45幅。1994年12月金城出版社出版。

《1992年全国电视观众抽样调查资料汇编》

中央电视台总编室编，37万字。

1992年中央电视台总编室和全国各电视台从事观众调查研究的同志进行了第二次全国城乡电视观众抽样调查。本书汇集了这次调查的部分调查报告及有关的论文共23篇，另有附录6篇。本书中的调查报告和专题论文，对观众的收视习惯和心理以及产生这些习惯和心理的原因做了较详细的剖析，对电视节目的宣传效果、播出时间编排等方面提出了许多中肯的意见，为各级领导提高节目质量、改进编排技巧提供了依据。本书由杨伟光作序。1994年12月中国广播电视出版社出版。

《1994年全国省级电视台行政管理工作经验交流会材料汇编》

中央电视台办公室编。

1994年5月5日至9日，经广电部办公厅批准，由中央电视台牵头组织、江苏电视台承办的第二次全国省级电视台行政管理工作经验交流会在南京召开。本书就是这次会议的材料汇编。本书登载了《1994年全国省级电视台行政管理工作经验交流会纪要》；中央电视台有关领导的讲话；中央电视台及全国22家电视台提供的25份书面经验交流材料。1994年6月中央电视台内部发行。

《CCTV节目制作量统计手册》

中央电视台技术制作中心编辑。

本手册是中央电视台技术制作中心调度室对该中心1994年完成节目制作量统计后编辑出版的。本书对技术制作中心1994年试行有偿服务管理办法一年来的工作情况进行了全面总结，并提供了三部分统计数据：技术制作中心完成节目制作任务统计数据；外租场地设备、外加工费用统计数据；编播部门制作节目使用设备量及费用统计数据。此外还有《节目制作使用设备、设施申请办法和有偿服务结算程序》、《1995年节目制作价格表》，并附《1994年节目制作价格表》。这些数据，使各部门对技术制作中心所完成节目制作情况有一个全面了解，以便更好配合工作。1995年1月中央电视台内部发行。

《1994年七一创先争优材料汇编》

中央电视台党委办公室编。

中央电视台分党组在1994年工作要点中指出，要加强党的建设和思想政治工作，提高队伍素质；提出要在本世纪内将中央电视台建成与我国大国地位相适应的世界一流水平的电视台的奋斗目标。为实现这一目标，台党委把工作基点放在切实加强党的基层组织建设和党员队伍建设上，强化党员意识，增强党政工团合力，抓好电视队伍建设，并于4月至6月在全台各单位做好民主评议党员和“创先争优”评比工作。本书就是这项重要活动的材料汇编。其内容包括：中央电视台有关领导的讲话；关于评比工作的意见；表彰先进的决定；以及先进党支部、优秀党员领导干部、优秀党员、优秀党务工作者的先进事迹。1994年8月中央电视台内部发行。

《滚滚长江东逝水——电视连续剧〈三国演义〉歌曲集》

作曲　谷建芬，作词　王健等。

本书收入电视剧《三国演义》中的全部歌曲共20首，包括主题歌：《滚滚长江东逝水》、《历史的天空》；插曲：《这一拜》、《烈火雄风》、《貂蝉已随清风去》、《淯水吟》、《有为歌》、《民得平安天下安》、《豹头环眼好兄弟》、《当阳常志此心丹》、《丈夫歌》、《短歌行》、《江上行》、《七步诗》、《哭诸葛》；以及剧中人的吟诵歌曲5首。《三国演义》总导演王扶林为本书撰写前言。1994年8月中国国际广播出版社出版。

《电视连续剧〈三国演义〉画册》(共3册)

中国电视剧制作中心《三国演义》剧组编。

本画册是为配合84集电视连续剧《三国演义》的播映而编辑的。画册共收照片150余幅，包括剧照、主创人员及工作照，美术设计、服装、道具照等。画册反映了剧中人物生动的造型，电视剧情的宏大场面和磅礴气势，以及主创人员幕后的辛勤劳作。画册第一册前言介绍了电视连续剧《三国演义》拍摄的总体情况；第一、二册中的《总导演的话》，介绍了《三国演义》电视剧的基本特色；第三册附《三国演义》剧组职员名单。本画册同时配有英文翻译，以适应电视剧《三国演义》向国外发行。1994年深圳峰仑实业发展有限公司承印，内部发行。

《1994年新铸联杯中国画、油画获奖作品集》

主编　沈纪，副主编　梅子、范英俊、张秀时。

1994年，由中央电视台牵头举办了“'94新铸联杯中国画、油画精品展”。此次大展，共收到作品3000余幅。经以吴冠中、靳尚谊为主任委员的评委会遴选，选出中国画、油画各100幅参展，并评出银奖4名，铜奖5名，优秀奖91名。由评委会特邀参展的作品，授予特邀荣誉奖。本画册就是此次“精品展”的画集。

《美术》杂志社副主编夏硕琦在本画册的前言《跨世纪的文化工程》中写道：“由中央电视台牵头举办全国性大型美展，还是首次。中央电视台是我国最有影响力、最具权威性的新闻媒体之一。他的介入，对推出美术新人，促进我国美术文化的发展，普及美育，引导企业支持文化事业，都会起到难以替代的作用。”1994年11月辽宁美术出版社出版。

《春色满园——中央电视台1994年春节晚会画册》

中央电视台'94春节晚会画册编辑部编。

本画册共收有关'94春节晚会的照片227幅，其中中央领导丁关根、李铁映等观看'94春节联欢晚会彩排的照片7幅；内容剧照113幅；反映'94春节戏曲晚会内容的剧照43幅；'94春节歌舞晚会内容的剧照37幅；此外，还有这三台晚会剧组的工作照27幅以及主创人员名单。本画册既是具有观赏价值的精美艺术品，又是中央电视台首次办三台春节晚会的历史性记录。1994年人民美术印刷厂印刷，内部发行。

《中国音乐电视(MTV)精选画册》

中央电视台文艺部《东西南北中·中国音乐电视》栏目组编，主编　文中，副主编　孟欣、杨东升。

本画册精选了中国电视音乐(MTV)的44首曲目演唱者43人的照片69幅；并收有广电部部长孙家正的题词：“发展音乐电视，丰富群众文化生活”；广电部副部长、中央电视台台长杨伟光写的序言《发展中国的民族化的音乐电视(MTV)》。1994年11月中央电视台内部发行。

《1994年中日友好业余歌手电视大赛画册》

策划　王振钰，编辑　李萍、李红媛，摄影　郭和平、程庆生、师英杰。

本画册收入了由梅地亚中心主办，中央电视台与日本广播协会(NHK)联合制作的“1994年中日友好业余歌手电视大赛”节目演唱的比赛照，以及工作照、颁奖照共69幅，反映了参加大赛的中日业余歌手的风采，反映了中日两国人民一衣带水的深情。北京外文圣世广告公司制作，内部发行。

《以我屏幕，传您美名》

策划　谭希松、黄文友，编辑：王庆忱、王林、吴俊杰。

本书是中央电视台广告部为发展电视广告事业、方便电视广告客户而编写的图文并茂的宣传手册。全书分五个部分：1. 中央电视台简介；2. 中央电视台卫星覆盖示意图；3. 中央电视台各中心及栏目介绍；4. 广告栏目及价目表；5. 广告公司简介。1994年7月中央电视台广告部内部发行。

《中国国际电视总公司节目介绍》

中国国际电视总公司编。

本书介绍了中国国际电视总公司提供给有线电视台、无线电视台或家庭用录像带节目共186个。其中故事片116部（国产片20部，港、台片19部，外国片77部）；动画片14部（国产片2部，外国片12部）；文艺片22部（国产片21部，外国片1部）；戏曲片16部；教学片10部；专题片8部。本书对每部片子的介绍包括产地、长度、规格、版权范围及内容介绍等部分。1994年中央电视台内部发行。

二、1994年中央电视台教育节目用书简目

《许国璋电视英语》　主编　许国璋
外语教学与研究出版社。

《电视外贸英语》　张冰姿
对外经济贸易大学出版社。

《TPR 儿童英语》　主编　龚亚夫
外语教学与研究出版社。

《英语300句》　柯灵思
国际文化出版公司。

《新中学生英语辅导》（初中二年级）
主编　张钧煜
广东教育出版社。

《中学数学奥林匹克辅导》　主编　陶文中
科技文献出版社。

《诗书合璧书法》　主编　赵柏月
京华出版社。

《闫宫格书法讲座》　编者　杨为国
清华大学出版社。

《青少年硬笔书法》　编者　杨为国
清华大学出版社。

《学习贯彻四中全会〈决定〉精神讲座》
主编　吴绪彬
国际广播出版社。

《〈劳动法〉讲座辅导材料》　主编　关裕泰
劳动出版社。

《现代企业制度辅导》　主编　吴绪彬
国际广播出版社。

《现代广告专业基础知识》　主编　杨培青
经济管理出版社。

《毛毛学琴》　编者　赵雪春　龙念南
世界图书出版社。

三、1994年中央电视台报、刊选介

《运动·休闲》

《运动·休闲》杂志是由中央电视台体育部和《中国体育》杂志社联合主办的月刊。它于1993年5月试刊，1994年1月正式向全国发行。广电部副部长兼中央电视台台长杨伟光和《中国体育》杂志社总编辑朱中良担任主任编委；马国力为总干事；张武斌为主编。目前发行5万多册。《运动·休闲》从策划、编辑到制作，均以高起点切入杂志领域的间隙，推进体育运动多层次、全方位地进入社会领域和个人生活，使读者在轻松愉快中增长知识，拓宽视野，陶冶情趣。它设立了众多的热点栏目，如《休闲沙龙》、《车迷》、《钓经》、《游山玩水》、《防身一招》、《我们也爱玩》和《形象设计》等。形式上新颖别致，内容上丰富多采，是具有高格调、高质量、高档次的体育生活杂志。

《空　谈》

《空谈》是中央电视台新闻评论部于1994年7月创办的内部刊物，每周二出版。《空谈》之名，由该部所办的两个栏目《东方时空》和《焦点访谈》最后两字组合而成。为消除误解、力戒虚夸、观照刊名，每期封面都有“反道行之，座右为铭”的字样。《空谈》第一期名为《编辑策划》，第二期改用现名《空谈》，由新闻评论部编辑策划组承办。本刊以“信息服务、节目策划、业务交流、制作协调”为宗旨，设置了《部主任吹风》、《编余审后》、《照登不误》、《馊点子》、《温馨岛》、《反光镜》等栏目，并刊登节目播出表及收视率曲线图等。每期都有记者、编辑写的采访花絮、拍摄感想、理论探讨等方面的文章。它在提高节目质量、加强栏目的凝聚力、强化“部门文化”氛围等方面，有着重要作用。该刊每期印40份，在新闻评论部内部发行。

《纪录影视》

《纪录影视》杂志原名为《纪录电影》，是中央新闻纪录电影制片厂出版的内部刊物。1993年10月新影厂划归中央电视台领导后，该刊于1994年初改名为《纪录影视》。《纪录影视》设有《创作交流》、《理论探讨》、《观众论坛》、《技术园地》、《影视文摘》等栏目，以宣传介绍新闻纪录影视片和探讨纪录片创作理论为主要内容。杂志所登载的文章，大都由第一线创作生产人员撰写，对提高创作队伍的素质和影视片的质量、促进和繁荣纪录影视节目的创作起到推动作用。《纪录影视》为季刊，每期30页，4万字，印数为1000份。主要送广电部、中央电视台领导及新影厂内各级领导和影视节目创作人员，并与各省、市电视台或影视刊物编辑部进行交换。

《中央电视台简报》

《中央电视台简报》是中央电视台办公室于1993年下半年创办的不定期刊物，一般每月出刊约3至4期。主编王丹洁，责任编辑吴军红、肖文俊。《中央电视台简报》主要刊登台内宣传改革、技术改造、行政管理等工作的重要举措及成果；通报台领导对近期工作的重要部署；反映台内重大活动的组织实施情况；总结全台当前重大事件；是中央电视台重要的信息载体。该刊物每期印数约100份，发至上级有关领导及中央电视台领导，台属各中心（厂）、部、处（室）。

四、1994 年中央电视台音像出版物（录像带）选介

《伟 人 传》

本录像带是包括毛泽东、周恩来、刘少奇、朱德四位伟人的传记录像片。它以翔实的史料，生动地、全面地、多层次地表现了老一辈无产阶级革命家为缔造和发展中国共产党、中国人民解放军和中华人民共和国所建立的不朽功勋。内容丰富、蕴涵深刻，不仅再现了伟人光辉的一生，而且也是一部进行党史、军史革命传统教育的形象教材。录像带共两盘，长 360′。1994 年中央新影音像出版社出版发行。

《中国出了个毛泽东》（人物传记纪录片）

本片以翔实的历史影片资料，多层面、多方位地表现了毛泽东为开创中国无产阶级革命事业伟大的一生所建立的不可磨灭的功勋及其揭示了毛泽东成为中国共产党、中国人民解放军和新中国的缔造者，成为全国各族人民的领袖的历史必然性，是历史选择了他，人民选择了他。内容博大精深，形象生动感人。录像带长 90′。1994 年中央新影音像出版社出版发行。

《宋庆龄》（人物传记纪录片）

本片形象地介绍了中华人民共和国名誉主席、20 世纪最伟大的女性之一——宋庆龄的生平事迹。它真实生动地再现了宋庆龄一生中光辉而富有传奇色彩的经历，展示了许多永载史册的、使人难忘的瞬间，多侧面地描绘了她坚定刚毅、纯朴热情、温文尔雅、平易近人的高洁品格。录像带长 70′。1994 年中央新影音像出版社出版发行。

《邓颖超》（人物传记纪录片）

本片是以获得广电部优秀影片奖的纪录影片《我们的邓大姐》为基础编制而成。它以现实生活为主线，穿插大量珍贵的历史资料，真实地记录了邓颖超从清朝末年到新中国诞生，从社会主义革命到十年动乱，从十一届三中全会到改革开放振兴中华的 70 年的风霜岁月；以“童年”“投身革命”“模范夫妻”、“地下斗争”、“迎接新中国”、“十年浩劫”、“壮志不已”等章节，生动地表现了邓颖超的忠贞信念、高风亮节和无私的奉献精神。录像带长 70′。1994 年中央新影音像出版社出版发行。

《焦裕禄》（人物传记纪录片）

本片以六十年代在兰考拍摄的有关焦裕禄的大批珍贵资料，以焦裕禄的战友和亲人的回忆，以兰考县广大干部认真学习焦裕禄振兴兰考经济的事迹为内容，反映了弘扬焦裕禄精神是我们这个伟大时代的要求，是广大人民群众的呼唤这一主题。本片的出版为缅怀人民的好公仆焦裕禄、为学习和弘扬焦裕禄精神，提供了一份生动形象的教材。录像带长 60′。1994 年中央新影音像出版社出版发行。

《新中国的诞生》(历史文献片)

本片记录了1949年10月1日在天安门广场举行的隆重开国大典，形象地再现了毛泽东向全世界庄严宣告："中华人民共和国成立了！中国人民站起来了！"的壮观场面；再现了我们伟大祖国从此翻开了崭新一页的历史画卷。本片与《先驱者之歌》合辑，共长140′。1994年中央新影音像出版社出版发行。

《先驱者之歌》

《先驱者之歌》以大量的史料介绍了为创建伟大的中华人民共和国、为实现伟大的共产主义理想，无数革命先烈英勇斗争、壮烈献身的感人事迹。本片与《新中国的诞生》合辑，共140′。1994年中央新影音像出版社出版发行。

《历史的抉择》(文献纪录片)

本片以邓小平1992年初的南方谈话为主线，全方位地展现了作为中国改革开放的试验场和排头兵——深圳经济特区，在探索建立社会主义市场经济新体制道路上的风雨历程；以深圳特区的成功经验及对全国改革开放的推动作用，形象地阐述了邓小平一系列改革开放理论和党在新时期的基本路线的正确性。它融纪实性、文献性、政论性于一体；内容翔实，气势恢宏，画面生动，论证深刻，令人信服地揭示了中国现代化建设的辉煌前景。录像带长90′。1994年中央新影音像出版社出版发行。

《必由之路》(文献纪录片)

本片生动地记录了在整个世界风云突变、国际共产主义运动经受严峻考验的国际大环境中，我国在邓小平建设有中国特色社会主义理论和改革开放决策的指引下，各族人民团结一心，坚持"一个中心，两个基本点"的伟大实践；表明改革开放、建设有中国特色社会主义是中国走向繁荣昌盛的历史必由之路。录像带共两盘，长240′。1994年中央新影音像出版社出版发行。

《风景这边独好》(历史文献片)

本片编选了大量珍贵的历史资料，记录了中国共产党自1921年诞生以来所走过的70年光辉的历程；生动地展示了70年来，为着民族解放、社会进步和人民幸福，中国共产党团结各族人民所进行的不屈不挠的英勇斗争。该片是一部学习历史唯物论、学习党史和党的群众路线的好教材。录像带长60′。1994年中央新影音像出版社出版发行。

《近代春秋》(历史文献片)

原纪录片被中宣部、国家教委列为百部爱国主义教育优秀影视片之一。它再现了从1840年鸦片战争至1949年新中国成立这段历史；展示了在中国共产党领导下的人民推翻三座大山建立社会主义新中国的光辉历程；记录了100多年来中国人民为反对帝国主义的野蛮侵略和封建势力的残酷统治所进行的不屈不挠的斗争；表明了只有共产党、只有社会主义才能救中国的真理。本片选用了大量珍贵的影片历史资料，是一部难得的中国近代史教材。录像带共三盘，长 480′。1994 年中央新影音像出版社出版发行。

《廉政的思考》(政治教育片)

本片由《警钟》和《廉政的思考》两片组合而成。它根据中央有关反腐倡廉的指示精神，选取了曾震动全国的广东省海丰县前县委某些领导人利用职权、贪脏枉法的重大犯罪案例，以及新的县委领导接受群众监督、加强廉政建设的事迹，采用纪实、对比、评述的手法，对广大党员及干部进行反腐廉政的教育。录像带长 90′。1994 年中央新影音像出版社出版发行。

《肝胆千秋——中国特色的政党制度》

本片是由中央统战部和中央电视台联合摄制的电视系列专题片。总策划蒋民宽、马庆雄、刘习良、刘延东、郑万通、杨伟光、刘小萍；总编导张长江；编导王建生、林键、初广志；总摄像庞一农。本片第一次以电视形式系统地介绍、宣传中国共产党领导的多党合作和政治协商制度。它以大量的史实、生动的画面，概括地叙述了共产党领导的多党合作和政治协商制度产生、发展的过程，阐明中国实行多党合作、多党合作由共产党领导的必然性；同时，以大量的事实，反映了各民主党派、工商联和无党派人士在建设有中国特色社会主义的伟大事业中所发挥的不可替代的作用。本片分为《中国特色》、《众望所归》、《和衷共济》、《政通人和》、《天高海阔》、《群星荟萃》、《潮涌中华》等七集；共两盘，长 210′。1994 年学苑出版社出版发行。

《梅兰芳》

为纪念梅兰芳诞辰 100 周年，本片转录了新影厂摄制的大型文献传记片《梅兰芳》。它以珍贵的资料表现了梅兰芳对京剧艺术，对真、善、美的执著追求，对祖国的赤子之情；表现了梅兰芳的精妙艺术和高尚的艺德和人品。原片由著名文学家郭沫若题名并作词，著名戏曲文学评论家阿英撰稿并参与摄制。录像带长 60′。1994 年中央新影音像出版社出版发行。

《中国民居趣谈》(文化专题片)

本片从“人类历史的本身就是人与环境的历史”这一文化视角，对我们祖祖辈辈、时时刻刻司空见惯的赖以生存的空间——中国民居，进行了中国传统文化的探寻。本片共 12 集，选择了不同地域、不同民族的各种典型的中国传统民居加以表现和阐释，集中地体现了中国传统历史学、建筑学、地理学、地质学、气象学、风俗学、民族学、伦理学，以及哲学、美学、道德及文化对中国传统民居的影响；是一座荟萃了中国传统民居文化的知识宝库，是一次中国传统民族文化的弘扬光大。本片编导阎东，撰稿任卫新。录像带共两盘，长 217′02″。1994 年中国国际电视总公司出版发行。

《庐山》(风光系列片)

本片运用观赏性与纪实性相结合的新颖构思，展示出庐山神奇的自然风光、神圣的文化底蕴和神秘的政治色彩。全片共分 12 集：《序集》，《庐山，你在哪里》,《山水之魂》,《山上有座城》,《千年宗教》,《山趣》,《陶令不知何处去》,《江湖风情》,《枕流石与朱熹》,《轿子的故事》,《别墅春秋》,《不识庐山真面目》。本片由中央电视台、江西电视台、庐山风景名胜区管理局联合录制;总编导李近朱,编摄柳春江、龚邦国、黄文华、李军;主持人赵忠祥、黄玲。录像带长168′36″。1994年中国国际电视总公司出版发行。

《名胜古迹系列片》(风光艺术片)

本片分3集:《布达拉宫》,《罗汉奇观》,《敦煌》。它以饱满的激情,讴歌了中华民族源远流长的历史文化,展示了令人叹赏的名胜古迹,是进行民族传统教育和爱国主义教育的优秀艺术作品。录像带长160′。1994年中央新影音像出版社出版发行。

《北京旅游世界之最》

本片以国家旅游局评选定位的天安门、故宫、长城、北海、颐和园、十三陵、云居寺、大钟寺、圆明园、天坛等十个旅游景点为表现对象,以其各具特色的建筑古迹、精巧优美的山水园林、稀世珍贵的历史文物,展示了这些景点在世界人文景观中至高的艺术价值和艺术地位。本录像带长110′。1994年中央新影音像出版社出版发行。

《1994年春节联欢晚会》

这是中央电视台于1994年2月9日农历除夕之夜在第一套节目播出的《'94春节联欢晚会》的录像带。它包括这台晚会全部的精彩节目,其中有歌舞节目16个,如:开场舞蹈《千秋万岁为大年》,少年民俗舞蹈《金钹、响鼓 送除夕》、《狗娃闹春》,歌曲《听春风》、《除夕情》、《蝉之歌》、《长城长》等;有小品节目8个,如:黄宏、侯跃文的《打"扑克"》,郭达、蔡明的《越洋电话》,郭柏松、杨瑞瑞的《上梁下梁》,赵丽蓉、李文启、王涛的《吃饺子》等;有戏曲、曲艺及其他节目9个,如欧阳贝妮的吉尼斯世界之最《"呼啦圈"表演》,戏曲集锦《群英荟萃》,海外节目《每逢佳节倍思亲》,冯巩、牛群的相声《点子公司》等。本录像带共上、下两集,长240′。1994年中国国际电视总公司出版发行。

《郭达小品专集》

郭达是表演小品的著名演员,许多大型晚会上都有他的精彩表演。本片收集了由他主演的小品《黄土坡》、《便衣护士》、《婚姻变奏曲》、《产房门前》、《清官难断家务事》、《大米,红高粱》和《越洋电话》,这些作品诙谐幽默,妙趣横生,令人开怀。录像带长93′02″。1994年中国国际电视总公司出版发行。

《姹紫嫣红》

这是录像带《56个民族56朵花》的第二集,是一部多彩多姿的歌舞片。它荟萃了少数民族歌舞艺术的精华。数十个民族歌舞,特色鲜明,民族风情浓郁;数十种民族乐器的独奏、合奏,音色旋律独特优美。录像带长80′。1994年中央新影音像出版社出版发行。

《第六届远东及南太平洋地区残疾人运动会开幕式》

本片记录了1994年9月4日在北京举办的第

六届远东及南太平洋地区残疾人运动会开幕式。它以电视艺术的手法，生动形象地、多角度、全方位地再现了“远南”运动会开幕式的宏伟场面，动人心弦，撼人肺腑。录像带长105′。1994年中国国际电视总公司出版发行。

《京剧系列片》

本片分为19集：《京剧的崛起》、《京剧的舞台》、《京剧的服饰》、《京剧的音乐》、《京剧的化妆》、《京剧的老生》、《京剧的净角》、《京剧的旦角》、《京剧的小生》、《京剧的丑角》、《折子戏》、《谢瑶环》、《虹霓关》、《凤还巢》、《窦娥冤》、《一匹布》、《小商河》、《盗魂铃》、《闹龙宫》等。它结合剧目片断对京剧艺术的方方面面作了较详尽的介绍，翻拍了宝贵的资料镜头，拍摄了当代有成就的表演艺术家的优秀剧目。它融知识性、艺术性和欣赏性于一体，在表现形式上力求活泼多样，通俗易懂，对普及京剧知识、弘扬民族文化有积极的作用。录像带共三盘，长480′。1994年中央新影音像出版社出版发行。

《继往开来——京剧唱腔选粹卡拉OK》（娱乐片）

1994年，为纪念“一代戏曲宗师”梅兰芳、周信芳诞辰100周年，为振兴京剧、弘扬国粹、掀起京剧大家唱热潮，文化部、广电部联合举办、中央电视台主办了“全国京剧卡拉OK大奖赛”。这本录像带就是此次“大奖赛”指定参赛曲目的“京剧唱腔选粹”。它共有40首京剧唱腔，均为京剧名家所唱。如梅兰芳的《贵妃醉酒》选段，周信芳的《徐策跑城》选段，张君秋的《女起解》选段等，可谓“精湛的艺术表演，珍贵的资料画面，脍炙人口的唱段，喜闻乐见的曲目”。录像带由敖丽容、阎德威、陈俊编导，李向民、朱光照、罗威、邢宇川制作，共两辑四盘（两盘为示范带，两盘为伴奏带），长240′。1994年中国艺术研究院选编，中国国际电视总公司出版发行。

《三国演义》

本片是中央电视台中国电视剧制作中心摄制的84集大型电视连续剧《三国演义》的录像带。它将中国古典文学艺术中的瑰宝《三国演义》以全本拍摄的方式再现于荧屏。该剧展现了历史上魏、蜀、吴逐鹿争雄的历史画卷；塑造出一个个性格鲜明的政治家、军事家、谋臣智士形象。该剧生动地描绘了许多历史上著名的战役，场面宏大、气势雄伟而又千变万化、各具特色，充分展示了谋略、战术的运用和得失成败。全片84集分为5部分：（一）群雄逐鹿；（二）赤壁鏖战；（三）三足鼎立；（四）南征北战；（五）三分归晋。总导演：王扶林；导演：蔡晓晴、张绍林、孙光明、张中一、沈好放；总制片人：任大惠；总美术设计：何宝通；摄像：陈军、王殿臣、郑宏宇、刘书亮、魏秀志、毕福剑、张驰、吴喜增、任萌。录像带共28盘，总长度65小时。1994年中国国际电视总公司出版发行，中影音像出版社总经销。

《夕阳红》栏目系列节目

《夕阳红》栏目系列节目是中央电视台于1993年10月推出的，全方位为老年朋友服务的大型杂志型节目。栏目的宗旨是热诚为老年人服务，做老年人的知心朋友；以老有所学、老有所为、老有所乐、老有所养、老有所医为服务目的；按老年人的心理特点、审美情趣，选择他们喜闻乐见的内容形式；努力开拓生活空间，扩大视野，为其提供一个轻松、活泼、新颖的收视天地。本片收集了其中知识性、保健性、娱乐性节目，以便老年朋友更好地养身怡情。《夕阳红》栏目系列节目录像带于1994年共出了七种：《六字诀养生法》，《足部按摩法》，《碧云养生法》，《三一二经络锻炼法》，《健脑强身手指功》，《养气健目功》和《〈夕阳红〉金曲卡拉OK》。1994年中国国际电视总公司出版发行。

《六字诀养生法》(教学片)

“六字诀养生法”是我国医学宝典上的一朵“奇葩”,至今已有1500年的历史。中国著名气功师马礼堂先生汲取其精华,创编了现在流传于世的“六字诀养生法”。这种养生法不仅在中国,而且在日、美、法、德、意等30多个国家和地区广为流传。“六字诀养生法”旨在培养真气,提高人体对自然的适应力、对疾患的抵抗力、对伤病的修复力。它对多种慢性病和疑难症疗效显著。此功法简单易学,老少皆宜,运用灵活,可辩证施功,不出偏差。这套录像教材讲授人为高级气功师、马礼堂先生之女马栩周女士。本教材结构严谨,内容全面,语言规范通俗,画面流畅,讲授与演示并举,是学练“六字诀养生法”的最佳途径。录像带共两盘,长196′04″。

《足部按摩法》(教学片)

“足部按摩法”是一种简便易行、效果显著、无副作用的防病治病的自我保健方法,尤其对中老年人的自我保健更有现实作用。“足部按摩法”是利用对足部相应腑脏穴位进行按摩,激化机体自身平衡能力,改善腑脏功能,达到治病、保健的目的。《足部按摩法》共分十讲:足部按摩简介;疗效与作用;足部按摩区介绍;如何做足部按摩;心脏病的足部按摩治疗;糖尿病的足部按摩治疗;失眠、头痛的足部按摩治疗;高血压的足部按摩治疗;关节疼痛的足部按摩治疗;总结。录像带长89′39″。

《碧云养生法》(教学片)

“碧云养生法”是高级气功师范秀兰女士综合中医和人体科学理论,针对老年人生理和心理特征而创编的。此功法由于疗效神速、气感强,风靡日本、美国、英国、瑞典、法国。据统计,练“碧云养生法”治病有效率达98%,显效率在60%以上,治愈率30%,对高血压、冠心病、糖尿病、气管炎、胆结石、妇科病、白内障等均有较好的疗效。“碧云养生法”融古典“天人合一”的养生理论及传统的中医理论为一体,具有奇异功力,能延年益寿。功法动作简单,易懂、易学、易记,尤为适宜老年人习练。录像带共三盘,长286′30″。

《三一二经络锻炼法》(教学片)

“三一二经络锻炼法”是北京经络中心主任祝总骧教授综合中外各种健身方法的精华。它运用经络调节人体中枢神经系统,改善动作协调,增强人体对疾病的抵抗能力,达到健康长寿的目的。“三一二经络锻炼法”即对三个穴位(合谷、内关、中三里)进行按摩,一个腹式呼吸以及两腿为基础的体育锻炼,从而促进全身经络的活动,调整各系统器官。该锻炼法可治疗五官疾病,对关节炎、肩周炎、网球肘等全身关节痛有较好的治疗效果。它简单而有实际保健功效,为广大中老年及体弱有病的朋友提供了一条保健养生之道。《三一二经络锻炼法》共分五讲,分别从人体机理、如何进行锻炼及注意事项和实际疗效等方面作了较为系统、详尽的说明。录像带长45′42″。

《健脑强身手指功》(教学片)

“健脑强身手指功”是北京医疗保健协会技师王岩昆积20余年的探索经验而创编的。此功法通过双手的活动,刺激脑细胞活动,加大脑血流量,尤其是左手的活动,可很好地开发脑资源。《健脑强身手指功》,由浅入深,从简到繁,循序渐进,具有较强的趣味性。习练者在无痛苦、无任何副作用中即可防治脑中风、冠心病、心绞痛、头痛、呼吸系统疼痛、消化系统疼痛以及生殖、泌尿系统疾病、帕金森氏病、摇头风等,还可以达到增强记忆力、延缓大脑老化、延年益寿之功效。录像带共12讲，长101′38″。

《养气健目功》（教学片）

“养气健目功”是马栩周积多年的研究与临床经验创编而成。这种功法以中医的“阴阳五行学说”、“脏腑学说”为理论基础，以“经络论”、“气化论”为依据，简明易学，功效显著。“养气健目功”强调通过对五脏六腑的整体调节，达到养气健目、治疗眼疾的目的，并结合局目点穴按摩，效果十分明显。临床实践证明，本功法治疗眼疾有效率达95%，巩固疗效率达86.3%。本片共有七式，分别为：舒肝明目，安神养目，强肾健目，转颈运目，五轮滋目，直气润目和益智增光。本功法拍摄分为六部分：治病机理，功法，注意事项，辨症施治，保健，实例和食疗，共11讲。录像带长126′16″。

《〈夕阳红〉金曲卡拉OK》（娱乐片）

本片共收卡拉OK金曲12首，均为著名歌唱演员演唱的与老年人生活情感有关的歌曲。它们是：佟铁鑫、叶岚演唱的《夕阳红》；毛阿敏演唱的《晚晴》；崔京浩演唱的《重阳风景》；杨洪基演唱的《闪亮的星》；韩磊演唱的《九歌》；张也演唱的《妈妈的白发》；李殊演唱的《风雨真情》；李谷一演唱的《枫叶晚秋红》；董文华演唱的《留住夕阳》；那英、解晓东、蔡国庆、李玲玉演唱的《寻找年轻的梦》；佟铁鑫、唐建华演唱的《新婚到金婚》；梦鸽、魏金栋演唱的《老夫老妻》。录像带长47′45″。

《史丰收速算法》（教学片）

在国内外享有盛誉的“史丰收速算法”，其独特的从高位算起、指算及心算等方法，对于培养少年儿童分析判断和解决问题的能力、增强记忆力、开发大脑智能、提高运算速度具有很重要的作用。本片共36集，每集10分钟，以南国风光为背景，全部采用外景拍摄，画面优美，使少年儿童在轻松愉快的气氛中学习、掌握“史丰收速算法”的基本内容。录像带共三盘，长306′40″。1994年中央电视台、史丰收速算法国际研究与培训中心联合摄制，中国国际电视总公司出版发行。

《标准日本语》（教学片）

《标准日本语》电视讲座是中央电视台、人民教育出版社和日本国际教育情报中心合办，由中央电视台拍摄的日语教育节目，适用于各类学校日语教学和自学者学习收看。本节目将各课内容分别拍摄成具有生动情节的画面，其间穿插语音、词汇、语法、句型等方面的讲解，并根据课文的需要增加了简短的情景会话。其中初级部分由中央电视台日语专家小西巧子、北京第二外国语学院讲师谢为集播讲；中级部分由中央电视台日语专家斋藤広美、北京外国语学院副教授徐一平播讲。录像带共20盘，长1846′43″。1994年中国国际电视总公司出版发行。

《五分钟学烹饪》（教学片）

本片介绍的65款菜肴食品，都是本着面向家庭、经济实用的原则而确定的。这些菜肴食品，原料不求高档，做法力避繁杂，一般家庭都可以制作。其中也选有部分我国著名地方菜系的菜肴，还选有素菜、甜味菜、冷盘菜、西式菜及一些羹粥等。总的数量虽然不多，但品种多样，内容丰富，形象直观，叙述具体，易懂好学，便于掌握。片中进行教授操作的，均是北京老字号饭庄的烹饪技师和厨师。此片是家庭烹饪料理的良师益友。录像带共三盘，长285′31″。1994年中国国际电视总公司制作出版发行。

《五分钟健美》(教学片)

本片包括大众健身操、强化减肥操、办公室操、产后恢复操、双人健身操、桌椅操、哑铃操等内容。每天只要挤出5分钟，照此练习，并持之以恒，就能使人拥有一个健美的身材，健康的体魄。此节目曾在中央电视台播放，引起强烈反响。教授的方法既有科学依据，又简单易学，并可因人、因时、因地制宜。《五分钟健美》由马华等14人主创，杨涛摄影，王晓俐导演，中央电视台体育部摄制，中国健美操协会监制。录像带共两盘，长160′。1994年中国国际电视总公司出版发行。

《钓鱼技巧》

本片是中央电视台拍摄的第一部教授垂钓的16集电视系列片。担任片中主讲人的有世界钓鱼名人、日本钓鱼大师小西和仁先生，中国台湾溪钓专家叶春晖先生，中国钓鱼界知名人士朱德禄、党伯杰、崔成斌、林汉明、李江、宫立明等。著名演员马崇乐和郭允泰扮演初学者角色。本片利用先进的电视特技手段，融知识性与趣味性为一体，内容包括各种钓具的选择与使用；各种鱼饵的使用与制作；介绍了民间传统的钓法、先进的船钓与矶钓以及风行世界垂钓界的“台湾钓法”；还介绍了钓鱼的历史和比赛的方法等。录像带共三盘，长360′。1994年中国国际电视总公司出版发行。

《中国科学气功》(教学片)

“中国科学气功”属正规学院派现代气功，是由著名气功家、云南省高校科学气功研究院院长、气功主任医师张林用20多年时间，以系统论、信息论、控制论为指导，综合各派气功之长，贯穿武术及现代中西医学原理，借助计算机测定数据，经严谨的科学研究而创编的优秀功法。功法具有学时短、见效快、功力强、不出偏、老少皆宜的特点。录像带选编《三分钟健身科学气功法》18套，长68′34″。1994年中国国际电视总公司出版发行。

《中国保健推拿》(教学片)

本片以讲解与示教相结合的方法，介绍了中国传统保健推拿的基本知识、技能和方法。《中国保健推拿》共分手技、养生、防治三个篇章，分别介绍了演示推、一指禅推、拿、按、摩、滚、振、击、扳、拨、摇等11种手法的基本技能和操作技能；自身、客体养生保健推拿和十余种常见病症防治保健推拿的基本原则和常规方法。本片由中国中医药学会推拿学会会员、上海医科大学华山医院医师范立伟撰稿，其讲解与示教部分可供社会、家庭和出国人员培训、自学与开展保健推拿形象教材之用，也可作专业临床教学参考资料。录像带共两盘，长181′29″。1994年中国国际电视总公司出版发行。

《追踪被救女青年张金红》

1994年3月，中央电视台党委对动力通讯处毕戈、梁俊强、梁琪、刘文生4人在北戴河见义勇为、奋勇救人的事迹进行了大力宣传。为了进一步加大宣传力度，弘扬正气，台党委办公室决定奔赴被救女青年家乡进行追踪采访报道，并制作了本片。片中，被救女青年张金红激动地讲述了她在北戴河海中遇险的紧要关头，毕戈等奋力相救的过程，并以平实的手法反映了毕戈等见义勇为、助人为乐的品质。录像带长15′21″，1994年中央电视台内部宣传教育片。

《青年电视人的追求报告会》

1994年5月4日，为庆祝“五四”青年节，台党委办公室举办了“青年电视人的追求报告会”，请张海潮、魏斌、李树声、孟欣等四人讲述他们自己在电视事业中执著追求、奉献创新的经历。台党委办公室在实况录像的基础上编辑了此片，旨在反映中央电视台干部职工良好的敬业精神和工作风貌。录像带长90′15″。1994年中央电视台内部宣传教育片。

《国庆45周年歌咏比赛》

1994年国庆前夕，台党委办公室举办了“国庆45周年歌咏比赛”。中央电视台各部门踊跃参加这一活动，部分领导亲自组织，亲自上阵。为了反映这一盛况，进一步增强全台上下的向心力、凝聚力，台党委办公室对此活动进行了实况录像。本片长80′5″，分上下两集，1994年中央电视台内部宣传教育片。

《为党旗增辉》

本片分三集：《我志愿加入中国共产党》，《抓好基层党组织建设》和《共产党员与精品节目》，主要反映党组织和共产党员是如何在电视事业中发挥战斗堡垒作用和先锋模范作用。本片是台党委办公室1994年为庆祝“七一”党的生日而制作的。录像带长80′20″，1994年中央电视台内部宣传教育片。

12、评 奖

一、电视评奖

1993年度全国优秀电视新闻节目评选中央电视台获奖名单

1993年度全国优秀电视新闻节目评选活动于1994年4月23日至29日在沈阳市举行。本届评奖共设消息、连续（系列）报道、新闻专题、新闻评论四个项目。各省、市、自治区、直辖市32家电视台及中央电视台选送了223个节目，有162个节目获奖。其中一等奖25个，二等奖49个，三等奖88个。

中央电视台选送的节目有22个获奖，其中一等奖10个，二等奖8个，三等奖4个。

获奖节目名单

消息类（10个）
一等奖（5个）
代表民心的四次掌声
牡丹集团厂庆新办
空中联欢会
世界首例壳外孵小鸭成功
这样收费合理吗？
——关于大连站车票问题的报道
二等奖（3个）
台湾海基会秘书长邱进益登上长城
新疆三十里营房医疗站
让孩子动动手
——校门口一瞥
三等奖（2个）
公安干警赴山西解救被拐卖妇女
厦门何厝村见闻
专题类（4个）
一等奖（2个）
潜伏行动　　（中央电视台、海南电视台）
中国蓝盔
二等奖（2个）
特殊的聚会
汪辜会谈
评论类（3个）
一等奖（1个）
洋河污染导致大片农田绝收
二等奖（1个）
中国货轮“银河号”未载有违禁化学品
三等奖（1个）
千里行车记
连续（系列）报道类（5个）
一等奖（2个）
风雨兼程话京九
走马上任新部长
二等奖（2个）
为了大自然的生灵
中华环保世纪行
三等奖（1个）
海南市场经济系列报道
——来自海南特区的报道　　（海南电视台、中央电视台）

1993年度全国优秀电视社教节目评选中央电视台获奖名单

1993年度全国优秀电视社教节目评选活动于1994年6月6日在武汉市揭晓。本届评奖共设文化教育、社会政治、人物、系列、科技、经济、电教七个类目。各省、市、自治区、直辖市及中央电视台共28家电视台选送的节目中有152个获奖。其中一等奖24个，二等奖47个，三等奖81个。

中央电视台选送的节目有33个获奖，其中一等奖11个，二等奖9个，三等奖13个。

获奖节目名单

文化教育类（5个）

一等奖（1个）

伶仃小岛 （中央电视台、深圳电视台）

二等奖（2个）

3点30分起爆

逛胡同（一）

三等奖（2个）

棕油王国话棕油

早早醒来的边陲

社会政治类（5个）

一等奖（3个）

远在北京的家 （中央电视台、安徽电视台）

金秋时节

8.31扫毒纪实

二等奖（2个）

中国奥运之光

和平备忘录

人物类（4个）

一等奖（1个）

班长刘森林

二等奖（2个）

女子特警队

团队第一兵

三等奖（1个）

水兵与盲童

系列类（6个）

一等奖（2个）

毛泽东

中华之门

三等奖（4个）

人间自有真情在 （河南电视台、中央电视台）

在中国版图上 （中央电视台和全国各省电视台）

大地之光

广东行

经济类（7个）

一等奖（2个）

'93质量万里行系列报道

（中央电视台和全国各省、市电视台）

西安“闹离”风波始末 （中央电视台、陕西电视台）

二等奖（2个）

“洋行”里的中国人

经济半小时

三等奖（3个）

关于扶贫的对话

山东九问

包装三题

电教类（6个）

一等奖（2个）

北京欢迎您（第8讲）：京城夜生活

跟我学电脑（第11集）：OK！BASIC语言

二等奖（1个）

美容美发与着装实用（第5集）：不同环境下的化妆

三等奖（3个）

大堤——消费、质量、法（第4集）：再说赔偿

标准日本语（第29讲）：火山与温泉

卡拉OK——跟我唱（第12集）

第八届全国电视文艺“星光奖”评选中央电视台获奖名单

第八届全国电视文艺“星光奖”颁奖大会于1994年9月15日在北京举行。本届评奖共设综合性文艺、专题文艺、电视音乐、电视歌舞、电视戏剧、电视曲艺、电视戏曲、以及荣誉奖、单项奖、提名奖。全国各省、市、自治区、直辖市及中央电视台44家单位选送了100多个节目，有51个节目获奖。其中特别奖3个，一等奖7个，二等奖17个，三等奖24个。

中央电视台选送的节目有35个获奖，其中特别奖2个，一等奖7个，二等奖11个，三等奖15个。

获奖节目名单

综合性文艺节目类（60分钟以内组）（4个）

一等奖（1个）

综艺大观（第67期） （中央电视台、梧州电视台）

二等奖（1个）

东西南北中（第11期） （中央电视台、辽宁电视台）

三等奖（2个）

综艺大观（第66期） （中央电视台、河南电视台、郑州电视台）

东西南北中（第12期） （中央电视台、新疆电视台、海南电视台）

综合性文艺节目类（60分钟以上组）（10个）

特别奖（1个）

1994春节晚会

一等奖（1个）

人间正道是沧桑

——献给毛泽东诞辰100周年 （中央电视台、湖南电视台）

二等奖（3个）

日·月·星辰
——中国近代史知识竞赛颁奖晚会
（中宣部、广电部、国家教委、共青团中央、中华全国总工会、全国妇联、中央电视台）
今宵属于你
太平盛世闹元宵
三等奖（5个）
冰·雪·火
——哈尔滨冰雪节晚会（中央电视台、哈尔滨电视台）
又是春风满人间（中央电视台、总政治部）
警民同心曲（中央电视台、公安部）
阳光·土地·庄稼汉（中央电视台、《中国农民》杂志社）
奥林匹克梦
专题文艺节目类（2个）
一等奖（1个）
毛泽东诗词
三等奖（1个）
东方喜神侯宝林
电视音乐节目类（3个）
一等奖（1个）
1993中国音乐电视（MTV）大赛颁奖晚会
三等奖（2个）
新年音乐会（中央电视台、中央人民广播电台、中国国际广播电台、北京音乐台）
古弦翰墨情
电视歌舞节目类（5个）
特别奖（1个）
山高水长
——纪念毛泽东诞辰100周年文艺晚会
（文化部、广电部、总政治部、北京市人民政府、中国文联主办，中央电视台录制）
一等奖（1个）
1994春节歌舞晚会
二等奖（2个）
黄河神韵（中央电视台、黄河电视台）
唐风流韵
三等奖（1个）
各族人民心中的歌（中央电视台、国家民委）
电视戏剧节目类（3个）
二等奖（1个）
夜审
三等奖（2个）
风筝飘飘
顾老先生
电视曲艺节目类（3个）
一等奖（1个）
曲苑杂坛（第31期）
二等奖（1个）
吴桥国际杂技节（中央电视台、河北电视台）
三等奖（1个）
水浒人物传
电视戏曲节目类（5个）
一等奖（1个）
梅兰芳金奖大赛（生角组）
二等奖（3个）
戏曲欣赏（第45期）
北京国际京剧票友大赛颁奖晚会
满园春色
——1994春节戏曲晚会
三等奖（1个）
打金砖（京剧）
荣誉奖（1个）
第七届全运会开幕式（中央电视台、北京电视台）
单项奖（9个）
撰稿：人间正道是沧桑（中央电视台、湖南电视台）
编辑：戏曲欣赏（第45期）
导演：张晓海 综艺大观（第67期）
人间正道是沧桑
化妆：唐风流韵
摄像：第七届全运会开幕式
（中央电视台、北京电视台）
主持人：赵忠祥 人间正道是沧桑
太平盛世闹元宵
1994春节戏曲晚会
今宵属于你
照明：1994春节歌舞晚会
美术：1994春节文艺晚会
栏目奖：东西南北中
提名奖（2个）
沈培艺舞蹈晚会
海峡两岸歌会（中央电视台、厦门电视台）

第十四届（1993年度）全国电视剧“飞天奖”评选中央电视台获奖节目名单

长篇电视剧（9集以上）（7个）
一等奖（2个）
大潮汐（上海文化发展总公司、上海市总工会、中央电视台影视部、上海电影制片厂）
情满珠江（珠江电影制片厂、中央电视台影视部、广东电视台）
二等奖（2个）

潮起潮落 （海政电视剧制作中心、中央电视台影视部）
北京人在纽约 （北京电视艺术中心、中国电视剧制作中心）
三等奖（3个）
针眼警官 （中国电视剧制作中心）
大雪小雪又一年 （吉林电视台、中央电视台影视部）
离别广岛的日子 （中国电视剧制作中心、日本广播协会）
中篇电视剧（3至8集）（5个）
二等奖（3个）
走进香巴拉 （兰州电影制片厂、中央电视台影视部）
凤凰琴 （河南电影制片厂、河南新谊医药集团公司、中央电视台影视部）
神圣的军旗 （总参电视艺术中心、中国电视剧制作中心、宁波北仑禹明实业开发公司）
三等奖（2个）
山野 （中国电视剧制作中心、林业部宣传办公室、中国野生动物保护协会）
小墩子 （中国电视剧制作中心）
短篇电视剧（1至2集）（1个）
二等奖（1个）
一个姑娘三个兵 （兰州军区电视艺术中心、大连电视台、中央电视台影视部）
长篇少年儿童题材电视剧（3集以上）（2个）
一等奖（1个）
只要你过得比我好 （中国电视剧制作中心）
二等奖（1个）
猴娃 （中国儿童电影制片厂、中央电视台影视部、华华集团公司温州催化剂总厂）
短篇少年儿童题材电视剧（1至2集）（3个）
一等奖（1个）
嗨，中学生（二） （中国电视剧制作中心）
二等奖（1个）
零花钱 （中国电视剧制作中心、中国人民建设银行南京分行、共青团南京市委）
三等奖（1个）
风铃小语 （中国电视剧制作中心）
长篇戏曲电视剧（3集以上）（1个）
三等奖（1个）
玉堂春（京剧） （中央新闻纪录电影制片厂、上海市农垦农工商综合商社、上海文化发展电视制作公司、上海农工商沪东实业公司）
短篇戏曲电视剧（1至2集）（1个）
三等奖（1个）
拉郎配（黄梅戏） （安徽电视台、中央电视台影视部）
短剧（30分钟之内）（1个）
二等奖（1个）
欢乐家庭 （中国福利会儿童教育电视制作中心、中央电视台影视部）

外语片译制奖（3个）
巴女斯特拉（美） （中央电视台国际部）
开出租车的姑娘（法） （中央电视台国际部、哈尔滨电视台）
浮尘女儿录（美） （中央电视台国际部）
单项奖
优秀音响：《小墩子》的音响：孟健、苗青、娄炜

1993年度全国优秀海外电视节目评选中央电视台获奖名单

1993年度全国优秀海外电视节目评选活动于1994年8月在哈尔滨市举行，并于1994年10月18日在山西省太原市举行了颁奖会。本届评奖共设专题、新闻、栏目、单项等类目。全国各省、自治区、直辖市、计划单列市、市级电视台及中央电视台共44个单位选送了175个节目，有96个节目获奖。在全国14家电视台及电视节目制作单位选送的近90个外语节目中，评出全国外语对外报道节目各类奖18个，并提交评委会确认。

中央电视台选送的节目有31个获奖，其中一等奖6个，二等奖4个，三等奖8个，优秀奖9个，单项奖4个。

获奖节目名单

专题类（16个）
长篇专题（2个）
一等奖（1个）
庐山（系列片，12集） （中央电视台、江西电视台）
三等奖（1个）
中国潮——外商投资在中国
中篇专题（6个）
一等奖（2个）
歌魂 （山西电视台、中央电视台）
毛泽东诞辰100周年
二等奖（1个）
拍卖台前幕后
三等奖（1个）

扫描京城时装潮
优秀奖（2个）
月亮　元宵　红灯笼
在珠海
短篇专题（8个）
一等奖（2个）
戏班　（中央电视台、广州电视台、温州电视台）
来自二滩的冲击
二等奖（2个）
藏族舞蹈家卓玛
风筝的故事
三等奖（4个）
植物世界：贝叶棕与贝叶经
漫山漫野都是花儿
超越生命的极限
九宫山观云
新闻类（7个）
一等奖（1个）
归家
二等奖（1个）
长江行
三等奖（2个）
胡曼丽
遣返劫机犯
优秀奖（3个）
千岛湖事件系列报道
北京第二监狱见闻
北京巡警系列报道
栏目类（4个）
优秀奖（4个）
天涯共此时（第35期）
中国报道（第157期）
荧屏荟萃
旅行家
单项奖（4个）
技术质量奖：庐山（系列片）　（中央电视台、江西电视台）
录音奖：歌魂
编辑奖：荧屏荟萃
主持人奖：李咏　方静

1993年度全国电视外语外宣节目评选中央电视台获奖名单

专题类（3个）
一等奖（1个）
西藏（英语）
二等奖（1个）
库车行（英语）
三等奖（1个）
花腔女高音迪里拜尔（英语）
新闻类（5个）
一等奖（1个）
深圳爆炸原因调查（英语）
二等奖（2个）
九江大桥（英语）
污水处理（西语）
三等奖（2个）
外国人学针灸（法语）
SOS村（英语）　（中央电视台、烟台电视台）
外语优秀栏目（3个）
华夏风情（英语）
今日中国（英语）
英语新闻（英语）
主持人奖
杜燕华
林　文

第五届全国优秀电视教育节目评选中央电视台获奖名单

1994年10月28日至11月1日，由中国广播电视学会电视教育节目研究委员会主办的第五届全国优秀电视教育节目评选活动在北京举行。本届评奖设普及类、教学类、栏目类三个项目。全国有29个省、自治区、直辖市、城市电视台及中央电视台选送了91个节目，有77个节目获奖，其中一等奖10个，二等奖19个，三等奖48个。

中央电视台选送的节目有12个获奖，其中一等奖3个，二等奖3个，三等奖6个。

获奖节目名单

普及类（3个）
一等奖（1个）
基因（第1集）
二等奖（1个）
激光（第1集）
三等奖（1个）
期货（第3集）：期货市场业务流程
教学类（8个）

一等奖（1个）
现代法语——法国欢迎您（第7集）：邀请
二等奖（2个）
现代广告（之四）：透过广告看营销
五分钟学烹饪：花雕凤翅
三等奖（5个）
少儿立体手工游戏（第3集）
家用电脑学习机讲座（第3集）：打字训练
电视俄语（第29集）：时间与计划
新中学生电视英语（第28集）：你什么时候起床？
日语实用会话电视系列讲座
——阿杨在日本（第2集）
栏目类（1个）
一等奖（1个）
夕阳红（第224期）

1993年度全国电视经济节目评选中央电视台获奖名单

信息类（4个）
二等奖（2个）
北京青年科技博览会成交踊跃
要公平竞争，不要垄断
三等奖（2个）
海外房地产首次向大陆出售
江阴沿小村产值效益连续四年翻番
专题类（8个）
一等奖（5个）
西安"闹离"风波始末　（中央电视台、陕西电视台）
"洋行"里的中国人
山东九问　（中央电视台、山东电视台）
一丹话题：关于扶贫的对话
包装三题
三等奖（3个）
联营的骗局——来自福建福鼎的报告
成都查处制售假冒伪劣商品窝点
蓝天大写意
特别节目类（2个）
特等奖（1个）
'93质量万里行系列报道
一等奖（1个）
话今天，历史的脚步
栏目类（2个）
一等奖（1个）
经济半小时
二等奖（1个）
经济信息联播

第五届全国少数民族题材电视艺术"骏马奖"中央电视台获奖名单

电视专题片（1个）
一等奖（1个）
悠悠笈笈草——中国俄罗斯族　（中央电视台、新兴国际文化发展公司、新疆乌鲁木齐市委宣传部）
电视艺术片（1个）
二等奖（1个）
东西南北中（第12期）　（中央电视台、海南电视台、新疆电视台）
电视连续剧（5个）
一等奖（2个）
马本斋　（河北电影制片厂、中央电视台影视部）
雪震　（成都军区政治部电视艺术中心、中央电视台影视部）
二等奖（1个）
走进香巴拉　（兰州电影制片厂、中央电视台影视部）
三等奖（1个）
情系秀吉滩　（中央电视台影视部、青海省畜牧厅、青海电视台）
提名奖（1个）
火把寨　（中国电视剧制作中心、玉溪电视台）
单本电视剧（1个）
二等奖（1个）
康定童话　（四川电视台、中央电视台影视部）

1994年全国优秀电视法制节目评选中央电视台获奖名单

1994年全国优秀电视法制节目评选活动于1994年11月在南京市举行。各省、市、自治区、直辖市的50多家电视台及中央电视台选送节目参加评选。

中央电视台获奖节目名单

优秀节目一等奖

外来人口管理

第八届全国电视广告“印象奖”评选中央电视台获奖名单

第八届全国电视广告“印象奖”颁奖会于1994年10月22日在重庆市举行，全国各省、市34家电视台和8家广告公司的代表参加大会。

中央电视台选送的作品有14个获奖，其中一等奖3个，二等奖7个，三等奖4个；另评单项奖2个。

获奖作品名单

商品广告

药品类（2个）

二等奖（2个）

东方神力胶囊

苍龙如意胶囊

生产资料类（1个）

二等奖（1个）

雪花冰箱

广告公司（4个）

一等奖（1个）

小霸王学习机

二等奖（1个）

解放胶鞋

三等奖（2个）

黄河维城空调

三角牌轮胎

公益广告

一等奖（2个）

反腐倡廉　流芳百世

请不要酒后开车

二等奖（3个）

就这一回

工间学习操　工作学习不可少

正确对待高考　正确对待人生

三等奖（2个）

请爱护森林

病从口入　饭前洗手

单项奖（2个）

创意奖

反腐倡廉　流芳百世

音乐奖

黄河维城空调

1994年中国音乐电视（MTV）大赛中央电视台获奖名单

金奖（1个）

晚情　（中国国际电视总公司）

银奖（1个）

九歌　（中国国际电视总公司）

银屏奖（2个）

师傅大哥　（中国国际电视总公司、东风汽车公司有线电视台）

风雨真情　（中央电视台《夕阳红》栏目组）

1994年国庆新闻报道优秀节目评选中央电视台获奖名单

一等奖（2个）

万民同庆

’94国庆在北京

二等奖（3个）

党和国家领导人参加国庆游园活动

《经济信息联播》特别节目《希望》

国庆游园新闻（4则）

广播电影电视部电视节目技术质量奖第一次评奖中央电视台获奖名单

广播电影电视部电视节目技术质量奖第一次评奖会于1994年10月31日至11月3日在福州市举行。经会议评选并报广电部科技司批准，本届评选共设电视节目录制技术质量奖、电视节目播出技术质量奖、电视节目安全播出奖、电视节目技术质量综合奖四项。各省、市、自治区电视台及中央电视台参加评选，共评选出71个获奖项目，其中一等奖4个，二等奖10个，三等奖19个，鼓励奖38个。

中央电视台共获4个奖项，其中一等奖2个，鼓励奖2个，以及综合奖。

获奖名单

电视节目录制技术质量奖（2个）
一等奖（1个）
山野（电视剧）
鼓励奖（1个）
综艺大观
电视节目播出技术质量奖（1个）
一等奖（1个）
中央电视台
电视节目安全播出奖（1个）
鼓励奖（1个）
中央电视台
电视节目技术质量奖综合奖获奖单位
中央电视台

首届全国广播电视节目主持人“百优双十佳”金话筒奖评选中央电视台节目主持人获奖名单

首届全国广播电视“百优双十佳”节目主持人金话筒奖评选活动于1994年6月11日在北京揭晓。本届评选由中国广播电视学会主持人节目研究委员会主办。经过广播电视界专家、学者的认真评议，100位广播电视节目主持人被评为优秀节目主持人，其中，广播和电视各有10位节目主持人荣获金话筒奖，被授予“十佳”节目主持人称号。

中央电视台荣获“十佳”电视节目主持人名单

敬一丹
杨　澜
倪　萍
鞠　萍
高丽萍

“特殊荣誉奖”获得者

赵忠祥

首届全国“电视十佳制片”评选中央电视台获奖人名单

1994年，由中国广播电视学会主办的首届全国“电视十佳制片”评选揭晓。中央电视台荣获“电视十佳制片”名单

于志超　中央电视台
李清水　中国电视剧制作中心
靳雨生　中国电视剧制作中心

1994年度中央电视台优秀栏目、优秀节目

优秀栏目

一等奖
《新闻联播》
《焦点访谈》
《东方时空》
《军事天地》
《夕阳红》
《第二起跑线》
《曲苑杂坛》
《人与自然》
《中国中央电视台新闻》
《乡音》（粤语）
二等奖
《晚间新闻》
《世界报道》
《神州风采》
《与你同行》
《中国音乐电视》
《综艺大观》
《环球45'》
《动画城》
《今日中国》（英语版）
《中国风》

优秀节目

一等奖
《社会在呼唤》
《'94电视扶贫》
《中国经济效益纵深行》

《边海防纪行》
《“六一”专题晚会——跨世纪的公民》
《解放》
科教片《基因》
《’95 春节联欢晚会》
《庆“七一”第六届全国青年歌手电视大赛颁奖晚会》
《国庆焰火晚会》
《正大综艺》西藏专辑
《爱国主义影片主题曲晚会》
中国电视周节目之一——《中国》
《唐焦会谈系列报道》
《中国西部》第 9 集
《三国演义》
《“九·一八”大案纪实》
《远山姐弟》
《情满珠江》
30 集动画片《蓝皮鼠·大脸猫》
二等奖
《辉煌十五年》
《东方时空》一周年特别节目
《中国百姓眼中的 1994》
《与你同行》第 36 期
《半边天》特别节目
《大地缤纷》
《收视指南》’95 春节特辑
《梅兰芳金奖大赛决赛》
《“五个一工程”颁奖晚会》
《’94 中国音乐电视大赛颁奖晚会》
《’95 新年音乐会》
《’95 元宵文艺晚会》
《“大学生之夜”晚会》
《千岛湖事件连续报道》
《西藏见闻》(英语)
《大使访谈录》(英语)
《欢聚一堂》春节特别节目
《郑大娘承包记》
《法官潘火中》
《凤凰琴》
《走进香巴拉》

1994 年度中央电视台技术及制作系统评比获奖名单

电视节目录制技术质量奖
综合类
一等奖
三国演义(第 6 集) (录制部)
二等奖
综艺大观(第 91 期) (录制部)
三等奖
武夷仙凡界 (电视剧中心技术处)
鼓励奖
又是春风满人间 (转播部)
Hi,中学生 (电视剧中心技术处)
东西南北中(第 25 期) (录制部)
专题类
一等奖
大山的风采 (海外中心技术部)
二等奖
我与地坛 (录制部)
三等奖
电视你我他(第 113 期) (录制部)
怀念关中 (录制部)
焦点访谈 (新闻中心制作部)
新闻类
一等奖
江泽民会见美国客人 (新闻中心制作部)
二等奖
固定资产投资明显回落 (新闻中心制作部)
三等奖
奥比斯眼科医院 (海外中心技术部)
鼓励奖
环渤海行系列报道(第 11 集) (录制部)
长江行系列报道(第 28 集) (录制部)
中国政府稳定市场物价 (海外中心技术部)
未来五年跨国企业投资将首选中国 (新闻中心制作部)

优秀工程奖
动力通讯处 5000 门程控电话工程
播送部机械手自动播出系统
安全播出质量奖
一等奖
播送部播控科 C 班
播送部播控科 D 班
二等奖
播送部播控科 E 班
播送部播控科 F 班
安全运行质量奖
动力通讯处供配电科高压班
动力通讯处机务科机务班

第一届（1993年度）“CCTV杯”优秀电视节目评选

从1994年开始中央电视台实行“CCTV杯”优秀电视节目评奖制度，目的在于多出精品节目，使电视节目质量不断提高。中央电视台分党组决定，由台研究室成立“CCTV杯”优秀电视节目评奖办公室，负责组织中央电视台的新闻、专题、文艺、电视剧、青少儿节目、对外宣传报道节目及少数民族题材节目等七大项电视节目的评奖工作。

“CCTV杯”优秀电视节目评奖的设置，具有较高的权威性，是中央电视台优秀电视节目的最高荣誉奖。七个项目的评委均由中央电视台、中国电视剧制作中心、中央新闻纪录电影制片厂、中国广播电视学会、中国电视艺术委员会等单位具有主任编辑以上高级职称的同志担任。评奖制度规定：凡代表中央电视台参加全国优秀电视节目政府奖评选的节目，必须首先参加“CCTV杯”优秀电视节目评选，由“CCTV杯”评选办公室负责向政府奖推荐；凡荣获“CCTV杯”一、二、三等奖的节目均由评奖组委会颁发荣誉证书和奖金。1994年“CCTV杯”优秀电视节目评奖是第一届，以后每年一届。

第一届（1993年度）“CCTV杯”优秀电视新闻节目

消息类

一等奖

代表民心的四次掌声
世界首例壳外孵小鸭成功
牡丹集团厂庆新办
公安干警赴山西解救被拐卖妇女
厦门何厝村见闻

二等奖

交友热线——交不起的朋友
让孩子动动手——校门口一瞥（系列之三）
新闻特写：空中联欢会
粮食——永恒的主题
国门第一路开通
除夕之夜访农家
严静大娘的生日
新疆三十里营房医疗站
台湾海基会秘书长邱进益登上长城
这样收费合理吗？
——关于大连站车票问题的报道

三等奖

沈阳妇婴医院发生新生儿感染事件
全国人大代表提交议案今天截止
谢军凯旋
北京交通大改观
蒋经国之子章孝慈到京
亚洲最大的工程爆破在珠海进行
北京今冬烟囱、炉子受冷
国务院总理、副总理接受本台记者采访
埃迪·基迪飞越长城
澳门国际机场加紧建设

专题类

特别奖

省长访谈录
’93质量万里行系列报道

一等奖

走马上任新部长
中华环保世纪行
遣返劫机犯刻不容缓
千里行车记
洋河污染导致大片农田绝收

二等奖

风雨兼程话京九
潜伏行动
汪辜会谈
东方之子：俞正声
中国货轮“银河号”未载有违禁化学品

三等奖

特殊的聚会
一家人和一个孩子的故事
一丹话题：关于扶贫的对话
辉煌十五年
谁帮勇士一把
西安“闹离”风波始末
包装三题
话今天“十一特辑”
为了大自然的生灵
中国蓝盔

第一届（1993年度）"CCTV杯"优秀电视社教节目

社教中心

特等奖

地方台30分钟·远在北京的家

一等奖

神州风采·巨石上的村庄
神州风采·贵州高原第一路
神州风采·滕王阁
神州风采·天祭太史公
卫生与健康·蒙医药学
社会经纬·8.31扫毒纪实
栏目外纪录片·金秋时节
银手杖特别节目·让我们同行
地方台30分钟·湖北专辑
祖国各地·告别荒原

二等奖

神州风采·江山代有人才出
神州风采·岁月如流不断新我
神州风采·百舸争流
神州风采·翰墨将军
神州风采·武陵源
神州风采·梦寻阿勒泰
神州风采·醉翁亭
神州风采·沽河
为您服务·余料尽余情
为您服务·青年消费观等
为您服务·全国手织作品评选（一、五）
卫生与健康·善待生命——预防意外伤亡和暴力（世界卫生日专辑）
卫生与健康·儿童心理健康的金钥匙（系列三集）
文化园林·胡同印象
文化园林·微笑
社会经纬·警方热线：解救被拐卖妇女
社会经纬·警方热线：小张飞虎口脱险
银手杖·人道主义之旅——中国残疾人艺术团访欧纪行
银手杖·启明星
民族之林·人之灵——路南风情录（一）
科技时代·太空探宝
科技时代·"科技与生活"——大发明
地方台30分钟·河北专辑
地方台30分钟·山东专辑
地方台30分钟·北京专辑
祖国各地·澳门一瞥
祖国各地·绵阳人
祖国各地·潍坊农业的启示
祖国各地·神奇的彩南
系列节目·中国百强县30集

三等奖

神州风采·西南第一天窗
神州风采·孤山
神州风采·木偶雕刻家徐竹初
神州风采·世界奇观
神州风采·红河的魅力
神州风采·东北大秧歌
神州风采·神奇阿尔山
神州风采·钢琴岛——鼓浪屿
神州风采·金鸡报晓
神州风采·龙脊梯田
神州风采·石韵壶情
神州风采·泗水泉林
为您服务·全国家庭艺术布置（一）
为您服务·人勤无陋室
为您服务·国际消费者权益日采访纪实（一、二）
为您服务·谈谈"街头理发"
为您服务·羊毛衫的魅力
卫生与健康·莫让屏幕再冒烟
卫生与健康·自身骨髓移植治疗白血病
卫生与健康·爱婴医院见闻
卫生与健康·母乳与母爱
文化园林·梦幻与现实（四、五）
文化园林·当代画家与具象油画
文化园林·画韵
文化园林·紫砂春秋
社会经纬·说是谈非：搓麻
社会经纬·警方热线：飓风行动
社会经纬·社会写真：情系众人身
银手杖·回归人的世界
银手杖·"小"寿星
民族之林·延边行
科技时代·追寻石油河
科技时代·科技与生活：纤维的魅力
科技时代·中期数值天气预报
科技时代·太阳能汽车
地方台30分钟·广西专辑
地方台30分钟·湖南专辑
地方台30分钟·黑龙江专辑
地方台30分钟·醉人的老吹影
祖国各地·运河明珠——大黄山
祖国各地·黄金水道
祖国各地·一张照片的故事
祖国各地·春风杨柳

祖国各地·铸剑为犁
祖国各地·绿归萨拉乌苏
军事部
特等奖
系列片·毛泽东
一等奖
人民子弟兵·班长刘森林
人民子弟兵·水兵与盲童
人民子弟兵·女子特警队
人民子弟兵·团队第一兵
军事天地（第36期）
军事天地（第44期）
系列片·中华之门
二等奖
人民子弟兵·九个老兵
人民子弟兵·3：30起爆
人民子弟兵·黑山猪倌邓元春
人民子弟兵·与荒野为伴
人民子弟兵·女兵、日记、家信
人民子弟兵·石狮军人的夫人们
人民子弟兵·钢八连的48小时
军事天地（第29期）
军事天地（第41期）
军事天地（第46期）
三等奖
人民子弟兵·小老板们当兵史
人民子弟兵·和平备忘录
人民子弟兵·澳星发射现场直播
人民子弟兵·大胆厂长
人民子弟兵·大潮冲击下的回声
人民子弟兵·红十字下的微笑
人民子弟兵·男儿国里的女大夫
人民子弟兵·海底升起的太阳
人民子弟兵·门华秀印象
人民子弟兵·军营第一步
人民子弟兵·延安女兵班
军事天地（第27期）
军事天地（第31期）
军事天地（第35期）
军事天地（第39期）
军事天地（第49期）
国际部
一等奖
正大综艺（第167期）
正大综艺（第176期）
环球45'·中央电视台35周年台庆特别节目
世界各地·棕油王国话棕油
世界各地·马六甲的传说
动物世界·伶仃小岛
动物世界·鸽子
二等奖
正大综艺（第58期）
正大综艺（第173期）
正大综艺（第193期）
环球45'·朋友手拉手
环球45'（第1期）
世界各地·世界人口的爆炸危机
动物世界·海边森林
动物世界·鸟之恋
动物世界·鹦鹉
三等奖
正大综艺（第155期）
正大综艺（第177期）
环球45'（第8期）
环球45'（第41期）
世界各地·神奇的土地
世界各地·秋到布拉格
动物世界·猎豹——凶残的三兄弟
动物世界·苏拉威西岛
动物世界·三泉的鹦鹉
动物世界·恼人的天气
动物世界·玩耍的奥秘
新闻中心
一等奖
东方时空·百期特别节目
东方时空·9.24特辑
东方时空（第51期）
东方时空（第176期）
东方时空（第197期）
二等奖
东方时空（第90期）
东方时空（第91期）
东方时空（第116期）
东方时空（第161期）
东方时空（第171期）
东方时空（第216期）
东方时空（第270期）
三等奖
东方时空（第2期）
东方时空（第37期）
东方时空（第75期）
东方时空（第112期）
东方时空（第169期）
东方时空（第210期）
东方时空（第212期）
东方时空（第218期）
东方时空（第239期）
东方时空（第244期）
东方时空（第248期）
东方时空（第261期）

体育部

一等奖

体育大世界·中国奥运之光

二等奖

体育大世界（第92期）

体育大世界（第103期）

体育大世界（第109期）

赛场纵横·美国NBA篮球总决赛

赛场纵横·我本英豪（欧洲足球锦标赛）

赛场纵横·独饮光荣（东京世界田径锦标赛）

卫星赛场：'93—'94意大利足球甲级联赛·桑普多利亚——AC米兰

卫星赛场：'93—'94意大利足球甲级联赛·国际米兰——帕尔马

卫星赛场：'93—'94意大利足球甲级联赛·AC米兰——国际米兰

三等奖

体育大世界（第88期）

体育大世界（第90期）

体育大世界（第94期）

体育大世界（第95期）

体育大世界（第110期）

赛场纵横·加拿大铁人三项赛

赛场纵横·挑战南迦尼瓦峰（中日联合登山）

赛场纵横·巴黎—卡塔尔汽车拉力赛集锦

赛场纵横·欧洲俱乐部杯篮球赛

赛场纵横·美国全明星职业篮球赛

卫星赛场：'93—'94意大利足球甲级联赛·AC米兰—尤文图斯

卫星赛场：'93—'94意大利足球甲级联赛·桑普多利亚—帕尔马

卫星赛场：'93—'94意大利足球甲级联赛·尤文图斯—皮亚琴察

卫星赛场：'93—'94意大利足球甲级联赛·那不勒斯—国际米兰

总编室

一等奖

电视你我他（第52期）

二等奖

电视你我他（第25期）

电视你我他（第48期）

电视你我他（第54期）

电视你我他（第62期）

三等奖

电视你我他（第23期）

电视你我他（第33期）

电视你我他（第38期）

电视你我他（第40期）

电视你我他（第45期）

教育节目部

特别奖

夕阳红·开播特别节目

文化长廊·激光

一等奖

电视讲座·美容美发与着装实用——不同环境下的化妆

电视讲座·跟我学电脑（第19讲）

文化长廊·大堤——消费·质量·法（第4讲）

文化长廊·卡拉OK——跟我唱

夕阳红（第17期）

夕阳红（第55期）

外语教学·北京欢迎您（第8讲）：京城夜生活

外语教学·标准日本语（第29讲）：火山与温泉

星期日日语（第15期）·足利纪行——访日见闻

二等奖

电视讲座·空间科技（第4讲）

电视讲座·跨国经营战略与决策（第16讲）

电视讲座·期货（第3讲）

文化长廊·证券与证券市场：上市与入市

文化长廊·中华茶文化（第2讲）

十分钟·幼儿基本体操（第2讲）

外语教学·现代法语——法国欢迎您（第2讲）

外语教学·新中学生电视英语（第28讲）

夕阳红（第3期）

夕阳红（第11期）

夕阳红（第23期）

三等奖

电视讲座·百家企业话改革（第47讲）

电视讲座·家用电脑普及讲座（第3讲）

文化长廊·大地之光（第5讲）

十分钟·古典吉它（第1讲）

外语教学·法语语音（第5讲）

外语教学·浅谈英美英语差异

夕阳红（第46期）

中国国际电视总公司

一等奖

广东行（第3集、下）

优秀栏目

东方时空

正大综艺

军事天地

电教节目

社会经纬

优秀单项奖

优秀摄像奖 伶仃小岛

优秀编导奖 毛泽东

优秀音乐音响奖 伶仃小岛

优秀主持人奖 中华之门

优秀播音奖 毛泽东

优秀剪辑奖 激光

第一届（1993年度）“CCTV杯”优秀电视文艺节目

特别奖
’94春节晚会
’94春节音乐歌舞晚会
满园春色——’94春节戏曲晚会
毛泽东诗词
一等奖
（栏目内节目）
曲苑杂坛·东方喜神侯宝林
艺苑风景线·春节特别奉献（第38期）
综艺大观（第66期）
综艺大观（第67期）
东西南北中（第1期）
东西南北中（第12期）
地方文艺（第20期）
九州戏苑·戏曲欣赏（第45期）
人间万象（第52期）
戏曲直播·打金砖（京剧）
旋转舞台·黄河神韵
旋转舞台·火凤丹霞
文艺广角·新春特辑
电视剧场·奥林匹克梦（上、下）
电视剧场·沈培艺舞蹈晚会
旋转舞台·古弦翰墨情
电视剧场·警民同心曲
电视剧场·美国费城交响乐团访华演出
电视剧场·正义之歌文艺晚会
电视剧场·拳拳赤子心晚会
外国文艺（1993年第8期）
（栏目外节目）
今宵属于你
梅兰芳金奖大赛（生角组）
’93中国音乐电视（MTV）大赛颁奖晚会
太平盛世闹元宵（上、下）
新年音乐会
人间正道是沧桑
第七届全国运动会开幕式
优秀奖
电视书场
每周一歌
二等奖
东西南北中（第11期）
地方文艺（第3期）
综艺大观（第71期）
都市交响
星期音乐会——环球旅游
艺苑风景线（第20期）
艺苑风景线（第33期）
现在开庭（第3集）解除收养
人间万象（第55期）
曲苑杂坛（第31期）
’94正月正晚会
音乐桥·新年特辑
戏曲欣赏（第46期）三湘粉墨图
九州戏苑（第6期）
戏曲直播·铁公鸡（京剧）
文艺广角（第5期）
文艺广角（第6期）
电视剧场·情系红盾
电视剧场·情系华厦
电视剧场·太阳心——第五届国际科学与和平周文艺晚会
电视剧场·山高水长——纪念毛泽东诞辰100周年文艺晚会
电视剧场·梅兰芳金奖大赛（生角组）颁奖晚会
电视剧场·’93国庆文艺晚会
电视剧场·唐风流韵
电视剧场·毛泽东颂歌演唱会
又是春风满人间
日·月·星·辰——中国近代史知识竞赛颁奖晚会
阳光·土地·庄稼汉
三等奖
综艺大观（第72期）
综艺大观（第74期）
星期音乐会·沃土之恋
艺苑风景线（第16期）
艺苑风景线（第32期）
人间万象（第56期）
人间万象·边城畅想曲
人间万象·顾老先生
人间万象·心愿
曲苑杂坛选粹（第3期）
曲苑杂坛（第29期）
曲苑杂坛·吴桥国际杂技节
九州戏苑（第2期）
戏曲欣赏（第43期）
戏曲直播·天涯情仇
戏曲直播·审头刺汤
文艺广角（第11期）
文艺广角（第20期）
文艺广角（第21期）
电视剧场·希望之路专题文艺晚会

电视剧场·走进长城的梦
电视剧场·首届电视名曲（爱乐奖）鉴赏晚会
电视剧场·各族人民心中的歌
电视剧场·大连——明亮的星
“五一”文艺晚会
跨世纪的钟声

第一届（1993年度）“CCTV杯”优秀电视剧

长篇连续剧（9集以上）
一等奖
北京人在纽约
针眼儿警官
情满珠江
大潮汐
大雪小雪又一年
还是那条街
潮起潮落
儒　商
二等奖
女人天生爱做梦
青松岭后传
黑水洋
三等奖
离别广岛的日子
这世界不会寂寞
秦淮世家
中篇连续剧（3—8集）
一等奖
小墩子
山　野
西行漫记
神圣的军旗
凤凰琴
大地缘
特区警察
走进香巴拉
二等奖
都市言情
情系老君山
闯海人
我　们
三等奖
男人也有故事
隐蔽战线——代号4991
狂　飙
唱　晚
短篇电视剧（1—2集）
一等奖
姑娘今年六十二
风铃小语
一个姑娘三个兵
依旧小院人家
嘉应观秘史
远山姐弟
二等奖
金色轨迹
遥远的青山
早春一吻
三等奖
WC风波
寻梦在边缘
儿童电视剧
一等奖
只要你过得比我好
欢乐家庭
Hi，中学生
猴　娃
零花钱
二等奖
山妮妮，沟娃娃
三等奖
（空缺）
戏曲电视剧
一等奖
生儿子大奖赛
琵琶记
二等奖
拉郎配
乐昌公主
三等奖
（空缺）
译制片
一等奖
豪门恩怨
海　峡
浮尘女儿录
迂夫智妻
开出租车的姑娘
吧女斯特拉
二等奖
皇冠上的宝石
金玫瑰洞
秘　密

改　变
故事奶奶
牧场浪漫曲
证人的眼睛
回　归
美好的事
超　人
金海豹
霹雳五号
被撕毁的誓约
灯塔山的故事
心灵之声
三等奖
赛车手
女商奇遇
铁城奇案
贵族婚礼
梦街人
九点到五点
天赐良缘
水手归来
死亡狩猎
爸　爸
飞碟导航员
无菌罩少年
致命的婚姻
大骗局
小镇的分歧

第一届（1993 年度）“CCTV 杯”优秀对外电视节目

专题类短篇
一等奖
来自二滩的冲击
戏　班
冰雪哈尔滨
藏族舞蹈家卓玛
风筝的故乡
二等奖
柚子雕塑
贝叶棕与贝叶经
热带雨林的绞杀者
北大读书人
漫山漫野都是花儿
超越生命的极限
房山探幽
神游黄土地
九宫山观云
泥土巢的主人——浩然
放舟漓江行
专题类中篇
一等奖
拍卖台前幕后
在珠海
二等奖
毛泽东诞辰 100 周年——12 月 26 日天安门广场纪实
月亮·元宵·红灯笼
齐鲁女杰
扫描京城时装潮
系列片
一等奖
庐　山
二等奖
中国潮——外商投资在中国
优秀栏目奖
旅行家
天涯共此时
中国报道
荧屏荟萃
新闻类
一等奖
归　家
北京第二监狱见闻
三峡移民系列报道
北京巡警系列报道
二等奖
长江行系列报道
胡曼丽创办中国绿荫儿童学校
遣返劫机犯刻不容缓
沙漠探险
优秀节目奖
北京国际京剧票友电视大赛颁奖晚会
首届中华迎奥运英语歌曲大奖赛
华夏月更圆

第一届(1993年度)“CCTV杯”优秀青少年儿童电视节目

专题类
一等奖
第三届全国十佳健康儿童评选
熊猫写生
学会生存
二等奖
明日星辰
智慧迷宫（第15集）
航 模
史丰收速算法初级班讲座
三等奖
老少相聚话新春
幻想国
我当特技演员
周末碰碰车
家长学校
1994年第一天
走进大自然
文艺类
一等奖
跨世纪的公民——'94中央电视台“六一”专题晚会
歌声与我同行——“南方杯”全国青少年优秀新歌演唱比赛
“三优”大家庭晚会
二等奖
全国“营多杯”新童谣竞唱
小星星竞歌接力赛
三等奖
鼓苗迎春
栏目类
一等奖
第二起跑线
七巧板
二等奖
12演播室
三等奖
和爸爸妈妈一起看
蒲公英剧场
短剧、小品类
一等奖
玉米人农庄——吃不完的玉米、恐龙蛋的风波
毛毛和哈利
二等奖
地精和海怪——第一号实验、爱放屁的老虎
花季留言
三等奖
（空 缺）
竞赛类
一等奖
我的祖国——百部爱国主义影片竞赛晚会（上、下）
电脑的风采——首届全国中学生电脑知识大赛
二等奖
'93首届国际大专辩论会决赛（复旦大学——台湾大学）
三等奖
我的学习机
大中学生类
一等奖
第二起跑线
青年与京剧
说说青春崇拜
二等奖
清华十佳
四合院·石库门·大世界
锻造太阳（上、中、下）
从球赛看公平
三等奖
青年与传统文化

第一届(1993年度)“CCTV杯”优秀少数民族题材电视节目

专题类
一等奖
金秋时节
悠悠芨芨草—中国俄罗斯族
二等奖
群星灿烂——话说民族古籍
藏族舞蹈家卓玛
三等奖
瑞丽行
裕固风情
火之星——路南风情录
文艺专题片类
一等奖
正大综艺·西藏专辑

二等奖

正大综艺·延边风情

三等奖

正大综艺·内蒙古专辑

电视艺术片类

一等奖

东西南北中（第12期）

二等奖

卓玛舞蹈艺术

中国藏族歌唱家才旦卓玛演唱专辑

三等奖

雪域欢歌——中国西藏艺术团出访四国汇报演出

歌海浪花——全国少数民族声乐大赛电视歌会

优秀栏目奖

兄弟民族

电视剧

一等奖

马本斋

二等奖

雪 震

走进香巴拉

三等奖

火把寨

遥远的青山

康定童话

纪录片

一等奖

拉萨的韵律

二等奖

草原的女儿

三等奖

金色的延边

二、电影评奖

1993年度广播电影电视部优秀影片奖

1994年，中央新闻纪录电影制片厂摄制的纪录影片《水中影》、《拉萨的韵律》获广播电影电视部优秀纪录片奖。

纪录片《中国出了个毛泽东》获最佳纪录片奖。

第十四届中国电影“金鸡奖”

1994年，在第十四届中国电影“金鸡奖”评选中，中央新闻纪录电影制片厂摄制的纪录片《水中影》获“金鸡奖”最佳纪录片奖。

中央新闻纪录电影制片厂摄制的纪录片《中国出了个毛泽东》获“金鸡奖”荣誉奖。

中央电视台影视部与南京电影制片厂合拍的故事片《早春一吻》获“金鸡奖”儿童片特别奖。

1993年度全国少数民族题材电影“腾龙奖”

1994年，在国家民委举办的全国少数民族题材电影“腾龙奖”评选中，中央新闻纪录电影制片厂摄制的三部纪录片分获一、二、三等奖：

一等奖

拉萨的韵律

二等奖

金色的延边

三等奖

草原的女儿

第二届大学生电影节优秀影片奖

1994年5月28日，中央电视台影视部与南京电影制片厂联合录制的电影《早春一吻》获第二届大学生电影节优秀影片奖。

三、全国好新闻评奖

第四届中国新闻奖评选
中央电视台获奖名单

1994年，由中华全国新闻工作者协会主办的第四届中国新闻奖评选活动揭晓，160件新闻作品分获一、二、三等奖。中央电视台获奖名单：

消息类

一等奖

牡丹集团厂庆新办

二等奖

代表民心的四次掌声

专题类

二等奖

风雨兼程话京九（第8集）

洋河污染导致大片农田绝收

三等奖

走马上任新部长（第1集）

第二届范长江新闻奖评选
中央电视台获奖人员

由中华全国新闻工作者协会和范长江新闻奖基金会联合举办的第二届范长江新闻奖评选于1994年10月24日在北京揭晓。

范长江新闻奖的设立，在于培养范长江式的新闻人才。范长江新闻奖的评奖原则是人品与文品并重，不仅考察参评者的业务成绩，还要考察其政治、思想、作风上的表现。人品方面的要求是：政治坚定、艰苦深入、廉洁奉公；文品方面的要求是：业务精专、勇于创新、成果突出。通过这样的要求，使年轻的新闻工作者成为范长江那样的热爱祖国，热爱中国共产党，热爱社会主义，关心并且密切联系群众，能够深入艰苦地区和基层，又能写一手好文章的优秀新闻工作者。

范长江新闻奖每两年评选一次。本届共110名新闻工作者参评，年龄上限为50岁。28名评委本着人品与文品并重的原则，经过反复评议，以投票方式选出了11名获奖者，30名提名荣誉者。

中央电视台获奖者

魏斌　中央电视台社教中心纪录片室组长　记者

中央主要新闻单位
名专栏评选
中央电视台获奖栏目名单

1994年，中宣部决定首先在中央九家主要新闻单位开展创办名专栏、评选名专栏活动。1995年5月8日评选出十个名专栏，中央电视台有两个栏目获奖，即：《焦点访谈》、《东方时空》。

中国经济效益纵深行
1994年调研宣传评奖

由国家经贸委、国家计委、国家体改委、财政部等12部委共同组织的中国经济效益纵深行1994年调研宣传评奖揭晓。

中央电视台获优秀组织奖。

广播电影电视部副部长、中央电视台台长杨伟光获优秀思路奖。

中央电视台经济部摄制的《走进纵深——经济效益纵深行专题晚会》获电视特别奖。

中央电视台摄制的《效益关联千万家》、《起死回生靠什么》、《负负能得正吗》、《 阿里斯顿启示》、《苏鲁两省企业经济效益考察》获优秀电视节目奖。

首届奋发文明进步新闻奖

由中国残疾人联合会、中国新闻工作者协会联合举办的首届奋发文明进步新闻奖评选揭晓。

奋发文明进步新闻奖是中国残疾人事业新闻宣传领域内的最高奖项，它的宗旨是促进和推动残疾人事业的发展，大力弘扬人道主义精神和扶残助残的社会风尚，表彰和奖励在残疾人事业新闻宣传领域内长期勤奋耕耘并做出贡献的新闻工作者。首届奋发奖获奖者共19名。

中央电视台副台长沈纪获首届奋发文明进步新闻奖荣誉奖。

中央电视台新闻中心新闻采访部记者刘静获首届奋发文明进步新闻奖。

1994年人民保险好新闻（电视类）评选中央电视台获奖名单

新闻类

一等奖

一学生“意外”得到数万元赔付金

我国保险业发展迅速

保险正在走进千家万户

二等奖

涉外保险成为福建外资企业的“保护神”

水灾之后话保险

中国人民保险公司承保国家重点工程成效显著

中国人民保险公司加快涉外保险业务发展

中国人民保险公司推出改革新举措

厦门公安保险联手打击盗车

三等奖

中国人民保险公司实行目标责任制管理

中国人民保险公司为民造福成绩卓著

中国人民保险公司向“远南”运动会提供十二亿九千万元保险

山西保险公司为煤炭企业提供多种保险服务

中国人民保险公司为中国银行提供出口信用担保

福建人保为外资投保三十八亿美元

山西人保为“希望工程”捐款

鼓励奖

辽宁率先在全国开办污染环境责任保险

共和国的步伐

中国人民保险公司免费为“远南”提供保险

福建上杭开办革命旧址保险

福建上杭县免费为革命旧址保险

专题类

一等奖

保险在中国

二等奖

焦点访谈·好事不该多磨

保险为外贸出口做后盾

鼓励奖

假冒商品的克星

1994年中国质量万里行宣传报道好新闻评选中央电视台获奖名单

由中国质量万里行组委会举办的'94中国质量万里行宣传报道活动总结表彰大会于1994年10月在青岛市召开。会议评选出6家'94中国质量万里行活动先进单位，30名先进个人，好新闻作品27篇。

中央电视台获'94中国质量万里行宣传报道活动先进单位。

中央电视台闫连俊、骆汉城、吴芳、李勇、王晓琨、王晓真、肖航等七人获先进个人。

获奖作品名单

一等奖

再访无极

陕西高陵虚抬棉花等级案查处受阻

二等奖

四川注水猪肉问题亟待解决

晋江之行

第四届全国医药好新闻评选中央电视台获奖名单

一等奖

飞速发展的医药工业
再访无极（系列 3 集）
二等奖
全国首届医药博览会在京举行

1994 年中央电视台国内获奖节目

1994 年 3 月 5 日，由国务院台湾事务办公室主办的 1991—1993 年度优秀对台电视录像节目评奖活动揭晓。中央电视台《天涯共此时》（第 1 期）荣获一等奖。

1994 年 4 月 12 日，中央电视台海外电视中心摄制的专题片《长江行》荣获国务院新闻办公室颁发的 1993 年度对外报道沿江地区优秀奖。

1994 年 4 月 15 日，由中央社会治安综合治理委员会主办的 1993 年度全国社会治安综合治理好新闻奖评选揭晓。中央电视台播出的《解救被拐卖妇女纪实》专题新闻荣获电视作品奖一等奖；《中央领导强调坚持两手抓》专题新闻荣获电视作品奖二等奖。

1994 年 5 月 10 日，中国电视剧制作中心与内蒙古文化厅联合录制的京剧电视剧《北国情》荣获第九届全国戏曲电视剧"天安奖"优秀电视戏曲片一等奖及优秀编剧奖、优秀演员奖、优秀音乐奖。

1994 年 5 月 25 日至 26 日，由国务院台湾事务办公室主办的首届全国对台报道作品评选揭晓。中央电视台摄制的《天涯共此时》（第 1 期）、《首批大陆记者访台》等四个节目分别荣获一、二、三等奖。

1994 年 5 月 28 日，中央电视台影视部与华艺影视公司联合录制的电视剧《还是那条街》荣获无吸烟影视片表彰会颁发的无吸烟影视片奖。

1994 年 6 月 16 日，在中国民用航空总局、国家旅游局、《中国贸易报》（航空版）联合举办的首届国际民航旅游安全知识大赛中，中央电视台《正大综艺》剧组荣获参赛特别奖。

1994 年 11 月，由建设部主办的城市住宅小区建设试点宣传新闻评选揭晓。中央电视台新闻中心王晓琨荣获建设部新闻宣传一等奖；中央电视台社教中心陈建军荣获建设部新闻宣传二等奖。

1994 年 12 月 14 日，由中央电视台、新华社、《人民日报》等九家首都新闻单位联合举办的"国家重点工程建设者风采"新闻报道佳作评选揭晓。中央电视台拍摄的《这里通向蓝天》获一等奖。

1994 年，由国家技术监督局主办的第二届全国技术监督好新闻评选揭晓。中央电视台新闻中心拍摄的《打假特别行动》（系列报道）获一等奖；《警钟长鸣》（系列报道）获二等奖。

中央电视台军事部拍摄的大型电视纪录片《毛泽东》荣获"精神文明建设五个一工程"奖。

中央电视台军事部拍摄的电视系列片《中华之门》荣获公安部"金盾奖"。

四、电视报刊论文、稿件评奖

1993 年度全国广播影视报刊优秀稿件评选中央电视台获奖名单

1994 年 5 月，由中国广播电视学会、中国广播影视报刊协会联合举办的 1993 年度全国广播影视报刊优秀稿件评选在北京举行。中央电视台《电视研究》编辑部选送的三篇论文获奖：

一等奖

黄望南、杨帆：《踏遍齐鲁觅芳草——评祝丽华的电视艺术追求》

张群力：《形而上的具象与人化的山神——〈最后的山神〉启示录》

二等奖

赵群：《谈节目主持人的着装》

中央电视台《中国电视报》社选送的一篇稿件获奖：

消息类

二等奖

郭莉：《不认“关系”、重奖作者——来自春节联欢晚会的信息》

1994年全国广播电视学刊优秀论文评选中央电视台获奖名单

1994年9月24日，由中国广播电视学会广播电视学刊研究会举办的“声屏世界杯”’94全国广播电视学刊优秀论文评选在南昌市揭晓。全国广播电视系统36家专业刊物选送了81篇论文，有65篇论文获奖。其中一等奖7篇，二等奖20篇，三等奖38篇。

获奖篇目(《电视研究》选送)

一等奖

杨君：《电视技术发展与电视传播观念的变革》

二等奖

韩金度：《论纪录片的追踪拍摄》

三等奖

王录：《强化电视宣传效果之我见》

1993年度全国广播电视期刊优秀稿件评选中央电视台获奖名单

1994年4月1日至5日，由中国广播电影电视报刊协会广播电视期刊专业委员会主办的1993年度全国广播电视期刊优秀稿件评选在安徽省黄山市举行。中央电视台《电视研究》编辑部选送的四篇稿件获奖。

一等奖

黄望南、杨帆：《踏遍齐鲁觅芳草——评祝丽华的电视艺术追求》

赵群：《谈节目主持人的着装》

二等奖

张群力：《形而上的具象与人化的山神——〈最后的山神〉启示录》

三等奖

高峰：《一只海龟和三个“我”》

第二届(1994年)全国广播电视主持人节目优秀论文评选中央电视台获奖名单

一等奖

陆善家：《共塑中央电视台节目主持人的屏幕形象——从〈正大综艺〉节目主持人说起》

二等奖

敬一丹：《〈一丹话题〉得失录》

1994年中国西南、西北地区广播电视报优秀稿件评选中央电视台获奖名单

1994年3月14日，中国西南、西北地区广播电视报优秀稿件评选揭晓。《中国电视报》选送的五篇稿件分别获得一、二、三等奖，并获两个版面设计奖。

消息类

一等奖

郭莉：《不认“关系”、重奖作者——来自春节联欢晚会的信息》

二等奖

苑文刚：《中央新闻纪录电影制片厂划归中央电视台》

通讯类

一等奖

王萍萍：《流泪·高兴·奖牌》

二等奖

郭莉：《也是秦国人》

三等奖

张斌：《一海破万家　谁当精卫》

版面设计

二等奖

王萍萍：1993年第19期第4版

三等奖

苑文刚：1993年第38期第1版

记者郭莉撰写的稿件《不认"关系"、重奖作者——来自春节联欢晚会的信息》获"天磁杯"全国报纸头条新闻大赛三等奖。

1994年全国报纸头条新闻大赛中央电视台获奖名单

1994年3月29日，中央电视台《中国电视报》

五、国际评奖

1994年度中央电视台获国际奖节目

1994年10月26日至11月3日，中央电视台影视部与河北电影制片厂联合录制的电视剧《远山姐弟》，在日本京都举行的亚洲——太平洋地区广播电视联盟第31届年会上荣获亚广联电视剧奖，并被授予本年度最优秀节目奖——亚广联京都奖。

1994年3月15日至18日，中央电视台社教中心专题部摄制的电视纪录片《姊妹溪》(编导魏斌)，在日本大阪举办的第二届亚洲电视节上荣获优秀纪录片奖——亚洲未来奖。

1994年6月，中央电视台文艺部录制的文艺专题片《大唐舞韵》、《中国民族民间舞蹈》，在俄罗斯莫斯科举办的"彩虹"电视节上荣获民间艺术彩虹奖。

1994年7月，中央电视台制作部美术编辑吴克勤设计的电视专题片《中华周易》五行相生片头，在第23届日本富士网亚太地区片头设计大赛中荣获银奖。

1994年2月1日至3日，中央电视台海外电视中心专题部编导张讴制作的电视纪录片《两位百岁老人和他们的饮食》，在悉尼举行的亚广联1993年"饮食与人"主题节目评比中获第一名。

13. 机　构

1994 年中央电视台机构设置

中央电视台是中华人民共和国国家电视台，1958 年 5 月 1 日试播，同年 9 月 2 日正式播出。现办有五套节目，每天播出 80 多小时。第一套节目是以新闻为主的综合性频道；第二套节目是以经济、社会教育节目为特色的频道；第三套节目是以娱乐节目为主的频道；第四套节目是以新闻和娱乐节目为主的综合性频道；第五套节目是以体育节目为主的频道。五套节目都送上卫星覆盖全国，其中第四套节目可覆盖亚洲、澳洲、非洲和独联体各国。全台现有正式职工 2100 余人，连同中国电视剧制作中心、中央新闻纪录电影制片厂在内，共计 3200 余人。台内机构分四个系统设置：党政系统，宣传系统，技术系统，经营管理系统。党政系统设有办公室，党委办公室，分党组纪检组，监察室，审计处，人事处，计财处，财产物资处，工会，行政处，外事处，保卫处，房管处，教育处，老干部处。宣传系统设有总编室；新闻中心，其中包括新闻采访部、新闻编辑部、新闻评论部、新闻制作部、体育部、经济部、军事部；社教中心，其中包括专题部、教育节目部、青少部、纪录片室；海外电视中心，其中包括海外新闻部、海外专题部、海外节目部、海外外语节目部、技术制作部；文艺中心，其中包括文艺部，影视部，国际部，动画部；台直属的部有研究室，广告部，中国电视报。技术系统设有技术管理办公室，其中包括科技处、工程维护处；技术制作中心，其中包括制作部、录制部、音频部；播送中心，其中包括播送部、转播部；台直属的部有动力通讯处。经营管理系统设有经营管理处，中国国际电视总公司，中国电视节目代理公司，梅地亚电视中心有限公司，涿州影视拍摄基地，无锡太湖影视城。中国电视剧制作中心，下设办公室，人保处，计财处，生产处，文学部，技术处，制作部。中央新闻纪录电影制片厂，下设党委办公室，厂部办公室，纪检组，监察室，编辑部办公室，第一编辑室，第二编辑室，第三编辑室，生产经营管理处，技术管理处，人事处，保卫处，行政管理处，计划财务处，工会，劳动服务公司，多种经营办公室。中央电视台分党组书记、台长、总编辑杨伟光；中央电视台分党组副书记于广华，成员有：沈纪、赵化勇、张长明、刘宜勤、陈汉元、刘建中、贾文增、陈君。中央电视台副台长于广华、沈纪、赵化勇、张长明、刘宜勤；副总编辑陈汉元、章壮沂、朱继峰；总工程师方庆浩；总会计师贾文增；分党组纪检组组长陈君；党委书记于广华，党委专职副书记宋培福，副书记章壮沂。中国电视剧制作中心主任于广华（兼），第一副主任陈汉元，副主任李培森、邹庆芳、吕基忠。中央新闻纪录电影制片厂厂长刘建中，副厂长张建华、王盟盟、徐式训。中央电视台通讯地址：北京复兴路 11 号。邮政编码：100859。电话：850.0114。

办公室

办公室是台分党组和台领导的主要办事机构，是综合性的职能部门。其主要职能包括：1. 协调职能：组织协调台领导的活动和日程安排；组织协调全台各部门之间在宣传、技术、行政等方面的工作和重大宣传政务活动等。2. 管理职能：负责电视台公文的撰写、处理（收发、登记、阅办、运转、缮印、立卷、归档等）工作；负责电视台机要文件的管理工作；负责电视台印章的管理工作；负责管理电视台的保密工作，包括有线、无线电话、文传机、微机的管理使用以及文件的销毁等工作；负责管理电视台办公自动化系统；负责电视台行政秘书的管理工作；负责指导各中心办公室的管理工作；负责全台法律事务的咨询、监督、管理、宣传、教育等工作。3. 处理日常事务职能：完成台领导临时交办的事务；负责台值班室值班工作；负责电视台的信息收集、汇总、整理、上报、下达的工作；负责电视台的调研、督办以及台领导交办的文字材料的整理工作等。台办公室设有秘书一组，秘书二组，秘书三组，档案科，摄影科，收发科，法律顾问室，书画院；现有正式职工 47 人。办公室主任李建，副主任刘俊改，王丹洁。

党委办公室

中央电视台党委，在广播电影电视部机关党委的直接领导下和台分党组的指导下进行工作。台党委下设有一个党委办公室（负责承办党委、纪委及团委的日常工作）；三个基层党委（电视剧制作中心党委、中央新闻纪录电影制片厂党委、无锡太湖影视城党委）；十个党总支；96 个正式党支部（所有部、处、室均设有党支部）。全台共有党员 1869 人，党务干部的编制按职工总数的1%—1.5%配备（现在没有配齐）。

中央电视台纪律检查委员会（简称中央电视台纪委），在广播电影电视部机关纪委和中央电视台党委的双重领导下进行工作。所辖有电视剧制作中心纪委、新闻纪录电影制片厂纪委和无锡太湖影视城纪委三个基层纪委。

本届台党委于1991年11月28日在中央电视台第四次党员代表大会上换届选举产生，为中央电视台第四届党委，由17名委员组成。设常委7名，其中包括书记1名，专职副书记和兼职副书记各1名，其他常委4名。于广华任党委书记，宋培福任党委专职副书记，章壮沂兼任党委副书记，李建、刘振瑞、许世杰、郭秀英为常委委员。

党委办公室是台党委的办事机构，是日常党务工作的综合管理部门，由10人组成，内设组织、宣传、纪委、团委四部分工作。党委办公室主任南玉敏，副主任杨菁。

本届台纪委于1991年11月28日在中央电视台第四次党员代表大会上换届选举产生，为中央电视台第三届纪委，由10名委员组成。纪委书记宋培福，纪委专职副书记梁萍，纪委副书记南玉敏（兼）。

分党组纪检组、监察室

1994年10月经中央纪委同意，广播电影电视部党组批准，设立中央电视台分党组纪检组，并同监察室合署办公。

分党组纪检组、监察室合署办公后的主要职责和任务是：在中纪委驻广播电影电视部纪检组、监察部驻广播电影电视部监察局和台分党组、台长双重领导下，检查本台各部门和所属单位的党组织与党员领导干部执行党的路线、方针、政策和决议的情况，对台分党组及其成员和其他党员领导干部实行党章规定范围内的监督；检查本台党员领导干部违犯党纪的案件以及所属单位的重要违纪案件，并根据有关规定提出处理意见，台纪委按照党的隶属关系和干部管理权限，对所查案件中的党员作出处理决定；协助本台分党组管好党风，加强廉政建设、纠正行业不正之风；配合有关部门对党员和党员领导干部进行党风党纪教育；指导本台和所属单位党的纪律检查工作；受理本台和所属单位党员的控告和申诉；监督检查本台各部门和所属单位工作人员贯彻执行国家法律、法规和政策以及决定、命令的情况；受理对台各部门和所属单位工作人员违反国家法律、法规以及违反政纪行为的检举、控告；调查处理本台各部门和所属各单位工作人员违反国家法律、法规以及违反政纪的行为；受理台各部门和所属单位工作人员不服行政处分的申诉，以及法律、法规规定的其他由监察机关受理的申诉。

分党组纪检组、监察室现有正式职工6人。纪检组组长陈君，副组长、监察室主任张海鸽。

审计处

审计处成立于1989年8月，在主管台长的直接领导下负责全台的内部审计工作。其主要任务和职责是依靠国家法律、法规和政策监督全台会计核算单位的财务收支、财务制度的执行情况；全台境内外经济组织的经济活动、经济效益、经济指标的完成情况；台内重大经济活动资金的投入、使用及经济效益情况；独立行使内部审计职权，对台长负责并报告工作；现有正式职工5人。审计处处长杨沛德。

人事处

人事处成立于1979年，是中央电视台的一个职能部门。其主要任务是负责人员调配；劳动工资、人事档案、出国政审；干部考核任免；职称评聘和管理等工作；现有正式职工14人。人事处处长王晞建，副处长罗秀兰。

教育处

教育处于1991年1月正式成立，现有职工3人。其主要职责和任务是贯彻执行党和国家以及广播电影电视部关于职工教育方针、政策、法律、法规和有关决定；根据职工队伍的状况和事业发展的需要，研究制订中央电视台在职人员培训的中长期规划和年度计划，并组织、协调职工教育工作的实施与管理；负责中央电视台出国留学人员的管理工作；负责全台人员在职教育的档案管理工作；组织与协调中央电视台和各地方电视台建立起专业培训及业务交流的渠道，为地方台培养人才做出力所能及的有益工作。教育处处长张正道，副处长李景琴。

保卫处

保卫处成立于1981年8月，是中央电视台的一个职能部门。其主要任务是负责中央电视台的安全保卫工作，包括治安、警卫、消防等项任务；配备有先进的消防监控系统及先进的治安闭路电视监控设备。保卫处设消防科，治安科，警卫科，电视消防监控中心科；现有正式职工26人。保卫处处长尚广礼，副处长刘建中、樊必智。

外事处

外事处成立于1985年1月，是中央电视台的一个职能部门。其主要职责是对外联络；接待外国和台、港、澳地区电视界人士来访及派员出访等；现有正式职工9人。外事处处长赵宇辉，副处长迟洪业。

行政处

行政处成立于1984年，是中央电视台的一个职能部门。它负责行政管理、精神文明建设方面的工作，包括计划生育、职工福利、办公家具、劳保用品、礼品纪念品、交通安全、爱国卫生等。行政处设综合科，行政科，接待科；现有正式职工27人。行政处处长刘振瑞，副处长李宝珊、孙镜礼。

服务中心成立于1993年6月22日，是行政处机构调整后划分出的部门，担负中央电视台职工的后勤保障工作。服务中心设财务科，交通科，食堂科，医务室和文印科；现有正式职工54人。行政处副处长李宝珊兼任服务中心主任。

计划财务处

计划财务处成立于1984年。其主要职责和任务是负责中央电视台财务预算收支和管理；组织经费供应的保障和财务核算；预算开支的审批和各类报表的编制；各项财务规章制度的建立等工作。计划财务处设计划统计科，综合财务科，财务一科、二科、三科、四科、五科、六科、七科；现有正式职工44人。计划财务处处长许二春，副处长张小群、王刚健。

财产物资处

财产物资处成立于1987年7月，是中央电视台的一个职能部门。它负责财产及物资的年度预算；资金分配和固定资产的管理工作。该处设设备科、器材科和综合科；现有正式职工23人。财产物资处处长陈凤龄，副处长米绍行。

房屋建设管理处

房屋建设管理处(简称房管处)是中央电视台的一个职能部门。其职责是负责房屋建设管理工作；搞好业务用房和办公用房建设；做好职工宿舍的规划和建设工作。房管处设建房科，维修科，房管科，综合科；现有正式职工21人。房管处处长毛坤山，副处长张平、王玉林。

工会

中央电视台工会于1988年9月10日成立。工会的主要任务是：坚持在党的领导下，按照《工会》章程和上级工会的要求，紧密围绕电视宣传这个中心开展工作；关心职工生活，活跃机关文体活动；履行工会关于“维护、建设、参与、教育”四项职能；培养“四有”职工队伍，建设“职工之家”。1994年12月22日，中央电视台第三届工会委员会经换届选举产生了17位委员，12月28日经工会委员会委员选举产生工会主席王炎言，副主席马静、卢保国；现有专职工会工作人员6人。

老干部处

老干部处于1987年9月成立，是中央电视台管理全台离、退休干部的职能部门。其主要职责是贯彻中央有关离、退休干部的方针政策；根据台里实际情况，落实干部离、退休后的政治待遇和生活待遇的有关规定；使其老有所为、老有所乐、老有所医、老有所学、老有所养，为发挥老干部作用，1993年3月创办了金手杖电视服务公司。该处工作人员7人，现有离退休干部204人。老干部处处长宋福民，副处长冯香琴。

总编室

总编室是台编委会领导下的办事机构，是全台宣传管理的枢纽。它拥有从节目选题、编排、节目宣传播出到观众反馈的完整管理系统。总编室设有宣传规划组，节目组，节目引进管理办公室，节目宣传组，综合管理组，观众联系组，审片组，播出科，技审科，磁带流程科；现有正式职工73人。总编室主任胡恩，副主任史启新、周经、胡运芳。

新闻中心

新闻中心于1988年建立，1989年调整后逐步完善，实现了新闻采、编、播“一条龙”的管理体制，现有正式职工356人。新闻中心设有新闻采访部，新闻编辑部，新闻评论部，新闻制作部，体育部，军事部，经济部。新闻中心主任李东生（兼），副主任阎连俊，罗明，李晓明。新闻中心办公室主任、党总支专职副书记郭淑兰。

新闻采访部成立于1989年7月，是在新闻中心所属原政文部的基础上调整、充实组建的。新闻采访部承担本台的政治、外事、法纪、经济建设、科学技术、文化教育、文学艺术、医疗卫生、社会发展等，除军事、体育之外的新闻采访报道业务前期工作；现有正式职工62人；其中编辑、记者58人；设有时政组，经济组，科技组，文教组及驻香港记者站，驻美国记者站，驻布鲁塞尔记者站。新闻采访部主任高军，副主任张玉山、王建宏、王连生。

新闻编辑部的主要任务是：负责国内外新闻的组织、收集、选择、改编、汇编和编译工作；负责中央电视台第一套节目各次综合性节目的设计、编排、制作和播出任务。新闻编辑部每天负责制作和播出的新闻节目12次，共计2小时13分钟，其中除《新闻联播》、《世界报道》为录播外，其余10次新闻节目均实现了直播。新闻编辑部设国内新闻组（联播组），国际新闻组，对外新闻组，地方新闻组和新闻播音组；现有正式人员62人。新闻编辑部主任盛亦来，第一副主任李挺，副主任侯明古、陈征、杜宝凤。

新闻评论部成立于1993年12月，是在新闻中心所属原新闻评论组的基础上调整、充实组建的。它承担每晚13分钟新闻评论性节目和《东方时空》节目的采访编辑工作，该部设记者一组，记者二组，记者三组，记者四组，记者五组，编辑策划组；现有正式职工30人。新闻评论部主任孙玉胜，副主任袁正明。

新闻制作部承担新闻中心所有节目的制作和播出任务。该部设中心科，采录科，录音科，灯光科，电讯科，美工字幕科；现有正式职工 71 人。新闻制作部主任李晓明（兼），副主任李志平、张宝安。

体育部承担全台体育新闻和各类体育节目的采访，报道任务。体育部设新闻转播组，专题组，特别节目组；现有正式职工 29 人。体育部主任马国力，副主任冯一平、岑传理。

军事部是解放军总政治部派遣到中央电视台专门从事军事宣传报道的一个编辑部门，属双重领导，编制在总政，宣传业务在中央电视台。其前身是 1966 年 4 月成立的军事组。军事部设新闻组和专题组；现有现役军人 20 人。该部负责军事新闻的报道和《军事天地》、《人民子弟兵》两个栏目的摄制；对中央电视台驻军队系统的 17 个记者站实行业务指导。军事部主任刘效礼，副主任杨宪文、赵元贵。

经济部成立于 1984 年，承担经济方面的宣传报道任务。该部承办《经济半小时》、《经济信息联播》两个栏目，每天自办首播节目 60 分钟。《经济半小时》栏目设编辑组、《每日财经》组、《今日视点》组、《天天 12 分》组、特别节目组；《经济信息联播》栏目设《经济信息联播》中心组、《产品大世界》组、《企业之星》组、信息管理组；现有正式职工 80 人。经济部主任王进友，副主任王晓真、韩建群。

社教中心

社教中心于 1990 年 3 月建立。其主要任务是对社会教育类节目实行集中统一管理。社教中心设有专题部，教育节目部，青少部，纪录片室，地方组，《半边天》专栏组；现有正式职工 198 人。1994 年社教中心共开办 26 个专栏，所办各专栏节目服务对象十分广泛，从学龄前的幼儿到少年、青年、老年，都有专门为他们服务的电视节目。社教中心主任王录，副主任拉白、刘桂芝，办公室主任王玉清，党总支专职副书记刘民朝。

专题部承担社会、文化、科技、卫生等方面的节目。该部设社会文化组，生活节目组，科技卫生组，编辑组，综合业务科；现有正式职工 68 人。专题部主任张复华，副主任尹力。

教育节目部成立于 1978 年，是主办教育节目的一个编播部门。该部设有制片组，编辑一组，编辑二组，外语组，《夕阳红》组；现有正式职工 32 人。教育节目部主任丁俐丽，副主任冯存礼。

青少部全称为青少年儿童节目部，承担全台以青少年、儿童为对象的各类节目，其前身为 1984 年 12 月成立的少年儿童节目部。该部现有 8 个栏目，设有《七巧板》组，《天地之间》组，《第二起跑线》组，《十二演播室》组，地方组，摄像组，银河少年电视艺术团；现有正式职工 46 人。青少部主任余培侠，副主任张小军。

银河少年电视艺术团（以下简称艺术团）的前身是少年电视演出队，成立于 1961 年 8 月，是一个享誉海内外的业余少年电视艺术团体。艺术团的小演员都是从北京市的市区小学校中挑选并经过考试录取的，利用课余时间参加活动。电视台聘请富有表演经验的表演艺术家对他们进行辅导。30 多年来，艺术团为中国的电视、电影及歌坛、舞台培养了一大批优秀人才。目前，艺术团分为合唱、舞蹈、影视表演、影视配音、京剧 5 个队；现有 7—15 岁团员 150 人。青少部派 1 名工作人员对其进行具体管理，除培训外，还排练各类少儿节目，参加中央电视台历年的元旦晚会、春节晚会、“六一”晚会等重大晚会的演出。

纪录片室承担《神州风采》栏目以及长、短纪录片的拍摄和制作；现有正式职工 34 人。纪录片室主任高峰。

地方组是社教中心直属单位，承担全国地方电视台在中央电视台播出的社教类专题节目，现有正式职工 7 人。

《半边天》专栏组是社教中心直属单位，承担妇女节目的编辑和制作；现有正式职工 8 人。

海外电视中心

海外电视中心由原对外中心与第四套节目部合并，成立于 1993 年 11 月，是中国对外电视节目的编辑部门。负责中央电视台第四套节目的编排播出，并向“美洲东方卫星电视”及海外电视机构提供节目；它协同全国各地方电视台负责制作、播出对台、港、澳及海外的电视节目，并承担国际交流任务。海外电视中心下设新闻部、专题部、节目部、外语部、技术制作部；现有正式职工 232 人。海外电视中心主任张长明（兼），副主任高长龄，办公室主任、党总支专职副书记冉素霞。

新闻部担负对台、港、澳及海外华人、华侨的新闻节目的采访、编辑、制作任务，是在原第四套节目部的新闻组和原对外中心的《纪实 15 分钟》组的基础上调整、充实组建的。该部设采访一组、采访二组、采访三组、编辑组；现有正式职工 29 人。海外电视中心新闻部主任李海明，副主任杨刚毅、高丽萍。

专题部承担对台、港、澳及海外专题节目的编辑制作。该部设《中国报道》组，《旅行家》组，《天涯共此时》组，文化艺术组；现有正式职工 56 人。海外电视中心专题部主任吕斌，副主任郭清华、吴明训。

节目部其前身分别为对外中心节目部、对外中心节目联络部。该部主要承担对台、港、澳及海外节目的联络、发行工作，同时也承担部分节目的编辑工作。海外电视中心节目部设联络组，发行组，地方组，编辑组，粤语组，节目组；现有正式职工 36 人；主任张永富，副主任魏平、单国光。

外语部由原对外中心所有的外语栏目组构成。

该部设《英语新闻》组,《今日中国》组,《中国投资指南》组,文化专题组,新闻采访组,法语组。该部除承担对台、港、澳及海外的外语节目外,还负责定期向美国CNN和墨西哥特莱维萨电视网提供新闻任务。海外电视中心外语部现有正式职工56人;主任房纪庆,副主任陆金龙、野露露。

技术制作部承担海外电视中心所有节目的制作工作。该部设技术科,录制科,灯光科,复制科,录音科,综合科;现有正式职工54人。海外电视中心技术制作部主任邓金绪,副主任陈玉良。

文艺中心

文艺中心成立于1994年3月。它承担中央电视台各类文艺、国际栏目和节目的制作播出任务;承担国内外电影、电视剧制作,引进译制的编排播出和动画片的制作播出任务。文艺中心下设文艺部,国际部,影视部,动画部;现有正式职工206人。文艺中心主任赵化勇(兼),副主任邹友开、张朋石,办公室主任倪戴光,党总支专职副书记郑淑贞。

文艺部成立于1962年,早在建台初期,便以文艺组的编制出现。它承担电视台各类文艺节目的录制。文艺部设有综艺组,歌舞组,社会文艺组,戏曲组,戏剧组,曲艺杂技组,地方组,摄像科,制片科和办公室。该部目前所设的栏目有:《综艺大观》,《曲苑杂坛》,《东西南北中》,《九州戏苑》,《旋转舞台》,《人间万象》,《电视剧场》,《中国音乐电视》,《每周一歌》,《地方文艺》,《文艺广角》,《音乐桥》,《戏曲直播》,《评书连播》,《艺苑风景线》,《广播艺苑》,《星期音乐会》等17个栏目;现有正式职工102人。文艺部主任邹友开(兼),副主任尹希元、郎昆、苏峰。

国际部成立于1987年4月,主要承担外国电视节目的引进、译制工作以及国际节目的采编工作。该部设国际组,《动物世界》组,编导组,编译组,制片组;现有正式职工46人。国际部主任张朋石(兼),副主任张子扬。

影视部全称为电影电视剧管理部,是中央电视台电影、电视剧播出业务的主管部门,成立于1984年。该部设编审组,合拍组,业务管理组,电影组;现有正式职工19人。影视部主任张华山,副主任高建民。

动画部成立于1991年1月,承担动画片的生产制作与播出工作。该部设创作一组,创作二组,创作三组,编辑组,制片组;现有正式职工39人。动画部主任梁晓涛,副主任李小健。

中国电视剧制作中心

中国电视剧制作中心是中央电视台制作电视剧的专业机构,成立于1983年10月18日。其宗旨及主要任务是:坚持四项基本原则和"二为"方针,建设具有国家级规模的、用现代化设备装备起来的、全功能性的电视剧生产机构;向中央电视台提供电视剧,丰富广大群众的文化生活,为建设社会主义物质文明和精神文明服务。一、创作并录制各种题材和样式的电视剧,包括儿童电视剧;二、积极拓宽与国外或地区合拍电视剧,促进中外电视剧的艺术交流;三、收集中外电视剧的资料,协同社会有关方面,组织电视剧艺术的研究活动;四、有计划地建设和不断发展现代化的电视剧制作基地。中国电视剧中心自1984年起,每年生产各种题材、风格、样式的电视剧百余(部)集。在已经完成的1000多(部)集作品中,有根据古典名著改编的电视连续剧;有革命历史剧;现实题材的电视剧、儿童剧,以及与国外合拍的电视剧等。其机构设置有办公室,人保处,计财处,生产处,文学部,技术处,制作部;现有正式职工350人。中国电视剧制作中心主任于广华(兼),第一副主任陈汉元,副主任李培森、邹庆芳、吕基忠,主任助理冯骥,党委专职副书记郭秀英,办公室主任成功,人保处处长侯向强,计财处处长张守文,生产处处长杨保亮,文学部主任程宏,技术处处长蒋前,制作部主任林贵乐。中国电视剧制作中心通讯地址:北京市虎坊路15号,邮政编码:100052。电话:301.8827。

中央新闻纪录电影制片厂

中央新闻纪录电影制片厂(下称新影厂)是以摄制新闻纪录片为主的专业影片生产厂,创立于1938年的延安电影团,被视为新影厂的前身。1953年7月7日,中央新闻纪录电影制片厂在北京正式成立。建厂40年来,拍摄了诸如《新闻简报》、《祖国新貌》和长短纪录片等5000多部(12000本左右)的新闻纪录片。这些新闻纪录片形象真实地记录下我们共和国发展的历史进程,曾是国内形象化新闻报道的主要传播媒介,在中国人民的政治文化生活中有着重要的影响和地位。毛泽东主席于1958年为新影厂亲笔题写厂名,周恩来总理也曾为新影厂的纪录片亲自修改过解说词。长期以来,新影厂一直受到党和国家的重视与关怀。在历年的电影评比中,新影厂共有30余部纪录片获"百花奖"和"金鸡奖",有50余部纪录片在国际上获奖,还有数十部纪录片荣获政府奖。经过数十年的建设,新影厂在转向电视前已发展成为国内大型电影企业之一,并成为世界上最大规模的纪录电影专业生产厂。新影厂原有生产能力为年产影片250本——300本(包括35毫米和16毫米两种),在新影厂的影片资料库中珍藏着数十年来所收集和拍摄的纪录影片资料20000多本,其中包括老一辈无产阶级革命家的宝贵形象资料。近年来,每年向国内外众多影视制作单位提供历史资料片10000余米。新影厂占地面积约7.7万平方米,建筑面积约6.7万平方米。1993年10月,新影厂仍作为独立经营的企业整建制划归中央电视台领导，迈向了影视合作的道路，为新影厂这一资深的老企业找到了出路。转轨一年多来，新影厂在各方面都取得了较好的成果，1994年制作了包括《纪录片之窗》、《神州风采》等在内的节目共46小时，达到了原制作电影的水平。生产工艺、技术设备的改造初见成效，生产机构调整，人员重新调配安置已基本到位，经营形势大有好转，使新影厂有了生机。新影厂现有在职职工643人，离退休职工393人，其中有各类专业技术职称的335人，高级职称者76人，直接从事影视创作的编导、摄影共计160人左右。新影厂下设党委办公室，厂部办公室，纪检监察室，编辑部办公室，第一编辑室，第二编辑室，第三编辑室，生产经营管理处，技术管理处，人事处，保卫处，行政管理处，计划财务处，工会，劳动服务公司，多种经营办公室。在全国20个主要城市新影厂还派驻了摄影记者站。新影厂厂长刘建中，副厂长张建华、王盟盟、徐式训。中央新闻纪录电影制片厂通讯地址：北京市北三环中路67号，邮政编码：100088，电话：201.8822，传真：201·1573。

中央卫星电视传播中心筹备处

1994年10月24日，根据广电部党组（1994）5号会议决定，中央电视台与电影局共同组建了中央卫星电视传播中心筹备处。筹备处按照《影视、综艺、体育频道卫星广播工程可行性研究报告》开展经营和工程筹建、与外商设备谈判、设备招标、商务活动、设备订购、安装调试、开通运行等工作；计划于1995年下半年通过亚洲2号卫星，采用数字频带压缩技术向全国观众传送电影、体育、文艺三套节目；在全国建立收视收费网络系统，实行有偿收视服务。筹备处现有正式职工14人，筹备处负责人田盛华、薛大力。

广告部

广告部成立于1987年7月，其前身为1979年10月成立的广告科，承担中央电视台商业广告和公益广告的编辑、制作和播出工作。广告部设有编导科，业务科，技术科；现有正式职工30人。广告部主任谭希松，副主任王庆忱。

研究室

研究室成立于1983年4月，是中央电视台负责电视理论研究、出版发行电视理论刊物、收集和提供电视文字资料的编辑部门。研究室设理论研究组，《电视研究》编辑部，图书科，资料科；现有正式职工26人。研究室主任赵群，副主任黄望南、臧树清。

中国电视报社

《中国电视报》是中央电视台主办的报纸，刊登中央电视台和部分省级电视台的节目表，评介重点节目的内容，报道中外影视界的最新消息和动态，用中、英文出版，向国内外公开发行。1981年元旦创刊时为《电视周报》，1986年易名为《中国电视报》，1992年创办了外文版。报社设中文编辑组，外文编辑组，通联组，发行科，广告科，技术科，综合科；现有正式职工38人。报社主任吴继尧，副主任徐起、郭卫翔。

技术管理办公室

技术管理办公室（原名技术管理中心），成立于1991年4月，1994年6月改为现名，负责中央电视台全面技术管理工作。技术管理办公室设科技处，工程维护处，新技术开发应用室；现有正式职工43人。技术管理办公室主任何宗就，副主任翟世德，徐威，办公室主任、党总支专职副书记谢和平。

新技术开发应用室隶属于技术管理办公室，承担台内计算机的开发应用和图文电视播出技术系统的运行；现有正式职工7人。

科技处

科技处原名技术处，1991年4月成立，1994年6月改为现名。承担全台技术考核，设备和技术系统技术指标测试，节目技术质量的监测，技术规章制度和技术标准的制定，负责组织技术交流与培训以及技术资料的管理，电视高新技术的推广应用和电视产品的研究与开发，组织全台技术队伍电视设备的技术革新、技术信息和资料数据库的建立；现有正式职工19人。科技处副处长李建成、卞美瑾。

工程维护处

原名维修处，1991年3月成立，1994年6月改为现名。工程维护处在技术管理办公室的领导下，负责全台技术工程及改造项目的立项、论证、验收、评估及监督检查管理工作；负责专业技术设备维护管理工作；负责技术设施维护、检测、验收的组织工作和档案管理工作；负责专业技术设备零配件、备件的管理工作；承担对全台技术系统设施和主要机型电视设备大修的组织实施；承担编辑部门电视设备的维修工作；现有正式职工11人。工程维护处处长王文祥，副处长梁迎利。

技术制作中心

技术制作中心于1991年3月成立。它包括前期采录，后期制作和演播室直播录像；视音频、灯光、舞美和服化道为一体的制作电视节目的生产单位；设调度室，录制部，音频部和制作部。技术制作中心拥有九个演播室，其中有全台最大的1000平方米演播室；具有直播功能的大型演播室配有先进的视频、音频和灯光设备，包括数字特技，多路输入输出音响控制台，还配有电脑灯光；拥有480平方米和360平方米的立体声录音棚，配有电脑控制的全记忆自动合成调音台以及数字多轨录音机，数字音频处理设备，高质电脑音乐制作（MIDI）系统；有一放一录图像声音编辑系统12间，二放一录图像声音编辑系统四间；全功能编辑合成机房八间；影片转磁带机房一间，带式转换机房一间，双通道三维数字特技制作系统一套；三维动画（两台）和二维动画（七台）制作系统一套；采录单机26套；音乐编辑、复制和审听间八间；音乐资料室一间；现有正式职工252人。技术制作中心主任李旋宗，副主任李宏虹，调度室主任黄平刚，办公室主任、党总支专职副书记田敬改。

调度室是技术制作中心直属单位，负责统一调度技术制作中心内各种技术设备、设施和各种制作手段，落实除对外中心和新闻中心以外的各编辑部门的各种电视节目的制作和全台各编辑部门大型演播现场直播和录像；协调并落实台外实况转播和录像的设备和制作任务，并负责经济核算；现有正式职工3人。

录制部成立于1985年3月，是电视节目的视频制作部门，分管9个演播室中心机房和各类视频后期制作机房共37个以及ENG设备40套。其工作任务可分为：电视节目的演播室录像和现场直播；电视节目的采录和后期制作；全台各类节目和栏目片头的特技动画制作；全台影视节目胶转磁和带式转换；视频制作技术系统的事业发展规划、运行管理与维护。录制部设录制一科、二科、三科、四科，后期制作一科、二科、三科，采编科，灯光工程科，特技动画科；现有正式职工122人。录制部主任陈默，副主任李树声。

音频部成立于1991年3月，是电视节目的音频制作部门。它从事录音、音响、译配音、音乐编辑及音频制作管理与技术维护等业务。音频部分管演播室、录音室等各类机房30个，以及录音车、转播车的音频制作业务。其业务范围包括九个演播室的节目音频制作；台外录像或者直播节目的音频制作；八个译配音及解说录音机房的后期音频制作；两个录音棚（480平方米和360平方米）的立体声音乐录音；六个音乐编辑、审听及复制机房和MIDI音乐制作系统；音频技术系统的运行管理与维护。音频部现有正式职工60人；主任朱慰中，副主任缪暑金。

制作部于1985年成立。它承担全台的舞美设计、灯光、服装、化妆、道具及制作，也承担演播室的安全管理。该部设美术设计科，灯光一科，灯光二科，服化科，灯光技术科，美工制作科，业务科和办公室；现有正式职工78人。制作部主任李玉文，副主任于宝富。

播送中心

播送中心成立于1991年3月。它负责承担中央电视台五套节目的安全播出；台内、台外节目的现场直播和录制；体育部、经济部节目的前、后期采访、制作；国际、国内节目的转播和传送；卫星电路微波干线的协调、管理等重要任务。播送中心设播送部和转播部；现有正式职工121人。播送中心主任崔一鹤，副主任杜宝文、丁文华，党总支专职副书记张吉庆，办公室主任刘宝祥。

播送部全称为播出传送部，1988年3月成立。其主要任务是：承担全台四套节目的安全播出和传送以及从1994年12月1日开播的体育频道的播出；向亚广联以及其他国家和地区的电视机构传送、交换新闻节目，并协助境外记者编辑节目和卫星传送业务；承担《经济半小时》、《经济信息联播》、体育节目的前期采访、后期制作、播出的全部技术工作；承担全国微波、卫星电路的申请、办理、协调、支付费用以及台建地球站的使用管理工作；负责全台进出视频、音频信号的分配、调度、交换、制式转换以及技术处理工作；利用逆程时间向全国播发标准时间，频率、测试行信号以及图文电视。播送部设有播控一科，播控二科，节目传送科，主控科；现有正式职工66人。播送部主任丁文华（兼），副主任王效杰、程星、刘文华。

转播部成立于1985年，其前身为1977年成立的转播科。它承担中央电视台外出实况转播、实况录像、专场录像（包括时政、体育、文艺等节目）工作。该部设转播一科，转播二科，音频技术科，微波发射科；现有正式职工50人。转播部主任杜宝文（兼），副主任于志、陈明。

动力通讯处

动力通讯处（原名动力中心）成立于1985年1月19日，1994年4月更名为动力通讯处。它担负中央电视台的供电（包括计划用电，节约用电，安全用电的管理）、通讯、空调制冷、电梯、供暖、供蒸汽、照明、供水、排污（水）、消防水、防烟防火、排烟通风等专业设备及系统的常年24小时维护值班，以及处内技术、设备器材的管理等任务，是中央电视台完成电视宣传任务的一个重要技术保证和技术服务部门。动力通讯处设技术管理科，器材管理科，供配电科，通讯机务科，通讯线务科，移动通讯科，空调科，电梯科，水暖科和综合维修科；现有正式职工127人。动力通讯处主任许世杰，副主任匡镛、毛国信、李鹤苓、王国佑。

经营管理处

经营管理处于1992年11月17日成立。经营管理处是在台分党组和主管台长领导下负责经营开发、管理的职能办事机构。其主要职责是：在台分党组领导下，认真宣传、贯彻执行党和国家的经济政策和经营方针，结合中央电视台实际情况，制定经营发展规划、加快发展中央电视台第三产业；加强对现有经营单位的管理和服务，检查监督经营办法和管理制度的落实；负责新开发项目的调研、可行性论证报告，为台领导提供决策依据；负责经营活动的组织和协调，新建项目的申报办理；负责项目经费、经营状况和经营成果的统计报表及情况汇总工作；定期组织各经营单位交流经验，分析经营开发情况，及时研究解决经营活动中存在的困难和问题；根据中央电视台第三产业的发展和经济效益，经过可行性论证，直接开发新项目，并办理各种签约手续；加强对劳动服务企业的管理，抓产品质量，促经营效益；加强同计财、审计、监察等部门的合作，沟通并建立系统内的经济信息网络；重视信息，及时研究经营开发工作中的新问题、新动向，当好参谋。经营管理处现有正式职工 25 人，处长郭宝祥，副处长赵万一、何其江、赵频。

中国国际电视总公司

中国国际电视总公司（以下简称总公司）成立于 1984 年 12 月 3 日，是中央电视台下属的具有法人资格的营业性机构。其宗旨是扩大中外电视业务交流，促进中外电视的贸易往来，以丰富中国人民的文化生活。总公司的主要业务范围是：出版发行中央电视台制作和拥有版权的各类电视节目；代理中央电视台的国内外广告业务；向全国各省、市无线电视台和有线电视台供片；经营、代理电视节目进出口业务；与海外电视机构合作摄制电视片；承办国际卫星传送业务；代拍、代洗、代录及加工影片和录像、录音节目；出版发行和出租中外各类影视音像节目；承办与电视艺术有关的展览、演出等。总公司与世界 70 余家电视公司及影视出版机构建立了良好的业务关系，开展多种广泛而有效的合作。总公司的机构有董事会、总经理办公会。总公司直属科组有办公室，财务部，业务部，广告部，编辑部，节目制作部，技术制作部，销售部，开发部，国际合作部；下设 17 家分公司。总公司现有正式职工 69 人；总经理刘瑾如，副总经理庞建、刘振宏，党总支专职副书记崔屹平。

中国电视节目代理公司

中国电视节目代理公司（原名节目外销办公室简称外销办），于 1992 年 9 月建立。它的任务是采用商业手段将节目推向世界，这是中央电视台走向世界的一个重要的环节。外销办在台领导的直接主持下，于 1993 年 1 月 11 日组织成立了中国电视节目外销联合体（简称联合体），全国省级和计划单列市的 46 个电视台参加了联合体。外销办同时成为联合体的办公室，承担了联合体的日常业务。因为事业单位不能搞商业经营，经中央有关方面批准，1993 年 11 月 9 日，外销办建成了中视电视节目代理公司。此公司是我国迄今唯一的经办电视节目版权国际贸易的公司，外销办就以此公司名义对外经营中国电视节目。1994 年 11 月 10 日，经国务院批准，中视电视节目代理公司更名为中国电视节目代理公司。成为国家级的公司。其下设办公室，编辑部，销售部，财务部，制作部；现有台内正式职工 7 人。中国电视节目代理公司总经理徐雄雄，副总经理陈谷华。

梅地亚中心

梅地亚中心成立于 1990 年 9 月 13 日，是中央电视台（CCTV）和日本广播协会（NHK）共同合作兴建的集电视节目制作、卫星传送、宾馆、公寓、写字楼服务设施于一体的综合性企业。宾馆拥有客房 272 套，公寓 50 套，写字楼可供出租面积 4500 平方米，有风味餐厅 7 个和各种娱乐设施。梅地亚中心的电视业务部主要从事国内外电视节目交流、电视新闻、专题片、电视片编辑制作与合成、广告的创意、制作等业务，并能为国内外电视摄制单位来京进行拍摄、编辑、制作、卫星传送，提供场地、设备、技术和综合服务。梅地亚中心下设办公室，人事部，综合部，计财部，保卫部，工会，工程部，前厅部，客房部，电视部，销售部，餐饮部，旅游部。中方工作人员 763 人，其中电视台正式职工 12 人，部、台离退休干部 4 人，合同制招聘人员 612 人；临时工 135 人。梅地亚中心董事长黄惠群，总经理实村明男（日方），副总经理王振钰。梅地亚中心通讯地址：北京复兴路乙 11 号，邮政编码：100038，电话：851.4422。

涿州影视拍摄基地

中央电视台涿州影视拍摄基地（下称基地）位于河北省涿州市经济开发区，距北京 60 公里，占地 145 公顷，始建于 1990 年底，到 1993 年底已初具规模。基地现已建成“唐城”建筑群，“汉城”建筑群及仿古传统民居建筑群；建造了两座 1200 平方米的大型摄影棚；人工挖掘的占地 45 亩的“太液池”具有良好的影视拍摄条件。大型电视连续剧《唐明皇》、电影《杨贵妃》、大型历史剧《三国演义》就是在这里拍摄。基地可为国内外影视制作单位提供拍摄景地，对社会开放，开展影视文化旅游活动。基地下设办公室，基建科，行政科，财务科，经营科，保卫科，招待所，现有正式职工 24 人。基地领导小组组长贺常余，副组长李汉杰、王建民、郑书文。

无锡太湖影视城

中央电视台无锡太湖影视城（下称影视城）是我国最早建设的影视节目生产基地，于 1987 年 4 月落成。坐落在江南名胜太湖风景区，占地近 800 亩，总投资达 1 亿多元，其中中央电视台共投入近 8 千万元，原基地自已滚动投入近 5 千万元。1994 年国有资产通过评估已达 3.6 亿元。在良好的经济基础上，必将形成一种良性循环，再滚动投入其他的“城”，最终将实现中国一流、世界知名的影视城宏伟目标。目前建成的有“唐城”、“世界奇观欧洲城”（中澳合资）和“三国城”景区。1995年将新建“水浒城”和“亚洲城”，它具有良好的影视拍摄条件。影视城主要为国内外影视制作单位提供拍摄景地、录制设备、生活设施和工作条件，同时也组织社会力量，生产一定数量的影视剧、利用外景区对社会开放，开展别具特色的影视文化旅游活动。影视城主任冷敏述，副主任郭宝祥。

14. 大事记

1994年中央电视台大事记

一　月

1月1日　中央电视台中国电视节目代理公司经国家工商行政管理局批准登记注册，正式运营。

1月4—6日　中央电视台党委召开党政工团干部联席会，总结1993年党委的工作，并研讨1994年的工作计划，进一步明确党总支专职副书记的职责任务，加强基层党组织建设。台分党组书记杨伟光、党委书记于广华参加会议并讲话。

1月5日　中央电视台召开"中国电视周"招标会。1994年是新中国成立45周年，为了向世界展示新中国建设取得的伟大成就和改革开放15年来中国人民奋发向上的精神面貌。国庆期间中央电视台在世界部分国家举办"中国电视周"。今天，台领导杨伟光、林景云、沈纪、王传玉、章壮沂听取了六家投标单位和个人对各自应标方案的阐述，认为六种方案各有特色，要求海外电视中心集中各个方案的优点，提出完整的实施方案。

1月5日　中央电视台决定将多年来每星期二下午例行的停播检修机器设备改在晚间节目播完后进行，以使周二下午的节目不停播。节目安排由总编室负责，有关中央广播电视塔的节目发射和邮电部微波线路使用由广电部科技司协调解决。

1月6日　王枫、刘习良副部长，台领导杨伟光、于广华、林景云、沈纪、赵化勇、方庆浩和春节晚会领导小组的部分成员考察春节晚会的灯光及布景设置，并提出了具体的修改意见和要求。

1月6日　监察室召开特邀监察员会议，总结全台1993年的监察工作，并提出1994年监察工作的设想，杨伟光台长参加会议。他认为特邀监察员这种形式具有较好的创造性，同时也肯定了1993年的监察工作。

1月7日　由中央电视台、中共中央文献研究室和《人民日报》社联合举办的大型电视纪录片《毛泽东》研讨会在中央电视台召开。杨伟光台长、中共中央文献研究室主任逄先知和《人民日报》社副总编辑周瑞金到会，电视界著名编导和理论界、新闻界专家学者近80人参加了研讨会。与会者对12集电视纪录片《毛泽东》给予充分肯定，并对该片创作者的敬业精神给予高度评价。

1月7—8日　中央电视台《观察思考》、《东方时空》、《今日世界》三个栏目联合在北京地区招聘编辑、记者和摄像人才。此举揭开了中央电视台第二种用工制度的改革序幕，引起了较大的社会反响。

1月11—13日　中国国际电视总公司在京召开全国有线电视供片工作会议。来自全国43家省、市级有线电视台(站)的50多位代表参加了会议。王枫副部长、广电部地方司郭宝新和杨伟光台长、于广华副台长出席会议并讲话。

1月14日　由中央电视台部分离退休老电视工作者组成的节目评议专家小组，从1月8日开始，首次对1993年11月至今在第一套黄金时间播出的节目，按杂志型专栏、新闻服务性专栏和文体类栏目三个类型进行评估，总体结论是：中央电视台黄金时间播出的节目导向上没有问题，内容健康，品位不低，总体质量不错。

1月15日　广播电影电视部发文任命朱继峰为中央电视台副总编辑（副司局级待遇），免去其社教中心主任职务；任命李建为台长助理兼台办公室主任、胡恩为台长助理兼总编室主任。

1月17日　中央电视台召开第一次春季马拉松电视转播领导小组会，研究安排今年春季马拉松接力赛电视转播工作。台领导于广华、林景云、贾文增等到会并讲了话。这项赛事正值春节期间，准备时间短，其他活动多，与会人员表示要齐心协力克服困难，做好比赛的转播工作。

1月18日　中共中央政治局委员、书记处书记丁关根，中央政治局委员、国务委员李铁映，中央宣传思想工作领导小组成员刘忠德、艾知生、胡光宝、徐志坚、徐才厚，广电部副部长同向荣和中宣部、文化部、团中央、全国妇联、全国总工会等有关单位领导、专家及电视台领导观看了《'94春节联欢晚会》节目的彩排，并对剧组全体演职员表示亲切慰问。

丁关根说，这台春节晚会影响很大，拥有几亿观众，一定要把大家都关心的这台节目办好，让广大群众在欢乐祥和的气氛中高高兴兴过好年。丁关根、李铁映希望剧组和演员密切配合，精益求精，把这台节目办得丰富多采，好上加好。

1月19日　中直机关"青年文明号（岗位）"挂牌仪式在中央电视台举行。中央电视台新闻编辑部国内新闻组等30个基层单位和部门荣获了中直机关团工委授予的“青年文明号（岗位）”荣誉称号。

1月19日 中央电视台召开特邀观众座谈会，听取各界人士代表对中央电视台电视节目的意见和建议。

1月19日 中央电视台召开电视学会换届工作筹备会。会议决定：1994年召开中央电视台电视学会换届大会；确定会员资格与条件，发展一批新会员；成立新的中央电视台电视学会领导机构；拟定换届大会有关文件。中央电视台电视学会隶属于中国广播电视学会，是专门研究电视节目的学术团体。

1月22日 中央电视台新辟周末新栏目《星期音乐会》。节目长度50分钟，每星期六19点15分以直播和录播相结合的方式在第三套节目中播出，第二套节目白天时间重播。《星期音乐会》的节目内容包括管弦乐、协奏曲、中外世界名曲、歌剧选段、芭蕾舞剧音乐、艺术歌曲等。

1月25日 中央电视台和美国黄线国际公司在人民大会堂举行电视系列片《世界企业》新闻发布会。《世界企业》是中央电视台与美国黄线公司合作推出的一部专门介绍世界上有特殊成功经验、有信誉、有影响的跨国公司企业形象的电视系列片，为中国企业界提供了解世界著名跨国公司的成功经验，推动中国企业向现代化企业迈进的步伐。全国政协副主席孙孚凌、国家计委副主任郝建秀、对外贸易部副部长谷永江以及广电部副部长何栋才、中央电视台台长杨伟光、广电部外事司马元和等出席了新闻发布会。

1月29日 中央电视台书画院举办’94书画界新春联谊活动，邀请首都书画界名人王琦、靳尚宜、白雪石、陈大章、廖静文、欧阳中石、李铎、袁运甫等70余人欢聚一堂，喜迎新春。杨伟光台长、于广华副台长出席会议并讲话。

1月31日 中央电视台推出中学生综合栏目《第二起跑线》，在第一套节目试播。

二　月

2月1日 《中国电视报》出版试印彩色报纸取得成功，质量达到一流水平，受到印刷界专家和读者的普遍好评。

2月1—3日 海外电视中心制作的纪录片《两位百岁老人和他们的饮食》在亚广联1993年“饮食与人”主题节目评选中获得第一名。亚广联的评委认为这部纪录片视角独特、真实客观，有较深的社会内涵，有机地结合了饮食与人的生存环境。

2月3日 《新闻联播》播出新闻《江泽民在山西考察》、新闻特写《总书记与村支书一席谈》后，江泽民总书记对这两条新闻及随行的中央电视台报道小组的工作给予充分肯定。江总书记说，这两条新闻主题鲜明、重点突出。

2月9日 中央电视台第一、二、三套节目在农历除夕黄金时间分别向国内外播出《春节联欢晚会》（现场直播）、《春节戏曲晚会》（录播）、《春节音乐、舞蹈晚会》（录播），得到社会各界好评。

春节期间，丁关根委托秘书打电话给艾知生和杨伟光说：“中央电视台’94春节晚会搞得不错，请向中央电视台全体职工表示节日慰问。”《人民日报》、《光明日报》、《北京日报》和全国其他报纸纷纷发表文章盛赞’94春节晚会。

2月15日 李铁映视察无锡外景基地的“唐城”景观和“欧洲城”，详细了解了基地的建设发展情况。李铁映说，要把开展拍摄服务和旅游所取得的经济收入投入到景区的再建设，尤其要加强景点的修缮和管理工作，使其成为永久性的景点，让游人时时有清新的感觉。

2月15—21日 海外电视中心新闻部与制作中心录制部联合举办新闻采访制作培训班。《中国中央电视台新闻》的编辑、记者、主持人和技术、灯光等工种的40余人参加培训。2月16日，杨伟光台长、马瑞流副台长、张长明台长助理到培训班讲课。

2月16日 宋健视察无锡外景基地。他对基地体现中西文化特点的电视景区表现出浓厚的兴趣，认为这项工作应当进一步开拓下去。

2月18日 李鹏总理应中央电视台新闻中心请求，为《东方时空·金曲榜·中国民族歌曲经典》题词：“高歌民族曲，激荡中国魂”。李鹏总理说，这也是给中央电视台题的词。

2月21日 中央电视台召开’94春节晚会总结会，三台春节晚会节目的导演分别总结汇报了晚会的组织实施情况。技术制作中心负责人总结汇报了晚会节目的制作和播送的技术保证情况，春节晚会办公室领导总结了晚会的组织协调工作情况。台领导认为，本届春节晚会主题突出，格调高雅，结构紧凑，组织工作严密，技术上有新的突破。

2月22日 《中国传统文化讲座》在北京开拍，摄制组将在北京工作七天后赴河南、湖北、陕西等省拍摄。《中国传统文化讲座》由北京大学中国传统文化研究中心与海外电视中心、中央新闻纪录电影制片厂合作摄制。

2月22日 中央电视台召开1994年工作会议，全台80多名处以上干部参加。杨伟光代表台分党组总结1993年工作和主要经验，部署1994年工作。会议认真贯彻落实全国宣传思想工作会议精神，解放思想，实事求是，以宣传为中心，以丰富屏幕为目标，加大改革力度，使电视宣传更好地为改革开放服务，为社会主义经济服务，为社会主义精神文明建设服务。

2月25日 艾知生部长出席中央电视台1994年工作会议并讲话。他充分肯定了中央电视台1994年的工作成绩。

2月28日　中央电视台在京西宾馆礼堂召开全台1993年工作总结暨1994年工作部署大会。王枫副部长和广电部有关司局的领导出席会议。会上，杨伟光台长总结了1993年工作并布署了1994年的工作任务，王枫副部长作了讲话。

三　月

3月2日　中央电视台在北京召开全国电视广告研讨会，来自全国28个省、市电视台的台长和广告部主任参加了会议。会议就如何更有效地进行电视广告的经营管理，完善广告代理制，加强行业间的联系与合作等问题进行了讨论。会上还传达了王枫副部长对电视广告工作要"加强联合，公平竞争，强调行业联系的重要性，反对以不正当手段经营广告"的意见。杨伟光台长、国家工商局广告司刘保孚司长出席会议并讲话。

3月4—6日　全国省级电视台台长会议在北京召开，来自全国各省、自治区、直辖市和计划单列市电视台的37名代表，广播电影电视部、中央电视台的有关领导，首都新闻界的部分代表参加了会议。这次会议贯彻1994年全国宣传思想工作会议精神和广电部宣传思想工作会议精神，联系电视工作实际，交流经验，共同探讨如何进一步加强合作，办好电视。会议期间，杨伟光转达了丁关根对出席会议全体代表的亲切问候和对电视宣传工作的指示，并作了题为《认真贯彻全国宣传思想工作会议精神，把电视办成建设社会主义精神文明的重要阵地》的报告。艾知生部长出席大会并作讲话。艾部长的讲话着重谈了两个方面的问题：一是结合电视工作实际，如何贯彻落实全国宣传思想工作会议提出的宣传工作"四项工程"；二是一手抓繁荣，一手抓管理。

3月5日　国务院对台办公室举行1991—1993年度优秀对台电视录像节目评奖，中央电视台的《天涯共此时》第一期获一等奖。

3月6—11日　1994年度全国电视对外报道选题规划会在江西南昌召开。中央对外宣传小组、全国侨联、中央电视台、中国国际广播电台和28家省级电视台、23家城市电视台的109名代表和美国3C集团北京办事处代表等出席会议，研究全国电视对外报道选题的总体规划。刘习良副部长、杨伟光台长等作了讲话。张长明副台长通报了中央电视台1993年与地方电视台的合作情况和1994年的对外报道工作打算。

3月9日　中央电视台召开1993年度综合治理、消防工作总结表彰大会。会议为中央电视台荣获广电部、中央电视台先进集体和先进个人颁发了荣誉证书和奖品。

3月10日　中央电视台召开处以上干部会，广电部人事司司长雷元亮代表广播电影电视部宣布了对电视台领导的任命决定：任命张长明、刘宜勤为中央电视台副台长，分党组成员；免去马瑞流、林景云的副台长和分党组成员职务；免去王传玉电视台副总编辑职务。

3月10—12日　中国广播电视学会电视译制研究委员会第一届第二次常务理事会在福州召开，来自各常务理事台的19名代表参加了会议。会议增选赵化勇为电视译制研究委员会副会长。会议决定从1994年起评选"广播电视学会译制节目奖"，1994年的评奖工作将在4至5月初进行。

3月14日　《中国电视报》在3月中旬举行的西南和西北地区广播电视报优秀稿件评选中取得好成绩。该报记者撰写的《不认"关系"、重奖作者——来自春节联欢晚会的信息》一文获消息类评选一等奖；《流泪·高兴·奖牌》获专访类评选一等奖；《中央新闻纪录电影制片厂划归中央电视台》，《也是秦国人》和该报1993年第19期第4版版面获二等奖；获三等奖的有《一海破万家 谁当精卫》和该报1993年第38期第1版版面。

3月14日　中央电视台分党组开会，研究确定了台领导班子调整后的分工。

3月15日　杨伟光台长召集新闻评论部有关人员开会，对即将出台的新栏目《焦点访谈》进行座谈。他说，《焦点访谈》栏目是中央电视台1994年节目改革的重点，搞好这个栏目必须做好以下几方面的工作：1、要坚持正确的舆论导向，把握宣传报道的"度"；2、要选择领导重视、群众观心、普遍存在的热点问题，加以正确的评述和引导；3、反应要快，中央抓的一些重要问题要及时宣传报道；4、注重权威性。可以就一些重要的热点问题采访国际国内知名人士和各条战线上对国家有突出贡献的先进典型；5、坚持纪实采访，发挥电视的主要优势；6、要采访平民百姓，让广大工、农、兵、知识分子、干部上屏幕。反映中国人良好的道德风尚和新型的人际关系。他鼓励大家在把握好宣传报道"度"的前提下，节目形式可以大胆创新。他希望《东方时空》再上一层楼，《焦点访谈》能超过《东方时空 》。

3月16日　中央电视台邀请广电部各司局和企事业单位领导座谈，征求如何做好电视台1994年工作的意见。广电部27个司局和企事业单位的28位领导出席了座谈会。会上，杨伟光汇报了中央电视台1993年的工作情况和1994年的工作设想。

3月16日　中央电视台选送参加第二届亚洲电视节的纪录片《姊妹溪》，在日本大阪获"优秀纪录片奖"。它的气势、风格、节奏和拍摄者不畏艰险的敬业精神，受到同行的赞誉。日本电视界人士说，从《姊妹溪》看到了中国纪录片创作观念"令人意外"的进步。

3月16日　中央电视台播出我国女速滑运动员叶乔波从冬奥会回到北京的电视新闻，观众反映这条新闻非常感人。

3 月 16—26 日 全台职工响应中央电视台工会倡议，开展“向希望工程献爱心”活动。台领导和全台职工都积极捐款帮助失学儿童重返校园。截止 3 月 26 日共捐款 98023 元。

3 月 17 日 李铁映同志在新华社《国内动态清样》刊登的“中央电视台春节晚会获海内外观众好评”一文上批示：知生、伟光：春节晚会虽然越办越难，但可以不断创新，此台晚会已像饺子一样离不开中国的除夕之夜了。向所有演职人员致以真挚的祝贺。

3 月 18 日 台编委会开会听取了大型系列片《解放》剧组对剧本的汇报，并进行了研究讨论。编委会认为该片是反映建国 45 年来各方面所取得的巨大成就的，在创作中要大处着眼，小处着手，切入点要小，手笔要大

3 月 20 日 中央电视台无锡外景基地“唐城”、世界奇观“欧洲城”建成开放，形成一条新的旅游文化热线，它被评为“无锡市 1993 年市民最关注的十件实事”之一。

3 月 25 日 中央电视台召开全国人大、政协两会报道总结会，台长杨伟光、副台长沈纪、新闻中心领导和各报道组负责人参加了会议。1994 年的“两会”报道始终坚持“突出重点、把握大局，关注热点、积极引导，求真务实、发扬民主，贴近观众、生动活泼”的思路。“两会”期间，第一套节目播出新闻 347 条，专题 28 辑；第四套节目播出新闻 102 条，专题 20 辑；英语新闻播出 38 条。同时，还向 9 个国家和地区的 25 个电视机构提供卫星信号 270 次，向亚广联提供新闻 27 条，向墨西哥特莱维萨电视公司提供新闻 9 条。收视调查表明，通过电视关注“两会”情况的观众占 56.2%。会上，大家还就“两会”报道成功的原因及报道中存在的问题进行了总结和分析。

3 月 26 日 中央电视台 1993 年度 CCTV 杯优秀新闻节目评选揭晓。新闻中心、海外电视中心等部门推荐的 42 条新闻节目获奖，《省长访谈录》、《’93 质量万里行系列报道》获特别节目奖。

CCTV 杯优秀电视节目评奖制度于 1994 年正式执行，为此已成立由杨伟光任主任，于广华、沈纪任副主任的评奖组委会和评奖办公室。新闻评奖是 CCTV 杯进行的第一项评奖活动。

3 月 28 日 台领导杨伟光、刘宜勤审看了新近完成的第 13 演播室置景。杨伟光对“一室多景”的尝试给予了肯定，他要求技术制作部门充分利用现有条件，参照“一室多景”的做法，一个中心布置一个有特色的演播室；固定节目没有必要经常换景，保持基本部分，更换部分景片，同样可以取得好的画面效果；制景材料要走“积木化”的路子，以缩短制景时间，节约制景经费，提高演播室利用率。

3 月 29 日 《中国电视报》记者郭莉在“天磁杯”全国报纸头条新闻大赛中，以《不认关系重奖作者——来自春节联欢晚会的信息》一文获三等奖。这是《中国电视报》记者的新闻稿件第一次参加全国性的新闻评选并获奖。

3 月 30 日 中央电视台于 1994 年 1 月 10 日至 2 月 15 日通过《中国电视报》举办的青少年影视文化兴趣调查揭晓。本次调查共收回问卷 1 万余份，有效问卷 9495 份。问卷来自全国除西藏、台湾以外的 29 个省、自治区和直辖市。青少年是参与影视文化最活跃的一个群体，开展文化兴趣调查是为了了解当前我国青少年的影视文化兴趣，为教育界、思想界和新闻界的研究和宣传提供科学依据。

3 月 30—31 日 中央电视台召开党政干部工作会议，传达中纪委第三次全会、国务院反腐败工作会议和广电部纪检监察工作会议精神，部署民主评议党员、处级干部考核等工作。杨伟光、于广华参加会议并讲话。

3 月 31 日 文艺中心成立大会召开。刘习良副部长、文化部艺术局副局长田军利、广电部总编室邹士明、中国电视艺术委员会仲呈祥和中央电视台杨伟光、赵化勇、刘宜勤、陈汉元、刘建中、宋培福、朱继峰等出席了会议。杨伟光、赵化勇简要回顾了文艺节目部门 1993 年的工作，并提出了文艺中心 1994 年要做好的十件大事。刘习良副部长也讲了话，他要求文艺中心要弘扬主旋律，坚持多样化，抓好创作，抓好学习，给广大电视观众提供更多更好的精神食粮。

3 月 为配合中共中央农村工作会议的召开，进一步深入宣传、贯彻会议精神，促进农村经济发展，《经济半小时》节目及时请农业部吴亦侠、刘成果、万宝瑞三位副部长分别就当前农村工作、如何抓好粮棉生产以及怎样抓好“菜篮子”等问题进行直播讲话，收到了良好的宣传效果。

3 月 12 集系列片《庐山》播出后，各界观众反映强烈，认为《庐山》一片走出了拍风光片的一般模式，挖掘了深刻的思想内涵，给山水赋予了活的生命力，闯出了一条新路。抓住了电视观众的心理，把编导想表达的和观众想知道的融为一体。

3 月 全国人大、政协两会开幕以来，中央电视台向北美各地中文电视台传送的“两会”新闻报道深受好评。

3 月 中央电视台办的美洲东方卫星电视成功地进入了洛杉矶最大的有线电视公司——皇冠有线电视（CROWN CABLE)。“皇冠”将从 4 月起专门开辟黄金频道转播“东方卫视”目前播出的全部节目。

四 月

4 月 1 日 新闻中心在第一套节目推出新栏目《焦点访谈》，加强了热点新闻的深度报道，受到观众

普遍好评。

4月1日 第一套节目推出新栏目《世界报道》，每期10分钟，每天22点播出。它是以报道国际新闻为主的新闻性节目，是《新闻联播》国际新闻报道的拓展和延伸。

4月1日 广播电影电视部工会举办乒乓球比赛，19个单位的200多名男女选手参加比赛。经过激烈角逐，中央电视台荣获男女团体冠军。

4月2日 《人民日报》头版登载短评“《焦点访谈》开了好头”。短评称：“一个时期以来，新闻界的朋友们一直在积极探索怎样进一步贴近实际、贴近群众、贴近生活，更好地为反映伟大的时代、推动伟大的时代服务。中央电视台第一期《焦点访谈》节目，报道了当天开始的1994年国库券发行的情况，有关人士的解说和群众的反映，确实抓住了当前群众关心的一个焦点问题”。

4月3日 青少部召开中学生栏目《第二起跑线》开播座谈会。北京教育界的学者、部分中学校长、教师、学生代表、新闻界记者和其他关心教育事业的各界人士出席会议。与会代表一致肯定了新栏目取得的成功，认为《第二起跑线》“功在当代，利在千秋”，并表示尽全力支持中央电视台办好这一栏目，不断创新，使《第二起跑线》真正成为广大中学生的朋友。

4月5日 老干部处召开离退休老干部会，杨伟光到会向离退休老干部介绍电视台1993年的工作成绩和1994年的工作设想，欢迎老干部对电视台的工作提出宝贵意见，并感谢他们为电视事业所做的贡献。

4月6日 中国关贸总协定谈判代表团来函，感谢中央电视台记者童宁、白岩松、李小萍随团赴日内瓦采访，迅速、准确地报道了关贸总协定中国工作组第16次会议进展情况，使全国人民增加了对复关工作的了解，进一步宣传了我国政府的有关原则立场，有力地配合了谈判工作。

4月7日 中央电视台召开提高节目质量座谈会，杨伟光、赵化勇、刘宜勤、宋培福、章壮沂等领导和新闻中心、社教中心、文艺中心、海外电视中心的著名节目主持人、编导和记者参加了座谈。与会者就体制改革、队伍建设、电视理论建设、人员知识更新、电视节目制作中的制片人制度以及“名人怎么做人”等问题充分发表了意见。杨伟光指出，分党组将认真整理分析大家提出的意见和建议，妥善解决实际问题，不断提高节目质量，早日把中央电视台建设成世界大台。

4月9日 中央电视台正式推出中学生栏目《第二起跑线》。《第二起跑线》自寒假试播以来，全国各地中学生反映强烈，节目从表现形式、内容、题目到现场观众的参与都有独到之处。

4月9日 “’94‘新铸联杯’中国画、油画精品展”在中央电视台召开新闻发布会。这次画展由中央电视台书画院、华业电视咨询公司国际发展中心和中国新兴铸管联合公司联合举办，邀请美术界权威人士参加选评国内外最新创作作品。此次画展对弘扬民族文化、活跃文化生活、促进美术创作将起积极作用。

4月10日 由中央电视台主办、海南电视台承办的1994年全国省级和计划单列市电视台总编室主任会议在海口召开，来自全国省、直辖市、自治区和计划单列市电视台37位总编室负责人出席了会议。广电部总编室主任张振东、杨伟光台长应邀出席会议并讲话。

4月11日 第六届“通业杯”全国青年歌手电视大奖赛业余组复赛阶段的所有比赛近日结束。民族、美声、通俗三种唱法的54名歌手进入决赛。

4月12日 中央电视台职工毕戈、梁俊强、梁琪、刘文生四位同志1993年在北戴河见义勇为的救人事绩，被首都精神文明建设领导小组评为首都见义勇为积极分子。

4月12日 国家工商行政管理局商标局正式受理中央电视台新闻中心的《焦点访谈》、《东方时空》及其小栏目《东方之子》、《东方时空金曲榜》、《生活空间》、《焦点时刻》等电视栏目及其专用图形的注册申请。据国家工商局介绍，电视栏目注册服务性商标寻求法律保护，在全国尚属首次。自国家工商行政管理局受理注册申请之日起，被注册的上述电视栏目及节目将受到国家有关法律法规的保护，任何单位和个人未经同意使用注册的服务性商标的文字和图形，均视为侵权行为，将追究其法律责任。

4月12日 海外电视中心的专题片《长江行》荣获国务院新闻办公室颁发的1993年对外报道沿江地区优秀奖。这部电视片真实客观地记录了香港新闻界上层人士沿长江流域考察和采访的过程。摄制组克服困难，出色地采访了他们对长江经济带发展的感受和建议。

4月15日 中央电视台播出的《解救被拐卖妇女纪实》和《中央领导强调坚持两手抓》专题新闻，在中央社会治安综合治理委员会组织的1993年度全国社会治安综合治理好新闻奖评比中，分别获得电视作品奖一等奖和二等奖。

4月15日 社教中心专题部邀请广播电视界、新闻出版界、教育界和科技界等部门的专家学者，座谈《神州风采》栏目的改革与创新问题。

4月17日 中国海外集团有限公司副董事长、总经理孙文杰先生致函杨伟光台长，感谢中央电视台派遣文艺部刘瑞琴导演率领摄制组，拍摄了反映中国建筑队伍进军香港市场及其代表公司中国海外集团发展业绩的专题片《傲立在香港》。该片以艺术手法反映了在中国改革开放政策指引下，中国建筑队伍进军海外的发展历程。中国海外集团公司感谢摄制组的辛勤劳动，并希望继续合作。

4月19日 教育节目部程步给杨伟光台长写信提出《关于提高中央电视台收视率的一条意见》。杨伟光批示：此件可印发各中心，编委以上领导参阅。一位编导如此关心全台的大事，十分可贵。

4月19日 国家教委、中国电视剧制作中心、汕头海洋音像出版社就联合摄制的10集音乐风光片《国风》在人民大会堂召开座谈会，邀请首都音乐界、教育界、新闻评论界知名人士及中小学师生等80余人参加座谈。各界人士一致认为，《国风》是一部弘扬民族优秀传统文化、介绍中国民族音乐艺术的好片子，是融知识性、欣赏性、纪实性、趣味性为一体的审美娱乐性很高的作品。国家教委副主任柳斌，中国音协副主席赵枫、吴祖强，广播电影电视部总编室赵立凡，中央电视台章壮沂，中国电视剧制作中心邹庆芳等出席会议并讲话。

4月21日 杨伟光台长会见团中央书记处书记刘鹏、宣传部部长韩长赋，双方就1994年“五四”电视报道工作进行了协商。

4月21、23、25日 中央电视台现场直播’94青年歌手大奖赛（通业杯）业余组决赛，127名歌手分别角逐美声、民族、通俗三种唱法的桂冠。

4月25日 于广华、宋培福接待山东省蒙阴县“支前模范六姐妹”和该县县委书记。蒙阴县委刘书记代表全县人民感谢中央电视台对当地近年发展情况的报道。于广华赞扬了“支前模范六姐妹”在解放战争中做出的贡献，他希望“六姐妹”对中央电视台的节目多提意见，并祝“六姐妹”健康长寿。

4月28日 社教中心邀请社会有关专家、记者就如何开办妇女栏目进行座谈。

4月28日 中央电视台召开1994年节目经费管理办法研讨会。于广华、贾文增和计财处、总编室及各节目中心的负责同志参加讨论。节目经费管理的改革是中央电视台1994年重大改革举措之一。

4月29日 中国电视奖’93电视新闻评比在沈阳结束。中央电视台的《代表民心的四次掌声》等5条获消息一等奖；《潜伏行动》、《中国蓝盔》、获新闻专题一等奖；《洋河污染导致大片农田绝收》获新闻评论一等奖；《风雨兼程话京九》、《走马上任新部长》获连续（系列）报道一等奖；由中央电视台组织、各省级电视台参加拍摄的多集系列报道《省长访谈录》获特别奖。’93电视新闻评比共设一等奖25个，其中消息14条，新闻专题3个，新闻评论4条，连续（系列）报道4条。

4月 中央电视台与山东电视台联合举办的“小星星竞歌接力赛”节目圆满结束。“接力赛”由北京和山东的16名小歌手参加，竞歌中演出的曲目都是词曲作家特意为这次活动精心创作的。这些作品从多侧面生动地反映了少年儿童生活和学习的情景。节目播出后，引起了小观众的极大兴趣。经过两轮竞猜抽奖，抽出了100名竞猜小星星，至此持续两个多月的小星星竞猜活动圆满结束。

4月 中央电视台播送中心同海外电视中心外语部配合，在过去的六个月中向美国CNN和墨西哥特莱维萨台传送了200多条中国新闻，为中央电视台对外报道工作做出了贡献。

五　月

5月1日 为纪念“五一”国际劳动节，中央电视台播出《我们走在大路上——“五一”国际劳动节文艺晚会》。

5月1日 《中国中央电视台新闻》（简称CCTV新闻）由20分钟改为30分钟。它是世界了解中国的一个窗口。

5月2日 中央电视台专题部推出改版后的新栏目《与你同行》。

5月4日 中央电视台召开“青年电视人的追求”报告会，邀请《东方时空》节目组《焦点时刻》栏目制片人张海潮，社教中心专题部纪录片组组长魏斌，录制部制作一科科长李树声，文艺部《东西南北中》栏目制片人孟欣等四位青年代表就中央电视台如何面对众多的竞争对手，在电视新闻、电视广告、专题片、文艺节目、体育转播等电视业竞争中取胜，如何以实际行动跨入世界级电视台行列等问题，向全台青年作报告。广电部机关党委李克寒、广电部机关团委李鸥和中央电视台领导杨伟光、沈纪、赵化勇、刘宜勤、章壮沂、宋培福出席了报告会。

5月5日 中央电视台1993年度CCTV杯优秀电视剧评选工作结束。由电视剧制作中心、影视部、国际部、文艺部和中国电视艺术委员会有关专家、老编导共15人组成的评委，对选送的44部364集不同篇幅与体裁的电视剧进行了评审。评出长篇一等奖8部，中篇一等奖8部，短篇一等奖5部，电影一等奖1部，儿童电视剧一等奖5部，戏曲电视剧一等奖2部，译制电视剧一等奖6部。并将在此基础上，推荐作品参加1993年度全国电视剧“飞天奖”的评选。

5月5日 社教中心与《中国电视报》编辑部联合召开座谈会，邀请北京20多所中学的教师、同学就如何办好《第二起跑线》进行探讨。与会的教师和同学一致认为：《第二起跑线》利用电视手段对中学生进行潜移默化的德育教育，有助于为中学生提供一个健康成长的氛围，也为中学生提供了了解社会、认识社会和展示才华的机会。参加会议的中央电视台副总编辑章壮沂、朱继峰表示，中央电视台将一如既往地对《第二起跑线》节目给予支持，把这一栏目办得更好。

5月5—9日 由中央电视台主办、江苏电视台承办的’94全国省级电视台行政管理工作经验交流会在南京召开。来自全国各省、市、区计划单列市电视台的51名代表参加了会议。江苏省委、省政府有关领导和江苏省广播电视厅副厅长李向阳、江苏电视台台长苏子龙、中央电视台副台长于广华等应邀出席会议开幕式并讲话。

5月7日 为迎接1995年世界妇女大会在京召开,保证大会电视转播筹备工作顺利进行,中央电视台成立了以杨伟光为组长,刘宜勤、贾文增为副组长的世界妇女大会电视转播工作领导小组和电视转播工程筹备处,负责组织实施世界妇女大会电视转播工作。

5月8日 中共中央组织部任命杨伟光为广播电影电视部党组成员。

5月10日 中国电视剧制作中心与内蒙古文化厅联合录制的京剧电视剧《北国情》荣获第九届全国戏曲电视剧"天安奖"的最高奖——优秀电视戏曲艺术片一等奖及优秀编剧奖、优秀演员奖、优秀音乐奖三个单项奖。该剧是本届参赛剧目中唯一获奖最高、最多的戏曲艺术片。

5月11日 中央电视台推出《人与自然》新栏目,取代了《动物世界》老栏目。它以宣传保护环境为宗旨,体现人类与自然的永恒话题。

5月11日 中央电视台召开'93精神文明总结表彰会。广电部精神文明协调委员会常务副主任王甘文、温治中和广电部有关部门领导曲桂兰、宋世英、郭香娥、李承敏,中央电视台领导杨伟光、于广华、张长明、宋培福与'93年度先进个人、先进集体代表近200人参加了会议。王甘文代表广电部领导祝贺中央电视台荣获"首都精神文明标兵单位"称号,希望电视台全体工作人员谦虚谨慎,保持荣誉,取得更全面的发展。杨伟光在讲话中指出,中央电视台是国家精神文明建设的重要阵地,电视台加强社会主义精神文明建设有着特殊的意义,如果忽视电视队伍的精神文明建设,就不会出好节目。于广华在讲话中要求电视台全体工作人员要当文明人,做文明事,把中央电视台精神文明建设推向一个新的阶段。

5月11—14日 中央电视台召开驻全军各大单位记者站站长会议,研究进一步加强军事报道、特别是如何提高新闻质量问题。沈纪副台长出席会议并讲话。总政宣传部赵可铭部长对中央电视台近年来军事报道取得的成绩予以充分肯定,并代表总政领导向中央电视台表示深切的谢意。

5月15日 为了庆祝"国际家庭日",中央电视台制作了一期《正大综艺》特别节目。联合国秘书长加利先生得知这一消息后,致函中央电视台表示欢迎和赞赏。加利先生在信中说,中国自古以来就把家庭看作是世界的核心,因此,中央电视台做这个特别节目来庆祝"国际家庭日"是非常明智的。无论在什么地方,家庭总是带给我们一种力量,一种稳定和爱的力量。家庭是我们的教师,它教会我们如何接受差异,也让我们学会同心协力;它教会我们重视自身的重要性,也让我们学会彼此承担责任;它告诉我们年轻人的价值和抚育下一代的必要。在联合国,不仅仅是通过联合国儿童基金会,而且也依靠制定各种政策来引导人类走向未来。我们的孩子和青年都是我们关心的焦点。

加利先生表示,家庭不仅仅要有这么一天来庆祝,它值得我们用一生去重视、尊重和支持。在"国际家庭日"这一天,我把我的祝福送给全中国人民,你们为人类最基本的组织形式所进行的庆祝活动必将受到欢迎,因为它使我们看到家庭的美好前景。

5月15—17日 中央电视台发起并组织召开'94中国音乐电视创作座谈会,研讨如何制作出具有中国特色的音乐电视作品,加强电视界的合作,音乐电视的创作发展方向等问题。赵化勇副台长与音乐艺术界知名人士50多人参加了座谈。

5月16日 美洲东方卫星电视首次实现进入洛杉矶"皇冠"有线电视网,每天12点至24点播出12小时中、英文节目。

5月18日 中宣部、卫生部在中央电视台联合召开电视剧《一个医生的故事》座谈会。会上,中宣部翟泰丰副部长、卫生部陈敏章部长、中央电视台杨伟光台长对该剧给予了较高的评价。该剧已荣获"五个一工程优秀作品奖"。剧中主人公原型赵雪芳和赵雪芳的扮演者奚美娟也到会并讲话。

5月18日 由六个欧洲联盟成员国的十家电视台和电视机构组成的代表团访问中央电视台。杨伟光介绍了中国电视和中央电视台的情况,并希望中国和欧洲联盟各国的电视工作者应该为加强中国人民和欧洲人民之间的交流和互相了解,进而扩大节目交流和相互间的往来而努力。于广华和中央电视台外销办、总编室、社教中心、海外中心、文艺中心等部门领导参加会见并进行了业务交流。

5月19日 国务院新闻办公室二局负责人张志平等就中央电视台国际新闻报道问题同新闻编辑部的部分同志进行座谈。国务院新闻办公室充分肯定了中央电视台自1994年4月以来国际新闻报道所作的改进和努力。张志平说,《新闻联播》、《焦点访谈》和《世界报道》对一些重大国际事件的报道,及时、充分、深刻。电视记者对克林顿、基辛格、萨瑟兰等外国领导人和知名人士的采访报道,使中央电视台在国际新闻报道方面走在了新闻同行们的前列。

5月20日 丁关根、艾知生、徐惟诚等领导在中南海同中央电视台《焦点时刻》和《焦点访谈》栏目部分制片人、记者就如何进一步搞好"焦点"栏目进行座谈。丁关根等领导认为:《焦点时刻》、《焦点访谈》栏目办得很有新意,既贯彻了中央宣传方针,也赢得了观众的喜爱。丁关根说,办好热点节目最重要的就是要有喉舌意识,要站在党和人民的立场上,以国家利益为重。"焦点"就是群众关心的、政府要做的、具有普遍意义的事情,关键是要选好题。他就如何办好"焦点"栏目提出了指导性意见,勉励大家在成绩面前不要骄傲,要继续发扬敬业精神,争取让节目再上一个新台阶。他还向全台同志表示亲切的慰问。

5月20日 中央电视台召开电视观众座谈会,沈纪副台长主持会议。他介绍了中央电视台1993年宣传改革和事业发展的基本情况和1994年工作的大体框架。来自广播影视界、国家科委、空政文化部、全国妇联、北京个体协会、中华全国总工会、中国人民大学、清华大学、民族大学等单位的近20名代表参加座谈。大家对中央电视台1993年进行的新闻改革和1994年推出的几个新栏目给予高度评价,同时就中央电视台节目质量的提高、栏目范围的拓展、优秀电视剧的推出、与社会各界密切合作办电视、进一步提高电视节目的文化品位等方面的问题展开了热烈讨论。

5月23日 中国延安精神研究会、中共陕西省委和中央电视台为纪念毛泽东《在延安文艺座谈会上的讲话》发表52周年联合举办的大型文艺晚会《大地深情》现场直播取得圆满成功。布赫、王首道、马文瑞、汪锋、伍修权、贺晋年、莫文华、方强、荣高棠等一大批老领导、老同志和孙家正部长、陕西省委书记白清才出席了晚会。

5月23日 于广华副台长在中央电视台工作例会上传达了广电部分党组和领导班子调整的几个文件。杨伟光在会上说,中央组织部对我的任命(任广播电影电视部党组成员、副部长)实际上是对中央电视台工作的肯定,这是全台干部和职工共同努力的结果。他希望全台同志在广电部领导班子调整后能够坚持做到以下几点:1.认真贯彻执行中央精神,在部党组的领导下继续把工作搞好,使电视屏幕不断改观;2.进一步深化宣传改革,依靠全社会办好节目;3.加强管理,抓好队伍建设。

5月26日 广电部孙家正部长到中央电视台检查工作。孙部长听取杨伟光关于电视台情况的简要汇报后,表示充分肯定电视台取得的成绩。孙部长审看了《新闻联播》,视察了播控中心、新闻中心机房、录音棚等处,还亲切问候了在岗工作的电视台各级干部、编辑、记者和工程技术人员。

5月28日 影视部与南京电影制片厂联合录制的电影《早春一吻》获得第二届大学生电影节优秀影片奖;与华艺影视公司联合录制的电视剧《还是那条街》获无吸烟影视片表彰会颁发的无吸烟影视片奖。

5月31日 孙家正部长和广电部总编室主任张振东、中央电视台杨伟光、于广华、宋培福等在中央电视台接待了前来视察的国务委员、全国爱委会主任彭佩云和卫生部部长陈敏章、国际卫生组织西太区主任韩相泰博士、西太区驻华代表季卿李博士一行8人。在欢迎仪式上张振东汇报了广电部宣传戒烟的情况,电视台总编室副主任周经汇报了电视宣传戒烟的情况。韩相泰先生代表世界卫生组织感谢中国政府在宣传戒烟工作上所做的努力。彭佩云、陈敏章也在欢迎仪式上讲话,他们肯定了广播电影电视部和中央电视台多年来在宣传戒烟工作中做出的成绩,希望能加强合作,坚持不懈地做好戒烟宣传工作。欢迎仪式后,全国爱委会领导和世界卫生组织代表观看了中央电视台有关宣传戒烟的新闻和公益广告节目录像并参观了中央电视台。

5月 由中国延安精神研究会、陕西省委和中央电视台联合举办的"5·23"《大地深情》文艺晚会播出后取得良好的社会效果。许多老同志反映:看了节目好像又回到了延安,看到了当年的延安精神。有的观众说,这台晚会对于教育人们勤政廉政,全心全意为人民服务具有非常重要的意义。有几个小学"延安中队"的孩子收看晚会后,都强烈要求暑假期间老师一定带他们去延安参观学习,继承传统,把和延安小学的手拉手活动搞得更有意义。

六 月

6月1日 "六一"儿童节专题晚会《跨世纪的公民》播出后,社会各界反响强烈,认为晚会有很大突破。

6月1—6日 在'93全国优秀社教节目评奖中,军事部拍摄的大型电视系列片《毛泽东》、《中华之门》,社教中心的《远在北京的家》,国际部的《伶仃小岛》和经济部的《'93质量万里行》等节目名列榜首。

6月3日 中央电视台接受国家机关工委建议,决定在农忙期间,第一套节目每天21点30分增播一次天气预报,为农业生产服务,满足农民群众的需求。

6月4日 丁关根给中央电视台打电话表扬6月3日晚《焦点访谈》播出的《远亲不如近邻》节目很好,它既提出了带有普遍性的社会问题,又坚持了正面报道。丁关根还说,今晚《新闻联播》播出的《北师大支教扫盲志愿者服务队在山西武乡》很好,报社也可发这一消息。报纸、广播、电视应相映成辉。

6月5日 江泽民总书记对中央电视台《工作通报》第9期刊登的美洲东方卫星电视进入洛杉矶皇冠有线电视台一文批示:"望再接再厉,锲而不舍。"同日,朱镕基副总理也对该文批示:"很好,要密切注视,认真办好。"

《工作通报》第9期载文通报:5月16日美洲东方卫视进入美国洛杉矶华人聚集地的皇冠有线电视网落地,在当地引起反响。

6月7日 李鹏总理对中央电视台《工作通报》第9期美洲东方卫星电视进入洛杉矶皇冠有线电视

网一文批示："很好，继续做工作。"

6**月**8**日** 中央电视台'95世界妇女大会电视宣传工作筹备小组开会，研究大会电视转播和为境外广播电视记者提供服务等问题。台领导杨伟光、刘宜勤和有关部门的负责人参加会议。会议讨论了中央电视台承担的大会任务和筹备小组拟订的电视转播工作草案，并对后续工作的开展作了安排。

杨伟光指出，做好大会电视转播工作是这次大会成功的一个重要保证，电视报道和对外电视报道服务如何，关系到我们国家的形象和中央电视台的荣誉，要尽快制定总体方案和各部门各工种岗位的工作方案，确定人员和设备。他还就向境外记者提供工作场地、技术设备的租借和购置，以及工作草案中的一些重要环节，提出了具体的要求。

6**月**9**日** 贺敬之来信盛赞《大地深情》文艺晚会。信称：电视文艺晚会《大地深情》组织得好。在当前形势下，无论从政治上还是艺术上，都有助于正确的舆论导向。在改革开放的新时期，坚持并发展革命传统，弘扬延安精神，这是具有重大意义的时代课题。这台晚会给广大观众传达了新的信息，起到了鼓舞人心的作用。整个晚会的节目都能引人入胜。作为延安时期的一名小兵和今日的一名老年观众，我向延安精神研究会、中央电视台和陕西省的同志们表示敬意，并感谢你们举办了这台成功的晚会。

6**月**10**日** 由中国广告协会和中央电视台联合举办的"花都杯"首届全国电视广告大奖赛组委会第一次会议在中央电视台举行。大赛组委会主任、中央电视台副台长于广华出席会议并讲话。他说，举办这次大赛是为了提高我国电视广告制作的整体水平，配合国家《广告法》出台，增强消费者的广告意识。

各企业和广告公司的参赛作品，将由消费者和有关专家分别评选，公证处对大赛予以监督和公证。

6**月**15**日** 中央电视台编委会开会听取电视纪录片《解放》剧组的工作汇报。杨伟光要求制作该片时一是要注意点面结合，面要概括得精彩、简炼，点必须具有典型性、普遍性，通过点面结合的手法，以全新的观点，把人民掌握政权——国家的解放和改革开放以来——生产力的解放，给共和国带来的巨大变化展现给电视观众。二是把重点放在近15年，着重反映人和人的思想变化，同时反映国家的建设成就。他建议剧组在拍摄完素材后，组织全体制片人员认真研讨《解放》的制作思想，框定该片基本风格。沈纪、章壮沂、朱继峰等也对该片每集选题和表现内容、表现形式提出了具体意见。

6**月**15**日** 王枫召集中央电视台沈纪和总编室、广告部以及《三国演义》摄制组有关人员召开专题会议，研究《三国演义》的播出和宣传问题。王枫建议，要利用电视手段广泛地进行宣传，播出时要从全台的总体和大局考虑，可以安排导视讲解，以达到普及的目的。会议就该剧的播出与宣传方案确定如下原则：一、《三国演义》分三段在新年前、春节前、春节后播出。10月23日开播，每段播出前有一集"导视讲解"。二、宣传上要取得新闻界合作，由电视台召开新闻发布会，提出系列报道计划。三、宣传节目纳入电视台现有的各栏目，有序地安排播出。四、《中国电视报》要扩大宣传。

6**月**15**日** 中共中央政治局委员、国务委员兼国务院住房制度改革领导小组组长李铁映接见《居者有其屋》摄制组主创人员并接受了采访。他对摄制组的工作给予充分肯定，向主创人员表示感谢，并为这部专题片题写片名。

中央电视台《经济半小时》栏目在7月6日至9日播出四集专题片《居者有其屋》。这是一部以中国老百姓住房问题和我国住房制度改革为题材的系列片，由李铁映、侯捷、刘志峰担任顾问。

6**月**15**日** 中央电视台海外电视中心召开"中国电视周"节目制作汇报会，台领导和部分编委参加会议并听取汇报，通过了《中国珍稀动物》、《外国人在中国》、《中国老年人》、《综合文艺》等节目，并责成外语节目部译制。杨伟光台长提出还需增加少儿节目和杂技节目。对外联络工作有进展，目前已有74个国家同意举办"中国电视周"，7个国家来华选片。另根据杨伟光的意见，已向非洲第三世界18个国家发函，准备无偿提供英文版电视连续剧《西游记》。

6**月**16**日** 中国民航总局、国家旅游局、《中国贸易报》(航空版)联合举办首届国际民航旅游安全知识大赛颁奖会，中央电视台《正大综艺》编辑组获参赛特别奖。

6**月**17**日** 艾知生、孙家正、杨伟光、沈纪、赵化勇、章壮沂、朱继峰等出席中央电视台'95春节晚会招标会。文艺部参加投标的六位导演分别陈述了'95春节晚会节目构想、晚会创意、主题思想、节目来源、结构形式、节目构成和晚会演播方式等问题。与会代表在创新求异，推出精品，在欢乐祥和的气氛中弘扬主旋律等问题上达成共识。孙家正、杨伟光要求春节晚会导演构思方案时要注重创新。

6**月**18**日** 中央电视台领导批准，社教中心和人事处共同向社会招聘妇女专栏《半边天》编辑、记者、主持人。应聘人员近百人，经面试，有55人进入笔试。

6**月**21**日** 总编室和计财处召开'94中央电视台节目经费管理办法协调会，新闻中心、文艺中心、海外中心、社教中心、播送中心和技术制作中心有关人员参加会议。贾文增总会计师到会并讲话。他说，这次节目经费管理办法的改革是台分党组的一项重要决定，是责任权利一起下达，希望全台各部门全面贯彻，认真执行。

6**月**23**日** 杨伟光、沈纪召集有关人员研讨

《经济半小时》特别节目《走向纵深》。这是为宣传经济效益纵深行而制作的节目。杨伟光说，这是一个特别节目，与文艺晚会要有区别，要着力于通过电视手段把“效益”生动形象地反映到屏幕上，通过这个特别节目使厂长经理们学到一些提高效益的方法，认识到提高效益并非艰难之举。沈纪要求这个节目要以正面宣传为主，内容不要太沉重，形式不要太呆板，用文艺和专题结合的方式表现典型事例。

6月24日 中央电视台现场直播国家教委和中央电视台联合举办的《'94大学生之夜》文艺晚会。

6月29日 杨伟光、赵化勇、刘宜勤、章壮沂等出席动画节目观看会。这批动画系列片包括：30集的《蓝皮鼠大脸猫》和14集《笨笨蛋蛋在海上》。其中《蓝皮鼠大脸猫》是我国有史以来制作的集数最多、时间最长的一部动画片。这批动画系列片于7月下旬在改版后的栏目《动画城》中陆续播出。

6月30日 中央电视台邀请参加“八一”晚会的英模代表与台领导和著名播音员、主持人进行座谈。沈纪代表中央电视台对英模的到来表示欢迎，并向大家介绍了中央电视台的发展状况。座谈会后，客人们参观了新闻中心机房和大演播室。

6月30日 中央电视台在中国大剧院现场直播庆祝建党73周年大型文艺晚会《她为人民谋幸福》。

6月 中央电视台“六一”儿童节专题晚会《跨世纪的公民》播出后社会各界反响强烈。全国少工委副主任、团中央少年部部长曹东新，全国妇联儿童部部长李启明和山西、湖北、广西等地的观众都打来电话赞扬这台晚会，认为这台晚会无论从思想内容、电视艺术，还是儿童特点等方面都比往年的“六一”晚会有很大突破。

七　月

7月1日 党和国家领导人江泽民、乔石、朱镕基、刘华清、胡锦涛、丁关根、布赫、铁木尔·达瓦买提、迟浩田、洪学智、杨汝岱、邓兆祥，以及王首道、李德生、张劲夫、段君毅、马文瑞等老同志，在中南海怀仁堂观看了中央电视台“庆祝‘七一’第六届全国青年歌手电视大奖赛专业组获奖歌手汇报演出”。演出结束后，江泽民等领导走上舞台，同演员握手，祝贺演出成功并合影留念。

7月1日 中央电视台党委召开1993—1994年度创先争优表彰大会。中央电视台基层党委、总支、支部委员，团支部委员，以及新、老党员和优秀党员代表参加了大会。广播电影电视部机关党委温治中、中央电视台杨伟光及台分党组成员出席了大会。会上，43名新党员举行了入党宣誓。中央电视台党委对8个先进党总支、支部，8名优秀党员领导干部，28名优秀党员，22名优秀党务工作者进行表彰，并颁发了荣誉证书。

7月1日 杨伟光、于广华赴涿州市拜会市委、市政府杨世新、柴国才等领导。杨伟光代表中央电视台感谢涿州市领导几年来对涿州基地建设的支持和帮助。涿州市领导表示将一如既往地为基地建设提供便利。

7月2日 庆“七一”文艺晚会观众反映不错。有关领导说，庆祝党的生日时很需要有这样一台晚会。这台节目气氛很好，台风也好，组织工作严密，这样多演员参加，一点不乱，很紧凑。中央领导挺满意。

7月3日 为配合中国西藏艺术团出访，中央电视台播放了《正大综艺》西藏专辑。西藏各界观众普遍反映这个节目气氛热烈，客观地反映了西藏的传统文化、宗教信仰、风俗习惯，特别是改革开放后的发展变化。

7月5—8日 中央电视台1994年年中工作会议在北京西山饭店召开，来自各中心、部、处的93名领导干部参加会议。会上，沈纪、刘宜勤、于广华、贾文增分别总结了中央电视台半年来宣传、技术、党政和财务经营工作进展情况。杨伟光总结了中央电视台近几年的工作经验，也指出了存在的一些问题，并部署了下半年的工作任务。7月7日，孙家正到会参加了新闻、社教、文艺和技术物资四个小组的讨论。7月8日上午，孙家正在全体大会上作了重要讲话。他对中央电视台近几年的工作，既肯定了成绩，又提出了更高的目标和要求。

7月7日 中宣部领导刘忠德、翟泰丰、龚心瀚等观看“五个一工程晚会”彩排。

7月9日 中央电视台现场直播《精神文明建设“五个一工程”文艺晚会》。丁关根提前到场看望演职人员。程思远、王光英以及中央宣传思想领导小组成员，中宣部、广电部领导，文艺界老艺术家代表，“五个一工程”获奖人员和各省委宣传部领导到会观看演出。晚会紧紧围绕“五个一工程”的精神，实现了思想性和艺术性较好的统一。部分老艺术家和青年文艺工作者同台演出，现场气氛热烈，受到观众的一致好评。

7月14日 中央电视台分党组成员、新影厂厂长刘建中向台分党组汇报新影厂自1993年10月划归中央电视台以来的工作进展情况。分党组认为，把新影厂改建成电视节目制作基地，是中央电视台一项重要工作任务，影视合作得好，将会产生很大的社会影响。台里要从节目制作、技术装备、人事管理等多方面积极支持新影厂生产转轨，新影厂也要解放思想，搞好规划，提出节目选题计划，挖掘潜力开发第三产业，并尽快适应电视高效率、快节奏要求。

7月15日 中央电视台节目外销领导小组召开扩大会议，杨伟光、于广华、赵化勇等出席。

7月15日 编委会讨论海外电视中心的大型

纪录片《香港沧桑》的总体框架和第四套节目实行24小时播出的节目安排格局。

7月15日 为了提高编播人员的业务水平，研究室与教育处联合举办获国际纪录片奖的电视片《姊妹溪》、《最后的山神》观摩讲座。北京广播学院教授高鑫、中国纪录片协会秘书长朱景和对这两部电视片进行了讲评。来自台内各部门的60名同志参加了讲座。

7月16日 中央电视台召开节目通气会，赵化勇及有关部门负责人出席。会议向首都各新闻单位通报了即将播出的新栏目《动画城》。《动画城》是原国产动画片栏目《红黄蓝》改版后更名的新栏目。中央电视台呼吁国内动画界携手合作，为广大观众制作出更多优秀的国产动画片。《动画城》栏目于7月24日正式开播。

7月19日 应埃及广播电视协会和毛里求斯广播公司邀请，杨伟光台长率中央电视台代表团一行四人出访。

7月20日 中央电视台技术管理办公室和第四届世界妇女大会电视转播工程筹备领导小组联合举行新闻发布会，向海外电视设备生产厂家通报中央电视台为筹备第四届世界妇女大会采购所需技术设备的情况。

7月21日 李鹏总理在中南海会见电视音乐专题片《大亚湾，灿烂的阳光》剧组的部分主创人员、演员和中央电视台副台长张长明、新闻中心主任李东生、文艺中心副主任邹友开。

张长明、李东生、邹友开分别向李鹏总理介绍了中央电视台第四套节目向海外播出的情况，《东方时空》制作100首中国民族歌曲经典作品的情况和举办六届青年歌手大奖赛的成功经验。李鹏总理对中央电视台的工作表示满意。他询问了对外节目传送的情况，并说，他在罗马尼亚访问时收看到了中央电视台第四套节目。他还提到目前举办的百部爱国主义影片展播活动很好，对青少年的教育很大，比那些武打片好多了。

18时20分许，李鹏总理和大家一起观看了中央电视台现场直播的“亚太一号”卫星发射实况。

7月26日 由沈纪率领的中央电视台银河少年电视艺术团圆满结束对澳门的访问演出后返京。艺术团在澳门演出两场，受到热烈欢迎。

7月26日 中央电视台发出《关于表彰、奖励刘大友、郑晓华同志通报》。录制部刘大友、影视部郑晓华在完成百部爱国主义影片纪录片的转录任务成绩突出，经中央电视台分党组研究决定：给刘大友、郑晓华记大功一次，颁发奖金，并号召全台同志向她们学习。

7月 中央电视台《人与自然》栏目自5月开播以来，在国内外引起较大反响。这是中国目前唯一与世界环发大会宣言接轨的对口栏目。美国福特基金会委托朱迪女士专程到中央电视台国际部，就《人与自然》栏目的创办背景、宗旨、定位和栏目走向等进行专题调查。同时对开办这个具有跨世纪意义的栏目表示祝贺，并愿意通过正常渠道向《人与自然》栏目提供有关电视专题片。

7月 中央电视台每天用卫星传送到北美的《中国中央电视台新闻》的影响不断扩大。最近这一套新闻节目已进入洛杉矶地区最有影响的KAZN AM1300中文电台联网播出。

7月 中央电视台《经济半小时》与全国十几个省、市电视台联合采编的《效益连着我和你——我为提高经济效益献计策》开播以来，得到有关方面的好评。本节目分市场、质量、成本、机制、资金及开篇和一周点评七个主题，先后报道了国家经贸委副主任陈清泰、万向集团总经理鲁冠球等一大批经济界领导和企业家及普通职工对振兴中国企业的真知灼见。国家经贸委副秘书长说，这个节目办得好，很有意义。

八　　月

8月2日 远南运动会组委会主席邓朴方、副主席张百发，国家体委副主任徐寅生，广电部副部长刘习良，远南运动会组委会副主席郭建模、秘书长万嗣全，及中央电视台副台长于广华、赵化勇和泰国正大集团董事长谢国民、总裁谢中民等到中央电视台参加《正大综艺》远南运动会特别节目的录像。正大集团向中国残疾人联合会和远南运动会组委会各捐款150万元人民币。邓朴方对中央电视台报道我国残疾人事业和远南运动会做出的积极贡献表示感谢。

8月4日 黑龙江省漠河县委委托县委宣传部写信给中央电视台，感谢国际部副主任张子扬向遭受漠河凌灾的人民群众捐献自己晋升职务时补发的1644元工资。一年前，张子杨首漂黑龙江时曾得到漠河县政府大力支持。

8月5日 孙家正部长、杨伟光副部长和中央电视台海外电视中心有关领导观看“中国电视周”节目《中国》。孙家正、杨伟光认为该片思路清晰，镜头运用讲究，制作精心，能使外国观众从中了解中国的基本情况。该片抓住了中华民族最基本的特征，展示了中国的发展趋势。

8月6—9日 中央电视台及时、充分地报道了布达拉宫维修工程竣工。《新闻联播》先后播出7条新闻，8月8日播出专题片《维修布达拉宫》；8月9日《焦点访谈》播出专题新闻《灿烂的丰碑》。这些报道生动具体地宣传了党和国家的民族、宗教、文物保护等各方面的方针政策，充分体现了党中央对西藏人民和僧侣的关怀，体现了全国人民对西藏的大力支持和帮助。

8月8日 中央电视台第一套节目和第四套节

目分别播出纪录片《维修布达拉宫》中英文两个版本。新影厂将闻名于世的拉萨布达拉宫的重大维修全部峻工作了真实记录，让广大电视观众特别是港澳同胞、海外侨胞都能了解布达拉宫历史上规模最大的修缮工程。

8月8日　中央电视台党委举办社会主义市场经济理论学习班，处级以上干部、各总支书记、部分业务骨干，以及直接从事经济工作的干部130余人参加学习。学习班以《邓小平文选》第三卷、《什么是社会主义市场经济》和《中共中央关于建立社会主义市场经济体制若干问题的决定名词术语解释》和江泽民总书记《学习、学习、再学习》一文作为主要读本，还邀请我国著名经济学家辅导讲座。大家普遍反映良好。

8月9日　丁关根约见杨伟光，对全国电视发展工作和中央电视台的两个“焦点”栏目作了指示，希望“焦点”栏目办成名牌栏目。

8月10日　刘宜勤在8日的工作例会上要求台内节目都要按国际声标准制作，技术部门要保证制作国际声节目的设备，编导人员要加强国际声观念，保证这一制度全面落实。即日起，中央电视台在全台实施国际声制作制度。此举将更有利于中央电视台制作的电视节目参与国际电视节目交流，并将成为中国电视节目走向世界、与国际接轨的重要途径。

8月11日　于广华副台长随李铁映为首的中央赴西藏代表团在参加布达拉宫维修工程竣工庆典活动结束后返回北京。

8月11日　中央电视台、中国音乐家协会、北京音乐台、中央音乐学院、沈阳音乐学院联合主办的第二届全国管弦乐作品大赛拉开帷幕。这届大赛旨在弘扬民族文化，繁荣音乐创作，提倡我国作曲家创作反映社会生活、雅俗共赏、具有鲜明民族风格和艺术感染力的管弦乐作品。凡中国公民，国外的中国学生，台、港、澳同胞及海外侨胞均可参赛。

8月12—13日　中国电视节目代理公司在四川召开业务会议，来自全国15个成员台的代表参加，着重研究了电视节目的版权保护问题。

8月13日　中央电视台在记者间召开《东方时空》、《焦点访谈》研究会。中央宣传思想工作领导小组副组长艾知生，中宣部新闻局局长徐心华、副局长孙冰川，广播电影电视部副部长杨伟光、总编室主任张振东，以及中央电视台副台长沈纪、新闻评论部负责人和特邀电视阅评员代表参加座谈。大家一致认为，《东方时空》和《焦点访谈》自出台以来，得到了广大观众和各级领导的好评，目前已成为中央电视台的名牌栏目。研讨会上，大家就如何进一步办好这两个栏目，发挥电视台的舆论监督作用，努力为党和政府的宣传工作服务，以及批评性报道怎样起到“团结、稳定、鼓劲”的作用等问题进行探讨。

8月13日　沈纪副台长召集总编室、各宣传中心负责人与新影厂厂长刘建中及各编辑室负责人研究新影厂节目生产事宜。会议对前一阶段新影厂由电影向电视转轨所取得的成果给予肯定，并就如何发挥新影厂纪录片生产优势，扩大节目制作范围，提高节目生产能力及纪录片走向等问题进行了讨论。沈纪指出，台总编室应将新影厂作为一个节目制作中心，制定与其生产能力相适应的年度节目生产计划，各中心在节目生产制作过程中要充分利用和着力扶持新影厂，新影厂也应以多种方式参与节目制作，以适应事业发展的需要。

8月13日　为庆祝建国45周年，中央电视台与人民日报社、中国国际战略研究基金会、中国科普作家研究会、总参动员部、总政群工部等全国71个单位共同举办的全国国防知识竞赛电视决赛在中央电视台举行。国务委员、中央军委委员、国防部长迟浩田上将，中央军委委员、总政治部主任于永波上将等领导观看了决赛，并为获奖单位颁奖。

8月16日　中央电视台召开美洲东方卫星电视开播一周年年会。杨伟光副部长和中央对外宣传小组三局副局长任一农，广电部外事司马元和、总编室郑集强，中央电视台张长明、陈汉元、方庆浩等领导和美洲“东方卫视”总裁孑繁先生以及来自全国20多家地方电视台的代表，部分省、市外宣办负责人，大企业代表共40多人参加会议。

8月16—17日　新闻中心新闻评论部组织召开《焦点访谈》和《焦点时刻》两个栏目的编导、主持人业务研讨会，杨伟光和新闻中心有关领导参加。与会者就节目的选材、表现角度、拍摄技巧等问题展开热烈的讨论，大家对如何制作好“焦点”节目有了比较统一的认识。最后，杨伟光作了总结讲话。

8月18日　中央电视台与甘肃电视台联合现场直播第四届中国艺术节开幕式《黄河潮》盛况。

8月19日　1993年度全国海外电视节目评奖活动在哈尔滨揭晓。中央电视台海外中心和全国各省、市44家电视台选送的175个优秀对外节目参加了观摩和评选。其中96个节目获奖，中央电视台获得各类奖项31个。这次评奖活动旨在总结经验，奖励先进，发挥系统优势，促进全国对外宣传工作发展。

8月20日　中央电视台无锡太湖影视城的“三国城”正式落成开业。新华社香港分社副社长张俊生，原中葡联合联络小组中方首席代表康冀民，广电部有关领导丁宝庭、马元和，中央电视台于广华，国家旅游局负责人以及江苏省、无锡市的党政领导参加了“三国城”开业典礼暨《三国演义》国际学术研讨会、《三国演义》艺术节开幕式。无锡市委书记洪锦沂、中央电视台副台长于广华分别讲话，对“三国城”的开放表示祝贺。“三国城”的开业，提高了影视城的影视功能和文化旅游功能，对无锡的旅游事业和经济建设的发展也将起到一定的促进作用。

8月20日 广播电影电视部和中国残疾人联合会在中央电视台联合举办“迎远南残疾人运动会中外影视展播”新闻发布会，中宣部副部长刘云山，广电部副部长杨伟光，中国残联主席邓朴方及广电部、中国残联、中央电视台和首都30多家新闻单位的有关同志出席。8月20日至9月3日，中央电视台及地方电视台将联合举办反映残疾人题材的17部中外优秀影视片的展播活动。

8月20—24日 中国国际电视总公司在山西太原召开首次全国有线电视供片工作会议。全国各省、市50多家有线电视台的代表参加了会议。广电部社会管理司司长郭宝新到会并讲话。这次会议供需双方直接见面，有利于理顺供片关系，是促进有线电视健康发展的初次尝试。众多有线电视台表示愿与中国国际电视总公司建立固定的联系，使这一供片系统不断完善。

8月22日 李岚清副总理在中宣部召开的有关教育宣传工作的新闻单位通气会上指出：中央电视台开辟的《中华学人》栏目在社会上影响很大；近期开办的中学生栏目《第二起跑线》、大学生辩论会等节目都不错；《大学生之夜晚会》很好，各方面评价很高，对教育宣传工作起了很大作用。李岚清感谢新闻单位对教育宣传工作的支持。

8月25日 中央电视台召开’95春节联欢晚会座谈会。孙家正部长、杨伟光副部长、赵化勇副台长、文艺部领导邹友开和知名导演邓在军、黄一鹤，著名节目主持人赵忠祥、倪萍参加座谈。

8月25日 由中央电视台与文化部振兴京剧指导委员会、中央人民广播电台、中国京剧艺术基金会联合举办、《中国京剧》杂志社协办的《梅兰芳金奖大赛》(净、丑、老旦组）决赛在中央电视台大演播室举行，并向全国现场直播比赛实况。8月27日、30日和9月1日、3日，还在此进行后续四场决赛。

8月25日 中央电视台分党组研究决定，同意在无锡基地建设“水浒城”。

8月26日 中宣部部长丁关根在中南海召开如何办好’95春节联欢晚会座谈会。中宣部副部长、文化部部长刘忠德，广电部部长孙家正、副部长杨伟光，中宣部文艺局局长李准，中央电视台副台长赵化勇以及著名文艺节目编导、节目主持人参加座谈。

8月28日晨7时10分 我国在西昌卫星发射中心用长征2号运载火箭成功发射了“澳星B3”卫星。中央电视台新闻中心担负卫星发射的现场报道任务。这次直播任务难度较大，但在各方面的紧密配合下，1小时20分钟的直播进行得有序、精确、完整，体现了中央电视台的水平。

8月30日 中央电视台召开电视文艺座谈会。刘习良、杨伟光副部长，赵化勇副台长，文艺中心邹友开及部分长期从事电视文艺工作的编导20多人参加座谈。大家围绕“星光奖”的评奖，电视文艺的现状、存在的问题及今后的发展方向畅谈了各自的想法。

8月30日 中国电视剧制作中心召开处以上干部会，宣读了广电部党组关于任命于广华为电视剧制作中心主任(兼)和张天民不再担任电视剧制作中心主任、电视台分党组成员的决定。

8月31日 杨伟光副部长和中央电视台于广华、刘宜勤、贾文增以及有关部、处领导到新影厂现场办公，解决新影厂由生产电影转为生产电视节目过程中存在的实际困难。新影厂刘建中、张建华和徐式训分别介绍了自1993年10月划归电视台以来的工作情况。杨伟光希望新影厂正确对待转轨过程中的问题和差别，发挥主观能动性，与电视台共同努力，完成转轨时期的各项工作。

8月 中国质量万里行活动在《新闻联播》中播出以来反响强烈，受到社会各界的普遍关注。有关领导认为，关于棉花的报道很好。中国质量万里行组委会认为：1994年的质量万里行报道有特色、有质量，效果好于往年，电视报道尤其突出，产生了强烈的震撼力，对各地质量工作、打假工作都起了推动作用。

8月 中国残联主席邓朴方和残联理事长刘小成写信向中央电视台表示感谢。来信说，迎“远南”中外影视展播的顺利播出，是中央电视台关心、帮助、支持残疾人事业的具体体现，它对“远南”残疾人运动会的成功举办，对激励残疾人的自强精神，对社会助残意识的提高将产生极大的促进作用。

九　月

9月2日 截止到今天，共有125个国家和地区的150个电视台确认举办“中国电视周”或部分播出中国电视节目。《西游记》(25集)将在20个国家，主要是第三世界国家免费播出。“中国电视周”节目已被译成英、法、俄、德、西班牙、葡萄牙、阿拉伯、塞尔维亚、波斯等9种语言。曾建徽、艾知生等领导对“中国电视周”的工作表示满意，认为这是中国电视第一次大规模地走向世界，是建国45周年期间对外报道的重大举措。

9月初 中央电视台总编室派人到厦门建立了中央电视台观众调查网厦门调查站。调查站设备经调试连通正常。厦门调查站是中央电视台在福建省建立的第三个调查站，调查户为300户，它的建立使中央电视台的总调查户数增至11000户。

9月7日 国防科工委政治部来信感谢中央电视台多次直播卫星发射所做出的艰苦工作。来信说，从“亚洲一号”到“亚太一号”和而后“澳星”的两次发射，每一次外星的发射直播工作都凝聚着中央电视台工作人员的心血，中央电视台已经与我国航天事业紧紧结合在一起了。

9月9日 中国文化扶贫委员会和广播电影电

视部在中央电视台举行向全国100个贫困县赠送100套百部爱国主义教育影视片录像带仪式。出席仪式的中宣部、中国文化扶贫委员会、广播电影电视部、国务院扶贫开发领导小组、文化部的领导徐惟诚、杨瘫哲、田聪明、杨伟光等，向100个贫困县所在的26个省、自治区驻京办事处代表赠送了100套百部爱国主义教育影视片。这是第二批赠送。这批录像带是由广播电影电视部总编室、计财司、中央电视台承办，中国电影资料馆、中央新闻纪录电影制片厂和中国少年儿童电影学会协办的。参加录像带复制工作的同志以极大的热情，积极、出色地完成了任务。

9月10日　杨伟光副部长和中央电视台副台长张长明与中国国际广播电台台长张振华、副总编辑陈敏毅就两台合作问题进行商谈。双方一致认为，两台都应发挥各自优势，加强电视对外宣传的合作，联合制作外语节目，特别是英语节目，力争尽早在西方主流社会播出。

9月10日　为迎接国庆45周年，中央电视台编委会专题研究了国庆电视宣传工作。中央电视台新闻、文艺、社教、海外等中心都在加紧筹备，准备从不同侧面充分展示建国45年的伟大成就，尤其是改革开放以来我国取得的重大成就，使全国人民和世界人民了解今日中国的政治、经济、社会取得的巨大进步以及中国的历史和文化，同时对广大人民进行爱国主义教育。

9月12日　《东方时空》的《焦点时刻》栏目播出《"天之骄子"上大学——在一所大学校门前的见闻》之后。是日，国务院秘书长罗干对秘书说："中央电视台这个节目做得很好，马上把详细情况收集一下。"

9月12日　杨伟光在中央电视台工作例会上要求全台各部门加强请示汇报，重要情况及时向部里反映。他说，中央电视台是广播电影电视部的下属单位，是在部党组的领导下进行工作的，必须坚决执行广电部党组的决定，尊重部机关的意见。这方面大部分部门是做得比较好的。向部领导请示的问题要先征求有关司局的意见。对部领导指示要认真执行，密切同部机关的联系，经常通报情况，按部有关规定办理。在与中央、国务院各部委接触的时候要注意谦虚谨慎，反骄破满，尤其在处理超出我们接受范围的要求时更要注意冷静，多采取协商的办法去解决，培养良好的工作作风，树立中央电视台的良好形象。

9月13日　国务院办公厅秘书转达罗干对《东方时空》、《焦点访谈》节目的一些看法。罗干认为，《焦点时刻》、《焦点访谈》办得不错。

9月14日　中央电视台召开图文电视座谈会。国家科工委副主任惠永正，化工部副部长成思危，农业部副部长洪绂曾，卫生部副部长孙隆椿，电子部副部长张今强，广电部副部长杨伟光及国家计委、国家科委、公安部、财政部等29个部（委）、局有关部门的负责同志出席会议。中央电视台副台长于广华主持会议，刘宜勤副台长介绍了中央电视台图文电视的基本情况。与会代表观看了中央电视台图文电视的演示和录像，并就如何建立中央电视台图文电视信息网交换了意见，商讨了互利合作的途径。杨伟光副部长感谢中央各部委（局）领导长期以来给予的支持和帮助，并希望今后加强合作，共同做好宣传工作。

9月15日　第八届"星光奖"颁奖、研讨会暨1994年全国电视文艺座谈会开幕。孙家正部长、刘习良、杨伟光副部长和梁光第、郭宝新、刘玉山、洪民生、赵化勇、章壮沂等领导及全国各省、市35家电视台64名代表参加会议。孙家正致词，向来自全国各地的获奖代表和各地电视台主管电视文艺工作的领导致以热烈的祝贺和真挚的谢意。一年一度全国电视文艺"星光奖"自1987年创设以来已历时8届，对推动我国电视艺术发展产生了良好的导向作用，在我国电视艺术发展史上写下了重要篇章。这些优秀作品，代表着我国电视艺术创作在本年度所达到的思想艺术水平，集中体现出我国电视艺术事业蓬勃兴旺的繁荣景象。

9月16日　西藏自治区党委副书记丹增在西藏对外报道工作座谈会上说，中央电视台5月播出《正大综艺》（西藏专辑）后，在西藏引起强烈反响，收到很多观众来信。《正大综艺》（西藏专辑）在西藏重播后，自治区党委宣传部组织西藏各界代表召开了座谈会。

9月16日　中央政治局委员、国务委员李铁映在杨伟光副部长和保定地委副书记、涿州市委书记杨新世的陪同下视察中央电视台涿州拍摄基地。

9月18日　《中国电视报》在全国百家优秀报刊评选中，排名第四。这次评报评刊活动是由中国新闻史学会和北京工人集报协会主办的。

9月20日　中央电视台向灾区、贫困地区捐送衣被工作顺利结束。这次募集工作的特点是：领导重视，注重宣传教育，组织落实得力，捐送衣物质量好，包装质量高。

9月21日　中央电视台收到国家教委发来的感谢信，对电视台在与教委等单位联合举办《走进九月——'94教师节文艺晚会》时做出的巨大努力表示感谢。来信说，这台晚会构思新颖、立意较高、可视性强，广大教师和社会各界反响强烈。

9月21日　中共中央办公厅致函中央电视台，表扬电视台随江泽民主席访欧记者组全体同志在随访期间工作积极主动，兢兢业业，勤奋努力，任劳任怨，圆满完成了随团采访任务。

9月27日　中央电视台录制《国庆戏曲晚会》节目。丁关根、艾知生、刘忠德、孙家正、陈光毅、刘奇葆、高占祥、刘习良、杨伟光等领导观看了来自全国十几个剧种的新老艺术家的精彩演出。刘忠德、高占祥、刘习良为“梅兰芳金奖大赛（净、旦、老旦组）”获奖演员颁奖。

9月28日 由中央电视台投资拍摄并播出的《中国民族歌曲经典》音乐电视系列，已由中国唱片总公司广州分公司制作成大型系列音像制品，国庆前夕开始投放市场，这是弘扬优秀民族文化的又一举措。为此，中央电视台《东方时空》栏目和中国唱片总公司广州分公司举行首发式。参加首发式的有中宣部新闻局局长徐心华、文艺局局长李准，文化部文化市场管理局局长王文远，中国音协主席李焕之，著名歌唱家王昆，中国唱片总公司总经理熊森民以及音乐界、文艺界、新闻界、音像界等近百人。广播电影电视部副部长兼中央电视台台长杨伟光也到会并讲话。

9月29日 全国政协来信感谢中央电视台在中国人民政治协商会议成立45周年纪念期间，对各项活动给予及时的报道，取得了较好的宣传效果。特别是《团结颂》文艺晚会的演出和直播把庆祝活动推向了高潮。李瑞环主席、叶选平副主席和其他全国政协领导都给予了充分的肯定。

9月 中央电视台《中国电视报》在第二届民间文摘研讨会上被选为全国“十佳”文摘类报刊之一。

9月 国务院新闻办公室、广电部、中央电视台海外中心组织部分省、市电视台赴藏联合摄制电视系列片《西藏的故事》。拍摄期间由中央电视台、山东电视台、山西电视台、贵州电视台、成都电视台、潍坊电视台组成的创作组，在西藏工作的30天中，克服困难，拍摄了140盘素材。返回后，又投入了紧张的后期编辑工作，预计编辑成12集（每集25分钟）节目，在10月中旬完成。

十　月

10月1日 国庆之夜焰火晚会现场直播圆满成功。晚会结束时，李鹏和李瑞环向文艺中心导演袁德旺和新闻中心时政记者王连生说，电视转播大家辛苦了，谢谢电视台，谢谢同志们！丁关根也说，向电视台职工表示慰问，谢谢大家！

10月5日 中央电视台党委召开全体党员大会，传达《中共中央关于加强党的建设的几个重大问题的决定》和尉建行代表中纪委在中共中央纪律检查委员会第四次全会上所作题为《全面发挥监督职能保证十四届四中全会决定的贯彻落实》的报告。杨伟光、于广华、宋培福参加会议。

10月7—8日 中央电视台召开版权工作会议。总编室、各编播中心、国际电视总公司、节目外销联合体、广告部、音频部、经营管理处、新技术开发办公室的负责人和中央电视台律师参加会议。会议邀请著名版权专家郑成思作题为“电视节目中的版权问题”的报告。

10月10日 国务委员李铁映在人民大会堂会见美国映佳公司总裁谢诚刚先生及其夫人和女儿，参加会见的有广播电影电视部副部长杨伟光、中央电视台副台长张长明。

10月11日 中央电视台分党组开会，学习十四届四中全会文件，联系实际情况进行认真的讨论。与会者认为，《中共中央关于加强党的建设的几个重大问题的决定》是加强党的建设的纲领性文件，对加强党的建设，使党能肩负起新时期的领导重任和实现党的宏伟目标具有重大意义。

10月13日 中央电视台分党组会通报财政部和广电部党组关于对“中央电视台继续实行预算包干管理办法”的批复。

10月17日 海外电视中心在第四套节目推出《粤语新闻》，每日22点至22点20分播出，实现了中央电视台首次粤语节目播出。

10月18—20日 由中央对外宣传办公室和广播电影电视部联合举办，中央电视台海外中心和山西电视台承办的’93全国海外电视获奖节目颁奖会在山西太原举行。刘习良副部长和山西省委有关领导及全国43家电视台的120多名编辑、记者出席会议。中央电视台在本次评奖中有42个节目获奖。

10月21日 中央电视台召开第14届北京国际马拉松比赛电视转播工作会议，于广华、刘宜勤、贾文增等出席。

10月22日 中央电视台编委会观看社教中心即将推出的新版块栏目《半边天》。编委会认为，此专栏定位比较准确，节目温馨、轻松、愉快，有女性特点，今后要多报道一些农村妇女、城市的普通妇女和有成就的杰出妇女。《半边天》节目应注意既有民族特点，又能和国际接轨，充分展示中国妇女的风采。妇女组应尽快地制作出一批完整节目，准备年内试播，1995年1月1日正式开播。

10月24日 中央电视台与电影局共同组成电影体育频道中心筹备处。杨伟光副部长和总会计师贾文增同筹备处全体同志进行座谈。

10月24日 第三届全国影视声音研讨会暨声音学会奖颁奖会在中央电视台召开。广电部副部长兼中央电视台台长杨伟光，中国电影电视技术学会副理事长兼秘书长刘国典，中国录音师学会理事长何大中及中央电视台刘宜勤、刘广全和北京电视台、北京电影制片厂、八一电影制片厂有关领导出席大会。

10月25日 中国残联主席邓朴方、副主席郭建模等专程到中央电视台致谢，感谢中央电视台在远南运动会期间对中国残疾人事业和远南运动会全方位的宣传报道。中国残联宣教部主任赵济华代表中国残联党组讲话，称赞中央电视台的宣传高扬了爱国主义旗帜，弘扬了人道主义精神，促进了精神文明建设，在众多新闻媒介中独树一帜，别具特色，在海外引起了广泛积极的影响。邓朴方主席向杨伟光副部长赠送了“感谢中央电视台，远南：我们同行”铜匾。中央电视台副台长沈纪、刘宜勤以及有关宣传和技术中心的负责同志参加了赠匾仪式。

10月28日 新加坡驻华大使郑东发为新加坡国际传媒机构副主席李金富、新加坡电视机构总裁李棹尧访问北京举行招待会。孙家正部长出席招待会并讲话，他说，中国发展广播电视事业坚持两个坚定不移：一是对外开放坚定不移，中国广播电视在对外交往、合作中要吸收国外优秀的文化；二是抵制黄色的、暴力的、低级的东西坚定不移。广播电视工作责任重大，我们制作的节目面对亿万人民群众，我们有责任把优秀的节目献给人民，引导民族向健康、文明的方向发展。

10月《中国电视报》在'93广电部广播电影电视报刊协会和省级广播电视报好稿件评选中获一等奖一篇，二等奖四篇，三等奖三篇。

10月 为了缓解中央电视台黄金时段广告的供需矛盾，增加媒体在广告经营上的透明度，杜绝广告经营中的不正之风，为中国电视广告推向市场探索出一条可行之路，经国家工商行政管理局同意，中央电视台分党组批准，广告部将1995年《新闻联播》和《天气预报》的标牌广告进行招标，有22家企业和广告公司中标。

10月 中国质量万里行组委会在青岛召开'94中国质量万里行宣传报道活动总结表彰大会。中央电视台被评为'94中国质量万里行活动先进单位，并有两个新闻节目获一等奖，四个节目获二等奖。

十 一 月

11月1日 中央统战部致函中央电视台，感谢对藏传十七世噶玛巴活佛的报道。

11月2日 中央电视台精神文明建设协调委员会召开会议，总结1994年工作，研究1995年如何进一步开展精神文明建设工作。精神文明建设协调委员会主任于广华、副主任宋培福、刘振瑞，以及党、政、工、团的有关负责人出席会议。

11月2—3日 中央电视台技术制作中心邀请北京广播学院、中央戏剧学院等单位的专家、学者对技术制作中心灯光专业的静态人物造型光进行评比，九位同志分获一、二、三等奖。刘宜勤副台长和技术制作中心、总编室的负责人到评比现场听取评委们的意见。

11月3日 以国务院新闻办公室主任曾建徽为首的中国新闻文化代表团一行六人，访问考察了设在美国芝加哥的美洲东方卫星电视台，代表团与东方卫视全体工作人员进行了座谈。

11月4—11日 中央电视台卫星电视中心筹备处派出六位同志到福建、浙江、广东、蛇口、湖南、江苏、安徽、巢源等省、市有线电视系统调查学习，对当地有线电视台的设备情况、节目储备、收费管理、建网入户、广告征求、运营管理等情况进行考察，并对中央卫星电视中心的电影、体育、综艺节目与地方有线电视网合作入网、建站、收视、运营管理等问题进行了探讨。

11月5日 中央电视台召开特邀监察员工作会议，对任期已满的第一批特邀监察员的工作给予肯定，同时聘任中央电视台第二批特邀监察员。中纪委、监察部驻广电部纪检组副组长、监察局局长王德新，中央电视台副台长于广华、张长明等领导到会并讲话。他们充分肯定设特邀监察员是中央电视台反腐倡廉组织建设的有力措施，希望第二批特邀监察员为中央电视台反腐败工作做出新的贡献。

11月8日 中央电视台副台长于广华到山东济南看望1994年下基层锻炼的同志，并与他们进行座谈。参加锻炼的同志汇报了基层学习、生活、工作的情况和自己的锻炼体会。于广华勉励大家虚心向地方电视台同志学习，圆满完成锻炼任务。

11月8—22日 江泽民主席访问印度尼西亚、新加坡、马来西亚和越南期间，中央电视台派出的10人随团报道组在15天时间里共制作新闻73条，总长度86分07秒，充分地报道了江主席的出访情况。江泽民主席和他的主要陪同人员比较满意，认为报道及时、充分，分寸把握得也很好。中共中央办公厅给中央电视台写信，表扬随江泽民主席出访的记者高军、周建国、林健、靳晓东、李瑞英等。信上说，这些同志“在随江泽民主席出席APEC领导人非正式会议和出访亚洲四国期间，工作积极主动，兢兢业业，勤奋努力，任劳任怨，圆满完成了随团采访任务，值得表扬。”

11月9日 由中央电视台、华业电视咨询公司国际发展中心和中国新兴铸管联合公司联合主办的'94“新铸联杯”中国画、油画精品展，在中国美术馆开幕。全国人大副委员长程思远，中央电视台沈纪、洪民生、戴临风及本届画展评委、顾委、主办单位负责同志和首都新闻单位记者出席开幕式。国内美术界专家、本次画展获奖画家及主办单位有关同志围绕“电视与书画”这一主题进行了研讨。

11月10日 中央电视台中视电视节目代理公司经国务院批准、国家工商行政管理局重新注册，改名为中国电视节目代理公司，预计1995年1月正式启用。

11月11日 杨伟光副部长与参加'95春节晚会主题歌创作会的20多位首都知名词曲作家座谈，感谢艺术家多年来为繁荣电视文艺所做的贡献，同时希望艺术家们为丰富'95春节联欢晚会创作出脍炙人口的主题歌。

11月16日 中央电视台召开《中华文明之光》节目工作汇报会。广电部副部长杨伟光、总编室主任张振东，中央电视台副台长张长明、总编室主任胡恩和海外电视中心有关同志及北京大学参与该片工作的专家出席会议。

11月19日 中央电视台召开体育频道开播协调会。副台长沈纪、刘宜勤和总编室、体育部、播送中心、新闻中心等有关部门负责人出席会议。会议就体育频道的节目构成、设备要求、操作流程、责任划分等问题进行了讨论。沈纪说，广电部已批准体育频道开播，各部门要全力以赴，做好试播准备工作。台领导希望各有关部门互相沟通，形成共同遵守的操作规程，保证体育频道顺利开播。

11月22日 杨伟光副部长主持召开中央卫星电视中心工作会议。广电部科技司、计财司、人事司、社会管理司、总编室、电影局及中央电视台和卫星电视中心的有关同志出席会议。会上传达了广电部党组关于开办电影、体育、文艺卫星频道的决定，传达了田聪明副部长的批示。与会同志就卫星电视中心的机构编制、经营网络、节目储备、资金筹集以及与全国有线电视互相协调等进行了讨论。

11月24日 杨伟光副部长出席中央电视台特邀监察员工作会议，就中央电视台的纪检监察工作讲了四个问题：(1)严格执行政治纪律和宣传纪律是正确贯彻党的宣传方针的重要保证；(2)加强组织纪律的纪检和监察是保证宣传队伍纯洁的重要措施；(3)纪检和监察是加强廉政建设、反对腐败、纠正行业不正之风的重要工作；(4)配合党的中心工作，抓好职工的思想教育是纪检监察工作的重要方面。

11月24日 新闻中心新闻评论部召开两个“焦点”栏目的座谈会，邀请中宣部、中科院、社科院、中纪委、公安部等有关单位的领导、专家就最近一个时期播出的有关扫“黄”打“非”节目进行座谈。

11月27日 海外电视专栏节目《中华大地》和《荧屏荟萃》全国研讨会在广东汕头召开。中央电视台海外电视中心及全国近40家省、市电视台的代表参加会议。与会代表就如何充分发挥电视传媒的优势，搞好对外宣传报道进行了研讨。

11月29日 杨伟光、刘宜勤和体育部、总编室有关领导检查自动化播出系统的运行情况。这套系统将用于体育频道的试播，其软件是由播送部和安徽现代电视技术研究所联合开发的。

11月30日 杨伟光副部长、刘宜勤副台长等视察中央广播电视发射台33频道发射机的运行情况，并就12月1日体育频道试播问题与中央广播电视发射台台长赵贤良等进行了研究。

11月 在1994年全日本电视网亚太地区第23届片头设计大赛中，制作部美术编辑吴克勤设计的《中华周易》五行相生片头获银奖。

11月 国务委员宋健写信表扬《人与自然》栏目的策划兼主持人赵忠祥。信上说：“通过电视媒介，传播知识，寓科学于消遣之中，提高人民的环保意识，对于人民群众，特别是青少年，有着重要的科普和教育作用。你们为人民、为科学事业做了一项极有意义的工作，我向您及《人与自然》栏目的全体同志表示衷心的感谢和敬意。”

11月 全国新闻资料协会广播影视系统分会成立大会在杭州举行。全国有25个省、市、自治区的广播电视厅、电台、电视台、音像资料馆和新影厂的代表参加会议。大会通过了工作报告和分会章程，选举产生了全国新闻资料协会广播影视系统分会第一届理事会。

11月 中央电视台社教中心纪录片创作室魏斌获得第二届范长江新闻奖。这是我国中青年新闻工作者优秀成果最高奖。

11月 中央电视台《东方时空》9月10日播出《“天之骄子”上大学》节目后，罗干责成有关部门调查用公车送子女上大学的情况，并作了如下批示：查处一下有好处，不然这股风一年会比一年厉害。各有关部门的报告我都看了，虽然有的明显是借口“顺路”为理由，但也不得不承认，不能允许这种不正之风蔓延。又：请将处理的详细情况告中央电视台《东方时空》节目组。

11月 中央电视台在一系列评奖活动中取得较好成绩。(1)在国家民委、文化部、广电部、中国文联联合举办的第五届全国少数民族题材电视艺术“骏马奖”评比中，由中央电视台和新疆乌鲁木齐市委宣传部联合摄制的《悠悠笈笈草——中国俄罗斯族》获电视专题片一等奖；中央电视台、海南电视台、新疆电视台联合制作的《东西南北中》(第12期)获电视艺术片二等奖；由中央电视台中国电视剧制作中心与玉溪地区电视台、玉溪电视台合拍的《火把寨》获电视连续剧提名奖。(2)在第三届中国金鸡百花电影节上，中央电视台影视部与南京电影制片厂合拍的故事片《早春一吻》获金鸡奖儿童片特别奖。(3)为表彰中央电视台新闻采访部经济组记者姚国发在宣传地矿工作上的贡献，地矿部决定授予姚国发“荣誉地质队员”(称号)并颁发奖金2000元。姚国发当即表示，把2000元奖金捐给希望工程。(4)中央电视台记者王晓琨、陈建军，在建设部城市住宅小区建设试点宣传工作中，做出优异成绩，他们的新闻作品分别被评为一、二等奖。

十二月

12月1日 联合国开发署驻华代表处邀集联合国驻华有关机构和研究妇女工作的人士60人，共同庆贺中央电视台妇女节目《半边天》试播。

12月2—6日 1994年全国电视观众调查网工作会议在江苏举行。中央电视台总编室副主任胡运芳作年度工作总结，中央电视台副总编辑章壮沂出席会议并讲话。全国范围的收视调查网运行已有4年，目前共有49个调查站、10800个样本户，按照抽样方法选择、定时更换样本户。收视调查结果已成为中央电视台各级领导评价栏目的重要依据，并成为一些地方电视台分析收视情况、调整节目栏目、进行科学决策的重要依据。

12月3日 社教中心专题部召开新版《与你同行》选题研讨会。中科院、国家科委、中国科协以及铁道部、建设部、卫生部、中央气象局、中国纺织总会等有关单位的同志参加会议。大家观看了两期节目后，对新出台的《与你同行》生活科技版予以肯定，对栏目的内容、结构、形式提出了中肯的改进意见，并表示了合作意愿。

12月7日 社教中心在北京召开《神州风采》栏目播出2000期研讨会。全国人大常委会副委员长程思远、李沛瑶、吴阶平和全国政协副主席阿沛·阿旺晋美、万国权，国务院有关部委的领导出席座谈会。《神州风采》自1989年3月18日开播以来，始终坚持以弘扬爱国主义、宣传中华悠久历史和灿烂文化为宗旨，用独特的专题形式，介绍了伟大祖国的大好河山、人文景观和建设成就，深受国内外观众欢迎；连续几年获得全国社教类电视节目评比特等奖、优秀栏目奖；1994年荣获国务院授予的“全国民族团结进步模范单位”称号。

12月8—9日 中央电视台召开卫星电视网络建设座谈会。部分省、市广播电视局和有线电视台代表和广电部计财司、科技司、社会管理司、电影局的负责人出席。会上宣读了田聪明副部长给座谈会的贺信。杨伟光副部长到会，他就国际卫星电视发展状况和中国电视发展采取的策略，如何贯彻广电部党组决定，加快卫星电视网建设等问题作了重要讲话。中央电视台中央卫星电视筹备处的同志参加了座谈会。

12月9日 杨伟光副部长与’94中国音乐电视(MTV)大赛的评委专家座谈，共同探讨如何推动音乐电视这一新的电视艺术形式的发展。

12月14日 孙家正部长，刘习良、杨伟光副部长和广电部总编室主任张振东听取中央电视台近期新闻宣传工作情况汇报。杨伟光认为中央电视台近期的新闻宣传工作始终坚持正面报道为主，注意了宣传各条战线取得的成就。沈纪汇报了中央电视台近期新闻宣传的特点。刘习良副部长和张振东对电视台下一步的新闻宣传提出了意见。最后，孙家正部长指出，下一步新闻宣传要提高舆论引导水平，提高节目质量，把黄金时间名牌栏目的影响不断扩大。他要求在元旦、春节期间，注重宣传经济建设成就；加大对农业的宣传力度；充分反映精神文明建设成果，大力提倡科学、健康、文明的生活方式，体现团结、祥和的节日气氛。

12月14日 由中央电视台、新华社、人民日报社等九家首都新闻单位联合举行的《国家重点工程建设者风采》新闻报道佳作评选揭晓。中央电视台的《经济半小时》专栏《这里通向监天》等四个节目获一等奖。

12月14日 《半边天》栏目开播新闻发布会在中央电视台举行。广电部副部长兼中央电视台台长杨伟光、全国妇联书记处、全国总工会女工部、联合国新闻处等有关部门的负责人及首都新闻界记者和部分国际友人出席了新闻发布会。

12月14日 中央电视台分党组研究决定，涿州拍摄基地正式划归中国电视剧制作中心管理，但仍为经营实体，接受中央电视台经营管理处的经营业务领导。

12月16日 中央电视台召开提高电视节目技术质量座谈会。广电部副部长、中央电视台台长杨伟光，广电部、邮电部、航天部等有关部门的负责人及中央电视台副台长刘宜勤和技术系统部分负责人参加会议。杨伟光说，中国电视近十几年发展很快，把我们的节目信号传送到全球，使中央电视台在世界广播电视领域树立权威，就要有一流的人才、一流的节目。电视节目的技术质量已成为影响中央电视台形象和我们国家形象的重要因素，一定要认真对待。与会同志结合各自的实际工作，围绕电视节目提高质量的问题进行讨论。

12月17日 中央电视台进行’95春节戏曲晚会实况录像。人大常委宋平、王光英、万国权、高占祥等领导及广电部副部长刘习良、同向荣，中央电视台副台长赵化勇和戏曲界的老艺术家们观看了演出。

12月18日 中央电视台在《新闻联播》后播放了姚依林同志生平纪录片。

12月19日 中央电视台首届经营工作会议在梅地亚中心召开。广电部有关司局的领导刘以纯、吴达审、郭宝新，中央电视台领导于广华、宋培福、陈君和台属企业代表、台内职能部门的负责人参加会议。于广华副台长作了中央电视台三年经营工作总结，部署了1995年经营工作要点。

12月20日 杨伟光、于广华、张长明、刘宜勤等邀请已离退休的历届电视台老领导座谈。杨伟光向曾经为电视台建设做出很大贡献的老领导们表示亲切的慰问，并向他们介绍了中央电视台1994年宣传工作、事业发展建设情况和1995年的改革措施。座谈会上，老领导们热烈发言，为中央电视台兴旺发达的大好形势感到由衷的欣慰，同时对中央电视台今后的发展和离退休干部管理工作提出了宝贵的意见和建议。

12月20日 张长明、刘宜勤召开第四套节目1995年1月1日起24小时播出协调会。总编室、海外电视中心、播送中心、技术管理办公室的领导出席会议。会议听取了有关部门准备工作的汇报，并进一步明确了节目预告、节目宣传、播出系统、磁带规格及设备维护时间等问题。

12月21日 国际部邀请部分知名专家、教授和热心观众，“会诊”《正大综艺》和《’94 环球》，以提高节目质量，改进栏目形式和风格。赵化勇副台长在座谈会上指出，中央电视台的各个栏目都在不断改革，栏目主创人员要树立竞争意识和精品意识，名牌栏目的主创人员更要有这种意识，在节目质量和栏目形式的改革上下功夫。

12 **月** 22 **日**　中国国际电视总公司召开成立十周年座谈会。总经理刘瑾如在会上致欢迎词。她说，中国国际电视总公司成立以来，得到了广播电影电视部管理部门、中央电视台领导和台内各部门的大力支持，各项工作取得了一些成绩。总公司全体成员决心不辜负各级领导的希望，努力把公司建成全国电视节目的集散中心，成为具有现代化管理水平的集团公司。杨伟光副部长、于广华副台长到会并讲话。他们对总公司成立十年来所取得的成绩给予充分的肯定，希望今后向大的集团公司发展，为电视事业多做贡献。座谈会上，总公司各部门负责人与台内其他部门的有关同志，就发展总公司业务的一些具体问题进行了讨论。

12 **月** 23 **日**　于广华、朱继峰等参加了中国广播电视学会青少年儿童电视节目委员会成立大会。会议通过了《中国广播电视学会青少年儿童电视节目委员会章程》；产生了委员会第一届理事会；选举出中央电视台、广东电视台等18个常务理事台；并推选于广华、王录、余培侠分别担任委员会第一任会长、理事长和秘书长。

12 **月** 25 **日**　中央电视台在中国吸烟与健康协会举办的第三届全国宣传控制吸烟优秀新闻单位评选活动中获得鼓励奖。

12 **月** 27 **日**　中央电视台召开安全工作会议治安综合治理委员会主任、副台长于广华主持大会，杨伟光台长出席会议，并讲话。

12 **月** 28 **日**　由中央电视台主办的“’94 中国音乐电视（MTV）大赛”落下帷幕。本届音乐电视大赛共收到参赛作品400余件，经音乐界和电视界专家的评审，共评出金奖16个，银奖30个，铜奖40个；同时还评出最佳创意、导演、摄影、制作等10个单项奖。

中央电视台在21世纪剧院举行’94 花城杯中国音乐电视大赛颁奖文艺晚会。孙家正部长和杨伟光副部长出席晚会，并为获得本届大赛金奖的制作单位颁发奖杯和证书。解放军艺术学院院长傅庚辰少将，中央电视台副台长赵化勇也出席了颁奖晚会。

12 **月** 28 **日**　中央电视台召开宣传工作通气会。广电部副部长兼中央电视台台长杨伟光、副台长张长明、副总编辑章壮沂和台长助理胡恩出席会议。会议向首都主要新闻单位的记者通报了中央电视台近期宣传工作。

从1995年1月1日起，中央电视台第五套节目（体育频道）正式播出，第四套节目实行24小时播出，《经济半小时》栏目也将于1月1日改版。1995年元旦期间的电视节目有《新年音乐会》、《’94 中国音乐电视大赛颁奖晚会》、《维也纳新年音乐会》、《’95 元旦相声小品晚会》、电视连续剧《三国演义》等。

12 **月** 28 **日**　广播电视学会中央电视台分会换届选举会议在中央电视台召开。中国广播电视学会常务副会长徐崇华，广播电视学会常务理事李振水，中央电视台领导于广华、张长明、宋培福，中国电视剧制作中心领导陈汉元，中央电视台老领导和广播电视学会中央电视台分会代表70多人参加会议。换届选举筹委会负责人赵群作换届筹备工作汇报，分会副秘书长张大勤回顾了中央电视台分会七年来的工作情况。于广华在大会上讲话。他说，中央电视台分会自1987年成立以来，做了大量开创性的电视理论研究工作，为推动电视事业发展做出了贡献。分党组希望发挥学会的职能作用，全体会员齐心协力，在广电部党组和中国广播电视学会的领导下，团结、奋进、务实，为培养造就一支过得硬的理论队伍，使中央电视台的工作再上一个新台阶做出贡献。

12 **月** 29 **日**　根据中宣部和国家教委的安排，杨伟光副部长以“中国电视改革的理论问题”为题在北京广播学院新闻理论研讨班授课。

12 **月** 30 **日**　江泽民主席向采访他发表新年讲话的中央电视台时政记者说：“请向中央电视台全体同志问好！你们辛苦了！”

12 **月** 30 **日**　中央电视台召开节目外销领导小组扩大会。中国电视节目代理公司汇报了一年来节目外销情况和经营情况。台领导杨伟光、于广华、贾文增出席会议并讲话。他们肯定了中国电视节目代理公司在1994年取得的好成绩，并希望1995年进一步解放思想，力争再上新台阶。

12 **月** 31 **日**　杨伟光、刘宜勤和张长明亲临播控中心检查第四套节目实行24小时播出和第五套节目开播的准备工作。杨伟光详细询问了播出前设备运转、节目入库和人员调配情况，希望大家把安全播出放在首位，并对播出一线的职工和家属表示节日问候。

12 **月** 31 **日**　中央电视台举办迎新年职工家属联欢会，慰问奋战在电视台各岗位上的职工代表和为电视事业默默奉献的职工家属代表，以及单身青年职工和新近离退休的老同志。广电部副部长兼中央电视台台长杨伟光、副台长于广华、纪检组组长陈君、党委副书记宋培福等领导到会，与同志们共迎新春。

15. 人　物

一、中央电视台享受政府特殊津贴人员名录（1994 年评定）

寿沅君　杜宝文　王瑜本　潘耀华

二、中央电视台正高级专业职务人员名录（1994 年评聘）

高级编辑：

赵化勇　王　录　赵德珍　丁俐丽　阮双庆
徐　起　吴继尧　贾志杰　刘大宣　宋玉珊
金　成　李东生　胡　恩　赵　安

高级记者：

于广华　刘元祯　拉　白
吕　斌　冯一平　赵立凡

三、中央电视台副高级专业职务人员名录（1994 年评聘）

主任编辑：

王增臣　陈荻芳　吴少华　王桥英　王宝安
郭清华　迟连方　杨刚毅　李玉峰　白志群
袁德旺　赵明信　王　晓　高兰云　李真惠
张鲁杰　郭　莉　牛桂吉　鞠　萍　周　经
郭昌盛　侯明古　杨　东　张　莉　岑传理
孙素平　魏　斌　彭　思　段忠应　吕兰平
尹永斌　张小军　张宏平　孙玉胜　张晓海
辛　兵　关润林　陈　俊　佟占武(转系列)

主任记者：

赵元贵　冯　骏　许佑宁　周建国　姚国发
刘正铸　马赤后　韩建群　冀惠彦　汪　恒

四、人物志

王晞建（1947. 9. —　）　天津市静海县人。中共党员。大专文化。1968 年 9 月参加工作，在黑龙江生产建设兵团任军务参谋、教师。1972 年在天津师范学院学习，1973 年毕业留校任团总支书记、党支部书记等职。1977 年 12 月调到北京，先后在北京建筑机械厂、工程机械工业公司、北京市科技干部局工作。1989 年 1 月调入中央电视台人事处，1994 年底任人事处处长。工作期间，多次被评为先进职工、优秀党员。从事人才、教育工作多年来，先后为《成人教育手册》、《继续教育管理通论》、《中国教育百科全书》、《中国职工教育百科全书》等撰写有关章节，约 10 余万字。

刘俊改（1945. 3.—　）女。河北省定县人。中共党员。1964 年参加工作。1980 年调入中央电视台，历任机要秘书，录音调度，秘书科长，办公室副主任；现任中央电视台办公室副主任兼中央电视台书画院秘书长。1987 年、1991 年分别取得行政管理专业、公共关系专业大专文凭。在中央电视台工作期间，参加了一些重大的政务和宣传活动。如：建台 30 周年、35 周年、广播电视国际展览会、第 11 届亚运会、中日电视艺术交流活动、中日合办的 9 届马拉松赛、建国 35 周年、40 周年和历届春节晚会直播活动的办公室工作并负责组织协调。组织出版了 1990—1995 年历年春节晚会画册和挂历、台历；组织协调出版了建台 30 周年、35 周年画册、纪念封和 1995 年音乐电视大赛画册，以及参与整理出版了建台 35 周年纪念活动资料汇编和《中央电视台 1985—1991 年规章制度汇编》一书。

张海鸽（1955. 10. —　）女。　河北省藁城县人。大专学历。中共党员。1971 年 1 月参加中国人民解放军。1988年12月转业到中央电视台监察室，历任主任科员、副主任，台分党组、纪检组副组长、监察室主任。中国广播电视学会会员。在部队期间曾荣立三等功。

李　挺(1962.—　)　山东省济宁市人。中共党员。1984年7月毕业于山东大学哲学系，分配到中央电视台人事处工作。1986年7月调广播电影电视部干部司工作。1987年6月调回中央电视台，先后在经济部、新闻采访部、新闻编辑部从事记者、编辑工作。历任新闻采访部经济组组长、新闻编辑部副主任、主任。北京市海淀区青年联合会委员。

缪暑金(1949.—　)　江苏省江阴人。中共党员。1968年在上海市中专毕业后分配到黑龙江生产建设兵团工作。1972年至1975年就读于广州中山大学物理系广播电视专业。1975年毕业分配到中央电视台录音科工作，后任副科长。1984年4月调工艺设计处，承担彩电中心工程音频制作系统工艺设计工作。1988年10月任工艺设计处副处长。1991年4月任音频部副主任。1991年11月评为高级工程师。1994年12月任新闻制作部主任。

张永富(1952.4.—　)　山东省日照市人。中共党员。1975年毕业于山东大学外文系，同年到中央电视台。曾做国际新闻编辑、翻译、摄影、外事工作。1984年任外事处副处长。1989年作为中方代表在日本经营合资公司“中国电视”，任董事。1994年回国续任外事处副处长，同年12月任海外节目部主任。1979年至1981年参加中日合拍《丝绸之路》全程工作。在1981年至1988年历年中日联合转播马拉松赛及中日电视艺术交流等活动中任翻译总负责、外事接待组组长、领导小组成员、办公室副主任等职。曾电视采访铃木、中曾根两任日本首相。在中央电视台播出的主要翻译作品有：电影《细雪》(获“飞天奖”译制片奖)、《疑惑》、《同胞》，电视连续剧《二十一岁的父亲》、《赤魂》、《夫妇》等共78部(集)；在日本播出的有《武夷山》等纪录片32部(集)。

李玉文(1943.—　)　辽宁省人，中共党员。技术制作中心制作部主任。高级工程师。1964年毕业于北京电影学院并分配到中央电视台。从事声音工作，多次参加大型重点专题节目的声音制作工作。1985年负责制作部工作，参加了中央电视台新楼演播室的安装工程及历届春节晚会，负责灯光、美工、服装、化妆、道具等工作。在制作部工作期间负责对演播室基本设施的更新改造、提高演播室的利用率及节目质量。1993年取得中央高级党校本科学历。

丁文华(1956.—　)　北京市人。中共党员。中央电视台播送中心副主任兼播送部主任。1982年毕业于北京广播学院电视工程系，分配到中央电视台播送部工作。1983年参加我国第一套自动节目播出系统的安装工程。1984年参加建设彩电中心工程，主持设计并负责安装了播控系统和播出区演播室制作系统，参加设计了主控系统和卫星传送系统。作为彩电工程主要设计人员之一获得国家重点工程优质奖，并先后获得中央电视台台长基金奖、技术革新改造奖。在电视节目播出系统工作中，率先引进机械手的技术，设计、建立了我国第一套机械手自动播出系统。1991年破格评聘为高级工程师。主要著作有：《对视频同轴电缆中的共模干扰和干扰抑制磁环的初探》、《电视节目播控系统》。

吴继尧(1950.10.—　)　安徽省歙县人。中共党员。1975年毕业于上海复旦大学新闻系。历任中国国际广播电台编辑、中央广播事业局党组秘书、中央电视台《中国电视报》编辑、组长，现任《中国电视报》社社长。中国广播影视报刊协会常务理事、全国省级广播电视报专业委员会副会长。在报社期间，除采写了大量消息、专稿、评论稿件外，主要从事报社的领导工作。在报纸发展的几个关键时期，先后提出了四版扩八版、大报变小报、扩版不提价、创办外文版、建立自己的电子排版系统等举措，并获得成功。多次被中央电视台、广播电影电视部、中直机关授予先进工作者、精神文明先进分子、优秀党务工作者等称号，并破格晋升为主任编辑。

徐肖冰(1916.8.—　)　浙江省桐乡县人。中共党员。1937年9月参加革命，在八路军政治部工作，抗日军政大学学习。先后任延安抗敌电影社技术部长等职。解放后，任东北电影制片厂、北京电影制片厂、中央新闻纪录电影制片厂摄影师、副厂长；中国摄影家协会主席等职。拍摄了《延安与八路军》、《解放了的中国》、《抗美援朝》等影片。曾荣获斯大林奖金一等奖，朝鲜二级国旗勋章，文化部优秀影片一等奖。全国人大第一、二、三届代表，党的八大代表，全国政协第五、六、七届委员，全国总工会第九届执委。1991年7月获国务院授予的政府特殊津贴及证书。

高维进(1920.—　)女。河南省邓县人。中共党员。1936年10月参加革命。1940年入延安鲁艺，在戏剧系学习及实验剧团工作。1946年入延安电影制片厂。曾先后在东影、北影、上影、新影作新闻纪录电影编导。1954年任新影厂副总编辑。1985年离休。编导过《新中国的诞生》、《卡尔·马克思》等纪录片多部。其中《1952年国庆节》、《“七一”在北平》获文化部1949—1955年优秀影片奖；《毛泽东》获文化部1983年优秀影片奖及第四届中国电影“金鸡奖”特别奖。为《当代中国的电影》、《当代中国的新闻事业》、《中国新闻事业通史》撰写有关新闻纪录电影的章节。曾担任1959年第一届莫斯科国际电影节短片评奖委员会委员；中国电影家协会理事、名誉理事；首都新闻学会第一届理事；中国戏剧家协会会员。1991年获国务院授予的政府特殊津贴及证书。

张建珍(1920. —)女。浙江省宁波市人。中共党员。1934年参加工作，1940年到延安，曾在泽东青年干部学校学习，并先后参加延安青年艺术剧院、延安电影团。1949年4月进入北京电影制片厂。1953年7月转到中央新闻纪录电影制片厂，历任编辑、编导、副总编辑。主管过《新闻简报》、《祖国新貌》等多种杂志片；组织领导了《金陵春暖》、《海峡情思》、《香港一百天》、《辛亥风云》等90多个长短纪录片的创作。个人作品有《民主东北》、《前进中的内蒙古》、《红旗漫卷西风》(合作)、《欢庆十年》、《亚洲妇代会》等20多部纪录片。1984年离休后编导了《巴金》、《阿英》和《人民艺术家陈波儿》三部人物传记长片。1992年获国务院授予的政府特殊津贴及证书。

郝玉生(1926. —) 河北省武强县人。中共党员。1938年8月参加八路军，曾任晋察冀军区抗敌剧社社员，抗日军政大学第七分校排长、代指导员，晋绥军区摄影干事，东北电影制片厂摄影师。解放后，曾任中央新闻纪录电影制片厂摄影师、编导、总编辑、厂长、党委副书记。第三届全国人大代表，中国电影家协会理事。1992年离休。从事新闻纪录电影工作40余年，除担负组织领导工作外，参加摄影和编导的长短纪录片约有60余部。其中《百万雄师下江南》和《大西南凯歌》分别获文化部1949—1955年优秀影片评选长纪录片一等奖和三等奖，及1950年捷克斯洛伐克第五届卡洛维·发利国际电影节荣誉奖；中苏合拍纪录片《中国人民的胜利》，1951年获一等斯大林奖金，中国文化部优秀影片一等奖；《战斗的友谊》长纪录片获文化部奖；《第十个春天》和《百万农奴站起来》获1959年最受观众欢迎的长纪录片奖；《两种命运的决战》获第一届电影“百花奖”最佳长纪录片奖；《中印边界问题真相》获第二届电影“百花奖”最佳长纪录片奖，同时，《保卫古巴》获最佳短片奖；《四十年前的这一天》获1989年第一届中国电影节奖。1990年评为高级记者。1992年获国务院授予的政府特殊津贴及证书。

刘德源(1925. —) 山东省龙口市人。中共党员。1945年参加革命。在从事电影工作40余年中，先后在东北电影制片厂、中央新闻纪录电影制片厂任摄影师、编导、总编辑、副厂长等职。第五届全国人大代表，中国电影家协会书记、理事。高级记者。在解放战争年代，拍摄了大量的新闻纪录影片，真实地报道了我军的辉煌战绩和英勇卓绝的斗争。朝鲜战争爆发后，又随中国人民志愿军入朝参战，拍摄了大型纪录片《抗美援朝》，荣获朝鲜政府颁发的国旗勋章。从影以来拍摄的主要影片有《东北三年解放战争》、《解放北平入城式》、《黄河巨变》、《大战海南岛》、《不屈的阿尔及利亚》(获第五届非洲电影节最高奖——非洲奖)、《周恩来总理永垂不朽》(获“百花奖”)。1993年获中国电影家协会颁发电影摄影特别奖。1992年获国务院授予的政府特殊津贴及证书。

石益民(1926. —) 河北省定州人。中共党员。1941年参加革命。1957年毕业于北京电影学院摄影系。1945年在延安联防军政治部电影团任摄影。1946年在东北电影制片厂工作后调入新影厂。曾任摄影总队直属队队长、摄制工作室主任、副总编辑、副厂长。参加拍摄的主要影片有《辽沈战役》、《平津战役》、《解放海南岛》。1963年被评为文化部十大优秀摄影师。《东北三年解放战争》、《抗美援朝》(第一部)分别在捷克斯洛伐克卡洛维·发利国际电影节获奖；《和平万岁》在罗马尼亚获第四届世界青年联欢节一等奖。1990年评为高级记者。1992年10月获国务院授予的政府特殊津贴及证书。

王守湘(1924.11. —) 山东省苍山县人。中共党员。1939年7月参加八路军。1942年至1944年在抗大一分校学习。1957年至1959年在解放军政治学院学习。1978年在中央党校学习。在部队历任青年干事、连指导员、团组织股长、师青年科长、团政治处主任、团政治委员等。1965年转业到中央新闻纪录电影制片厂任党委副书记兼政治部主任，1981年任新影厂副厂长，1982年任党委书记，1985年4月离休。1985年曾被评为文化部端正党风先进个人。

靳敬一(1932. 7. —) 北京市人。中共党员。1949年5月参加工作。1964年调入中央新闻纪录电影制片厂，历任摄影师、导演、编辑部主编、副厂长、厂长。1994年7月被评为高级记者。40多年来，创作了上百部题材广泛的纪录片，许多作品在国内外获奖。如拍摄的《欢腾的西藏》获第三届莱比锡国际短片与纪录片电影节第一主要奖；《河北人民抗洪斗争》、《新起点》、《金凤凰飞进光棍窝》获文化部、新影厂优秀影片奖；《敬爱的周总理永垂不朽》获第三届“百花奖”最佳纪录片奖；《周恩来》获广电部优秀影片奖、第十一届“金鸡奖”最佳纪录片奖、新影厂第九届“星花奖”优秀影片长纪录片奖。1992

年1月获国务院授予的政府特殊津贴及证书。

赵 化(1933. —) 黑龙江省肇东县人。中共党员。高级记者。1947年参加革命。1949年由东北电影制片厂调入北京电影制片厂。1953年转入中央新闻纪录电影制片厂,历任新闻摄影助理、摄影师、编导、总编辑,曾参加平津战役、解放海南岛和抗美援朝的新闻影片的拍摄工作。50年代驻西北、四川、西藏记者站,参加过一些国内外重大事件与党和国家领导出访的影片拍片工作。参加摄影和编导的影片主要有:《抗美援朝》(第一集)、《反对细菌战》、《兰新铁路在建设中》、《春到西藏》、《红旗渠》、《觉醒的非洲》、《开滦奇迹》、《先驱者之歌》等,其中有六部获得全国性的政府奖或"金鸡奖"。1992年获国务院颁发的政府特殊津贴及证书。

李则翔(1932. —) 黑龙江省哈尔滨市人。中共党员。1948年参加革命,曾任摄影助理、摄影师、摄影兼编导。1948年参加拍摄影片辽沈、平津两大战役。1952年参加抗美援朝,拍下了许多珍贵的资料。1959年在平息西藏叛乱的艰苦环境中,经历考验并完成了拍摄任务。长期深入生活,在国内外涉猎过广泛的创作题材,拍摄了不少高质量的影片,有多部影片在国内外获奖。如《新兴力量运动会》、《大庆红旗》、《蓝天抒情》、《毛泽东主席永垂不朽》、《刘少奇同志永垂不朽》等。1987年评为高级记者。1992年获国务院授予的政府特殊津贴及证书。

雷震霖(1929. 9. —) 广西壮族自治区南宁市人。中共党员。高级记者。1948年肄业于台湾大学。1949年6月参加革命工作,同年11月到北京电影制片厂新闻处。1953年转入中央新闻纪录电影制片厂,一直担任导演工作。40多年来编导长短纪录影片130多部。其中,《交换病伤战俘》获文化部1949—1955年优秀影片一等奖;《在激流中》获第二届"百花奖"短片荣誉奖;《土林探奇》获1982年文化部优秀影片奖;《春风桃李瑶山》、《宋庆龄》分获1991年、1992年广电部优秀影片奖;《抗战的越南》在捷克斯洛伐克第七届卡洛维·发利国际电影节获奖;《西汉古尸研究》获第八届布鲁塞尔电影节大奖、第九届西班牙巴塞罗那大学国际科技电影节最佳影片奖;《锦绣中华》获第十四届莫斯科国际电影节短片荣誉奖。1993年荣获国务院授予的政府特殊津贴及证书。

龙庆云(1929. 10. —) 黑龙江省克东县人。中共党员。高级记者,1947年考入东北军政大学,同年12月调东北电影制片厂任摄影助理。1949年在北京电影制片厂任摄影师。1952年赴朝鲜拍摄志愿军备战资料和板门店谈判、停战签字等新闻片。1954年随中国政府代表团赴日内瓦拍摄朝鲜、印度支那问题国际会议的新闻片。1962年6月赴福建前线拍摄备战资料。拍摄的影片中,《大西南凯歌》获1949年文化部优秀影片奖;《奋起还击》获1979年文化部优秀影片奖、1983年中国人民解放军第一届文艺奖。1993年10月获国务院授予的政府特殊津贴及证书。

庄 唯(1929. —) 黑龙江省绥化县人。中共党员。1947年东北军政大学毕业,分配到东北电影制片厂任摄影助理。1948年参加拍摄影片辽沈、平津两大战役,受到部队和东北电影制片厂的表扬并记功。1949年进入北京,参加《北京入城式》等片的拍摄。1956年6月调入新影厂。1956年被评为优秀电影工作者并晋升为摄影师。1963年被文化部评为优秀摄影师。在几十年的工作中,拍摄了大量的宝贵资料和高质量的影片,多次在国内外获奖。1987年评为高级记者,1992年获国务院授予的政府特殊津贴及证书。

李振羽(1929. 10. —) 黑龙江省呼兰县人。中共党员。高级记者。1948年6月考入东北电影制片厂第三期训练班,同年10月结业后调入东北电影制片厂新闻摄影队任摄影助理,曾参加平津战役、渡江战役的影片拍摄。1950年底任摄影师,参加抗美援朝战争,拍摄了《抗美援朝》、《英雄赞》等纪录片。1953年调入新影厂。1960年初开始担任编导兼摄影工作。40多年来与他人合作或独立拍摄长短纪录片165部。1988年编导的大型文献纪录片《好在历史是人民写的——刘少奇生平》获政府奖;1993年编导的大型文献纪录片《中国出了个毛泽东》获政府奖、最佳纪录片奖和"金鸡奖"特别奖。1992年获国务院授予的政府特殊津贴及证书。

吴梦滨(1924. —) 黑龙江省哈尔滨市人。中共党员。1938年参加革命工作。1939年至1945年在延安鲁艺文工团。1945年在晋绥军区宣传队。1946年至1949年在东北文艺工作团。1949年至1953年在北京电影制片厂。1953年起在中央新闻纪录电影制片厂任摄影、导演,1987年评为高级记者。1993年获国务院授予的政府特殊津贴及证书。

吴 均(1930. —) 江苏省如皋市人。中共党员。1949年参加革命。1952年调北京电影制片厂担任新闻片编辑。1953年转入中央新闻纪录电影制片厂,先后担任编辑、编辑组长、主编、编辑室主任、副总编辑等职。1990年评为高级记者。1993年离休。在40多年的新闻纪录电影生涯中,编导的新闻纪录片近300本,其中担任编导或与人合作编导的长纪录片《英雄战震灾》、《星火燎原》、《毛泽东》、《朱德》、《中国》、《改革开放的中国》等在国内外受到好评；《毛泽东》获1983年文化部优秀影片奖、第四届“金鸡奖”特别奖；《改革开放的中国》获第一届“金桥奖”。

应小英（1931. 9. — ） 女。浙江省宁波市人。中共党员。1964年北京电视大学中文系肄业。1948年11月参加革命工作。1952年6月调入中央新闻纪录电影制片厂，曾任编辑、编辑组长、编导等。40年间，编辑、编导的影片120余部，代表作《老北京的叙说》获文化部优秀影片奖、“金鸡奖”提名、新影厂“星花奖“、解说词“星花奖”；《紫禁城》系列片获文化部优秀影片奖、“金鸡奖”特别奖、“星花奖”；《你知道这座城市吗？》获法国鲁瓦扬电影节外国影片奖；《布达拉宫》、《中国妇女剪影》、《宫门大开》等分别获新影厂优秀影片奖、“星花奖”，编导“星花奖”，文化部优秀影片奖。1990年评为高级记者。

王永宏（1928. 10.— ） 江苏省泗洪县人。中共党员。1944年毕业于淮北中学。1949年开始从事电影工作，先后任北京电影制片厂、中央新闻纪录电影制片厂编辑、编导、主编、副总编辑。从影以来，编导或与他人合作的长短纪录片共150多部，其中《反对细菌战》、《英雄赞》、《今日柬埔寨》、《周总理和我们在一起》、《周恩来》获政府优秀影片奖，《周恩来》还获第十一届“金鸡奖”；执导的京剧电视剧《玉堂春》获第十四届“飞天奖”；《柯山棋魂》获第四届浙江省电视剧“牡丹奖”。著有《戏曲艺术片的理论与实践》一书。1990年评为高级记者。1992年10月荣获国务院授予的政府特殊津贴及证书。

高仲明（1929.11. — ） 台湾省台北县人。中共党员。1940年2月参加革命，高级记者。1949年11月华北大学毕业后，进入北京电影制片厂（后改为中央新闻纪录电影制片厂），历任记者、编辑、导演等职。40余年拍摄新闻纪录片近200部，所创作的影片多次获新影厂“星花奖”、文化部及解放军总政治部优秀影片奖。《战斗的友谊》、《喜看公社好年景》、《奋起还击》、《香港一百天》等均获政府奖，《香港一百天》同时获“金鸡奖”特别奖。多次获新影厂优秀编导及先进工作者称号。

苏河清（1921. — ） 香港人。中共党员。1941年毕业于莫斯科电影大学。1946年回国，在华北政治部电影队任摄影师。1949年起在中央新闻纪录电影制片厂任摄影师。在40余年的电影事业中，拍摄60多部新闻纪录电影，主要有《中国新闻》、《七届二中全会》、《和平万岁》、《中国女飞行员》等影片，其中多部影片获奖。《解放了的中国》获“百花奖”最佳纪录片奖。1987年评为高级记者。1991年享受早期回国定居专家生活津贴。

石 岚（1921. — ） 江苏省扬州市人。中共党员。1936年参加革命工作。1948年毕业于北京艺术专科学校声乐系。在抗日战争和解放战争期间即从事戏剧活动，并担任行政职务。解放后调入北京电影制片厂。1953年转入中央新闻纪录电影制片厂任导演。曾担任过故事片，纪录片，戏剧片的导演工作。长期的实践积累了丰富的工作经验和广博的专业知识，创作了许多优秀作品。1987年评为高级记者。

何钟辛（1924. — ） 江苏省南京市人。图书馆学大专班毕业。高级记者。1949年6月参加革命，同年11月到北京电影制片厂（后改为中央新闻纪录电影制片厂），历任总编辑部业务秘书、导演。参加过百余部纪录片的创作，是系列片《近代春秋》的总导演；《中国大百科全书·电影》的撰稿人。作品曾获“金鸡奖”、“星花奖”，个人曾获文化部先进工作者称号。中国电影家协会理事、北京电影学院兼职教授。1992年10月获国务院授予的政府特殊津贴及证书。

沙 丹（1926. 8. 15.— ） 辽宁省本溪市人。1945年8月肄业于沈阳南满中学堂。1946年1月参加革命，在东北文工团任编剧。1948年调入东北电影制片厂。1949年调入北京电影制片厂。1953年转入中央新闻纪录电影制片厂，先后任新闻纪录片编辑、编导、主编。编导的纪录影片有《女拖拉机手》、《画中山水》、《人间彩虹》、《湖之歌》等，主编过《新闻简报》、《世界见闻》、《少先队》、《今日中国》等杂志片。纪录片《民间美术工艺》曾获得1956年文化部优秀影片奖；文献片《光明的中国》被列为广电部电影局1979年优秀影片，曾在世界范围内展映；戏曲故事片《孟姜女》曾在新加坡展映；《血溅美人图》获新影厂1980年优秀影片奖。1990年评为高级记者。

晨 烽（1928. 4. — ） 黑龙江省阿城市人。中共党员。1947年9月毕业于松江省第二师范。1949年4月起先后在北京电影制片厂、河南电影制片厂、中央新闻纪录电影制片厂任编辑、编导等。共编导了长短纪录片170多部，影片340多本。多部影片在国内外获奖。如《中国民族大团结》获1951年捷克斯洛伐克卡洛维·发利国际电影节报道片奖；《和平万岁》、《越南人民民主共和国代表团访问中国》获1949—1953年文化部优秀影片奖；《河北人民抗洪斗争》获1964年文化部优秀纪录片奖。1990年评为高级记者，同年底离休。

张庆鸿（1927.7.— ） 河南省永城县人。中共党员。高级记者。1944年参加革命，解放战争期间曾在晋冀鲁豫和华北军区从事新闻摄影工作。1949年7月开始从事新闻电影工作，先后在北京电影制片厂和中央新闻纪录电影制片厂担任摄影师、导演、副总编辑等。主持拍摄纪录片100多部，获奖的影片主要有：《伟大的土地改革》1956年获文化部优秀纪录片奖；《劈山引水》1958年被文化部评为最受欢迎的纪录片；《黄山奇观》1980年被文化部评为优秀纪录片；《我们看到的日本》1984年获中国电影"金鸡奖"最佳纪录片奖；《四十年前这一天》1989年评为第一届中国电影节奖。1992年荣获国务院授予的政府特殊津贴及证书。

王 琛（1923.— ） 女。北京市人。中共党员。1940年参加革命，抗日战争和解放战争期间在部队做文艺工作。1948年调入华北军区电影队任编辑。以后在北京电影制片厂、中央新闻纪录电影制片厂任编辑、主编等职。40年的创作历程中，编创各种题材的影片80余部，其中有一定数量的作品多次在国内外获奖。1987年评为高级记者。

张贻彤（1929.— ） 山东省蓬莱县人。中共党员。1948年参加革命。1951年调入中央新闻纪录电影制片厂，曾任摄影师、编导、驻华东、中南、上海摄影站站长，中央摄影队队长等职务。1992年评为高级记者。从事纪录电影40多年中，拍摄和编导了大量有重要历史文献资料的影片，其中：《领袖和我们同劳动》、《欢庆十年》、《保卫古巴》获文化部纪录片奖；《敬爱的周总理永垂不朽》获第三届"百花奖"最佳纪录片奖；《刘少奇同志永垂不朽》获文化部优秀影片奖、第一届"金鸡奖"最佳纪录片奖；《美的旋律》获"百花奖"最佳纪录片奖；《莫让年华付水流》获文化部优秀影片奖、第二届"金鸡奖"最佳纪录片奖；《拼搏——中国女排夺魁记》获文化部优秀影片奖及国际排球电影节第一名；《我们看到的日本》获第四届"金鸡奖"最佳纪录片奖。

顾思忠（1927.2.— ） 辽宁省辽阳市人。中共党员。高级记者。1948年5月参加东北电影制片厂第三期电影专业学习班。1949年1月调入新影厂从事摄影工作，曾参加大军渡长江，解放江、浙、闽，进军西藏等战役的影片拍摄。几十年来在祖国各地拍摄了大量新闻主题及长纪录片《近代春秋》、《五四运动》、《光辉的十年》等。编导和拍摄了《天子山》、《拥抱生活的人》等影片。其中《画乡》获新影厂"星花奖"摄影奖、解说词奖，该片1983年在意大利佛罗伦萨国际人民电影节获特别奖；《情满春山》、《天子山》、《小城——大庸》获新影厂"星花奖"摄影奖；《泡桐树下的花环》获1989年新影厂"星花奖"编导奖。

王瑜本（1929.9.— ） 山东省龙口市人。中共党员。1948年5月参加工作，先后在东北电影制片厂、北京电影制片厂和中央新闻纪录电影制片厂任摄影助理、副摄影师、摄影师兼编导、副总编辑等。解放战争时期参加了《第四野战军南下记》、《百万雄师下江南》纪录片的拍摄。抗美援朝时期，曾获朝鲜政府颁发的三级国旗勋章。1955年至1957年在北京电影学院进修，毕业后较长时间从事党和国家领导人活动的纪录片拍摄工作。40余年中，共拍摄纪录片百余部，其中多部获文化部优秀影片奖和全军文艺奖；1990年评为高级记者。

沈 杰（1930.— ） 四川省南充市人。中共党员。高级记者。1950年参加工作。1956年毕业于北京电影学院，后到新影厂工作，历任记者、摄影师、编导。40余年拍摄160部纪录片和故事片，荣获10次国际奖；在国内曾荣获"金鸡奖"、"百花奖"、政府奖、学仕奖、编导奖、摄影奖、"星花奖"等35个。现为中国国际文化交流基金会理事、中国电影家协会理事、中国电影摄影师学会副会长，中国信鸽协会副主席。1991年荣获国务院授予的政府特殊津贴及证书。

萧树琴（1930.11.23.— ） 女。江苏省徐州市人。中共党员。高级记者。1948年入华北大学。1949年分配到华北大学文工团三团，同年底调入北京电影制片厂任演员、场记、编辑等。1953年调入中央新闻纪录电影制片厂从事电影导演工作。30多年来，拍摄了《国庆颂》、《大庆人》、《中国风貌》、《历史艳阳天》等百余部题材不同、风格各异的长短纪录片及戏曲片，其中《中国风貌》获巴西首届电影节奖；《历史艳阳天》获1983年"金鸡奖"提名；部分影片还获得了优秀编导奖，如《无形的枷锁》、《廉政的思考》等；并在报刊上发表《碧塔海的笑声》、《借宿记》等散文及《一次尝试》、《概括·真实·自然》等理论文章。

李绍刚（1931.2.— ） 山东省寿光县人。中共党员。高级记者。1954年北京电影学校新闻摄影专修科毕业后，分配到中央新闻纪录电影制片厂工作，曾派驻江西、内蒙古、云南、青海等地摄影站，负责该省、区的新闻报道。先后摄制了《为农服务为农忙》、《胜利油田》、《常州在飞跃》、《滇藏路纪行》、《中国风貌》、《游三峡》、《西德散记》、《老北京的叙说》、《紫禁城》、《井冈山》、《宋庆龄》、《京华瑰宝》等几十部长短纪录片。多次获得新影厂"星花奖"，其中《中国风貌》获巴西首届国际电影节奖；《老北京的叙说》获文化部优秀影片奖及“金鸡奖”提名；《紫禁城》系列片获广电部优秀影片奖及“金鸡奖”特别奖；《宋庆龄》获广电部优秀影片奖。

泽 仁（1933. 12. — ） 藏族。四川省甘孜藏族自治州人。中共党员。高级记者。1950年4月参加工作。1950年9月至1951年2月在中央民族学院政训班学习。1951年3月调入北京电影制片厂。1955年调入新影厂驻西藏记者站任站长。在从事新闻纪录电影工作40余年中，作为西藏第一代摄影师，在进军西藏的艰苦岁月里、在卫国反击战的枪林弹雨中，拍摄了大量资料。独自拍摄以及同别人合作拍摄纪录片近百部，其中《百万农奴站起来》、《欢腾的西藏》等获优秀纪录片奖，《欢腾的西藏》还获得国际奖。

扎西旺堆（1934. 8. — ） 藏族。四川省甘孜藏族自治州人。中共党员。1950年12月至1951年3月在中央民族学院学习。1951年3月至1954年在北京电影制片厂任摄影助理。1954年调入中央新闻纪录电影制片厂任副摄影师、摄影师。1992年评为高级记者。现任中国电影家协会理事，西藏文学联合会委员。从事新闻纪录电影工作38年，拍摄了30多部反映西藏各个历史时期的新闻纪录电影，12本《西藏新闻》，39本《世界见闻》影片，其中《百万农奴站起来》获国家优秀纪录片奖；《零的突破》、《中印边境真相》获大众电影“百花奖”；《欢腾的西藏》获南斯拉夫国际短片奖；《今天的拉萨》获国家优秀纪录片奖。

计美邓珠（1933. 11. — ） 藏族。四川省理塘县人。中共党员。1949年12月参加中国共产党外围组织东藏民主青年同盟。1951年3月调入新影厂。1956年至1958年在中央民族学院学习。1992年评为高级记者。1951年曾随军进军西藏，任摄影助理兼翻译，后任摄影师兼编导，长期驻西藏工作，拍摄了许多反映西藏的政治、经济、军事等重大历史事件的影片及素材，经受过艰苦环境和战争的考验。所拍摄的影片有数部在国内外获奖。现任中国电影家协会会员，西藏新闻工作者协会会员，西藏摄影家协会会员。

任福堂（1929. 7. — ） 河北省交河县人。中共党员。高级记者。1944年参加工作。1948年6月考入东北电影制片厂第三期训练班，毕业后从事摄影工作。1949年春，分配到前线摄影队并赴华北野战军参加了渡江战役，拍摄了珍贵的历史资料。在43年摄影工作中，拍摄了100多部长短纪录片，上百个新闻主题，参与拍摄了数十部重大政治题材的影片。编辑了13部纪录片。参加拍摄的《新起点》获1979年文化部优秀影片奖；《夺标》获新影厂摄影奖和体委先进体育摄制组奖；《冬季捕鱼》获新影厂优秀主题奖。

李德润（1929. 7. — ） 山东省济南市人。中共党员。高级记者。1955年毕业于北京电影学院摄影干部训练班。1949年7月调入中央新闻纪录电影制片厂，历任摄影助理、副摄影师、摄影师、摄影师兼编导等。共拍摄《新闻简报》主题200多个，长短纪录片80多部，并多次获奖。抗美援朝时期拍摄的纪录片曾获军功章一枚，其他获奖影片有：《乘车记》获新影厂“星花奖”；《火炬》获文化部国产胶片优秀奖；《老北京的叙说》获“金鸡奖”提名奖、政府奖及“星花奖”；《紫禁城》系列片获“金鸡奖”特别奖、政府奖及“星花奖”；《人类的决择》获“金鸡奖”提名及“星花奖”。

李坤钱（1930.10. — ） 广东省新会县人。中共党员。高级记者。1949年从香港回解放区参加革命，同年五月到石家庄华北大学学习，毕业后分配到北京电影制片厂从事新闻纪录电影工作。先后担任摄影助理、摄影师。1950年赴朝鲜参加战地新闻摄影工作荣获朝鲜民主主义人民共和国三等功勋，并被北京电影制片厂评为三等模范。1953年调入新影厂。1954年派驻广东记者站，负责广东省新闻电影报道工作。1956年评为全国先进生产者。1964年荣获文化部授予的优秀摄影师称号。1982年担任总摄影师，拍摄《历史艳阳天》荣获新影厂1982年“星花奖”。1981年参加拍摄的《先驱者之歌》、1984年参加拍摄的《香港一百天》分别荣获第二届和第五届中国电影“金鸡奖”和文化部优秀影片奖。

王畅和（1929. — ） 黑龙江省肇东县人。中共党员。1946年参加革命。1953年调入中央新闻纪录电影制片厂，历任摄影助理、副摄影师、摄影师、编导、记者，驻湖南、新疆、广西摄影记者站站长等职，先后七次被评为先进工作者。1992年评为高级记者。从影43年来编摄大量新闻纪录影片，获奖作品有《战银峰取水晶》、《兰青铁路》、《漓江画童》、《王亚妮》、《八桂风采》、《工人工程师卢达》、《聪明智慧的小姑娘》、《大力士的爱好》、《烙画家俱》、《从小爱科学》、《多角化生产》、《梧州夜市》等，其中《漓江画童》获1979年新影厂、文化部优秀影片奖、中国电影优秀摄影奖，1992年在哥伦比亚第四届国际短片电影节获二等奖。

冯世昌（1933. 5. — ） 河北省秦皇岛市人。中共党员。1949年4月参加工作。1956年5月毕业于北京电影学院。1949年8月至1952年5月在解放军画报社任干事，同年5月调入中央新闻纪录电影制片厂，历任摄影助理、摄影师兼导演。1992年10月评为高级记者。40多年中，创作了上百部纪录片，许多作品在国内外获奖，其中《非洲之角》、《喜浪藻》获国际奖。中国电影家协会会员、中华全国新闻工作者协会会员。1993年6月离休。

刘　浪(1933. 2. —　　)　四川省秀山县人。中共党员。1949年11月参加工作。1956年8月在北京电影学院摄影系毕业，同年9月分配到中央新闻纪录电影制片厂工作，担任记者、摄影师。1992年11月评为高级记者。从事新闻纪录电影工作40年中，拍摄的《新闻简报》、《今日中国》、《祖国新貌》200多部，其中24个主题获新影厂优秀奖；拍摄的40多部长短纪录片有9部获得10项奖，即：国际奖3部，国内政府奖1部，新影厂“星花奖”3部，摄影学会、协会奖3部。现任中国电影家协会理事，中国电影摄影师学会理事。1992年获国务院授予的政府特殊津贴及证书。

董振先(1934. 3. —　　)　河北省徐水县人。中共党员。1951年在河北军区任摄影员。1952年调中央新闻纪录电影制片厂任摄影师，后为摄影师兼编导。1993年评为高级记者。从影后拍摄了大量新闻纪录影片和珍贵的资料素材。1978年在参加拍摄《宁夏、我的故乡》时掉进黄河激流中，不顾个人生命安危、奋力保护了手中的摄影机，受到文化部的通报表扬和嘉奖。1979年在卫国反击战前线执行拍摄任务，并荣立三等功。

40余年，拍摄影片百余部，有许多影片获奖。纪录片《红日照山村》获文化部优秀影片“百花奖”；《沙石峪》、《红旗渠畔展新图》、《旧貌变新颜》获新影厂优秀影片奖；《奋起还击》获文化部优秀影片奖和全军文艺奖；纪录片《烛光》获新影厂“星花奖”编导奖；《陈跛子和他的青蛙漫画组》获新影厂“星花奖”优秀影片奖；《希望之路》获新影厂“星花奖”编导奖。

王映东(1928. —　　)　安徽省怀远县人。中共党员。高级记者。1949年华北大学毕业后分配到新影厂。40多年，编导了长短纪录片和新闻杂志片300多本，其中30多部有较大反响。如1954年的《鞍钢在建设中》获文化部“好快省”奖；1959年的建国10周年献礼片《第十个春天》被评为“最受欢迎的影片”；1963年的《中东友谊花盛开》获文化部优秀长纪录片奖；1976年的《敬爱的周恩来总理永垂不朽》获第三届“百花奖”最佳长纪录片奖；1979年的《周总理和我们在一起》获文化部、广电部优秀影片奖；1984年反映安徽农村实行大包干历史性变革的《来自农村的报告》获“星花奖”编导奖。中国电影家协会会员、中国记协会员。

段　洪(1930. —　　)　江苏省如皋县人。毕业于上海大夏大学。1949年加入中国人民解放军第二野战军三兵团文工团，后调任川东行署电影戏剧股长。1952年调入中央新闻纪录电影制片厂，任编缉、导演。40多年来拍摄了100多部影视纪录片，其中《冀鲁豫人民抗洪斗争》、《保卫古巴》、《亚运之星》、《挺起我们的脊梁》分别获文化部优秀影片奖、大众电影“百花奖”、广电部优秀影片奖及优秀纪录片“星花奖”。1992年评为高级记者。中国世界电影学会常务理事、国际文化交流音像出版社艺术顾问。

李宝树(1933. —　　)　北京市通县人。中共党员。一级作曲。1949年10月结业于华北大学音乐系。1949年4月参加革命。1954年6月调入中央新闻纪录电影制片厂任作曲。40年来，为纪录片、故事片、电视剧、科教片作曲百余部（集），并为话剧《少年周恩来》、大型歌舞片《雏鹰之歌》、《十三陵明皇蜡像宫》作曲。音乐作品有《九寨沟音画》、《南国风光好》等，发表过数篇关于音乐创作的文章。独立作曲或参加作曲的影片曾获政府奖、“金鸡奖”和“百花奖”。影片《九寨沟梦幻曲》的音乐获第22届波兰克拉科夫国际电影节铜龙作曲奖。1992年荣获国务院授予的政府特殊津贴及证书。

高　潮(1926. 7. —　　)　山东省潍坊市人。中共党员。一级作曲。1952年毕业于山东大学艺术系。1949年参加工作。1947年创作的歌曲《前进，新时代的青年》成为学校的演出节目，并为电台实况播放；1948年创作的歌曲《打到南京去，活捉蒋介石》在当时青年学生中较为流传；抗美援朝期间创作的《侵犯和平的疯狗一定要打垮》等两首歌曲获山东省歌曲创作三等奖。1954年到新影厂工作，为50多部长短纪录片作曲。《画乡》、《天子山》获新影厂第三届、第六届单项作曲“星花奖”；《先躯者之歌》获“金鸡奖”；《毛泽东》获文化部优秀影片奖；《周恩来总理永垂不朽》获“百花奖”。

赵鸿声(1925. —　　)　北京市人。1949年7月毕业于北平国立师范大学音乐系。一级作曲。1949年7月参加工作。1952年9月到中央新闻纪录电影制片厂，先后为30多部长短纪录片创作音乐，如《不屈的阿尔及利亚》、《医疗队员在坦桑尼亚》、《诗人杜甫》等。1980年应邀为中国青年艺术剧院演出的莎士比亚著名喜剧《威尼斯商人》写了全部舞台音乐。

黄毓芬(1932. 10. —　　)　女。河北省保定市人。中共党员。1949年3月参加冀中军区火线剧社。1950年转业到北京电影制片厂从事剪辑工作。1953年转入中央新闻纪录电影制片厂。40余年，多次完成重点时政影片的剪辑工作，如“五一”、“十一”的重大活动及党代会等。所剪辑的影片片种广泛，有文献片《和平万岁》；体育片《女排四连冠》；音乐片《沙家浜》；舞剧片《苏联大芭蕾舞团访华》；戏剧片《杨三姐告状》及京剧、晋剧等各类舞台纪录片。多次获新影厂“星花奖”，其中《超级明星伟伟》获政府“童牛奖”。1965年随摄制组赴柬埔寨拍摄纪录片。1966年在北京接受西哈努克亲王授予的银质勋章。1990年11月评为一级剪辑师。

张世明（1929.11.—　　）北京市人。中共党员。一级录音师。1948年参加工作。1949年4月到中央新闻纪录电影制片厂。曾参加第一届中国人民政治协商会议同期录音工作。完成了开国大典时毛主席在天安门城楼上向全世界宣告新中国成立的同期录音工作，留下了我国新闻电影史上第一批电影同期录音声音的资料。1949年随苏联电影队作为苏联专家的副手参加了大型彩色纪录片《解放了的中国》的录音工作。1950年到1953年参加了抗美援朝，完成了战地的同期录音及国际细菌调查团的同期录音工作。为此，1956年获得文化部授予的金质一级奖章。30多年来，为大量的影片录音并有多部影片获奖。

王绍曾（1923.12.—　　）北京市人。中共党员。一级录音师。1945年肄业于辅仁大学。1949年2月进入中央新闻纪录电影制片厂，曾任副科长、工作间主任等职，一直从事电影录音工作。建国初期为中央人民广播电台录制了一批唱片，并为各省、市电影厂、电视台培养了一批录音人员。被国家标准局聘为音质评价节目编委、电影技术标准录音组组长。1980年至1993年是文化部、广电部电影技术高级职称的评委。1961年被评为文化部先进工作者。1965年获西哈努克授予的柬埔寨二级勋章及奖章，多部影片获部级、厂级奖励。1991年12月退休。

王忠礼（1927.9.—　　）辽宁省海城县人。中共党员。一级录音师。1948年考入长春东影四期训练班。1949年调入北京电影制片厂，后转入中央新闻纪录电影制片厂。几十年来完成纪录片200多部，戏曲片、舞台艺术片10部，有些影片获“金鸡奖”、“星花奖”录音奖。

李静森（1933.7.—　　）女。安徽省天长县人。1953年毕业于中央美术学院，同年7月分配到人民美术出版社工作。1961年9月调到中央新闻纪录电影制片厂美工科工作，一直从事美术创作。其作品多次获得美术单项奖和“星花奖”。参加1983年和1988年新影厂编辑的《延安电影团成立45周年和50周年》画册的美术设计工作。其《唐诗》书法1987年被选送赴日参加“中日邦交正常化15周年书法展览”，获得金奖，并被收藏。1980年加入中国民主同盟。1992年评为一级美术设计师。中国美术家协会会员。现退休。

何建国（1932.—　　）湖南省邵阳县人。青年时就读于华中艺专。1949年参军，任广西军区美术创作员。1952年调中央新闻纪录电影制片厂。一级美术设计师。40多年中，为100多部戏曲片、纪录片创作并制作布景、片头、插图、电影海报等。有些影片获得了“金鸡奖”、“百花奖”、“星花奖”。山水画曾在韩国举办的国际美术大赛中3次获特等奖。在北京、长沙、泰州等七城市举办过个人作品展和联展。其作品还在法国、美国、日本、韩国等地展出，并在中南海、民族宫等六家博物馆收藏。《中国当代画家大辞典》等11种辞典对其作品作了介绍。现为中国美术家协会会员，中国老教授协会会员，中国山水画研究会常务理事及广电部美术家协会顾问。

董鸿翼（1923.—　　）辽宁省法库县人。中共党员。高级工程师（享受教授级待遇）。1943年毕业于电影专科学校。1965年毕业于北京电视大学化学系。自1945年起先后在东北电影公司、长春电影制片厂、上海清华影片公司、北京电影制片厂任技术员、洗印技师。1953年转入中央新闻纪录电影制片厂，曾任查验室主任、车间副主任。多年来一直从事影片制作技术工作，改进了影片的洗印加工工艺和配方；组织设计了新型加工高温快速洗片机，并投产使用；与中科院心理所、电影科研所、涂料研究所合作研制成功“摄影用标准色板、灰板”，并获文化部1981年至1982年科技成果三等奖。此后与上述单位合作研制了“摄影用常见色典型景物模拟色板”，并获文化部1983年至1984年科技成果三等奖、国家标准局标准成果四等奖。1992年10月荣获国务院授予的政府特殊津贴及证书。

盛玉增（1930.—　　）黑龙江省肇东县人。中共党员。主任记者。1946年参加革命。1948年入东北电影公司三期训练班，后作为战地记者到辽沈战役前线，随后参加平津、渡江、解放上海等战役。1950年底赴朝参加《抗美援朝》等影片的拍摄。1953年回国在中央新闻纪录电影制片厂拍摄新闻纪录片，历任摄编室副主任、新闻片室主任、党办主任。多年来共拍摄新闻片主题数百个，纪录片近百部。在朝鲜荣获三级国旗勋章，曾荣获文化部优秀影片奖。

许文敏（1934.3.—　　）女。北京市人。中共党员。1949年5月在北京参加中国人民解放军华北军区抗敌剧社文艺训练队，同年12月任华北军区文工团歌舞队队员。1950年5月随中央民族访问团文艺组赴贵州兄弟民族地区访问演出。1952年6月随华北军区文工团赴朝演出队入朝，为志愿军进行慰问演出。1953年因演出单弦《青年英雄潘天炎》立三等功一次。1957年入沈阳音乐学院声乐系学习。1962年毕业后留校任附中民族声乐专业声乐教师。1971年8月调入中央新闻纪录电影制片厂。历任音乐编辑、录音车间支部书记、厂政治部宣传科干事、党委办公室干事、党委办公室副主任、纪委副书记、厂办主任等职。1990年7月离休。

尹景波(1925. 1. —) 山东省栖霞县人。中共党员。1941年在胶东抗日军政大学二分校毕业。1949年11月由华东第三野战军转业到北京电影制片厂，后分到中央新闻纪录电影制片厂，曾任新影厂摄制工作室主任、行管部主任、基建办主任、工会主席等职。战争年代曾参加过济南战役、淮海战役、渡江战役等，并三次荣立三等功，三等残疾军人。在新影厂期间曾被评为三等劳模、先进工作者。1985年10月离休。

阿尔杜沁(1932. 12. —) 蒙古族。吉林省前郭尔罗斯蒙古族自治县人。中共党员。1947年8月参加革命。1956年7月毕业于北京电影学院摄影系。同年分配到新影厂，历任摄影助理、副摄影师、摄影师兼编导、经营管理处处长。从事摄影工作40多年，拍摄过党和国家领导人的许多重要活动及全国性重要会议影片。在拍摄《黄河万里行》、《草原赞歌》、《改进包装》等影片中任总摄影，拍摄的《麻鸭化宝》获文化部1981年优秀影片奖、优秀农业题材奖；《草原的女儿》荣获文化部1983年优秀影片奖和中央民委等单位颁发的首届少数民族优秀影片奖。

康英琪(1930. 12. —) 河北省满城县人。中共党员。1949年3月考入华北大学，同年11月结业，分配到北京电影制片厂。1953年进入新闻纪录电影制片厂，历任剧务、制片、制片工作室主任、编辑部副主任、生产处处长等职。1989年新影厂第一次职称评定时任经济系列评委会副主任。1992年离休。

关明国(1929. —) 辽宁省新民县人。中共党员。副编审。1965年北京电视大学毕业。1948年11月参加工作。1949年调入中央新闻纪录电影制片厂，历任摄影助理、副剪辑师、科长、处长。曾参加拍摄《新中国诞生》、《解放了的中国》等纪录片。负责组织和导演的影片有《长白山》、《齐都新城——淄博》等。主编过《新闻电影》、《纪录电影》、《新影北影报》等报刊和《奉献》、《纪念新影建厂三十周年》等书籍、画册。发表的论文有《纪录电影的前途》、《是扮演还是纪录》、《别具风采的〈一瞬与十年〉》等。曾荣获文化部先进工作者称号。中国电影家协会会员，中国老年摄影学会会员。

孟国纪(1929. —) 北京市人。中共党员。1962年至1964年在北京电影学院摄影系学习。1950年参加工作，在北京电影制片厂任摄影助理。1953年调入中央新闻纪录电影制片厂，曾任副主任、主任、处长。在北影期间参加过故事片《吕梁英雄》、《智取华山》等摄制工作。在新影厂工作时参加了《和平万岁》、《第一届人代会》等多部长短纪录片的拍摄。从事技术管理工作后，组织并参与了摄影机及检测设备的研制工作；负责人民大会堂等十大工程固定场所摄影角度、拍摄点电源电路和所需摄影器材选型购置、安装校验工作；参与了高温快速工艺改进工作；组建了16毫米生产线，引进胶转磁设备、组建录像室等。曾多次获厂先进工作者和文化部授予的摄影技术工作间先进集体荣誉奖。1993年8月退休。

白世祥(1933. —) 北京市人。中共党员。1950年参加工作。1953年由北京电影制片厂调入中央新闻纪录电影制片厂，历任摄影整备工作间科员、机械员、保卫科副科长、保卫处处长。长期从事保卫工作。曾获文化部、广电部、北京市消防局授予的先进工作者称号，并获公安部颁发的从事保卫工作30年荣誉奖章。

张小军(1955. 8. —) 山西省榆次县人。北京市青年联合会委员。中共党员。1983年毕业于北京大学分校法律系，分配到中央电视台。1983年8月至1992年3月在专题部任编辑、副组长、组长。1992年4月任青少部副主任。

敬一丹(1955. —) 女。黑龙江省哈尔滨市人。中共党员。北京市海淀区政协委员。北京广播学院播音专业硕士学位研究生。1988年到中央电视台工作。1989年开始主持《经济半小时》，以采编播合一见长，节目每年都获全国电视奖，其中《面对疲软的市场》、《股市风》分别获1989年、1992年全国优秀电视社教节目一等奖。1993年5月至1994年5月主持中央电视台第一个以主持人名字命名的栏目《一丹话题》，并得到观众和专家的肯定。1994年6月获全国“十佳”节目主持人金话筒奖。1994年底调入新闻评论部，担任《焦点访谈》节目主持人。

徐 俐(1961. 8. —) 女。湖南省人。一级播音员。1985年7月中央广播电视大学中文系毕业。1978年11月由知青点考入长沙人民广播电台任播音员。1985年起成为长沙电视台、电台两栖节目主持人。1992年9月借调至中央电视台，担任第四套新闻节目主持人。1994年5月正式调入中央电视台。在长沙电视台、电台期间曾荣获城市台“十佳”主持人称号，1989年、1990年蝉联第二、三届电视“星光奖”最佳解说奖。1994年4月当选为北京市海淀区青年联合会委员。

郑加强（1968. — ） 黑龙江省鹤岗市人。中共党员。1990年自中国青年政治学院毕业后在中央电视台党委工作。1990年11月至1991年8月带队下基层锻炼，担任大庆锻炼组临时党支部书记。1992年任中央电视台团委副书记。1993年4月任团委书记，广电部团委委员、常委，北京市海淀区羊坊店地区青年工作者协会副秘书长。1994年4月当选为北京市海淀区青年联合会委员。曾参与策划“心手相连”赴农村社会实践演出，“红绿蓝杯”青年歌手大奖赛，“新电杯”足球邀请赛等活动。

16. 统 计

一、事业发展情况

全国电视事业发展情况

时 间	电视台（座）（无 线）	节目套数	人口覆盖率（%）	电视机社会拥有量（万架）	平均每百人拥有电视机（架）	卫星电视地面站（座）
1980	38	40	—	902	0.9	—
1984	93	104	64.7	4763	4.6	—
1985	202	219	68.4	6965	6.7	—
1986	292	325	71.4	9214	8.7	1598
1987	366	405	73	11601	10.7	4609
1988	422	465	75.4	14344	13.2	8233
1989	469	512	77.9	16593	14.9	12658
1990	509	554	79.4	18546	16.2	19505
1991	543	596	80.5	20671	17.8	28271
1992	586	644	81.3	22843	19.5	39627
1993	684	755	82.3	—	—	54084
1994	764	851	83.3			64787

二、业务建设情况

1994年中央电视台各类节目播出时间统计

节目名称	播出时间（时：分）
新闻节目	4405：16
专题节目	7383：08
教育节目	1832：08
文艺节目	9193：36
服务性节目	570：16
（合计）	23384：24

1994年中央电视台每周各类节目播出时间构成比例

节目名称	所占比例（%）
新闻节目	18.84
专题节目	31.57
教育节目	7.83
文艺节目	39.31
服务性节目	2.45

1994年中央电视台投入制作电视剧一览表

剧名	集数	制作单位
我们	4	中央电视台、武警水电指挥部
乔太守乱点鸳鸯谱	2	中央电视台、成都市文化中心
乔老爷上轿	2	中央电视台、成都市文化局
特区警察	4	中央电视台、深圳公安局
警涯无悔	10	中央电视台、天津市公安局
刘志丹和谢子长	14	中央电视台、延安地委宣传部
西楚霸王	10	中央电视台、上海东华影视制作部
冰球世家	10	中央电视台、哈尔滨话剧院
赵氏孤儿	4	中央电视台、河北电视台
蓝天上有一双眼睛	4	中央电视台、成都电视台
一个姑娘三个兵	2	中央电视台、兰州军区电视艺术中心
日头影子	12	中央电视台、河南电视台
追日	8	中央电视台、空军政治部话剧团
雾海帆	15	中央电视台、海口电视台电视艺术中心
酒楼晒衣	1	中央电视台、成都市文化局

续

剧　　名	集数	制　作　单　位
米市春秋	6	中央电视台、芜湖电视台
棋泪不轻弹	8	中央电视台、石家庄电视台
笠翁轶事	6	中央电视台、浙江电视剧制作中心
情结	28	中央电视台、沈阳天外天传播公司
市长和他的女儿	5	中央电视台、贵州电视剧制作中心
希望的田野	20	中央电视台、广东电视台电视剧制作中心
这不仅仅是回忆	2	中央电视台、兰州军区电视艺术中心
中国缉毒警	6	中央电视台、华城文化传播公司
鸳鸯绣	4	中央电视台、武汉电视台
汉王刘邦	11	中央电视台、汉中市人民政府
霜叶红似二月花	20	中央电视台、北京新陆地艺术研究所
天路	8	中央电视台、总后勤部电视艺术中心
超越情感	4	中央电视台、司法部
士兵今年十八九	8	中央电视台、沈阳军区电视艺术中心
紫丁香校园	14	中央电视台、辽宁电视剧制作中心
风流武媚娘	4	中央电视台、成都市广播电视艺术团
郁达夫之死	5	中央电视台、上海电视台
椰林湾	6	中央电视台、海南电视台
西部警察	16	中央电视台、公安部金盾影视文化中心
巍巍太行	4	中央电视台、北京军区战友电视艺术中心

续

剧　　名	集数	制　作　单　位
绿藤萝、紫藤萝	6	中央电视台、长春电视台文艺部
山那边有个海	8	中央电视台、南京军区电视艺术中心
思扬律师事务所	20	中央电视台、司法部
中国空姐	12	中央电视台、浙江电视剧制作中心
阳台	1	中央电视台、长春电视台
多思年华	12	中央电视台、福建电视剧制作中心
乌金爷们儿	2	中央电视台、吉林市电视台
刘胡兰	2	中央电视台、山西省话剧院
风雪夜归人	2	中央电视台、深圳东视传播制作公司
情债	18	中央电视台、吉林市电视台
声悠声漫	2	中央电视台、二炮电视艺术中心
舞蹈老师	2	中央电视台、浙江电视剧制作中心
梨园传奇	12	中央电视台、瑞阳电视台
爱情女侦探	12	中央电视台、上海东方电视台
归去来	5	中央电视台、新纪元国际经济技术发展公司
碧海情未了	7	中央电视台、宁波电视台
李小侏	2	中央电视台、重庆电视台
军嫂	2	中央电视台、山东广播电视艺术团
箱尸寄案	8	中央电视台、天津电影制片厂
生命之缺	2	中央电视台、山东电影制片厂
海水湛蓝	2	中央电视台、北京电影学院

续

剧　名	集数	制　作　单　位
女人的说法	19	中央电视台、珠江电影制片厂
红旱船	2	中央电视台、河南电影制片厂
三峡大移民	8	中央电视台、湖北电影制片厂
民间戏圣	10	中央电视台、中国电影合作制片公司
吴福的故事	2	中央电视台、太原电视台
深山热土	10	中央电视台、二炮电视艺术中心
迷彩天兵	12	中央电视台、空军电视艺术中心
西部风流	6	中央电视台、天山电影制片厂
盐丁儿	10	中央电视台、中国儿童电影制片厂
纪晓岚	8	中央电视台、河北电影制片厂
风萧萧	6	中央电视台、陕西三和影视制作公司
虎斑贝	2	中央电视台、河南电影制片厂
雨点儿	4	中央电视台、中慧公司
京九情	8	中央电视台、江西电视台
打打女少尉	2	中央电视台、河北电影制片厂
大地有情	4	中央电视台、长春电影制片厂
万橙花	6	中央电视台、江西电影制片厂
黄河知我心	6	中央电视台、宁夏电影制片厂
司马迁	20	中央电视台、〈司马迁〉摄制组
第二次风暴	5	中央电视台、尼江影视中心
使命	12	中央电视台、兰州电影制片厂
人生课题	9	中央电视台、潇湘电影制片厂

续

剧　名	集数	制　作　单　位
玫瑰悄悄红	8	中央电视台、兰州电影制片厂
双蜡	2	中央电视台、青年电影制片厂
路是弯弯山是高	8	中央电视台、湖北电影制片厂
东江纵队	15	中央电视台、珠江电影制片厂
梨园传奇	12	中央电视台、绵阳电视台

1994年中央电视台播出电视剧统计表

首　播	301（部）	1501（集）
重　播	338（部）	2430（集）
合　计	639（部）	3931（集）

1994年中央电视台第一套节目黄金时间电视剧播出一览表

开播时间	剧　目	集数
1. 3	大上海出租车	7
1. 5	情满珠江	36
2. 10	隐蔽战线—代号4991	6
2. 11	针眼儿警官	10
2. 21	康熙大帝	16
3. 13	凤凰琴	4
3. 17	只要你过得比我好	10
3. 29	大进攻序曲	10

续

开播时间	剧目	集数
4.7	还是那条街	14
4.22	潮起潮落	20
5.18	一个医生的故事	2
5.20	神禾塬	11
6.3	豫东之战	8
6.13	侨魂	8
6.23	上海大风暴	11
7.8	男儿女儿好看时	14
7.25	雪震	12
8.10	戏剧人生	19
9.5	情系老君山	8
9.14	9·18大案纪实	8
9.27	郑大娘承包记	6
10.2	晋昌源票号	9
10.13	法官潘火中	8
10.23	三国演义	84*
12.22	住别墅的女人	19

*《三国演义》播出47集。

1994年中央电视台大型电视纪录片播出一览表

开播时间	片名	集数	每集长度（分）	制作单位
7.27	我是一个兵	8	30	军事部
8.1	三军战三江	2	30	军事部
8.8	民族自治地方	36	5	社教中心
8.22	新中国第一	30	5	社教中心
9.14	解放	24	22	社教中心

1994年中央电视台电视译制片播出（首播）一览表

开播时间	片名	集数	播出情况（套）	来源
1.1	飞驰巾帼车队	6	一	英国
1.2	飞碟导航员	2	二	英国
1.2	女超人	2	三	美国
1.16	致命婚姻	2	二	美国
1.16	无菌罩中少年	2	三	美国
1.22	水手归来	2	一	英国
1.23	回归	2	三	美国
1.29	开出租车的姑娘	2	一	法国
1.30	冤狱	2	二	美国
2.5	赛车手	8	一	意大利
2.5	改变	2	二	美国
2.6	雄师	2	三	美国
2.13	霹雳五号	2	二	美国
2.13	故事奶奶	2	三	美国
2.20	师生情	2	三	美国
2.27	赤胆追凶	2	二	美国
3.5	心灵之声	4	一	英国
3.6	梦街人	2	三	日本
3.13	我嫁了个影子	2	二	法国
3.13	九点到五点	2	三	英国
3.18	公路大货车	5	一	意大利
3.20	钓鱼迷日记	2	二	日本
3.27	迂夫智妻	2	二	德国
4.9	海峡	5	一	日本
4.10	灯塔山的故事	2	二	加拿大

续

开播时间	片　　名	集数	播出情况（套）	来源
4. 23	海之歌	1	一	英国
4. 24	无悔今生	2	二	美国
4. 30	海盗普林斯	2	一	英国
5. 4	儿童公司	2	二	美国
5. 7	罗蒙诺索夫	8	一	苏联
5. 8	九霄惊魂	2	二	美国
5. 11	怪趣旅馆	5	二	美国
5. 22	旋风车手	2	二	美国
5. 25	女医生	18	一	美国
6. 1	沃尔默一家	8	二	德国
6. 5	东方快车恋曲	2	二	英国
6. 19	金玫瑰洞（第二部）	4	二	意大利
7. 17	爱的牺牲品	2	二	美国
7. 31	实习护士	2	二	美国
8. 14	乱云飞渡	2	二	美国
8. 28	母　爱	2	二	美国
8. 28	圣·巴巴拉	20	三	美国
9. 11	等你妈回来	2	二	美国
9. 14	童　年	3	二	日本
9. 17	弱者的追求	1	一	美国
9. 24	纯真的爱	1	一	美国
9. 25	俏语真情	2	一	美国
10. 9	杀人鳄鱼潭	2	二	美国
10. 22	荒野有情天	2	一	美国
10. 23	跳华尔兹的女人	2	二	丹麦

续

开播时间	片　　名	集数	播出情况（套）	来源
10. 26	骗　局	1	二	加拿大
10. 29	我的子弹会拐弯	2	一	美国
11. 2	登普西和梅克皮斯	1	二	英国
11. 5	机器战警	2	一	美国
11. 12	最佳拍档	2	一	美国
11. 20	明星残缘	2	一	美国
11. 26	灰鹰传奇	2	一	美国
12. 3	未来世界	2	一	美国
12. 4	欺骗之网	2	二	美国
12. 10	飞越阿拉斯加	2	一	美国
12. 17	冬天的鹰	1	一	美国
12. 18	圣诞前夜	1	三	美国
12. 31	阴差阳错	2	一	德国

1994 年中央电视台经费收支情况

单位：万元

财政拨款	8266.8
抵支收入	110810.6
经费支出	102831.3

三、队伍构成情况

1994年中央电视台各系统人数统计

单位：人

行政系统	330
技术系统	607
编播系统	1103
经营系统	53
公司系统	126
中国电视剧制作中心	350
中央新闻纪录电影制片厂	643
合　计	3212

1994年中央电视台专业职务情况

	名　称	人　数	合 计
高级	高级编辑	28	51
	高级记者	6	
	播音指导	4	
	译　审	4	
	高级工程师	6	
	艺术一级	3	

续

	名　称	人　数	合 计
副高级	主任编辑	81	262
	主任记者	52	
	主任播音员	8	
	副译审	10	
	高级工程师	88	
	高级会计师	3	
	高级经济师	3	
	主任技师	8	
	艺术二级	9	
中级	编　辑	326	903
	记　者	77	
	一级播音员	14	
	翻　译	31	
	工程师	275	
	会计师	37	
	经济师	51	
	统计师	4	
	技　师	29	
	艺术三级	42	
	馆　员	16	
	主治医师	1	
初级	（各类初级）	393	393

1994年中国电视剧制作中心专业职务情况

	名　　称	人 数	合 计
高级	高级编辑	1	12
	一级编剧	1	
	一级导演	7	
	一级演员	1	
	一级美术设计师	2	
副高级	二级编剧	9	80
	二级导演	13	
	二级演员	13	
	高级工程师	14	
	高级经济师	7	
	主任技师	9	
	二级美术设计师	3	
	二级摄像师	5	
	二级录音师	7	
中级	三级编剧	10	145
	三级导演	17	
	三级演员	16	
	编　辑	2	
	工 程 师	26	
	经 济 师	21	
	会 计 师	6	
	技　师	25	
	三级美术设计师	6	
	三级摄像师	9	
	三级剪辑师	1	
	三级录音师	6	
初级	（各类初级职务）	51	51

1994年中央新闻纪录电影制片厂专业职务情况

	名　　称	人 数	合 计
高级	高级记者	9	11
	一级作曲	1	
	一级剪辑师	1	
副高级	主任记者	35	57
	主任编辑	1	
	主任播音员	2	
	副 译 审	1	
	高级工程师	9	
	二级作曲	2	
	二级剪辑师	5	
	二级录音师	2	
中级	记　者	60	142
	编　辑	4	
	翻　译	3	
	政 工 师	3	
	高级教师	2	
	音乐编辑	4	
	工 程 师	13	
	经 济 师	9	
	会 计 师	3	
	统 计 师	1	
	技　师	39	
	主治医师	1	
初级	助理记者	22	167
	技 术 员	145	

17、对台、港、澳交流与合作

一、对台、港、澳宣传与报道

由香港爱国人士徐展堂先生在英国伦敦创办的欧洲东方卫星电视自1992年11月开播以来，每天在香港转录中央电视台新闻节目，然后在欧洲东方卫星电视播出。

香港亚洲电视从1994年元旦开始，每天转录中央电视台第四套新闻，并在当晚的12点30分、次日晨7点30分在“亚视”中向香港播出。

从1992年10月1日中央电视台第四套节目开播以来，台湾有线台一直转播中央电视台第四套节目。自1993年9月28日起，台湾年代公司与香港无线台合办的台湾TVBS无线卫星电视每天转录中央电视台第四套新闻，改编后播出。

中央电视台于1994年10月正式开办每天20分钟《粤语新闻》。

二、与台、港、澳交流合作大事记

4月4日 杨伟光台长会见以台湾大众传播教育协会理事长、文化大学新闻传播学院院长王洪钧先生为团长的台湾大陆新闻文化访问团一行15人，向客人介绍了中央电视台概况，并回答了有关中央台与地方台的关系、节目制作、收视率和广告等方面的问题。会见后，台湾同胞参观了中央电视台节目播出、制作系统。

4月13日 张长明副台长会见香港无线广播公司新任总经理助理黄应士先生及中国事务叶志伟先生等一行4人，双方就如何加强电视新闻广播的业务交流与合作进行了友好的会谈。会见后，黄应士先生等参观了中央电视台节目制作、播出系统。

4月23—27日 由中央电视台无锡外景基地（下称基地）主办、香港中国旅游出版社协办的CCTV太湖影视城摄影对抗赛在基地举行。对抗赛以基地“唐城”、“三国城”、“欧洲城”的风光，宫廷礼仪，唐歌舞、欧洲民俗民间歌舞、三国古战等表演和旅游、纪实、新闻等为内容，设最佳个人奖、最佳瞬间奖、最佳建筑风光奖。由《中国青年报》、《中国日报》、《人民摄影报》组成的北京队、江苏省联队、人民摄影报“虎丘队”，香港中国旅游出版社组成的香港队参赛。邀请北京、香港两地的著名摄影家组成的评委对参赛作品进行评选。

4月 中央电视台第四套节目在台湾和香港地区的影响日益扩大，收视率不断提高。据台湾润利公司的最新调查显示，台湾465万户总人口中已有173.4万户可以通过有线电视收看第四套节目，占台湾人口总数近40%。收视率由1991年的1.4%提高到9.8%，大约有45.57万户、227.8万名固定观众。在香港也有几十万户家庭可以通过卫星天线收看中央电视台第四套节目。

6月13—15日 技术处与香港讯德音视科技有限公司在中央电视台举办由讯德公司独家代理的美国ImMix公司的最新型Pal制Video Cube多媒体设备的技术介绍和现场演示会。在三天的技术交流活动中，技术部门、编辑部门的许多同志以及广电部科技司、广播科学研究院的一些专家200多人参加了讲座和演示。ImMix公司的这套多媒体设备吸收并发展了当今世界上多媒体设备的最新成果，可供编辑制作节目。

7月26日 由沈纪副台长率领的中央电视台银河少年电视艺术团圆满结束对澳门的访问演出返回北京。艺术团在澳门演出两场，受到热烈欢迎。新华社澳门分社副社长宗光耀、中葡联合联络小组中方首席代表过家鼎和在澳的部分人大代表、政协委员以及各界知名人士1300人出席了艺术团首场演出。

在澳门访问演出期间，新华社澳门分社副社长宗光耀、宣传文体部部长钟子硕等同沈纪等人就有关澳门地区新闻报道、电视记者站的组建、与澳门广播电视有限公司合作事宜等问题交换了意见。沈纪还同在澳门广播电视有限公司工作的中方人士就双边合作问题进行了磋商。

7月29日 张长明副台长会见由香港政府广播电视管理人员组成的香港电台制作人员工会代表团。总编室、社教中心和海外中心等部门的领导参加了会见。

8月25日 杨伟光副部长会见香港无线广播公司国际公司副总经理黄瑞良先生一行。杨副部长简要介绍了中央电视台今后的发展方向，并希望双方能在娱乐节目方面加强合作。他还向客人们介绍了中国有线电视市场。香港客人希望保持与中央电视台的合作关系，加强业务联系。

8月 中央电视台海外中心记者武晋先随第三届海峡两岸炎黄杯长跑赛大陆代表队赴台湾采访。中华文化交流与合作促进会写信感谢中央电视台的大力协助，对武晋先的良好工作作风给予赞扬。

9月1日 由中央电视台技术制作中心、香港佑图公司和广播电视灯光研究会合办的为期6天的全国电视灯光学习班圆满结束。全国有21个省、市、自治区电视台和中央电视台派出的代表参加学习。刘宜勤副台长在开幕式上讲话，指出要用先进的技术更好地为宣传服务，提高技术质量。这次学习班的题目是调光设备的使用、演播室的布光技巧及电脑灯的应用。主讲人员是香港无线电视台的灯光师、香港佑图公司的设计人员及广播学院的教师。

9月13—18日 中央电视台访问组应新华社澳门分社邀请访问澳门。这次访问主要是为加强宣传报道澳门问题，提供节目在澳门电视台播出和参加"中国电视周"在澳门电视台播映的宣传活动。访问期间，新华社澳门分社副社长李水林、宣传文体部部长钟子硕会见访问组时，诚恳希望中央电视台在澳门临近回归祖国之际加强对澳门的宣传。

9月19—25日 "中国电视周"在澳门播出情况良好。澳门电视台中、葡文频道举办了"中国电视周"，并在开播前做了大量准备和宣传工作。该台播出了中央电视台提供的动画片、专题片、杂技武术节目、民族歌舞综艺节目、电视剧五大类，约17个小时的19个节目。

9月28日 杨伟光台长会见香港九仓有线电视台客人，建议九仓有线电视台转播10月1日晚中央电视台实况直播的北京天安门广场焰火晚会。九仓有线电视台答复，他们的新闻台将直播国庆的有关新闻，并在新闻台的节目中插播焰火晚会的部分内容。此外，他们将于10月2日20点至22点在寰宇台播出焰火晚会的实况录像。

10月3日 香港亚洲电视中国发展部总监陈贝蒂向中央电视台张长明副台长通报，"中国电视周"节目已于9月25日在香港亚洲电视《吾土吾民》栏目中首播，还将分4周播出"中国电视周"节目。节目播出后，专栏作家叶子就《吾土吾民》栏目写了题为《有水准之作》的评论。文章说：《吾土吾民》是中国摄制的纪录片，看后不但能够欣赏美丽的中国风景，民族特色，珍禽异兽，更加能够从中长见识，在看节目中学习。

10月8日 台湾(TVBS)无线卫星电视公司开始播出"中国电视周"节目。还将在10月13日至10月28日，每周一至周六13点30分至14点30分，播出《中国饮食》、《中国科技》等"中国电视周"节目。

12月10日 由中国文化扶贫委员会、中央电视台倡议组织，香港迅发集团有限公司、昆明卷烟厂积极资助的援建部分地区卫星电视接收站仪式在中央电视台举行。全国人大副委员长王光英，全国政协副主席孙孚凌，中共中央宣传部常务副部长、文化扶贫委员会主任徐惟诚，广电部副部长兼中央电视台台长杨伟光，香港迅发集团有限公司董事局主席何湛雄先生，昆明卷烟厂党委书记李有义等出席了捐赠仪式。这次援建的重点是太行山区、大别山区、云南山区、陕北地区和鄂西山区，香港迅发集团有限公司捐赠人民币60万元、昆明卷烟厂捐赠50万元，分别帮助建设20座和16座卫星电视接收转播站。王光英副委员长，徐惟诚副部长等领导在会上讲话，认为这是一项功德无量、非常有意义的工作；何湛雄先生和李有义也分别在会上讲话，认为这是一项人人奉献爱心的伟大工程。

18. 对外交流合作

一、友好往来

1994年中央电视台接待来访的外国广播电视团组和个人1200余人次，派出团组和个人1124人次。聘请在中央电视台长期工作的外国专家4人。

二、重大活动

与美国特纳广播系统公司(TBS)总裁特纳先生为首的代表团会谈，并签署合作意向书。

与美国通用仪器公司（GI）总裁会谈数字压缩和信号加密技术；并与泛美卫星公司代表会谈通过卫星覆盖全球的技术问题。

与日本政府签定接受其无偿文化援助协议；并与日本广播协会（NHK）签定用日本政府无偿文化援助款购买其电视节目的合同书。

与日本东海电视台合作，转播在北京举行的国际女子马拉松接力赛。

接待法国戛纳电视节组委会主席华夏伟先生来访;并接待法国电视二、三台代表团和法国视听学院代表团。

与澳大利亚广播公司(ABC)总裁大卫·希尔先生为首的代表团会谈，并签署合作备忘录。

与加拿大鲍尔公司(POWER)总裁签订新闻合作备忘录；并与加拿大本森公司签署双方合拍电视节目协议。

与毛里求斯国家广播电视公司总裁饶典宗先生为首的代表团会谈双方节目合作和人员交流事项。

会见韩国广播委员会主席金昌悦先生；并会见韩国汉城广播公司（SBC）总裁为首的代表团。

接待泰国电视五台和正大集团高级代表团。通过会谈，泰国电视五台已决定在其电视台安排时间播出中央电视台的节目。

在世界127个国家和地区成功地举办了“中国电视周”。先后接待了来自美国、德国、葡萄牙、巴西、乌拉圭、朝鲜和斯里兰卡等国专程到中央电视台商谈举办“中国电视周”事项的代表团。

参与联络和组织亚广联和亚洲电视节的评奖活动，中央电视台选送的四个电视节目中，《远山姐弟》获亚广联双奖;《姊妹溪》获亚洲电视节特别奖。

接待来自日本的公司维修人员到中央电视台检修设备,以保证春节和国庆等重大活动的安全播出。

组织新闻制作培训班；邀请亚洲广播发展机构（AIBD）的培训教师到中央电视台授课。

成功地报道了第12届亚运会。

接待日本广播协会来华拍摄《变化着的中国农村》。

接待日本朝日电视台来华拍摄《宋氏三姐妹》。

接待英国第七艺术制片公司来华拍摄《少林寺》。

接待日本“中国电视”日方董事来华出席董事会。

接待美国国际管理集团来华合作转播中国甲级A组足球联赛。

接待英国影视公司来华拍摄《保健气功》。

接待以中、小学生为播出对象的美国一频道电视台来华拍摄《今日的中国》。

接待新加坡电视台来华拍摄《中国的经济投资》。

接待日本广播协会电视摄制组来华拍摄电视片《长江地区经济发展》。

接待美国国际管理集团来华到大连转播中国羽毛球赛。

三、对外宣传

1.**《中国中央电视台新闻》在北美、西欧、澳大利亚等国落地播出。**

由中央电视台及全国20多家电视台和美国3C集团合作创办的覆盖北美、加拿大、墨西哥、加勒比海地区的美洲东方卫星电视，1993年8月28日正式开播后，1994年5月16日落地进入洛杉矶皇冠有线电视网，每天播出新闻等节目12小时，覆盖包括大约有60万华人主要聚集地洛杉矶地区的大部分地区。7月底至8月初，《中国中央电视台新闻》进入美国洛杉矶地区最有影响的KAZN·AM1300中文电台联网播出。KAZN每天将《中国中央电视台新闻》收录下来改编成10分钟要闻后反复播出四次，覆盖洛杉矶地区全部华人居住区。华人大部分在上下班开车的路上都收听1300广播，很多听众在收听完1300新闻广播后收看播出的电视新闻。

2.**中华人民共和国建国45周年之际，中央电视台在127个国家和地区成功举办“中国电视周”，有150个电视台播放中国电视节目。**

中央电视台在建国45周年之际，在世界127个国家和地区的150个电视台(80%是国家电视台)成功地举办了“中国电视周”，制作了以中国为主题的包括专题、综艺、动画、电视剧共22小时的电视节目，分别以中、英、德、俄、法、西班牙、葡萄牙、阿拉伯、塞尔维亚、波斯10个语种文版，向海外观众介绍中国的政治、经济、历史、文化、民族、人口、地理和中国改革开放取得的巨大成就及中国古老的文明和今日辉煌。

“中国电视周”节目播出后，在世界各国产生了较大的反响。

观众称赞中国电视节目内容丰富多采，雅俗共赏，老少咸宜，是他们看到的较好的电视节目，也是他们了解中国的一个重要窗口。高度评价和赞扬中国和中国人民改革开放建设取得的辉煌成就。进一步了解和认识了中国，改变了对中国的片面看法。希望进一步加强与中国的交流合作，发展与中国人民之间的友谊。

四、对外交流大事记

1月8日　日本政府向我国提供文化无偿援助换文签字仪式在钓鱼台国宾馆芳菲苑举行，艾知生部长和日本国羽田外相分别代表本国政府签字。中央电视台杨伟光台长、广电部外事司安利副司长等参加签字仪式。

1月14日　中央电视台与来京访问的日本东海电视台体育部次长紫筑正臣先生就合作转播北京国际女子公路接力赛、长城友好公路接力赛事进行商谈，并在合作协议书上签字。于广华副台长出席签字仪式，播送中心主任刘广全代表中央电视台在协议书上签字。北京国际女子公路接力赛、长城友好公路接力赛定于1994年2月20日举行。

1月20日　国际部、外事处与日本广播协会(NHK)，映像部部长古田尚辉、事业部部长寺坂启子商谈用日本政府文化无偿援助款购买NHK节目事，并签订了提供电视节目的协议。

1月25日　沈纪副台长会见美国特纳国际有限公司执行董事莫布然先生。莫通报了特纳广播公司拟在亚洲开办一个娱乐卫星电视频道，并征求中方意见，寻求合作。

1月25日　中央电视台和美国黄线国际公司在人民大会堂举行电视系列片《世界企业》新闻发布会。《世界企业》是中央电视台与美国黄线公司合作推出的一部专门介绍世界上有特殊成功经验、有信誉、有影响的跨国公司企业形象的电视系列片，为中国企业界提供了解世界著名跨国公司的成功经验，以推动中国企业向现代化企业迈进的步伐。全国政协副主席孙孚凌、国家计委副主任郝建秀、对外贸易部副部长谷永江以及广电部副部长何栋才、中央电视台杨伟光台长、广电部外事司马元和等出席新闻发布会。国务院副总理李岚清在会前接见了参加新闻发布会的美国通用汽车公司等七家跨国公司的总裁、副总裁。

2月4日　杨伟光台长会见来访的巴基斯坦参议院主席瓦西姆·萨贾德先生，双方就互译电视剧，促进两国人民的相互了解等问题进行了亲切友好的会谈。

2月5日 以色列联合发展有限公司（U. D. I）总裁艾森贝克先生及美国迪斯尼公司节目制作总裁里查德·弗兰克先生等一行13人到中央电视台洽谈合作业务。杨伟光台长、马瑞流副台长对客人表示欢迎，并介绍了中央电视台的情况。来宾介绍了迪斯尼公司在海外电视机构的节目播用情况，表示愿意为中国经济发展做贡献，为中国儿童提供高质量的商品。

2月9日 美洲东方卫星电视在北美黄金时间完整播出春节晚会实况录像，美国、加拿大等地的观众反映较好。美国学术界人士称，从中国春节节目在美国华人中受到如此重视，看到了中华民族的凝聚力。

3月5日 海外电视中心外语节目部收到美国有线新闻广播公司（CNN）《世界报道》栏目执行制片詹尼特·克罗迪女士的来信。来信对中央电视台在过去数月里明显增加新闻供片数量以及在节目质量方面所做的改进表示感谢，并给予充分肯定。来信还特别列举了《圆明园画家村》、《哈尔滨冰雪节》等一些文化界新闻报道都受到观众的好评。

中央电视台自1994年元月开始，已将向美国有线新闻广播公司（CNN）的供片由过去的每周1条（3分钟），增加到现在的每周3条（10分钟）。根据协议，中央电视台提供的片子他们必须全用，不删节。

3月21—31日 韩国文化广播公司（MBC）的张喆庆等5人到中央电视台请播送中心协助转播金泳三总统访华实况，电视转播3场，卫星传送22次。中央电视台技术人员与韩国电视工作者配合默契，圆满完成了转播任务，得到韩国同行的好评。

3月24日 中央电视台领导杨伟光、朱继峰、胡恩应联合国儿童基金会驻华代表法瑞德·拉赫曼先生邀请，到基金会驻华办事处听取工作情况介绍。

拉赫曼先生对中央电视台多年来在宣传、教育方面为维护妇女儿童权益和健康所做的积极努力表示感谢，并希望与中央电视台建立密切联系，充分利用电视这一大众传播媒介的优势，改变人们以往的社会行为、思维方式和信息获得方式，使中国的妇幼保健事业在全球起到示范作用。杨伟光台长对基金会多年来在中国的崇高工作表示敬意和感谢，并表示：中央电视台愿意继续加强与基金会的国际交流与合作，为中国和世界妇女儿童的健康做出应有的贡献。

3月25日 由亚广联发展机构委托中央电视台在北京举办的为期三周的电视新闻节目制作培训班举行结业典礼。马来西亚驻京使馆一秘梁毓芳、广电部外事司范光弟、中央电视台于广华副台长以及有关部门的领导出席结业典礼。这届培训班主要是培训学员熟悉电视新闻节目的制作规范和一些国际通行原则，提高学员的采、录、编水平，从而制作出符合国际标准的新闻节目。学员反映，通过学习，对电视的特性有了更明确的认识，真正了解了电视新闻及电视新闻专题制作的国际规则。

3月27—29日 以董事会主席兼总裁泰德·特纳先生为首的美国特纳广播系统公司代表团一行七人访问中央电视台。代表团与中央电视台的会谈取得了预期效果。会谈后，杨伟光台长陪同代表团参观了新闻中心、主控机房和1000平方米演播室。27日晚，双方代表在人民大会堂浙江厅签署合作协议。签字仪式后，艾知生部长会见并宴请代表团。28日上午，杨伟光台长陪同代表团参观涿州拍摄基地。

3月 全国人大、政协两会开幕以来，中央电视台向北美各地中文电视台传送的“两会”新闻报道深受好评。观众认为主要有以下特点：(1) 北美各地的华人观众通过卫星传送能够及时收看到“两会”的当天新闻，电视报道的新闻比报纸快。(2) 各中文台对“两会”的报道量都较往年大。北美卫星电视每天也将中央电视台传送的“两会”新闻几乎全部照播。(3) 各中文台普遍反映，中央电视台对“两会”的报道有明显改进，新闻条数多，节奏明显加快，增强了针对性。如3月16日播出的钱外长答记者问、李鹏总理谈祖国和平统一、计委陈锦华主任谈“中国将采取措施控制物价，提高人民生活水平”、西藏代表接受中外记者采访等报道都受到海外华人的广泛赞扬。报道重点突出，形式活泼。(4) “两会”期间的卫星传送质量好。

3月 由日本国外务省邀请的中国电视台节目主持人、导演访日参观活动取得圆满成功。

鞠萍在东京接受了东京新闻记者的采访，对她的工作、家庭情况一一作了回答。这篇报道已登载在2月3日东京新闻晚报第一版。

4月8日 杨伟光台长、刘宜勤副台长会见美国宇洋公司国际企业公司董事长伍贤瑞先生和美国通用仪器公司有线电视业务主管尼墨先生。据伍先生介绍，该公司和美国通用仪器公司合作，向中国推出通用公司在有线电视方面的先进技术和设备。两家公司已经联手在中国投资，对中国未来的有线电视市场充满了信心。杨台长表示，欢迎通用公司为中国有线电视技术选型提供技术设备，只要质量好、技术先进、价格合理就可以在竞争中有一席之地。通用公司的尼墨先生介绍了该公司的业务范围。

4月8日 中央电视台与美国东部新罕布什尔州的美国公司商工国际公司（BUSINESS INDUSTRY INT ERNATIONAL）正式签定协议，授权其下属亚洲媒体联播网（ASIANMEDLA NETWORK）在美国东部九个州独家办理播出《今日中国》节目。这九个州为缅因州、新罕布什尔州、佛蒙特州、马萨诸塞州、康涅狄格州、罗得岛州、佛吉尼亚州、佛罗里达州和德克萨斯州。中央电视台每周向对方提供1小时《今日中国》节目，对方在上述九个州通过无线和有线电视台安排播出。

纽约WNYC31台致函中央电视台驻美工作人员称，据美国最大的电视收视率调查公司尼尔逊公司调查，《今日中国》3月31日在纽约31频道播出又达到一个收视点。WNYC台在贺信中说，一个收视点相当于当地66930多户收看。按美国每户1.5人收看的标准方式计算，当天纽约地区收看《今日中国》的观众为100385人。

4月19—23日 斯里兰卡国家电视台总编辑佩雷拉先生对中央电视台进行访问。4月20日上午，于广华副台长会见了佩雷拉先生。双方商谈了1994年5月斯里兰卡国家电视台派员来华报道斯总统访华和加强两台节目交流等事项。应佩雷拉先生的要求，中央电视台向斯里兰卡国家电视台提供30分钟的《今日中国》和60分钟的《中国报道》节目，供斯总统访华期间播出。佩雷拉先生回赠部分斯里兰卡文化、风俗、历史和宗教等节目，供中央电视台在总统访华期间播出。经协商，双方同意在1995年适当时候互派摄制组采访。此外，佩雷拉先生对电视系列片《西游记》非常感兴趣，他准备购买《西游记》全集和部分京剧专题节目。会见后，客人参观了播送中心、新闻演播室和1000平方米演播室。

4月 中央电视台在过去的六个月中向美国CNN和墨西哥特莱维萨台传送了200多条中国新闻。

5月13日 应广播电影电视部邀请，以日本广播协会(NHK)理事中井盛久先生为首的27人考察团访问中央电视台。考察团成员由NHK的编成局、会长室、卫星广播总局、财务计划局等部门的主管成员组成。他们对中日合资的梅地亚中心的经营情况和中央电视台的电视发展情况极为关注，就电视覆盖(包括卫星电视)、收视率、广告节目的制作和收费标准、中央电视台的经费开支、观众对节目的评价等问题进行了咨询和探讨。于广华副台长代表中央电视台对日本NHK给予的关心和支持表示感谢，同时也希望双方能够进一步加强联系，扩大合作，取得更大的成果。

5月15日 为了庆祝"国际家庭日"，中央电视台制作了一期《正大综艺》特别节目。联合国秘书长加利先生得知这一消息后，致函中央电视台表示欢迎和赞赏。加利先生在信中说，中国自古以来就把家庭看作是世界的核心，因此，中央电视台做这个特别节目来庆祝"国际家庭日"是非常明智的。无论在什么地方，家庭总是带给我们一种力量，一种稳定和爱的力量。家庭是我们的教师，它教会我们如何接受差异，也让我们学会同心协力；它教会我们重视自身的重要性，也让我们学会彼此承担责任；它告诉我们年轻人的价值和抚育下一代的必要。在联合国，不仅仅是通过联合国儿童基金会，而且也依靠制定各种政策来引导人类走向未来。我们的孩子和青年都是我们关心的焦点。加利先生表示，家庭不仅仅要有这么一天来庆祝，它值得我们用一生去重视、尊重和支持。在"国际家庭日"这一天，我把我的祝福送给全中国人民，你们为人类最基本的组织形式所进行的庆祝活动必将受到欢迎，因为它使我们看到家庭的美好前景。

5月16日 美洲东方卫星电视(下称"东方卫视")首次实现进入洛杉矶皇冠有线电视网，每天12点至24点播出12小时中、英文节目。洛杉矶地区是华人主要聚集地，大约有60万人左右。皇冠有线电视网有华人用户9万多，约40万人。该网覆盖面包括洛杉矶地区20个城市，约占洛杉矶华人聚集地区的70%。"东方卫视"在洛杉矶落地的第一天，就有30多个公司在电视和报纸上恭贺开播，当地华文报纸《世界日报》、《侨报》、《星岛日报》等都以醒目标题做了报道。

5月18日 欧洲联盟电视代表团访问中央电视台。代表团的成员包括比利时电视台，佛兰芒语电视台，法国电视二台和三台的发行公司，法国儿童电视台，德国北德电视台，希腊无线电视台，意大利国家电视台销售部，英国四频道，约克郡电视台，独立电视新闻公司和欧洲伙伴公司的代表。杨伟光台长会见客人，并介绍了中国电视和中央电视台的基本情况。他希望广大电视工作者为加强中国人民和欧洲各国人民之间的相互了解，进一步扩大节目交流和相互间的往来。于广华副台长和中央电视台各有关部门的负责人出席会见，并观看了双方的电视节目，同时进行业务交流，讨论了双方感兴趣的合作、合拍等问题。

5月21日 张长明副台长和广电部外事司副司长安利会见加拿大安大略省电视台董事长彼得·赫恩道夫和国际部高级干事比·罗伯茨先生，双方就今后合作关系进行了探讨。加方对与中国合拍反映我国改革开放以来各行业发展成就的纪录片颇感兴趣。董事长先生说，多伦多华人社区成员已达60万人，加拿大人民对中国所发生的一切越来越感兴趣，两国长期以来的友好关系是双方合作的基础。张长明副台长向客人们介绍了1994年中央电视台在国庆45周年期间的"中国电视周"计划，董事长先生愉快地表示届时将选择播出中央电视台提供的节目。

5月27日 埃及、印尼、黎巴嫩等27个国家和地区的驻华使馆文化官员40余人，在文化部外联局、河北省文化厅领导陪同下，到涿州基地参观游览。客人对基地短时间内所取得的建设成就赞叹不已。

5月30日 杨伟光台长和赵化勇副台长会见来华访问的法国戛纳电视节组委会主席华夏伟先生。杨台长向华夏伟先生介绍了中央电视台的情况和电视在中国的发展趋势，以及中央电视台引进外国节目的原则。华夏伟先生赞扬中央电视台十多年来坚持参加戛纳电视节，并邀请杨台长及中央电视台参加12月在香港举办的亚洲电视节。

6月1日 《北京人在纽约》开始在泰国第九电视台播出。这是泰国电视台首次播出我国现代题材电视剧，播出反映良好。

6月23日 张长明副台长会见澳大利亚外交部新闻司司长斯迪瓦特先生及其陪同澳驻华使馆新闻参赞安静华女士。参加会见的还有中央电视台国际部、青少部、广告部的成员。双方就今后在电视领域的合作进行了初步探讨。

6月27日 张长明副台长会见加拿大鲍尔公司主管媒体的总裁威勒斯先生，双方就鲍尔公司建议于9月份推出卫星电视节目时转发中央电视台新闻一事进行会谈。张长明副台长表示，将考虑把中央电视台向北美传送的新闻节目提供给该公司的电视新闻网，即每天30分钟的华语新闻节目。

6月 中央电视台对外新闻节目及时报道“千岛湖案件”的审理过程，引起海外各界华人的重视，他们非常注意收看与“千岛湖案件”相关的新闻播出。美洲东方卫视、纽约中文台、旧金山华声台和洛杉矶熊猫台都充分转播了中央电视台新闻，特别是美洲东方卫视进入洛杉矶有线电视后，在这次报道中发挥了播出时间长、覆盖面大的优势，每天将中央电视台的新闻反复重播几次，使观众在不同时段都能收看，效果很好。观众认为“了解了真相自然就有正确的判断和正常的反应”。

7月19—27日 以广播电影电视部副部长、中央电视台台长杨伟光为团长的中央电视台代表团应埃及广播电视协会的邀请对埃及进行为期8天的访问。

7月26日，埃及新闻部长萨夫瓦特·谢力夫会见了中央电视台代表团。他在会见中表示希望进一步加强两国在广播、电视等新闻媒介的合作与交流，以促进两国人民之间的相互了解与友谊。

中央电视台代表团在访埃期间同埃及方面签署了两国电视台合作谅解备忘录，就双方互办电视周、互购节目达成了一致。

7月21日 中央电视台成功报道了“亚太一号”卫星发射实况。第一套节目18点24分至18点49分现场直播卫星发射火箭点火起飞实况后，19点开始的《新闻联播》三次滚动播出卫星发射的进展实况及发射成功的现场情况。同时，还为美国休斯公司传送了配有英语解说的实况；向日本广播协会（NHK）和韩国广播公司（KBS）传送了《新闻联播》节目和卫星发射实况；通过卫星向亚广联A区成员国传送了10分钟卫星发射新闻，在世界范围内充分报道了这次成功的卫星发射。

7月28—31日 应毛里求斯广播公司的邀请，以广播电影电视部副部长兼中央电视台台长杨伟光为团长的中央电视台代表团一行4人访问毛里求斯。

7月29日，毛里求斯共和国总统卡萨姆·乌蒂姆在总统府接见了代表团全体成员，并进行了亲切友好的谈话。

7月30日，中央电视台代表团和毛里求斯广播公司代表进行了工作会谈，在节目交流、互派摄影队和人员培训等方面达成了一致意见。会谈结束后，杨伟光团长和毛里求斯广播公司董事长饶典宗先生签署了双方合作备忘录。

7月 中央电视台每天用卫星传送到北美的《中国中央电视台新闻》的影响不断扩大。这一套新闻节目已进入洛杉矶地区最有影响的KAZN AM1300中文电台联网播出。

KAZN电台每天24小时用中文广播。该台发射功率很强，覆盖了洛杉矶地区的全部华人居住地。KAZN电台每天将“东方卫视”播出的《中国中央电视台新闻》收录后，挑选最重要的内容编成10分钟《中国大陆新闻》，在不同时段分四次播出。所选新闻，在内容上不做任何修改，保持中央电视台新闻主持人原来声音和记者采访的同期声。据统计，每天收听的听众约30万人。

8月11日 美国福特基金会委托朱迪女士专程到中央电视台国际部，就《人与自然》栏目的创办背景、宗旨、定位和栏目走向等进行专题调查。同时对开办这个具有跨世纪意义的栏目表示祝贺，并愿意通过正常渠道向《人与自然》栏目提供有关电视专题片。该栏目是中国目前唯一与世界环发大会宣言接轨的对口栏目。

8月16日 中央电视台召开美洲东方卫星电视（下称“东方卫视”）开播一周年年会。杨伟光副部长和国务院新闻办公室副局长任一农，广电部外事司马元和、总编室郑集强，电视台张长明、陈汉元、方庆浩等领导和“东方卫视”总裁子繁先生以及来自全国20多家地方电视台的代表，部分省、市外宣办负责人，大企业代表共40多人参加会议。本届年会旨在总结“东方卫视”开播一周年来的经验，向节目制作单位通报情况，并与地方电视台续签节目制作和租台播出合同。

会上，张长明副台长和子繁先生分别回顾了“东方卫视”开播一周年的基本情况和各省、市电视台提供节目的情况。杨伟光副部长向与会者阐述了我国对外宣传的发展战略。

8月24日 中央电视台收到亚洲国际紧急救援中心公共关系顾问崔和平先生发来的《关于赴西藏救援桧原和子情况的报告》。《报告》说，这次救援活动之所以牵动了许许多多中国人民的心，与中央电视台的及时报道是分不开的。在事件发生的不久，中央电视台新闻中心在得知亚洲国际紧急救援中心的救援计划后，立即决定进行跟踪采访，并在救援过程中以滚动新闻的播出形式及时向公众报道最新信息。许多中外观众反映，这种突发事件的及时报道形式在中央电视台新闻节目中是少有的，恰逢“8.15”前夕，中央电视台抓住了一条活生生的焦点新闻，不仅及时介绍了救援组织情况，而且宣传了中国旅行安全措施的逐步完善以及国际专业救援服务机构合作的重要意义。印度尼西亚、日本、香港等地的电视台都转播了中央电视台的报道。

8月24—25日　由中央电视台与日本松下电器公司共同主办的松下电器广播电视设备技术交流会在北京饭店举行。来自全国各省、市的广播电视系统的代表近300人参加了技术交流会。活动中，松下公司详细介绍并展示了该公司的数字录像机、数字摄像机及部分音频设备。松下公司近年来在数字设备方面，大力开发并陆续推出了D3、D5、DVC广播用数字录像机。这些设备在节目制作中的优越性已被公认。这次技术交流会，使大家对当今数字化的发展状况及松下公司数字设备的开发情况都有了一个比较清晰的了解，对推动电视设备向数字化过渡起到了积极的促进作用。

8月　4月以来，中央电视台为美洲东方卫星电视提供的电视剧《唐明皇》、《西游记》、《北京人在纽约》陆续在美洲东方卫视播出，受到特别的喜爱与欢迎。主要原因：一是电视剧的品味高，二是故事性强，三是华人学习汉语的有效方式，四是场面宏大，演技精湛。

8月　海外中心英文版《今日中国》节目，5月29日在美国纽约WNYC31频道的播出再次达到一个收视点。此收视率是由美国最大的收视率调查公司尼尔森公司发布的。根据该公司的数据，5月29日纽约地区收看《今日中国》的观众达133800多人。

9月2—12日　国家主席江泽民出访俄罗斯、乌克兰和法国。中央电视台派出随访报道组，圆满完成了采访报道任务，共发新闻61条，总时长达70多分钟，受到中央办公厅和外交部新闻司有关领导的表扬。

9月4日　第六届远南运动会在北京开幕以来，中央电视台每天向美洲东方卫视传送1小时节目，包括远南运动会的新闻和专题报道，使北美观众都能通过“东方卫视”及时收看当天比赛盛况，北美华人反映强烈。

9月28日　杨伟光副部长会见正大集团翁炳荣、江吉雄先生，双方通报了有关情况，就进一步合作进行了广泛的探讨。

9月29日　张长明副台长会见日本音协副会长、奥利根公司社长小池聪行夫妇一行。张副台长对小池夫妇的来访表示欢迎，并向客人介绍了中央电视台有关情况，小池先生介绍了日本奥利根公司的情况。小池聪行夫妇是应中国国际友好联络会的邀请来北京参加国庆活动的。

9月28日　澳洲广播公司(SBS)民族电视台自1993年下半年开始，每周一至六8点至8点30分直接转播中央电视台《新闻联播》，现已有越来越多的澳洲华人收看。据不完全统计，仅在新南威尔士州，几乎90%以上的华人收看这个节目，深受澳洲华人的好评和欢迎。

9月28日　中央电视台《新闻联播》面貌焕然一新，既有国内外简要新闻，也有世界各主要城市天气预报，生动、多样、彩色也很鲜艳，极受广大侨胞的欢迎。他们反映，这天的《新闻联播》是收看一年多以来最好的一次。

9月　在美国旧金山湾区华语媒体举办的由观众投票和专家评选相结合的电视节目评选中，旧金山彩虹电视台的英语节目《看中国》获“最佳当地节目制作奖”。《看中国》是一个时长为两小时的杂志性栏目，每周播出一次。节目内容由中央电视台第四套每日播出的《英语新闻》、每周航寄一次的《中国报道》及其他介绍中国历史、文化、民俗、风光和少数民族生活状况的专题片、文艺节目构成。

10月3日　美国华声电视公司董事长张济民先生致函杨伟光台长说，华声台开播以来与中央电视台建立了长期合作的友好关系，特别是中央电视台通过卫星向海外传送每天的中国新闻后，在海外引起了极大的反响，使祖国改革开放情况直接迅速地传递给海外侨胞们，这是中国电视新闻史上一大飞跃。

10月4—12日　美国映佳公司董事长谢诚刚先生一行4人对中央电视台进行工作访问，杨伟光副部长与来访客人举行会谈。客人们介绍了美国有线电视发展的历史和现状，并对中央电视台和中国有线电视的发展提出了建设性的意见。客人们还与中央电视台有关业务部门进行了节目及技术合作方面的商谈。在京期间，谢董事长一行拜会了国务院新闻办公室主任曾建徽、广电部部长孙家正和副部长刘习良等领导。访问结束时，双方签署了合作意向书。

10月5日　中央电视台与美国陆洋公司就《环球45′》栏目的合作意向举行签字仪式。赵化勇副台长和美国陆洋公司副总裁裴若夫分别在合同书上签字并交换文本。杨伟光副部长及中央电视台有关部门负责人出席签字仪式。

10月10日　国务委员李铁映在人民大会堂会见美国映佳公司总裁谢诚刚先生及其夫人和女儿，参加会见的有广播电影电视部副部长杨伟光、中央电视台副台长张长明。谢诚刚先生向李铁映介绍了映佳公司的有关情况。李铁映说，映佳公司在有线电视技术方面有很多经验，希望能帮助广播电影电视部和中央电视台研究中国有线电视网的建设，包括有线电视网络、法律体系、收费办法等。

10 月 10 日 新加坡电缆电视有限公司主席柯仁德先生致函杨伟光台长，称该公司已于 9 月成功推出卫星转播的中央电视台新闻。节目推出后，得到观众广泛的支持，纷纷来信表示对节目的欢迎。该公司将于 1995 年采用电缆电视网络运作，届时，非常有兴趣转播中央电视台整个频道。

10 月 17 日 应广播电影电视部邀请，以老挝新闻文化部长奥甘沙为首的一行 5 人访问中央电视台。于广华副台长与客人进行会谈。双方就中央电视台协助老挝拍摄《纪念老挝建国 20 周年和建党 40 周年》电视纪录片一事进行商谈。

10 月 25—28 日 中央电视台与美国 3C 集团子繁先生进行会谈，并对合作协议书的修改、名称注册、董事会人事调整、1995 年财政预算、中方行使股东控制权及利用美国宇航局卫星传送中国电视节目的方案等问题基本形成一致意见。

10 月 中央电视台海外专题部接受为西哈努克亲王拍摄《怀念中国》风光片的任务。此片的内容结构由亲王设计，主要拍摄北京地区最著名的风光名胜和现代化新面貌，展现美丽、发达的中国。该片将配以西哈努克亲王创作的怀念中国的曲子，完成后在柬埔寨播放。

10 月 据美洲东方卫星电视从美国芝加哥发来的消息，“东方卫视”开播一年多来取得了巨大的成功，同时也引起了国际亚裔媒体、国际有关电视组织的高度重视。日本广播协会（NHK）采访组专程到“东方卫视”采访，了解“东方卫视”的发展情况，他们对美洲东方卫视代表亚裔媒体，开拓北美市场的成功表示钦佩。

11 月 1 日 于广华副台长会见美国 56 台台长戴维·加勒一行。美国 56 台是举办“中国电视周”的 150 家海外电视机构之一，在 10 月 1 日我国国庆 45 周年时播出了“中国电视周”的主要节目《中国》，很受美国观众欢迎。10 月份，他们还在黄金时间（晚 9 点）共播出了 10 个小时的中国电视节目。此次来访，希望得到更多的中国电视节目。

11 月 2—28 日 全国人大常委会委员长乔石对新西兰、澳大利亚、阿根廷和巴西四国进行正式友好访问。中央电视台报道组圆满完成报道任务。报道组的辛勤工作，受到乔石委员长及代表团的充分肯定。此次出访活动中，共播发新闻 73 条，并为代表团录制剪辑资料 240 分钟。

11 月 3 日 以国务院新闻办公室主任曾建徽为首的中国新闻文化代表团一行 6 人，访问考察设在美国芝加哥的美洲东方卫星电视台，代表团与“东方卫视”全体工作人员进行了座谈。曾建徽团长说，“东方卫视”发展很快，节目搞得不错，希望进一步发展。“东方卫视”是与国内合作的最大窗口，要通过电视增加美国对中国的了解，关键是制作出好节目，使人爱看。“东方卫视”还要扩大，进入美国主流社会，向美国人民介绍中国。

11 月 3 日 于广华副台长会见以泰国军队中将、副总参谋长为首的泰国第五电视台和正大集团代表团。泰国第五电视台是泰国军队经营的电视台，泰国陆军总司令任该台董事长。会见时，双方介绍了各自电视台的情况，并就今后的合作进行了探讨。会见后，代表团参观了中央电视台的有关设施。中午，广播电影电视部副部长田聪明在梅地亚中心会见并宴请了代表团全体成员。下午，代表团参观了中央电视台涿州拍摄基地。

11 月 8—22 日 国家主席江泽民访问印度尼西亚、新加坡、马来西亚和越南期间，中央电视台派出的 10 人随团报道组在 15 天时间里共制作新闻 73 条，总长度 86 分 07 秒，充分地报道了江主席的出访情况。

11 月 9 日 中央电视台张长明与前来访问的加拿大鲍尔广播电视公司总裁皮特·克鲁依特和鲍尔通讯公司总裁杰拉德·维力克斯进行会谈。1994 年 7 月杨伟光副部长与鲍尔公司草签了播出中央电视台新闻节目备忘录。鲍尔公司已于 9 月 19 日正式播出中央电视台新闻节目。这次会谈就签定正式协议的细节进行了商谈。

11 月 29 日 刘宜勤副台长会见日本索尼广播电视公司执行副总裁高野昌幸先生和索尼香港公司亚洲总部中国本部总经理南一寿先生。刘宜勤副台长感谢高野先生前来参加’94 北京数字电视技术研讨会并做了精彩的演讲。他高度评价了中央电视台与日本索尼公司长期友好合作关系，双方还就共同关心的技术问题进行了广泛的讨论。参加会见的有副总工程师邵昌有、刘广全，台长助理何宗就等，索尼公司北京办事处首席代表迟泽准先生会见时在座。

12 月 1 日 联合国开发署驻华代表处邀集联合国驻华有关机构和研究妇女工作的人士 60 人，共同庆贺中央电视台妇女节目《半边天》栏目试播。来宾认为节目办得有特色，是中外妇女的一件喜事，节目不但中国妇女关注，也会引起世界妇女的关注，并希望更多地反映妇女问题。许多外宾还主动向《半边天》节目提供自己国家的录像资料。

12 月 1 日 刘宜勤副台长在贵宾间会见日本池上公司专务熊谷满先生、海外营业本部本部长须田清彦先生、中国课课长村中晴一先生，中央电视台副总工程师邵昌有、刘广全、台长助理何宗就、财产物资处处长陈凤龄等参加会见。熊谷满先生感谢中央电视台采用池上公司新生产的 HK-377 型摄像机，并对双方友好合作关系的顺利发展表示满意。刘宜勤副台长详细介绍了中央电视台的有关情况，双方就如何进一步加强合作以及当前的一些技术问题进行了友好交谈。参加会见的还有池上公司北京事务所所长陈巍先生。

12月1—3日　亚洲国际电视展销会（MIP-ASIA）在香港举行。中国代表团在广电部的统一领导下，组织了中央和地方的15个单位的54人前往参加。以中国电视节目外销联合体的名义设立的展台，始终是展厅中最热闹的地方。各方记者纷纷前来采访，前来推销节目、洽谈业务，了解情况的人也络绎不绝。有关的报章作了报道。和展销会同时举行的还有报告会。徐雄雄和陈谷华分别应邀在两个报告会上介绍了中国电视的有关情况。

12月16日　杨伟光副部长会见美国网络通公司亚洲区总裁Peter Woo先生和美国网络通公司中国总代理张寿萱先生。美国客人介绍了网络通公司的技术开发及应用的具体情况，表示愿意向中央电视台提供计算机应用方面的支持。杨伟光副部长提出双方应该加强交流，扩大合作。他说，网络通公司的技术是先进的，我们愿意借鉴计算机技术在美国电视台中应用的经验，帮助中央电视台构思一下如何建立一个最先进的计算机网络系统。刘宜勤副台长参加了会见。

12月26—28日　国务院总理李鹏对缅甸进行正式友好访问。中央电视台采访组共编发新闻16条，总时长约20分钟，受到国务院办公厅和外交部新闻司有关领导表扬。

19. 附 录

1994年度中央电视台荣获的社会先进集体称号及荣获社会先进集体称号的部门

首都文明标兵单位
北京市卫生红旗单位
北京市交通安全先进单位
北京市献血先进单位
中直机关计划生育先进单位
世界卫生组织烟草健康奖
全国宣传控烟优秀新闻单位（鼓励奖）
北京市海淀区绿化先进单位
中直机关先进党支部：动力中心
全国民族团结进步模范单位：《神州风采》编辑组
中直机关先进女职工集体：制作部服装化妆科
北京市消防先进集体：保卫处

1994年度中央电视台荣获的广播电影电视部先进集体称号及荣获广播电影电视部先进集体称号的部门

广播电影电视部治安综合治理先进单位
广播电影电视部职业道德知识竞赛第二名
广播电影电视部先进女职工集体：制作部服装化妆科
计财处、中国电视剧制作中心财务科服务中心财务科、播送部传送科

1994年度中央电视台荣获社会先进个人称号的职工

首届奋发文明进步新闻奖荣誉奖：沈纪
首届奋发文明进步新闻奖：刘静
全国百佳新闻工作者：汪恒、李海明
全国民族团结进步先进模范：刘静
抗洪模范：王建宏
荣誉地质队员：姚国发
中直机关优秀党员：刘祖华、谷云龙、高丽萍、沈雁
中直机关优秀党务工作者：宋培福、郭书兰
全国先进女职工：刘瑞琴
中直机关先进女职工：刘瑞琴、朱宁
中直机关行业能手：吴济榕

1994年度中央电视台荣获广播电影电视部先进个人称号的职工

广播电影电视部优秀党员：石成光、刘宜勤、刘春光、刘祖华、张守文、张晓东、赵浩东

广播电影电视部优秀党务工作者：肖月桃、李旋宗、宋培福、郭书兰

广播电影电视部先进女职工：刘瑞琴、朱宁、罗秀兰、董新渝、李娟、张悦、梁淑珍

广播电影电视部行业能手：吴济榕

1994年度中央电视台先进集体

先进集体（33个）：

新闻评论部
文艺部
海外电视中心新闻部
《中国电视报》编辑部
广告部
动力通讯处
保卫处
计财处
台办公室
人事处
中央新闻纪录电影制片厂工会办公室
体育部转播组
军事部新闻组
新闻采访部文教组
教育节目部《夕阳红》编辑组
青少部《第二起跑线》组
国际部《人与自然》组
海外电视中心技术部录制科
科技处质量管理组
录制部后期制作一科
制作部灯光技术科
播送部播控科
中电公司
中国国际电视总公司财务部
中国电视节目代理公司
总编室观众联系组
服务中心食堂科
行政处接待科
中国电视剧制作中心《三国演义》剧组
中国电视剧制作中心文学部编辑室
中央新闻纪录电影制片厂动力水暖工作间
中央新闻纪录电影制片厂《父老乡亲》摄制组
中央新闻纪录电影制片厂《改革开放中的贵州》摄制组

先进党支部（8个）：

海外电视中心党总支
新闻中心党总支
社教中心教育节目部党支部
监察室审计处联合党支部
技术管理中心维修处党支部
动力中心党支部
中国电视剧制作中心文学部党支部
中央新闻纪录电影制片厂党、工、团、纪检联合党支部

1994年度中央电视台先进个人

先进个人（37人）：

水均益 孙　平 李晓萍 田湘春 李　枫 魏　斌
彭　思 梁晓涛 关润林 吴明训 野露露 王冀林
聂永达 佟全东 武建伟 叶双印 张万英 周　美
韩小英 胡　恩 谭希松 朱　宁 刘爱福 黄瑞刚
李彦吉 高振生 蔡晓晴 李　宁 陈嘉芩 徐　奇

邹德昌　朱勤效　瞿金楼　阎桂林　李智和　陈淑芝
王国臣

优秀党员领导干部（8人）

吴继尧　李建　房纪庆　李东生　丁莉丽　胡　恩
李旋宗　程宏

优秀党员（28人）

孙寿林　张凤清　毕戈　赵严　刘祖华　任建丽
邓广生　阴建白　朱光照　谷云龙　赵航　梁建增
陈晓宇　邹亚丁　张哲　张乐梅　王桥英　邬纯芳
贾志杰　刘洪志　沈雁　李秀英　刘贡生　林竞红
王炜琨　李涛　雷克谦　莫裕达

优秀党务工作者（22人）

罗秀兰　王刚建　姜萍　刘振瑞　高讲文　张敬邦
江和平　刘效礼　郭书兰　吴明训　冉素霞　黄瑞英
刘民朝　缪暑金　谭希松　王峻岭　南玉敏　宋培福
郭秀英　肖桂林　许致和　穆军

1994年中央电视台驻香港记者名录

刘铁岭　张宁　阎平舟　徐文华　邢增福　王康宏　李鹤群　史伯云　吴玉兰　许大椿

1994年中央电视台驻外记者名录

驻美国记者：
陆伟昌　王春全

驻比利时（欧共体）记者：
汪保国　杨扬

1994年中央电视台节目栏目表

第一套节目栏目表

时间	星期一	星期二	星期三	星期四	星期五	星期六	星期日
6:50	台标、国歌	台标、国歌	台标、国歌	台标、国歌	台标、国歌	台标、国歌	台标、国歌
6:53	五分钟健美	五分钟健美	五分钟健美	五分钟健美	五分钟健美	五分钟健美	五分钟健美
6:58	东方时空晨曲	东方时空晨曲	东方时空晨曲	东方时空晨曲	东方时空晨曲	东方时空晨曲	东方时空晨曲
7:00	东方时空	东方时空	东方时空	东方时空	东方时空	东方时空	东方时空
8:00	新闻	新闻	新闻	新闻	新闻	新闻	新闻
8:20	收视指南	收视指南	收视指南	收视指南	收视指南	收视指南	收视指南
8:21	焦点	焦点	焦点	焦点	焦点	焦点	焦点
8:34	请您欣赏	请您欣赏	请您欣赏	请您欣赏	请您欣赏	请您欣赏	请您欣赏
8:36	夕阳红	夕阳红	夕阳红	夕阳红	夕阳红	夕阳红	讲座
9:01	12演播室	时代经纬	旋转舞台/人间万象	环球45'	走向大自然	时代经纬	
9:06							少儿节目（54'）
9:31	电视你我他				人民子弟兵		
9:46	五分钟健美	五分钟健美	五分钟健美	五分钟健美	五分钟健美	五分钟健美	
9:51	请您欣赏	请您欣赏	请您欣赏	请您欣赏	请您欣赏	请您欣赏	
9:55	神州风采	神州风采	神州风采	神州风采	神州风采	神州风采	
10：00	新闻	新闻	新闻	新闻	新闻	新闻	新闻
10：05	收视指南	收视指南	收视指南	收视指南	收视指南	收视指南	收视指南

续表

时间	星期一	星期二	星期三	星期四	星期五	星期六	星期日
10：06	电视剧	电视剧	电视剧	电视剧	电视剧	电视剧	东西南北中/综艺大观
10：56	请您欣赏	请您欣赏	请您欣赏	请您欣赏	请您欣赏	请您欣赏	红黄蓝
11：00	夕阳红	夕阳红	夕阳红	夕阳红	夕阳红	夕阳红	
11：25	讲座	讲座	讲座	讲座	讲座	讲座	11：26 人口与计划生育
11：55	广告	广告	广告	广告	广告	广告	广告
12：00	新闻	新闻	新闻	新闻	新闻	新闻	新闻
12：20	收视指南	收视指南	收视指南	收视指南	收视指南	收视指南	收视指南
12：21	广告	广告	广告	广告	广告	广告	广告
12：25	讲座	讲座	讲座	讲座	讲座	讲座	讲座
12：50	东方时空	东方时空	东方时空	东方时空	东方时空	东方时空	
12：55							东方时空
13：30	神州风采	神州风采	神州风采	神州风采	神州风采	神州风采	
13：35	评书	评书	评书	评书	评书	评书	评书
14：00	新闻	新闻	新闻	新闻	新闻	新闻	新闻
14：05	收视指南	收视指南	收视指南	收视指南	收视指南	收视指南	收视指南
14：06	赛场纵横（重）	电视剧（2集）	电视剧（2集）	电视剧（2集）	电视剧1集	故事片	星期日日语
14：36							专题片
14：56					体育大世界		
15：10							旅行家
15：40							广告
15：46	请您欣赏	请您欣赏	请您欣赏	请您欣赏	请您欣赏	请您欣赏	
15：50	每周一歌	每周一歌	每周一歌	每周一歌	每周一歌	每周一歌	
15：55	气象信息	气象信息	气象信息	气象信息	气象信息	气象信息	气象信息
16：00	新闻	新闻	新闻	新闻	新闻	新闻	新闻
16：05	收视指南	收视指南	收视指南	收视指南	收视指南	收视指南	收视指南
16：06	华夏掠影	专题片	专题片	专题片	人民子弟兵	纪录片之窗	正大综艺
16：30	讲座	讲座	讲座	讲座	讲座	讲座	
17：00							
18：00	新闻	新闻	新闻	新闻	新闻	新闻	新闻
18：05	收视指南	收视指南	收视指南	收视指南	收视指南	收视指南	收视指南
18：06	讲座	讲座	讲座	讲座	讲座	讲座	文化长廊
18：21	广告	广告	广告	广告	广告	广告	
18：25	青少年节目	青少年节目	青少年节目	青少年节目	青少年节目	青少年节目	青少年节目
18：50	收视指南	收视指南	收视指南	收视指南	收视指南	收视指南	收视指南
18：51	广告	广告	广告	广告	广告	广告	广告
18：58	串播1	串播1	串播1	串播1	串播1	串播1	串播1
19：00	新闻联播	新闻联播	新闻联播	新闻联播	新闻联播	新闻联播	新闻联播
19：30	广告	广告	广告	广告	广告	广告	广告
19：31	天气预报	天气预报	天气预报	天气预报	天气预报	天气预报	天气预报
19：35	广告	广告	广告	广告	广告	广告	广告
19：38	焦点	焦点	焦点	焦点	焦点	焦点	焦点
19：51	广告	广告	广告	广告	广告	广告	广告
19：55	神州风采	神州风采	神州风采	神州风采	神州风采	神州风采	神州风采
20：00	广告	广告	广告	广告	广告	广告	广告
20：04	串播2	串播2	串播2	串播2	串播2	串播2	串播2
20：05	电视剧	电视剧	电视剧	电视剧	电视剧	综艺大观/东西南北中/曲苑杂坛	电视剧

续表

时间	星期一	星期二	星期三	星期四	星期五	星期六	星期日
20：55	广告	广告	广告	广告	广告	广告	广告
	广而告之*	广而告之*	广而告之*	广而告之*	广而告之*	广而告之*	广而告之*
21：00	新闻	新闻	新闻	新闻	新闻	新闻	新闻
21：05	广告	广告	广告	广告	广告	广告	广告
21：09	串播 3	串播 3	串播 3	串播 3	串播 3	串播 3	串播 3
21：10	时代经纬	人间万象 九州戏苑	环球 45’	人民子弟兵	时代经纬	体育大世界	电视你我他
21：25				走向大自然			12 演播室
21：55	广告**	广告**	广告**	广告**	广告**	广告**	广告**
22：00	国际新闻	国际新闻	国际新闻	国际新闻	国际新闻	国际新闻	国际新闻
22：10	广告	广告	广告	广告	广告	广告	广告
22：12	体育新闻	体育新闻	体育新闻	体育新闻	体育新闻	体育新闻	体育新闻
22：17	广告	广告	广告	广告	广告	广告	广告
22：18	国内要闻	国内要闻	国内要闻	国内要闻	国内要闻	国内要闻	国内要闻
22：26	广告	广告	广告	广告	广告	广告	广告
22：29	串播 4	串播 4	串播 4	串播 4	串播 4	串播 4	串播 4
22：30	中国报道	地方台 30 分钟	电视剧场	天涯共此时	赛场纵横	国际影院	旋转舞台/ 艺苑风景线
23：00	广告	广告		广告			广告
23：05	电视剧（2 集）	电视剧（2 集）		电视剧			
23：20			广告				
23：25			电视剧（2 集）				电视剧（2 集）
00：00	新闻	新闻	新闻	新闻	新闻	新闻	新闻
00：10					广告	广告	
00：15					电视剧（1 集）	电视剧（1 集）	
00：55	结束	结束		结束			结束
01：15			结束		结束	结束	

第二套节目栏目表

时间	星期一	星期二	星期三	星期四	星期五	星期六	星期日
8：30	电大课程	电大课程	电大课程	电大课程	电大课程	电大课程	赛场纵横
10：10		电视剧场					电视你我他
10：25							故事片
11：05		经济半小时					
12：00	请您欣赏	请您欣赏	请您欣赏	请您欣赏	请您欣赏	请您欣赏	
12：05	电视讲座	电视讲座	电视讲座	电视讲座	电视讲座	电视讲座	
12：30	农业教育与科技	农业教育与科技	星火科技	农业教育与科技	农业教育与科技	星火科技	
13：00	经济半小时	停机检修	经济半小时	经济半小时	经济半小时	经济半小时	经济半小时
13：30	经济信息联播		经济信息联播	经济信息联播	经济信息联播	经济信息联播	经济信息联播
14：00	东方时空		东方时空	东方时空	东方时空	东方时空	东方时空
14：40	夕阳红		夕阳红	夕阳红	夕阳红	夕阳红	夕阳红
15：05	经济半小时		经济半小时	经济半小时	经济半小时	经济半小时	经济半小时
15：35	经济信息联播		经济信息联播	经济信息联播	经济信息联播	经济信息联播	经济信息联播
16：05	电视剧	经济半小时	电视剧	电视剧	电视剧	电视剧	电视剧
17：00							中学生节目
17：10							
17：15		17：30	体育大世界				
17：35		经济信息联播			12 演播室		

续表

时间	星期一	星期二	星期三	星期四	星期五	星期六	星期日
17：45	动画片			动画片		动画片	
18：00	七巧板	科教片	少儿节目	天地之间	经济节目	经济节目	红黄蓝
18：30	经济信息联播	经济信息联播	经济信息联播	经济信息联播	经济信息联播	经济信息联播	经济信息联播
19：00	大自然（暂定名）	外语教学	请您欣赏	请您欣赏	外语教学	祖国各地	广告
19：06							祖国各地
19：10			文化长廊	教育节目			
19：18							广告
19：30	神州风采 每周一歌	神州风采 每周一歌	神州风采 每周一歌	神州风采 每周一歌	神州风采 每周一歌	神州风采 每周一歌	19：30 正大综艺
19：40	广告	广告	广告	广告	广告	广告	
19：43	人民子弟兵 军事天地	电视剧场	译制片	电视剧	电视剧	东方时空	
20：03	赛场纵横						
20：33					地方文艺	电视剧	
21：25	广告	广告	广告	广告	广告	广告	
21：30	经济半小时	经济半小时	经济半小时	经济半小时	经济半小时	经济半小时	经济半小时
22：00	新闻联播	新闻联播	新闻联播	新闻联播	新闻联播	新闻联播	新闻联播
22：30	新闻	新闻	新闻	新闻	新闻	新闻	新闻
22：50	英语新闻	英语新闻	英语新闻	英语新闻	英语新闻	英语新闻	英语新闻
23：05	外语节目	外语节目	外语节目	外语节目	外语节目	外语节目	外语节目
24：00	结束	结束	结束	结束	结束	结束	结束

第三套节目栏目表

时间	星期一	星期二	星期三	星期四	星期五	星期六	星期日
08：30	文艺节目	文艺节目	文艺节目	文艺节目	文艺节目	文艺节目	文艺节目
10：30	影视剧 2集	影视剧	影视剧	影视剧	影视剧	影视剧	影视剧
12：10	评书	评书	评书	评书	评书	评书	评书
12：30	每周一歌	每周一歌	每周一歌	每周一歌	每周一歌	每周一歌	每周一歌
12：35	电视剧 2集	电视剧	电视剧	电视剧	电视剧	电视剧	电视剧
14：15	体育节目（115'）	体育节目	体育节目	体育节目	体育节目	体育节目	体育节目
16：10	故事片	大型戏曲	电视剧（优秀）	电视剧	电视剧	音乐厅（青少年教育）	故事片
18：00	评书	评书	评书	评书	评书	评书	评书
18：20	东方时空	东方时空	东方时空	东方时空	东方时空	东方时空	东方时空
19：00	音乐欣赏（中）	音乐欣赏（外）	音乐欣赏（中）	音乐欣赏（外）	音乐欣赏（中）	音乐欣赏（外）	音乐欣赏（中）
19：30	每周一歌	每周一歌	每周一歌	每周一歌	每周一歌	每周一歌	每周一歌
19：35	体育节目	体育节目	直播剧场 电视剧	体育节目	体育节目	体育节目	体育节目
21：25	地方文艺节目50′	电视剧	电视剧	电视剧	电视剧	电视剧	文艺节目
22：25	国际影院				原文故事片（加中文字幕）		
23：35							结束
00：05		结束	结束	结束		结束	
00：35	结束				结束		

第四套节目栏目表

时间	星期一	星期二	星期三	星期四	星期五	星期六	星期日
8：30	重播当天一套早间新闻						
8：50	每周一歌						
8：55	五分钟健美						
9：00	电视剧（两集）100′					大剧院100′	戏曲/话剧/故事片120′
10：40	体育大世界 45′	九州戏苑 45′	与你同行 45′	神州戏坛 50′	电视剧场 50′	综艺大观/旋转舞台	
11：00							东方时空45′
11：30	龙之乡30′	人与自然30′	中华体育30′	中华大地/变化中的中国（25′）	地方台30′	中国报道30′	
11：50							下周荧屏10′
12：00	焦点访谈（重播头晚一套内容）						
12：13	神州风采						
12：18	世界报道（重播头晚一套内容）						
12：28	请您欣赏						
12：30	电视书场						
12：50	每周一歌						
12：55	五分钟健美						
13：00	经济半小时	停机检修	经济半小时				
13：30	经济信息联播		经济信息联播				
14：00	东方时空		东方时空				
14：40	夕阳红		夕阳红				
15：05	经济半小时		经济半小时				
15：35	经济信息联播		经济信息联播				
16：05	电视剧		电视剧	电视剧	电视剧	电视剧	电视剧
17：00		经济半小时					
17：10							中学生节目第二起跑线
17：15			体育大世界				
17：35		17：30 经济信息联播			12演播室		
17：45	动画片			动画片		动画片	
18：00	七巧板	科教片	少儿节目	天地之间	经济节目	经济节目	红黄蓝
18：30	经济信息联播						
19：00	转播新闻联播 天气预报						
19：34	预报节目						
19：35	旋转舞台/人间万象45′	华夏风情5′ 学烹饪	旅行家15′	中国投资指南（中文）20	旅游汉语	下周荧屏5′ 学烹饪	开心一刻
19：50		中华大地	12演播室（经济广角）	华夏掠影24′	天涯共此时	中华大地	中国音乐电视MTV系列/荧屏荟萃
20：20	东方时空						
21：00	新闻						
21：30	电视剧（两集）		大戏台	电视剧（两集）			综艺大观/曲苑杂坛/东西南北中
22：20							话说中国投资指南（英）
23：10	对外一小时传送节目：1. 新闻（30′）2. 焦点访谈（13′）东方时空精选（8′）4. 英语新闻（9′）						
24：10	预告节目结束						

说 明

1. 本栏目表自1994年5月1日起执行。
2. 周日晚21点30分的《综艺大观》/《东西南北中》/《曲苑杂坛》安排顺序是：每月播两次《综艺大观》，一次《东西南北中》和一次《曲苑杂坛》。
3. 安排在一个时间段里，用/分开的两个栏目均为每星期互换的栏目。
4. 每周一、三、四、五、六、日下午13点至19点转播中央电视台第二套节目，周二下午17点至19点转播中央电视台第二套节目。

1994年中央电视台广告价目表

中央电视台（国内企业）广告价目表

一类（商品）广告电视播放价格表

（1994年7月1日起执行）

人民币：元

分类	播出	时间 \ 广告长度	15秒		30秒	
			周一至周四	周五六日	周一至周四	周五六日
第一套	榜上有名	19：00前	17000	20000	28000	31000
	A特	约19：36	28000	31000		
	A	约19：52	24000	27000	39000	42000
	B1	约20：01	21000	24000	34000	37000
	B2	约20：57	17000	20000	30000	33000
	C	约21：06	16000	19000	26000	29000
	D（含白天）	约21：56	12000	15000	21000	24000
	E（含白天）	约22：20	6000	8000	10000	14000
	F	23：00后	2000		3000	
	白 天	7：00后	2000		3000	
	少儿节目	18：21	6000		9000	
第二套	普 通	18：00后	5000		8000	
	名不虚传	21：30前	6000		10000	
	信息联播	每天三次	10000		18000	
	经济半小时	每天三次	10000		18000	
第三套	电视剧前	19：30后	2000		3000	
正	正大综艺前	每套两次	22000		36000	
大	正大剧场前	每套两次	25000		40000	
东方时空	晚 上	2套每周6	4000		6500	

二类（企业介绍）广告电视播放价格表

人民币：元

长度 分类	10分钟	15分钟
第一套（二频道）	100000	150000
第二套（八频道）	70000	110000

说　明

1. 凡在中央电视台办理电视广告业务时，一律执行先有广告录像带，先收费，后播出的原则。
2. 与广告部签订广告播出合同时，必须具备以下手续：
   营业执照、商标注册证明、生产许可证，其中药品、化妆品、医疗器械、食品应按国家有关部门的具体规定办理。
   广告经营单位除具备以上手续外，还应持本单位委托书及与客户签订的合同
3. 凡使用外国商标的产品广告，加价60%。
4. 法定节假日广告费加价30%，其中包括：4月30日，9月30日，12月31日。
5. 指定固定栏目广告在相应的广告段落价格上加价40%；5秒标版，按相应广告段落15秒钟广告价格的1/3，再加60%收费。
6. 凡中央电视台重点节目（报时、《节目预告》、《天气预报》、《焦点访谈》、《神州风采》……），产品、标版广告价格随广告价格的调整进行浮动。
7. 各段广告，指定第一条加价10%；指定最后一条加价20%；签订D、E段广告，含白天播放相应的次数。
8. 凡签订第二套、第三套、《名不虚传》的广告，广告次数以周为单位计算。
9. 凡与广告部业已签订广告播出合同，原则上不予停播和更改客户。若在播出前30日内要求停播，不予退款。
10. 电视广告在制作内容上须按广告部制定的《中央电视台电视广告须注意的问题》进行制作。

中央电视台（外国企业）广告价目表

一类（商品）广告电视播放价格表

（1994年7月1日起执行）

美元：US $

长度 分类			15秒		30秒	
			周一至周四	周五、六日	周一至周四	周五、六日
一套	A	18：00—21：00	7000	8000	12000	13000
	B	21：00	6500	7500	11000	12000
	C	22：00后	5500	6500	10000	11000
第二套（八频道）			4000	5000		
第三套（十五频道）			2000	3000		

注明：

代理费：一代理15%，二代理10%。

二类（企业介绍）广告电视播放价格表

美元：US $

长度 分类	10分钟	15分钟
第一套（二频道）	80000	140000
第二套（八频道）	50000	80000

中央电视台海外电视广告固定栏目价目表

（1994年1月起执行）

人民币：元

<table>
<tr><th rowspan="2">类别
播出位置</th><th rowspan="2">栏目名称</th><th rowspan="2">播出时间</th><th colspan="2">广告长度</th></tr>
<tr><th>15秒</th><th>30秒</th></tr>
<tr><td rowspan="3">第一套
（二频道）</td><td>《中国报道》</td><td>每星期一 22：30
每星期三 10：55</td><td>9600
2000</td><td>16000
3000</td></tr>
<tr><td>《天涯共此时》</td><td>每星期四 22：30</td><td>9600</td><td>16000</td></tr>
<tr><td>《旅行家》</td><td>每星期日 15：30</td><td>3200</td><td>4800</td></tr>
<tr><td rowspan="4">第二套
（八频道）</td><td>《中国新闻》</td><td>每星期一至日 22：30</td><td>6400</td><td>9600</td></tr>
<tr><td>《英语新闻》</td><td>每星期一至日 22：50</td><td>6400</td><td>9600</td></tr>
<tr><td>《中国投资指南》</td><td>每星期三（中文）四（英文） 23：05</td><td>6400</td><td>9600</td></tr>
<tr><td>《中国报道》</td><td>每星期二（中文）日（法文） 23：20</td><td>6400</td><td>9600</td></tr>
<tr><td rowspan="6">第四套卫星电视节目</td><td>《天涯共此时》</td><td>每星期五 19：50</td><td rowspan="6">3200</td><td rowspan="6">4800</td></tr>
<tr><td>《中国新闻》</td><td>每星期一至日 23：10</td></tr>
<tr><td>《中国报道》</td><td>每星期三（中文） 23：30
四（中文） 12：20</td></tr>
<tr><td>《中国投资指南》</td><td>每星期二（中文） 23：30
三（重播） 12：20
每星期六（英文） 23：30
日（重播） 12：20</td></tr>
<tr><td>《旅行家》</td><td>每星期一（中文） 23：30
二（重播） 12：20</td></tr>
<tr><td>《英语新闻》</td><td>每星期一至日 24：00</td></tr>
</table>

中央电视台第四套卫星电视节目广告及广告时段价目表

（1994 年 1 月起执行）

一、一类商品广告播放价目表

1. 国内企业 **人民币：元**

播出节目	播出时间	广告长度	
		15 秒	30 秒
第四套卫星电视节目	星期一 星期日 8：30—0：10	2000	3000
台湾商品广告		3200	4800

2. 国外企业 **美元：US$**

播出节目	播出时间	广告长度	
		15 秒	30 秒
第四套卫星电视节目	星期一 星期日 8：30—0：10	2000	3000

二、一类商品广告时段出售价目表

1. 国内企业 **人民币：元**

类别		时间长度	广告容量 15 秒	标价	广告容量 30 秒	标价
第四套卫星电视节目	一类商品	3 分钟	12 个	24000	6 个	18000
	台湾广告	3 分钟	12 个	38400	6 个	28800

2. 国外企业 **美元：US$**

类别	时间长度	广告容量 15 秒	标价	广告容量 30 秒	标价
第四套卫星电视节目	3 分钟	12 个	24000	6 个	18000

三、二类（国内外企业介绍）广告价目表

1. 国内企业介绍　　　　人民币：元

分类＼长度	10分钟	15分钟
第一套	60000	100000
第二套	50000	80000
第四套	40000	60000

2. 国外企业介绍　　　　美元：US $

分类＼长度	10分钟	15分钟
第一套	60000	100000
第二套	50000	80000
第四套	40000	60000

注：

1. 第四套卫星电视节目的广告，有10个广告段位，每个段位有3分钟时间可出售，供客户随意挑选，一次购买5—10个广告段位（180—365天）可优先、优惠得到选择。

　　凡购买国内（一类商品）广告段位者，一次性购买5—10个段位（180—365天）价格可相应优惠5%—10%。一次性购买10个段位（365天）可优惠20%。

　　凡购买国外（一类商品）广告段位者，一次性购买5个段位以上（180—365天）。相应优惠25%—40%。一次购买10个广告段位（365天），给予特别优惠50%，特殊情况可直接洽谈，必能得到更加优惠的条件。
2. 从1994年起，只有中国中央电视台第四套卫星电视节目可播出台湾广告。台湾广告可按国内独资企业待遇，在国内一类商品广告单价基础上加收60%，付款方式美金、人民币皆可，如付人民币，按当天外汇调济价付款。
3. 凡购买广告段位的外国客户，必须遵照中华人民共和国有关法律，参照中国中央电视台海外电视广告注意事项，制作广告；广告播出内容，必须按照中国有关法律，经中国中央电视台对广告内容全权审查通过后，方可播出。

美洲东方卫星电视广告时段表

广告段	东部时间	星期一	星期二	星期三	星期四	星期五	星期六	星期日	西部时间	广告段	中部时间	广告段
C	15：00—16：00				C				12：00—13：00	C	14：00—15：00	C
C	16：00—17：00				C				13：00—14：00	C	15：00—16：00	C
C	17：00—18：00				C				14：00—15：00	C	16：00—17：00	C
B	18：00—19：00				B				15：00—16：00	C	17：00—18：00	C
B	19：00—20：00				B				16：00—17：00	C	18：00—19：00	B
A	20：00—21：00				A				17：00—18：00	C	19：00—20：00	B
A	21：00—22：00				A				18：00—19：00	B	20：00—21：00	A
A	22：00—23：00				A				19：00—20：00	B	21：00—22：00	A
B	23：00—24：00				B				20：00—21：00	A	22：00—23：00	A
B	24：00—1：00				B				21：00—22：00	A	23：00—24：00	B
C	1：00—2：00				C				22：00—23：00	A	24：00—1：00	B
C	2：00—3：00				C				23：00—24：00	B	1：00—2：00	C

美洲东方卫星电视广告播放价目表

（1994年度暂行）

时　段	单　位	播出次数（每天）	时　　间	价格（美元）
AC段	30″	各1次	半　年	50000
ABC段	30″	各2次	半　年	200000
AC段	30″	各1次	一　年	100000
AB段	30″	各2次	一　年	150000
ABC段	30″	各2次	一　年	200000

做一年以上的广告客户可享受到下列优惠待遇：

一、投资企业可在《中国投资指南》栏目中免费播出招商信息或企业介绍一次，共5分钟。

二、可为投资企业拍摄中、英文企业介绍（10分钟）。

三、投资10万美元以上的企业将列入《中国报道》选题计划，在1994年1月—1995年1月期间的这一栏目中优先拍摄、免费播出。本栏目有中、英、法三种版本，同一内容每周在中央电视台第一、二、四套节目中共播出九次，在美洲东方卫星电视台播出一次。

1994年有关单位致中央电视台的感谢信

按时间顺序排列：

国家体改委的表扬信

1994年1月，国家体改委在表扬信中说，在1993年改革宣传和全国房改会议的报道中，中央电视台记者王晓琨，工作认真，作风踏实，受到与会代表和国家体改委领导与工作人员的称赞。另对中央电视台在改革报道中所做的工作以及对体改委工作的一贯热忱支持，一并表示感谢。

电子工业部的表扬信

1994年1月，电子工业部在表扬信中说，记者霍燕采访录制的《中国华录的启示》、《电子工业辉煌十五年》等消息在《新闻联播》节目中播出后，对整个电子行业乃至全国产生了很大影响。在采访摄制过程中，霍燕以高度负责的敬业精神积极投入工作，从不满足于一般消息的报道，而是深入现场采访，全面了解情况，力争搞出高质量的报道。她为了全面报道华录的情况，数次到华录工地和现场，非常辛苦。记者骆汉城和郝梅芳在对电子工业部的采访中，也都以认真负责的精神完成采访任务。从他们身上看到了中央电视台的优良作风。

西藏军区的感谢信

1994年2月7日，《新闻联播》中播出了《西藏军区各级领导风雪无阻为边防送年货》的新闻后，2月8日，成都军区领导打电话表示感谢；西藏军区、西藏日喀则军分区同时发来感谢电，表示要以戍边卫国的实际行动报答党和人民的关怀，并在世界屋脊给中央电视台全体同志拜年！

山东省蒙阴县的感谢信

山东省蒙阴县委在1994年2月10日的感谢信中说，山东蒙阴县51万人民在大年初一观看了《新闻联播》有关沂蒙人民欢度春节的报道，全县干部群众欢欣鼓舞。中央电视台1994年春节赴沂蒙山区新闻采访组的王建宏、杨存豹、孟凡鲁、张永红放弃了与家人团聚的机会，到沂蒙山区进行采访，送来了党中央、国务院对沂蒙老区人民的热情关怀。蒙阴县的父老乡亲们向中央电视台及赴沂蒙山区采访组致以节日的问候，并表示衷心的感谢。

中英联合探险队的表扬信

1994年2月，中英联合探险队组委会致信表扬新闻中心编辑部范昀、宋昉，体育部张伟海外电视中心专题部徐江，社教中心专题部吴小中，青少部张铁忠在跟踪报道过程中的出色表现。信中说，新疆大自然旅行社与英国皇家地理学会组织的'93中英穿越塔克拉玛干沙漠联合探险队于1993年11月21日胜利完成任务，圆满完成了这项人类历史上首次由西（麦盖提县）向东（若羌县罗卜庄）徒步横穿"死亡之海"的壮举。记者们同探险队员们一起风餐露宿，同甘苦共患难，克服艰难险阻，对这次活动给予了大力的支持和帮助，展现了中国新闻工作者的形象。

日本驻华使馆的来信

1994年3月7日，日本驻华使馆文化部的感谢信中说，由日本国外务省邀请的中国中央电视台节目主持人、导演访日参观活动取得圆满成功，对中央电视台的配合再次表示感谢。希望此次参观能促进两国电视工作者的交流，增进两国人民的相互理解。希望能有更多的机会合作！

对外经济贸易部的感谢信

1994年4月，对外经济贸易部在感谢信中说，1994年3月，中央电视台记者童宁、白岩松、李小萍随中国代表团赴日内瓦，对关贸总协定中国工作组第十六次会议进行采访。他们迅速、准确地报道了会议的进展情况，使全国人民增加了对复关工作的了解，进一步宣传了我国政府的有关原则立场，有力地配合了谈判工作，在此向中央电视台表示衷心的感谢！三位记者在采访中表现得十分活跃和主动，为追踪采访对象，常常在会场外等候数小时；为及时传回报道内容，几乎每天都工作到深夜。在此，对他们的敬业精神表示敬意！

解放军总政宣传部的感谢信

1994年4月，解放军总政宣传部的感谢信中说，最近一个时期以来，"见义勇为英雄战士"徐洪刚事迹的宣传，在全军、全国引起巨大反响。在宣传过程中，中央电视台领导重视，精心组织，各部门密切配合，充分发挥电视的优势，仅《新闻联播》中就播出了40余条学习、宣传徐洪刚的消息，并在黄金时间播出了反映徐洪刚英雄事迹的专题片《正义之歌》，两次安排播出"徐洪刚见义勇为先进群体事迹座谈会"和首场报告会的实况录像，为整个宣传形成规模和深入发展起到了重要作用。为此，向中央电视台表示诚挚的感谢！

中国滑冰协会的感谢信

1994年4月，中国滑冰协会的感谢信中写道，3月16日中央电视台的《新闻联播》中，播出《叶乔波从冬奥会负伤归来》的消息，令人动情、催人奋进。体育战线冰雪界收看后受到鼓舞和教育，十分感动。我们一定要以努力的工作、出色的成绩答谢中央电视台的支持和帮助。

中国海外集团发展有限公司致谢杨伟光台长

1994年4月，中国海外集团发展有限公司副董事长兼总经理孙文杰给杨伟光台长写信，感谢中央电视台长期以来的大力支持。1993年，文艺部刘瑞琴导演率领摄制组拍摄反映中国建筑队伍进军香港市场及中国海外集团公司发展业绩的专题片《傲立在香港》。该片以艺术的手法反映了在中国改革开放政策指引下，中国建筑队伍进军海外的发展历程。为此，中国海外集团发展有限公司感谢摄制组的辛勤劳动，并希望双方的合作关系继续发展。

民政部致信表扬《焦点访谈·回家的路有多长？》

1994年5月，民政部致函中央电视台，对新闻评论部制作的《焦点访谈》节目《回家的路有多长？——流浪儿童状况》给予较高的评价。来信说，为了拍好这一节目，《焦点访谈》节目组的几位同志付出了辛苦的劳动。梁建增冒着严寒多次来民政部了解情况，研究安排采访计划。肖晓琳、陈新红、康锐在广州、深圳、贵阳、长沙等地长达15天的采访期间，不顾疲劳，一直紧张地进行摄制工作。他们高度的工作责任心和一丝不苟的敬业精神，受到民政职工的交口称赞，民政战线为中央电视台有这样思想好、作风好、技术好的新闻工作者感到欣慰。

哈尔滨市政府的感谢信

1994年5月，中央电视台收到哈尔滨市政府的感谢信。信中说，中央电视台与哈尔滨市政府联合举办的《冰·雪·火——中国哈尔滨冰雪节晚会》获得圆满成功，受到社会各界广泛好评。在晚会录制、播映期间，中央电视台领导给予极为宝贵的支持，派出得力的编导、演播人员，并亲自参与策划和监制，保证了各项工作顺利进行。对此，哈尔滨市政府代表全市人民向中央电视台领导及全体编播人员表示衷心的感谢和崇高的敬意！

广西电视台的感谢信

由中央电视台、广西国际民歌节组委会、广西电视台共同举办的'94广西国际民歌节中国民歌大赛于3月15日在广西南宁圆满结束。该活动从筹办到决赛，得到了中央电视台的全力支持，在此表示衷心的感谢。

在这次大赛活动中，文艺部的于志超、杨树对这项活动的顺利进行投入了很多精力。他们对工作认真负责、不计个人利益的工作态度，很值得地方台学习。

共青团中央委员会的感谢信

1994年5月，团中央的感谢信中说，由共青团中央、中央电视台、北京团市委共同主办的《跨世纪的青春——首都青年纪念五四运动75周年文艺晚会》已圆满完成。这台晚会得到中央电视台领导及总编室、文艺部的大力支持。在工作的十几天里，刘文山导演等为使晚会圆满成功，千方百计克服困难积极参与组织、策划。为保证晚会的艺术质量，他们对份内份外工作都一样认真负责。在此，谨代表全国青少年向中央电视台及有关同志表示深深的谢意！

湖南省人民政府的感谢信

1994年5月，湖南省人民政府的感谢信中说，中央电视台《长江行》报道组记者孔颖、靳晓东在湖南历时半月的采访期间，深入基层，不辞劳苦，不休节假日，行程近万里，采访100多人次，为湖南的报道尽心尽力，特别是他们对工作一丝不苟、精益求精的敬业精神和廉洁自律的好作风，受到省政府领导和被采访地市的好评。

湖北省鄂州市委宣传部的感谢信

1994年4月初，海外电视中心新闻部记者陆晓斌、孙岩峰、董杰、王未来前往湖北省鄂州市拍摄专题片《长江行》，由于不适应南方气候，一直带病坚持工作。白天他们深入企业、街道，到群众中实地采访拍摄，晚上回到招待所通宵达旦阅读有关资料。在鄂州期间，他们不挑住，不吃请，回避各种接待，忘我投入工作。鄂州市委宣传部给中央电视台发来感谢信，赞扬他们的敬业精神和廉洁自律的好品格。

国务院新闻办公室的表扬信

6月20日，国务院新闻办公室致函中央电视台，对参加“千岛湖案”审判报道工作的人员予以表扬。来信指出：“千岛湖案”审判的新闻报道工作已经结束。参加这一工作的副台长张长明和高丽萍、吕大庆、蔡启华工作认真努力，不畏辛劳，连续作战，废寝忘食，不仅很好地完成了新闻报道任务，还带来了党的新闻工作者的好思想、好作风。

福建省宁德地委的感谢信

1994年6月20日，中共福建宁德地委的感谢信中写道，5月9日至6月5日，中央电视台专题部《神州风采》摄制组曹力、栗晓斌一行，拍摄《神州风采》闽东系列专题。他们深入全区9县市25个乡镇123个拍摄点，行程4000多公里。他们认真的工作态度、吃苦耐劳的精神、扎实的作风，给老区人民留下深刻的印象。

广西壮族自治区人民政府的表扬信

1994年6月中旬以来，广西遭受历史上罕见的洪涝灾害。为反映灾区军民抗洪抢险、再建家园的事迹，新闻中心采访部副主任王建宏和记者邢栋、海外电视中心李峰和任达清、《焦点访谈》汪清等分别率领的三个采访组奔赴广西灾区。7月20日，广西壮族自治区人民政府的表扬信中，对这三个采访组在重灾区不怕苦累、不惧危险，夜以继日连续工作，采编新闻节目，反映广西军民在抗洪一线可歌可泣的英勇事迹的精神给予表扬。

国务院新闻办公室的表扬信

1994年7月1日，国务院新闻办公室致函中央电视台，对文艺部给予表扬。信中说，中央电视台文艺部戏剧组接受现场录制和播出西藏艺术团出访奥地利、瑞典汇报演出的任务后，以编导王志军为组长的摄制组在时间紧、任务重的情况下，充分利用排练和实拍的间隙采访歌舞团团长和主要艺术家，把采访情节编到节目中，使电视片拍得特色鲜明而且真实生动，出色地完成了任务。

中共山东枣庄市委宣传部的来信

1994年7月2日，中共山东枣庄市委宣传部的来信中说，中央电视台第一套节目《焦点访谈》7月1日晚播放《山东省枣庄市山亭区发放拍卖荒山土地使用权使用证》后，引起强烈反映。在枣庄期间，中央电视台记者深入山区基层，翻山越岭，走访农户，行程两千多华里，大部分时间徒步跋涉。为赶拍外景，连续几天早晨4点钟赶往山区，夜晚加班到2点多钟制作片子，从不叫苦叫累，不讲条件，受到枣庄市党政领导和工作人员的一致好评。

广播电影电视部总编室的表扬信

1994年8月19日，广电部总编室致函中央电视台，对中央电视台有关部门在承担复制向100个贫困县赠送的百部爱国主义影视片录像带的任务中所表现的认真负责态度和工作作风给予充分的肯定。

中国残疾人联合会的感谢信

1994 年 8 月 23 日中国残联的感谢信中说，“迎‘远南’中外影视展播”的顺利播出，是中央电视台关心、帮助、支持残疾人事业的具体体现，它对远南运动会的成功举办，对激励残疾人的自强精神，对社会助残意识的提高将产生极大的促进作用。为此，特表示诚挚的谢意。

第四届中国艺术节组委会的感谢信

1994 年 8 月 26 日，第四届中国艺术节组委会在感谢信中说，第四届中国艺术节开幕以来，得到了广播电影电视部和中央电视台的大力支持。为了搞好本届艺术节的现场直播和节目录播，中央电视台先期派专家考察并积极做好准备工作。带队领导、编导及摄制人员不辞辛劳，连续三次亲临排练现场操作演练，保证了开幕式顺利成功，得到了中央领导和组委会领导以及全国人民的高度好评。为此向中央电视台表示衷心的感谢！

长春电影节组委会的感谢信

1994 年 8 月 28 日，长春电影节组委会致函中央电视台，祝贺第二届中国长春电影节大型文艺晚会《银河灿烂》获得成功。《银河灿烂》文艺晚会，构思巧妙，格调高雅，明星荟萃，节目精彩，在综合艺术形式上做了大胆探索，力求突出主旋律，弘扬时代精神，受到各界人士的一致好评和赞扬！

解放军国防科工委的感谢信

1994 年 9 月 5 日，解放军国防科工委政治部致函广播电影电视部，对中央电视台在澳大利亚三号卫星发射中所进行的成功报道表示感谢，信中说，西昌卫星发射中心生活和工作条件比较艰苦，中央电视台的同志一心扑在工作上，再苦再累也没怨言，他们经常风里来雨里去加班加点。特别是崔一鹤、杨宪文、姜伯宁、吴复久等，四进西昌发射中心，他们率先垂范，扎实肯干，谦虚谨慎，团结协作，对工作极端负责任的态度和严谨作风给我们留下了深刻印象。在此，对广播电影电视部并通过广播电影电视部向中央电视台表示衷心的感谢！

国务院新闻办公室的表扬信

1994 年 9 月 5 日，国务院新闻办公室来信对王建生、许强、张成河、杨建民、吴炜、罗玉川、杨东、陈新红、朱帮录等在布达拉宫维修工程竣工典礼宣传报道中不畏艰苦的精神表示赞扬。

解放军广州军区的表扬信

1994 年 9 月 6 日，解放军广州军区政治部的感谢信中说，6 月水灾刚过，7 月洪涝又起，为了搞好广东、广西、湖南三省（区）的抗洪救灾报道，军事部副主任赵元贵、记者陈建中、刘京、徐艾庆、白洁等为军区的抗洪救灾进行报道，军区官兵和灾区人民受到较大鼓舞。他们表现突出，事迹感人。

中共中央办公厅的感谢信

1994 年 9 月 16 日，中共中央办公厅的感谢信中赞扬随江泽民主席访欧记者组在随访期间工作积极主动，兢兢业业，勤奋努力，任劳任怨，圆满地完成了随团采访任务。他们是王连生、王建宏、邢质斌、沈忱、肖午铭、杜莲英、陈力、路彪和周勇。

国家教委称赞《走进九月》文艺晚会

1994 年 9 月 22 日，国家教委的来信说，《走进九月》大型文艺晚会是一台构思新颖、立意较高、可视性强的晚会，它歌颂了人民教师这一崇高的职业。广大教师和社会各界反响强烈，普遍认为这是近年来舞台上少有的一台歌颂教师、弘扬尊师重教优良传统的好节目。希望今后能在更多的方面加强联系，为振兴我国的教育事业不断做出新的贡献。

全国政协的感谢信

1994 年 9 月 27 日，全国政协来信，感谢中央电视台在纪念中国人民政治协商会议成立 45 周年期间对各项纪念活动给予积极的宣传并取得了较好的宣传效果。

西安电视台的感谢信

1994 年 10 月，西安电视台的感谢信中说，1994 年 9 月西安第五届古文化节期间，西安市政府邀请文艺部编导王炳森、主持人朱军赴西安协助完成电视艺术片《锦绣长安》。王炳森、朱军不计报酬、忘我工作，并为西安电视台培训转播车摄制人员。他们高超的技艺、机敏的思路以及他们的个人艺术修养受到组委会和西安电视台的一致称赞。

中华文化交流与合作促进会的感谢信

1994 年 8 月中下旬，海外电视中心记者武晋先随第三届海峡两岸炎黄杯长跑赛大陆代表队赴台湾采访。为搞好这次采访报道工作，武晋先作了精心准备。到台湾后立即投入紧张的工作，多次主动放弃参观游览活动，及时回传比赛情况，在当天《新闻联播》中播出，圆满完成了报道任务。武晋先的忘我工作精神，受到大陆代表队全体队员的一致称赞。10 月，中华文化交流与合作促进会致函感谢中央电视台的大力相助，对武晋先的良好工作作风给予赞扬。

海关总署的感谢信

1994年10月31日，中华人民共和国海关总署办公室的感谢信中说，1994年10月25日是新中国海关建立45周年纪念日。为纪念中国海关历史上难忘的这一天，海关总署敬请党和国家领导人为纪念活动题了词，并拍摄了电视专题片，编印了专集纪念册，发表了专篇文章。上述工作得到中央电视台的大力支持。为此，向中央电视台表示衷心的感谢和诚挚的敬意！

国家教委的表扬信

1994年9月中旬，经济部记者马万明、张彧在配合国家教委拍摄《从经济援藏到智力援藏》电视节目过程中，不怕艰苦，克服高山缺氧等困难，深入草原和农牧民家中进行拍摄，获得了较为丰富的第一手材料。11月，国家教委民族教育司写来感谢信，对两位记者认真负责的敬业精神给予表扬。

外交部的表扬信

1994年11月，外交部新闻司给中央电视台写信说，李鹏总理出访韩国期间，新闻中心记者王连生、刘正铸等10人随团采访。他们积极配合代表团克服困难，及时将李鹏总理的访问情况回传国内，较好地完成了报道任务，得到总理办公室的表扬。

中国残疾人联合会的表扬信

1994年11月，中国残疾人联合会在感谢信中说："为配合残疾人按比例就业工作的开展，《焦点访谈》记者张步冰等五人前往上海拍摄专题节目。在沪四天，他们怀着对残疾人深厚的感情，夜以继日地辛勤工作。采访中，张步冰、王小鹏得知一个残疾人九岁的孩子从未有过一件属于自己的玩具，立即用自己的钱买了学习机等玩具，亲自送到孩子手里。在几天的紧张工作中，张步冰腰病复发，但他坚持跪在现场拍摄，不肯回去休息。他们这样忘我的工作精神和充满爱心的助残行为，受到当地各级政府及残疾人的一致好评。从张步冰等五位记者的身上，我们看到了中央电视台对残疾人事业的鼎力支持和广大记者崇高的职业道德。"

中国扶贫基金会的感谢信

1994年11月10日，中国扶贫基金会在信中写道，中国扶贫基金会主办的'94纪念国际消除贫困日文艺晚会，在中央电视台的大力支持与协助下，取得圆满成功。举办这场晚会，从国务院批准到在人民大会堂正式演出，仅用了七天时间，但由于文艺部领导在场指挥及导演和全体演职人员的通力合作，紧密配合，不仅使演出如期举行，而且拿出了一台高质量的节目。为此，向中央电视台表示诚挚的感谢。

国内贸易部办公厅的感谢信

国内贸易部办公厅新闻处1994年12月1日在感谢信中说，新闻中心马维军、郝梅芳两记者随同国务院棉花收购、调拨巡视组赴新疆巡视工作期间，凭着高度的社会责任感、崇高的职业道德，凭着对改革开放的满腔热情和对新闻热点问题的高度敏感，积极出主意，想办法，千方百计配合国务院棉花收购、调拨巡视组开展工作，对于了解情况、掌握实情、积极宣传、及时报道做了大量工作，得到巡视组领导和全体人员的一致好评。

美国华声电视公司董事长致杨伟光的信

1994年10月3日，美国华声电视公司董事长张济民写信给杨伟光副部长，信中说，华声台自开播以来，得到杨先生的亲自关心和支持，使华声台与中央电视台建立了长期合作的友好关系。特别是中央电视台通过卫星向海外传送当天的中国新闻以后，在海外引起了极大的反响，使祖国改革开放形势直接地、迅速地传播给海外的侨胞们，这是中国电视新闻史上一大飞跃。

中共甘肃省武威市委宣传部的感谢信

1994年9月15日，中共甘肃省武威市委宣传部在感谢信中说，8月的武威，流火炎热，酷暑难当。由崔德寅、王海铭、张维民、刘志岚、贾秀清、耿萨等七名同志组成的《正大综艺》甘肃专辑采访组，途经武威市采访三天。采访组的全体人员，不顾路途颠簸和劳累，顶烈日，冒酷暑，白天采访，晚上座谈，中午加班。在生活上，事事处处廉洁自律，严格执行采访纪律，所到之处，拒馈赠，谢宴请，费用自理，帐目自结。他们平易近人、入乡随俗的朴实作风，给人们留下了美好而深刻的印象。

解放军后勤工程学院的感谢信

1994年11月16日，解放军后勤工程学院在感谢信中说：11月13日晚，《新闻联播》的《中华学人》报道了该院建筑工程系陈正汉教授的事迹，在全体教职员工中引起强烈反响。在这次采访拍摄过程中，记者骆红给人留下很深的印象。她一下飞机，不顾旅途疲劳，连夜看材料，定稿件，拟定拍摄方案，第二天一大早就赶到现场进行拍摄，除30分钟的午饭时间外，一直连续工作到18点。

中国铁道建筑总公司总医院的感谢信

1994年12月，中国铁道建筑总公司总医院写信表扬新闻采访部记者刘晓军。信中说，该院为一即将出院的普通患者举办联谊会，特邀请新闻采访部主任记者刘晓军前来采访。采访结束后，工作人员向辛苦了大半日的刘记者付误餐费时，他耐心地讲明中央电视台的有关规定，拒收误餐费。该院对刘晓军认真负责的工作精神和良好的新闻职业道德深表敬佩，由此也看到了中央电视台新闻工作者良好的精神风貌。

中共中央办公厅的表扬信

1994 年 12 月 3 日，中共中央办公厅在表扬信中写道，中央电视台随江泽民主席出席亚太地区经济合作组织领导人非正式会议和出访亚洲四国，记者组在出访期间，工作积极主动，兢兢业业，勤奋努力，任劳任怨，圆满地完成了随团采访任务，值得表扬。他们是高军、周建国、林健、靳晓东、李瑞英、张森、王纯星、曹友、李小萍和杨小勇。

天津市教育局等单位的表扬信

1994 年 12 月 9 日，天津市教育局、天津青少年报刊总社、天津中学生杂志在感谢信中说，《第二起跑线》节目组在天津拍摄节目，分别以迎世乒、民俗民风、爱国主义教育、天津改革开放成果、欢度新年为主题拍摄了五个专辑。尹永斌导演领导的全体摄制人员给天津的主办单位留下深刻的印象。他们以较高的工作效率、优秀的个人风范、忘我的工作态度和严于律己的工作作风，为影视界和新闻界做出了表率。

国务院扶贫开发办公室的感谢信

1994 年 12 月 20 日，国务院扶贫开发办公室在感谢信中说，为宣传《国家“八七”扶贫攻坚计划》，中央电视台经济部主动与国务院扶贫开发办公室和中国扶贫基金会联系，酝酿并开展“’94 电视扶贫”系列宣传活动。中央电视台还联合了全国 40 多家地方电视台参加此次宣传活动。节目从 10 月 16 日播出中国首届“十大扶贫状元”起，到 12 月 16 日播完“’94 电视扶贫”特别节目《父老乡亲》止，历时两个月，不仅在社会上引起强烈反响，而且得到主管扶贫工作的有关领导的好评。在此向中央电视台和所有参与这个系列宣传活动的工作人员表示诚挚的感谢。

（摘自 1994 年《宣传日报》、《综合简报》）

《中央电视台年鉴（1995）》资料员一览表

办公室	孙秀琴
党委办公室	杨　杰
监察室	曾进清
审计处	宿兰妮
人事处	陈维立
教育处	陆　维
保卫处	姜　萍
外事处	韩亚男
行政处	郑华维　于桂玲
经营管理处	丁　京
计划财务处	范丽娟
财产物资处	周火星
房屋建设管理处	刘越红
工会	张梅英
老干部处	南　敏
总编室	张百莉
新闻中心	郭淑兰　徐　瑛
新闻采访部	吴桂英
新闻评论部	刘晓燕
新闻编辑部	刘焕玲
新闻制作部	王燕菊
军事部	孙　华
体育部	吴淑环
经济部	马　星　郑　蔚
社教中心	王玉清　徐兰梅
教育节目部	杨利加
专题部	刘志珍
青少部	周淑琴
海外电视中心	冉素霞　申翠海
海外新闻部	王玉兰
海外专题部	卞金花
海外节目部	蔡桂芬
海外外语部	胡　怡
海外技术制作部	郝　麟
文艺中心	倪代光
文节部	高菊莲
国际部	黄瑞英
影视部	张　哲
动画部	韩明春
广告部	刘晓如
研究室	李秀英
中国电视报	刘春光
技术管理办公室	张启达
科技处	王翠霞
工程维护处	王　肖
播送中心	孙海石
播送部	俞　勤
转播部	李天春
技术制作中心	田敬改　张建华
录制部	张玉兰
制作部	刘淑英
音频部	陆　蕾
动力通讯处	王　兰　宋　丹
中国国际电视总公司	杨　瑞
中国电视节目代理公司	赵　辉　宁　万
梅地亚中心	赵玉清
中国电视剧制作中心	任　力
中央新闻纪录电影制片厂	周慧娟

ISBN 7-01-002261-5